KB122249

법학총서

판례분석
신형사소송법 III
[증 보 판]

신 동 운 저

法 文 社

판례분석 신형사소송법 Ⅲ 〔증보판〕
머 리 말

이번에 『간추린 신형사소송법 제9판』을 출간하면서 2016년 말까지 공간되었거나 지상에 보도되었던 주요 판례들을 소개한 바가 있다. 『판례분석 신형사소송법 Ⅲ 증보판』으로 이름 붙인 본서는 2015년 『간추린 신형사소송법 제7판』을 출간할 때 함께 분석·정리하였던 『판례분석 신형사소송법 Ⅲ』의 판례들에 2016년 말까지의 새로운 판례들과 보완의 필요를 느꼈던 일부 판례들을 추가하여 분석·정리해 놓은 것이다. 『판례분석 신형사소송법 Ⅲ 증보판』을 출간하면서 저자는 약간의 변화를 시도하였다. 그 계기는 다음과 같다.

2007년 전면 개정된 신형사소송법의 시행을 전후로 하여 형사소송법의 규율체계에 많은 변화가 있었다. 특히 위법수집증거배제법칙의 도입으로 대표되는 증거법의 영역에서 그 변화는 현저한 바가 있었다. 이후 각종 성범죄가 비친고죄에서 친고죄로 전환됨에 따라 고소와 관련된 판례들의 의미도 크게 변화하였다. 그러나 이와 같은 변화에도 불구하고 소송물 이론, 확정판결의 효력범위 등 기존의 법리와 판례들이 여전히 유지되는 영역들도 적지 않다. 이러한 분야들에서는 『판례분석 신형사소송법 Ⅰ』 또는 『판례분석 신형사소송법 Ⅱ 증보판』에 수록된 판례들이 여전히 중요한 의미를 가지고 있다.

그런데 독자의 입장에서는 『판례분석 신형사소송법』의 Ⅰ, Ⅱ, Ⅲ 세 권을 전부 구입한다는 것이 쉽지 않은 일이다. 이러한 사정을 고려하여 저자는 처음에 출간되었던 『판례분석 신형사소송법 Ⅰ』과 그 뒤를 이어서 나왔던 『판례분석 신형사소송법 Ⅱ 증보판』을 PDF파일로 전환하여 법문사 홈페이지 자료실에 올려놓기로 하였다. 그 결과 『판례분석 신형사소송법 Ⅲ 증보판』은 『판례분석 신형사소송법 Ⅱ 증보판』 간행 이후 2016년 말까지의 판례를 소개하는 최신 판례집으로서의 의미를 가지게 되었다.

이제 독자들로서는 『간추린 신형사소송법 제9판』의 본문에 소개된 판례들을 『판례분석 신형사소송법 Ⅰ』과 『판례분석 신형사소송법 Ⅱ 증보판』의 PDF파일 및 본서 『판례분석 신형사소송법 Ⅲ 증보판』을 이용하여 손쉽게 그 내용을 확인할 수 있게 되었다. PDF파일과 종이 책의 병용은 전자책 형태의 판례교재로 나아가는 과도기적 발전단계라고 말할 수 있을 것이다.

본서 『판례분석 신형사소송법 Ⅲ 증보판』은 머리말, 판례번호순 목차, 사항별 목차, 판례분석 본문, 판례번호순 통합색인, 선고일자별 통합색인의 순서로 구성되어 있다. 이 가운데 특히 판례번호순 통합색인은 『판례분석 신형사소송법』 시리즈 Ⅰ, Ⅱ, Ⅲ 전체에 걸친 종합 색인으로서, 저자의 『신형사소송법 제5판』이나 『간추린 신형사소송법 제9판』을 읽어나갈 때 해당 판례를 신속하게 확인하는 데에 유용한 도구로 사용될 수 있을 것이다.

본서의 출간에 여러 분들의 도움을 받았다. 법문사의 김제원 부장님, 장지훈 부장님, 그리고 동국문화사의 이정은 선생님은 언제나 마찬가지로 신속하고 친절하게 필요한 도움을 주셨다. 이 자리를 빌려서 감사를 표하는 바이다.

2017년 4월
영종도에서

저자 씀

판례분석 신형사소송법 Ⅲ
머 리 말

　이번에 저자의 『간추린 신형사소송법 제7판』을 출간하면서 같은 책 제6판 출간 이후 2014년 말까지 공간되었거나 지상에 보도되었던 주요 판례들을 분석·정리하였다. 애당초 구상은 이를 추록 파일 형태로 법문사 홈페이지 자료실에 올리려고 하였으나 의외로 분량이 많고 지면으로 출력하여 이용하려는 독자들의 요청도 있어서 별도의 책자로 간행하기로 하였다.

　2014년의 주요 판례를 중심으로 정리하다 보니 종전의 판례분석 신형사소송법 시리즈에 비하여 지면의 분량이 적어지게 되었다. 2015년 판례 등이 증보되기를 기다려서 분량이 적당한 책자를 간행하는 방법도 생각할 수 있겠으나, 『간추린 신형사소송법 제7판』과 함께 신속하게 최신 판례를 소개한다는 의미에서 출간을 결심하였다.

　판례분석 시리즈를 내다보니 점점 판례 본문을 잘게 나누어 소개하는 경향을 느끼게 된다. 법률명제는 "만일에 …하다면 …하다"라는 식의 소위 가언명제(假言命題) 형태를 취하고 있다. 판시사항의 요건과 효과를 분명하게 드러내려고 하다 보니 지면이 많이 소요되는 감이 있다. 그러나 가독성과 학습효과를 높인다는 관점에서 의도적으로 지면을 아끼지 않았다. 앞으로 지면의 제약을 받지 않는 전자책 형태의 판례교재를 개발하는 것도 고려해 볼 만한 시점이라고 생각된다.

　『판례분석 신형사소송법 Ⅲ』의 편집체제는 종전의 『판례분석 신형사소송법』 및 『판례분석 신형사소송법 Ⅱ』의 그것과 같다. 본서에 저자가 정리해 놓은 사실관계 및 사건의 경과 부분은 그 자체로 연습용 사례로 활용할 수 있을 것이다. 판례 요지의 확인을 넘어서서 다양한 형태로 본서가 활용되기를 기대해 본다.

　본서의 출간에 여러분들의 도움을 받았다. 법문사의 김제원 부장님, 장지훈 차장님, 그리고 동국문화사의 이정은 선생님은 신속하고 친절하게 본서의 진행에 도움을 주셨다. 이 자리를 빌려서 감사를 표하는 바이다.

2015년 1월
관악산을 바라보며

저자 씀

증보판 머리말

2012년 6월 『판례분석 신형사소송법 Ⅱ』가 출간된 이래 1년 반의 시간이 지났다. 증보판이라고 이름 붙인 본서는 구판의 내용에 2013년 말까지의 개정 법령과 최신 판례를 반영한 것이다.

2012년 12월 각종 성범죄를 비친고죄로 전환하기 위하여 형법, 「성폭력범죄의 처벌 등에 관한 특례법」, 「아동·청소년의 성보호에 관한 법률」이 개정되었다. 형사소송법도 고소에 관한 조문에 일부 개정이 있었다. 2013년 4월에는 인신매매죄, 범죄단체조직죄, 도박죄 등에 대한 형법 일부개정이 있었다.

판례의 경우를 놓고 보면, 디지털 매체 등 각종 정보저장매체에 대한 압수·수색, 증거능력, 증거조사에 관한 새로운 기준의 제시가 눈에 뜨인다. 또한 2008년부터 시행된 위법수집증거배제법칙의 운용과 관련하여 원칙과 예외의 관계에 대한 일련의 판례들이 나오고 있다. 그 밖에도 검사의 제척·기피, 피의자의 조사수인의무 등에 관한 판례도 주목된다.

본서의 집필은 자매서인 『신형사소송법 제5판』 및 『간추린 신형사소송법 제6판』의 개정작업과 함께 진행되었다. 『신형사소송법』이 실무가들을 위한 교과서형 주석서를 지향한다면, 『간추린 신형사소송법』은 시간에 쫓기는 독자들을 위한 학습서라고 할 수 있다. 이에 대해 본서는 형사소송법의 여러 이론적 쟁점들이 우리의 실생활에 어떠한 모습으로 구체화되는가를 보여주기 위한 판례교재이다.

판례교재는 최신 정보를 담고 있어야 하되 단순한 판례 모음을 넘어서는 것이어야 한다. 이번의 증보판에서는 본서의 유기적 활용을 위하여 사항별 목차를 보다 충실하게 정리하였다. 본서에 정리된 사실관계와 사항별 목차를 이용하면 본서를 사례문제 해결을 위한 연습교재로도 활용할 수 있을 것이다.

본서의 출간에 여러분들의 도움을 받았다. 법문사의 김제원 부장님, 장지훈 차장님, 그리고 동국문화사의 이정은 선생님은 신속하고 친절하게 본서의 진행에 도움을 주셨다. 이 자리를 빌려서 감사를 표하는 바이다.

2014년 1월
관악산을 바라보며
필자 씀

판례분석 신형사소송법 II
머 리 말

2007년 7월 『판례분석 신형사소송법』을 출간한 때로부터 어느덧 5년의 세월이 흘렀다. 『판례분석 신형사소송법 II』로 이름을 붙인 본서는 『판례분석 신형사소송법』의 후속편으로서 2007년부터 2012년까지의 판례를 중점적으로 분석하고 있다. 아울러 전편에서 누락되었던 일부 판례를 보완하고 있다.

2008년부터 시행된 신형사소송법은 위법수집증거배제법칙의 도입을 중요한 특징의 하나로 하고 있다. 대법원은 2007년 11월의 전원합의체 판결 이래 위법수집증거배제법칙의 구체화를 위하여 많은 노력을 기울이고 있다. 한편 2008년 국민참여재판의 실시를 계기로 공판중심주의와 실질적 직접심리주의를 구현하려는 대법원의 의지는 지속적으로 강화되고 있다. 2010년에는 성폭력범죄 및 아동·청소년 대상 성범죄의 처벌을 강화하는 관련 법률들의 개정이 있었는데, 이 개정은 형사절차법의 측면에서도 중요한 변화를 가져왔다. 2011년에는 압수·수색의 요건을 강화하는 등 또 다시 형사소송법의 일부 개정이 있었고, 고등법원의 재정결정에 불복을 불허하는 형소법 제262조 제4항에 대해 헌법재판소의 한정위헌 결정이 있었다. 2012년부터는 국민참여재판의 대상사건이 전체 합의부 사건으로 확대되었다. 본서는 이와 관련된 일련의 판례들을 충실하게 분석·소개함을 목적으로 하고 있다.

2008년 1월부터 시행된 신형사소송법과 국민참여재판법을 해설하기 위하여 필자는 그동안 『신형사소송법』과 『간추린 신형사소송법』을 출간하였고, 독자의 호응에 힘입어 각각 제4판에 이르고 있다. 이 과정에서 『판례분석 신형사소송법』의 증보판을 내보려고 하였으나 역량이 미치지 못하여 차일피일 미루고 있었다. 그 대신에 중요 판례들의 사실관계와 판결요지를 『신형사소송법』의 각주에 소개하는 방법을 취하고 있었으나 지면이 계속 늘어나는 부담을 피할 수가 없었다.

2012년에 들어와 출간한 『신형사소송법 제4판』은 그 분량이 대학 강단의 교과서 차원을 넘어서게 되었다. 필자는 이제 『신형사소송법』을 일종의 교과서형 주석서로 발전시키려는 생각을 가지고 있는데, 이를 위한 전초작업이 충실한 판례교재의 집필이라고 할 수 있다. 사실관계 및 사건의 경과를 충실하게 정리하고, 판결요지를 뚜렷이 부각시키며, 필요한 경우 간략한 해설을 덧붙인 판례교재를 옆에 두고 『신형사소송법』의 해설을 찾아본다면 최신 법령과 최신 판례의 정확한 파악과 이해가 가능할 것이라고 생각하기 때문이다. 본서는 이 점에서 전편인 『판례분석 신형사소송법』과 함께 『신형사소송법』 및 『간추린 신형사소송법』의 명실상부한 자매편이라고 할 수 있다.

본서의 집필의도 및 편제와 이용방법은 본서 초판 『판례분석 형사소송법』의 '머리말 겸 일러두기'에 적어둔 것과 같다. 다만 초판과 달라진 점을 두 가지 언급하고자 한다. 먼저, 판례 본문의 흐름을 최대한 그대로 유지하려고 하였다. 초판에서는 판례의 가독성을 높이려고 문장을 나누면서 [ ]를 사용하여 필자가 문장의 일부를 보완하였다. 그러나 판례 원문의 흐름을 그대로 살리기 위하여 /를 사용하여 문장을 나누되, 원문의 표현 자체는 그대로 두었다. 다음으로, 판례 내용을 나타내는 표제어의 사용에 약간의 변화를 가하였다. 판례 본문을 분석하는 과정에서 대법원(또는 헌재) 분석, 판단, 요지 등의 표제어를 사용하여 본문 내용의 이해도를 높이려고 하였다. 특히 종전의 '판시사항' 대신에 '요지'라는 표제어를 사용하여 독자들이 핵심내용을 신속히 파악할 수 있도록 하였다. 그와 함께 표제어에 숫자를 부여하던 종래의 방식을 버림으로써 시각적으로 간결함을 유지하도록 하였다.

본서와 같은 판례교재는 편집 여하에 따라 이용자의 편의성이 크게 달라진다. 이 때문에 필자는 최종 편집 단계에서 수차에 걸쳐 원고 정정을 하였고, 이 때문에 본서의 출간에 많은 시간과 노력이 소요되었다. 그럼에도 불구하고 본서가 이처럼 최단시간 내에 출간될 수 있었던 것은 법문사의 김영훈 부장님, 김제원 부장님, 동국문화사의 이정은 선생님의 전문가적 기량에 바탕을 둔 전폭적인 협조 덕분이라고 하지 않을 수 없다. 이 자리를 빌려서 감사의 인사를 전하는 바이다.

본서가 필자의 『신형사소송법』 및 『간추린 신형사소송법』과 함께 우리나라 형사절차법의 실제 모습을 파악하는 데에 독자 여러분들께 다소라도 도움이 되기를 소망하며 머리말에 갈음하는 바이다.

2012년 5월
관악산을 바라보며

필자 씀

판례분석 신형사소송법
머 리 말

I

2007년 4월 30일 「형사소송법 일부개정법률안」이 국회 본회의를 통과하였고 이어서 6월 1일 공포되었다. 이 새로운 형사소송법은 2008년 1월 1일부터 시행될 예정이다. 한편 사법개혁의 일환으로 「형사소송법 일부개정법률안」과 함께 국회를 통과하여 같은 날 시행을 앞두고 있는 법률로 「국민의 형사재판 참여에 관한 법률」이 있다. 이 법률은 소위 국민참여재판을 실시하기 위하여 제정된 법률인데, 이 때 국민참여재판은 국민이 참여하는 형사재판을 말한다. 좀더 자세히 말한다면 국민이 배심원으로 참여하는 형사재판이다.

국민이 배심원으로 형사재판에 참여하게 되면 공판절차는 법률문외한인 배심원이 알아들을 수 있는 방식으로 진행되어야 한다. 이러한 요청에 따라 국민참여재판에 함께 적용되는 형사소송법 또한 전면적으로 개편되지 않으면 안 된다. 배심원이 참여하는 재판의 특징은 당사자주의이다. 배심원은 적극적으로 실체심리에 관여하지 못한다. 배심원은 검사와 피고인 · 변호인이 벌이는 공격 · 방어활동을 객관적 관찰자로서 지켜보고 그에 따라 유 · 무죄의 심증을 형성해 가게 된다.

배심원이 참여하는 국민참여재판이 성공을 거두려면 그 재판에 적용되는 형사소송법이 당사자주의로 개편되지 않으면 안 된다. 이와 같이 소송구조가 전면적으로 개편됨에 따라 이번의 형사소송법은 수사절차와 공판절차 전분야에 걸쳐서 종전의 형사소송법과는 전혀 다른 모습을 취하게 되었다. 직권주의 소송구조의 특색이라고 할 수 있었던 '피고인신문 후 증거조사'라는 공판순서는 이제 당사자주의 소송구조에 따라 '증거조사 후 피고인신문'으로 순서가 바뀌었다.

이번에 국회를 통과한 법률안에는 「형사소송법 일부개정법률안」이라는 명칭이 붙어 있다. 그러나 필자는 소송구조와 관련한 패러다임의 근본적 변화를 감안하여 새로운 형사소송법을 앞으로 '신형사소송법'이라고 부르려고 한다. 이에 따라 본서의 제명(題名) 또한 『판례분석 신형사소송법』으로 고치기로 한다. 한편 2007년 말까지는 아직 효력을 가지고 있다는 점에서 기존의 형사소송법을 '(구)형사소송법'이라고 지칭하기로 한다.

Ⅱ

필자는 2003년 10월부터 시작된 사법개혁작업에서 사법개혁위원회의 위원과 사법제도 개혁추진위원회의 실무위원으로 참여한 바 있다. 또한 법무부에 설치된 형사법개정특별심 의위원회의 위원으로서 사법제도개혁추진위원회가 성안한 형사소송법개정안과 국민참여 재판에 관한 법률안의 심의에도 참여하였다. 특히 필자는 사법제도개혁추진위원회가 신형 사소송법의 조문을 성안하는 과정에서 실무위원회의 5인 소위원회 위원장으로서 법원 · 검찰 · 변호사의 대립되는 시각을 조정하여 합의를 도출하는 작업에 임하기도 하였다.

사법제도개혁추진위원회가 마련한 형사소송법개정안은 정부의 관련 절차를 거쳐 2005 년 말 정부안으로 국회에 제출되었다. 그러나 국회의 복잡다단한 정치현안과 의사일정 탓 으로 개정법률안의 국회 통과는 계속 지연되고 있었다. 필자는 이러한 사정이 당분간 지 속될 것이며 국회에서 개정법률안에 상당 부분 수정이 가해질 수도 있다는 판단 아래 (구) 형사소송법을 토대로 한 『형사소송법 제4판』 및 그 자매편인 『판례분석 형사소송법 제2 판』의 출간작업을 진행하였다. 그리고 두 작업을 마무리한 끝에 『형사소송법』을 2007년 4월 30일에 출간하였고 『판례분석 형사소송법』도 곧 이어서 출간할 예정이었다.

그런데 우연히도 『형사소송법 제4판』이 출간되는 당일 신형사소송법이 국회 본회의를 통과하였다. 신형사소송법은 2008년 1월 1일부터 시행될 예정이므로 결국 이 교과서는 1 년도 생명을 유지하지 못하는 책이 되고 말았다. 그러나 『판례분석 형사소송법 제2판』은 아직 출간되지 아니하였으므로 필자는 서둘러 출간작업을 중단하고 기존의 원고에 신형사 소송법을 반영하는 작업을 시작하였다. 참고로 여기에서 애당초 『판례분석 형사소송법 제 2판』의 머리말로 준비해 두었던 내용을 소개한다.

Ⅲ

2006년 7월 형사소송법이 일부 개정되었다. 구속영장이 청구된 피의자를 위시하여 구 속된 피의자 · 피고인에게 국선변호제도가 전면적으로 확대된 것이다. 이를 계기로 필자 의 교과서 『형사소송법』(제3판)도 전면적인 수정이 불가피하게 되었다. 교과서의 개정작 업은 당연히 최신 판례의 반영을 요구한다. 『형사소송법』(제4판)의 출간과 아울러 그 자 매편인 『판례분석 형사소송법』도 개정이 필요하게 되는 것은 자연스러운 일이다.

본서에서 필자는 초판의 판례들을 토대로 하면서 2006년 말까지 공간된 판례들을 추 가하였다. 여기에는 상소이유서 제출과 관련하여 재소자의 특례를 인정하기로 한 2006. 3. 16. 선고 **2005도9729** 전원합의체판결 (공 2006, 702)도 들어 있다. 이 판례를 통하여 2000. 6. 20. **2000모69** (공 2000, 1850) 등을 위시한 종전의 판례들이 폐기되었다. 새로운 판례의 추가와 함께 2000년대 이전의 판례 가운데에서도 보완되었으면 좋겠다고 생각되는 판례들을 몇 가지 추가하였다.

이번의 개정작업에서 필자가 역점을 둔 것은 2000년대 이후의 판례를 가능하면 충실하게 분석 · 소개하려고 노력한 부분이다. 그로 말미암아 본서의 지면이 상당 부분 늘어나게 되었으나, 각종 시험에서 최신 판례들이 특별히 중시되는 경향에 비추어 증면이 부득이하다고 판단하였다.

이번의 개정작업에서 필자는 그 동안의 독자 희망을 반영하여 사항색인을 보다 세분화함과 동시에 그 위치를 본서의 앞부분으로 전진 배치하였다. '차례' 다음에 나오는 '사항별 색인'을 이용하여 강학상 목차에 따라 판례를 학습한다면 본서를 간이한 형태의 형사소송법 연습교재로도 충분히 활용할 수 있을 것이다.

이상에서 소개한 약간의 특징을 제외한다면, 이번 제2판의 전체적인 체제나 지향점은 초판의 그것과 같다. 따라서 본서의 효율적인 활용을 위하여 초판의 '머리말 겸 일러두기'에서 적어두었던 내용의 일독을 독자들에게 권한다. 아무쪼록 본서 『판례분석 형사소송법』이 자매편인 필자의 교과서 『형사소송법』과 함께 독자들의 형사소송법학에 대한 연구와 학습에 도움이 되기를 희망하는 바이다.

Ⅳ

필자는 이상의 우여곡절 끝에 2개월여의 추가적인 보완작업을 거쳐 신형사소송법의 내용을 반영한 『판례분석 신형사소송법』을 내어놓게 되었다. 신형사소송법은 특히 증거법 분야에서 많은 변화를 가져왔다. 위법수집증거배제법칙의 신설과 증거능력에 관한 규정의 정비 등은 신형사소송법의 핵심적인 내용에 속한다. (구)형사소송법의 관련 규정이 대폭 개정되었기 때문에 (구)형사소송법을 기초로 한 종전의 판례 가운데 상당수는 그대로 유지될 수 없게 되었다. 그러나 이들 판례가 그냥 의미를 잃는 것은 아니다. 신형사소송법의 관련 규정을 해석함에 있어서 당분간 가늠자의 역할을 계속 수행할 것이기 때문이다.

이러한 사정을 고려하여 필자는 '코멘트' 항목을 대폭 활용하기로 하였다. 그리고 '코멘트'의 이해도를 높이기 위하여 신 · 구조문대비표를 본서의 권말 부록으로 수록해 두었다. 종전의 『판례분석 형사소송법』에서는 판례를 분석하여 소개하는 데에 많은 비중을 두었다면 이번의 『판례분석 신형사소송법』에서는 기존의 판례를 신형사소송법하에서 어떻게 이해해야 할 것인가 하는 문제시각 아래 보다 많은 해설을 붙이려고 하였다. 이러한 시도는 신형사소송법이 국회를 통과한 당일 발간된 필자의 교과서 『형사소송법 제4판』이 가지고 있는 설명의 한계를 보완하면서 새로운 교과서를 준비하는 작업이기도 하다.

앞의 Ⅲ에서 소개한 『판례분석 형사소송법 제2판』 머리말에서 예정했던 바와 같이 이번의 『판례분석 신형사소송법』에서는 '사항별 색인'을 책의 앞머리 부분으로 옮겨두었다. 그리고 추가적 보완작업 과정에서 이 '사항별 색인'의 증거법 부분에 '위법수집증거배제법칙'을 독립된 항목으로 추가하였다. 신형사소송법이 제308조의2로 위법수집증거배제법칙을 명문화함에 따라 기존의 판례들을 동일한 문제의식으로 묶어서 이해를 높일 필요가 있었기 때문이다.

V

본서의 출간에 이르기까지 여러분들의 도움을 받았다. 법문사의 현근택 차장님, 김영훈 차장님, 그리고 동국문화의 이정은 선생님은 언제나와 마찬가지로 친절하게 본서의 출간을 도와주셨다. 특히 두번의 거듭된 개정작업을 끝까지 마무리할 수 있게 도와주신 데에 대하여 이분들께 이 자리를 빌려서 거듭 감사의 인사를 전하는 바이다.

2007년 6월
우면산을 바라보면서
필자 씀

판례분석 형사소송법
머리말 겸 일러두기

Ⅰ. 본서의 출간경위

2005년 10월, 필자의 교과서『형사소송법』제3판이 출간되었다. 이 책의 서두에서 밝힌 것처럼 본서는 이『형사소송법』제3판의 자매편이다. 필자는 한국 형사소송법학의 토착화라는 연구목표를 설정하고 이를 위하여 법제사적 분석 등을 포함한 일련의 작업을 시도해 오고 있다. 이러한 가운데 한국 형사소송법학의 토착화를 위하여 무엇보다 시급한 일은 우리 판례의 정확한 분석과 소개라고 생각하고 있다.

이와 같은 문제의식을 보다 구체화하기 위하여 필자는 교과서인『형사소송법』의 지면을 빌려서 우리 판례를 분석·소개해 보려는 시도를 한 바 있다. 주지하는 바와 같이 판례소개란 단순히 판결요지의 나열에 그치는 것이 아니다. 판례란 추상적인 법규범에 개별적인 사실관계를 대입시켜서 얻어낸 구체적 결론이다. 그렇기 때문에 판례의 정확한 소개를 위해서는 사실관계의 정확한 압축과 정리가 불가결하다. 판례소개를 위하여 사실관계를 분석하려고 하다보니 교과서인『형사소송법』의 지면이 지나치게 늘어나는 것을 피할 수가 없었다. 결국 지면관계로 판례소개 부분을 별권으로 처리하게 되었고, 그 결과 이제『판례분석 형사소송법』이라는 제목의 본서를 출간하기에 이르렀다.

Ⅱ. 본서의 특징

본서는 지금까지의 판례교재들과 다른 몇 가지 특징을 가지고 있다. 무엇보다도 형사소송법에 입문하는 초학자들도 판례를 읽을 수 있도록 가능한 한 판결문을 잘게 쪼개어 가독성(可讀性)을 높이려고 하였다. "법률가는 숨을 쉬지 않는다"는 말이 있다. 판결문을 보면 문장의 첫머리로부터 시작하여 십여 줄 이상의 긴 문장이 이어지는 경우가 많다. 초학자로서는 이와 같은 문장을 따라가는 것이 여간 어려운 일이 아니다.

이러한 문제점을 의식하여 본서의 필자는 가능한 한 판례의 문장을 분석·분해하여 단문 중심의 문장으로 재구성하고 이를 순서대로 나열하는 방법을 사용하였다. 이 과정에서 필자는 대괄호 [ ]를 사용하였다. 특별한 설명이 없는 한 이 괄호 [ ] 속의 내용은 필자가 임의로 부기한 것임을 미리 밝혀둔다. 한편 내용이 긴 판례의 경우에는 필자가 적당한 곳을 나누어서 소타이틀을 삽입해 두었다. 이 소제목들은 판례의 원문에는 들어 있지 않으나 독자의 이해를 돕기 위한 것이다.

어느 나라나 그렇지만 판결문은 대단히 읽기 힘든 문장구조를 취하고 있다. 판결문 속에는 이중, 삼중의 인용문이 들어 있다. 예컨대 대법원은 "원심판결에 의하면 원심은 …… 라고 판시한 제1심판결을 유지하고 있다"는 식으로 판결문을 적고 있다. 이 경우 '판시'의 주체는 누구이고 '판시'의 내용은 무엇인지 혼란스러울 때가 있다. 사람들은 보통 제1심법원의 판단, 제2심(항소심)법원의 판단, 대법원(상고심)의 판단이라는 순서로 판결문이 서술될 것으로 기대하지만, 실제의 판결문을 보면 그렇지 아니한 경우가 훨씬 더 많다.

이 점과 관련하여 본서의 필자는 제3자의 시각에 서서 판례가 나오게 된 사건의 경위를 시계열(時系列)적으로 정리하고자 하였다. 대법원판례를 예로 들어 설명하자면, '사실관계' 및 '사건의 경과'라고 제목을 붙이고 있는 부분은 여건이 허락하는 한도에서 대법원판결이 나오기 전에 그 판단의 토대가 되었던 하급심판결을 대법원판결과 함께 분석하여 필자가 나름대로 재정리한 것이다. 판례를 두고 소위 '퍼블릭 도메인(public domain)'에 속한다고 말한다. 누구나 이를 자유롭게 인용하거나 이용할 수 있다는 표현일 것이다. 그러나 본서에 정리된 '사실관계' 및 '사건의 경과' 부분은 본서 필자의 창안에 기초한 것이며, 나름대로의 수고와 기여가 들어 있다고 필자는 자부한다. 이 점에서 그에 상응한 보호와 존중이 있기를 기대한다.

대법원판례의 집필자는 대법관이다. 형사판결에 있어서 대법관의 대화상대방은 피고인과 검사이다. 대법원은 그의 판단대상이 되는 직전의 하급심판결을 가리켜서 '원심판결'이라고 부른다. 원심판결을 거쳐서 대법원판결에 이르는 과정에 제3자는 개입할 여지가 없다. 판례 문장 또한 이러한 각도에서 구성된다. 이러한 사정은 헌법재판소판례의 경우에도 별 차이가 없다.

그러나 본서에서는 이와 같은 판례문장의 접근방식을 떠나고자 한다. 본서는 어디까지나 형사소송법에 관심을 둔 초학자 내지 일반시민을 염두에 두고 집필된 것이다. 본서에서 필자는 독자와 함께 제3자의 시각에 서서 대법원판례 및 헌법재판소판례의 생성과정을 관찰하고자 한다. 이러한 의미에서 본서에서는 '원심판결'이라는 표현 대신에 '항소심판결'이라는 표현을 사용하기로 한다. 또한 '제1심판결', '항소심판결', '대법원판결' 등의 표현을 통하여 사건의 시간적 경과를 나타내려고 한다.

본서의 집필과정에서 필자는 가능한 한 복잡한 법률적 표현을 생략하도록 노력하였다. 판례의 문장 속에는 '피고인', '피해자', '공소외인(公訴外人)' 등과 같은 표현이 수시로 등장한다. 그러나 본서의 '사실관계' 및 '사건의 경과' 부분에서는 피고인의 경우는 갑, 을 등으로, 그 밖의 사람이나 사물은 원칙적으로 A, B, C 등으로 익명처리하여 표현하였다. 법률적 쟁점의 구성과 관련하여 피고인의 변호인이 주장한 항소이유나 상고이유도 특별한 사정이 없으면 이를 피고인의 입장을 대변한 것으로 보아 모두 "갑은 …… 라고 주장하였다"는 식으로 정리하였다.

아울러서 예컨대 '1,234,567원' 등과 같이 판결문에 상세히 표기된 부분은 '120만원' 등으로 뭉뚱그려 정리하였고, 판결문 본문에 괄호로 묶여서 표기된 참고판례의 선고연월일 및 사건번호들은 특별한 경우가 아니면 이를 생략하였다. 아울러 판례원문에 나타나는 특징적 표현을 이용하여 판례마다 '사건명'을 붙여두었다. 이렇게 한 것은 모두 사안의 신속한 파악과 이해를 돕기 위함이다.

Ⅲ. 판례의 배열순서

본서는 기존의 판례교재들과는 달리 판례를 강학상의 체계에 따라 배열하지 아니하였다. 필자의 교과서『형사소송법』제3판의 각주에 굵은 글씨로 판례를 표기해 놓은 것 자체가 이미 강학상의 체계에 따른 배열이라고 보았기 때문이다. 그 대신에 본서에서는 판례를 그의 고유번호라고 할 수 있는 '사건번호'에 따라서 배열하였다. 그 이유는 두 가지이다. 하나는 본서가 소위 '판례사전'과 같은 기능을 수행할 수 있도록 하기 위함이다. 독자들로서는 어떠한 교과서를 사용하더라도 그 책자에 수록된 판례의 사건번호를 확인하여 본서를 참조할 수 있을 것이다. 물론 지면의 한계로 본서가 완벽한 판례사전이 될 수는 없겠지만, 본서를 통하여 적어도 중요한 판례들은 찾아볼 수 있을 것이다.

사건번호를 중심으로 판례를 배열하면서 얻게 되는 또 하나의 소득은 한국 형사사법의 흐름을 조망할 수 있다는 점이다. 흔히들 최신판례라고 하여 선고연월일을 기준으로 판례를 배열하고는 한다. 그러나 조금만 더 생각해 보면 사건번호에 따른 배열에도 나름대로 의미가 있음을 알 수 있다. 사건번호는 법원에 사건이 접수되면서 부여되는 번호이다. 대법원판례를 기준으로 해서 보면, 적어도 그 사건번호 순서에 따라서 대법원에 문제점이 지적되고 주장되었음을 알 수 있다. 그에 대한 대법원의 판단은 때로는 신속하게, 때로는 뒤늦게 내려진다. 판단의 신속과 지연은 대법원이 처한 여러 가지 사정에 따라서 좌우된다. 그러나 문제의 이슈가 부각된 당시의 시점과 사회상황만큼은 확실하며 변동되지 않는다. 이러한 역사성을 사건번호는 제시한다.

본서는 형사소송법에 관한 주요판례들을 사건번호 순서에 따라서 배열하였다. 필자가 붙인 '코멘트'나 분석된 판결문 자체에서 언급되는 관련판례 가운데 본서에 분석·수록된 것에 대해서는, 필자가『형사소송법』제3판에서 그렇게 하였던 것처럼, 해당 판례의 사건번호를 굵은 글씨로 처리해 두었다. 이는 상호 참조를 가능하게 하기 위함이다. 한편 본서의 효율적 이용에 도움을 주기 위하여 사건번호에 따른 목차 이외에 사항별 색인, 선고일자에 따른 색인 등을 함께 수록해 두었다. 판례는 우리 형사소송법이 제정·실시된 1954년 이후부터 2005년 상반기까지의 대법원판례 및 헌법재판소판례 가운데 의미 있다고 생각되는 것들을 골라서 수록하였다.

본서는 제목을 『판례분석 형사소송법』이라고 붙이고 있다. '판례분석'이라고 이름붙인 것은 기존의 판례원문을 잘게 쪼개서 독자의 이해를 높이려고 한 의도를 가리킨다. 그렇지만 동시에 대법원판결문이나 헌법재판소결정문을 자의적(恣意的)으로 분해함으로써 판례의 원취지가 잘못 전달될 염려도 있다. 혹시 이와 같은 일이 일어난다면 그것은 전적으로 본서를 집필한 필자의 책임이다. 이 점과 관련하여 독자 여러분들의 많은 질정(叱正)과 비판을 기대한다.

그와 동시에 한 가지 지적하고 싶은 것은 인터넷이나 판례DVD 등을 통하여 과거보다는 훨씬 더 신속하고 용이하게 판례원문을 접할 수 있다는 사실이다. 형사소송법에 대한 이해도가 높은 독자들께는 가급적 판례원문의 일독을 권한다. 이러한 독자들이라면 본서를 판례원문을 읽어가기 위한 안내서 정도로 이용하면 좋을 것이다. 참고로 본서에 소개된 판례의 수록처 가운데 '집'은 '대법원판결(례)집'을, '공'은 '법원(판례)공보'를, '총람'은 '판례총람'을, '헌집'은 '헌법재판소판례집'을, '헌공'은 '헌법재판소공보'를 각각 가리킨다. 구체적인 판례 인용의 방식은 필자의 교과서 『형사소송법』 제3판 앞부분에 적어 두었다.

Ⅳ. 감사의 인사

본서의 출간에 있어서 여러 분들의 도움을 받았다. 무엇보다도 본서의 교정에 헌신적인 노력과 정성을 쏟아준 서울대학교 대학원 석사과정의 이상훈 군에게 감사를 표한다. 또한 같은 대학원 박사과정의 김현숙 양, 김영중 군과 석사과정의 오지영 양도 많은 도움을 주었다. 법문사의 현근택 차장님, 김영훈 차장님 그리고 동국문화사의 이정은 선생님께도 여러 가지로 도움을 받았다. 이분들 모두에게 감사의 인사를 전한다.

필자는 형사소송법에 관한 주요판례를 보다 쉽게 이해할 수 있는 길잡이로서 본서가 독자들께 조금이라도 도움이 되었으면 하는 바람을 가지고 있다. 그와 함께 본서가 우리 판례를 통한 한국 형사소송법학의 토착화에 미력이나마 기여가 되기를 소망하고 있다. 이와 같은 바람과 소망이 독자들께 공감될 수 있기를 기원하면서, 그리고 그와 동시에 장황한 집필의 변(辯)을 끝까지 읽어주신 독자 여러분들께 감사를 표하면서 이만 머리말을 마무리하기로 한다.

2005년 10월
관악산 연구실에서

필자 씀

판례번호순 목차

사항별 목차

VI. 증 거

Ⅶ. 재 판

Ⅷ. 상 소

82도1199

공소사실의 중복기재와 이중기소
부정수표 중복기재 공소장 사건

1983. 5. 24. 82도1199, 공 1983, 1033

1. 사실관계 및 사건의 경과

【사실관계】

① 검사는 갑을 부정수표단속법 위반죄로 기소하였다.

② 검사는 공소장의 별지 범죄일람표에 문제된 수표들을 일련번호를 붙여서 기재하였다.

③ 그런데 일련번호 28번 내지 36번의 수표들(ⓒ부분)은 앞서 기재된 일련번호 19번 내지 27번의 수표들(ⓒ부분)과 같은 것이었다.

【사건의 경과】

① 갑의 피고사건은 제1심을 거친 후, 항소심에 계속되었다.

② 항소심법원은 다음의 이유를 들어 ⓒ기재 부정수표 부분에 대해 공소기각판결을 내렸다.

  (가) 공소장 별지 범죄일람표중 일련번호 28번 내지 36번의 수표들(ⓒ부분)은 19번 내지 27번의 수표들(ⓒ부분)과 중복 기재되었다.

  (나) ⓒ부분 공소사실은 공소가 제기된 사건에 관하여 다시 공소가 제기된 결과가 되었다.

  (다) 형사소송법 제327조 제3호에 익하여 공소를 기각한다.

③ 검사는 불복 상고하였다.

2. 이중기소와 공소사실 이중기재의 관계

【대법원 요지】 형사소송법 제327조 제3호에서 규정하고 있는 "공소가 제기된 사건에 대하여 다시 공소가 제기 되었을 때"라 함은 /

【대법원 요지】 이미 공소가 제기된 사건에 대하여 다시 별개의 공소장에 의하여 이중으로 공소가 제기된 경우를 뜻하는 것이지 /

【대법원 요지】 하나의 공소장에 범죄사실이 이중으로 기재되어 있는 경우까지 포함하는 것이라고는 해석되지 않는다. /

【대법원 요지】 왜냐하면, 하나의 공소장에 수개의 범죄사실이 기재되어 있는 경우 공소제기의 전후를 구별할 수 없을 뿐만 아니라, /

【대법원 요지】 이중기소에 대하여 공소기각 판결을 하도록 되어 있는 법의 취지는 하나의 사건에 대하여 이중판결의 위험을 막자는데 있는 것이고, /

【대법원 요지】 이중판결의 위험은 별개의 공소장에 의하여 공소가 제기된 경우에 생길 수 있기 때문이다. /

【대법원 요지】 따라서 하나의 공소장에 동일한 사건이 중복되어 기재되어 있는 경우 /

【대법원 요지】 이는 기소의 문제가 아니라 단순한 공소장 기재의 착오라 할 것이므로 /

【대법원 요지】 법원으로서는 석명권을 행사하여 검사로 하여금 이를 정정케 하든가 /

【대법원 요지】 그렇지 않은 경우에도 스스로 판결이유에 그 착오사실을 정정 표시하여 줌으로써 족하고 /

【대법원 요지】 주문에 별도로 공소기각의 판결을 할 필요는 없다 할 것이다.

【대법원 판단】 그럼에도 불구하고 원심이 하나의 공소장에 중복하여 기재되어 있는 동일한 사건에 대하여 그 중복된 부분을 이중기소로 보아 공소기각의 선고를 하였음은 위법이라 할 것이다. /

【대법원 결론】 위와 같은 위법은 유죄부분이 이미 확정되어 있는 이 사건에 있어서 판결결과에 영향이 없다 할 것이므로 /

【대법원 결론】 논지는 결국 이유 없음에 돌아간다. (상고 기각)

92도3160

형법 제310조의 적용요건
배차실 대자보 사건
1993. 6. 22. 92도3160, 공 1993, 2188

1. 사실관계 및 사건의 경과

【사실관계 1】

① 갑은 P시내버스회사의 운전사이다.

② P회사에는 노동조합이 있다.

③ 노동조합 조합장의 임기는 3년이다.

④ 1988. 7. 1. A가 노동조합장으로 취임하였다.

⑤ 1991. 3. 21. 조합장 선거가 있었다.

⑥ 갑은 조합장 선거에 출마하였다.

⑦ 갑은 다음 내용의 선거공약을 제시하였다.

   (가) 그동안 조합의 운영이나 회계감사의 결과가 공개되지 아니하여 조합원들 간에 오해와 불만이 있었다.

   (나) 조합장에 당선되면 조합의 운영을 모두 공개하겠다.

⑧ 갑은 조합장에 당선되었다.

【사실관계 2】

① 1991. 4. 1. 갑은 P회사의 노동조합장에 취임하였다.

② P회사 노동조합의 운영세칙에 의하면 6개월마다 회계감사를 하도록 되어 있다.

③ 갑은 선거공약에 따라 회계감사를 공개적으로 실시하였다.

④ 갑은 전임 노동조합장 A의 재임중의 업무처리내용을 확인하였다.

⑤ 갑은 이 과정에서 근거자료가 불명확한 부분들을 발견하였다.

⑥ 1991. 4. 20. 갑은 P회사내 배차실 벽에 모조지 전지를 사용하여 다음 내용의 ㉠대자보를 작성·부착하였다(㉮행위).

   (가) "체육복에 관하여, 1벌당 10,000원이면 구입할 수 있는 것을 터무니없이 비싼 가격인 18,000원에 구입하였다"

   (나) "수재의연금에 관하여, 지부에서 우리 조합원들의 수재현황을 보고받아 수재의연금을 지급한 사실이 있는데 전 분회장 A는 이러한 사실을 공고조차 하지 않고 전혀 피해를 입지 아니한 조합원들에게 극비리에 5만원씩 지급하였다"

   (다) "조합비·전별금·경조비에 관하여, 전임자 A는 업무를 집행한 1988. 7. 1.부터 현재까지 불규칙적으로 조합비는 납부하였으나 전별금 및 경조비는 한푼도 낸 사실이 없다"

⑦ A는 갑을 명예훼손죄로 고소하였다.

【사건의 경과 1】

① 검사는 갑을 명예훼손죄로 기소하였다.

② 제1심 공판절차에서 A는 다음과 같이 주장하였다.

   (가) ㉠대자보에 부착된 내용은 사실이 아니다.

   (나) 회계감사는 회계감사결고보고서의 형식으로 보고되어야 한다.

   (다) ㉠대자보는 전임 조합장 A의 업무집행을 비난하는 형식을 취하고 있다.

   (라) 갑은 ㉠대자보를 일반인들도 출입하는 배차실에 부착하였다.

   (마) 갑이 ㉠대자보를 부착한 것은 다음에 실시될 조합장 선거에서 전임 조합장 A를 배제하기 위함이었다.

③ 제1심 공판절차에서 갑은 다음과 같이 주장하였다.

   (가) ㉠대자보에 기재된 내용은 모두 사실이다.

   (나) ㉠대자보를 부착한 것은 조합원 전체의 이익을 위하여 이를 알리기 한 것이었다.

④ 제1심법원은 형법 제307조 제1항(사실적시 명예훼손)을 적용하여 갑에게 유죄를 정하였다.

【사건의 경과 2】

① 갑은 불복 항소하였다.

② 갑은 항소이유로 다음의 점을 주장하였다.

   (가) 갑에게 명예훼손의 고의가 없었다.

   (나) 갑의 ㉮행위는 진실한 사실로서 오로지 공공의 이익에 관한 것이어서 형법 제310조에 의하여 위법성이 조각된다.

   (다) 갑의 ㉮행위는 사회상규에 위배되지 아니하여 위법성이 조각된다.

③ 항소심법원은 다음의 이유를 들어 항소를 기각하였다.

   (가) 갑의 ㉠대자보를 부착하게 된 경위에 있어서는 조합을 위한다는 일면이 엿보인다.

   (나) 그렇다고 하더라도 그 기재내용 및 수단 등에 비추어 보면 갑의 ㉮행위에 명예훼손의 범의가 없었다고는 볼 수 없다.

   (다) ㉮행위가 진실한 사실로서 오로지 조합원들의 이익에 관한 때에 해당한다고 볼 수 없다.

(라) ㉮행위가 사회상규에 위배되지 아니하는 행위로서 위법성이 없다고 볼 수도 없다.
④ 갑은 불복 상고하였다.
⑤ 갑의 상고이유는 항소이유와 같다.

2. 형법 제310조의 취지와 적용요건

【대법원 요지】 가. 형법 제310조는 "제307조 제1항의 행위가 진실한 사실로서 오로지 공공의 이익에 관한 때에는 처벌하지 아니한다"고 규정하고 있으므로, /

【대법원 요지】 공연히 사실을 적시하여 사람의 명예를 훼손하였다고 하더라도, /

【대법원 요지】 그 사실이 공공의 이익에 관한 것으로서 공공의 이익을 위할 목적으로 그 사실을 적시한 경우에는, /

【대법원 요지】 그 사실이 진실한 것임이 증명되면 위법성이 조각되어 그 행위를 처벌하지 아니하는 것인바, /

【대법원 요지】 위와 같은 형법의 규정은 인격권으로서의 개인의 명예의 보호와 헌법 제21조에 의한 정당한 표현의 자유의 보장이라는 상충되는 두 법익의 조화를 꾀한 것이라고 보아야 할 것이므로, /

【대법원 요지】 이들 두 법익간의 조화와 균형을 고려한다면, /

【대법원 요지】 적시된 사실이 진실한 것이라는 증명이 없더라도 /

【대법원 요지】 행위자가 그 사실을 진실한 것으로 믿었고 /

【대법원 요지】 또 그렇게 믿을 만한 상당한 이유가 있는 경우에는 /

【대법원 요지】 위법성이 없다고 보아야 할 것이다.

【대법원 요지】 그리고 이 경우에 적시된 사실이 공공의 이익에 관한 것인지의 여부는 그 사실 자체의 내용과 성질에 비추어 객관적으로 판단하여야 할 것이고, /

【대법원 요지】 행위자의 주요한 목적이 공공의 이익을 위한 것이라면 부수적으로 다른 사익적인 동기가 내포되어 있었다고 하더라도 형법 제310조의 적용을 배제할 수는 없다고 할 것이다.

3. 공공의 이익 여부에 대한 대법원의 판단

【대법원 분석】 나. 그러므로 먼저 피고인이 적시한 사실이 공공의 이익에 관한 것인지의 여부에 대하여 살펴본다.

(1) 사안에 대한 대법원의 분석

【대법원 분석】 관계증거를 기록과 대조하여 검토하면, /

【대법원 분석】 피고인[갑]이 1991. 3. 21. 선거에 의하여 임기 3년의 전국자동차노동조합연맹 서울버스지부 P회사분회(이 뒤에는 조합이라고 약칭한다)의 분회장(이 뒤에는 조합장이라고 약칭한다)으로 당선되어 4. 1. 취임하였는데, /

【대법원 분석】 종전에는 조합의 운영이나 회계감사의 결과가 공개되지 아니하여 조합원들 간에 오해와 불만이 있었기 때문에, 피고인이 조합장의 선거에 즈음하여 조합의 운영을 모두 공개하겠다고 공약하였던 사실, /

【대법원 분석】 조합의 임원들이 1991. 4. 8.부터 4. 12.까지 사이에 분회운영세칙(공판기록 제57면 내지 제75면)에 따라 6개월마다 하도록 되어 있는 회계감사를 공개적으로 한 결과, /

【대법원 분석】 원심도 인정한 바와 같이 전임 조합장인 피해자[A]가 조합장으로 재임하면서 처리한 업무 중 이 사건 대자보에 기재된 바와 같이 조합의 자금을 지출한 증빙자료가 부족하거나 의심의 여지가 있는 부분들을 발견하게 되어 주로 조합원들에게 이를 알리고자 하는 목적에서 대자보를 부착한 사실, /

【대법원 분석】 회계감사를 한 조합의 임원들이 피고인[갑]에게 회계감사의 결과를 공개할 것을 강력히 요청한 사실 등을 인정할 수 있고, /

【대법원 판단】 피고인이 위 대자보를 부착하게 된 주된 동기가 공소사실에 기재된 바와 같이 다음에 실시될 조합장의 선거에서 위 피해자를 배제하기 위한 것이라고 인정하기는 어렵다 /

【대법원 판단】 (검사가 작성한 피해자에 대한 진술조서에 기재된 위 피해자[A]의 일방적인 주장 이외에는 이 점에 부합되는 증거가 없다).

(2) 사안에 대한 대법원의 판단

【대법원 판단】 따라서 위 대자보에 기재된 사실들은 위 피해자[A]가 조합장으로 재임하는 동안에 조합의 자금이 정상적으로 지출되었는지의 여부 등에 관한 것으로서, /

【대법원 판단】 그 내용과 성질에 비추어 객관적으로 판단할 때 형법 제310조 소정의 "공공의 이익에 관한 것"에 해당한다고 봄이 상당한바, /

【대법원 판단】 위 대자보의 표현방법이 단순한 회계감사결고보고서의 형식을 취하지 아니하고 전임 조합장인 위 피해자의 업무집행을 비난하는 형식을 취하였다고 하더라도, /

【대법원 판단】 피고인[갑]이 조합장으로서 위 대자보를 부착하게 된 목적이 주로 위와 같은 사실들을 조합원들에게 알리기 위한 것인 이상 공공의 이익을 위한 것이라고 볼 수 있을 것이다.

【대법원 판단】 피고인이 위 대자보를 부착한 장소가 일반인이 출입할 수 있는 배차실이라고 하더라도, /

【대법원 판단】 관계증거와 기록에 의하여 인정되는 바와 같이 배차실이 주로 조합원인 운전사들의 대기실로 사용되는 곳으로서 1일 2교대제로 근무하는 운전사 등 조합원들 전원이 한자리에 집합하는 것이 어려운 점을 감안하면, /

【대법원 판단】 배차실에 대자보를 부착하는 것이 전체 조합원들에게 위와 같은 사실들을 알리는 데에 가장 효과적인 방법이 될 수도 있다고 보이므로, /

【대법원 판단】 피고인이 위와 같은 장소에 대자보를 부착한 것만으로 피고인의 행위가 공공의 이익을 위한 것이 아니라고 볼 수도 없다.

4. 진실한 사실 여부에 대한 대법원의 판단

【대법원 분석】 다. 다음으로 피고인이 적시한 사실이 진실한 것인지의 여부에 대하여 살펴본다.

【대법원 분석】 원심이 배척하지 아니한 제1심증인 B, 원심증인 C의 각 증언과 /

【대법원 분석】 수사기록에 편철된 위 대자보의 사진들(제13면, 제14면), /

【대법원 분석】 D 및 E 작성의 각 진술서(제48면, 제50면), /

【대법원 분석】 간이세금계산서(제49면), 영수증(제51면), 수재의연금 지출관계서류(제52면 내지 제69면)의 각 기재 등 /

【대법원 분석】 관계증거와 기록에 의하면, /

【대법원 분석】 조합의 임원들이 공개적으로 회계감사를 한 결과 피고인[갑]이 위 대자보에 기재된 사실들을 알게 된 근거로는, /

【대법원 분석】 (1) "체육복관련벽보"에 관하여는, 조합원인 D가 조합이 이미 1벌에 금 18,000원씩 주고 구입한 체육복과 색상 및 디자인이 다를 뿐 상표와 천이 같은 물건을 시장에서 금 10,000원에 구입하였다고 하면서 그 물건을 가져와 비교하여 보니 품질이 같은 것이었고/

【대법원 분석】 (피고인[갑]은 위 D가 구입한 체육복을 대자보 옆에 함께 부착하여 공개하였다), /

【대법원 분석】 (2) "수재의연금관련벽보"에 관하여는, 당시 수재의연금을 지급받은 조합원인 E가 위 피해자[A]로부터 수재의연금이 나왔으니 통장의 확인서를 받아오면 주겠다는 말을 듣고 실제로 수해를 입지 않았는데도 통장의 확인서를 제출하고 수재의연금을 받았다고 말하였으며 /

【대법원 분석】 (당시 수재의연금을 지급받은 조합원은 모두 6명이었다), /

【대법원 분석】 (3) "전별금등관련벽보"에 관하여는, 다른 조합원들로부터는 조합비 · 전별금 · 경조비를 월급에서 일률적으로 공제하여 징수하였는데, 위 [A]로부터는 조합비만 불규칙적으로 월급에서 공제하여 징수하였을 뿐 전별금과 경조비는 월급에서 공제하지 아니한 사실이 확인된 것으로서, /

【대법원 분석】 피고인[갑]은 공개적인 회계감사의 결과 드러난 이와 같은 자료들을 근거로 위 대자보에 기재된 사실들이 진실한 것이라고 믿고 공개하게 된 사실을 인정할 수 있는바, /

【대법원 판단】 그렇다면 위 대자보에 기재된 내용이 모두 진실한 사실임이 증명되었다고 볼 수는 없을지 모르지만, /

【대법원 판단】 위 피해자[A]가 조합장으로 재임할 당시 조합의 운영을 공개하지 아니하여 오해의 소지가 있었던 터에, /

【대법원 판단】 공개적으로 회계감사를 한 결과 위 피해자가 조합장으로 처리한 업무중 조합의 자금을 지출한 증빙자료가 부족하거나 의심의 여지가 있는 부분들이 드러나게 되었고, /

【대법원 판단】 그 중의 일부 중요한 부분은 진실한 사실임이 증명될 수 있는 정도로 자료가 확보되어 있어, /

【대법원 판단】 피고인[갑]이 위 대자보에 기재된 내용을 진실이라고 믿게 되었던 것이므로, /

【대법원 판단】 피고인이 그와 같이 믿은 데에는 그럴만한 상당한 이유가 있었다고 볼 수도 있을 것이다.

5. 사안에 대한 대법원의 결론

【대법원 결론】 라. 그렇다면 원심으로서는 피고인이 자신이 적시한 사실이 공공의 이익에 관한 것으로서 진실한 사실이라고 믿었는지의 여부와 /

【대법원 결론】 확실한 자료나 근거에 비추어 피고인이 그렇게 믿을만한 상당한 이유가 있었는지의 여부에 관하여 신중하게 심리검토한 다음, /

【대법원 결론】 형법 제310조가 적용되어야 한다는 변호인의 주장이 이유가 있는 것인지의 여부에 대하여 판단을 하였어야 할 것임에도 불구하고, /

【대법원 결론】 원심은 판시한 바와 같은 이유만으로 피고인의 행위가 진실한 사실로서 오로지 공공의 이익에 관한 때에 해당하지 아니한다고 판단하여 피고인을 명예훼손죄로 처벌하였으니, /

【대법원 결론】 원심판결에는 명예훼손죄에 있어서의 위법성에 관한 법리를 오해한 위법이 있다고 할 것이고, /

【대법원 결론】 이와 같은 위법은 판결에 영향을 미친 것임이 분명하므로, /

【대법원 결론】 이 점을 지적하는 논지는 이유가 있다. (파기 환송)

96도1231

결과범과 공소시효 기산점
삼풍 부실 골조공사 사건
1996. 8. 23. 96도1231, 공 1996, 2937

1. 사실관계 및 사건의 경과

【사실관계 1】
① (삼풍백화점 붕괴사고 관련 판례의 일부이다.)
② P회사는 M건물(이후의 삼풍백화점)을 건선하였다.
③ Q회사는 P회사로부터 M건물의 ㉠철근골조공사를 도급받았다.
④ 갑, 을, 병, 정은 Q회사의 건축주임, 건축기사, 철근반장, 형틀반장이다. (갑 등으로 통칭함).

【사실관계 2】
① 갑 등은 부실시공을 하였다.
② (주의의무 위반 내용은 생략함)
③ M건물의 골조는 예정된 철근콘크리트골조의 강도와 내력을 가지지 못하게 되었다.
④ 1989년 말 M건물이 완공되었다.
⑤ 1995. 6. 29. M건물이 붕괴되었다.
⑥ 이 사고로 현장에서 A 등 500명이 넘는 사망자와 B 등 900명이 넘는 부상자가 발생하였다.

【사건의 경과】
① 검사는 갑 등을 업무상 과실치사상죄로 기소하였다.
② 갑 등의 피고사건은 제1심을 거친 후, 항소심에 계속되었다.
③ 항소심은 유죄를 인정하였다.
④ 갑 등은 불복 상고하였다.
⑤ 갑 등은 상고이유로 다음의 점을 주장하였다.
　(가) 갑 등의 행위는 ㉠철근골조공사를 시공한 것이다.

(나) ㉠공사는 1989년 이전에 시공되었다.

(다) M건물 붕괴 시점은 1995. 6. 29.이다.

(라) 갑 등에 대한 공소제기 시점은 붕괴사고 발생시점 이후이다.

(마) 업무상 과실치사상죄의 공소시효는 5년이다(2007년 형소법 개정 이후에는 7년).

(바) 갑 등에 대한 공소시효는 완성되었다.

2. 결과범과 공소시효 기산점

【대법원 요지】 공소시효의 기산점에 관하여 규정한 형사소송법 제252조 제1항 소정의 '범죄행위'에는 당해 범죄의 결과까지도 포함되는 취지로 해석함이 상당하므로, /

【대법원 요지】 업무상과실치사상죄의 공소시효는 피해자들이 사상에 이른 결과가 발생함으로써 그 범죄행위가 종료한 때로부터 진행한다고 할 것이다 /

【대법원 요지】 (당원 1994. 3. 22. 선고 94도35 판결 참조).

【대법원 판단】 이 사건의 경우 피해자들이 사상에 이른 1995. 6. 29.부터 5년이 경과하기 전에 공소가 제기되었음이 역수상 명백함을 이유로 /

【대법원 판단】 공소시효가 완성된 후에 공소가 제기되었다는 위 피고인들의 주장을 배척한 원심판단은 /

【대법원 판단】 당원의 위와 같은 견해에 따른 것으로 정당하고, /

【대법원 결론】 거기에 소론과 같은 공소시효의 기산점에 관한 법리오해의 위법이 있다고 할 수 없다. (상고 기각)

2006도6356

상상적 경합범과 공소시효 기산점
엄격한 증명의 대상
사기죄 대 변호사법위반죄 사건
2006. 12. 8. 2006도6356, [미간행]

1. 사실관계 및 사건의 경과

【사실관계】

① 공무원 A가 취급하는 ㉮사건이 있다.

② 갑은 A에게 청탁 또는 알선을 한다는 명목으로 B, C, D, E로부터 금품을 받았다.

③ [㉮사건에 대한 청탁이나 알선은 이루어지지 않았다.]

【사건의 경과 1】

① 검사는 갑을 변호사법위반죄와 사기죄로 기소하였다.

② [제1심 공판절차에 B와 E가 출석하였다.]

③ [B는 갑에게 불리한 진술을 하였다(㉠진술).]

④ [E는 갑에게 불리한 진술을 하였다(㉡진술).]

【사건의 경과 2】

① 제1심을 거친 후, 항소심이 진행되었다.

② B는 재판부에 ㉢진술서(사진 첨부)을 제출하였다.

③ C는 재판부에 ㉣진술서를 제출하였다.

④ D는 재판부에 ㉤사실확인서(영수증 첨부)를 제출하였다.

⑤ 항소심은 갑에게 [사기죄로] 유죄를 인정하였다.

⑥ 항소심은 유죄판결의 증거요지 부분에 관련 증거들을 기재하였다.

⑦ 그 가운데 일부로 다음의 것이 들어 있다.

　　(가) 이 사건 범죄사실에 부합하는 B, E의 ㉠, ㉡진술

　　(나) ㉠, ㉡진술의 신빙성을 보강하는 ㉢, ㉣, ㉤진술서

⑧ [제1심이나 항소심 공판조서에는 ㉢, ㉣, ㉤진술서에 대한 증거조사에 대해 기재가 없다.]

⑨ [제1심이나 항소심 공판조서에는 ㉢, ㉣, ㉤진술서에 대해 갑이 증거동의를 하였다는 기재가 없다.]

【사건의 경과 3】

① 갑은 불복 상고하였다.

② 갑은 첫 번째 상고이유로 다음의 점을 주장하였다.

　　(가) 변호사법위반죄 공소사실과 사기죄 공소사실은 상상적 경합관계에 있다.

　　(나) 변호사법위반죄의 공소시효가 완성되었다.

　　(다) 원심판결에는 면소판결을 선고하지 아니한 위법이 있다.

③ 갑은 두 번째 상고이유로 다음의 점을 주장하였다.

　　(가) ㉢, ㉣, ㉤진술서에 대해서는 증거조사가 이루어지지 않았다.

　　(나) ㉢, ㉣, ㉤진술서에 대해서는 피고인의 증거동의가 없다.

　　(다) 원심판결에는 증거능력 없는 ㉢, ㉣, ㉤증거에 의하여 범죄사실을 인정한 위법이 있다.

2. 상상적 경합과 공소시효의 기산점

【대법원 요지】 가. 1개의 행위가 여러 개의 죄에 해당하는 경우 형법 제40조는 이를 과형상 일죄로 처벌한다는 것에 지나지 아니하고, /

【대법원 요지】 공소시효를 적용함에 있어서는 각 죄마다 따로 따져야 할 것인바, /

【대법원 요지】 공무원이 취급하는 사건에 관하여 청탁 또는 알선을 할 의사와 능력이 없음에도 청탁 또는 알선을 한다고 기망하여 금품을 교부받은 경우에 성립하는 사기죄와 변호사법 위반죄는 상상적 경합의 관계에 있으므로, /

【대법원 요지】 변호사법 위반죄의 공소시효가 완성되었다고 하여 그 죄와 상상적 경합관계에 있는 사기죄의 공소시효까지 완성되는 것은 아니다.

3. 엄격한 증명의 대상

【대법원 요지】 나. 구성요건에 해당하는 사실은 엄격한 증명에 의하여 이를 인정하여야 하고, /

【대법원 요지】 증거능력이 없는 증거는 구성요건 사실을 추인하게 하는 간접사실이나 /

【대법원 요지】 구성요건 사실을 입증하는 직접증거의 증명력을 보강하는 보조사실의 인정자료로서도 허용되지 아니한다.

4. 사안에 대한 대법원의 판단

【대법원 판단】 그런데 원심판결 이유와 기록에 의하면, /

【대법원 판단】 B가 원심에서 제출한 2006. 7. 20.자 진술서 및 이에 첨부된 사진, /

【대법원 판단】 C가 원심에서 제출한 2006. 7. 10.자 진술서, /

【대법원 판단】 D가 2006. 7. 10. 원심에서 제출한 사실확인서 및 이에 첨부된 영수증 등은 /

【대법원 판단】 제1심이나 원심에서 증거조사를 거치지 아니하였고 피고인 갑이 이를 증거로 사용함에 동의를 한 바 없어 증거능력이 없는데도 /

【대법원 판단】 원심이 위 각 증거에 의하여 /

【대법원 판단】 피고인 갑에 대한 이 사건 범죄사실(원심판결의 유죄부분, 이하 같다)에 관한 직접증거인 /

【대법원 판단】 B, E 등의 각 이 사건 범죄사실에 부합하는 진술의 /

【대법원 판단】 신빙성을 보강하는 그 판시와 같은 사실을 인정하였음을 알 수 있으므로 /

【대법원 판단】 원심의 이러한 조치는 위법하다.

【대법원 결론】 그러나 위 각 증거들을 제외하더라도, 원심이 인용한 제1심판결이 적법하게 조사하여 채택한 증거들에 의하면 피고인 갑에 대한 이 사건 범죄사실을 넉넉히 유죄로 인정할 수 있으므로, 원심의 위와 같은 위법이 판결 결과에 영향을 미친 것은 아니다. (상고 기각)

2006도8488

항소이유, 직권조사사유, 직권심판사항
주권 발행 당일 제권판결 사건
2007. 5. 31. 2006도8488, 공 2007, 1006

1. 사실관계 및 사건의 경과

【사실관계 1】

① P회사는 기업의 인수 · 합병을 전문으로 하는 회사이다.

② 갑은 P회사의 대표이사이다.

③ P회사는 자금력이 없다.

④ A는 Q회사를 설립하여 실질적으로 지배하려는 의사가 있다.

⑤ A에게는 Q회사를 직접 설립할 수 없는 사정이 있다.

⑥ A는 P회사를 통해 Q회사를 설립·지배하려는 계획을 세웠다.

【사실관계 2】

① A는 갑에게 자금을 제공하였다.

② 갑은 A가 제공한 자금으로 Q회사 설립시에 ㉠주식을 인수하였다.

③ ㉠주식은 P회사 소유로 Q회사 주주명부에 등재되었다.

④ B는 Q회사 1차 증자시에 ㉡주식을 인수하였다.

⑤ A는 P회사에 자금을 제공하였다.

⑥ P회사는 A가 제공한 자금을 가지고 B로부터 ㉡주식을 양수하였다.

⑦ ㉡주식은 P회사 소유로 Q회사 주주명부에 등재되었다.

【사실관계 3】

① A는 ㉠, ㉡주식을 통하여 Q회사에 대한 지배권을 장악하였다.

② A의 영향력에 의해 갑은 Q회사의 대표이사에 취임하였다.

③ A는 명의신탁 해지를 이유로 갑에게 ㉠, ㉡주식에 대한 주권발행을 요구하였다.

④ 갑은 ㉠, ㉡주식에 대해 A에게 ㉢, ㉣주권을 발행하였다.

⑤ A는 ㉢, ㉣주권을 교부받았다.

【사실관계 4】

① 갑은 ㉢, ㉣주권에 대해 다음과 같은 주장을 해오고 있었다.

　(가) A와 P회사 사이에 명의신탁약정을 맺은 사실이 없다.

　(나) A가 ㉢, ㉣주권을 소지할 아무런 이유가 없다.

② 갑은 ㉢, ㉣주권 발행 당일 분실을 이유로 관할법원에 공시최고신청을 하였다.

③ A는 갑의 공시최고신청 사실을 알지 못하였다.

④ 공시최고기간이 경과하였다.

⑤ 관할법원은 ㉢, ㉣주권에 대해 ㉤제권판결을 내렸다.

⑥ ㉤제권판결은 확정되었다.

【사건의 경과 1】

① 검사는 갑을 사기죄로 기소하였다.

② 제1심 공판절차에서 ㉠, ㉡주식의 소유자를 둘러싸고 다툼이 진행되었다.

③ A는 ㉠, ㉡주식이 자신이 P회사에 명의신탁한 것이라고 주장하였다.

④ 갑은 ㉠, ㉡주식의 소유자는 등기명의자인 P회사라고 주장하였다.

⑤ 제1심법원은 ㉠, ㉡주식이 A가 P회사에 명의신탁한 것이라고 판단하였다.

⑥ 제1심법원은 갑에게 유죄를 인정하였다.

【사건의 경과 2】

① 갑은 불복 항소하였다.

② 갑의 변호인은 항소이유서를 제출하였다.

③ 갑의 변호인은 항소이유로 다음의 점을 주장하였다.

　(가) 제1심판결이 ⑩제권판결 취득행위를 사기죄로 인정한 것에는 법리오해의 위법이 있다. (ⓐ법리오해)

　(나) 제1심판결이 ㉠, ㉡주식이 P회사에게 명의신탁되었다고 판단한 것에는 사실오인의 위법이 있다. (ⓑ사실오인)

【사건의 경과 3】

① 항소이유서 제출기간이 지났다.

② 갑의 변호인은 항소심 법정에 다음 내용의 변론요지서를 추가로 제출하였다.

　(가) ㉠, ㉡주식은 소유자가 P회사 명의로 Q회사 주주명부에 등재되어 있다.

　(나) 갑은 ㉢, ㉣주권의 실제 소유자가 P회사라고 생각하였다.

　(다) 그러므로 갑에게 사기죄의 고의가 없다. (ⓒ범의부인)

③ 항소심법원은 ⓐ법리오해, ⓑ사실오인의 주장을 배척하였다.

④ 항소심법원은 ⓒ범의부인 주장에 대해 별도로 판단하지 않았다.

⑤ 항소심법원은 갑에게 유죄를 인정하였다.

【사건의 경과 4】

① 갑은 불복 상고하였다.

② 갑의 변호인은 상고이유로 다음의 점을 주장하였다.

　(가) 항소심판결이 ⑩제권판결 취득행위를 사기죄로 인정한 것에는 법리오해의 위법이 있다.

　(나) 항소심판결이 ㉠, ㉡주식이 P회사에게 명의신탁되었다고 판단한 것에는 채증법칙 위반의 위법이 있다.

　(다) 항소심판결이 ⓒ범의부인 부분을 판단하지 않은 것은 직권조사사유를 판단하지 아니한 위법이 있다.

2. 법리오해 주장에 대한 대법원의 판단

【대법원 요지】 가. 주권을 교부한 자가 이를 분실하였다고 허위로 공시최고신청을 하여 제권판결을 선고받아 확정되었다면, /

【대법원 요지】 그 제권판결의 적극적 효력에 의해 그 자는 그 주권을 소지하지 않고도 주권을 소지한 자로서의 권리를 행사할 수 있는 지위를 취득하였다고 할 것이므로, /

【대법원 요지】 이로써 사기죄에 있어서의 재산상 이익을 취득한 것으로 보기에 충분하다고 할 것이고, /

【대법원 판단】 이는 제권판결이 그 신청인에게 주권상의 권리를 행사할 수 있는 형식적 자격을 인정하는 데 그치며, 그를 실질적 권리자로 확정하는 것이 아니라고 하여 달리 볼 것은 아니다 /

【대법원 판단】 원심은, 피고인이 법원을 기망하여 A가 소지한 Q회사의 주권에 대한 제권판결을 받은 것은 사기죄에 해당한다고 판단하였는바, 앞서 본 법리에 비추어 보면, 원심의 위와 같은 판단은 정당하고, /

【대법원 판단】 거기에 심리를 다하지 아니하거나 주권의 제권판결 및 소송사기죄의 성립 여부에 관한 법리를 오해한 위법이 있다고 할 수 없다.

3. 채증법칙위반 주장에 대한 대법원의 판단

【대법원 분석】 나. 원심은, /

【대법원 분석】 P회사 소유로 되어 있는 Q회사 주식 55,500주(이하 '이 사건 주식'이라고 한다)는 /

【대법원 분석】 Q회사의 설립 당시 및 제1차 증자 당시 /

【대법원 분석】 A가 타인의 명의를 빌려 주식인수를 하고 그 대금을 납입한 후 자신의 필요에 따라 주주 명의를 P회사로 변경한 것이거나, /

【대법원 분석】 A가 P회사 명의로 타인 소유 주식을 양수하고 그 대금을 지급한 후 주주 명의를 P회사로 변경한 것이고, /

【대법원 분석】 A는 위 주식취득 이후 위 제권판결 당시까지 위 주식에 대한 기명주권을 모두 보관하고 있었던 사실을 인정한 다음, /

【대법원 분석】 위 인정 사실에 의하면, 이 사건 주식은 A가 취득하여 P회사에게 명의신탁한 것이라고 판단하였는바, /

【대법원 판단】 원심이 적법하게 채택한 증거에 비추어 보면, 원심의 위와 같은 판단은 정당하며, 거기에 심리를 다하지 아니하거나 채증법칙을 위배한 위법이 있다고 할 수 없다.

4. 직권조사사유 및 직권심판사항 주장에 대한 대법원의 판단

【대법원 요지】 다. 항소법원은 /

【대법원 요지】 직권조사사유에 관하여는 /

【대법원 요지】 항소제기가 적법하다면 /

【대법원 요지】 항소이유서가 제출되었는지 여부나 항소이유서에 포함되었는지 여부를 가릴 필요 없이 /

【대법원 요지】 반드시 심판하여야 할 것이지만, /

【대법원 요지】 직권조사사유가 아닌 것에 관하여는 /

【대법원 요지】 그것이 항소장에 기재되었거나 소정 기간 내에 제출된 항소이유서에 포함된 경우에 한하여 /

【대법원 요지】 심판의 대상으로 할 수 있고, /

【대법원 요지】 다만 판결에 영향을 미친 사유에 한하여 예외적으로 항소이유서에 포함되지 아니하였다 하더라도 직권으로 심판할 수 있으며 /

【대법원 요지】 한편, 피고인이나 변호인이 항소이유서에 포함시키지 아니한 사항을 항소심 공판정에서 진술한다고 하더라도 /

【대법원 요지】 그러한 사정만으로 그 진술에 포함된 주장과 같은 항소이유가 있다고 볼 수는 없다고 할 것이다. /

【대법원 판단】 피고인의 이 사건 항소이유서에 의하면, /

【대법원 판단】 사기죄에 관한 피고인의 항소이유는 /

【대법원 판단】 1심판결에는 법리오해나 이 사건 주식의 소유자가 누구인지에 대한 사실오인이 있다는 것일 뿐이지, /

【대법원 판단】 피고인에게 사기의 고의가 있었는지 여부에 대한 사실오인이 있다는 것은 아님이 명백하다. /

【대법원 판단】 그리고 피고인의 변호인이 항소이유서 제출기간이 도과한 이후에 원심법정에 제출한 변론요지서에서 /

【대법원 판단】 위 사기의 범의를 부인하는 취지의 주장을 한 사실이 인정되기는 하지만, /

【대법원 판단】 이를 가지고 그와 같은 항소이유가 있었다고 볼 수도 없다. /

【대법원 판단】 한편, 피고인의 변호인이 뒤늦게 주장한 위 사기의 범의에 관한 사실오인의 주장은 /

【대법원 판단】 직권조사사항이 아닐 뿐 아니라, /

【대법원 판단】 앞서 본 바와 같이 이 사건 주식은 A가 P회사에 명의신탁한 것인 점과 /

【대법원 판단】 원심이 적법하게 채택한 증거에 의하여 인정되는 /

【대법원 판단】 B가 Q회사의 지분을 취득한 경위, /

【대법원 판단】 피고인[갑]과 B, A 사이의 관계, /

【대법원 판단】 피고인이 Q회사의 대표이사로 선임된 경위와 Q회사에서의 역할, /

【대법원 판단】 위 제권판결 전후의 피고인의 행동, /

【대법원 판단】 특히 피고인은 위 제권판결 당시 이 사건 주식의 주권을 A가 소지하고 있다는 사실을 잘 알고 있었던 점 등을 종합하여 보면, /

【대법원 판단】 피고인[갑]에게는 사기의 고의 또는 적어도 미필적 고의가 있었다고 충분히 인정되므로, /

【대법원 판단】 위 사실오인 주장은 판결의 결과에 영향을 미치는 것도 아니라고 할 것이다. /

【대법원 결론】 그러므로 항소심이 피고인의 변호인이 뒤늦게 한 위 사실오인 주장을 따로 판단하지 아니하고 나머지 항소이유들만 판단하였다고 하여 /

【대법원 결론】 그러한 원심의 판단에 판단을 유탈한 위법이 있다고 할 수 없다. (다른 사유를 이유로 파기환송)

2007모26

변호인 참여권과 진술거부권 행사의 권유
변호인 끌어내기 사건
2007. 11. 30. 2007모26, [미공간]

1. 사실관계 및 사건의 경과

【사실관계 1】

① (2007. 6. 1. 개정되어 2008. 1. 1.부터 개정 형사소송법이 시행되기 전의 사안이다.)

② 2006. 10. 24. 갑은 국가보안법위반죄 피의사실로 체포되었다.

③ 갑은 국가정보원에서 조사를 받던 중 구속영장이 발부됨에 따라 구속된 상태에서 계속 조사를 받았다.

④ 갑은 그 무렵 변호사인 A를 변호인으로 선임하였다.

【사실관계 2】

① 2006. 11. 8. 변호인 A는 갑에 대한 피의자신문에 참여하기 위하여 신문 실시 전 국가정보원 조사실에 도착하였다.

② 국가정보원 수사관 2명은 변호인 A에게 피의자 갑의 뒤편 대각선 1.5미터 정도에 위치한 좌석에 앉을 것을 요구하였다.

③ 수사관들은 그 근거로 대검찰청 예규 형식의 '변호인의 피의자신문 참여 운영지침'을 제시하였다. (㉠변호인 참여지침)

④ 변호인 A는 이를 거부하고 피의자 갑의 바로 옆자리에 앉던가 아니면 서 있겠다고 하였다.

⑤ 변호인 A는 수사관과 사이에 좌석 위치에 관하여 언쟁을 벌이다 결국 피의자 갑의 바로 옆에서 약간 뒤쪽으로 떨어진 위치에 앉기로 합의하였다.

【사실관계 3】

① 변호인 A는 필기구와 종이 등을 꺼내며 피의자신문의 내용을 메모하려는 듯한 태도를 보였다.

② 수사관은 ㉠변호인 참여지침을 근거로 대면서 신문내용을 기록해서는 안 된다고 말하였다.

③ 변호인 A는 이에 응하지 않았다.

④ 이에 다시 변호인 A와 수사관 사이에 신문내용을 메모하여도 되는지 여부에 관하여 언쟁이 벌어졌다.

⑤ 결국 변호인 A와 수사관 사이에 다음의 사항이 합의되었다.

  (가) 수사관은 변호인 A가 신문내용을 메모하는 것을 용인한다.

  (나) 변호인 A는 이후 신문 참여에 관하여 수사관들과 협의한다.

【사실관계 4】

① 수사관은 피의자 갑에게 진술거부권을 고지하고 피의자신문을 시작하였다.

② 피의자 갑은 이전 여러 차례의 피의자신문 과정에서 대부분 진술거부로 일관하고 있었다.

③ 피의자 갑은 수사관으로부터 2005. 8.경 중국 방문 경위 및 2005. 9. 2. 입국 직후 M호텔 카지노를 이용한 사실에 관하여 추궁을 받았다.

④ 이 과정에서 피의자 갑은 이를 일부 인정하면서 변명하는 취지의 진술을 하기 시작하였다.

⑤ 변호인 A는 수사관에게 '카지노 출입은 혐의사실과 관련이 없다'는 취지로 항의하였다.

⑥ 변호인 A의 항의에도 불구하고 수사관은 카지노 이용사실에 관한 질문을 계속하였다.

【사실관계 5】

① 변호인 A는 피의자 갑에게 "향후 일체의 진술에 대해서 거부하시라고 조언을 드릴께요"라고 말하였다.

② 이에 수사관들은 변호인 A에게 다음과 같이 말하면서 강하게 항의하였다.

  (가) 진술거부권 행사의 권유는 수사 방해에 해당한다.

  (나) 양심을 가지고 실체적 진실을 다투자.

③ 변호인 A는 진술거부권 행사 권유는 적법한 것이라고 답변하였다.

④ 변호인 A와 수사관 사이에 다시 언쟁이 벌어졌다.

⑤ 수사관은 변호인 A에게 즉시 퇴거할 것을 명하였다.

⑥ 변호인 A는 이에 불응하였다.

⑦ 그러자 1명의 수사관이 더 들어와 3명의 수사관 중 2명이 변호인 A의 팔과 어깨를 양쪽에서 잡고 변호인 A를 수사실에서 강제로 끌어내었다.

【사건의 경과】

① 변호인 A는 형소법 제417조에 기하여 수사관의 퇴거처분 취소를 구하는 준항고를 관할 법원에 제기하였다.

② 준항고법원은 변호인 A의 준항고를 인용하였다.

③ 국가정보원장은 준항고법원의 준항고 인용결정에 불복하여 대법원에 재항고하였다.

④ 국가정보원장은 재항고이유로 다음의 점을 주장하였다.

　　(가) 국가정보원 소속 수사관들은 대검찰청 예규 '변호인의 피의자신문 참여 운영지침'에 따라 피의자 갑을 신문하였다.

　　(나) 수사관들의 피의자에 대한 신문 행위는 위법·부당하지 않다

　　(다) 항고법원의 판단에는 변호인의 피의자신문 참여권의 범위 등에 관한 법리오해의 위법이 있다.

2. 변호인 참여권과 진술거부권 행사 권유의 관계

【대법원 요지】 신체 구속을 당한 피의자의 변호인이 가지는 피의자신문에 참여할 수 있는 권리도 /

【대법원 요지】 신문을 방해하거나 수사기밀을 누설하는 등의 염려가 있다고 의심할 만한 상당한 이유가 있는 /

【대법원 요지】 특별한 사정이 있음이 객관적으로 명백하여 /

【대법원 요지】 변호인의 참여를 제한하여야 할 필요가 있다고 인정되는 경우에는 제한할 수 있는 것이기는 하나 /

【대법원 요지】 (대법원 2003. 11. 11.자 **2003모402** 결정 등 참조), /

【대법원 요지】 피의자신문에 참여한 변호인의 피의자가 조력을 먼저 요청하지 않는 경우에도 /

【대법원 요지】 그 의사에 반하지 않는 한 /

【대법원 요지】 스스로의 판단에 따라 능동적으로 /

【대법원 요지】 수사기관의 신문 방법이나 내용에 대하여 /

【대법원 요지】 적절한 방법으로 상당한 범위 내에서 이의를 제기하거나 /

【대법원 요지】 피의자에게 진술거부권 행사를 조언할 수 있는 것이 원칙이라 할 것이니, /

【대법원 요지】 변호인의 이러한 행위를 두고 신문을 방해하는 행위라고 평가할 수는 없다 할 것이고, /

【대법원 요지】 이는 수사기관의 신문이 위법 또는 부당하지 않은 경우에도 마찬가지라 할 것이다.

【대법원 요지】 한편, 준항고인 국가정보원장이 내세우는 검찰청의 「변호인의 피의자신문 참여 운영지침」은 /

【대법원 요지】 검찰총장이 검찰청 소속 공무원들에 대한 일반적인 지휘 감독권에 기하여 제정한 행정규칙에 불과하여 /

【대법원 요지】 국민의 권리 의무를 규율하는 효력이 없고, /

【대법원 요지】 국가정보원 소속 수사관들의 피의자신문에도 적용된다고 볼 아무런 근거도 없다.

3. 사안에 대한 대법원의 판단

【대법원 판단】 원심이 같은 취지에서, 판시한 바와 같은 이유를 들어 /

【대법원 판단】 비록 이 사건 국가정보원 소속 수사관들의 피의자에 대한 신문 행위가 위법·부당하지 않다고 하더라도 /

【대법원 판단】 피의자신문에 참여한 변호인인 준항고인 A가 /

【대법원 판단】 피의자의 의사에 반하지 않은 범위 내에서 /

【대법원 판단】 스스로의 판단에 따라 /

【대법원 판단】 수사관의 신문에 대하여 1회 이의를 제기한 뒤 받아들여지지 않자 /

【대법원 판단】 바로 피의자에게 그 신문에 대한 진술거부권 행사를 조언한 행위가 /

【대법원 판단】 변호인의 참여를 제한하여야 할 필요가 있다고 인정되는 경우에 해당하지 않는다고 판단한 것은 정당하고, /

【대법원 결론】 거기에 재항고이유에서 주장하는 바와 같은 변호인의 피의자신문 참여권의 범위 등에 관한 법리오해 등의 위법은 없다. /

【대법원 결론】 재항고인 국가정보원장의 재항고이유는 모두 받아들이지 않는다. (재항고 기각)

【코멘트】 본 판례의 사안에서 변호사 A는 위의 준항고와는 별도로 국가를 상대로 손해배상청구소송을 제기하였다. 제1심법원은 소액심판절차로 손해배상 사건을 심리하여 원고 승소판결을 선고하였다. 국가는 불복 항소하였으나 항소심법원은 항소를 기각하였다. 국가는 불복 상고하였다. 대법원은 「소액사건심판법」 제3조가 허용하는 상고사유가 없다는 이유를 들어 국가의 상고를 기각하였다 (2014. 10. 27. 2014다44574, 법률신문 2014. 11. 7.). 같은 취지에서 손해배상을 인정한 판례로 본서 **2009다51271** 판례 참조.

2008도1097

임의제출물의 증거능력
재소자 비망록 임의제출 사건
2008. 5. 15. 2008도1097, 공 2008상, 880

1. 사실관계 및 사건의 경과

【사실관계】

① 갑은 M교도소 보안과장이다.

② 을은 두목 급 조직폭력배로서 M교도소에 수감중이다.

③ 을은 M교도소의 ㉠감방에 수감되어 있다.

④ 을은 수감생활과 관련하여 ㉡비망록을 작성해 왔다.

⑤ 을은 ㉡비망록을 담당 교도관 A에게 맡겨두었다.

⑥ 갑과 을 사이에 다음과 같은 혐의가 제기되었다.

    (가) 갑이 을에게 휴대전화 사용, 특별접견 허용 등의 편의를 제공하였다.

    (나) 그에 대한 대가로 M교도소 바깥에 있는 을의 부하 B 등이 갑에게 금품을 제공하였다.

⑦ 담당 교도관 A는 ㉡비망록을 수사기관에 제출하였다.

⑧ ㉡비망록에는 갑에게 금품을 전달한 B 등의 이름과 금액이 기재되어 있었다.

【사건의 경과】

① 검사는 갑을 부정처사후수뢰죄로 기소하였다.

② 검사는 을을 뇌물공여죄로 기소하였다.

③ 제1심을 거친 후, 항소심은 유죄를 인정하였다.

④ 항소심은 유죄인정 증거의 하나로 ㉡비망록을 들었다.

⑤ 갑과 을은 불복 상고하였다.

⑥ 갑과 을은 상고이유로 다음의 점을 주장하였다.

    (가) ㉡비망록은 을의 사생활을 기록한 일기장이다.

    (나) ㉡비망록의 소유권은 을에게 있다.

    (다) ㉡비망록은 을의 동의 없이 담당 교도관 A에 의해 임의제출되었다.

    (라) ㉡비망록은 영장 없이 압수된 것으로서 증거능력이 없다.

    (마) ㉡비망록은 개인의 내밀한 사생활을 기록한 것으로서 증거능력이 없다.

2. 재소자 비망록의 증거능력

【대법원 분석】 형사소송법 제218조는 /

【대법원 분석】 '검사 또는 사법경찰관은 피의자, 기타인의 유류한 물건이나 소유자, 소지자 또는 보관자가 임의로 제출한 물건을 영장 없이 압수할 수 있다'라고 규정하고 있고, /

【대법원 분석】 같은 법 제219조에 의하여 준용되는 제111조 제1항은 /

【대법원 분석】 '공무원 또는 공무원이었던 자가 소지 또는 보관하는 물건에 관하여는 본인 또는 그 해당공무소가 직무상의 비밀에 관한 것임을 신고한 때에는 그 소속공무소 또는 당해감독관공서의 승낙 없이는 압수하지 못한다'고 규정하고 있으며, /

【대법원 분석】 같은 조 제2항은 /

【대법원 분석】 '소속공무소 또는 당해감독관공서는 국가의 중대한 이익을 해하는 경우를 제외하고는 승낙을 거부하지 못한다'고 규정하고 있을 뿐이고, /

【대법원 요지】 달리 형사소송법 및 기타 법령상 /

【대법원 요지】 교도관이 그 직무상 위탁을 받아 소지 또는 보관하는 물건으로서 재소자가 작성한 비망록을 /

【대법원 요지】 수사기관이 수사 목적으로 압수하는 절차에 관하여 특별한 절차적 제한을 두고 있지

않으므로, /

【대법원 요지】 교도관이 재소자가 맡긴 비망록을 수사기관에 임의로 제출하였다면 /

【대법원 요지】 그 비망록의 증거사용에 대하여도 재소자의 사생활의 비밀 기타 인격적 법익이 침해되는 등의 특별한 사정이 없는 한 /

【대법원 요지】 반드시 그 재소자의 동의를 받아야 하는 것은 아니고, /

【대법원 요지】 따라서 검사가 교도관으로부터 보관하고 있던 피고인의 비망록을 뇌물수수 등의 증거자료로 임의로 제출받아 이를 압수한 경우, /

【대법원 요지】 그 압수절차가 피고인의 승낙 및 영장 없이 행하여졌다고 하더라도 /

【대법원 요지】 이에 적법절차를 위반한 위법이 있다고 할 수 없다.

【대법원 판단】 또한, 이 사건 비망록에 피고인 을의 사생활의 비밀 기타 인격적 법익이 침해되는 등의 특별한 사정이 있다고 볼만한 자료가 없으므로, /

【대법원 판단】 이 점에 관한 상고이유의 주장도 받아들일 수 없다. (상고 기각)

2008도7112

상반된 진술의 신빙성 판단방법
국세청 공무원 현금 수수 사건
2008. 12. 11. 2008도7112, [미간행]

1. 사실관계 및 사건의 경과

【사실관계】
① 갑은 국세청 고위 공무원이다.
② [을은 기업인이다.]
③ 갑이 을로부터 뇌물을 수수하였다는 혐의로 수사가 개시되었다.
④ 갑은 을로부터 뇌물을 수수한 사실이 없다고 진술하였다. (㉠진술)
⑤ 을은 갑에게 뇌물을 교부한 사실이 있다고 진술하였다. (㉡진술)

【사건의 경과 1】
① 검사는 갑을 특가법위반죄(뇌물)로 기소하였다.
② 갑에 대한 공소사실의 요지는 다음과 같다.
③ "갑은 을로부터 6회에 걸쳐 모두 현금으로 7,000만 원 및 미화 10,000달러를 수수하였다."
④ 갑은 공소사실을 부인하였다. (㉠진술)
⑤ 제1심 공판기일에 을은 증인으로 출석하였다.
⑥ 을은 공소사실대로 갑에게 금품을 교부하였다고 진술하였다. (㉡진술)
⑦ 제1심 증거조사 결과 다음의 사실이 확인되었다.
　(가) 2007. 8. 22. 갑은 A를 통하여 을에게, 을이 B로부터 받은 1억 원의 사용처를 밝히지 않도록

하라는 뜻을 전달하였다.

(나) 2007. 9. 12. 갑은 국세청을 방문한 수사검사에게 위 1억 원의 사용처에 대한 검찰의 수사를 조기에 종결하여 달라는 취지의 요청을 하였다.

(다) 2007. 11. 1. 갑은 검찰에서 을과의 대질조사를 받을 때 을에게 진술을 번복할 것을 애원하는 듯한 태도를 보였다.

(라) 갑은 조사 후에 자수 및 자백을 할지 여부에 관하여 진지하게 고려하였다.

【사건의 경과 2】

① 갑의 피고사건은 제1심을 거친 후, 항소심에 계속되었다.

② 항소심법원은 상반되는 ㉠진술과 ㉡진술 가운데 을의 ㉡진술에 신빙성이 있다고 판단하였다.

③ 항소심법원은 ㉡진술을 증거로 채택하여 유죄를 인정하였다.

④ 갑은 불복 상고하였다.

⑤ 갑은 상고이유로 다음의 점을 주장하였다.

    (가) 을의 ㉡진술 중 부정확하거나 불명확한 부분이 있다.

    (나) 을의 ㉡진술은 신빙성이 없다.

2. 상반된 진술의 신빙성 판단방법

【대법원 요지】 1. 뇌물죄에 있어서 수뢰자로 지목된 피고인이 수뢰사실을 시종일관 부인하고 있고 /

【대법원 요지】 이를 뒷받침할 만한 객관적인 자료 등 물증이 없는 경우에, /

【대법원 요지】 금품공여자의 진술은 증거능력이 있어야 함은 물론 /

【대법원 요지】 합리적 의심을 배제할 만한 신빙성이 있어야 하고, /

【대법원 요지】 신빙성이 있는지 여부를 판단함에 있어서는 /

【대법원 요지】 그 진술내용 자체의 합리성, 객관적 상당성, 전후의 일관성 등 뿐만 아니라 /

【대법원 요지】 그의 인간됨, 그 진술로 얻게 되는 이해관계 유무 등도 아울러 살펴보아야 한다 /

【대법원 요지】 (대법원 2006. 5. 26. 선고 2005도1904 판결, /

【대법원 요지】 대법원 2007. 7. 27. 선고 2007도3798 판결 등 참조). /

【대법원 요지】 그리고 증거의 증명력은 법관의 자유판단에 맡겨져 있으나(형사소송법 제308조) /

【대법원 요지】 그 판단은 논리와 경험칙에 합치하여야 하고, /

【대법원 요지】 형사재판에 있어서 유죄로 인정하기 위한 심증형성의 정도는 합리적 의심을 할 여지가 없을 정도여야 하나(형사소송법 제307조 제2항) /

【대법원 요지】 이는 모든 가능한 의심을 배제할 정도에 이를 것까지 요구하는 것은 아니며, /

【대법원 요지】 증명력이 있는 것으로 인정되는 증거를 합리적 근거가 없는 의심을 일으켜 이를 배척하는 것은 자유심증주의의 한계를 벗어나는 것으로 허용될 수 없는바, /

【대법원 요지】 여기에서 말하는 합리적 의심이라 함은 요증사실과 양립할 수 없는 사실의 개연성에 대한 논리와 경험칙에 기한 의문으로서, /

【대법원 요지】 피고인에게 유리한 정황을 사실인정과 관련하여 파악한 이성적 추론에 그 근거를 둔 것이어야 하므로, /

【대법원 요지】 단순히 관념적인 의심이나 추상적인 가능성에 기초한 의심은 합리적 의심에 포함된다고 할 수 없다 /

【대법원 요지】 (대법원 2008. 8. 21. 선고 2008도3570 판결 등 참조).

3. 을의 ⓛ진술의 신빙성에 대한 대법원의 판단

【대법원 판단】 원심은 그 채택 증거들을 종합하여 /

【대법원 판단】 피고인과 공소외 을의 지위 및 관계, /

【대법원 판단】 공소외 을이 뇌물공여 진술에 이르기까지의 경위, /

【대법원 판단】 공소사실과 같이 피고인에게 6회에 걸쳐 모두 현금으로 7,000만 원 및 미화 10,000달러를 제공하였다는 공소외 을의 진술 내용 등 /

【대법원 판단】 그 판시와 같은 사실을 인정한 다음, /

【대법원 판단】 뇌물공여의 전체적인 경위, 동기, 횟수, 일시 및 장소, 현금교부의 방법, 자금의 출처 등에 관한 /

【대법원 판단】 공소외 을의 진술 내용에 일관성이 있을 뿐만 아니라 객관적으로 보아 합리성이 있고, /

【대법원 판단】 공소외 을이 어떤 이득을 얻거나 곤란한 처지를 모면하기 위하여 피고인을 상대로 터무니없는 허위사실을 꾸며내어 모해하였다고 볼 만한 사정도 없으며, /

【대법원 판단】 공소외 을의 평소 인[간]됨이나 법정에서의 진술태도에 비추어 보더라도 공소외 을의 진술은 실체적 진실을 밝히기 위한 것으로 볼 수 있는 반면, /

【대법원 판단】 공소외 을의 진술 중 일부 부정확하거나 불명확한 부분은 기억력의 한계에 기인한 것으로 보인다는 이유로, /

【대법원 판단】 공소사실에 부합하는 공소외 을의 진술은 충분히 믿을 수 있다고 판단하였다.

【대법원 결론】 원심이 적법하게 채택한 증거들을 앞서 본 법리와 기록에 비추어 살펴보면, 원심의 위와 같은 인정과 판단은 모두 정당한 것으로 수긍이 가고, /

【대법원 결론】 거기에 주장하는 바와 같은 수뢰죄의 인정기준 및 합리적 의심의 배제에 관한 법리오해, 채증법칙 위배 등의 위법이 없다.

4. 갑의 ㉠진술의 신빙성에 대한 대법원의 판단

【대법원 요지】 2. 구성요건에 해당하는 사실은 엄격한 증명에 의하여 이를 인정하여야 하고, /

【대법원 요지】 증거능력이 없는 증거는 /

【대법원 요지】 구성요건 사실을 추인하게 하는 간접사실이나 /

【대법원 요지】 구성요건 사실을 입증하는 직접증거의 증명력을 보강하는 보조사실의 /

【대법원 요지】 인정자료로도 사용할 수 없다 /

【대법원 요지】 (대법원 2006. 12. 8. 선고 2006도6356 판결 등 참조).

【대법원 판단】 원심은, 검사가 제출한 증거 중 그 판시와 같은 이유로 증거능력이 인정되지 않는 증거들을 모두 배척한 다음, /

【대법원 판단】 나머지 증거능력이 있는 증거들을 종합하여, /

【대법원 판단】 피고인이 2007. 8. 22. 공소외 A를 통하여 공소외 을에게, 공소외 을이 공소외 B으로부터 받은 1억 원의 사용처를 밝히지 않도록 하라는 뜻을 전달하는 한편, /

【대법원 판단】 2007. 9. 12. 국세청을 방문한 수사검사에게 위 1억 원이 사용처에 대한 검찰의 수사를 조기에 종결하여 달라는 취지의 요청을 한 사실, /

【대법원 판단】 피고인은 2007. 11. 1. 검찰에서 공소외 을과의 대질조사를 받을 때 공소외 을에게 진술을 번복할 것을 애원하는 듯한 태도를 보였고, /

【대법원 판단】 조사 후에는 자수 및 자백을 할지 여부에 관하여 진지하게 고려한 사실 등을 인정한 다음, /

【대법원 판단】 위와 같은 피고인의 행태는 실제로 돈을 받지 않은 사람이라면 마땅히 취하여야 하거나 취할 수 있는 대응책과는 거리가 먼 것으로 보인다는 이유로, /

【대법원 판단】 이 사건 공소사실을 부인하는 피고인의 진술은 그 신빙성을 인정하기 어렵다고 판단하였는바, /

【대법원 결론】 앞서 본 법리와 기록에 비추어 살펴보면 원심의 위와 같은 인정 및 판단은 정당한 것으로 수긍이 가고, /

【대법원 결론】 거기에 주장하는 바와 같이 증거능력이 없는 증거에 의하여 사실을 인정한 채증법칙 위배 등의 위법이 없다. (상고 기각)

2008헌바56

직계존속에 대한 고소 제한
형소법 224조 합헌 사건
2011. 2. 24. 2008헌바56, 헌집 23-1상, 12

1. 사실관계 및 사건의 경과

【사실관계 1】

① A는 갑의 어머니이다.

② A는 갑을 존속상해죄 혐의로 고소하였다.

③ 갑은 존속상해죄로 기소되었다. (㉮사건)

④ A는 ㉮피고사건에 증인으로 출석하여 갑에게 불리한 진술을 하였다.

⑤ 갑은 ㉮피고사건에서 무죄를 선고받았다. (㉯판결)

⑥ ㉯무죄판결은 확정되었다.

【사실관계 2】

① 갑은 어머니 A를 무고 및 모해위증 혐의로 고소하였다. (㉰사건)

② 2007. 12. 26. 검사는 ㉰고소사건에 대해 다음의 이유로 각하의 불기소처분을 내렸다. (㉱불기소처분)

(가) 갑의 고소는 자기의 직계존속에 대한 것이다.

(나) 갑의 고소는 형사소송법 제224조에 위반된다.

③ 갑은 ㉤불기소처분에 대하여 검찰청법에 따른 항고를 거쳐 관할 고등법원에 재정신청을 하였다.

④ 갑은 관할 고등법원에 직계존속에 대한 고소·고발을 제한하는 형사소송법 제224조 및 제235조에 대한 위헌제청 신청을 하였다.

⑤ 관할 고등법원은 갑의 위헌제청 신청을 기각하였다.

【사건의 경과】

① 2008. 6. 12. 갑은 다음의 조문이 청구인의 평등권을 침해하여 헌법에 위반된다며 헌법재판소에 헌법소원심판을 청구하였다.

(가) 형사소송법 제224조 (고소의 제한)

(나) 형사소송법 제235조 (고발의 제한)

② 헌법재판소는 심판대상을 갑의 사안과 직접 관련이 있는 형사소송법 제224조로 한정하였다.

③ 헌법재판소 재판관 5인은 위헌으로 판단하였다.

④ 헌법재판소 재판관 4인은 합헌으로 판단하였다.

⑤ 위헌에 필요한 6인의 정족수를 갖추지 못하였으므로 헌법재판소는 형소법 제224조를 합헌으로 판단하였다.

⑥ (판례 본문의 소제목은 판례 원문에 의함)

【심판대상조문】

형사소송법

제224조 (고소의 제한) 자기 또는 배우자의 직계존속을 고소하지 못한다.

2. 사안에 대한 헌법재판소의 판단

가. 이 사건 법률조항의 연혁과 입법취지

【헌재 분석】 이 사건 법률조항은 유교적인 윤리관인 부모 또는 조부모에 대한 효도사상에 기초를 둔 규범으로, /

【헌재 분석】 자손은 설사 부모 또는 조부모의 행위로 피해를 입더라도 감수하는 것이 미풍양속에 합치하며 이들을 형사고소하는 것은 인륜에 반한다는 전통적 관념에 뿌리를 두고 있다.

【헌재 분석】 일제 강점기의 의용 형사소송법은 부모·조부모에 대한 고소·고발만을 금지하였으나 (제259조, 제270조), /

【헌재 분석】 이 사건 법률조항은 배우자의 직계존속에 대해서도 고소·고발을 금지하고 있고, /

【헌재 분석】 이러한 고소금지의 정신적인 근원은 조선왕조의 형사제도에서 찾아 볼 수 있다.

【헌재 분석】 경국대전은 형전에서 /

【헌재 분석】 '자손·처첩·노비가 부모나 가장의 비행을 진고(陳告)한 경우에는 모반(謀叛)이나 역반(逆反)사건 외에는 교수형에 처하고 /

【헌재 분석】 노(奴)의 처나 비(婢)의 부(夫)가 상전의 집 가장의 비행을 진고한 경우에는 장(杖)일백, 유(流)삼천리의 형에 처한다'고 명문으로 규정하고 있고, /

【헌재 분석】 속대전은 형전에서 /

【헌재 분석】 '무릇 자손으로서 그 부모·조부모를 고소한 자는 곡직(曲直)을 변리(辨理)하지 아니하고 법에 의하여 논죄함으로써 인륜을 밝혀야 한다'고 규정하였으며, /

【헌재 분석】 이러한 규정은 대전통편(大典通編)이나 대전회통(大典會通)에도 계승되어 왔다.

나. 고소권의 보장과 고소인의 권리보호

(1) 고소의 의미

【헌재 분석】 고소란 /

【헌재 분석】 범죄의 피해자 또는 그와 일정한 관계에 있는 자가 /

【헌재 분석】 수사기관에 대하여 범죄사실을 신고하여 /

【헌재 분석】 범인의 처벌을 구하는 의사표시를 말한다.

【헌재 분석】 친고죄에 있어 고소는 소송조건인데 비하여, /

【헌재 분석】 비친고죄에 있어 고소는 수사의 단서에 해당된다.

(2) 고소권의 보장과 기본권관련성

【헌재 분석】 형사소송법 제246조는 검사만이 공소를 제기할 수 있도록 규정하여, /

【헌재 분석】 사인소추주의를 배제하고, 국가소추주의 및 기소독점주의를 채택하고 있으며, /

【헌재 분석】 예외적으로 준기소절차를 인정하고 있다.

【헌재 분석】 헌법 제27조 제5항이 /

【헌재 분석】 "형사피해자는 법률이 정하는 바에 의하여 당해 사건의 재판절차에서 진술할 수 있다."고 규정하여 /

【헌재 분석】 형사피해자의 재판절차진술권을 보장하고 있는 것 또한 /

【헌재 분석】 국가소추주의를 전제로 한 것이라고 볼 수 있다.

【헌재 요지】 이와 같이 국가기관이 공소권을 독점하고 있는 법제도 아래에서는, /

【헌재 요지】 범죄로 인한 피해자의 고소권 행사를 보장하고, /

【헌재 요지】 고소인의 권리를 두텁게 인정하여, /

【헌재 요지】 이들에 대한 보호가 충분히 이루어지도록 할 필요가 있다 /

【헌재 요지】 (헌재 1999. 1. 28. 98헌마85, 판례집 11-1, 73, 79 참조).

【헌재 판단】 자신의 법익을 침해한 범죄에 대하여 형사고소를 할 수 있는 것은 /

【헌재 판단】 사회구성원으로서의 가장 바탕이 되는 권리로서, /

【헌재 판단】 헌법상 명문으로 규정된 기본권이 아니라 하더라도 /

【헌재 판단】 재판절차진술권의 직접적 전제가 되는 권리라 할 수 있으므로, /

【헌재 판단】 고소권의 침해 논의는 재판절차진술권이라는 기본권의 침해에 대한 논의로 이어져야 한다.

다. 위헌 여부 심사

【헌재 분석】 헌법 제11조 제1항은 /

【헌재 분석】 "모든 국민은 법 앞에 평등하다. /

【헌재 분석】 누구든지 성별·종교 또는 사회적 신분에 의하여 정치적·경제적·사회적·문화적 생활의 모든 영역에 있어서 차별을 받지 아니한다."고 규정하고 있다.

【헌재 분석】 이 사건 법률조항은 '비속'이라는 특수한 신분관계인에 대하여 그 직계존속 및 배우자의 직계존속에 대한 고소권을 부정하고 있는데, /

【헌재 분석】 이러한 지위의 차이를 이유로 고소권을 제한하는 이 사건 법률조항이 /

【헌재 분석】 헌법 제11조 제1항의 평등의 원칙에 위배되는지 여부가 쟁점이 된다.

【헌재 요지】 일반적으로 차별이 정당한지 여부에 대해서는 자의성 여부를 심사하지만, /

【헌재 요지】 헌법에서 특별히 평등을 요구하고 있는 경우나 /

【헌재 요지】 차별적 취급으로 인하여 관련 기본권에 대한 중대한 제한을 초래하게 된다면 /

【헌재 요지】 입법형성권은 축소되어 보다 엄격한 심사척도가 적용된다 /

【헌재 요지】 (헌재 1999. 12. 23. 98헌마363, 판례집 11-2, 771, 787-789; /

【헌재 요지】 헌재 1999. 12. 23. 98헌바33, 판례집 11-2, 732, 749; /

【헌재 요지】 헌재 2000. 8. 31. 97헌가12, 판례집 12-2, 167, 181).

【헌재 요지】 자의심사의 경우에는 차별을 정당화하는 합리적인 이유가 있는지 만을 심사하기 때문에 /

【헌재 요지】 그에 해당하는 비교대상 간의 사실상의 차이나 입법목적(차별목적)을 발견·확인하는 데 그치는 반면, /

【헌재 요지】 비례심사의 경우에는 /

【헌재 요지】 단순히 합리적인 이유의 존부 문제가 아니라 /

【헌재 요지】 차별을 정당화하는 이유와 차별 간의 상관관계에 대한 심사, /

【헌재 요지】 즉 비교대상 간의 사실상의 차이의 성질과 비중 또는 /

【헌재 요지】 입법목적(차별목적)의 비중과 차별의 정도에 /

【헌재 요지】 적정한 균형관계가 이루어져 있는가를 심사하게 된다 /

【헌재 요지】 (헌재 2001. 2. 22. 2000헌마25, 판례집 13-1, 386, 403).

라. 재판관 이강국, 재판관 조대현, 재판관 민형기, 재판관 송두환의 합헌의견

  (1) 이 사건의 쟁점 및 심사기준

【헌재 분석】 (가) 범죄 피해자의 고소권은 그 자체로 헌법상의 기본권의 성격을 갖는 것이 아니라 형사절차상의 법적인 권리에 불과하지만, /

【헌재 분석】 한편으로는 국민의 재판절차진술권 행사의 전제가 되기도 하므로, /

【헌재 분석】 이 점에서 이 사건 법률조항이 비속인 범죄피해자의 재판절차진술권 행사에 중대한 제한을 초래하는 것인지 여부에 대한 판단이 필요하다.

【헌재 판단】 (나) 범죄피해자의 헌법상 보장된 재판절차진술권의 행사 여부는 기소의 여부에 따라 결정되는데 /

【헌재 판단】 (헌재 2009. 2. 26. 2005헌마764, 공보 149, 451, 458 참조), /

【헌재 판단】 먼저 비친고죄에 있어서는 고소의 존부와 무관하게 기소될 가능성이 있으므로, /

【헌재 판단】 이 사건 법률조항은 재판절차진술권의 행사에 간접적·사실적인 제약을 초래할 뿐이라 할 것이며, /

【헌재 판단】 이를 두고 재판절차진술권에 중대한 제한을 초래하는 경우에 해당한다고 판단하기는 어렵다.

【헌재 분석】 반면, 친고죄에 있어서는 /

【헌재 분석】 이 사건 법률조항으로 인하여 비속인 범죄피해자는 예외적인 경우를 제외하고는 원칙적으로 재판절차진술권의 행사를 보장받지 못하게 되므로 /

【헌재 분석】 재판절차진술권의 행사에 중대한 제한을 받게 됨을 부정할 수 없다.

【헌재 분석】 그러나, 일부 범죄에 대하여는 특별법으로 직계존속의 경우에도 고소를 할 수 있도록 규정하고 있어/

【헌재 분석】 {'성폭력범죄의 처벌 및 피해자보호 등에 관한 법률' 제18조/

【헌재 분석】 (1994. 1. 5. 법률 제4702호로 제정된 것, /

【헌재 분석】 위 조항은 2010. 4. 15. 법률 제10258호로 제정된 /

【헌재 분석】 '성폭력범죄의 처벌 등에 관한 특례법' 제17조로 이관되어 있다) 및 /

【헌재 분석】 '가정폭력범죄의 처벌 등에 관한 특례법' 제6조 제2항 /

【헌재 분석】 (1997. 12. 13. 법률 제5436호로 제정된 것)}, /

【헌재 분석】 형법상 친고죄로 규정된 범죄 중 실제로 이 사건 법률조항의 규율 대상이 되는 범죄는 비밀침해죄(제316조), 업무상비밀누설죄(제317조) 등 몇몇에 불과한 형편이다.

【헌재 분석】 또한 가해자인 직계존속이 법정대리인인 경우에는 피해자인 비속이 직접 고소할 수는 없지만, /

【헌재 분석】 비속의 친족이 고소하여 형사절차를 진행시킬 수 있으며(형사소송법 제226조 참조), /

【헌재 분석】 존속의 비속에 대한 대부분의 재산범죄에는 친족상도례가 적용되므로 고소의 실익도 좁혀진다.

【헌재 판단】 이러한 점들을 고려해 볼 때 친고죄의 경우든 비친고죄의 경우든 이 사건 법률조항이 재판절차진술권의 중대한 제한을 초래한다고 보기는 어려우므로, /

【헌재 판단】 이 사건 법률조항이 평등원칙에 위반되는지 여부에 대한 판단은 /

【헌재 판단】 완화된 자의심사에 따라 차별에 합리적인 이유가 있는지를 따져보는 것으로 족하다 할 것이다.

(2) 차별의 합리성 여부

【헌재 판단】 앞서 본 바와 같이, 범죄피해자의 고소권은 그 자체로 헌법상 기본권의 성격을 갖는 것이 아니라 형사절차상의 법적인 권리에 불과하므로, /

【헌재 판단】 이에 관하여는 원칙적으로 입법자가 그 나라의 고유한 사법문화와 윤리관, 문화전통을 고려하여 합목적적으로 결정할 수 있는 넓은 입법형성권을 갖는다.

【헌재 판단】 또한 관련된 법 규범 전체를 고려할 때, /

【헌재 판단】 앞서 본 바와 같이 특별법으로 가정폭력이나 성폭력으로 피해를 입은 경우가 제외되어 /

【헌재 판단】 이 사건 법률조항이 고소권을 제한하고 있는 분야는 피해의 심각성이 상대적으로 낮은 범죄에 국한되어 있으므로, /

【헌재 판단】 더욱 더 비속의 고소권 제한규범은 특정한 윤리적 내지 사회적 목적을 위하여 입법자가 재량을 가질 수 있는 형성영역 내에 있다고 볼 여지가 높아진다.

【헌재 판단】 이 사건 법률조항이 대상으로 삼는 직계존속은, /

【헌재 판단】 계약으로 형성되는 여타의 사회적인 관계나 신분과는 달리 /

【헌재 판단】 혈연과 혼인으로 이루어지는 1차적인 관계로서, /

【헌재 판단】 합리성으로 대변되는 이해관계나 수지타산의 논리보다는 /

【헌재 판단】 이해와 사랑 및 헌신이라는 질적으로 다른 가치로 유지되고 형성되는 집단이며, /

【헌재 판단】 이 영역에서는 법률의 역할보다 사회에 대한 버팀목으로서의 전통적 윤리의 역할이 더 강조되지 않을 수 없다.

【헌재 판단】 법률은 불가피하게 도덕과 일정부분을 공유하는 것으로, /

【헌재 판단】 특히 우리 법의식의 근거에는 근대 서구에서 비롯한 개인주의적 윤리와, 공동체 및 혈연 중심의 유교적 윤리가 혼재되어 있는 형편이다.

【헌재 판단】 직계존속은 비속에 대하여 정신적 · 육체적인 양육과 보호에 정성을 기울이고, /

【헌재 판단】 비속은 직계존속에 대하여 가족으로서의 책임분담과 존경과 보은의 의무를 가지는데, /

【헌재 판단】 이러한 존 · 비속 관계의 본질은 어느 사회나 마찬가지일 것이나, /

【헌재 판단】 그 관계의 규율에는 인류 공통의 보편적인 윤리와 더불어 /

【헌재 판단】 그 나라와 사회가 선택하고 축적해 온 고유한 문화전통과 윤리의식이 강하게 작용할 수밖에 없다.

【헌재 판단】 우리는 오랜 세월동안 유교적 전통을 받아들여 이를 체화시켜 왔고, /

【헌재 판단】 그 결과는 근대 서구의식의 도래에도 불구하고 일정한 부분 우리의 고유한 의식으로 남아 있다.

【헌재 판단】 친족관계 내부에서는 자율적인 도덕의 구현이 강조되어 세세한 법적 규율보다 추상적이고 열린 유교적 규범이 더욱 가까운 거리에서 작용해왔고, /

【헌재 판단】 그 중에서도 특히 부모에 대한 존경은 어느 것과도 비길 수 없는 최고의 도덕적 선으로 간주되어왔으므로, /

【헌재 판단】 우리사회의 존 · 비속 관계를 규율하는 법률이 이러한 효의 정신을 받아들이는 것은 당연하다.

【헌재 판단】 이러한 측면에서 우리 고유의 전통규범을 수호하기 위하여 /

【헌재 판단】 비속이 존속을 고소하는 행위의 반윤리성을 억제하고자 이를 제한하는 것은 /

【헌재 판단】 합리적인 근거가 있는 차별이라고 할 수 있다.

【헌재 판단】 비속이 존속을 고소하는 것을 제한하는 한편으로 /

【헌재 판단】 다른 친족들이 해당 존속을 고소하는 길은 여전히 열려 있으므로, /

【헌재 판단】 범죄를 저지른 존속이 완전히 처벌을 피하게 되는 것도 아니다.

【헌재 판단】 또한, 이 사건 법률조항은 /

【헌재 판단】 비속이 직접 존속을 고소하는 방식을 제한함으로써 /

【헌재 판단】 비속의 반윤리성을 억제하려는 데에 목적이 있는 것이고, /

【헌재 판단】 존속을 차별적으로 보호하기 위한 것이 아니므로, /

【헌재 판단】 결과적으로 존속이 두터운 보호를 받고 심지어는 보호할 가치가 없는 존속까지 혜택을 받게 된다 하더라도, /

【헌재 판단】 이는 법률이 부여한 특혜가 아니라 비속의 반윤리성을 억제하는 데서 수반되는 반사적 이익에 불과하다.

(3) 소 결

【헌재 판단】 따라서, 자기 또는 배우자의 직계존속에 대한 고소를 금지하는 이 사건 법률조항은 그 차별에 있어서 합리적인 이유가 있는 것이므로, /

【헌재 판단】 헌법 제11조 제1항의 평등원칙에 위반된다고 할 수 없다.

마. 재판관 이공현, 재판관 김희옥, 재판관 김종대, 재판관 이동흡, 재판관 목영준의 위헌의견

【헌재 판단】 우리는 이 사건 법률조항이 자기 또는 배우자의 직계존속을 고소하지 못하도록 한 것은 헌법상 평등원칙에 반하여 위헌이라고 판단하므로 다음과 같이 견해를 밝힌다.

(1) 이 사건의 심사기준

【헌재 판단】 이 사건 법률조항은 범죄피해자인 비속에 대하여 단순히 법적 권리인 고소권의 배제·박탈에 그치는 것이 아니라 /

【헌재 판단】 헌법상 기본권인 재판절차진술권의 행사에 중대한 제한을 초래할 수 있다.

【헌재 판단】 이러한 점은 친고죄의 영역에서 뚜렷하게 드러난다. /

【헌재 판단】 구 성폭력범죄의 처벌 및 피해자보호 등에 관한 법률 제18조 및 /

【헌재 판단】 가정폭력범죄의 처벌 등에 관한 특례법 제6조 제2항의 신설로 /

【헌재 판단】 이 사건 법률조항이 적용되는 친고죄의 대상범죄가 대폭 축소되었다고는 하나, /

【헌재 판단】 이로써 중대한 기본권침해가 회복되었다고 판단하는 것은 /

【헌재 판단】 특례가 없다면 고소권의 일반적인 제한은 중대한 기본권침해가 된다는 전제를 인정하는 것에 다름 아니며, /

【헌재 판단】 고소권의 제한규범으로 인한 재판절차진술권 침해의 중대성 여부는 /

【헌재 판단】 그 규범이 적용되는 범죄의 범위의 광협이나 법정형의 고저에 따라 달리 판단될 수는 없다. /

【헌재 판단】 고소권의 완전한 박탈은 적용되는 범죄의 범위와 죄질을 불문하고 그 자체로 재판절차진술권의 중대한 제한으로 이어진다고 보아야 한다.

【헌재 판단】 비친고죄의 경우에도 재판절차진술권의 중대한 제한이 초래될 수 있다. /

【헌재 판단】 자신의 법익 침해에 대하여 항거할 수단을 친족이라는 타인의 의중에 맡기는 방식은 /

【헌재 판단】 개인이 권리의 주체로 올라선 근대 이후의 법률이념에 부합하지 않으며, /

【헌재 판단】 재판절차진술권의 중대한 제한을 가져온다고 할 수밖에 없다.

【헌재 판단】 따라서, 비속의 존속에 대한 고소를 금지하는 이 사건 법률조항으로 인하여 /

【헌재 판단】 비속의 재판절차청구권은 중대한 제한을 받게 된다 할 것이므로 /

【헌재 판단】 위헌심사의 기준은 엄격한 심사척도에 의하여야 한다.

(2) 평등원칙 위반 여부에 대한 판단

【헌재 판단】 이 사건 법률조항은 유교적 전통을 기반으로 한 가족제도의 기본질서를 유지하기 위한 것이라는 점에서 입법 목적의 정당성은 긍정된다.

【헌재 판단】 국가가 문화나 윤리의 보호를 입법의 목적으로 삼을 때, 물적 · 제도적으로 장려하는 것은 폭넓게 인정될 수 있을 것이다. /

【헌재 판단】 그런데 이 사건 법률조항은 전통윤리의 고양을 위해 자기의 피해에 대한 고소권을 박탈하여 기본권을 제한한다는 편의적이고 우회적인 방법으로 접근하는 것이기에 /

【헌재 판단】 차별의 목적과 정도의 비례성과 관련하여 필연적으로 문제점이 발생한다.

【헌재 판단】 존 · 비속이라는 신분관계는 범죄의 죄질과 책임의 측면에서 경중을 고려할 수 있는 요소는 될 수 있다. /

【헌재 판단】 그러나 이러한 신분관계가 국가 형벌권의 행사 자체를 부정할 이유는 되지 못한다고 해야 한다. /

【헌재 판단】 형사소송법상 고소는 범죄의 유형에 따라서 소송조건 내지 수사의 단서로서 기능하고, /

【헌재 판단】 고소권자에게는 여러 가지 절차적 보장이 뒤따른다. /

【헌재 판단】 이러한 점에서 범죄피해자가 비속이라는 이유만으로 자기 또는 배우자의 직계존속에 대한 고소 자체를 금지하는 것은 /

【헌재 판단】 입법목적인 가정의 기본질서 유지를 넘어 /

【헌재 판단】 법이 보호할 가치가 없는 존속에 대해서까지 국가의 형벌권 행사를 포기하고 /

【헌재 판단】 범죄피해자인 비속에 대한 보호의무를 저버리는 결과가 되어 /

【헌재 판단】 차별의 목적과 수단 간에 합리적인 균형관계가 있다고 볼 수 없다. /

【헌재 판단】 더구나 현대사회에서의 가족은 한 사람의 가장과 그에 복속하는 가속으로 분리되는 권위주의적인 조직이 아니라 /

【헌재 판단】 가족원 모두가 인격을 가진 개인으로서 존중되는 민주적인 관계에 있기에 더욱 그러하다.

【헌재 판단】 존속에 대한 고소를 허용한다 하더라도 구성요건해당성이 인정되는 것만으로 곧 정식기소와 재판으로 이어지지는 않는다. /

【헌재 판단】 사건의 발생경위나 존비속 간 관계의 특수성, 존속의 악성유무 및 정도 등을 살펴 /

【헌재 판단】 고소각하 내지 불기소에서부터 기소유예, 약식기소까지 정식기소 이전 단계의 다양한 처분이 있어 /

【헌재 판단】 개별적 사건의 실체에 맞게 적절한 처분이 이루어질 수 있다. /

【헌재 판단】 존속이라는 이유로 정식기소 이전 단계의 다양한 처분의 여지조차 남겨두지 않은 채 /

【헌재 판단】 개별사안에 따른 특수성을 불문하고 고소를 할 수 없도록 원천적으로 봉쇄해버리는 것

만이 /

【헌재 판단】 존비속 간에 발생할 수 있는 형사문제를 다루는 데에 있어 /

【헌재 판단】 가족제도의 기본질서를 유지하기 위한 유일하고 불가결한 수단이라고 할 수는 없다.

(3) 소 결

【헌재 판단】 따라서 이 사건 법률조항은 /

【헌재 판단】 비속에 대한 차별을 정당화할 수 있을 정도로 /

【헌재 판단】 차별 목적의 비중과 차별의 정도 간에 비례성을 갖춘 것이라고 볼 수 없으므로, /

【헌재 판단】 헌법상 평등원칙에 위배된다.

3. 헌법재판소의 결론

【헌재 결론】 이 사건 법률조항에 대하여 재판관 4인이 합헌의견, 재판관 5인이 위헌의견으로 비록 위헌의견이 다수이긴 하나, /

【헌재 결론】 법률의 위헌선언에 필요한 정족수 6인에 미달하므로, /

【헌재 결론】 이 사건 법률조항은 헌법에 위반되지 않는다는 선언을 하기로 하여, /

【헌재 결론】 주문과 같이 결정한다.

【헌재 주문】

형사소송법(1954. 9. 23. 법률 제341호로 제정된 것) 제224조는 헌법에 위반되지 아니한다.

2009다51271

진술거부권 행사와 변호인 접견교통권
진술거부권 행사 권유 사건

2013. 11. 28. 2009다51271, [미간행]

1. 사실관계 및 사건의 경과

【사실관계 1】

① 갑에 대해 국가보안법 위반죄 피의사실로 구속수사가 진행되었다.

② 갑의 변호인은 변호사 A, B 등이다.

③ 국가정보원 수사관 C는 갑에 대해 피의자신문을 하였다.

④ 변호사 A는 갑에 대한 피의자신문에 참여하였다.

⑤ 수사관 C는 갑에게 ㉠질문을 하였다.

⑥ 변호사 A는 갑에게 ㉠질문에 대해 진술거부권 행사를 권유하였다.

⑦ 수사관 C는 변호사 A를 신문실 바깥으로 퇴거시켰다.

【사실관계 2】

① 갑에 대한 국가보안법위반죄 피의사건은 검찰에 송치되었다.

② 변호사 B는 구속되어 있는 갑에 대해 접견교통을 신청하였다.

③ 수사 검사 D는 다음의 이유를 들어 접견불허처분을 내렸다.

    (가) 갑에 대한 피의사실은 ㉮범행사실이다.

    (나) 갑은 변호사 B를 ㉮범행의 공범으로 포섭할 대상으로 삼은 바 있다고 의심할 상당한 이유가 있다.

④ 검사는 갑을 국가보안법위반죄로 기소하였다.

⑤ 이후 갑은 무죄판결을 받아 확정되었다.

【사건의 경과】

① 갑은 대한민국을 상대로 손해배상청구소송을 제기하였다.

② 손해배상청구의 근거법령은 국가배상법 제2조이다.

③ 제1심을 거친 후, 항소심은 원고 승소판결을 내렸다.

④ 피고 대한민국은 불복 상고하였다.

⑤ 피고 대한민국은 상고이유로 다음의 점을 주장하였다.

    (가) 변호사 A의 진술거부권 행사 권유는 변호인으로서의 지위를 악용하여 수사를 방해한 것이다.

    (나) 변호사 B의 접견교통권 행사는 변호인으로서의 지위를 악용하여 구속수사 제도를 형해화시킬 의도에서 이루어진 것이다.

2. 진술거부권 행사의 권유와 변호인의 조력을 받을 권리

【대법원 분석】 원심은, /

【대법원 분석】 국가정보원 수사관 및 수사 검사는 /

【대법원 분석】 원고 갑이 조사를 받을 때 변호인 소외 A가 원고 갑에게 진술거부권 행사를 권유하였다는 등의 이유로 위 변호인을 퇴거시키거나 /

【대법원 분석】 원고 갑이 변호인 소외 B를 범행의 공범으로 포섭할 대상으로 삼은 바 있다고 의심할 상당한 이유가 있다는 등의 사유로 위 변호인들의 접견신청을 불허한 사실을 인정한 다음, /

【대법원 판단】 이러한 변호인들의 행위가 /

【대법원 판단】 변호인으로서의 지위를 악용하고 접견교통권을 남용하여 수사를 방해하거나 /

【대법원 판단】 구속수사 제도를 형해화시킬 의도에서 이루어졌다고 인정하기에 부족하므로 /

【대법원 판단】 이 사건 퇴거처분 및 접견불허처분은 원고 갑의 변호인들에 대한 접견교통권의 행사를 방해한 불법행위에 해당한다고 판단하였다.

【대법원 결론】 원심판결 이유를 관련 법리와 기록에 비추어 살펴보면, 원심의 위와 같은 판단은 정당한 것으로 수긍이 가고, /

【대법원 결론】 거기에 상고이유 주장과 같이 국가배상법 제2조 소정의 공무원의 과실에 관한 법리를 오해하는 등의 위법이 없다. (상고 기각)

2009도1322

신뢰관계인 진술의 증거능력
배우자가 대신 진술 사건

2009. 6. 23. 2009도1322, 공 2009하, 1242

1. 사실관계 및 사건의 경과

【사실관계】

① 갑에 대해 공직선거법위반죄 피의사실로 수사가 진행되었다.

② 검사는 관련자 을에 대해 피의자신문을 하였다.

③ 검사는 을의 건강 상태 등을 고려하여 그 피의자신문에 배우자 A를 동석하도록 하였다.

④ 을에 대한 ㉠피의자신문조서가 작성되었다.

【사건의 경과】

① 검사는 갑을 공직선거법위반죄로 기소하였다.

② 갑의 피고사건은 제1심을 거친 후, 항소심에 계속되었다.

③ 항소심법원은 갑에게 유죄를 인정하였다.

④ 항소심법원은 유죄인정 증거의 하나로 ㉠피의자신문조서를 들었다.

⑤ 갑은 불복 상고하였다.

⑥ 갑은 상고이유로 다음의 점을 주장하였다.

　(가) ㉠피의자신문조서에는 을을 대신하여 A가 진술한 부분이 있다.

　(나) A가 진술한 부분은 검사작성 피의자신문조서에 해당하지 않는다.

　(다) 원심판결에는 증거능력 없는 증거로 유죄를 인정한 위법이 있다.

2. 신뢰관계인 진술의 증거능력

【대법원 분석】 1. 형사소송법 제244조의5는, /

【대법원 분석】 검사 또는 사법경찰관은 피의자를 신문하는 경우 /

【대법원 분석】 피의자가 신체적 또는 정신적 장애로 사물을 변별하거나 의사를 결정·전달할 능력이 미약한 때나 /

【대법원 분석】 피의자의 연령·성별·국적 등의 사정을 고려하여 그 심리적 안정의 도모와 원활한 의사소통을 위하여 필요한 경우에는 /

【대법원 분석】 직권 또는 피의자·법정대리인의 신청에 따라 /

【대법원 분석】 피의자와 신뢰관계에 있는 자를 동석하게 할 수 있도록 하고 있다. /

【대법원 요지】 구체적인 사안에서 위와 같은 동석을 허락할 것인지는 원칙적으로 검사 또는 사법경찰관이 피의자의 건강 상태 등 여러 사정을 고려하여 재량에 따라 판단하여야 할 것이나, /

【대법원 요지】 이를 허락하는 경우에도 동석한 사람으로 하여금 피의자를 대신하여 진술하도록 하

여서는 아니되는 것이고 /

【대법원 요지】 만약 동석한 사람이 피의자를 대신하여 진술한 부분이 조서에 기재되어 있다면 /

【대법원 요지】 그 부분은 피의자의 진술을 기재한 것이 아니라 동석한 사람의 진술을 기재한 조서에 해당하므로 /

【대법원 요지】 그 사람에 대한 진술조서로서의 증거능력을 취득하기 위한 요건을 충족하지 못하는 한 /

【대법원 요지】 이를 유죄 인정의 증거로 사용할 수 없는 것이다.

3. 사안에 대한 대법원의 판단

【대법원 판단】 이 사건 기록에 의하면, /

【대법원 판단】 검사가 을의 건강 상태 등을 고려하여 그 피의자신문에 배우자 A를 동석하도록 한 조치가 위법한 것으로 보이지는 아니한다. /

【대법원 판단】 다만, 검사의 을에 대한 피의자신문조서 중 일부 진술기재 부분은 동석하였던 배우자 A가 대신 진술한 내용이 기재된 것으로 의심되는 면이 있는 것은 상고이유에서 지적하는 바와 같으나, /

【대법원 판단】 위와 같은 부분을 제외하더라도 원심이 적법하게 채택하여 조사한 나머지 증거들만에 의하더라도 이 사건 공소사실을 유죄로 인정하기에 넉넉하므로, /

【대법원 판단】 원심이 위 진술 기재 부분까지 일부 공소사실을 뒷받침하는 증거로 삼았다고 하더라도 그 위법은 판결에 영향을 미친 사유에 해당하지 아니한다. /

【대법원 판단】 이 부분 관련 피고인의 상고이유는 받아들이지 아니한다. (상고 기각)

2010도9016

불법감청과 증거동의의 관계
필로폰 투약자 통화녹음 사건
2010. 10. 14. 2010도9016, [미간행]

1. 사실관계 및 사건의 경과

【사실관계 1】

① A는 검찰에서 필로폰 사범으로 조사를 받고 있었다.

② 2009. 9. 21.경 A는 다른 마약사범에 대한 검찰 수사에 협조하고 있었다.

③ 2009. 9. 21.경 A는 갑의 필로폰 매도 범행을 진술하였다. (㉠진술)

④ A의 진술은 검사 작성 피의자신문조서에 기재되었다. (㉡조서)

⑤ 2009. 9. 29. A는 필로폰을 투약한 혐의 등으로 구속되었다.

【사실관계 2】

① 검찰은 A를 통하여 갑의 필로폰 매도 범행에 관한 증거를 확보하려고 하였다.

② 2009. 11. 3.경 검찰은 압수해 놓았던 A의 ⓐ휴대전화를 A에게 주었다.

③ A는 자신의 구속수감 상황 등을 숨긴 채 갑과 통화하고 그 내용을 ⓐ휴대전화로 녹음하였다.

④ A는 갑과의 통화 내용이 녹음된 ⓐ휴대전화를 검찰에 제출하였다.

⑤ 검찰 수사관은 다음 내용의 수사보고를 작성하였다. (ⓒ수사보고)

   (가) A가 2009. 11. 3. 오전 10:00경 갑으로부터 걸려오는 전화를 자신(A)이 직접 녹음한 후 이를 수사기관에 임의제출하였다.

   (나) 이에 필로폰 관련 대화 내용을 붙임과 같이 녹취하였다. (ⓡ녹취록)

   (다) ⓐ휴대전화에 내장된 녹음파일을 mp3파일로 변환시켜 붙임과 같이 첨부하였음을 보고한다.

⑥ ⓒ수사보고에 첨부된 ⓡ녹취록에는 다음과 같은 갑의 통화 내용이 포함되어 있다.

⑦ "내(갑)가 이전에 A에게 준 필로폰의 품질에는 아무런 문제가 없다." (ⓜ진술)

【사건의 경과 1】

① 검사는 갑을 마약류관리법위반죄(향정)로 기소하였다.

② 갑에 대한 공소사실의 요지는 다음과 같다.

   (가) 갑은 A에게 2008. 1.경 필로폰 0.7g을 100만 원에 매도하였다.

   (나) 갑은 A에게 2008. 3.경 필로폰 0.7g을 50만 원에 매도하였다.

③ 검사는 일련의 증거를 제출하였다.

④ 제출된 증거에는 ⓛ검찰조서와 ⓒ수사보고(ⓡ녹취 첨부 보고)가 포함되어 있었다.

⑤ 갑과 변호인은 제출된 증거들에 대해 증거로 함에 동의하였다.

⑥ 제1심법원은 다음을 증거로 채택하여 유죄를 인정하였다.

   (가) A의 ㉠진술

   (나) ⓒ수사보고(ⓡ녹취 첨부 보고)

【사건의 경과 2】

① 갑은 불복 항소하였다.

② 항소심법원은 항소를 기각하고, 제1심판결을 유지하였다.

③ 갑은 불복 상고하였다.

④ 갑은 상고이유로 다음의 점을 주장하였다.

   (가) ⓒ수사보고(ⓡ녹취 첨부 보고)는 위법하게 수집된 증거이다.

   (나) 항소심판결은 위법수집증거를 증거로 채택한 위법이 있다.

2. 사안에 대한 항소심의 판단

【대법원 분석】 가. 이 사건 공소사실의 요지는 /

【대법원 분석】 피고인이 공소외인에게 2008. 1.경 필로폰 0.7g을 100만 원에 매도하고, /

【대법원 분석】 같은 해 3월경 필로폰 0.7g을 50만 원에 매도하였다는 것이다. /

【항소심 판단】 이에 대하여 원심은 /

【항소심 판단】 공소외인의 검찰 진술과 아울러 이 사건 수사보고(피고인 녹취 첨부 보고) 등을 증거로 하여 /

【항소심 판단】 위 공소사실을 유죄로 인정한 제1심의 판단을 유지하였다.

3. 불법감청과 증거동의의 관계

【대법원 분석】 나. 통신비밀보호법(이하 '법'이라고만 한다) 제2조 제7호는 /

【대법원 분석】 "감청"이라 함은 /

【대법원 분석】 전기통신에 대하여 /

【대법원 분석】 당사자의 동의없이 전자장치 · 기계장치 등을 사용하여 /

【대법원 분석】 통신의 음향 · 문언 · 부호 · 영상을 청취 · 공독하여 그 내용을 지득 또는 채록하거나 /

【대법원 분석】 전기통신의 송 · 수신을 방해하는 것을 말한다고 규정하고, /

【대법원 분석】 제3조 제1항은 /

【대법원 분석】 누구든지 이 법과 형사소송법 또는 군사법원법의 규정에 의하지 아니하고는 전기통신의 감청을 하지 못한다고 규정하며, /

【대법원 분석】 나아가 제4조는 /

【대법원 분석】 제3조의 규정에 위반하여, /

【대법원 분석】 불법감청에 의하여 지득 또는 채록된 전기통신의 내용은 재판 또는 징계절차에서 증거로 사용할 수 없다고 규정하고 있다. /

【대법원 요지】 이에 따르면 전기통신의 감청은 /

【대법원 요지】 제3자가 /

【대법원 요지】 전기통신의 당사자인 송신인과 수신인의 동의를 받지 아니하고 /

【대법원 요지】 전기통신 내용을 녹음하는 등의 행위를 하는 것만을 말한다고 풀이함이 상당하다고 할 것이므로, /

【대법원 요지】 전기통신에 해당하는 전화통화 당사자의 일방이 상대방 모르게 통화 내용을 녹음하는 것은 여기의 감청에 해당하지 아니하지만, /

【대법원 요지】 제3자의 경우는 /

【대법원 요지】 설령 전화통화 당사자 일방의 동의를 받고 그 통화 내용을 녹음하였다 하더라도 /

【대법원 요지】 그 상대방의 동의가 없었던 이상, /

【대법원 요지】 이는 여기의 감청에 해당하여 법 제3조 제1항 위반이 되고 /

【대법원 요지】 (대법원 2002. 10. 8. 선고 **2002도123** 판결 참조), /

【대법원 요지】 이와 같이 법 제3조 제1항에 위반한 불법감청에 의하여 녹음된 전화통화의 내용은 /

【대법원 요지】 법 제4조에 의하여 증거능력이 없다 /

【대법원 요지】 (대법원 2001. 10. 9. 선고 **2001도3106** 판결 등 참조). /

【대법원 요지】 그리고 사생활 및 통신의 불가침을 국민의 기본권의 하나로 선언하고 있는 헌법규정과 /

【대법원 요지】 통신비밀의 보호와 통신의 자유 신장을 목적으로 제정된 통신비밀보호법의 취지에 비추어 볼 때 /

【대법원 요지】 피고인이나 변호인이 이를 증거로 함에 동의하였다고 하더라도 달리 볼 것은 아니다 /

【대법원 요지】 (대법원 2009. 12. 24. 선고 2009도11401 판결 참조).

4. 사안에 대한 대법원의 분석

【대법원 분석】 기록에 의하면, /

【대법원 분석】 공소외인은 2009. 9. 21.경 검찰에서 피고인의 이 사건 공소사실 범행을 진술하는 등 다른 마약사범에 대한 수사에 협조해 오던 중, /

【대법원 분석】 같은 달 29일경 필로폰을 투약한 혐의 등으로 구속되었는데, /

【대법원 분석】 구치소에 수감되어 있던 같은 해 11. 3.경 피고인의 이 사건 공소사실에 관한 증거를 확보할 목적으로 검찰로부터 자신의 압수된 휴대전화를 제공받아 /

【대법원 분석】 구속수감 상황 등을 숨긴 채 피고인과 통화하고 그 내용을 녹음한 다음 /

【대법원 분석】 그 휴대전화를 검찰에 제출한 사실, /

【대법원 분석】 이에 따라 작성된 이 사건 수사보고는 /

【대법원 분석】 '공소외인이 2009. 11. 3. 오전 10:00경 피고인으로부터 걸려오는 전화를 자신이 직접 녹음한 후 이를 수사기관에 임의제출하였고, /

【대법원 분석】 이에 필로폰 관련 대화 내용을 붙임과 같이 녹취하였으며, /

【대법원 분석】 휴대전화에 내장된 녹음파일을 mp3파일로 변환시켜 붙임과 같이 첨부하였음을 보고한다'는 내용으로, /

【대법원 분석】 첨부된 녹취록에는 피고인이 이전에 공소외인에게 준 필로폰의 품질에는 아무런 문제가 없다는 피고인의 통화 내용이 포함되어 있는 사실을 알 수 있다.

5. 사안에 대한 대법원의 판단

【대법원 판단】 위 인정 사실을 앞서 본 법리에 비추어 보면, /

【대법원 판단】 위와 같은 녹음행위는 /

【대법원 판단】 수사기관이 공소외인으로부터 피고인의 이 사건 공소사실 범행에 대한 진술을 들은 다음 /

【대법원 판단】 추가적인 증거를 확보할 목적으로 /

【대법원 판단】 구속수감되어 있던 공소외인에게 그의 압수된 휴대전화를 제공하여 /

【대법원 판단】 그로 하여금 피고인과 통화하고 /

【대법원 판단】 피고인의 이 사건 공소사실 범행에 관한 통화 내용을 녹음하게 한 것이라 할 것이고, /

【대법원 요지】 이와 같이 수사기관이 구속수감된 자로 하여금 피고인의 범행에 관한 통화 내용을 녹음하게 한 행위는 /

【대법원 요지】 수사기관 스스로가 주체가 되어 /

【대법원 요지】 구속수감된 자의 동의만을 받고 /

【대법원 요지】 상대방인 피고인의 동의가 없는 상태에서 /

【대법원 요지】 그들의 통화 내용을 녹음한 것으로서 /

【대법원 요지】 범죄수사를 위한 통신제한조치의 허가 등을 받지 아니한 불법감청에 해당한다고 보아야 할 것이므로, /

【대법원 요지】 그 녹음 자체는 물론이고 /

【대법원 요지】 이를 근거로 작성된 이 사건 수사보고의 기재 내용과 /

【대법원 요지】 첨부 녹취록 및 첨부 mp3파일도 /

【대법원 요지】 모두 피고인과 변호인의 증거동의에 상관없이 증거능력이 없다고 할 것이다.

【대법원 결론】 그럼에도 불구하고 피고인과 변호인이 이 사건 수사보고를 증거로 함에 동의하였다는 이유만으로 이를 증거능력이 있는 것으로 인정하여 이 사건 공소사실에 대한 유죄의 증거로 삼은 원심의 조치는 잘못이라 할 것이다. /

【대법원 결론】 이 점을 지적하는 취지의 상고이유 주장은 이유가 있다.

【대법원 결론】 다. 그러나 이 사건 수사보고를 제외하고 제1심이 적법하게 채택하여 조사한 나머지 증거들만에 의하더라도 이 사건 공소사실을 유죄로 인정하기에 넉넉하므로, /

【대법원 결론】 위와 같은 원심의 잘못은 판결 결과에 영향이 없고, /

【대법원 결론】 나아가 원심의 위와 같은 판단에는 상고이유의 주장과 같이 채택된 증거의 증명력에 관하여 논리와 경험의 법칙을 위반하거나 자유심증주의의 한계를 벗어난 위법이 있다고 볼 수 없다. (상고 기각)

2010도12244

통신비밀보호법에 의한 증거능력의 제한
사인의 위법수집증거와 증거능력의 제한
동장 직무대리 이메일 사건

2013. 11. 28. 2010도12244, 공 2014상, 127

1. 사실관계 및 사건의 경과

【사실관계 1】

① 2010. 6. 2. 기초자치단체장 선거가 실시될 예정이었다.

② A는 기초자치단체인 M시의 시장이다.

③ 갑은 M시의 6급 공무원이다.

④ M시의 N동장은 5급으로 보임되는 직위이다.

⑤ 시장 A는 갑을 N동장 직무대리로 임명하였다.

⑥ B와 C는 N동 관내의 통장들이다.

⑦ 2010. 1. 6.경 B와 C가 갑의 부임을 축하하기 위하여 갑의 집무실로 찾아갔다.

⑧ 갑은 이 자리에서 B, C와 대화를 나누었다.

【사실관계 2】

① M시청은 L전자문서시스템을 운용하고 있다.

② 갑은 L전자문서시스템을 통하여 시장 A에게 이메일을 보냈다. (㉠이메일)

③ D는 M시청 소속 익명의 공무원이다.

④ D는 권한 없이 갑의 이메일에 대한 비밀 보호조치를 해제하였다.

⑤ D는 갑이 A시장에게 보낸 ㉠이메일을 수집하였다.

⑥ ㉠이메일에는 다음의 내용이 들어 있었다.

⑦ "N동 통장인 B와 C에게 A시장을 도와 달라고 부탁하였다." (㉡진술)

【사실관계 3】

① D는 수집한 ㉠이메일을 수사기관에 제보하였다.

② 수사기관은 M시청의 L전자문서시스템에 대한 압수·수색영장을 발부받았다.

③ 수사기관은 L전자문서시스템에서 갑이 A시장에게 보낸 ㉠전자우편을 발견하였다.

④ 수사기관은 ㉠이메일을 압수·출력하였다.

⑤ (수사기관이 압수·출력한 이메일을 ㉢이메일이라고 한다.)

⑥ 수사기관은 ㉢이메일을 토대로 수사보고(통신수사자료분석)를 작성하였다. (㉣수사보고)

⑦ 수사기관은 B와 C를 참고인으로 조사하였다.

⑧ B와 C는 갑이 A시장의 선거와 관련하여 자신들에게 부탁한 사실이 있다고 진술하였다. (㉤진술)

⑨ B와 C의 ㉤진술은 각각 참고인 진술조서에 기재되었다. (㉥진술조서)

【사건의 경과 1】

① 검사는 다음의 공소사실로 갑을 공직선거법위반죄로 기소하였다.

② "갑은 2010. 6. 2. 실시 예정인 기초자치단체장 선거와 관련하여 A시장을 위하여 공무원의 지위를 이용하여 B와 C에게 선거운동을 하였다."

③ 갑은 공소사실을 부인하면서 다음과 같이 주장하였다.

   (가) A시장에게 ㉠이메일을 보낸 것은 사실이다.

   (나) 만년 6급 주사로 재직하고 있었는데 뜻밖에 5급 공무원이 보임되는 직위인 N동장 직무대리로 인사발령을 받았다.

   (다) 인사권자인 A시장에게 그 충성심을 표현하기 위해 마치 선거운동을 한 것처럼 허위로 기재하여 이메일을 보낸 것일 뿐이다.

   (라) 실제로는 B와 C에게 A시장의 지지를 부탁하는 등으로 선거운동을 한 사실이 전혀 없다.

【사건의 경과 2】

① 검사는 다음을 증거로 제출하였다.

   (가) B, C에 대한 ㉥진술조서

   (나) ㉣수사보고

② 갑과 변호인은 증거로 함에 동의하였다.

③ 제1심법원은 ㉥진술조서와 ㉣수사보고를 증거로 채택하여 유죄를 인정하였다.

④ 제1심법원은 갑에게 징역 4월 집행유예 1년을 선고하였다.

【사건의 경과 3】

① 갑은 불복 항소하였다.

② 항소심법원은 항소를 기각하고, 제1심판결을 유지하였다.

③ 갑은 불복 상고하였다.

④ 갑은 첫 번째 상고이유로 다음의 점을 주장하였다.

    (가) ㉠이메일은 불법한 감청에 의하여 수집된 것이다.

    (나) ㉠이메일은 통신비밀보호법 제4조에 기하여 증거능력이 없다.

    (다) ㉠이메일을 토대로 이후 수집된 ㉣수사보고와 ㉥진술조서 또한 증거능력이 없다.

⑤ 갑은 두 번째 상고이유로 다음의 점을 주장하였다.

    (가) 익명의 D가 ㉠이메일을 수집한 행위는 정보통신망법상 형사처벌의 대상이 된다.

    (나) ㉠이메일은 위법하게 수집된 증거로서 형소법 제308조의2에 의하여 증거능력이 없다.

    (다) ㉠이메일을 토대로 이후에 수집된 ㉣수사보고와 ㉥진술조서 또한 증거능력이 없다.

2. 통신비밀보호법에 의한 증거능력 제한의 범위

【대법원 분석】 1) 통신비밀보호법 제3조 제1항 본문은 /

【대법원 분석】 "누구든지 /

【대법원 분석】 이 법과 형사소송법 또는 군사법원법의 규정에 의하지 아니하고는 /

【대법원 분석】 우편물의 검열 · /

【대법원 분석】 전기통신의 감청 또는 /

【대법원 분석】 통신사실확인자료의 제공을 하거나 /

【대법원 분석】 공개되지 아니한 타인 간의 대화를 녹음 또는 청취하지 못한다."고 규정하고, /

【대법원 분석】 제4조는 /

【대법원 분석】 "제3조의 규정에 위반하여 /

【대법원 분석】 불법검열에 의하여 취득한 우편물이나 그 내용 및 /

【대법원 분석】 불법감청에 의하여 지득 또는 채록된 전기통신의 내용은 /

【대법원 분석】 재판 또는 징계절차에서 증거로 사용할 수 없다."고 규정하고 있다. /

【대법원 분석】 여기서 '전기통신'이라 함은 /

【대법원 분석】 전화 · 전자우편 · 모사전송 등과 같이 /

【대법원 분석】 유선 · 무선 · 광선 및 기타의 전자적 방식에 의하여 /

【대법원 분석】 모든 종류의 음향 · 문언 · 부호 또는 영상을 /

【대법원 분석】 송신하거나 수신하는 것을 말하고 /

【대법원 분석】 (같은 법 제2조 제3호), /

【대법원 분석】 '감청'이라 함은 /

【대법원 분석】 전기통신에 대하여 /

【대법원 분석】 당사자의 동의 없이 /

【대법원 분석】 전자장치 · 기계장치 등을 사용하여 /

【대법원 분석】 통신의 음향 · 문언 · 부호 · 영상을 청취 · 공독(共讀)하여 그 내용을 지득(知得) 또는 채록(採錄)하거나 /

【대법원 분석】 전기통신의 송 · 수신을 방해하는 것을 말한다 /

【대법원 분석】 (같은 법 제2조 제7호). /

【대법원 요지】 따라서 '전기통신의 감청'은 /

【대법원 요지】 위 '감청'의 개념 규정에 비추어 /

【대법원 요지】 현재 이루어지고 있는 전기통신의 내용을 지득·채록하는 경우와 /

【대법원 요지】 통신의 송·수신을 직접적으로 방해하는 경우를 의미하는 것이지 /

【대법원 요지】 전자우편이 송신되어 수신인이 이를 확인하는 등으로 /

【대법원 요지】 이미 수신이 완료된 전기통신에 관하여 /

【대법원 요지】 남아 있는 기록이나 내용을 열어보는 등의 행위는 포함하지 않는다 할 것이다 /

【대법원 요지】 (대법원 2012. 7. 26. 선고 2011도12407 판결 참조).

【대법원 판단】 기록에 비추어 살펴보면, /

【대법원 판단】 이 사건 증거물로 제출된 전자우편(이하 '이 사건 전자우편'이라 한다)은 /

【대법원 판단】 이미 수신자인 M시장이 그 수신을 완료한 후에 수집된 것임을 알 수 있으므로, /

【대법원 판단】 이 사건 전자우편의 수집행위가 통신비밀보호법이 금지하는 '전기통신의 감청'에 해당한다고 볼 수 없고, /

【대법원 판단】 따라서 이 사건 전자우편이 통신비밀보호법 제4조에 의하여 증거능력이 배제되는 증거라고 할 수 없다.

3. 사인의 위법수집증거와 위법수집증거배제법칙

【대법원 요지】 2) 국민의 인간으로서의 존엄과 가치를 보장하는 것은 /

【대법원 요지】 국가기관의 기본적인 의무에 속하는 것이고 /

【대법원 요지】 이는 형사절차에서도 당연히 구현되어야 하는 것이지만, /

【대법원 요지】 국민의 사생활 영역에 관계된 모든 증거의 제출이 곧바로 금지되는 것으로 볼 수는 없으므로 /

【대법원 요지】 법원으로서는 /

【대법원 요지】 효과적인 형사소추 및 형사소송에서의 진실발견이라는 공익과 /

【대법원 요지】 개인의 인격적 이익 등의 보호이익을 /

【대법원 요지】 비교형량하여 그 허용 여부를 결정하여야 한다 /

【대법원 요지】 (대법원 2010. 9. 9. 선고 **2008도3990** 판결 등 참조). /

【대법원 기준】 이때 법원이 그 비교형량을 함에 있어서는 /

【대법원 기준】 증거수집 절차와 관련된 모든 사정 즉, /

【대법원 기준】 사생활 내지 인격적 이익을 보호하여야 할 필요성 여부 및 그 정도, /

【대법원 기준】 증거수집 과정에서 사생활 기타 인격적 이익을 침해하게 된 경위와 그 침해의 내용 및 정도, /

【대법원 기준】 형사소추의 대상이 되는 범죄의 경중 및 성격, /

【대법원 기준】 피고인의 증거동의 여부 등을 /

【대법원 기준】 전체적·종합적으로 고려하여야 하고, /

【대법원 요지】 단지 형사소추에 필요한 증거라는 사정만을 들어 /

【대법원 요지】 곧바로 형사소송에서의 진실발견이라는 공익이 /

【대법원 요지】 개인의 인격적 이익 등의 보호이익보다 /

【대법원 요지】 우월한 것으로 섣불리 단정하여서는 아니 된다.

4. 사안에 대한 대법원의 판단

【대법원 분석】 원심판결 이유와 이 사건 기록에 의하여 살펴보면, /

【대법원 분석】 M시 N동장 직무대리의 지위에 있던 피고인이 /

【대법원 분석】 원심 판시 일시경 M시장 공소외 A에게 M시청 전자문서시스템을 통하여 /

【대법원 분석】 N동 1통장인 공소외 B 등에게 M시장 공소외 A를 도와 달라고 부탁하였다는 등의 내용을 담고 있는 이 사건 전자우편을 보낸 사실, /

【대법원 분석】 그런데 M시청 소속 공무원인 제3자가 권한 없이 전자우편에 대한 비밀 보호조치를 해제하는 방법을 통하여 이 사건 전자우편을 수집한 사실을 알 수 있다.

【대법원 판단】 앞서 본 법리에 비추어 볼 때, /

【대법원 판단】 제3자가 위와 같은 방법으로 이 사건 전자우편을 수집한 행위는 /

【대법원 판단】 정보통신망 이용촉진 및 정보보호 등에 관한 법률 제71조 제11호, 제49조 소정의 /

【대법원 판단】 '정보통신망에 의하여 처리 · 보관 또는 전송되는 타인의 비밀을 침해 또는 누설하는 행위'로서 /

【대법원 판단】 형사처벌되는 범죄행위에 해당할 수 있을 뿐만 아니라, /

【대법원 판단】 이 사건 전자우편을 발송한 피고인의 사생활의 비밀 내지 통신의 자유 등의 기본권을 침해하는 행위에 해당한다는 점에서 /

【대법원 판단】 일응 그 증거능력을 부인하여야 할 측면도 있어 보인다. /

【대법원 판단】 그러나 이 사건 전자우편은 M시청의 업무상 필요에 의하여 설치된 전자관리시스템에 의하여 전송 · 보관되는 것으로서 /

【대법원 판단】 그 공공적 성격을 완전히 배제할 수는 없다고 할 것이다. /

【대법원 판단】 또한 이 사건 형사소추의 대상이 된 행위는 /

【대법원 판단】 구 공직선거법(2010. 1. 25. 법률 제9974호로 개정되기 전의 것, 이하 '구 공직선거법'이라 한다) /

【대법원 판단】 제255조 제3항, 제85조 제1항에 의하여 처벌되는 /

【대법원 판단】 공무원의 지위를 이용한 선거운동행위로서 /

【대법원 판단】 공무원의 정치적 중립의무를 정면으로 위반하고 /

【대법원 판단】 이른바 관권선거를 조장할 우려가 있는 중대한 범죄에 해당한다. /

【대법원 판단】 여기에 피고인이 제1심에서 이 사건 전자우편을 이 사건 공소사실에 대한 증거로 함에 동의한 점 등을 종합하면, /

【대법원 판단】 이 사건 전자우편을 이 사건 공소사실에 대한 증거로 제출하는 것은 허용되어야 할 것이고, /

【대법원 판단】 이로 말미암아 피고인의 사생활의 비밀이나 통신의 자유가 일정 정도 침해되는 결과를 초래한다 하더라도 /

【대법원 판단】 이는 피고인이 수인하여야 할 기본권의 제한에 해당한다고 보아야 할 것이다.

【대법원 결론】 3) 따라서 원심이 /

【대법원 결론】 이 사건 전자우편과 /

【대법원 결론】 그 내용에 터 잡아 수사기관이 참고인으로 소환하여 작성한 공소외 B, C, D에 대한 각 진술조서들의 /

【대법원 결론】 증거능력을 인정한 조치는 정당하다고 할 것이고, /

【대법원 결론】 거기에 상고이유에서 주장하는 바와 같이 이 사건 전자우편 내지 위 진술조서들의 증거능력에 관한 법리를 오해한 위법이 없다. (상고 기각)

2010헌마439

통신자료의 취득과 영장주의
통신자료 취득행위 헌법소원 사건
2012. 8. 23. 2010헌마439, 헌집 24-2, 641

1. 사실관계 및 사건의 경과

【사실관계 1】

① P회사는 전기통신사업자이다.

② P회사는 ㉠뉴스 시청자게시판을 운영하고 있다.

③ Q회사는 전기통신사업자이다.

④ Q회사는 ㉡뉴스 자유게시판을 운영하고 있다.

⑤ 2010. 5.경 갑은 ㉠, ㉡사이트에 각각 천안함 사건과 관련된 ㉢게시물을 게재하였다.

【사실관계 2】

① 당시 전기통신사업법 제54조 제3항은 수사기관의 통신자료 취득에 관하여 규정하고 있었다.

② 이후 전기통신사업법이 개정되었다.

③ 해당 조문은 약간의 수정을 거친 형태로 제83조 제3항으로 되어 있다.

④ 당시의 전기통신사업법 제54조 제3항은 다음과 같다.

⑤ (이해를 돕기 위하여 조문을 분해함)

전기통신사업법 (행위시)

제54조 (통신비밀의 보호) ③ 전기통신사업자는 /

법원, 검사 또는 수사관서의 장/

(군 수사기관의 장, 국세청장 및 지방국세청장을 포함한다. 이하 같다), /

정보수사기관의 장으로부터 /

재판, 수사/

('조세범 처벌법' 제10조 제1항, 제3항 및 제4항의 범죄 중 전화, 인터넷 등을 이용한 범칙사건의 조사를 포함한다), /

형의 집행 또는 /

국가안전보장에 대한 위해를 방지하기 위한 정보수집을 /

위하여 /

다음 각 호의 자료의 열람이나 제출(이하 "통신자료제공"이라 한다)을 요청받은 때에 /

이에 응할 수 있다.

1. 이용자의 성명

2. 이용자의 주민등록번호

3. 이용자의 주소

4. 이용자의 전화번호

5. 아이디(컴퓨터시스템이나 통신망의 정당한 이용자를 식별하기 위한 이용자 식별부호를 말한다)

6. 이용자의 가입 또는 해지 일자

【사실관계 3】

① 경기지방경찰청 관내의 관할 M경찰관서에서는 ⓒ게시물 게시자에 대한 수사에 나섰다.

② 담당 수사관은 경찰관 A이다.

③ 2010. 5. 중순경 경찰관 A는 경기지방경찰청장 명의로 P회사와 Q회사에게 갑의 주소, 전화번호 등의 ㉣통신자료 제공을 요청하였다.

④ 경찰관 A는 P, Q회사로부터 ㉣통신자료를 취득하였다.

⑤ 경찰관 A는 ㉣통신자료를 이용하여 전화 및 우편으로 갑을 소환하였다.

⑥ 경찰관 A는 갑에 대해 전기통신설비로 공연히 허위의 통신을 하였다는 전기통신기본법위반죄 혐의에 관하여 조사하였다.

【사건의 경과】

① 2010. 7. 15. 갑은 헌법재판소에 헌법소원심판청구를 하였다.

② 갑의 주장 내용은 다음과 같다.

  (가) 피청구인(경기경찰청장)은 2010. 5. 중순경 P, Q전기통신사업자에게 ㉣통신자료의 제공을 요청하여 취득하였다. (㉮행위)

  (나) ㉮행위와 그 근거 법률인 전기통신사업법 제54조[현행법 제83조에 상응함] 제3항은 헌법상 영장주의에 위반된다.

  (다) ㉮행위와 그 근거 법률인 전기통신사업법 제54조[현행법 제83조] 제3항은 청구인(갑)의 통신의 비밀, 사생활의 비밀과 자유, 표현의 자유 등을 침해한다.

③ 헌법재판소는 견해가 나뉘었다.

④ 헌법재판소는 다수의견에 따라 갑의 주장을 검토하기에 앞서서 적법요건에 관한 판단을 내렸다.

2. ㉣통신자료 취득행위에 대한 헌법재판소의 판단

【헌재 요지】 헌법재판소법 제68조 제1항은 '공권력의 행사 또는 불행사로 인하여 기본권을 침해받은 자'가 헌법소원을 제기할 수 있다고 규정하고 있는바, /

【헌재 요지】 여기에서 '공권력'이란 입법권 · 행정권 · 사법권을 행사하는 모든 국가기관 · 공공단체 등의 고권적 작용을 말하고, /

【헌재 요지】 그 행사 또는 불행사로 국민의 권리와 의무에 대하여 직접적인 법률효과를 발생시켜 청구인의 법률관계 내지 법적 지위를 불리하게 변화시키는 것이어야 한다.

【헌재 요지】 이 사건 통신자료 취득행위는 피청구인[경기지방경찰청장]이 이 사건 전기통신사업자 [P, Q회사]에게 청구인[갑]에 관한 통신자료 취득에 대한 협조를 요청한 데 대하여 /

【헌재 요지】 이 사건 전기통신사업자가 임의로 이 사건 통신자료를 제공함으로써 이루어진 것이다. /

【헌재 요지】 그런데 피청구인과 이 사건 전기통신사업자 사이에는 어떠한 상하관계도 없고, /

【헌재 요지】 이 사건 전기통신사업자가 피청구인의 통신자료제공 요청을 거절한다고 하여 어떠한 형태의 사실상 불이익을 받을 것인지도 불분명하며, /

【헌재 요지】 수사기관이 압수수색영장을 발부받아 이 사건 통신자료를 취득한다고 하여 이 사건 전기통신사업자의 사업수행에 지장을 초래할 것으로 보이지도 않는다.

【헌재 요지】 또한 이 사건 통신자료 취득행위의 근거가 된 이 사건 법률조항은 "전기통신사업자는 … 요청받은 때에 이에 응할 수 있다."라고 규정하고 있어 /

【헌재 요지】 전기통신사업자에게 이용자에 관한 통신자료를 수사관서의 장의 요청에 응하여 합법적으로 제공할 수 있는 권한을 부여하고 있을 뿐이지 어떠한 의무도 부과하고 있지 않다. /

【헌재 요지】 따라서 전기통신사업자는 수사관서의 장의 요청이 있더라도 이에 응하지 아니할 수 있고, 이 경우 아무런 제재도 받지 아니한다.

【헌재 요지】 그러므로 이 사건 통신자료 취득행위는 강제력이 개입되지 아니한 임의수사에 해당하는 것이어서 /

【헌재 요지】 헌법재판소법 제68조 제1항에 의한 헌법소원의 대상이 되는 공권력의 행사에 해당하지 아니한다고 할 것이므로 이에 대한 심판청구는 부적법하다.

3. 전기통신사업법 근거조항에 대한 헌법재판소의 판단

【헌재 요지】 법률 또는 법률조항 자체가 헌법소원의 대상이 될 수 있으려면, 그 법률 또는 법률조항이 직접 청구인의 기본권을 침해하여야 하는바, /

【헌재 요지】 기본권침해의 직접성이란 집행행위에 의하지 아니하고 법률 그 자체에 의하여 자유의 제한, 의무의 부과, 권리 또는 법적 지위의 박탈이 생긴 경우를 뜻하므로, /

【헌재 요지】 당해 법률에 근거한 구체적인 집행행위를 통하여 비로소 기본권침해의 법률효과가 발생하는 경우에는 직접성의 요건이 결여된다.

【헌재 요지】 이 사건 법률조항은 수사관서의 장이 통신자료의 제공을 요청하면 전기통신사업자는 이에 응할 수 있다는 내용으로, /

【헌재 요지】 수사관서의 장이 이용자에 관한 통신자료제공을 요청하더라도 이에 응할 것인지 여부는 전기통신사업자의 재량에 맡겨져 있다. /

【헌재 요지】 따라서 수사관서의 장의 통신자료제공 요청과 이에 따른 전기통신사업자의 통신자료제공행위가 있어야 비로소 통신자료와 관련된 이용자의 기본권제한 문제가 발생할 수 있는 것이지, /

【헌재 요지】 이 사건 법률조항만으로 이용자의 기본권이 직접 침해된다고 할 수 없다.

【헌재 요지】 그러므로 이 사건 법률조항에 대한 심판청구는 기본권침해의 직접성이 인정되지 아니하여 부적법하다. (부적법 각하)

2011도1435

저작권법과 상습범
영화 불법 다운로드 사건
2013. 9. 26. 2011도1435, 공 2013하, 2014

1. 사실관계 및 사건의 경과

【사실관계 1】

① 저작권법은 불법 복제행위를 저작재산권 침해범죄로 처벌하고 있다.

② 저작권법은 저작재산권 침해범죄를 친고죄로 규정하고 있다.

③ 저작권법은 일정한 경우 저작재산권 침해범죄를 친고죄에서 제외하고 있다.

④ 서삭권법은 양벌규정을 두고 있다.

⑤ 종전의 저작권법은 친고죄 제외요건을 '영리를 위하여 상습적으로'라고 규정하고 있었다.

⑥ 2008. 7. 저작권법 개정에 의하여 저작재산권 침해범죄 중 불법복제물 이용행위가 친고죄에서 반의사불벌죄로 변경되었다.

⑦ 2011. 7. 개정 저작권법은 친고죄 제외요건을 '영리를 목적으로 또는 상습적으로'로 변경하였다.

【사실관계 2】

① (아래의 사안은 2008. 2. 29. 이전에 일어난 것이다.)

② 인터넷상 M사이트는 웹스토리지서비스 제공 사이트이다.

③ P회사는 M사이트를 운영하는 법인이다.

④ 갑은 P회사의 실질적인 1인 주주이자 고문이다.

⑤ 2003. 8. 20. 갑은 다음의 범죄사실로 집행유예를 선고받은 일이 있다.

　　(가) 청소년보호법위반죄(청소년이용음란물제공)

　　(나) 정통망법위반죄

⑥ 2005. 12. 1. 갑은 정통망법위반죄(음란물유포등) 방조죄로 벌금형을 선고받은 일이 있다.

【사실관계 3】

① 불특정 다수의 이용자들이 P회사의 M사이트에서 불법으로 영화파일들을 업로드하거나 다운로드하

였다.

② 불법 업로드 · 다운로드된 영화파일은 R, S영화사 등 여러 영화사가 제작한 것이었다.

③ M사이트에 이용자가 많아지면서 P회사는 [광고 등을 통해] 수익을 올렸다.

④ Q회사의 N사이트에서도 같은 일들이 일어났다.

⑤ 을은 Q회사 웹스토리지서비스를 관장하는 사업본부장이다.

⑥ 을에게는 전과가 없다.

⑦ (이하 갑과 을을 갑으로, P회사와 Q회사를 P회사로 각각 통칭하여 분석함)

⑧ (이하에서는 친고죄 관련 부분에 초점을 맞추어 분석함)

【사건의 경과 1】

① 검사는 갑을 저작권법위반죄로 기소하였다.

② 검사는 P회사를 저작권법상 양벌규정에 의하여 기소하였다.

③ 갑과 P회사의 피고사건은 제1심을 거친 후, 항소심에 계속되었다.

④ 항소심법원은 유죄를 인정하고, 다음과 같이 판단하였다.

   (가) 갑 : 저작권법위반죄 방조범

   (나) P회사 : 양벌규정 적용

【사건의 경과 2】

① 갑과 P회사는 불복 상고하였다.

② 갑과 P회사는 첫 번째 상고이유로 다음의 점을 주장하였다.

   (가) 저작권법위반죄는 친고죄이다.

   (나) 상습적인 저작재산권 침해범죄만 친고죄에서 제외된다.

   (다) 갑은 상습범에 해당하지 않는다.

   (라) P회사는 법인이므로 상습범으로 처벌할 수 없다.

③ 갑과 P회사는 두 번째 상고이유로 다음의 점을 주장하였다.

   (가) 상습범에 해당한다고 가정하자.

   (나) 상습범은 포괄일죄이다.

   (다) 포괄일죄에 속하는 일부 행위가 이미 처벌되었다.

   (라) 피고사건은 포괄일죄에 속하는 나머지 행위를 대상으로 하고 있다.

   (마) 포괄일죄의 일부에 대해 이미 확정판결이 있으므로 피고사건은 면소되어야 한다.

【참조조문】

저작권법 (현행)

제140조 (고소) 이 장의 죄에 대한 공소는 고소가 있어야 한다. /

다만, 다음 각 호의 어느 하나에 해당하는 경우에는 그러하지 아니하다.

1. 영리를 목적으로 또는 /

상습적으로 /

제136조 제1항 제1호 [저작권 불법복제 등], /

제136조 제2항 제3호 [데이터베이스 불법 복제 등] 및 /

제4호 [불법복제물 수입 등]/

(제124조 제1항 제3호 [수입 불법복제물 이용]의 경우에는 /

피해자의 명시적 의사에 반하여 처벌하지 못한다)/

에 해당하는 행위를 한 경우

2. 제136조 제2항 제2호 [저작권 허위등록] 및 /

제3호의2부터 제3호의7까지/

[제3호의2 : 목적외 정보사용]

[제3호의3 : 영리목적 암호 등 무력화]

[제3호의4 : 영리목적 권리관리정보의 제거 · 변경 등]

[제3호의5 : 방송신호 복호화(復號化) 장치 무단 제조 등]

[제3호의6 : 라벨 위조 등]

[제3호의7 : 방송신호 무단 송신]

제137조 제1항 제1호부터 제4호까지/

[제1호 : 허위 명의자 저작물 공표]

[제2호 : 허위 실연자 명의 공연 등]

[제3호 : 저작인격권 침해]

[제3호의2 : 암호화된 방송 불법청취 등]

[제3호의3 : 영상저작물 불법녹화 등]

[제4호 : 무허가 저작재산권 위탁관리]

제6호 [온라인서비스제공자 업무방해] 및 /

제7호 [비밀누설]와 /

제138조 제5호 [미신고 저작권대리중개업 등]/

의 경우

3. 삭제

제141조 (양벌규정) 법인의 대표자나 /

법인 또는 개인의 대리인 · 사용인 그 밖의 종업원이 /

그 법인 또는 개인의 업무에 관하여 이 장의 죄를 범한 때에는 /

행위자를 벌하는 외에 /

그 법인 또는 개인에 대하여도 각 해당조의 벌금형을 과한다. /

다만, 법인 또는 개인이 그 위반행위를 방지하기 위하여 해당 업무에 관하여 상당한 주의와 감독을 게을리하지 아니한 경우에는 그러하지 아니하다.

2. 저작재산권 침해범죄와 상습성 판단

【**대법원 판단**】 (중략)

【**대법원 분석**】 가. 구 저작권법 제140조 본문에서는 /

【**대법원 분석**】 저작재산권 침해로 인한 같은 법 제136조 제1항의 죄를 /

【대법원 분석】 친고죄로 규정하면서, /

【대법원 분석】 같은 법 제140조 단서 제1호에서 /

【대법원 분석】 영리를 위하여 상습적으로 /

【대법원 분석】 위와 같은 범행을 한 경우에는 /

【대법원 분석】 고소가 없어도 공소를 제기할 수 있다고 규정하고 있는바, /

【대법원 요지】 같은 법 제140조 단서 제1호가 규정한 /

【대법원 요지】 '상습적으로'라고 함은 /

【대법원 요지】 반복하여 저작권 침해행위를 하는 습벽으로서의 /

【대법원 요지】 행위자의 속성을 말한다고 봄이 상당하고, /

【대법원 요지】 이러한 습벽의 유무를 판단함에 있어서는 /

【대법원 요지】 동종 전과가 중요한 판단자료가 되나 /

【대법원 요지】 동종 전과가 없다고 하더라도 /

【대법원 요지】 범행의 횟수, 수단과 방법, 동기 등 제반 사정을 참작하여 /

【대법원 요지】 저작재산권 침해행위를 하는 습벽이 인정되는 경우에는 /

【대법원 요지】 상습성을 인정하여야 할 것이며, /

【대법원 요지】 한편 같은 법 제141조의 양벌규정의 적용에 있어서는 /

【대법원 요지】 행위자인 법인의 대표자나 /

【대법원 요지】 법인 또는 개인의 대리인·사용인 그 밖의 종업원의 /

【대법원 요지】 위와 같은 습벽 유무에 따라 /

【대법원 요지】 친고죄인지 여부를 판단하여야 할 것이다.

【대법원 분석】 나. 제1심 및 원심이 적법하게 조사하여 채택한 증거들에 의하면 다음과 같은 사정들을 알 수 있다.

【대법원 분석】 ① 피고인 갑은 웹스토리지서비스 제공 사이트인 제1심 판시 '▽▽▽▽' 사이트를 운영하는 법인인 피고인 P주식회사의 실질적인 1인 주주이자 고문이고, /

【대법원 분석】 피고인 을은 위와 같은 성격의 사이트인 제1심 판시 '□□□□□' 사이트를 운영하는 법인인 피고인 Q주식회사의 웹스토리지서비스를 관장하는 사업본부장이다 /

【대법원 분석】 [한편 피고인 갑은 /

【대법원 분석】 [2003. 8. 20. 서울중앙지방법원에서 청소년보호법 위반(청소년이용음란물제공)죄, 정보통신망 이용촉진 및 정보보호 등에 관한 법률 위반죄로 징역 8월, 집행유예 1년을, /

【대법원 분석】 2005. 12. 1. 서울서부지방법원에서 정보통신망 이용촉진 및 정보보호 등에 관한 법률 위반(음란물유포등) 방조죄로 벌금 700만 원을 각 선고받아 처벌받은 전력도 있다].

【대법원 판단】 ② 위 피고인들이 제1심 판시와 같은 방법으로 위 각 사이트를 운영할 경우 /

【대법원 판단】 회원들이 대부분 정당한 허락 없이 저작재산권에 의한 보호 대상 저작물인 영화 파일을 업로드 내지 다운로드함으로써 /

【대법원 판단】 복제 및 전송의 방법으로 반복적으로 저작재산권을 침해하는 행위를 조장·방조하는 결과에 이르게 된다.

【대법원 판단】 ③ 반면에, 위 피고인들이 행한 저작권 보호를 위한 기술적 조치는, /

【대법원 판단】 앞에서 본 바와 같이 당시 기술수준 등에 비추어 최선의 조치로 보이지 않을 뿐만 아니라 /

【대법원 판단】 그 기술적 조치 자체도 제대로 작동되지 않았다.

【대법원 판단】 ④ 위 피고인들은 이러한 사정을 충분히 인식하고 있으면서 /

【대법원 판단】 위 각 사이트를 개설하여 상당한 기간에 걸쳐 영업으로 이를 운영하면서 /

【대법원 판단】 수백만 명에 이르는 회원들에게 웹스토리지서비스를 제공하였다.

【대법원 판단】 이러한 사정들과 함께 그 밖에 제1심 및 원심이 적법하게 채택한 증거에 의하여 인정되는 /

【대법원 판단】 위와 같은 행위에 의한 저작재산권의 침해 정도, /

【대법원 판단】 위 각 사이트의 영업 규모 및 매출액 등을 /

【대법원 판단】 앞서 본 법리에 비추어 살펴보면, /

【대법원 판단】 위 피고인들에게는 반복하여 저작권 침해행위를 하는 습벽이 있다고 봄이 상당하므로, /

【대법원 판단】 상습성을 인정하여야 한다.

【대법원 결론】 같은 취지의 원심판단은 정당한 것으로 수긍이 되고, 거기에 상고이유로 주장하는 바와 같이 구 저작권법 제140조 단서 제1호가 규정한 '상습적으로'의 해석에 관한 법리를 오해하는 등의 위법이 없다.

【대법원 판단】 (중략)

3. 저작재산권 침해범죄와 포괄일죄의 관계

【대법원 분석】 구 저작권법은 제140조 본문에서 /

【대법원 분석】 저작재산권 침해로 인한 제136조 제1항의 죄를 친고죄로 규정하면서, /

【대법원 분석】 제140조 단서 제1호에서 /

【대법원 분석】 영리를 위하여 상습적으로 위와 같은 범행을 한 경우에는 /

【대법원 분석】 고소가 없어도 공소를 제기할 수 있다고 규정하고 있으나, /

【대법원 분석】 상습으로 제136조 제1항의 죄를 저지른 경우를 /

【대법원 분석】 가중처벌한다는 규정은 따로 두고 있지 않다. /

【대법원 요지】 따라서 수회에 걸쳐 구 저작권법 제136조 제1항의 죄를 범한 것이 /

【대법원 요지】 상습성의 발현에 따른 것이라고 하더라도, /

【대법원 요지】 이는 원칙적으로 경합범으로 보아야 하는 것이지 /

【대법원 요지】 하나의 죄로 처단되는 상습범으로 볼 것은 아니다. /

【대법원 요지】 그리고 저작재산권 침해행위는 저작권자가 같더라도 저작물별로 침해되는 법익이 다르므로 /

【대법원 요지】 각각의 저작물에 대한 침해행위는 원칙적으로 각 별개의 죄를 구성한다고 할 것이다. /

【대법원 요지】 다만 단일하고도 계속된 범의 아래 /

【대법원 요지】 동일한 저작물에 대한 침해행위가 /

【대법원 요지】 일정기간 반복하여 행하여진 경우에는 /

【대법원 요지】 포괄하여 하나의 범죄가 성립한다고 볼 수 있다.

【대법원 판단】 위 법리와 기록에 비추어 살펴보면, /

【대법원 판단】 위 피고인들에 대한 이 사건 저작권법 위반 방조의 대상이 되는 저작물이 /

【대법원 판단】 모두 동일한 저작물은 아니므로, /

【대법원 판단】 원심이 위 피고인들의 범행을 경합범으로 보아 경합범 가중을 한 것은 정당하고, /

【대법원 결론】 거기에 상고이유의 주장과 같이 죄수판단에 관한 법리를 오해하는 등의 위법이 없다.

(상고 기각)

2011도1932

군사법원 재판권과 재심청구절차
고등군사법원 재심개시결정 사건
2015. 5. 21. 2011도1932 전원합의체 판결, 공 2015하, 920

1. 사실관계 및 사건의 경과

【사실관계】

① 갑은 군인이다.

② 검찰관은 군인 갑을 업무상횡령 등의 공소사실로 군법회의에 기소하였다.

③ 1973. 4. 28. 육군본부보통군법회의는 공소사실을 모두 유죄로 인정하고 징역 15년 및 벌금 2,000 만 원을 선고하였다('제1심 판결').

④ 갑은 제1심판결에 불복하여 육군고등군법회의에 항소를 제기하였다.

⑤ 검찰관도 제1심판결에 불복하여 육군고등군법회의에 항소를 제기하였다.

⑥ 1973. 7. 30. 육군고등군법회의는 다음 내용의 판결을 선고하였다.

　(가) 제1심판결을 파기한다.

　(나) 공소사실 중 일부 업무상횡령, 경제의 안정과 성장에 관한 긴급명령 위반, 일부 총포화약류단속법 위반의 점을 유죄로 인정한다.

　(다) 피고인에 대하여 징역 15년 및 벌금 1,100만 원을 선고한다.

　(라) 나머지 공소사실에 대하여는 무죄를 선고한다.

⑦ 1973. 8. 8. 관할관은 갑에 대한 징역 15년을 징역 12년으로 감형하여 확인하였다.

⑧ 갑과 검찰관은 모두 상고하지 않았다.

⑨ 그 무렵 항소심 판결은 그대로 확정되었다(㉮재심대상판결).

【사건의 경과 1】

① [갑은 군에서 제적되었다.]

② 갑은 수형생활을 하던 중 형의 집행정지로 석방되었다.

③ 1980. 2. 29. 갑은 형 선고의 효력을 상실하게 하는 특별사면을 받았다.

④ 2010. 4. 5. ㉮재심대상판결에 대하여 갑은 고등군사법원에 재심을 청구하였다.

⑤ 고등군사법원은 다음과 같이 판단하였다.

　　(가) 갑은 이미 군에서 제적되어 재심심판절차에 관하여는 군사법원에 재판권이 없다.

　　(나) 그러나 재심사유의 존부만을 판단하는 재심개시절차에 관하여는 군사법원에 재판권이 있다.

　　(다) 수사관들이 불법체포와 고문 등 직무상 범죄를 저질렀음이 증명되어 군사법원법 제469조 제7호의 재심사유가 있다.

　　(라) ㉮재심대상판결 중 유죄 부분에 대하여 재심개시결정을 한다.

⑥ 고등군사법원은 군사법원법 제2조 제3항에 따라 사건을 서울고등법원으로 이송하였다.

【사건의 경과 2】

① 사건을 이송받은 서울고등법원은 재심심판절차에 임하였다.

② 서울고등법원은 다음과 같이 판단하였다.

　　(가) 제1심에서 유죄의 증거로 든 갑과 A 등에 대한 군사법경찰관 작성의 피의자신문조서나 진술조서 및 압수된 총기 등은 위법수집증거로서 증거능력이 없다.

　　(나) 재심대상이 된 유죄 부분의 공소사실 중 업무상횡령과 경제의 안정과 성장에 관한 긴급명령 위반의 점은 이를 인정할 증거가 부족하다.

　　(다) 총포화약류단속법 위반의 점은 자백 이외에 달리 이를 보강할 증거가 없다.

③ 서울고등법원은 '제1심판결' 중 유죄가 인정된 공소사실 부분을 파기하고 갑에 대하여 무죄를 선고하였다.

【사건의 경과 3】

① 검사는 불복 상고하였다.

② 검사는 상고이유로 다음의 점을 주장하였다.

　　(가) ㉮재심대상판결은 특별사면으로 형 선고의 효력이 상실되어 재심청구의 대상이 될 수 없다.

　　(나) 그러므로 재심개시결정이 확정되었다고 하더라도 재심절차로 진행할 심판의 대상이 없어 아무런 재판을 할 수 없다.

　　(다) 그럼에도 원심이 심판의 대상이 있는 것으로 보고 실체 심리로 나아가 무죄판결을 선고한 것은 특별사면과 재심청구의 대상 등에 관한 법리를 오해한 것으로 위법하다.

　　(라) ㉮재심대상판결이 재심청구의 대상이 된다고 하자.

　　(마) 그렇다고 하더라도 원심판결에는 논리와 경험의 법칙에 반하여 자유심증주의의 한계를 벗어난 위법이 있다.

　　(바) 원심판결에는 자백의 보강법칙에 관한 법리를 오해한 위법이 있다.

③ 대법원은 검사의 상고이유에 대한 판단에 앞서 직권으로 군사법원의 재판권에 대해 판단하였다.

④ 대법원은 11 대 1로 견해가 나뉘었다.

⑤ (이하의 소제목은 대법원 판결 원문에 따름.)

2. 사안에 대한 대법원의 판단

1. 이 사건 재심 경위 및 검사의 상고이유

【대법원 분석】 가. 육군본부보통군법회의는 1973. 4. 28. 피고인[갑]에 대한 73보군형 제○○호 업무상횡령 등 사건에서 공소사실을 모두 유죄로 인정하고 징역 15년 및 벌금 2,000만 원을 선고하였다 (이하 '제1심 판결'이라 한다).

【대법원 분석】 나. 피고인과 검찰관은 제1심판결에 대하여 육군고등군법회의 73년고군형항 제○○○호로 항소를 제기하였고, /

【대법원 분석】 육군고등군법회의는 1973. 7. 30. 제1심판결을 파기하고 /

【대법원 분석】 공소사실 중 일부 업무상횡령, 경제의 안정과 성장에 관한 긴급명령 위반, 일부 총포화약류단속법 위반의 점을 유죄로 인정하여 /

【대법원 분석】 피고인에 대하여 징역 15년 및 벌금 1,100만 원을 선고하고 /

【대법원 분석】 나머지 공소사실에 대하여는 무죄를 선고하였다.

【대법원 분석】 다. 관할관은 1973. 8. 8. 피고인에 대한 위 징역 15년을 징역 12년으로 감형하여 확인하였고, /

【대법원 분석】 피고인과 검찰관이 모두 상고하지 아니하여 그 무렵 위 항소심 판결(이하 '재심대상판결'이라 한다)이 그대로 확정되었다.

【대법원 분석】 라. 피고인은 위 형의 집행정지로 석방되어 있던 중 1980. 2. 29. 형 선고의 효력을 상실하게 하는 특별사면을 받았다.

【대법원 분석】 마. 피고인은 2010. 4. 5. 위 재심대상판결에 대하여 고등군사법원에 재심을 청구하였고, /

【대법원 분석】 고등군사법원은 피고인이 이미 군에서 제적되어 재심심판절차에 관하여는 재판권이 없으나, /

【대법원 분석】 재심사유의 존부만을 판단하는 재심개시절차에 관하여는 재판권이 있다고 전제한 다음, /

【대법원 분석】 수사관들이 불법체포와 고문 등 직무상 범죄를 저질렀음이 증명되어 군사법원법 제469조 제7호의 재심사유가 있다는 이유로, /

【대법원 분석】 재심대상판결 중 유죄 부분에 대하여 재심개시결정을 하고, /

【대법원 분석】 군사법원법 제2조 제3항에 따라 사건을 이 사건 원심인 서울고등법원으로 이송하였다.

【대법원 분석】 바. 원심은, /

【대법원 분석】 제1심에서 유죄의 증거로 든 피고인과 공소외인 등에 대한 군사법경찰관 작성의 피의자신문조서나 진술조서 및 압수된 총기 등은 위법수집증거로서 증거능력이 없고, /

【대법원 분석】 재심대상이 된 유죄 부분의 공소사실(이하 '이 사건 공소사실'이라 한다) 중 /

【대법원 분석】 업무상횡령과 경제의 안정과 성장에 관한 긴급명령 위반의 점은 이를 인정할 증거가 부족하며, /

【대법원 분석】 총포화약류단속법 위반의 점은 자백 이외에 달리 이를 보강할 증거가 없다는 이유로 /

【대법원 분석】 제1심판결 중 이 사건 공소사실 부분을 파기하고 피고인에 대하여 무죄를 선고하였다.

【대법원 분석】 사. 검사의 상고이유는 다음과 같다.

【대법원 분석】 이 사건 재심대상판결은 특별사면으로 형 선고의 효력이 상실되어 재심청구의 대상이 될 수 없으므로, /

【대법원 분석】 재심개시결정이 확정되었다고 하더라도 재심절차로 진행할 심판의 대상이 없어 아무런 재판을 할 수 없음에도, /

【대법원 분석】 원심이 심판의 대상이 있는 것으로 보고 실체 심리로 나아가 무죄판결을 선고한 것은 특별사면과 재심청구의 대상 등에 관한 법리를 오해한 것으로 위법하다. /

【대법원 분석】 설령 위 재심대상판결이 재심청구의 대상이 된다고 하더라도, /

【대법원 분석】 원심판결에는 논리와 경험의 법칙에 반하여 자유심증주의의 한계를 벗어나거나 자백의 보강법칙에 관한 법리를 오해한 위법이 있다.

2. 이 사건 재심의 재판권 등에 관한 직권 판단

【대법원 요지】 가. 헌법 제27조 제1항은 "모든 국민은 헌법과 법률이 정한 법관에 의하여 법률에 의한 재판을 받을 권리를 가진다."고 규정하여, /

【대법원 요지】 모든 국민이 헌법과 법률이 정한 자격과 절차에 따라 임명된 법관에 의하여 합헌적인 법률이 정한 내용과 절차에 따라 재판을 받을 수 있는 권리를 보장하고 있다. /

【대법원 요지】 또한 헌법 제27조 제2항은 "군인 또는 군무원이 아닌 국민은 대한민국의 영역 안에서는 중대한 군사상 기밀·초병·초소·유독음식물공급·포로·군용물에 관한 죄 중 법률이 정한 경우와 비상계엄이 선포된 경우를 제외하고는 군사법원의 재판을 받지 아니한다."고 규정하여, /

【대법원 요지】 군인 또는 군무원이 아닌 국민(이하 '일반 국민'이라 한다)은 헌법 제27조 제2항이 규정한 경우 이외에는 군사법원의 재판을 받지 아니할 권리가 있음을 선언하고 있다.

【대법원 요지】 따라서 군사법원은 일반 국민에 대하여 헌법 제27조 제2항이 규정한 경우가 아니면 재판권이 없고, /

【대법원 요지】 비록 군사법원법 제472조 본문이 재심청구는 원판결을 한 대법원 또는 군사법원이 관할한다고 규정하고 있으나 /

【대법원 요지】 관할은 재판권을 전제로 하는 것이므로, /

【대법원 요지】 군사법원의 판결이 확정된 후 군에서 제적되어 군사법원에 재판권이 없는 경우에는 /

【대법원 요지】 재심사건이라도 그 관할은 원판결을 한 군사법원이 아니라 같은 심급의 일반법원에 있다 /

【대법원 요지】 (대법원 1985. 9. 24. 선고 **84도2972** 전원합의체 판결 등 참조).

【대법원 요지】 그리고 재심심판절차는 물론 /

【대법원 요지】 재심사유의 존부를 심사하여 다시 심판할 것인지를 결정하는 재심개시절차 역시 재판권 없이는 심리와 재판을 할 수 없는 것이므로, /

【대법원 요지】 재심청구를 받은 군사법원으로서는 먼저 재판권 유무를 심사하여 /

【대법원 요지】 군사법원에 재판권이 없다고 판단되면 재심개시절차로 나아가지 말고 곧바로 사건을 군사법원법 제2조 제3항에 따라 같은 심급의 일반법원으로 이송하여야 한다.

【대법원 요지】 이와 달리 군사법원이 재판권이 없음에도 재심개시결정을 한 후에 비로소 사건을 일 반법원으로 이송한다면 이는 위법한 재판권의 행사라고 할 것이다. /

【대법원 요지】 다만 군사법원법 제2조 제3항 후문이 "이 경우 이송 전에 한 소송행위는 이송 후에도 그 효력에 영향이 없다."고 규정하고 있으므로, /

【대법원 요지】 사건을 이송받은 일반법원으로서는 다시 처음부터 재심개시절차를 진행할 필요는 없고 /

【대법원 요지】 군사법원의 재심개시결정을 유효한 것으로 보아 그 후속 절차를 진행할 수 있다.

【대법원 판단】 나. 이 사건에 관하여 보건대, /

【대법원 판단】 고등군사법원이 앞서 본 바와 같이 재심심판절차에 관하여는 피고인이 이미 군에서 제적되어 재판권이 없다고 보면서도 /

【대법원 판단】 그 사전절차인 재심개시절차에 관하여는 재판권이 있다고 보고 재심개시결정을 한 것은 위법하다고 할 것이나, /

【대법원 판단】 사건을 이송받은 원심이 위 재심개시결정을 토대로 재심심판절차로 나아가 판단한 것은 위에서 본 법리에 따른 것으로 위법하다고 할 수 없다.

3. 상고이유에 관한 판단

【대법원 분석】 가. 이 사건 재심대상판결이 재심청구의 대상이 될 수 있는지에 관하여 본다.

【대법원 요지】 ⑴ 유죄판결 확정 후에 형 선고의 효력을 상실케 하는 특별사면이 있었다고 하더라도, /

【대법원 요지】 형 선고의 법률적 효과만 장래를 향하여 소멸될 뿐이고 /

【대법원 요지】 확정된 유죄판결에서 이루어진 사실인정과 그에 따른 유죄 판단까지 없어지는 것은 아니므로, /

【대법원 요지】 위 유죄판결은 형 선고의 효력만 상실된 채로 여전히 존재하는 것으로 보아야 하고, /

【대법원 요지】 한편 형사소송법 제420조 각 호의 재심사유가 있는 피고인으로서는 /

【대법원 요지】 재심을 통하여 특별사면에도 불구하고 여전히 남아 있는 불이익, /

【대법원 요지】 즉 유죄의 선고는 물론 /

【대법원 요지】 형 선고가 있었다는 기왕의 경력 자체 등을 제거할 필요가 있다.

【대법원 요지】 그리고 형사소송법 제420조가 유죄의 확정판결에 대하여 그 선고를 받은 자의 이익 을 위하여 재심을 청구할 수 있다고 규정하고 있는 것은 /

【대법원 요지】 유죄의 확정판결에 중대한 사실인정의 오류가 있는 경우 이를 바로잡아 무고하고 죄 없는 피고인의 인권침해를 구제하기 위한 것인데, /

【대법원 요지】 만일 특별사면으로 형 선고의 효력이 상실된 유죄판결이 재심청구의 대상이 될 수 없 다고 한다면, /

【대법원 요지】 이는 특별사면이 있었다는 사정만으로 재심청구권을 박탈하여 명예를 회복하고 형사 보상을 받을 기회 등을 원천적으로 봉쇄하는 것과 다를 바 없어서 /

【대법원 요지】 재심제도의 취지에 반하게 된다.

【대법원 요지】 따라서 특별사면으로 형 선고의 효력이 상실된 유죄의 확정판결도 형사소송법 제420조의 '유죄의 확정판결'에 해당하여 재심청구의 대상이 될 수 있다고 해석함이 타당하다.

【대법원 판단】 이와 달리 유죄의 확정판결 후 형 선고의 효력을 상실케 하는 특별사면이 있었다면 이미 재심청구의 대상이 존재하지 않아 그러한 판결을 대상으로 하는 재심청구는 부적법하다고 판시한 /

【대법원 판단】 대법원 1997. 7. 22. 선고 96도2153 판결과 /

【대법원 판단】 대법원 2010. 2. 26.자 2010모24 결정 등은 /

【대법원 판단】 이 판결과 배치되는 범위에서 이를 변경한다.

【대법원 요지】 한편 면소판결 사유인 형사소송법 제326조 제2호의 '사면이 있는 때'에서 말하는 '사면'이란 일반사면을 의미할 뿐/

【대법원 요지】 (대법원 2000. 2. 11. 선고 99도2983 판결 참조), /

【대법원 요지】 형을 선고받아 확정된 자를 상대로 이루어지는 특별사면은 여기에 해당하지 않으므로, /

【대법원 요지】 재심대상판결 확정 후에 형 선고의 효력을 상실케 하는 특별사면이 있었다고 하더라도, /

【대법원 요지】 재심개시결정이 확정되어 재심심판절차를 진행하는 법원은 그 심급에 따라 다시 심판하여 실체에 관한 유·무죄 등의 판단을 해야지, /

【대법원 요지】 위 특별사면이 있음을 들어 면소판결을 하여서는 아니 된다.

【대법원 판단】 (2) 이 사건에 관하여 보건대, /

【대법원 판단】 원심이 특별사면으로 형 선고의 효력이 상실된 이 사건 재심대상판결도 재심청구의 대상이 된다고 보고 /

【대법원 판단】 이 사건 공소사실에 대하여 실체 심리로 나아가 판단한 것은 /

【대법원 판단】 위 법리에 따른 것으로 정당하고, /

【대법원 판단】 거기에 상고이유 주장과 같이 특별사면과 재심청구의 대상 등에 관한 법리를 오해하는 등의 잘못이 없다.

【대법원 분석】 나. 자유심증주의의 한계를 벗어나거나 자백의 보강법칙에 관한 법리오해가 있는지에 관하여 본다.

【대법원 판단】 원심판결 이유를 기록에 비추어 살펴보면, /

【대법원 판단】 원심이 검사가 제출한 증거 중 일부는 위법수집증거로 증거능력이 없고 이 사건 공소사실은 나머지 증거만으로 인정하기 부족하거나 자백 외에 보강증거가 없다는 등 그 판시와 같은 이유를 들어 피고인에 대하여 무죄를 선고한 것은 정당하고, /

【대법원 판단】 거기에 상고이유 주장과 같이 논리와 경험의 법칙에 반하여 자유심증주의의 한계를 벗어나거나 자백의 보강법칙에 관한 법리를 오해하는 등의 잘못이 없다.

4. 결 론

【대법원 결론】 그러므로 상고를 기각하기로 하여 주문과 같이 판결한다. /

【대법원 결론】 이 판결에는 재판권 없는 군사법원의 재심개시결정을 전제로 재심심판절차를 진행할 수 있다는 점에 대한 대법관 김창석의 반대의견이 있는 외에는 /

신동운 저, 판례분석 신형사소송법 Ⅲ (증보판)

【대법원 결론】 관여 법관의 의견이 일치하였다.

2011도3509

선관위 조사와 적법절차
선관위 직원 비밀녹음 사건
2014. 10. 15. 2011도3509, 공 2014하, 2209

1. 사실관계 및 사건의 경과

【사실관계 1】

① (농업협동조합의 조합장 선거는 관련법령에 의하여 선거관리위원회에 위탁하여 실시되어 왔다.)

② (2014. 8. 1.부터 근거법률로 신규 제정된 「공공단체 등 위탁선거에 관한 법률」이 시행되고 있다.)

③ 갑은 M농협 조합장 후보자이다.

④ A는 갑의 처이다.

⑤ B 등은 선거관리위원회 직원들이다.

【사실관계 2】

① 갑과 A가 조합원 C에게 금품을 제공하였다는 혐의가 제기되었다.

② B 등 선관위 직원들은 갑의 혐의사실을 조사하기 위하여 C의 집을 방문하였다.

③ B 등은 C를 상대로 갑의 혐의사실에 대하여 조사하였다.

④ B 등은 C에게 녹음한다는 사실을 알리지 아니한 채 C의 진술을 녹음하였다. (㉠녹음파일)

⑤ B 등은 ㉠녹음파일에 터잡아 녹취록을 작성하였다. (㉡녹취록)

⑥ 이후 갑에 대해 검찰 수사가 진행되었다.

⑦ 검찰 단계에서 다음의 서류가 작성되었다.

   (가) C에 대한 검찰 진술조서 (㉢진술조서)

   (나) '수사보고(대화 내용의 '갑촌'이라는 지역명 확인)' (㉣수사보고)

【사건의 경과 1】

① 검사는 갑을 농업협동조합법위반죄로 기소하였다.

② 검사는 유죄의 증거로 ㉡녹취록, ㉢진술조서, ㉣수사보고를 제출하였다.

③ 제1심법원은 위법수집증거라는 이유로 ㉡녹취록의 증거능력을 부정하였다.

④ 제1심법원은 2차적 증거인 ㉢진술조서와 ㉣수사보고에 대해서도 증거능력을 부정하였다.

⑤ 제1심법원은 무죄를 선고하였다.

【사건의 경과 2】

① 검사는 불복 항소하였다.

② 항소심법원은 항소를 기각하고, 제1심판결을 유지하였다.

③ (항소심의 판단 이유는 판례 본문 참조)

④ 검사는 불복 상고하였다.

⑤ 검사는 상고이유로 다음의 점을 주장하였다.

　(가) 공직선거법에 의하면 선관위 직원은 관계자의 진술을 녹음할 수 있다.

　(나) 따라서 ⓒ녹취록은 위법수집증거에 해당하지 않는다.

　(다) 따라서 ⓒ진술조서 및 ⓓ수사보고도 증거능력이 인정된다.

2. 선거관리위원회의 조사와 적법절차

【대법원 분석】 1. 가. 공직선거법 제272조의2 제1항은 /

【대법원 분석】 선거범죄 조사와 관련하여 선거관리위원회 위원 · 직원은 관계인에 대하여 질문 · 조사를 할 수 있다는 취지로 규정하고, /

【대법원 분석】 공직선거관리규칙 제146조의3 제3항에서는 /

【대법원 분석】 "위원 · 직원은 조사업무 수행중 필요하다고 인정되는 때에는 /

【대법원 분석】 질문답변내용의 기록, 녹음 · 녹화, 사진촬영, /

【대법원 분석】 선거범죄와 관련 있는 서류의 복사 또는 수집 /

【대법원 분석】 기타 필요한 조치를 취할 수 있다."고 규정하고 있으므로 /

【대법원 분석】 선거관리위원회의 직원은 선거범죄의 조사를 위하여 그 관계인의 진술내용을 녹음할 수 있다.

【대법원 분석】 한편, 공직선거법 제272조의2 제6항은 /

【대법원 분석】 선거관리위원회 위원 · 직원이 선거범죄와 관련하여 질문 · 조사하거나 자료의 제출을 요구히는 경우에는 /

【대법원 분석】 관계인에게 그 신분을 표시하는 증표를 제시하고 소속과 성명을 밝히고 /

【대법원 분석】 그 목적과 이유를 설명하여야 한다고 규정하고 있는데, /

【대법원 요지】 이는 선거범죄 조사와 관련하여 조사를 받는 관계인의 /

【대법원 요지】 사생활의 비밀과 자유 내지 /

【대법원 요지】 자신에 대한 정보를 결정할 자유, /

【대법원 요지】 재산권 등이 /

【대법원 요지】 침해되지 않도록 하기 위한 절차적 규정이므로, /

【대법원 요지】 선거관리위원회 직원이 관계인에게 사전에 설명할 '조사의 목적과 이유'에는 /

【대법원 요지】 조사할 선거범죄혐의의 요지, /

【대법원 요지】 관계인에 대한 조사가 필요한 이유뿐만 아니라 /

【대법원 요지】 관계인의 진술을 기록 또는 녹음 · 녹화한다는 점도 포함된다.

【대법원 요지】 따라서 선거관리위원회 위원 · 직원이 관계인에게 진술이 녹음된다는 사실을 미리 알려 주지 아니한 채 진술을 녹음하였다면, /

【대법원 요지】 그와 같은 조사절차에 의하여 수집한 녹음파일 내지 그에 터잡아 작성된 녹취록은 /

【대법원 요지】 형사소송법 제308조의2에서 정하는 '적법한 절차에 따르지 아니하고 수집한 증거'에 해당하여 원칙적으로 유죄의 증거로 쓸 수 없다.

3. 사안에 대한 항소심의 판단

【항소심 판단】 나. 원심은, 그 채택증거에 의하여 /

【항소심 판단】 전라남도 선거관리위원회 직원들이 /

【항소심 판단】 ○○농협 조합장 후보자였던 피고인과 그의 처 공소외 A가 조합원인 공소외 C에게 금품을 제공하였다는 혐의를 조사하기 위하여 /

【항소심 판단】 공소외 C의 집을 방문하여 조사한 사실, /

【항소심 판단】 그런데 위 선거관리위원회 직원들은 당시 피조사자인 공소외 C에게 그 진술을 녹음 한다는 사실을 알리지 아니한 채 이를 녹음한 후 /

【항소심 판단】 그 녹음파일에 터잡아 이 사건 녹취록을 작성하였던 사실 등을 인정한 다음, /

【항소심 판단】 선거관리위원회 직원은 수사기관에 준하는 국가기관에 해당한다는 전제하에, /

【항소심 판단】 선거관리위원회 직원의 조사절차에는 영상녹화 사실을 미리 고지하도록 규정한 형사소송법 제244조의2 제1항이 준용되므로 /

【항소심 판단】 선거관리위원회 직원들이 공소외 C에게 미리 그 녹음사실을 고지하지 아니한 채 대화내용을 녹음한 행위는 위 형사소송법 규정에 위배되는 위법한 행위이고, /

【항소심 판단】 그 녹음파일 내지 녹취록은 적법한 절차에 따르지 아니하고 수집한 증거에 해당하므로 증거능력이 없으며, /

【항소심 판단】 이를 기초로 하여 수집된 2차적 증거인 공소외 C에 대한 각 검찰 진술조서 및 '수사보고(대화 내용의 '갑촌'이라는 지역명 확인)' 또한 증거능력이 부인되어야 한다고 판단하여 /

【항소심 판단】 피고인이 공소외 C에게 조합장 선거운동과 관련한 금품을 제공하였다는 이 부분 공소사실에 대하여 무죄를 선고한 제1심판결을 그대로 유지하였다.

4. 사안에 대한 대법원의 판단

【대법원 판단】 다. 원심판결 이유를 앞서 본 법리와 기록에 비추어 살펴보면, /

【대법원 요지】 우선, 원심의 이유설시 중 선거관리위원회의 조사절차에 형사소송법 제244조의2 제1항이 준용된다고 설시한 부분은 적절하다고 할 수 없으나, /

【대법원 판단】 공소외 C에게 미리 녹음사실을 알리지 아니한 채 진술을 녹음한 행위는 공직선거법 제272조의2 제6항이 정하는 절차에 위배한 행위로서 위법하다고 보아야 할 것이다. /

【대법원 판단】 그렇다면 공소외 C에 대한 녹음파일 내지 이 사건 녹취록 뿐만 아니라 /

【대법원 판단】 이에 터잡아 수집된 위 각 증거는 /

【대법원 판단】 모두 형사소송법 제308조의2에서 정하는 '적법한 절차에 따르지 아니하고 수집한 증거'에 해당하므로 공소사실에 대한 유죄의 증거로 쓸 수 없고, /

【대법원 판단】 나아가 그 절차위반행위가 적법절차의 실질적인 내용을 침해한 경우에 해당하는 이상 /

【대법원 판단】 위법수집증거 배제법칙의 예외로서 그 증거능력을 인정하는 경우에 해당한다고 볼 수도 없다.

【대법원 결론】 라. 따라서 각 증거의 증거능력을 배제하고 범죄의 증명이 없다는 이유로 이 부분 공소사실을 무죄로 판단한 원심의 결론은 정당하고, /

【대법원 결론】 거기에 상고이유 주장과 같이 공직선거법상 선거범죄 조사절차의 적법성 내지 위법수집증거 배제법칙의 적용 범위 등에 관한 법리오해나 논리와 경험의 법칙을 위반하여 자유심증주의의 한계를 벗어난 위법이 없다. (상고 기각)

2011도6035(1)

형소법 제314조와 특신상태
방광암 말기 환자 사건
2014. 8. 26. 2011도6035, 공 2014하, 1936

1. 사실관계 및 사건의 경과

【사실관계 1】

① 갑은 M시 시장이다.

② P회사는 M시에서 N아파트 건설사업을 추진하고 있었다.

③ 을는 P회사의 전무이다.

④ 병는 Q회사를 운영하고 있다.

⑤ 정은 각종 건설현장에서 현장식당과 관련된 일을 하고 있다.

⑥ 갑은 병, 정과 친분을 가지고 있다.

【사실관계 2】

① 검사는 갑과 을 사이에 뇌물이 오고갔다는 피의사실로 수사를 개시하였다.

② 갑은 뇌물수수 사실을 부인하였다.

③ 을은 방광암 말기의 질환을 가진 환자이다.

④ 검사는 다음의 혐의사실로 영장을 청구하여 을을 구속하였다.

　　(가) [P회사와의 관계에서] 업무상 횡령

　　(나) 갑에 대한 뇌물공여

⑤ 2009. 10. 13.부터 2009. 11. 12.까지 약 1개월 동안 검사는 을을 19차례 소환하였다.

⑥ 을은 11차례의 야간조사를 포함한 총 15차례에 걸쳐 검사의 피의자신문을 받았다.

【사실관계 3】

① 제1회 및 제2회 피의자신문에서 을은 뇌물공여 사실을 부인하였다.

② 제3회 피의자신문에서 을은 갑에 대한 뇌물공여 사실을 시인하였다. (㉠피의자신문조서)

③ (㉠피의자신문조서의 작성 과정은 판례 본문 참조)

④ 제3회 피의자신문 과정은 영상녹화되었다. (㉡영상녹화물)

⑤ 이후의 피의자신문에서도 을은 갑에 대한 뇌물공여 사실을 시인하였다.

⑥ 을의 진술은 이후의 검사 작성 피의자신문조서에 기재되었다. (ⓒ피의자신문조서로 통칭함)

⑦ 이후의 피의자신문 과정은 영상녹화되지 않았다(검사의 주장에 의함).

⑧ 2009. 11. 13. 을은 갑과의 대질신문 도중 쓰러져 결국 사망하였다.

【사건의 경과 1】

① 검사는 갑을 특가법위반죄(뇌물) 및 제3자뇌물수수죄의 공소사실로 기소하였다.

② (공소사실의 내용은 판례 본문 참조)

③ 검사는 을에 대한 ㉠, ⓒ피의자신문조서 및 ㉡영상녹화물을 증거의 일부로 제출하였다.

④ 제1심법원은 ㉠, ⓒ피의자신문조서를 증거의 하나로 채택하여 유죄를 선고하였다.

⑤ (판례 본문 가운데에는 을의 녹음파일에 대한 증거능력이 검토되고 있다.)

⑥ (판례 본문 중 녹음파일 부분은 특신상태에 관한 논점의 이해를 도모하기 위하여 …… 표시를 붙여 생략함)

【사건의 경과 2】

① 갑은 불복 항소하였다.

② 항소심 공판절차에서 갑은 다음의 이유를 들어서 ㉠, ⓒ피의자신문조서의 증거능력을 다투었다.

　　(가) ㉠피의자신문조서의 내용과 ㉡영상녹화물의 내용이 일치하지 않는다.

　　(나) ㉠피의자신문조서는 사후에 공소사실에 맞추어 고쳐졌을 가능성이 있다.

　　(다) ㉠피의자신문조서와 거기에서의 진술내용에 기초하여 받은 후속 ⓒ피의자신문조서의 증거능력은 부인되어야 한다.

③ 갑의 주장에 대해 검사는 다음과 같이 반박하였다.

　　(가) 을은 저녁식사를 마치고 조서를 열람하는 과정에서 일부 진술을 번복하거나 추가하였다.

　　(나) 검사는 이를 반영하여 최종적으로 ㉠피의자신문조서를 정리 · 작성한 후 을의 서명 · 무인을 받았다.

【사건의 경과 3】

① 항소심법원은 ㉠, ⓒ피의자신문조서의 증거능력을 인정하였다.

② (항소심의 판단 이유는 판례 본문 참조)

③ 항소심법원은 공소사실의 일부와 관련하여 ㉠, ⓒ피의자신문조서에 신빙성이 없다고 판단하였다.

④ 항소심법원은 신빙성이 의심되는 제1심판결의 해당 부분을 파기하였다.

⑤ 항소심법원은 나머지 공소사실에 대해 제1심판결을 그대로 유지하였다.

⑥ (항소심의 판단 이유는 판례 본문 참조)

⑦ 갑은 항소심판결에 불복 상고하였다.

⑧ 갑은 상고이유로, ㉠, ⓒ피의자신문조서는 증거능력이 없다고 주장하였다.

2. 공소사실의 요지

【대법원 분석】 (1) 이 부분 공소사실의 요지는 다음과 같다.

【대법원 분석】 피고인은 ○○시장으로서, 2006년 9월경부터 같은 해 12월경까지 사이에 ○○시에서 아파트 건설사업을 추진하던 공소외 P주식회사(이하 '공소외 P회사'라고 한다)의 전무 공소외 을로

부터 도시계획심의 등 행정절차를 원활하게 진행시켜 달라는 청탁을 받게 되자, /

【대법원 분석】 이를 기화로 자신과 친분이 있는 공소외 병이 운영하는 공소외 Q주식회사(이하 '공소외 Q회사'라고 한다)에게 공소외 P회사에서 발주하는 아파트 기반시설공사 중 토목공사를 도급해 달라고 부탁하고, /

【대법원 분석】 위 공사에 관한 공사대금을 과다 계상하는 방법으로 20억 원을 조성하여 공소외 병을 통해 전달받기로 약속하였다. /

【대법원 분석】 공소외 을은 피고인과 사이에 2008년 12월경 위와 같은 약속을 재차 확인한 다음, /

【대법원 분석】 2009. 5. 8. 공소외 P회사와 공소외 Q회사 사이에 아파트 기반시설공사 중 도로공사에 관하여 공사대금 137억 9,400만 원(과다 계상된 20억 원 포함)의 도급계약이 체결되게 하였다. /

【대법원 분석】 이로써 피고인은 공소외 을로부터 부정한 청탁을 받고 그 대가로 공소외 을로 하여금 공소외 Q회사에게 실제 공사대금 117억 9,400만 원 상당의 도로공사를 수주하는 재산상 이익을 공여하게 하였다. /

【대법원 분석】 한편 피고인은 위 도급계약 체결 전인 2008년 3월 내지 4월경 공소외 E를 통하여 3회에 걸쳐 합계 1억 원의 뇌물을 수수하였고, /

【대법원 분석】 위 도급계약 체결 후인 2009. 8. 16.경 공소외 을이 공소외 병에게 공사기성금으로 지급한 돈 중 1억 원을 공소외 F, G를 통하여 전달받아 뇌물을 수수하였다. /

【대법원 분석】 또한 피고인은 공소외 을로부터 위와 같이 부정한 청탁을 받고 /

【대법원 분석】 그를 통해 위 아파트 건설사업의 시공사인 공소외 R주식회사로 하여금 피고인과 친분관계에 있는 공소외 정에게 현장식당 운영권을 부여하게 함으로써 /

【대법원 분석】 그에 상당한 재산상 이익을 공소외 정에게 공여하게 하였다.

3. 사안에 대한 항소심의 판단

【항소심 판단】 (2) 이에 대하여 제1심은 공소외 을, 병, F의 진술 등을 주된 증거로 삼아 위 공소사실을 모두 유죄로 인정하였는데, /

【항소심 판단】 원심은 공소외 을의 진술이 기재된 검사 작성 피의자신문조서 등……의 증거능력을 다투는 피고인의 주장을 배척하여 일단 그 증거능력을 인정한 다음, /

【항소심 판단】 공소외 을 등의 진술 중 /

【항소심 판단】 2006년 9월경부터 같은 해 12월경까지 사이에 이미 뇌물 20억 원을 공소사실과 같은 방법으로 수수하기로 피고인과 약속하였다는 점에 부합하는 부분은 /

【항소심 판단】 신빙성이 없고 이를 인정할 다른 증거도 없다고 보아 /

【항소심 판단】 이 부분 뇌물수수 약속의 공소사실을 유죄로 인정한 제1심판결을 파기하였다. /

【항소심 판단】 그러나 공소외 을의 나머지 진술과 그 외 공소외 병, F 등의 진술에 의하면 /

【항소심 판단】 적어도 2007년 하반기에는 피고인과 공소외 을 사이에 20억 원의 뇌물수수에 관한 약속이 이루어졌고 /

【항소심 판단】 피고인이 그러한 약속을 기초로 2008년 3월 내지 4월과 2009년 8월경 2회에 걸쳐 2억 원의 뇌물을 수수한 사실은 인정된다고 판단하여 /

【항소심 판단】 이를 유죄로 인정한 제1심판결을 유지하였다. /

【항소심 판단】 아울러 피고인이 공소외 을로부터 위 아파트 건설사업과 관련하여 부정한 청탁을 받고 그 대가로 공소외 Q회사로 하여금 위 도로공사를 수주할 수 있게 하고, /

【항소심 판단】 공소외 정이 현장식당 운영권을 얻게 하였다는 공소사실에 관하여도 /

【항소심 판단】 공소외 을, 병, F 등의 진술을 신빙하여 이를 유죄로 인정한 제1심판결을 그대로 유지하였다.

4. 형사소송법 제314조의 취지와 특신상태

【대법원 판단】 (3) 그러나 이러한 원심의 판단은 그대로 수긍할 수 없다.

【대법원 판단】 (가) 검사가 작성한 공소외 을에 대한 제3회 이후 피의자신문조서의 증거능력

【대법원 분석】 형사소송법(이하 '법'이라 한다)은 제312조 제4항에서 /

【대법원 분석】 "검사 또는 사법경찰관이 피고인이 아닌 자의 진술을 기재한 조서는 /

【대법원 분석】 적법한 절차와 방식에 따라 작성된 것으로서 /

【대법원 분석】 그 조서가 검사 또는 사법경찰관 앞에서 진술한 내용과 동일하게 기재되어 있음이 /

【대법원 분석】 원진술자의 공판준비 또는 공판기일에서의 진술이나 /

【대법원 분석】 영상녹화물 또는 그 밖의 객관적인 방법에 의하여 증명되고, /

【대법원 분석】 피고인 또는 변호인이 공판준비 또는 공판기일에 그 기재내용에 관하여 원진술자를 신문할 수 있었던 때에는 증거로 할 수 있다. /

【대법원 분석】 다만, 그 조서에 기재된 진술이 특히 신빙할 수 있는 상태하에서 행하여졌음이 증명된 때에 한한다."라고 규정하는 한편, /

【대법원 분석】 제314조에서는 /

【대법원 분석】 "제312조 또는 제313조의 경우에 /

【대법원 분석】 공판준비 또는 공판기일에 진술을 요하는 자가 사망 · 질병 · 외국거주 · 소재불명 그 밖에 이에 준하는 사유로 인하여 진술할 수 없는 때에는 /

【대법원 분석】 그 조서 및 그 밖의 서류를 증거로 할 수 있다. /

【대법원 분석】 다만, 그 진술 또는 작성이 특히 신빙할 수 있는 상태하에서 행하여졌음이 증명된 때에 한한다."라고 규정하고 있다.

【대법원 요지】 이는 형사소송에서 헌법이 요구하는 적법절차의 원칙을 구현하기 위하여 /

【대법원 요지】 사건의 실체에 대한 심증 형성은 법관의 면전에서 본래 증거에 대한 반대신문이 보장된 증거조사를 통하여 이루어져야 한다는 /

【대법원 요지】 실질적 직접심리주의와 전문법칙을 기본원리로서 채택하면서도, /

【대법원 요지】 원진술자의 사망 등으로 위 원칙을 관철할 수 없는 특별한 사정이 있는 경우에는 /

【대법원 요지】 '그 진술 또는 작성이 특히 신빙할 수 있는 상태하에서 행하여졌음이 증명된 때', /

【대법원 요지】 즉 그 진술의 내용이나 조서 또는 서류의 작성에 허위 개입의 여지가 거의 없고 /

【대법원 요지】 그 진술 내용의 신빙성이나 임의성을 담보할 구체적이고 외부적인 정황이 증명된 때에 한하여 /

【대법원 요지】 예외적으로 증거능력을 인정하고자 하는 취지라고 할 것이다. /

【대법원 요지】 그러므로 법원이 법 제314조에 따라 증거능력을 인정하기 위하여는 /

【대법원 요지】 단순히 그 진술이나 조서의 작성과정에 뚜렷한 절차적 위법이 보이지 않는다거나 /

【대법원 요지】 진술의 임의성을 의심할 만한 구체적 사정이 없다는 것만으로는 부족하고, /

【대법원 요지】 이를 넘어 법정에서의 반대신문 등을 통한 검증을 굳이 거치지 않더라도 /

【대법원 요지】 진술의 신빙성과 임의성을 충분히 담보할 수 있는 구체적이고 외부적인 정황이 있어 /

【대법원 요지】 그에 기초하여 법원이 유죄의 심증을 형성하더라도 증거재판주의의 원칙에 어긋나지 않는다고 평가할 수 있는 정도에 이르러야 할 것이다 /

【대법원 요지】 (대법원 2007. 6. 14. 선고 **2004도5561** 판결, /

【대법원 요지】 대법원 2011. 11. 10. 선고 **2010도12** 판결 등 참조).

5. 사안에 대한 대법원의 분석

【대법원 분석】 이 사건에서 피고인에 대한 뇌물 제공의 약속을 하고 /

【대법원 분석】 실제로 피고인에게 일부 뇌물을 공여하였으며 /

【대법원 분석】 피고인의 지시나 요구에 따라 제3자에게 뇌물을 공여하였다고 하는 /

【대법원 분석】 공소외 을은 /

【대법원 분석】 검찰에서 수사가 진행되던 2009. 11. 13. 피고인과의 대질신문 도중 쓰러져 결국 사망하였다. /

【대법원 분석】 검찰은 전체 피의자신문 중 /

【대법원 분석】 공소외 을이 피고인에 대한 뇌물 제공 등을 시인하기 시작한 제3회 피의자신문 당시에만 영상녹화를 실시하였다면서 /

【대법원 분석】 그 영상녹화물을 제출하였는데, /

【대법원 분석】 피고인과 변호인은 제3회 피의자신문조서의 내용과 해당 영상녹화물의 내용이 일치하지 않음을 지적하면서 /

【대법원 분석】 위 피의자신문조서가 사후에 공소사실에 맞추어 고쳐졌을 가능성 등을 제기하고 /

【대법원 분석】 위 피의자신문조서와 거기에서 진술내용에 기초하여 받은 후속 피의자신문조서의 증거능력이 부인되어야 한다고 주장하였다.

6. 사안에 대한 항소심의 판단

【항소심 판단】 이에 원심은 /

【항소심 판단】 그 영상녹화물에 대한 검증 결과와 /

【항소심 판단】 제3회 피의자신문조서에 편철된 수사과정확인서를 통하여, /

【항소심 판단】 검사가 공소외 을에 대하여 2009. 10. 15. 16:48경부터 제3회 피의자신문을 시작하면서 그 조사 과정을 영상녹화한 사실, /

【항소심 판단】 검사는 같은 날 18:26경 조사 및 영상녹화를 종료하면서 참여 수사관에게 조서를 정

리하여 출력하라고 지시한 사실, /

【항소심 판단】 저녁식사 후인 같은 날 20:30경부터 21:25경까지 조서 열람이 이루어진 사실, /

【항소심 판단】 위와 같은 조사 및 열람 과정을 통해 작성된 피의자신문조서에는 /

【항소심 판단】 영상녹화가 이루어질 당시 공소외 을이 진술하였던 내용 중 /

【항소심 판단】 그 조서에 기재된 내용과 다른 취지의 일부 진술이 누락되어 있거나 /

【항소심 판단】 반대로 영상녹화물에는 나타나지 않는 내용이 위 피의자신문조서 해당 부분 문답에 공소외 을의 진술로서 기재되어 있는 사실 등을 확인하였다. /

【항소심 판단】 그럼에도 원심은 /

【항소심 판단】 공소외 을이 제3회 피의자신문조서를 열람한 후 자필로 서명하고 무인하였으며, /

【항소심 판단】 그 이후 이루어진 조사 과정에서 제3회 피의자신문조서에 기재된 진술을 대체로 유지한 점 등을 들어, /

【항소심 판단】 공소외 을이 저녁식사를 마치고 조서를 열람하는 과정에서 일부 진술을 번복하거나 추가하였고 /

【항소심 판단】 이를 반영하여 최종적으로 제3회 피의자신문조서를 정리·작성한 후 공소외 을의 서명·무인을 받았다는 검사의 주장을 수긍할 수 있고, /

【항소심 판단】 진술자가 조서를 열람하는 과정에서 자신의 진술을 일부 번복하거나 추가하는 경우 /

【항소심 판단】 조사자가 이를 조서에 반영하거나 그 반영 과정에서 추가적인 수사를 하는 것이 법상 허용되지 않는 조사방식이라고 보기는 어려우며, /

【항소심 판단】 조서는 진술자의 진술내용을 빠짐없이 모두 기재하는 것이 아니라 그 요지를 기재하는 것으로 /

【항소심 판단】 진술자가 자신의 종전 진술을 번복하는 경우 그와 같은 진술의 번복 과정을 조서에 기재하지 않았다고 하여 /

【항소심 판단】 그 이유만으로 수사 자체가 위법하다고 단정할 수 없다는 등의 이유로 /

【항소심 판단】 그 증거능력을 부정할 수는 없다고 판단하였다.

7. 사안에 대한 대법원의 판단

【대법원 요지】 그러나 원심이 전제하는 바와 같이 조서라는 것이 진술자의 진술내용을 빠짐없이 모두 기재하는 것은 아니라고 하더라도 /

【대법원 요지】 적어도 그 진술의 내용이 조사자의 의도에 맞추어 임의로 삭제·가감됨으로써 진술의 취지가 변경·왜곡되어서는 아니 될 것이다. /

【대법원 판단】 그런데 원심판결의 이유와 기록에 의하면 /

【대법원 판단】 위 제3회 피의자신문조서에서는 /

【대법원 판단】 '2006. 10.경 전국체전 당시 숙소에서 혼자 10억, 20억 고민하다 20억 주기로 결심하고, 다음 날 공소외 E에게 20억 제안하고, 그 후 공소외 E에게 보고 여부 확인 했다', /

【대법원 판단】 '공소외 병이 20억 당좌수표로 달라. 그러면 분양승인 도와주겠다고 했다', /

【대법원 판단】 '피고인이 843만 원에 승인하겠다고 했다'는 등 /

【대법원 판단】 공소외 을이 피고인에 대한 뇌물액수를 20억 원으로 정한 시기, /

【대법원 판단】 뇌물약속을 제안한 상대방, /

【대법원 판단】 뇌물약속의 이행방법, /

【대법원 판단】 뇌물약속으로 받을 특혜의 내용으로서 /

【대법원 판단】 피고인에 대한 공소사실을 유죄로 인정하기 위한 구성요건적 사실이나 핵심적 정황에 관한 사실들이 기재되어 있으나, /

【대법원 판단】 그 영상녹화물에는 위와 같은 진술이 없거나 그 내용이 다른 사실을 알 수 있는바, /

【대법원 요지】 이처럼 영상녹화물에 나타난 공소외 을의 진술내용과 그에 대응하는 피의자신문조서의 기재 사이에 위와 같은 정도의 차이가 있다면 /

【대법원 요지】 다른 특별한 사정이 없는 한 /

【대법원 요지】 그 진술의 내용이나 조서의 작성이 법 제314조에서 말하는 '특히 신빙할 수 있는 상태 하에서 행하여졌음이 증명된 때'에 해당한다고 볼 수는 없다.

【대법원 분석】 뿐만 아니라 피의자신문조서의 작성에 관한 법 제244조 제2항은 /

【대법원 분석】 "제1항의 조서는 피의자에게 열람하게 하거나 읽어 들려주어야 하며, /

【대법원 분석】 진술한 대로 기재되지 아니하였거나 사실과 다른 부분의 유무를 물어 /

【대법원 분석】 피의자가 증감 또는 변경의 청구 등 이의를 제기하거나 의견을 진술한 때에는 /

【대법원 분석】 이를 조서에 추가로 기재하여야 한다. /

【대법원 분석】 이 경우 피의자가 이의를 제기하였던 부분은 읽을 수 있도록 남겨두어야 한다."고 규정하고 있는데, /

【대법원 판단】 피의자신문조서와 영상녹화물 사이에 이 부분 구성요건적 사실이나 핵심적 정황에 관하여 위와 같은 정도의 차이가 있음에도 불구하고, /

【대법원 판단】 그 피의자신문조서는 마치 공소외 을이 처음부터 이 부분 공소사실에 완전히 부합하는 진술을 한 것처럼 작성되어 있으므로, /

【대법원 판단】 이러한 사정에 비추어 보더라도 그 진술의 내용이나 조서의 작성이 '특히 신빙할 수 있는 상태하에서' 이루어졌다고 보기는 어렵다.

【대법원 판단】 그리고 공소외 을은 제3회 피의자신문에서 이루어진 진술을 토대로 진행된 이후의 피의자신문 과정에서 그 진술 내용을 대체로 유지하였는데, /

【대법원 판단】 위에서 본 바와 같이 유일하게 영상녹화물이 존재하는 제3회 피의자신문조서에 기재된 진술 및 그 조서의 작성조차 /

【대법원 판단】 '특히 신빙할 수 있는 상태하에서' 행하여졌다는 점에 관한 증명이 있다고 보기 어려운 상황에서, /

【대법원 판단】 공소외 을의 진술 중 /

【대법원 판단】 이 사건 공소사실의 기초를 이루는 범행계획에 관한 부분인 /

【대법원 판단】 2006년 9월경부터 같은 해 12월경까지 사이에 /

【대법원 판단】 피고인과 공소외 을 사이에 뇌물 20억 원을 공소사실과 같은 방법으로 수수하기로 의사의 합치가 이루어졌다는 점은 /

【대법원 판단】 원심의 판단에 의하더라도 그 판시에서 지적하는 바와 같이 객관적 정황과 맞지 아니하여 신빙성이 없다는 것이며, /

【대법원 판단】 여기에 공소외 을이 방광암 말기의 질환을 가진 환자로서 /

【대법원 판단】 구속된 상태에서 그 자신에 대한 업무상횡령 등과 피고인에 대한 뇌물공여 등의 혐의와 관련하여 /

【대법원 판단】 2009. 10. 13.부터 2009. 11. 12.까지 약 1개월 동안 19차례 소환되어 11차례의 야간조사를 포함한 총 15차례에 걸친 피의자신문을 받고 /

【대법원 판단】 결국 그 수사과정에서 사망에 이른 점 등 /

【대법원 판단】 기록에 나타난 여러 사정까지 보태어 보면, /

【대법원 판단】 공소외 을에 대한 제3회 피의자신문 후에 이루어진 같은 취지의 제4회 이후의 피의자신문조서들에 대하여 /

【대법원 판단】 법정에서의 반대신문 등을 통한 검증을 거치지 않더라도 /

【대법원 판단】 진술의 신빙성과 임의성을 충분히 담보할 수 있는 구체적이고 외부적인 정황이 존재하여 /

【대법원 판단】 그에 기초하여 법원이 유죄의 심증을 형성하더라도 증거재판주의의 원칙에 어긋나지 않는다고 평가하기는 어렵다.

【대법원 판단】 따라서 검사가 작성한 공소외 을에 대한 제3회 피의자신문조서와 그 후의 피의자신문조서들은 /

【대법원 판단】 그 진술이 특히 신빙할 수 있는 상태하에서 행하여졌음이 증명되었다고 보기 어려워 이를 증거로 삼을 수 없으므로, /

【대법원 판단】 그 증거능력을 인정한 원심판단에는 법 제314조에 관한 법리를 오해한 잘못이 있다.

【대법원 판단】 (중략)

【대법원 결론】 (4) 위와 같이 공소외 을에 대한 제3회 이후 피의자신문조서들……은 증거능력이 없음에도 원심은 그 판시와 같은 이유로 그 증거능력을 인정하고 이를 유력한 증거로 채택하여 이 부분 공소사실을 유죄로 인정하였는데, /

【대법원 결론】 증거능력이 없는 위 증거들을 배제하고 공소외 병, F의 진술 등 나머지 증거들만으로 이 부분 공소사실을 유죄로 인정하기에 충분하다고 단정하기는 어려우므로, /

【대법원 결론】 결국 이 부분에 관한 원심판결에는 형사소송법 제314조……에 관한 법리를 오해하여 판결에 영향을 미친 잘못이 있다. /

【대법원 결론】 이 점을 지적하는 상고이유의 주장에는 정당한 이유가 있다. (파기 환송)

2011도6035 (2)

녹음파일의 증거능력과 원본성
아파트 업자 부정청탁 사건
2014. 8. 26. 2011도6035, 공 2014하, 1936

1. 사실관계 및 사건의 경과

【사실관계 1】
① 갑은 M시 시장이다.
② P회사는 M시에서 N아파트 건설사업을 추진하고 있다.
③ 을는 P회사의 전무이다.
④ 병는 Q회사를 운영하고 있다.
⑤ 정은 각종 건설현장에서 현장식당과 관련된 일을 하고 있다.
⑥ 갑은 병, 정과 친분을 가지고 있다.

【사실관계 2】
① 검사는 갑을 다음의 공소사실 및 죄명으로 기소하였다.
   (가) 2006. 9.부터 2006. 12.경까지 사이에 갑은 을의 부정한 청탁을 받자 P회사와 Q회사의 토목공사 도급계약 체결을 부탁하면서, 공사대금을 과다계상하는 방법으로 조성된 20억 원을 병을 통하여 받기로 약속하였다. (㉮뇌물약속)
   (나) 2009. 5. 8. 갑은 을의 부정한 청탁을 받아 P회사와 Q회사 사이에 토목공사 도급계약을 체결하게 하여 제3자에게 재산상 이익을 공여하게 하였다. (㉯제3자뇌물수수)
   (다) P회사와 Q회사 사이에 토목공사 도급계약 체결을 전후하여 갑은 F가 전달한 1억 원 등 합계 2억 원을 수수하였다. (㉰뇌물수수)
   (라) 갑은 을의 부정한 청탁을 받고 N아파트 시공사인 R회사로 하여금 정에게 현장식당 운영권을 부여하게 하였다. (㉱제3자뇌물수수)
② (공소사실의 구체적인 내용은 판례 본문 참조)
③ (판례 본문 가운데에는 피의자신문조서 및 영상녹화물에 대한 증거능력이 검토되고 있다.)
④ (판례 본문 중 피의자신문조서 및 영상녹화물 부분은 생략함)
⑤ (논점을 집약하기 위하여 이하에서는 녹음파일 부분을 중심으로 정리함)

【사건의 경과 1】
① 제1심 공판절차에서 갑은 공소사실을 부인하였다.
② 검사는 녹음파일을 증거로 제출하였다. (㉠녹음파일)
③ [검사는 ㉠녹음파일이 제1심 공판기일에 제출되기까지의 경위를 다음과 같이 설명하였다.]
   (가) 을은 ⓐ휴대용 녹음장치로 자신(을)과 병 및 금품 전달자 F와의 대화 내용을 녹음하였다.
   (나) 을은 ⓐ휴대용 녹음장치에 녹음된 파일을 ⓑUSB에 복사하였다.

(다) 을은 ⓑUSB를 검찰에 제출하였다.

(라) 검사가 제1심 법정에 제출한 것은 바로 그 ⓑUSB이다.

④ 갑은 ㉠녹음파일에 증거능력이 없다고 주장하였다.

⑤ 제1심법원은 ㉠녹음파일에 증거능력이 인정된다고 판단하였다.

⑥ 제1심법원은 ㉠녹음파일에 수록된 을, 병, F의 진술을 증거의 하나로 채택하여 유죄를 선고하였다.

【사건의 경과 2】

① 갑은 불복 항소하였다.

② 갑은 ㉠녹음파일에 증거능력이 없다고 주장하였다.

③ 항소심법원은 다음과 같이 판단하였다.

  (가) ㉠녹음파일의 증거능력은 인정된다.

  (나) ㉠녹음파일에 수록된 을, 병, F의 진술 가운데 ㉮공소사실에 부합되는 부분은 신빙성이 없다.

  (다) 제1심판결 중 ㉮공소사실 부분을 파기한다.

  (라) 을, 병, F의 진술에 의하면 나머지 ㉯, ㉰, ㉱공소사실이 인정된다.

④ 항소심법원은 항소를 기각하고, 제1심판결을 유지하였다.

⑤ (항소심의 구체적 판단 이유는 판례 본문 참조)

⑥ 갑은 불복 상고하였다.

⑦ 갑은 상고이유로, ㉠녹음파일은 증거능력이 없다고 주장하였다.

2. 공소사실의 요지

【대법원 분석】 (1) 이 부분 공소사실의 요지는 다음과 같다.

【대법원 분석】 피고인은 ○○시장으로서, /

【대법원 분석】 2006년 9월경부터 같은 해 12월경까지 사이에 ○○시에서 아파트 건설사업을 추진하던 공소외 P주식회사(이하 '공소외 P회사'라고 한다)의 전무 공소외 을로부터 도시계획심의 등 행정절차를 원활하게 진행시켜 달라는 청탁을 받게 되자, /

【대법원 분석】 이를 기화로 자신과 친분이 있는 공소외 병이 운영하는 공소외 Q주식회사(이하 '공소외 Q회사'라고 한다)에게 공소외 P회사에서 발주하는 아파트 기반시설공사 중 토목공사를 도급해 달라고 부탁하고, /

【대법원 분석】 위 공사에 관한 공사대금을 과다 계상하는 방법으로 20억 원을 조성하여 공소외 병을 통해 전달받기로 약속하였다. /

【대법원 분석】 공소외 을은 피고인과 사이에 2008년 12월경 위와 같은 약속을 재차 확인한 다음, /

【대법원 분석】 2009. 5. 8. 공소외 P회사와 공소외 Q회사 사이에 아파트 기반시설공사 중 도로공사에 관하여 공사대금 137억 9,400만 원(과다 계상된 20억 원 포함)의 도급계약이 체결되게 하였다. /

【대법원 분석】 이로써 피고인은 공소외 을로부터 부정한 청탁을 받고 그 대가로 공소외 을로 하여금 공소외 Q회사에게 실제 공사대금 117억 9,400만 원 상당의 도로공사를 수주하는 재산상 이익을 공여하게 하였다. /

【대법원 분석】 한편 피고인은 위 도급계약 체결 전인 2008년 3월 내지 4월경 공소외 E를 통하여 3

회에 걸쳐 합계 1억 원의 뇌물을 수수하였고, /

【대법원 분석】 위 도급계약 체결 후인 2009. 8. 16.경 공소외 을이 공소외 병에게 공사기성금으로 지급한 돈 중 1억 원을 공소외 F, G를 통하여 전달받아 뇌물을 수수하였다. /

【대법원 분석】 또한 피고인은 공소외 을로부터 위와 같이 부정한 청탁을 받고 /

【대법원 분석】 그를 통해 위 아파트 건설사업의 시공사인 공소외 R주식회사로 하여금 피고인과 친분관계에 있는 공소외 정에게 현장식당 운영권을 부여하게 함으로써 그에 상당한 재산상 이익을 공소외 정에게 공여하게 하였다.

3. 사안에 대한 항소심의 판단

【항소심 판단】 (2) 이에 대하여 제1심은 공소외 을, 병, F의 진술 등을 주된 증거로 삼아 위 공소사실을 모두 유죄로 인정하였는데, /

【항소심 판단】 원심은 …… 공소외 을이 다른 사람과의 대화내용을 녹음한 음성파일의 증거능력을 다투는 피고인의 주장을 배척하여 일단 그 증거능력을 인정한 다음, /

【항소심 판단】 공소외 을 등의 진술 중 2006년 9월경부터 같은 해 12월경까지 사이에 이미 뇌물 20억 원을 공소사실과 같은 방법으로 수수하기로 피고인과 약속하였다는 점에 부합하는 부분은 신빙성이 없고 /

【항소심 판단】 이를 인정할 다른 증거도 없다고 보아 /

【항소심 판단】 이 부분 뇌물수수 약속의 공소사실을 유죄로 인정한 제1심판결을 파기하였다. /

【항소심 판단】 그러나 공소외 을의 나머지 진술과 그 외 공소외 병, F 등의 진술에 의하면 /

【항소심 판단】 적어도 2007년 하반기에는 피고인과 공소외 을 사이에 20억 원의 뇌물수수에 관한 약속이 이루어졌고 /

【항소심 판단】 피고인이 그러한 약속을 기초로 2008년 3월 내지 4월과 2009년 8월경 2회에 걸쳐 2억 원의 뇌물을 수수한 사실은 인정된다고 판단하여 /

【항소심 판단】 이를 유죄로 인정한 제1심판결을 유지하였다. /

【항소심 판단】 아울러 피고인이 공소외 을로부터 위 아파트 건설사업과 관련하여 부정한 청탁을 받고 그 대가로 공소외 Q회사로 하여금 위 도로공사를 수주할 수 있게 하고, /

【항소심 판단】 공소외 정이 현장식당 운영권을 얻게 하였다는 공소사실에 관하여도 /

【항소심 판단】 공소외 을, 병, F 등의 진술을 신빙하여 이를 유죄로 인정한 제1심판결을 그대로 유지하였다.

4. 사안에 대한 대법원의 판단

【대법원 판단】 (3) 그러나 이러한 원심의 판단은 그대로 수긍할 수 없다.

【대법원 판단】 (중략)

【대법원 판단】 (나) 공소외 을이 타인과의 대화를 녹음한 음성파일의 증거능력

【대법원 요지】 녹음테이프는 그 성질상 작성자나 진술자의 서명이나 날인이 없을 뿐만 아니라 /

【대법원 요지】 녹음자의 의도나 특정한 기술에 의하여 그 내용이 편집 · 조작될 위험이 있으므로, /

【대법원 요지】 그 대화내용을 녹음한 원본이거나 /

【대법원 요지】 혹은 원본으로부터 복사한 사본일 경우에는 /

【대법원 요지】 복사과정에서 편집되는 등의 인위적 개작 없이 원본의 내용 그대로 복사된 사본임이 증명되어야만 하고, /

【대법원 요지】 그러한 증명이 없는 경우에는 쉽게 그 증거능력을 인정할 수 없으며, /

【대법원 요지】 녹음테이프에 수록된 대화내용이 이를 풀어쓴 녹취록의 기재와 일치한다거나 /

【대법원 요지】 녹음테이프의 대화내용이 중단되었다고 볼 만한 사정이 없다는 점만으로는 /

【대법원 요지】 위와 같은 증명이 있다고 할 수 없다 /

【대법원 요지】 (대법원 2008. 12. 24. 선고 2008도9414 판결 등 참조).

【대법원 판단】 검사가 제출한 공소외 을과 공소외 E, 병, [F] 등 사이의 대화내용이 녹음된 음성파일(이하 '이 사건 녹음파일'이라 한다)은 /

【대법원 판단】 공소외 을이 휴대용 녹음장치로 녹음한 음성파일을 범용직렬버스(USB) 저장장치에 복사한 사본이라는 것인데, /

【대법원 판단】 기록을 살펴보아도 이 사건 녹음파일이 원본의 복사과정에서 편집되는 등 인위적 개작 없이 원본의 내용 그대로 복사된 사본임을 인정할 수 있는 근거가 없다.

【대법원 판단】 따라서 앞서 본 법리에 비추어 이 사건 녹음파일은 그 증거능력을 인정하기 어렵다고 할 것인데, /

【대법원 결론】 원심은 그 판시와 같은 사정만으로 증거능력을 인정하여 이를 유죄의 증거로 채택하였으므로, 이러한 원심의 판단에는 녹음파일의 증거능력에 관한 법리를 오해한 잘못이 있다. (파기 환송)

2011도7259

항소심 직권조사사유
요양병원 의료기기 사건
2013. 3. 14. 2011도7259, [미간행]

1. 사실관계 및 사건의 경과

【사실관계 1】

① M시장은 P병원을 설치하였다.

② P병원은 치매 및 노인성질환자의 진료와 요양을 목적으로 설치된 요양병원이다.

③ Q의료재단이 있다.

④ Q의료재단은 R병원을 운영하고 있다.

⑤ 갑은 Q의료재단의 고문이다.

⑥ 을은 Q의료재단의 이사장이다.

⑦ M시장은 P병원을 위탁기간 2004. 6. 1.부터 2009. 5. 31.까지로 정하여 Q의료재단에 위탁운영하

였다.

⑧ Q의료재단은 P병원 위탁운영과 관련하여 M시에 1억원을 예치하였다.

【사실관계 2】

① Q의료재단은 위탁기간 만료에 따른 재위탁 심사에서 탈락하였다.

② P병원에 대해 새로운 수탁자로 S의료재단이 선정되었다.

③ 갑과 을은 새로운 수탁자로 선정된 S의료재단에 대한 인수인계를 거부하였다.

④ ㉠의료기기는 Q의료재단이 P병원 위탁기간 중에 구입하여 P병원에서 사용하던 것이다.

⑤ 갑과 을은 ㉠의료기기가 Q의료재단 소유라고 주장하였다.

⑥ 갑과 을은 ㉠의료기기를 자신들이 운영하던 R병원으로 반출하였다. (㉮행위)

【사실관계 3】

① M시는 갑과 을에게 P병원 건물 및 의료기기의 점유이전에 대한 대집행을 계고하였다. (㉡계고처분)

② ㉡계고처분의 주된 목적은 P요양병원 건물 및 의료기기 등 일체에 대한 갑과 을의 점유를 배제하고 그 점유를 이전받는 데에 있다.

③ 을과 P병원 관계자 병은 ㉡계고처분을 집행하는 M시 공무원 A에게 폭행을 가하였다. (㉯행위)

④ 갑은 [이 과정에서] P병원 2층 원무과에서 책상 위에 있는 서류철을 집어들어 [S의료재단 관계자] B에게 던졌다. (㉰행위)

【사건의 경과 1】

① 검사는 갑을 다음의 공소사실로 기소하였다.

   (가) ㉮행위 : 업무상 횡령죄

   (나) ㉰행위 : 폭행죄

② 검사는 을을 다음의 공소사실로 기소하였다.

   (가) ㉮행위 : 업무상 횡령죄

   (나) ㉯행위 : 공무집행방해죄

③ 제1심법원은 갑에 대해 다음과 같이 판단하였다.

   (가) ㉮행위 : 업무상 횡령죄 유죄

   (나) ㉰행위 : 폭행죄 (판단 없음)

④ 제1심법원은 을에 대해 다음과 같이 판단하였다.

   (가) ㉮행위 : 업무상 횡령죄 유죄

   (나) ㉯행위 : 공무집행방해죄 무죄

【사건의 경과 2】

① 갑과 을은 유죄 부분에 불복하여 항소하였다.

② 검사는 무죄 부분에 불복하여 항소하였다.

③ 항소심법원은 ㉠의료기기가 M시 소유라고 인정할 증거가 부족하다고 판단하였다.

④ 항소심법원은 제1심판결을 파기하였다.

⑤ 항소심법원은 갑에 대해 다음과 같이 판단하였다.

(가) ㉮행위 : 업무상 횡령죄 무죄

(나) ㉯행위 : 폭행죄 (판단 없음)

⑥ 항소심법원은 을에 대해 다음과 같이 판단하였다.

(가) ㉮행위 : 업무상 횡령죄 무죄

(나) ㉯행위 : 공무집행방해죄 무죄

【사건의 경과 3】

① 검사는 불복 상고하였다.

② 검사는 상고이유로 다음의 점을 주장하였다.

(가) ㉠의료기기는 M시 소유에 속하므로 업무상 횡령죄가 성립한다.

(나) ㉡계고처분은 적법한 공무의 집행이므로 공무집행방해죄가 성립한다.

2. 업무상 횡령죄 부분에 대한 대법원의 판단

【대법원 판단】 (소유권 귀속관계 분석; 생략함)

【대법원 판단】 결국 피고인들은 M시 소유에 속하는 이 사건 의료기기 등을 반출함으로써 이를 횡령하였다고 할 것이고, /

【대법원 요지】 횡령죄에 있어서 불법영득의 의사라 함은 /

【대법원 요지】 자기 또는 제3자의 이익을 꾀할 목적으로 임무에 위배하여 보관하는 타인의 재물을 자기의 소유인 경우와 같이 처분을 하는 의사를 말하고, /

【대법원 요지】 사후에 이를 반환하거나 변상, 보전하는 의사가 있다 하더라도 불법영득의 의사를 인정함에는 지장이 없는 것이므로 /

【대법원 판단】 피고인들이 이 사건 요양병원 운영과 관련하여 M시에 가한 손해가 이 사건 예치금에서 공제될 수 있다는 사정만으로, /

【대법원 판단】 피고인들에게 불법영득의 의사가 없었다고 볼 수도 없다.

【대법원 결론】 따라서 이와 달리 이 사건 요양병원 운영수입금이 Q의료재단에 귀속된다는 전제하에 이 사건 의료기기 등이 M시 소유라고 인정할 증거가 부족하다는 이유로 이 부분 공소사실을 무죄로 판단한 원심판결에는 /

【대법원 결론】 이 사건 의료기기 등의 소유권 및 횡령죄에 있어 보관자 지위 등에 관한 법리를 오해하여 판결 결과에 영향을 미친 위법이 있다. /

【대법원 결론】 이 부분 상고이유의 주장은 이유 있다.

3. 공무집행방해죄 부분에 대한 대법원의 판단

【대법원 요지】 형법 제136조가 규정하는 공무집행방해죄는 공무원의 직무집행이 적법한 경우에 한하여 성립하는 것이고, /

【대법원 요지】 여기서 적법한 공무집행이라고 함은 /

【대법원 요지】 그 행위가 공무원의 추상적 권한에 속할 뿐 아니라 /

【대법원 요지】 구체적 직무집행에 관한 법률상 요건과 방식을 갖춘 경우를 가리키는 것이므로, /

【대법원 요지】 이러한 적법성이 결여된 직무행위를 하는 공무원에게 대항하여 폭행이나 협박을 가하였다고 하더라도 공무집행방해죄가 성립한다고 볼 수는 없다.

【대법원 판단】 원심은 그 채택 증거에 의하여 판시와 같은 사실을 인정한 다음, /

【대법원 판단】 이 사건 계고처분의 주된 목적은 이 사건 요양병원 건물 및 반출된 물품을 포함한 의료기기 등 일체에 대한 피고인들의 점유를 배제하고 그 점유를 이전받는 것에 있는데, /

【대법원 판단】 이러한 의무는 그것을 강제적으로 실현함에 있어 직접적인 실력행사가 필요한 것이지 /

【대법원 판단】 대체적 작위의무에 해당하는 것이 아니어서 행정대집행의 대상이 되지 아니하므로, /

【대법원 판단】 이 사건 행정대집행은 행정대집행법상의 요건을 갖추지 아니하여 적법한 직무집행으로 볼 수 없다고 판단하여 /

【대법원 판단】 이 부분 공소사실에 대하여 무죄를 선고한 제1심의 조치를 그대로 유지하였다.

【대법원 결론】 앞서 본 법리와 기록에 비추어 살펴보면, 이러한 원심의 판단은 정당하고, /

【대법원 결론】 거기에 상고이유 주장과 같이 행정대집행의 대상이 되는 대체적 작위의무나 공무집행방해죄의 적법성 요건에 관한 법리오해 등의 위법이 없다.

4. 직권조사사유에 대한 대법원의 판단

【대법원 판단】 3. 직권으로 판단한다.

【대법원 분석】 기록에 의하면, /

【대법원 분석】 피고인 갑에 대한 이 사건 공소사실에는 /

【대법원 분석】 원심이 유, 무죄로 판단한 공소사실 이외에도 /

【대법원 분석】 "피고인 갑이 2009. 6. 15. 22:00경 이 사건 요양병원 2층 원무과에서 책상 위에 있는 서류철을 집어들어 피해자 B에게 던져 피해자를 폭행하였다"는 점이 포함되어 있는데 /

【대법원 분석】 제1심과 원심은 이 부분에 관하여 아무런 판단도 하지 않았음을 알 수 있다.

【대법원 요지】 이와 같이 제1심이 경합범 관계에 있는 공소사실 중 일부에 대하여 재판을 누락한 경우 /

【대법원 요지】 원심으로서는 당사자의 주장이 없더라도 직권으로 제1심의 누락 부분을 파기하고 그 부분에 대하여 재판하여야 한다. /

【대법원 결론】 그럼에도 불구하고, 제1심에서 재판을 누락한 공소사실에 대해 아무런 판단을 하지 아니한 원심판결에는 그 자체로 판결에 영향을 미친 위법이 있다. (파기 환송)

2011도13999

불심검문의 요건과 한계
퍽치기 오인 사건
2014. 2. 27. 2011도13999, 공 2014상, 805

1. 사실관계 및 사건의 경과

【사실관계 1】
① (갑에 대해 M장소에서 불심검문이 있기 전의 일이다.)
② 이틀 전 새벽 시간에 M장소에 강도강간미수 사건 신고가 접수되었다. (㉮사건)
③ ㉮사건으로 신고된 용의자의 인상착의는 다음과 같다.
   (가) 20~30대 남자
   (나) 신장 170cm 가량
   (다) 뚱뚱한 체격, 긴 머리, 둥근 얼굴
   (라) 상의 흰색 티셔츠, 하의 검정색 바지, 검정색 신발 착용
④ 하루 전 새벽 시간에 M장소에 다시 강도강간미수 사건 신고가 접수되었다. (㉯사건)
⑤ ㉯사건으로 신고된 용의자의 인상착의는 다음과 같다.
   (가) 키 175cm 가량
   (나) 마른 체형, 안경 착용

【사실관계 2】
① A 등은 사복경찰관이다.
② A 등은 M장소에서 잠복근무를 하였다.
③ ㉮사건과 ㉯사건이 발생한 시각과 비슷한 새벽 02:20경 갑은 M장소를 지나갔다.
④ A 등은 갑의 인상착의가 신고된 내용과 비슷하다고 판단하였다.
⑤ A는 경찰공무원증을 제시하면서 갑에 대한 불심검문을 실시하였다.
⑥ A가 질문하려고 하자 갑은 막바로 도망하기 시작하였다

【사실관계 3】
① A 등은 일반 승용차인 ⓐ차량을 타고 갑을 추격하였다.
② A 등은 ⓐ차량으로 갑을 가로막았다.
③ 갑은 ⓐ차량을 피하려다 넘어졌다.
④ 갑은 주변에 고성으로 '경찰을 불러달라'고 요청하였다.
⑤ 지나가던 택시기사 B는 이 소리를 듣고 ⓑ택시를 정차하였다.
⑥ 갑은 경찰서에의 연행을 피하려고 A 등과 몸싸움을 벌였다.
⑦ 이 과정에서 사복경찰관 A는 상해를 입었다.

【사건의 경과 1】

① 검사는 갑을 다음의 공소사실로 기소하였다.

   (가) 공무집행방해죄

   (나) 상해죄

② 제1심 공판절차에서 갑은 다음과 같이 진술하였다.

③ "사복경찰관 A 등을 '퍽치기'를 하려는 자들이라고 생각하여 도망하였다."

④ 갑의 피고사건은 제1심을 거친 후, 항소심에 계속되었다.

【사건의 경과 2】

① 항소심 공판절차에서도 갑은 다음과 같이 진술하였다.

② "사복경찰관 A 등을 '퍽치기'를 하려는 자들이라고 생각하여 도망하였다."

③ 항소심법원은 무죄를 선고하였다.

④ (항소심의 판단 이유는 판례 본문 참조)

⑤ 검사는 불복 상고하였다.

⑥ 검사는 상고이유로, 항소심판결에 불심검문에 관한 법리오해가 있다고 주장하였다.

2. 불심검문 관련 규정

【대법원 분석】 1. 경찰관직무집행법(이하 '법'이라고 한다) 제1조는 /

【대법원 분석】 제1항에서 /

【대법원 분석】 "이 법은 국민의 자유와 권리의 보호 및 사회공공의 질서유지를 위한 경찰관(국가경찰공무원에 한한다. 이하 같다)의 직무수행에 필요한 사항을 규정함을 목적으로 한다."고 규정하고, /

【대법원 분석】 제2항에서 /

【대법원 분석】 "이 법에 규정된 경찰관의 직권은 그 직무수행에 필요한 최소한도 내에서 행사되어야 하며 이를 남용하여서는 아니된다."고 규정하고 있고, /

【대법원 분석】 법 제3조는 /

【대법원 분석】 제1항에서 /

【대법원 분석】 "경찰관은 수상한 거동 기타 주위의 사정을 합리적으로 판단하여 /

【대법원 분석】 어떠한 죄를 범하였거나 범하려 하고 있다고 의심할 만한 상당한 이유가 있는 자 또는 /

【대법원 분석】 이미 행하여진 범죄나 행하여지려고 하는 범죄행위에 관하여 그 사실을 안다고 인정되는 자를 /

【대법원 분석】 정지시켜 질문할 수 있다."고 규정하고, /

【대법원 분석】 제2항에서 /

【대법원 분석】 "그 장소에서 제1항의 질문을 하는 것이 당해인에게 불리하거나 교통의 방해가 된다고 인정되는 때에는 /

【대법원 분석】 질문하기 위하여 부근의 경찰서·지구대·파출소 또는 출장소(이하 "경찰관서"라 하되, 지방해양경찰관서를 포함한다)에 동행할 것을 요구할 수 있다. /

【대법원 분석】 이 경우 당해인은 경찰관의 동행요구를 거절할 수 있다."고 규정하며, /

【대법원 분석】 제3항에서 /

【대법원 분석】 "경찰관은 제1항에 규정된 자에 대하여 질문을 할 때에 흉기의 소지 여부를 조사할 수 있다."고 규정하고, /

【대법원 분석】 제7항에서 /

【대법원 분석】 "제1항 내지 제3항의 경우에 당해인은 형사소송에 관한 법률에 의하지 아니하고는 신체를 구속당하지 아니하며, /

【대법원 분석】 그 의사에 반하여 답변을 강요당하지 아니한다."고 규정하고 있다.

3. 불심검문 대상자 여부의 판단 기준

【대법원 판단】 위와 같은 법의 목적, 규정 내용 및 체계 등을 종합하면, /

【대법원 요지】 경찰관이 법 제3조 제1항에 규정된 대상자(이하 '불심검문 대상자'라 한다) 해당 여부를 판단함에 있어서는 /

【대법원 요지】 불심검문 당시의 구체적 상황은 물론 /

【대법원 요지】 사전에 얻은 정보나 전문적 지식 등에 기초하여 /

【대법원 요지】 불심검문 대상자인지 여부를 객관적 · 합리적인 기준에 따라 판단하여야 할 것이나, /

【대법원 요지】 반드시 불심검문 대상자에게 형사소송법상 체포나 구속에 이를 정도의 혐의가 있을 것을 요한다고 할 수는 없다. /

【대법원 요지】 그리고 경찰관은 불심검문 대상자에게 질문을 하기 위하여 /

【대법원 요지】 범행의 경중, 범행과의 관련성, 상황의 긴박성, 혐의의 정도, 질문의 필요성 등에 비추어 /

【대법원 요지】 그 목적 달성에 필요한 최소한의 범위 내에서 /

【대법원 요지】 사회통념상 용인될 수 있는 상당한 방법으로 /

【대법원 요지】 그 대상자를 정지시킬 수 있고 /

【대법원 요지】 질문에 수반하여 흉기의 소지 여부도 조사할 수 있다 /

【대법원 요지】 (대법원 2012. 9. 13. 선고 2010도6203 판결 참조).

4. 사안에 대한 항소심의 판단

【항소심 판단】 2. 원심은, /

【항소심 판단】 이 사건 전에 발생한 강도강간미수 사건 피의자의 인상착의와 /

【항소심 판단】 피고인의 인상착의가 /

【항소심 판단】 다소 일치하지 않는다거나 혹은 /

【항소심 판단】 비슷하다고 단정할 수 없다는 이유를 들어 /

【항소심 판단】 피고인이 불심검문 대상자가 될 수 없다고 판단한 다음, /

【항소심 판단】 설령 불심검문 대상자가 된다고 하더라도 /

【항소심 판단】 피고인이 경찰관 공소외인의 경찰공무원증 제시에도 불구하고 도망감으로써 /

【항소심 판단】 불심검문에 응하지 않으려는 태도를 분명히 하였음에도 /

【**항소심 판단**】 경찰관들이 피고인을 차량으로 추적하여 앞을 가로막으면서까지 검문을 요구한 행위는 /

【**항소심 판단**】 언어적 설득을 넘어선 유형력의 행사로서 답변을 강요하는 것이어서 /

【**항소심 판단**】 불심검문의 방법적 한계를 일탈한 위법한 행위이고, /

【**항소심 판단**】 따라서 적법한 공무집행을 전제로 하는 공무집행방해죄는 성립할 수 없으며, /

【**항소심 판단**】 이러한 위법한 불심검문에 대항하는 과정에서 이루어진 상해행위도 정당방위로서 위법성이 조각된다고 판단하여 /

【**항소심 판단**】 피고인에게 무죄를 선고하였다.

5. 불심검문 대상자 여부에 대한 대법원의 판단

【**대법원 판단**】 3. 그러나 원심의 위와 같은 판단은 다음과 같은 이유에서 이를 그대로 수긍하기 어렵다.

【**대법원 판단**】 가. 우선 피고인이 이 사건 불심검문 대상자가 될 수 있는지에 관하여 본다.

【**대법원 분석**】 원심판결 이유 및 원심이 적법하게 채택한 증거들에 의하면, /

【**대법원 분석**】 이 사건 당시 경찰관들이 피고인을 불심검문하려던 장소는 이 사건 발생 하루 및 이틀 전에 각 발생한 강도강간미수 사건이 발생한 지역이었고, /

【**대법원 분석**】 시간대도 위 강도강간미수 사건이 발생하였던 시각과 비슷한 무렵이었던 사실, /

【**대법원 분석**】 위 강도강간미수 사건의 용의자에 관하여 /

【**대법원 분석**】 '20~30대 남자, 신장 170cm 가량, 뚱뚱한 체격, 긴 머리, 둥근 얼굴, 상의 흰색 티셔츠, 하의 검정색 바지, 검정색 신발 착용' 및 /

【**대법원 분석**】 '키 175cm 가량, 마른 체형, 안경 착용'이라는 등으로 /

【**대법원 분석**】 그 인상착의가 대략적으로 신고되었던 사실, /

【**대법원 분석**】 경찰관들은 위 강도강간미수 사건의 피의자와 관련된 사전 정보를 지득하고 있었는데, /

【**대법원 분석**】 피고인의 인상착의가 경찰관들이 지득하고 있던 사전 정보와 상당 부분 일치하였던 사실을 알 수 있다.

【**대법원 판단**】 이를 앞서 본 법리에 비추어 살펴보면, /

【**대법원 판단**】 경찰관들이 피고인을 불심검문 대상자로 삼은 조치는 /

【**대법원 판단**】 피고인에 대한 불심검문 당시의 구체적 상황과 /

【**대법원 판단**】 자신들의 사전 지식 및 경험칙에 기초하여 /

【**대법원 판단**】 객관적 · 합리적 판단과정을 거쳐 이루어진 것으로서, /

【**대법원 판단**】 가사 피고인의 인상착의가 미리 입수된 용의자에 대한 인상착의와 일부 일치하지 않는 부분이 있다고 하더라도 /

【**대법원 판단**】 그것만으로 경찰관들이 피고인을 불심검문 대상자로 삼은 조치가 위법하다고 볼 수는 없다.

6. 불심검문의 적법성 여부에 대한 대법원의 판단

【**대법원 판단**】 나. 다음으로 경찰관들의 피고인에 대한 이 사건 불심검문이 위법한 것인지에 관하여

본다.

【대법원 판단】 원심판결 이유를 앞서 본 법리에 비추어 살펴보면, /

【대법원 요지】 경찰관들이 피고인을 정지시켜 질문을 하기 위하여 추적하는 행위도 /

【대법원 요지】 그것이 범행의 경중, 범행과의 관련성, 상황의 긴박성, 혐의의 정도, 질문의 필요성 등에 비추어 /

【대법원 요지】 그 목적 달성에 필요한 최소한의 범위 내에서 /

【대법원 요지】 사회통념상 용인될 수 있는 상당한 방법으로 이루어진 것이라면 /

【대법원 요지】 허용된다 할 것인데, /

【대법원 판단】 이 사건 불심검문은 강도강간미수 사건의 용의자를 탐문하기 위한 것으로서 /

【대법원 판단】 피고인의 인상착의가 위 용의자의 인상착의와 상당 부분 일치하고 있었을 뿐만 아니라 /

【대법원 판단】 피고인은 경찰관이 질문하려고 하자 막바로 도망하기 시작하였다는 것이므로, /

【대법원 기준】 이러한 경우 원심으로서는 /

【대법원 기준】 경찰관들이 피고인을 추적할 당시의 구체적인 상황, /

【대법원 기준】 즉 경찰관들이 피고인에게 무엇이라고 말하면서 쫓아갔는지, /

【대법원 기준】 그 차량에 경찰관이 탑승하고 있음을 알 수 있는 표식이 있었는지, /

【대법원 기준】 피고인으로부터 어느 정도 거리에서 어떤 방향으로 가로막으면서 차량을 세운 것인지, /

【대법원 기준】 차량의 운행속도 및 차량 제동의 방법, /

【대법원 기준】 피고인이 그 차량을 피해 진행해 나갈 수 있는 가능성, /

【대법원 기준】 피고인이 넘어지게 된 경위 및 /

【대법원 기준】 넘어진 피고인에 대하여 경찰관들이 취한 행동을 면밀히 심리하여 /

【대법원 기준】 경찰관들의 이 사건 추적행위가 사회통념상 용인될 수 있는 상당한 방법으로 이루어진 것인지 여부를 판단하였어야 할 것이다.

【대법원 결론】 그럼에도 원심은 이에 이르지 아니한 채 /

【대법원 결론】 단지 그 판시와 같은 이유만으로 경찰관들의 불심검문이 위법하다고 단정하여 공무집행방해죄 및 상해죄의 공소사실에 대하여 모두 무죄를 선고하고 말았으니, /

【대법원 결론】 이와 같은 원심의 판단에는 불심검문에 관한 법리를 오해하여 필요한 심리를 다하지 아니한 잘못이 있다. 이를 지적하는 상고이유 주장은 이유 있다.

7. 공무집행의 적법성 착오에 관한 대법원의 판단

【대법원 분석】 다. 다만 이 사건 기록에 의하면, /

【대법원 분석】 피고인은 자신을 추격하는 경찰관들을 피하여 도망하다가 넘어졌는데, /

【대법원 분석】 당시는 새벽 02:20경으로 상당히 어두웠던 심야였고 /

【대법원 분석】 경찰관들도 정복이 아닌 사복을 입고 있었던 사실, /

【대법원 분석】 자신을 추격하는 차량(일반 승용차였던 것으로 보인다)을 피하려다 넘어진 피고인은 주변에 고성으로 '경찰을 불러달라'고 요청하여 /

【대법원 분석】 지나가던 택시기사도 이 소리를 듣고 정차하였던 사실 등을 알 수 있고 /

【대법원 분석】 여기에 피고인은 원심 법정에 이르기까지 일관하여 이 사건 경찰관들을 소위 '퍽치기'를 하려는 자들로 오인하였던 것이라고 진술하고 있는 사정 등을 종합하면, /

【대법원 판단】 피고인은 당시 경찰관들을 치한이나 강도로 오인함으로써 /

【대법원 판단】 이 사건 공무집행 자체 내지 그 적법성이나 /

【대법원 판단】 자신의 경찰관들에 대한 유형력 행사의 위법성 등에 관하여 /

【대법원 판단】 착오를 일으켰을 가능성을 배제하기 어려우므로, /

【대법원 판단】 원심으로서는 당시 피고인이 자신이 처한 상황을 어떻게 인식하였는지, /

【대법원 판단】 피고인에게 착오가 인정된다면 그러한 착오에 정당한 사유가 존재하는지 여부 등에 관하여 면밀히 심리한 다음 /

【대법원 판단】 범죄성립이 조각될 수 있는지 여부를 신중히 판단하여야 한다는 점을 덧붙여 지적하여 둔다. (파기 환송)

2011모1839

정보저장매체의 압수수색 절차
제약회사 저장매체 압수수색 사건

2015. 7. 16. 2011모1839 전원합의체 결정, 공 2015하, 1274

1. 사실관계 및 사건의 경과

【사실관계 1】

① 갑은 P제약회사의 회장 겸 대표이사이다.

② 갑에 대해 배임죄 혐의가 제기되었다.

③ 2011. 4. 25. 수원지방검찰청 강력부 검사는 갑의 배임 혐의와 관련된 압수·수색영장을 발부받았다. (제1영장)

④ 제1영장에는 압수의 방법에 대해 다음과 같이 기재되어 있었다.

⑤ (이해를 돕기 위하여 문장을 분해하여 소개함)

  (가) 컴퓨터 전자장치에 저장된 정보 중 /

  (나) 범죄사실과 직접 관련된 전자정보와 직접 관련되지 않은 전자정보가 /

  (다) 혼재된 전자정보장치는 /

  (라) 피의자나 그 소유자, 소지자 또는 간수자가 동의하지 않는 한 /

  (마) 그 전부를 사본하거나 이미징하여 압수할 수 없고, /

  (바) 이 경우 범죄사실과 관련된 전자정보는 /

  (사) 피압수자 또는 형사소송법 제123조에 정한 참여인의 확인을 받아 /

  (아) 수사기관이 휴대한 저장장치에 하드카피·이미징하거나, /

  (자) 문서로 출력할 수 있는 경우 그 출력물을 수집하는 방법으로 압수함.

(차) 다만, 해당 컴퓨터 저장장치가 몰수 대상물이거나 /

(카) 하드카피 · 이미징 또는 문서의 출력을 함 수 없거나 상당히 곤란한 경우에는 /

(타) 컴퓨터 저장장치 자체를 압수할 수 있고, /

(파) 이 경우에는 수사에 필요한 상당한 기간이 경과한 후 지체 없이 반환하여야 함.

【사실관계 2】

① 2011. 4. 25. 강력부 검사는 제1영장을 발부받은 당일 P회사 빌딩 내 갑의 M사무실에 임하여 압수 · 수색을 개시하였다.

② M사무실에는 컴퓨터 등 ㉠정보저장매체가 있었다.

③ 강력부 검사는 M사무실에서의 압수 당시 제1영장에 기재된 바와 같이 ㉠정보저장매체에 혐의사실과 관련된 정보와 관련되지 않은 전자정보가 혼재된 것으로 판단하였다.

④ 강력부 검사는 P회사 측의 동의를 받아 ㉠정보저장매체 자체를 봉인하여 영장 기재 집행 장소인 M사무실에서 자신의 N사무실로 반출하였다.

【사실관계 3】

① 2011. 4. 26.경 강력부 검사는 ㉠정보저장매체를 대검찰청 디지털포렌식센터에 인계하였다.

② 강력부 검사는 그곳에서 ㉠정보저장매체에 저장되어 있는 ㉠전자정보파일 전부를 '이미징'의 방법으로 다른 저장매체로 복제하도록 하였다. (제1처분)

③ 검사는 갑 측에 제1처분 사실을 통보하였다.

④ 갑 측은 제1처분 과정을 참관하기로 하였다.

⑤ 2011. 4. 27. ㉠정보저장매체의 봉인이 해제되고 ㉠전자정보파일이 대검찰청 디지털포렌식센터의 원격디지털공조시스템에 복제되었다.

⑥ (㉠정보저장매체에 저장되어 있던 ㉠전자정보파일 전부를 '이미징'의 방법으로 대검찰청 디지털포렌식센터의 원격디지털공조시스템에 복제된 전자정보파일을 ㉡복제본으로 부르기로 한다.)

⑦ 갑 측은 복제과정을 참관하다가 임의로 그곳에서 퇴거하였다.

⑧ 강력부 검사는 제1처분이 완료된 후 ㉠정보저장매체를 P회사에 반환하였다.

【사실관계 4】

① 2011. 5. 3.부터 5. 6.까지 강력부 검사는 ㉡복제본을 자신이 소지한 ㉢외장 하드디스크에 재복제하였다. (제2처분)

② 2011. 5. 9.부터 5. 20.까지 강력부 검사는 ㉢외장 하드디스크를 통하여 제1영장 기재 범죄혐의와 관련된 전자정보를 탐색하였다.

③ 강력부 검사는 우연히 갑 등의 약사법 위반 · 조세범처벌법 위반 혐의에 관련된 전자정보를 발견하였다. (별건 정보)

④ 강력부 검사는 제1영장에 기재된 혐의사실과 무관한 별건 정보들도 함께 ㉣문서로 출력하였다. (제3처분).

⑤ 강력부 검사의 제2처분과 제3처분 당시에 갑 측은 그 절차에 참여할 기회를 부여받지 못하였고, 실제로 참여하지도 않았다.

【사실관계 5】

① 강력부 검사는 약사법 위반 · 조세범처벌법 위반의 별건 혐의사실을 수원지방검찰청 특별수사부에 통보하였다.

② 2011. 5. 26.경 특별수사부 검사는 별건 정보를 소명자료로 제출하면서 다시 압수 · 수색영장을 청구하였다.

③ 특별수사부 검사는 수원지방법원으로부터 별도의 압수 · 수색영장을 발부받았다. (제2영장)

④ 특별수사부 검사는 제2영장을 가지고 강력부 검사가 소지한 ©외장 하드디스크에서 별건 정보를 탐색 · 출력하는 방식으로 압수 · 수색을 하였다.

⑤ 특별수사부 검사는 이때 갑이나 P회사 측에 압수 · 수색 과정에 참여할 수 있는 기회를 부여하지 않았다.

⑥ 특별수사부 검사는 또한 압수한 전자정보 목록을 갑이나 P회사 측에 교부하지도 않았다.

【사건의 경과 1】

① 갑과 P회사는 강력부 검사의 압수처분 및 특별수사부 검사의 압수처분이 위법하다고 주장하여 관할 법원에 준항고를 제기하였다.

② 관할 법원은 검사의 압수처분을 단계별로 판단하였다.

③ 관할 법원은 단계별 압수처분이 각각 위법하다고 판단하였다.

④ 관할 법원은 단계별 압수처분을 각각 취소하였다.

⑤ 결국 검사의 압수처분은 모두 취소되었다.

⑥ 검사는 원심결정에 불복하여 대법원에 재항고하였다.

【사건의 경과 2】

① 대법원은 10 대 3으로 견해가 나뉘었다.

② 대법관들의 견해는 다음과 같았다.

   (가) 다수의견 : 재항고 기각

   (나) 제1처분에 관한 대법관 김용덕의 별개의견

   (다) 제1 · 2 · 3처분에 관한 대법관 김창석, 대법관 박상옥의 반대의견

   (라) 제1처분에 관한 대법관 권순일의 반대의견

   (마) 제1 · 2 · 3처분에 관하여 다수의견에 대한 대법관 이인복, 대법관 이상훈, 대법관 김소영의 보충의견

   (바) 반대의견에 대한 대법관 김창석의 보충의견

③ (이하에서는 지면관계로 다수의견만 소개함)

2. 강력부 검사의 정보저장매체 압수 처분에 대한 대법원의 판단

(1) 정보저장매체에 대한 압수와 비례의 원칙

【대법원 요지】 가. (1) 오늘날 기업 또는 개인의 업무는 컴퓨터나 서버 등 정보처리시스템 없이 유지되기 어려우며, /

【대법원 요지】 전자정보가 저장된 저장매체는 대부분 대용량이어서 압수 · 수색영장 발부의 사유로

된 범죄혐의와 관련이 없는 개인의 일상생활이나 기업경영에 관한 정보가 광범위하게 포함되어 있다. /

【대법원 요지】 이러한 전자정보에 대한 압수·수색은 사생활의 비밀과 자유, 정보에 대한 자기결정권, 재산권 등을 침해할 우려가 크므로 포괄적으로 이루어져서는 아니 되고 /

【대법원 요지】 비례의 원칙에 따라 필요한 최소한의 범위 내에서 이루어져야 한다.

(2) 외부반출 방식에 의한 정보저장매체 압수의 요건

【대법원 요지】 따라서 수사기관의 전자정보에 대한 압수·수색은 /

【대법원 요지】 원칙적으로 영장 발부의 사유로 된 범죄 혐의사실과 관련된 부분만을 문서 출력물로 수집하거나 /

【대법원 요지】 수사기관이 휴대한 저장매체에 해당 파일을 복제하는 방식으로 이루어져야 하고, /

【대법원 요지】 저장매체 자체를 직접 반출하거나 /

【대법원 요지】 그 저장매체에 들어 있는 전자파일 전부를 하드카피나 이미징 등 형태(이하 '복제본'이라 한다)로 /

【대법원 요지】 수사기관 사무실 등 외부로 반출하는 방식으로 압수·수색하는 것은 /

【대법원 요지】 현장의 사정이나 전자정보의 대량성으로 인하여 관련 정보 획득에 긴 시간이 소요되거나 /

【대법원 요지】 전문 인력에 의한 기술적 조치가 필요한 경우 등 /

【대법원 요지】 범위를 정하여 출력 또는 복제하는 방법이 불가능하거나 /

【대법원 요지】 압수의 목적을 달성하기에 현저히 곤란하다고 인정되는 때에 한하여 /

【대법원 요지】 예외적으로 허용될 수 있을 뿐이다.

(3) 반출·복제된 정보저장매체의 탐색과 관련성 요건

【대법원 요지】 이처럼 저장매체 자체 또는 적법하게 획득한 복제본을 탐색하여 /

【대법원 요지】 혐의사실과 관련된 전자정보를 문서로 출력하거나 파일로 복제하는 일련의 과정 역시 /

【대법원 요지】 전체적으로 하나의 영장에 기한 압수·수색의 일환에 해당한다 할 것이므로, /

【대법원 요지】 그러한 경우의 문서출력 또는 파일복제의 대상 역시 /

【대법원 요지】 저장매체 소재지에서의 압수·수색과 마찬가지로 /

【대법원 요지】 혐의사실과 관련된 부분으로 한정되어야 함은 /

【대법원 요지】 헌법 제12조 제1항, 제3항과 형사소송법 제114조, 제215조의 적법절차 및 영장주의 원칙이나 앞서 본 비례의 원칙에 비추어 당연하다. /

【대법원 요지】 따라서 수사기관 사무실 등으로 반출된 저장매체 또는 복제본에서 /

【대법원 요지】 혐의사실 관련성에 대한 구분 없이 /

【대법원 요지】 임의로 저장된 전자정보를 문서로 출력하거나 파일로 복제하는 행위는 /

【대법원 요지】 원칙적으로 영장주의 원칙에 반하는 위법한 압수가 된다.

(4) 반출·복제된 정보저장매체에 대한 압수의 절차적 요건

【대법원 요지】 (2) 전자정보는 복제가 용이하여 /

【대법원 요지】 전자정보가 수록된 저장매체 또는 복제본이 압수·수색 과정에서 외부로 반출되면 /

【대법원 요지】 압수·수색이 종료한 후에도 복제본이 남아있을 가능성을 배제할 수 없고, /

【대법원 요지】 그 경우 혐의사실과 무관한 전자정보가 수사기관에 의해 다른 범죄의 수사의 단서 내지 증거로 위법하게 사용되는 등 새로운 법익침해를 초래할 가능성이 있으므로, /

【대법원 요지】 혐의사실 관련성에 대한 구분 없이 이루어지는 복제·탐색·출력을 막는 절차적 조치가 중요성을 가지게 된다.

【대법원 요지】 따라서 저장매체에 대한 압수·수색 과정에서 /

【대법원 요지】 범위를 정하여 출력 또는 복제하는 방법이 불가능하거나 /

【대법원 요지】 압수의 목적을 달성하기에 현저히 곤란한 예외적인 사정이 인정되어 /

【대법원 요지】 전자정보가 담긴 저장매체 또는 복제본을 수사기관 사무실 등으로 옮겨 /

【대법원 요지】 이를 복제·탐색·출력하는 경우에도, /

【대법원 요지】 그와 같은 일련의 과정에서 /

【대법원 요지】 형사소송법 제219조, 제121조에서 규정하는 피압수·수색 당사자(이하 '피압수자'라 한다)나 그 변호인에게 참여의 기회를 보장하고 /

【대법원 요지】 혐의사실과 무관한 전자정보의 임의적인 복제 등을 막기 위한 적절한 조치를 취하는 등 /

【대법원 요지】 영장주의 원칙과 적법절차를 준수하여야 한다. /

【대법원 요지】 만약 그러한 조치가 취해지지 않았다면 /

【대법원 요지】 피압수자 측이 참여하지 아니한다는 의사를 명시적으로 표시하였거나 /

【대법원 요지】 절차 위반행위가 이루어진 과정의 성질과 내용 등에 비추어 /

【대법원 요지】 피압수자 측에 절차 참여를 보장한 취지가 실질적으로 침해되었다고 볼 수 없을 정도에 해당한다는 등의 특별한 사정이 없는 이상 /

【대법원 요지】 압수·수색이 적법하다고 평가할 수 없고/

【대법원 요지】 (대법원 2011. 5. 26.자 **2009모1190** 결정 등 참조), /

【대법원 요지】 비록 수사기관이 저장매체 또는 복제본에서 혐의사실과 관련된 전자정보만을 복제·출력하였다 하더라도 달리 볼 것은 아니다.

(5) 정보저장매체에 대한 위법한 압수 처분의 시정방법

【대법원 요지】 (3) 전자정보에 대한 압수·수색 과정에서 이루어진 /

【대법원 요지】 현장에서의 저장매체 압수·이미징·탐색·복제 및 출력행위 등 수사기관의 처분은 /

【대법원 요지】 하나의 영장에 의한 압수·수색 과정에서 이루어지는 것이다. /

【대법원 요지】 그러한 일련의 행위가 모두 진행되어 압수·수색이 종료된 이후에는 /

【대법원 요지】 특정단계의 처분만을 취소하더라도 그 이후의 압수·수색을 저지한다는 것을 상정할 수 없고 /

【대법원 요지】 수사기관으로 하여금 압수·수색의 결과물을 보유하도록 할 것인지가 문제 될 뿐이다. /

【대법원 요지】 그러므로 이 경우에는 준항고인이 전체 압수·수색 과정을 단계적·개별적으로 구분하여 각 단계의 개별 처분의 취소를 구하더라도 /

【대법원 요지】 준항고법원으로서는 특별한 사정이 없는 한 /

【대법원 요지】 ㄱ 구분된 개별 처분의 위법이나 취소 여부를 판단할 것이 아니라 /

【대법원 요지】 당해 압수 · 수색 과정 전체를 하나의 절차로 파악하여 /

【대법원 요지】 그 과정에서 나타난 위법이 압수 · 수색 절차 전체를 위법하게 할 정도로 중대한지 여부에 따라 /

【대법원 요지】 전체적으로 그 압수 · 수색 처분을 취소할 것인지를 가려야 할 것이다. /

【대법원 요지】 여기서 위법의 중대성은 위반한 절차조항의 취지, 전체과정 중에서 위반행위가 발생한 과정의 중요도, 그 위반사항에 의한 법익침해 가능성의 경중 등을 종합하여 판단하여야 한다.

(6) 사안에 대한 준항고법원의 판단

【준항고심 판단】 나. (1) 원심은, /

【준항고심 판단】 수원지방검찰청 강력부 검사가 2011. 4. 25. 준항고인 갑의 배임 혐의와 관련된 압수 · 수색영장(이하 '제1 영장'이라 한다)을 발부받아 압수 · 수색을 진행함에 있어 /

【준항고심 판단】 준항고인 갑 측의 참여가 이루어지지 않은 가운데 /

【준항고심 판단】 제1 영장의 혐의사실과 무관한 전자정보에 대하여까지 무차별적으로 복제 · 출력하였다는 등의 이유로 /

【준항고심 판단】 이 부분 각 압수처분을 취소하였다.

(7) 사안에 대한 대법원의 분석

【대법원 분석】 (2) 원심결정 이유 및 기록에 의하면, /

【대법원 분석】 제1 영장에는 압수의 방법으로 /

【대법원 분석】 "컴퓨터 전자장치에 저장된 정보 중 범죄사실과 직접 관련된 전자정보와 직접 관련되지 않은 전자정보가 혼재된 전자정보장치는 /

【대법원 분석】 피의자나 그 소유자, 소지자 또는 간수자가 동의하지 않는 한 그 전부를 사본하거나 이미징하여 압수할 수 없고, /

【대법원 분석】 이 경우 범죄사실과 관련된 전자정보는 피압수자 또는 형사소송법 제123조에 정한 참여인의 확인을 받아 수사기관이 휴대한 저장장치에 하드카피 · 이미징하거나, /

【대법원 분석】 문서로 출력할 수 있는 경우 그 출력물을 수집하는 방법으로 압수함. /

【대법원 분석】 다만, 해당 컴퓨터 저장장치가 몰수 대상물이거나 하드카피 · 이미징 또는 문서의 출력을 할 수 없거나 상당히 곤란한 경우에는 컴퓨터 저장장치 자체를 압수할 수 있고, /

【대법원 분석】 이 경우에는 수사에 필요한 상당한 기간이 경과한 후 지체 없이 반환하여야 함."/

【대법원 분석】 이라고 기재되어 있는 사실, /

【대법원 분석】 강력부 검사는 2011. 4. 25. 수원지방법원으로부터 제1 영장을 발부받은 당일 준항고인 P회사(이하 '준항고인 P회사'라 한다) 빌딩 내 준항고인 갑의 사무실에 임하여 압수 · 수색을 개시하였는데, /

【대법원 분석】 그곳에서의 압수 당시 제1 영장에 기재된 바와 같이 이 사건 저장매체에 혐의사실과 관련된 정보와 관련되지 않은 전자정보가 혼재된 것으로 판단하여 /

【대법원 분석】 준항고인 P회사의 동의를 받아 이 사건 저장매체 자체를 봉인하여 영장 기재 집행 장소에서 자신의 사무실로 반출한 사실, /

【대법원 분석】 강력부 검사는 2011. 4. 26.경 이 사건 저장매체를 대검찰청 디지털포렌식센터에 인계하여 그곳에서 저장매체에 저장되어 있는 전자정보파일 전부를 '이미징'의 방법으로 다른 저장매체로 복제(이하 '제1 처분'이라 한다)하도록 하였는데, /

【대법원 분석】 준항고인 갑 측은 검사의 통보에 따라 2011. 4. 27. 위 저장매체의 봉인이 해제되고 위 전자정보파일이 대검찰청 디지털포렌식센터의 원격디지털공조시스템에 복제되는 과정을 참관하다가 임의로 그곳에서 퇴거하였던 사실, /

【대법원 분석】 강력부 검사는 제1 처분이 완료된 후 이 사건 저장매체를 준항고인 P회사에게 반환한 다음, /

【대법원 분석】 위와 같이 이미징한 복제본을 2011. 5. 3.부터 같은 달 6일까지 자신이 소지한 외장 하드디스크에 재복제(이하 '제2 처분'이라 한다)하고, /

【대법원 분석】 같은 달 9일부터 같은 달 20일까지 외장 하드디스크를 통하여 제1 영장 기재 범죄혐의와 관련된 전자정보를 탐색하였는데, /

【대법원 분석】 그 과정에서 준항고인 P회사의 약사법 위반·조세범처벌법 위반 혐의와 관련된 전자정보 등 제1 영장에 기재된 혐의사실과 무관한 정보들도 함께 출력(이하 '제3 처분'이라 한다)하였던 사실, /

【대법원 분석】 제2·3 처분 당시에는 준항고인 갑 측이 그 절차에 참여할 기회를 부여받지 못하였고, 실제로 참여하지도 않았던 사실 등을 알 수 있다.

(8) 사안에 대한 대법원의 판단

【대법원 판단】 위와 같은 사실관계를 앞서 본 법리에 비추어 보면, /

【대법원 판단】 강력부 검사가 이 사건 저장매체에 저장되어 있는 전자정보를 압수·수색함에 있어 /

【대법원 판단】 저장매체 자체를 자신의 사무실로 반출한 조치는 /

【대법원 판단】 제1 영장이 예외적으로 허용한 부득이한 사유의 발생에 따른 것이고, /

【대법원 판단】 제1 처분 또한 준항고인들[갑, P회사]에게 저장매체 원본을 가능한 한 조속히 반환하기 위한 목적에서 이루어진 조치로서 /

【대법원 판단】 준항고인들이 묵시적으로나마 이에 동의하였다고 볼 수 있을 뿐만 아니라 /

【대법원 판단】 그 복제 과정에도 참여하였다고 평가할 수 있으므로 /

【대법원 판단】 제1 처분은 위법하다고 볼 수 없다.

【대법원 판단】 그러나 제2·3 처분은 /

【대법원 판단】 제1 처분 후 피압수자에게 계속적인 참여권을 보장하는 등의 조치가 이루어지지 아니한 채 /

【대법원 판단】 제1 영장 기재 혐의사실과 관련된 정보는 물론 /

【대법원 판단】 그와 무관한 정보까지 재복제·출력한 것으로서 /

【대법원 판단】 영장이 허용한 범위를 벗어나고 적법절차를 위반한 위법한 처분이라 하지 않을 수 없다.

(9) 사안에 대한 대법원의 결론

【대법원 결론】 (3) 기록에 의하면 제1 영장에 기한 압수·수색이 이미 종료되었음을 알 수 있으므로, /

【대법원 결론】 원심이 제1 영장에 기한 압수·수색의 적법성을 전체적으로 판단하지 아니하고 이를 단계별로 구분하여 취소한 것은 /

【대법원 결론】 앞서 본 법리에 비추어 적절하다고 할 수 없다.

【대법원 결론】 그러나 제2·3 처분에 해당하는 전자정보의 복제·출력 과정은 /

【대법원 결론】 증거물을 획득하는 행위로서 압수·수색의 목적에 해당하는 중요한 과정인 점, /

【대법원 결론】 이 과정에서 혐의사실과 무관한 정보가 수사기관에 남겨지게 되면 피압수자의 다른 법익이 침해될 가능성이 한층 커지게 되므로 /

【대법원 결론】 피압수자에게 참여권을 보장하는 것이 그러한 위험을 방지하기 위한 핵심절차인데도 /

【대법원 결론】 그 과정에 참여권을 보장하지 않은 점, /

【대법원 결론】 더구나 혐의사실과 무관한 정보까지 출력한 점 등 /

【대법원 결론】 위법의 중대성에 비추어 볼 때, /

【대법원 결론】 비록 제1 처분까지의 압수·수색 과정이 적법하다고 하더라도 /

【대법원 결론】 전체적으로 제1 영장에 기한 압수·수색은 취소되어야 할 것인바, /

【대법원 결론】 그 단계별 처분을 모두 취소한 원심의 판단은 /

【대법원 결론】 결국 준항고인들[갑, P회사]이 신청한 범위 내에서 제1 영장에 기한 압수·수색을 전체적으로 취소한 것과 동일한 결과이어서 /

【대법원 결론】 정당한 것으로 수긍할 수 있다. /

【대법원 결론】 따라서 원심의 판단에 압수·수색 방법의 적법성이나 영장주의의 적용 범위에 관한 법리를 오해한 위법이 있다는 재항고인[검사]의 주장은 이유 없다.

3. 특별수사부 검사의 정보저장매체 압수 처분에 대한 대법원의 판단

(1) 정보저장매체의 별건 정보에 대한 압수·수색 요건

【대법원 요지】 가. 전자정보에 대한 압수·수색에 있어 /

【대법원 요지】 그 저장매체 자체를 외부로 반출하거나 /

【대법원 요지】 하드카피·이미징 등의 형태로 복제본을 만들어 /

【대법원 요지】 외부에서 그 저장매체나 복제본에 대하여 압수·수색이 허용되는 예외적인 경우에도 /

【대법원 요지】 혐의사실과 관련된 전자정보 이외에 이와 무관한 전자정보를 탐색·복제·출력하는 것은 /

【대법원 요지】 원칙적으로 위법한 압수·수색에 해당하므로 허용될 수 없다. /

【대법원 요지】 그러나 전자정보에 대한 압수·수색이 종료되기 전에 /

【대법원 요지】 혐의사실과 관련된 전자정보를 적법하게 탐색하는 과정에서 /

【대법원 요지】 별도의 범죄혐의와 관련된 전자정보를 우연히 발견한 경우라면, /

【대법원 요지】 수사기관으로서는 더 이상의 추가 탐색을 중단하고 /

【대법원 요지】 법원으로부터 별도의 범죄혐의에 대한 압수·수색영장을 발부받은 경우에 한하여 /

【대법원 요지】 그러한 정보에 대하여도 적법하게 압수·수색을 할 수 있다고 할 것이다.

(2) 정보저장매체의 별건 정보에 대한 압수·수색절차

【대법원 요지】 나아가 이러한 경우에도 /

【대법원 요지】 별도의 압수·수색 절차는 최초의 압수·수색 절차와 구별되는 별개의 절차이고, /

【대법원 요지】 별도 범죄혐의와 관련된 전자정보는 최초의 압수·수색영장에 의한 압수·수색의 대상이 아니어서 /

【대법원 요지】 저장매체의 원래 소재지에서 별도의 압수·수색영장에 기해 압수·수색을 진행하는 경우와 마찬가지로 /

【대법원 요지】 피압수자는 최초의 압수·수색 이전부터 해당 전자정보를 관리하고 있던 자라 할 것이므로, /

【대법원 요지】 특별한 사정이 없는 한 /

【대법원 요지】 그 피압수자에게 형사소송법 제219조, 제121조, 제129조에 따라 /

【대법원 요지】 참여권을 보장하고 압수한 전자정보 목록을 교부하는 등 /

【대법원 요지】 피압수자의 이익을 보호하기 위한 적절한 조치가 이루어져야 할 것이다.

(3) 사안에 대한 대법원의 분석

【대법원 분석】 나. 원심결정 이유와 기록에 의하면, /

【대법원 분석】 강력부 검사는 앞서 본 바와 같이 자신이 임의로 이미징 복제본을 재복제해 둔 외장 하드디스크에서 /

【대법원 분석】 제1 영장 기재 혐의사실인 준항고인 갑의 배임 혐의와 관련된 전자정보를 탐색하던 중 /

【대법원 분석】 우연히 준항고인 갑 등의 약사법 위반·조세범처벌법 위반 혐의에 관련된 전자정보 (이하 '별건 정보'라 한다)를 발견하고 /

【대법원 분석】 이를 문서로 출력하였던 사실, /

【대법원 분석】 강력부 검사는 이 사실을 수원지방검찰청 특별수사부에 통보하여 /

【대법원 분석】 특별수사부 검사가 2011. 5. 26.경 별건 정보를 소명자료로 제출하면서 다시 압수·수색영장을 청구하여 /

【대법원 분석】 수원지방법원으로부터 별도의 압수·수색영장(이하 '제2 영장'이라 한다)을 발부받아 /

【대법원 분석】 외장 하드디스크에서 별건 정보를 탐색·출력하는 방식으로 압수·수색을 한 사실, /

【대법원 분석】 이때 특별수사부 검사는 준항고인[갑, P회사] 측에 압수·수색 과정에 참여할 수 있는 기회를 부여하지 않았을 뿐만 아니라 압수한 전자정보 목록을 교부하지도 않은 사실 등을 알 수 있다.

(4) 사안에 대한 대법원의 판단

【대법원 판단】 위와 같은 사실관계를 앞서 본 법리에 비추어 살펴보면, /

【대법원 판단】 제1 영장에서 예외적으로나마 저장매체 자체의 반출이나 그 전자정보 전부의 복제가 허용되어 있으나, /

【대법원 판단】 제2 영장 청구 당시 압수할 물건으로 삼은 정보는 /

【대법원 판단】 제1 영장의 피압수자에게 참여의 기회를 부여하지 않은 상태에서 임의로 재복제한 외장 하드디스크에 저장된 정보로서 /

【대법원 판단】 그 자체가 위법한 압수물이어서 /

【대법원 판단】 앞서 본 별건 정보에 대한 영장청구 요건을 충족하지 못한 것이므로, /

【대법원 판단】 비록 제2 영장이 발부되었다고 하더라도 /

【대법원 판단】 그 압수 · 수색은 영장주의의 원칙에 반하는 것으로서 위법하다고 하지 않을 수 없다.

【대법원 판단】 나아가 제2 영장에 기한 압수 · 수색 당시 준항고인 갑 등에게 압수 · 수색 과정에 참여할 기회를 전혀 보장하지 않았으므로 /

【대법원 판단】 이 점에 비추어 보더라도 제2 영장에 기한 압수 · 수색은 전체적으로 위법하다고 평가함이 상당하다.

【대법원 결론】 원심의 이유설시 중 /

【대법원 결론】 제2 영장에 기한 압수 · 수색이 종료되었음에도 불구하고 /

【대법원 결론】 일련의 과정을 구성하는 개별적인 행위를 단계별로 구분하여 그 적법 여부를 판단한 부분은 /

【대법원 결론】 앞서 본 법리에 비추어 적절하다고 할 수 없으나, /

【대법원 결론】 준항고인들이 구하는 제2 영장에 기한 처분을 모두 취소한 원심의 판단은 /

【대법원 결론】 결국 제2 영장에 기한 압수 · 수색 처분 전체를 취소한 것과 동일한 결과이어서 정당하고, /

【대법원 결론】 거기에 재항고이유에서 주장하는 바와 같은 영장주의의 적용 범위 등에 관한 법리를 오해하는 등의 위법이 있다고 할 수 없다.

4. 사안 전체에 대한 대법원의 결론

【대법원 결론】 그러므로 재항고를 기각하기로 하여 주문과 같이 결정한다. /

【대법원 결론】 이 결정에는 제1 처분에 관한 대법관 김용덕의 별개의견과 /

【대법원 결론】 제1 · 2 · 3 처분에 관한 대법관 김창석, 대법관 박상옥의 반대의견 및 /

【대법원 결론】 제1 처분에 관한 대법관 권순일의 반대의견이 있는 외에는 /

【대법원 결론】 관여 법관의 의견이 일치되었고, /

【대법원 결론】 제1 · 2 · 3 처분에 관하여 다수의견에 대한 대법관 이인복, 대법관 이상훈, 대법관 김소영의 보충의견과 /

【대법원 결론】 반대의견에 대한 대법관 김창석의 보충의견이 있다.

2011헌바79

공범의 공판조서와 반대신문권의 보장
형소법 315조 3호 헌법소원 사건
2013. 10. 24. 2011헌바79, 헌집 25-2하, 141

1. 사실관계 및 사건의 경과

【사실관계 1】

① (이해를 돕기 위하여 사실관계를 임의로 보충함)

② [A가 쇠몽둥이로 맞아 상해를 입는 사건이 발생하였다.] (㉮폭행사건)

③ [㉮사건에는 갑, 을, 병이 관련되어 있었다.]

④ [갑은 도주하였고, 을과 병은 검거되었다.]

【사실관계 2】

① 검사는 을과 병을 폭처법위반죄로 기소하였다. (㉮피고사건)

② ㉮피고사건의 제1심 공판절차에서 을과 병은 피고인으로서 다음의 진술을 하였다.

③ "갑이 A에 대한 상해를 교사하였다." (㉠진술)

④ 을과 병의 ㉠진술은 ㉮피고사건의 공판조서에 기재되었다. (㉡공판조서)

⑤ 제1심법원은 을과 병에게 유죄를 선고하였고, 그 판결은 확정되었다. (㉮확정판결)

【사건의 경과 1】

① [이후 갑이 검거되었다.]

② 검사는 갑을 폭처법위반죄 공소사실로 기소하였다. (㉯피고사건)

③ 검사는 을과 병에 대한 ㉮피고사건의 ㉡공판조서를 증거로 제출하였다.

④ ㉡공판조서는 증거로 채택되어 조사되었다.

⑤ 을과 병은 갑의 ㉯피고사건에 대한 증인으로 법정에 출석하였다.

⑥ 을과 병은 다음과 같이 진술하였다.

⑦ "갑이 A에 대한 상해를 [우리들에게] 교사한 사실이 없다." (㉢법정진술)

【사건의 경과 2】

① ㉯피고사건의 제1심법원은 법정에서 이루어진 ㉢진술보다 ㉡공판조서상의 ㉠진술이 더 신빙성이 있다고 판단하였다.

② 2010. 10. 14. ㉯피고사건의 제1심법원은 다음의 범죄사실로 갑에게 징역 3년 6월을 선고하였다.

③ "피고인은 을과 병이 공동하여 위험한 물건인 쇠몽둥이로 피해자에게 상해를 가하도록 교사하였다."

【사건의 경과 3】

① 갑은 불복 항소하였다.

② 갑은 항소이유로 다음의 점을 주장하였다.

　(가) 제1심판결에서 유죄의 증거가 된 것은 ㉡공판조서이다.

    (나) ⓛ공판조서는 피고인에게 반대신문권이 보장되지 않은 전문증거에 해당하므로 증거능력이 없다.

③ 갑은 동시에 다음의 이유를 들어서 항소심법원에 위헌법률심판제청을 신청하였다.

    (가) 공범이 다른 사건에서 피고인으로서 한 진술이 기재된 공판조서에 증거능력을 부여하는 근거 규정은 형사소송법 제315조 제3호이다.

    (나) 형사소송법 제315조 제3호는 [피고인에게 반대신문권을 보장하지 아니하여] 위헌이다.

④ 2011. 4. 8. 항소심법원은 갑의 위헌법률심판제청신청을 기각하였다.

【사건의 경과 4】

① 2011. 4. 19. 갑은 헌법재판소에 헌법소원심판을 청구하였다.

② 갑은 헌법소원심판청구의 첫 번째 이유로 다음의 점을 주장하였다.

    (가) 형사소송법 제315조 제3호는 당연히 증거능력 있는 서류의 하나로 '특히 신용할 만한 정황에 의하여 작성된 문서'를 규정하고 있다.

    (나) '특히 신용할 만한 정황에 의하여 작성된 문서'라는 문언은 지나치게 추상적이고 모호하여 그 의의와 대상, 범위를 가늠할 수 없으므로 명확성원칙에 위배된다.

③ 갑은 헌법소원심판청구의 두 번째 이유로 다음의 점을 주장하였다.

    (가) 형사소송법 제315조 제3호는 단순히 특히 신용할 만한 정황에 의하여 작성되었다는 사정만으로 그 문서에 절대적인 증거능력을 인정하고 있다.

    (나) 형사소송법 제315조 제3호는 전문증거의 증거능력을 제한한 형사소송법 제310조의2의 규정을 형해화하고 그 진술에 관한 피고인의 반대신문의 기회를 원천적으로 봉쇄하고 있다.

    (다) 형사소송법 제315조 제3호는 적법절차의 원칙에 위배되고 피고인의 공정한 재판을 받을 권리를 침해한다.

④ 갑은 헌법소원심판청구의 세 번째 이유로 다음의 점을 주장하였다.

    (가) 법원은 다른 사건에서 공범이 피고인으로서 한 진술을 기재한 공판조서가 형사소송법 제315조 제3호에서 정한 '당연히 증거능력이 있는 서류'에 해당하는 것으로 보고 있다.

    (나) 그러나 공범의 진술은 자신의 책임을 다른 공범에게 전가하려는 동기에 의해 왜곡되기 쉽다.

    (다) 공범의 진술은 당해 사건에서 반대신문에 의한 탄핵을 거쳐 그 진술내용의 모순과 불합리가 드러날 때에만 법관의 심증형성의 기초가 되는 진정한 증거가치를 가질 수 있다.

    (라) 형사소송법 제315조 제3호에 다른 사건에서 공범이 피고인으로서 한 진술이 기재된 공판조서가 포함되는 것으로 해석하는 것은 헌법상 적법절차의 원칙에 어긋나고 피고인의 공정한 재판을 받을 권리를 침해한다.

⑤ (이하의 소제목은 판례 원문에 의함)

⑥ (지면관계로 3인 재판관의 보충의견은 소개를 생략함)

2. 사안에 대한 헌법재판소의 판단

가. 이 사건 법률조항의 의의

【현재 분석】 형사소송법 제310조의2는 /

【헌재 분석】 "제311조 내지 제316조에 규정한 것 이외에는 /

【헌재 분석】 공판준비 또는 공판기일에서의 진술에 대신하여 진술을 기재한 서류나 /

【헌재 분석】 공판준비 또는 공판기일 외에서의 타인의 진술을 내용으로 하는 진술은 /

【헌재 분석】 이를 증거로 할 수 없다."고 규정하여 /

【헌재 분석】 전문증거의 증거능력을 원칙적으로 부인하고 있다. /

【헌재 요지】 이는 공개된 법정에서 법관의 면전에서 진술되지 아니하고 피고인에게 반대신문의 기회를 부여하지 않은 전문증거의 증거능력을 배척함으로써 /

【헌재 요지】 피고인의 반대신문권을 보장하고, /

【헌재 요지】 직접심리주의와 공판중심주의를 철저히 하여 /

【헌재 요지】 피고인의 공정한 재판을 받을 권리를 보장하기 위한 것이다 /

【헌재 요지】 (헌재 1994. 4. 28. 93헌바26, 판례집 6-1, 348, 359 참조). /

【헌재 분석】 그러나 직접주의와 전문법칙을 모든 경우에 예외 없이 관철하게 되면 신속한 재판을 저해하고 실체적 진실발견에 지장을 초래할 수 있으므로, /

【헌재 분석】 형사소송법은 제311조 내지 제316조에서 전문법칙의 예외 규정들을 두고 있다.

【헌재 분석】 이 사건 법률조항이 속한 형사소송법 제315조는 이러한 예외 규정들 중 하나로, /

【헌재 분석】 제1호의 가족관계기록사항에 관한 증명서, 공정증서등본 기타 공무원 또는 외국공무원의 직무상 증명할 수 있는 사항에 관하여 작성한 문서(공권적 증명문서)와 /

【헌재 분석】 제2호의 상업장부, 항해일지 기타 업무상 필요로 작성한 통상문서(업무상 통상문서)와 함께 /

【헌재 분석】 '기타 특히 신용할 만한 정황에 의하여 작성된 문서'를 당연히 증거능력이 있는 문서로 규정하고 있다.

【헌재 분석】 한편, 법원은, /

【헌재 분석】 다른 사건에서 공범의 피고인으로서의 진술을 기재한 공판조서/

【헌재 분석】 (대법원 1964. 4. 28. 선고 64도135 판결)와 /

【헌재 분석】 이와 유사한 다른 피고인에 대한 형사사건의 공판조서 중 일부인 증인신문조서/

【헌재 분석】 (대법원 2005. 4. 28. 선고 2004도4428 판결), /

【헌재 분석】 구속적부심사절차에서 피의자를 심문하고 그 진술을 기재한 구속적부심문조서/

【헌재 분석】 (대법원 2004. 1. 16. 선고 **2003도5693** 판결) /

【헌재 분석】 등을 이 사건 법률조항에 해당하는 문서로 해석하고 있다.

나. 명확성원칙 위배 여부

【헌재 요지】 (1) 명확성원칙은 법치국가원리의 한 표현으로서 법규범의 의미내용이 불확실하면 법적 안정성과 예측가능성을 확보할 수 없고, 법집행 당국의 자의적 법해석과 집행을 가능하게 한다는 것을 그 근거로 한다. /

【헌재 요지】 명확성의 정도는 모든 법률에 있어서 동일한 정도로 요구되는 것은 아니고 개개의 법률이나 법조항의 성격에 따라, 그리고 각 법률이 제정되게 된 배경이나 상황에 따라 차이가 있을 수 있다. /

【헌재 요지】 그런데 모든 법규범의 문언을 순수하게 기술적 개념만으로 구성하는 것은 입법기술적으로 불가능하고 또 바람직하지도 않기 때문에 어느 정도 가치개념을 포함한 일반적, 규범적 개념을 사용하지 않을 수 없다. /

【헌재 요지】 또한 당해 법률조항의 입법취지, 같은 법률의 다른 규정들과의 상호관계를 고려하거나 이미 확립된 판례를 통한 해석방법을 통하여 그 규정의 해석 및 적용에 대한 신뢰성이 있는 원칙을 도출할 수 있어서 법률조항의 취지를 예측할 수 있는 정도의 내용이라면 /

【헌재 요지】 그 범위 내에서 명확성원칙은 유지되고 있다고 보아야 할 것이고, /

【헌재 요지】 법관의 보충적인 가치판단을 통한 법문의 해석으로 그 의미내용을 확인해 낼 수 있고, /

【헌재 요지】 그러한 보충적 해석이 해석자의 개인적인 취향에 따라 좌우될 가능성이 없다면 /

【헌재 요지】 명확성원칙에 반한다고 할 수 없을 것이다 /

【헌재 요지】 (헌재 1992. 2. 25. 89헌가104, 판례집 4, 64, 78-79; /

【헌재 요지】 헌재 1998. 4. 30. 95헌가16, 판례집 10-1, 327, 342 등 참조).

【헌재 분석】 (2) 이 사건 법률조항의 '기타 특히 신용할 만한 정황에 의하여 작성된 문서'의 의미에 관하여 형사소송법은 명확한 정의규정을 두고 있지 않다. /

【헌재 분석】 그러나 전문법칙의 예외를 정한 다른 형사소송법의 관련 조항들과 /

【헌재 분석】 이 사건 법률조항이 포함된 제315조 각 호의 규정 취지 및 그 연관관계를 고찰함으로써 /

【헌재 분석】 위 문언에 대한 합리적인 해석기준을 찾을 수 있다.

【헌재 분석】 형사소송법 제310조의2는 원칙적으로 전문증거의 증거능력을 제한하여, 원진술자의 진술을 기재한 서류가 공판기일 등에서의 진술을 대신하지 못하도록 규정하면서, /

【헌재 분석】 형사소송법 제311조 내지 제316조에서 그 예외규정들을 두고 있다. /

【헌재 요지】 이와 같이 원칙적으로 피고인 아닌 자의 법정외 진술을 내용으로 하는 전문증거의 증거능력을 제한하는 이유는 /

【헌재 요지】 피고인에게 반대신문의 기회가 부여되지 않은 전문증거의 증거능력을 배제함으로써 피고인의 반대신문권을 보장하고자 하는 것인바/

【헌재 요지】 (헌재 1994. 4. 28. 93헌바26, 판례집 6-1, 348, 359; /

【헌재 요지】 헌재 1996. 12. 26. **94헌바1**, 판례집 8-2, 808, 827-829 참조), /

【헌재 분석】 그 예외규정들은 이미 피고인에게 반대신문권 내지 참여권이 보장된 경우이거나(제311조), /

【헌재 분석】 그 기재 및 진술에 대하여 피고인의 반대신문의 기회가 부여될 것을 요건으로 하는 것이거나(제312조, 제313조, 제316조), /

【헌재 분석】 반대신문권의 행사를 위한 원진술자의 출석이 불가능하거나 현저히 곤란한 경우들(제314조)임을 알 수 있다. /

【헌재 요지】 나아가 이 사건 법률조항이 속한 형사소송법 제315조 중 제1호와 제2호에 의하여 당연히 증거능력이 인정되는 서류는 /

【헌재 요지】 업무의 기계적 반복성으로 인해 허위가 개입될 여지가 적고, /

【헌재 요지】 또 문서의 성질에 비추어 고도의 신용성이 인정되어 반대신문의 필요가 없거나 /

【헌재 요지】 작성자를 소환해도 서면제출 이상의 의미가 없는 문서들에 해당한다. /

【헌재 요지】 이러한 전문법칙과 관련된 형사소송법 규정들의 체계와 규정취지, /

【헌재 요지】 여기에 더하여 '기타' 라는 문언에 의하여 /

【헌재 요지】 형사소송법 제315조 제1호와 제2호의 문서들을 /

【헌재 요지】 '특히 신용할 만한 정황에 의하여 작성된 문서'의 예시로 삼고 있는 /

【헌재 요지】 이 사건 법률조항의 규정형식을 종합해서 고찰해 보면, /

【헌재 요지】 이 사건 법률조항에서 규정한 '기타 특히 신용할 만한 정황에 의하여 작성된 문서'란 /

【헌재 요지】 형사소송법 제315조 제1호와 제2호에서 열거된 공권적 증명문서 및 업무상 통상문서에 준하여 /

【헌재 요지】 '굳이 반대신문의 기회 부여 여부가 문제되지 않을 정도로 고도의 신용성의 정황적 보장이 있는 문서'를 의미하는 것으로 해석할 수 있다.

【헌재 판단】 또한 전문증거인 문서의 태양은 그 형태와 내용에 있어 극히 다양하여 그에 해당하는 모든 종류의 문서를 일률적으로 나열하는 것은 가능하지도 않고, /

【헌재 판단】 수사와 재판 과정에서 다양하게 나타날 수 있는 증거 현상에 비추어 바람직하지도 않으므로, /

【헌재 판단】 그 규정에 다소 추상적이고 포괄적인 문언을 사용할 수밖에 없는 불가피성이 있다.

【헌재 결론】 (3) 따라서 이 사건 법률조항은 보통의 상식을 가진 일반인이라면 그 의미를 충분히 알 수 있고, /

【헌재 결론】 법관의 보충적인 가치판단을 통해서 그 의미내용을 확인할 수 있을 뿐만 아니라 /

【헌재 결론】 그러한 보충적 해석이 해석자의 개인적인 취향에 따라 좌우될 가능성이 없다고 할 것이므로, /

【헌재 결론】 명확성원칙에 위배되지 않는다.

다. 공정한 재판을 받을 권리의 침해 여부

(1) 공정한 재판을 받을 권리와 반대신문권의 보장

【헌재 분석】 (가) 헌법 제27조 제1항은 "모든 국민은 헌법과 법률이 정한 법관에 의하여 법률에 의한 재판을 받을 권리를 가진다."라고 규정함으로써 /

【헌재 분석】 모든 국민에게 적법하고 공정한 재판을 받을 권리를 보장하고 있다 /

【헌재 분석】 (헌재 1996. 12. 26. **94헌바1**, 판례집 8-2, 808, 819-820). /

【헌재 요지】 이 공정한 재판을 받을 권리 속에는 /

【헌재 요지】 신속하고 공개된 법정의 법관 면전에서 모든 증거자료가 조사ㆍ진술되고 /

【헌재 요지】 이에 대하여 피고인이 공격ㆍ방어할 수 있는 기회가 보장되는 재판, /

【헌재 요지】 원칙적으로 당사자주의와 구두변론주의가 보장되어 /

【헌재 요지】 당사자가 공소사실에 대한 답변과 입증 및 반증을 하는 등 /

【헌재 요지】 공격, 방어권이 충분히 보장되는 재판을 받을 권리가 포함되어 있다 /

【헌재 요지】 (헌재 1994. 4. 28. 93헌바26, 판례집 6-1, 348, 356-357; /

【헌재 요지】 헌재 1998. 7. 16. 97헌바22, 판례집 10-2, 218, 226; /

【헌재 요지】 헌재 2001. 6. 28. **99헌가14**, 판례집 13-1, 1188, 1200).

【헌재 분석】 헌법은 피고인의 반대신문권을 미국이나 일본과 같이 헌법상의 기본권으로까지 규정하지는 않았으나, /

【헌재 분석】 형사소송법은 제161조의2에서 상대 당사자의 반대신문을 전제로 한 교호신문제도를 규정하고 있고, /

【헌재 분석】 제312조 제4항, 제5항에서 '공판준비 및 공판기일에서 원진술자를 신문할 수 있는 때에 한하여' 피고인 아닌 자의 진술을 기재한 조서나 진술서의 증거능력을 인정하도록 규정함으로써 /

【헌재 분석】 피고인에게 불리한 증거에 대하여 반대신문할 수 있는 권리를 명문으로 인정하고 있다. /

【헌재 분석】 이는 위와 같은 공정한 재판을 받을 권리를 형사소송절차에서 구현하고자 한 것이다 /

【헌재 분석】 (헌재 1994. 4. 28. 93헌바26, 판례집 6-1, 348, 363; /

【헌재 분석】 헌재 1998. 9. 30. **97헌바51**, 판례집 10-2, 541, 549-550; /

【헌재 분석】 헌재 1998. 12. 24. 94헌바46, 판례집 10-2, 842, 852 등 참조).

【헌재 분석】 이에 형사소송법은 이러한 반대신문권을 실질적 · 적극적으로 보장하기 위하여 제310조의2 이하에서 증거능력 부여과정에서도 전문증거의 증거능력을 제한하고 있다. /

【헌재 분석】 그런데 이 사건 법률조항은 전문증거인 '기타 특히 신용할 만한 정황에 의하여 작성된 문서'에 관하여 당연히 증거능력을 부여함으로써 /

【헌재 분석】 피고인의 반대신문권의 행사를 제한하는 규정으로서 /

【헌재 분석】 헌법 제27조가 정한 재판청구권, 그 중에서도 '공정한 재판을 받을 권리'를 제한하고 있는 것이므로, /

【헌재 분석】 그 제한이 헌법적 한계를 일탈한 것인지 여부가 문제된다.

【헌재 분석】 (나) 한편, 청구인은 이 사건 법률조항이 적법절차의 원칙에 위반된다고 주장하나, /

【헌재 요지】 적법절차의 원칙은 법률이 정한 형식적 절차와 실체적 내용이 모두 합리성과 정당성을 갖춘 적정한 것이어야 한다는 실질적 의미를 지니고 있는 것으로서, /

【헌재 요지】 이 사건 법률조항과 관련해서는 사실상 반대신문권을 보장하여 공정한 재판을 받을 권리를 보장하는 문제에 귀착된다고 할 것이므로, /

【헌재 요지】 공정한 재판을 받을 권리의 침해 여부에 대한 판단 속에 적법절차의 원칙 위반 여부에 대한 판단까지 포함된다고 할 것이다 /

【헌재 요지】 (헌재 2010. 11. 25. 2009헌바57, 판례집 22-2하, 387, 394; /

【헌재 요지】 헌재 2012. 7. 26. 2010헌바62, 판례집 24-2상, 93, 99).

(2) 과잉금지원칙 위반 여부

(가) 목적의 정당성 및 수단의 적합성

【헌재 판단】 이 사건 법률조항은 전문증거 중 '특히 신용할 만한 정황에 의하여 작성된 문서'에 대하여 당연히 증거능력을 인정하는 전문법칙의 예외규정이다. /

【헌재 판단】 이는 전문법칙을 모든 경우에 예외 없이 철저하게 관철하는 경우, /

【헌재 판단】 재판의 지연을 초래하여 신속한 재판을 저해하게 되거나, /

【헌재 판단】 증명력 있는 증거들을 이용하지 못하여 실체적 진실발견을 저해하여 형사소송의 최대 과제인 공정한 재판과 사법정의실현에 지장을 초래할 수 있으므로/

【헌재 판단】 (헌재 1994. 4. 28. 93헌바26, 판례집 6-1, 348, 360 참조), /

【헌재 판단】 이러한 폐단을 방지하기 위한 것이다. /

【헌재 판단】 따라서 이 사건 법률조항은 그 목적의 정당성 및 수단의 적합성이 인정된다.

(나) 피해의 최소성 및 법익균형성

【헌재 판단】 1) 이 사건 법률조항은 형사소송법 제315조 제1호, 제2호에 준할 정도의 신용성의 정황적 보장이 있는 문서에 한하여 전문법칙의 예외를 인정하고 있고, /

【헌재 판단】 그 의미가 앞서 본 바와 같이 피고인에게 굳이 반대신문의 기회를 부여할 필요가 없을 정도로 신용성의 정황이 있는 문서로 해석되는 이상, /

【헌재 판단】 이미 피고인의 방어권 제한이 최소한의 범위로 축소되어 있다.

【헌재 판단】 그리고 이 사건 법률조항에 따라 문제된 문서의 증거능력이 인정되는 경우라도, /

【헌재 판단】 피고인은 그 문서의 작성자 또는 원진술자를 증인으로 신청하여 반대신문권을 행사할 수 있으므로 /

【헌재 판단】 위 조항이 피고인의 반대신문의 기회를 완전히 박탈하고 있다고 볼 수도 없다. /

【헌재 판단】 나아가 문서 작성자 또는 원진술자가 증인으로 출석하여 문서의 내용과 상반되는 진술을 하는 경우 /

【헌재 판단】 그 법정 진술과 문서상의 진술 중 어느 하나가 반드시 우월한 증명력을 갖는다고 볼 수 없으므로, /

【헌재 판단】 이 사건 법률조항에 의해 우선 그 문서의 증거능력을 인정하되 /

【헌재 판단】 법관으로 하여금 제반사정을 고려하여 어느 증거가 보다 신빙성이 있는지 판단하도록 하는 것이 /

【헌재 판단】 실체적 진실발견과 피고인의 방어권 보장 사이의 균형과 조화를 위한 합리적인 방법이라고 할 것이다. /

【헌재 판단】 이와 달리 위 조항에 정한 신용성의 정황적 보장이 강력한 문서까지 전문법칙을 예외 없이 적용하는 방식을 채택하게 되면, /

【헌재 판단】 신속한 재판실현이라는 소송경제와 실체적 진실에 합치하는 또 다른 면의 공정한 재판실현이라는 헌법적 요청에 반하는 결과가 초래될 수 있다.

【헌재 분석】 2) 한편, 이 사건 법률조항에 공범이 다른 사건에서 피고인으로서 한 진술을 기재한 공판조서가 포함된다고 보는 것이 /

【헌재 분석】 전문법칙의 예외를 지나치게 넓게 인정함으로써 피고인의 방어권을 부당하게 제한하는 것인지가 문제된다.

【헌재 분석】 공판조서에 기재된 진술은 공개된 법정에서 법관의 면전 아래 이루어지는 것일 뿐 아니라, /

【헌재 분석】 형사소송법은 공판조서의 작성자, 작성방식, 기재요건 등을 엄격하게 규정하고(제48조

제1항, 제2항, 제50조, 제51조, 제53조), /

【헌재 분석】 진술자의 청구가 있는 때에는 그 진술에 관한 부분을 읽어주고 증감변경의 청구가 있는 때에는 그 진술을 기재하도록 규정하고 있으며(제52조 단서), /

【헌재 분석】 다음 회의 공판기일에 있어서는 전회의 공판심리에 관한 주요사항의 요지를 조서에 의하여 고지하고, /

【헌재 분석】 검사, 피고인 또는 변호인이 그 변경을 청구하거나 이의를 진술한 때에는 그 취지를 공판조서에 기재하며, 그 경우 재판장이 그 청구 또는 이의에 대한 의견을 기재할 수 있도록 규정하고 있고(제54조), /

【헌재 분석】 또한 피고인은 공판조서의 열람 또는 등사를 청구할 수 있고 그 청구에 응하지 아니한 때에는 그 공판조서를 유죄의 증거로 할 수 없도록 규정하고 있는(제55조) 등 /

【헌재 분석】 공판조서는 그 서면 자체의 성질과 작성과정에서 법정된 엄격한 절차적 보장에 의하여 고도의 임의성과 기재의 정확성 및 절차적 적법성이 담보되어 있다. /

【헌재 분석】 또한 우리 형사소송법이 채택하고 있는 대심적 구조 하에서 /

【헌재 분석】 공소사실을 부인하거나 양형상 유리한 진술을 하는 피고인의 진술은 /

【헌재 분석】 공개된 법정에서 반대당사자의 지위에 있는 검사에 의하여 검증되고 탄핵되는 지위에 있으므로, /

【헌재 분석】 이를 제3자가 일방적으로 한 진술과 같다고 평가할 수 없다.

【헌재 판단】 이와 같은 사정에 비추어 볼 때, /

【헌재 판단】 법정진술에 해당하는 공판조서상의 진술과 다른 전문증거와 사이에는 문서의 신용성과 관련된 외부적 정황에 뚜렷한 차이가 있으므로, /

【헌재 판단】 그 증거능력의 인정요건에 차등을 두는 것이 피고인의 방어권을 지나치게 제약한다고 보기는 어렵다.

【헌재 분석】 법원은 일찍이 1964년경부터 다른 사건에서 공범의 피고인으로서의 진술을 기재한 공판조서를 이 사건 법률조항에서 규정한 당연히 증거능력 있는 서류의 하나로 해석해 오고 있다. /

【헌재 분석】 이는 '피고인 이외의 자에 대한 재판관 면전조서'의 증거능력을 명시적으로 규정하고 있는 일본 형사소송법(제321조 제1항 제1호)과 달리 /

【헌재 분석】 우리 형사소송법은 이러한 조서에 대한 명시적인 규정을 두고 있지 아니한 관계로 /

【헌재 분석】 전문법칙의 예외와 관련하여 이 사건 법률조항 외에 다른 사건에서 공범의 피고인으로서의 진술을 기재한 공판조서에 적용할 마땅한 규정이 없기 때문으로 이해된다. /

【헌재 요지】 그런데 만일 명문의 규정이 없다고 하여 이 사건과 같은 공판조서의 증거능력을 일률적으로 부정한다면, /

【헌재 요지】 공판조서보다 낮은 신용성의 보장을 가진 수사기관 작성의 조서에 관하여는 일정한 요건 하에 그 증거능력을 인정하면서도 /

【헌재 요지】 그보다 우위의 임의성과 신용성의 보장을 가진 공판조서에 대하여는 증거능력을 부정하는 법체계상의 모순이 발생하게 된다. /

【헌재 요지】 더욱이 청구인의 주장처럼 공범은 자신에 대한 재판과정에서 다른 공범에게 책임을 전

가하는 허위의 진술을 할 염려도 있지만, /

【헌재 요지】 반면 자신에 대한 사건이 이미 종국되어 형이 확정된 공범은 당해 사건에서 종전 진술을 번복하고 피고인에게 유리한 진술을 하여 주더라도 불이익을 입을 위험이 없어 /

【헌재 요지】 당해 사건 피고인에게 협조적인 허위의 진술을 할 가능성 역시 얼마든지 있으므로, /

【헌재 요지】 종전의 공판조서상의 진술이 오히려 진실한 것일 수도 있다. /

【헌재 요지】 그런데 이 사건 법률조항을 적용하지 않고 공범의 진술을 기재한 공판조서의 증거능력을 무조건 부정해 버린다면, /

【헌재 요지】 이러한 증명력 있는 증거를 당해 사건의 심리과정에서 고려할 수조차 없게 되어, /

【헌재 요지】 우리 형사소송법의 또 다른 중대한 이념인 실체적 진실 발견에 중대한 지장을 초래하게 될 것이 명백하다.

【헌재 요지】 따라서 이 사건 법률조항에 의하여 다른 사건에서 공범의 피고인으로서의 진술을 기재한 공판조서의 증거능력을 인정하여 이를 일단 유무죄 판단을 위한 고려의 대상으로 들여놓되, /

【헌재 요지】 그 공판조서상의 진술 당시 당해 사건 피고인의 반대신문의 기회가 보장되어 있지 않았던 사정이나, /

【헌재 요지】 공범이 자신의 사건에서 자신의 책임을 회피하는 진술을 하였을 가능성이 있는 사정 등을 종합적으로 살펴 /

【헌재 요지】 법원으로 하여금 그 신빙성을 자유심증에 의하여 판단하도록 하는 것이 더 합리적이라고 할 것이다.

【헌재 분석】 청구인은 공범의 진술을 기재한 공판조서에 대한 증거능력을 완전히 부정하지는 않더라도 /

【헌재 분석】 적어도 형사소송법 제313조 제1항에 따라 /

【헌재 분석】 원진술자의 성립인정의 진술이 있을 것을 증거능력 인정요건으로 하여야 한다는 취지로도 주장한다.

【헌재 판단】 그러나 공범의 진술이 기재된 다른 사건의 공판조서에 관하여 형사소송법 제313조 제1항을 적용하더라도, /

【헌재 판단】 원진술자인 공범이 법원의 소환에 불응하거나, 사망, 질병, 외국거주, 소재불명 등으로 법정에 출석할 수 없을 때에는 형사소송법 제314조에 의하여 증거능력을 부여받게 되므로, /

【헌재 판단】 이 사건 법률조항에 의하여 공범의 공판조서에 당연히 증거능력을 인정하는 경우와 /

【헌재 판단】 형사소송법 제313조 제1항을 적용하는 경우의 실질적인 차이는, /

【헌재 판단】 법관이 검사 또는 피고인의 신청에도 불구하고 다른 사건 공판조서의 원진술자인 공범을 증인으로 채택하지 아니하는 결정을 하는 때에 한하여 있게 된다. /

【헌재 판단】 그런데 당해 사건에서 공범인 을 등이 증인으로 채택되어 조사된 것처럼, /

【헌재 판단】 공판조서상의 진술이 피고인의 유무죄를 가르는 중요한 증거이고 /

【헌재 판단】 피고인이 그 진술을 다투고 있음에도 불구하고 /

【헌재 판단】 법원이 원진술자인 공범에 대한 증인신청을 거부할 이유가 없으므로, /

【헌재 판단】 실제 재판과정에서 이 사건 법률조항에 의하여 피고인의 방어권에 대한 현실적인 침해

가 발생할 가능성이 거의 없다.

【현재 판단】 이와 같은 사정들을 종합해 볼 때, 다른 사건에서 공범의 피고인으로서의 진술을 기재한 공판조서가 이 사건 법률조항에 포함되는 것으로 해석한다고 하여 /

【현재 판단】 피고인의 방어권에 지나친 제약을 가져온다거나 /

【현재 판단】 전문법칙의 예외 인정범위를 합리적 이유 없이 확대하였다고 보기는 어렵다.

【현재 결론】 3) 이처럼 이 사건 법률조항이 굳이 반대신문의 기회를 부여할 필요가 없을 정도로 신용성의 정황이 있는 문서에 국한하여 전문법칙의 예외를 인정하고 있는 이상, /

【현재 결론】 이로 인한 피고인의 방어권에 대한 현실적 침해가능성은 거의 없는 반면, /

【현재 결론】 실체적 진실발견과 신속한 재판을 통하여 사법정의를 실현하려는 공익이 크다고 하지 않을 수 없고, /

【현재 결론】 결국 이 사건 법률조항을 통하여 실체법상의 정의와 절차법상의 정의의 조화를 도모한다는 점에서 피해의 최소성 및 법익의 균형성 또한 인정되므로 /

【현재 결론】 피고인의 공정한 재판을 받을 권리를 침해한다고 볼 수 없다. (합헌)

2012도725

참고인 조사와 진술거부권의 고지
형소법 제314조와 특신상태의 증명
형소법 제316조와 특신상태의 증명
부동산업 저축은행 사건

2014. 4. 30. 2012도725, 공 2014상, 1166

1. 사실관계 및 사건의 경과

【사실관계 1】

① P저축은행의 임직원은 다음과 같다.

   (가) A : 회장

   (나) B : 대표이사

   (다) C : 대주주 겸 감사

   (라) D : 갑의 고교 선배이자 영업부장

   (마) E : 직원

   (바) 갑, 을, 병, 정 : 직원(전직)

② P저축은행의 대주주 경영진인 A, B, C는 임직원의 지인 등의 명의를 빌려 다음의 행위를 하였다.

   (가) 부동산 시행사업을 위한 특수목적법인[SPC(Special Purpose Company)]을 설립한다.

   (나) A, B, C 등은 각 SPC의 법인 인감, 통장 등을 관리한다.

(다) A, B, C 등은 각 SPC에 대출을 실행한다.

(라) A, B, C 등은 임직원 지인들 차명으로 대출을 실행한다.

【사실관계 2】

① P저축은행의 직원들은 임원들의 지시에 따라 다음의 방식으로 여신업무를 처리하였다.

(가) 임직원의 지인들 차명으로 대출을 실행하여 토지를 매입하게 하거나 SPC를 설립한다.

(나) 그 SPC들의 법인 인감, 통장 등을 직접 관리하면서 대출을 실행한다.

② 직원들은 업무처리 과정에서 P저축은행 임원 A, B, C 등이 불법적으로 부동산 시행사업을 영위하는 사실을 알게 되었다.

③ P저축은행을 그만둔 사람들이 P저축은행의 임원들로부터 다음과 같이 거액을 받아가는 일이 있었다.

(가) 2005. 3. 말경 을은 C로부터 10억 원을 받았다.

(나) 2005. 10. 중순경 갑은 D를 통하여 C가 주는 5억 원(통장과 도장)을 받았다.

(다) 2009. 4. 초순경 병은 C로부터 6억 원을 받았다.

(라) 2010. 8. 중순경 정은 C로부터 5억 원을 받았다.

【사실관계 3】

① [2011.경 검사는 갑, 을, 병, 정에 대해 특경가법위반죄(공갈) 피의사실로 수사에 착수하였다.]

② (이하 갑에 대한 부분만 고찰함)

③ 검사는 갑에 대해 피의자신문을 하였다.

④ 갑은 혐의사실을 부인하였다.

⑤ 갑은 다음과 같이 진술하였다.

(가) 본인(갑)의 지인들 차명 사용을 거절하여 임원들과 불화가 있었다.

(나) 이 때문에 2004. 11. 1.경 사직서를 제출하여 면직되었다.

(다) P저축은행으로부터 퇴직금과 퇴직위로금 명목으로 1억 7,000만 원을 수령하였다.

(라) 2005. 5.경 P저축은행에 대하여 복직을 요구하기 시작하였다.

(마) 복직 요구에 대해 P저축은행에서 별다른 반응이 없었다.

(바) D는 고등학교 선배이며 P저축은행의 영업부장이다.

(사) D를 통하여 명예회복을 위해 복직을 시켜달라는 의사를 P저축은행의 경영진에게 전달하였다.

(아) 2005. 7. 8.경 퇴사 당시 지급받은 돈 중 1억 1,000만 원 상당이 입금된 통장과 그 예금을 인출할 수 있는 청구서를 P저축은행 측에 교부하였다.

(자) P저축은행 측에서는 복직을 허용할 수 없다는 입장을 고수하면서 통장과 청구서를 돌려주었다.

(차) [이후] P저축은행을 상대로 면직처분무효확인 소송을 제기하였다.

(카) 2005. 10. 중순경 D로부터 C가 주는 5억 원 입금 통장과 도장을 받았다.

(타) 이 돈은 면직처분무효확인 소송을 취하하는 데에 대한 합의금이라고 생각하였다.

【사실관계 4】

① 검사는 P저축은행의 임원 A, B, C와 직원 D, E를 상대로 참고인조사를 하였다.

② 검사는 참고인들에게 진술거부권을 고지하지 않았다.

③ D는 다음과 같은 내용으로 진술하였다.

(가) 갑은 P저축은행의 SPC나 차명대출 등의 문제를 언급하였다.

(나) 갑은 "복직이 받아들여지지 않으면 가만있지 않겠다"고 협박하며 민사소송을 제기하였다.

(다) 본인(D)은 이러한 갑의 뜻을 임원 C에게 전달하였다.

(라) C는 문제를 원만히 해결하기 위하여 갑에게 5억 원을 주었다.

(마) C가 주는 5억 원이 입금된 통장과 도장을 갑에게 전달하였다.

④ D의 진술은 검사 작성 참고인진술조서에 기재되었다. (㉠진술조서)

⑤ D는 진술내용을 자필로 진술서에 기재하였다. (㉡진술서)

【사실관계 5】

① 임원 C는 다음과 같은 내용으로 진술하였다.

(가) 2005. 3. 말경 을이 부동산 시행사업에 대한 협박을 하여 10억 원을 준 일이 있다.

(나) D로부터 "갑이 P저축은행의 SPC나 차명대출 등을 언급하면서 '복직이 받아들여지지 않으면 가만있지 않겠다'고 한다"는 말을 들었다. (ⓐ진술부분)

(다) [을의 때와 마찬가지로] 문제를 원만히 해결하기 위하여 D를 통해 갑에게 5억 원이 입금된 통장과 도장을 주었다.

② C의 진술은 검사 작성 참고인진술조서에 기재되었다. (㉢진술조서)

【사건의 경과 1】

① 검사는 갑을 특경가법위반죄(공갈)로 기소하였다.

② 임원 C는 제1심 공판기일에 증인으로 출석하였다.

③ C는 ㉢진술조서에 대해 진정성립을 인정하였다.

④ C는 다음과 같이 증언하였다. (㉣법정진술)

⑤ "D로부터 갑이 P저축은행의 SPC나 차명대출 등을 언급하면서 '복직이 받아들여지지 않으면 가만있지 않겠다'고 한다는 말을 들었다." (ⓐ진술부분)

⑥ D는 제1심 공판기일에 출석하지 않았다.

⑦ [이후 D는 소재불명이 되었다.]

⑧ 갑은 제1심 공판기일에서 다음과 같이 주장하였다.

(가) D에게 P저축은행의 SPC나 차명대출 등을 언급한 일이 없다.

(나) D에게 복직이 받아들여지지 않으면 가만있지 않겠다고 말한 적이 없다.

【사건의 경과 2】

① 제1심법원은 형소법 제314조에 기하여 D의 ㉠진술조서와 ㉡진술서를 증거로 인정하였다.

② 제1심법원은 C의 ㉢진술조서와 ㉣법정진술을 증거로 인정하였다.

③ 제1심법원은 다음의 범죄사실을 인정하였다.

④ "피고인은 P저축은에서 임직원 지인들 차명으로 SPC를 만들어 대출하는 등 사실을 알고 있는데 가만있지 않겠다고 C를 협박하여 이에 겁을 먹은 C의 지시를 받은 D로부터 2005. 10. 중순경 M커피숍에서 5억 원이 들어있는 D의 아버지 F명의의 통장과 도장을 건네받아 이를 갈취하였다."

⑤ 제1심법원은 ㉠, ㉡, ㉢, ㉣증거를 유죄판결에 기재하였다.

【사건의 경과 3】

① 갑은 불복 항소하였다.

② 갑은 항소이유로 ㉠, ㉡, ㉢, ㉣증거에 증거능력이 없다고 주장하였다.

③ 항소심법원은 항소를 기각하고, 제1심판결을 유지하였다.

④ (항소심의 판단 이유는 판례 본문 참조)

【사건의 경과 4】

① 갑은 불복 상고하였다.

② 갑은 첫 번째 상고이유로 다음의 점을 주장하였다.

  (가) A, B, C, D 등 임직원들은 P저축은행에 대한 업무상 배임죄 또는 횡령죄의 공동정범 또는 공범에 해당한다.

  (나) C와 D에 대한 진술을 들으면서 진술거부권을 고지하지 않는 것은 위법하다.

  (다) ㉠, ㉡, ㉢, ㉣증거는 형소법 제308조의2에 의하여 증거능력이 없다.

③ 갑은 두 번째 상고이유로 다음의 점을 주장하였다.

  (가) D의 ㉠진술조서와 ㉡진술서는 진정성립이 인정되지 않았다.

  (나) 형소법 제314조의 특신상태 또한 인정되지 않았다.

  (다) 따라서 ㉠진술조서와 ㉡진술서는 증거능력이 없다.

④ 갑은 세 번째 상고이유로 다음의 점을 주장하였다.

  (가) C의 ㉢진술조서, ㉣법정진술에는 D로부터 전해들은 ⓐ진술부분이 들어 있다.

  (나) ㉢진술조서 및 ㉣법정진술의 ⓐ진술부분은 특신상태가 증명되지 아니하여 증거능력이 없다.

2. 참고인 조사와 진술거부권의 고지

【대법원 분석】 1. 진술거부권이 고지되지 않은 상태에서 작성된 참고인 진술조서 등은 증거능력이 없다는 주장에 대하여

【대법원 요지】 피의자의 진술을 녹취 내지 기재한 서류 또는 문서가 수사기관에서의 조사과정에서 작성된 것이라면, /

【대법원 요지】 그것이 '진술조서, 진술서, 자술서'라는 형식을 취하였다고 하더라도 피의자신문조서와 달리 볼 수 없고, /

【대법원 요지】 한편 형사소송법이 보장하는 피의자의 진술거부권은 헌법이 보장하는 형사상 자기에 불리한 진술을 강요당하지 않는 자기부죄거부의 권리에 터 잡은 것이므로 /

【대법원 요지】 수사기관이 피의자를 신문함에 있어서 피의자에게 미리 진술거부권을 고지하지 않은 때에는 /

【대법원 요지】 그 피의자의 진술은 위법하게 수집된 증거로서 진술의 임의성이 인정되는 경우라도 증거능력이 부인되어야 한다 /

【대법원 요지】 (대법원 2009. 8. 20. 선고 **2008도8213** 판결 등 참조).

【대법원 요지】 그러나 피의자에 대한 진술거부권의 고지는 피의자의 진술거부권을 실효적으로 보장하여 진술이 강요되는 것을 막기 위하여 인정되는 것인데, /

【대법원 요지】 이러한 진술거부권 고지에 관한 형사소송법의 규정내용 및 진술거부권 고지가 갖는 실질적인 의미를 고려하면 /

【대법원 요지】 수사기관에 의한 진술거부권 고지의 대상이 되는 피의자의 지위는 /

【대법원 요지】 수사기관이 조사대상자에 대한 범죄혐의를 인정하여 수사를 개시하는 행위를 한 때에 인정되는 것으로 봄이 상당하다. /

【대법원 요지】 따라서 이러한 피의자의 지위에 있지 아니한 자에 대하여는 진술거부권이 고지되지 아니하였다 하더라도 /

【대법원 요지】 그 진술의 증거능력을 부정할 것은 아니다 /

【대법원 요지】 (대법원 2011. 11. 10. 선고 **2011도8125** 판결 등 참조).

【대법원 판단】 원심은, /

【대법원 판단】 공소외 A, B, C, D, E는 피고인에 대한 공소사실을 입증하기 위하여 검사가 참고인 자격으로 조사한 것이므로, /

【대법원 판단】 이들이 수사기관에 의해 범죄혐의를 인정받아 수사가 개시된 피의자의 지위에 있었다고 할 수 없고, /

【대법원 판단】 따라서 위 진술인들이 조사를 받으면서 수사기관으로부터 진술거부권을 고지받지 않았다고 하더라도 /

【대법원 판단】 그 이유만으로 그 진술조서 등이 위법수집증거로서 증거능력이 없다고 할 수 없으며, /

【대법원 판단】 나아가 검사가 위 진술인들에 대한 수사를 개시할 수 있는 상태이었는데도 진술거부권 고지를 잠탈할 의도로 피의자 신문이 아닌 참고인 조사의 형식을 취한 것이라고 볼 수도 없다는 이유로 /

【대법원 판단】 위 진술인들에 대한 진술조서 등의 증거능력을 인정한 제1심판결이 정당하다고 판단하였다.

【대법원 결론】 원심판결 이유를 앞서 본 법리와 적법하게 채택한 증거들에 비추어 살펴보면, 원심의 위와 같은 판단은 정당하고, /

【대법원 결론】 거기에 상고이유 주장과 같이 증거능력에 관한 법리를 오해하는 등의 위법이 없다.

3. 형소법 제314조와 특신상태의 증명

【대법원 분석】 2. 공소외 D의 진술이 특히 신빙할 수 있는 상태하에서 행하여졌음이 증명되지 않았다는 주장에 대하여

【대법원 분석】 가. 공소외 D에 대한 검찰 진술조서 및 공소외 D의 진술서 부분

【대법원 요지】 1) 형사소송법 제314조, 제316조 제2항에서 말하는 /

【대법원 요지】 '그 진술 또는 작성이 특히 신빙할 수 있는 상태하에서 행하여진 때'라 함은 /

【대법원 요지】 그 진술내용이나 조서 또는 서류의 작성에 허위개입의 여지가 거의 없고, /

【대법원 요지】 그 진술내용의 신빙성이나 임의성을 담보할 구체적이고 외부적인 정황이 있는 경우를 가리킨다 /

【대법원 요지】 (대법원 2006. 4. 14. 선고 **2005도9561** 판결 등 참조). /

【대법원 요지】 나아가 형사소송법 제314조가 참고인의 소재불명 등의 경우에 /

【대법원 요지】 그 참고인이 진술하거나 작성한 진술조서나 진술서에 대하여 증거능력을 인정하는 것은, /

【대법원 요지】 형사소송법이 제312조 또는 제313조에서 참고인 진술조서 등 서면증거에 대하여 /

【대법원 요지】 피고인 또는 변호인의 반대신문권이 보장되는 등 /

【대법원 요지】 엄격한 요건이 충족될 경우에 한하여 증거능력을 인정할 수 있도록 함으로써 /

【대법원 요지】 직접심리주의 등 기본원칙에 대한 예외를 인정한 데 대하여 /

【대법원 요지】 다시 중대한 예외를 인정하여 /

【대법원 요지】 원진술자 등에 대한 반대신문의 기회조차 없이 증거능력을 부여할 수 있도록 한 것이므로, /

【대법원 요지】 그 경우 참고인의 진술 또는 작성이 /

【대법원 요지】 '특히 신빙할 수 있는 상태하에서 행하여졌음에 대한 증명'은 /

【대법원 요지】 단지 그러할 개연성이 있다는 정도로는 부족하고 /

【대법원 요지】 합리적인 의심의 여지를 배제할 정도에 이르러야 한다 /

【대법원 요지】 (대법원 2014. 2. 21. 선고 **2013도12652** 판결 등 참조).

【대법원 분석】 2) 기록에 의하면, /

【대법원 분석】 ① 공소외 D에 대한 검찰 진술조서 및 그 작성의 진술서에 기재된 진술은, /

【대법원 분석】 피고인이 P저축은행 경영진들의 비리를 언론이나 감독기관에 제보하겠다는 취지의 발언을 하였는지 여부 및 /

【대법원 분석】 누구에게 그러한 발언을 하였는지 등에 관하여 일관되지 않을 뿐만 아니라 /

【대법원 분석】 위와 같은 협박성 발언에 관한 진술의 일부는 공소외 B와 공소외 C의 진술이나 명백한 사실관계에 배치되는 점, /

【대법원 분석】 ② 공소외 D는 경영진의 지시에 따라 5억 원을 피고인에게 지급할 때에 /

【대법원 분석】 자신의 부친 명의의 대출을 이용하도록 하는 등 경영진에 적극 협조한 자로서 /

【대법원 분석】 이 사건이 발생한 때로부터 5년 이상 경과한 시점에 위와 같은 진술을 하면서 /

【대법원 분석】 P저축은행 경영진의 입장에서 피고인에게 불리한 내용을 일방적으로 진술하고 있을 개연성을 배제할 수 없어 보이는 점, /

【대법원 분석】 ③ 피고인의 범행 부인, 공소외 D의 추가 진술, 피고인에 대한 공소제기의 각 시점에 비추어 보면, /

【대법원 분석】 서로 다른 진술을 하는 피고인과 공소외 D를 대질신문할 수 없었던 특별한 사정이 보이지 아니함에도 /

【대법원 분석】 수사기관은 이를 시행하지 아니한 채 공소외 D로부터 간략한 진술서만 제출받은 점 등을 알 수 있다.

【대법원 판단】 이러한 사실관계를 앞서 본 법리에 비추어 보면, /

【대법원 판단】 공소외 D에 대한 검찰 진술조서 및 그 작성의 진술서에 기재된 진술이 /

【대법원 판단】 형사소송법 제314조에서 규정하는 /

【대법원 판단】 특히 신빙할 수 있는 상태하에서 이루어진 것이라는 점에 관하여 /

【대법원 판단】 합리적인 의심의 여지를 배제할 정도의 증명이 있다고 인정하기에는 부족하다고 보인다.

【대법원 결론】 그런데도 원심은, /

【대법원 결론】 공소외 D에 대한 검찰 진술조서 및 그 작성의 진술서에 기재된 진술이 /

【대법원 결론】 세부적인 내용에는 일부 차이가 있더라도 그 진술의 전체적인 취지가 일관되고, /

【대법원 결론】 피고인의 고등학교 선배인 공소외 D가 특별히 피고인에게 불리한 진술을 할 이유가 없다는 등 /

【대법원 결론】 그 판시와 같은 사정만을 들어, /

【대법원 결론】 위 서면증거들에 기재된 진술이 특히 신빙할 수 있는 상태하에서 행하여진 것으로 인정된다고 판단하였다. /

【대법원 결론】 이러한 원심의 판단에는 형사소송법 제314조에서 말하는 특신상태에 관한 법리를 오해하여 판결에 영향을 미친 위법이 있다. /

【대법원 결론】 이를 지적하는 취지의 상고이유 주장은 정당한 이유가 있다.

4. 형소법 제316조와 특신상태의 증명

【대법원 분석】 나. 공소외 C의 진술서, 법정진술 중 공소외 D로부터 전해 들은 부분

【대법원 요지】 1) 전문진술이나 전문진술을 기재한 조서·서류는 /

【대법원 요지】 형사소송법 제310조의2의 규정에 의하여 원칙적으로 증거능력이 없는 것인데, /

【대법원 요지】 다만 전문진술은 형사소송법 제316조 제2항의 규정에 따라 /

【대법원 요지】 원진술자가 사망, 질병, 외국 거주 기타 사유로 인하여 진술할 수 없고 /

【대법원 요지】 그 진술이 특히 신빙할 수 있는 상태하에서 행하여진 때에 한하여 /

【대법원 요지】 예외적으로 증거능력이 있다고 할 것이고, /

【대법원 요지】 전문진술이 기재된 조서·서류는 /

【대법원 요지】 형사소송법 제313조 내지 제314조의 규정에 의하여 각 그 증거능력이 인정될 수 있는 경우에 해당하여야 함은 물론, /

【대법원 요지】 나아가 형사소송법 제316조 제2항의 규정에 따른 위와 같은 요건을 갖추어야 /

【대법원 요지】 예외적으로 증거능력이 있다고 할 것이다 /

【대법원 요지】 (대법원 2006. 4. 14. 선고 2005도9561 판결 등 참조).

【대법원 요지】 2) 그런데 앞서 본 형사소송법 제314조의 '특신상태'와 관련된 법리는 /

【대법원 요지】 마찬가지로 원진술자의 소재불명 등을 전제로 하고 있는 /

【대법원 요지】 형사소송법 제316조 제2항의 '특신상태'에 관한 해석에도 그대로 적용된다고 봄이 상당하므로, /

【대법원 판단】 P저축은행 경영진이 피고인에게 5억 원을 지급할 무렵 /

【대법원 판단】 공소외 D가 공소외 C에게 한 진술이 /

【대법원 판단】 특히 신빙할 수 있는 상태하에서 이루어진 것이라는 점은 /

【대법원 판단】 검사가 합리적 의심을 배제할 정도로 증명하여야 하는데, /

【대법원 판단】 기록에 의하면 이 사건에서 공소외 D가 공소외 C에게 한 진술이 특히 신빙할 수 있는 상태하에서 이루어졌음을 인정할 별다른 자료가 없고, /

【대법원 판단】 나아가 검사가 이에 관하여 별다른 주장, 입증을 하지 않고 있음을 알 수 있으므로, /

【대법원 판단】 공소외 D가 공소외 C에게 한 진술이 특히 신빙할 수 있는 상태하에서 이루어진 것이라는 점도 /

【대법원 판단】 역시 합리적인 의심을 배제할 정도로 증명되었다고 인정하기는 부족하다.

【대법원 결론】 그런데도 원심은, /

【대법원 결론】 공소외 D가 검찰에서 /

【대법원 결론】 "피고인이 '복직을 안 받아주면 가만히 있지 않겠다'고 하여서 이를 공소외 C에게 전달하였다"는 /

【대법원 결론】 내용이 포함된 진술서를 작성한 점 등 /

【대법원 결론】 그 판시와 같은 사정만을 들어, /

【대법원 결론】 공소외 C의 진술서와 법정진술 중 /

【대법원 결론】 공소외 D로부터 전해 들은 진술이 /

【대법원 결론】 특히 신빙할 수 있는 상태하에서 행하여진 것으로 인정된다고 판단하였다. /

【대법원 결론】 이러한 원심의 판단에는 형사소송법 제316조 제2항에서 말하는 특신상태에 관한 법리를 오해하여 판결에 영향을 미친 위법이 있다. /

【대법원 결론】 이를 지적하는 취지의 상고이유 주장 또한 정당한 이유가 있다. (파기 환송)

2012도2938

재심심판과 불이익변경금지원칙
군 사령관 뇌물수수 사건
2015. 10. 29. 2012도2938, 공 2015하, 1832

1. 사실관계 및 사건의 경과

【사실관계 1】
① 갑은 M사령부의 사령관이다.
② 갑은 군 수사기관으로부터 조사를 받았다.
③ 군 검찰관은 갑을 업무상 횡령 등의 공소사실로 군법회의에 기소하였다.
④ 공소사실 가운데에는 M사령부의 부대 공사와 관련하여 업자 A로부터 돈을 받은 사실이 들어 있었다.
⑤ 1973. 4. 28. 육군본부보통군법회의는 갑에 대한 업무상 횡령 등 피고사건에서 공소사실을 모두 유

죄로 인정하고 징역 15년 및 벌금 2,000만 원의 형을 선고하였다. (㉮제1심판결)

【사실관계 2】

① 갑과 검찰관은 불복 항소하였다.

② 1973. 7. 30. 육군고등군법회의는 ㉮제1심판결을 파기하였다.

③ 육군고등군법회의는 전체 공소사실 중 다음의 공소사실을 유죄로 인정하였다.

    (가) ㉠공소사실 : 업무상 횡령죄

    (나) ㉡공소사실 : 기부금품모집금지법 위반죄

    (다) ㉢공소사실 : 변호사법 위반(알선수뢰, 알선수뢰에 의한 특정범죄 가중처벌 등에 관한 법률 위반에 대하여 항소심에서 택일적으로 추가된 공소사실임)죄

    (라) ㉣공소사실 : 수뢰죄 (30만원 수뢰)

    (마) ㉤공소사실 : 수뢰로 인한 특정범죄 가중처벌 등에 관한 법률 위반죄 (50만원 수뢰)

    (바) ㉥공소사실 : 경제의 안정과 성장에 관한 긴급명령 위반죄

④ 육군고등군법회의는 갑에게 징역 15년과 벌금 1,000만 원의 형을 선고하였다.

⑤ 육군고등군법회의는 나머지 공소사실에 대하여는 갑에게 무죄를 선고하였다.

⑥ 1973. 8. 8. 관할관은 갑에 대한 위 징역 15년을 징역 12년으로 감형하여 확인하였다.

⑦ 갑과 검찰관이 모두 상고하지 않아 위 항소심 판결은 그 무렵 확정되었다. (㉯재심대상판결)

【사건의 경과 1】

① 갑은 수감생활 도중 형의 집행정지로 석방되었다.

② 1980. 2. 29. 갑은 형 선고의 효력을 상실하게 하는 특별사면을 받았다.

③ 2010. 7. 24. 갑이 사망하였다.

④ 을은 갑의 아들이다.

⑤ 2010. 8. 23. 을은 ㉯재심대상판결에 대하여 고등군사법원에 재심을 청구하였다.

⑥ 2010. 12. 24. 고등군사법원은 ㉯재심대상판결 중 갑에 대한 유죄 부분에 대하여 재심개시결정을 하였다. (㉰재심개시결정)

⑦ 2011. 3. 29. 고등군사법원은 사건을 서울고등법원으로 이송하였다.

【사건의 경과 2】

① 2012. 2. 10. 서울고등법원은 ㉮제1심판결 가운데 유죄로 선고한 부분을 파기하였다.

② 서울고등법원은 다음과 같이 판단하였다. (㉱재심판결)

    (가) ㉣공소사실(30만원 수뢰)이 증거에 의하여 인정된다.

    (나) ㉤공소사실(50만원 수뢰)이 증거에 의하여 인정된다.

    (다) 제1심판결은 ㉤공소사실에 대해 구 특가법 제2조 제1항 제2호를 적용하였다.

    (라) 1980. 12. 18. 구 특가법이 개정되었다.

    (마) 이 개정으로 가중처벌 기준이 되는 수뢰액의 하한이 50만원에서 200만원으로 상향되었다.

    (바) 이는 '범죄 후의 법령개폐로 형이 폐지된 때'에 해당한다.

    (사) ㉤공소사실에 대해 형소법 제326조 제4호에 따라 면소를 선고해야 한다.

    (아) 그러나 동일한 공소사실의 범위 내에 있는 ㉣뇌물수수죄를 유죄로 인정한다.

(자) 그러므로 ⑩공소사실에 대해 따로 주문에서 면소를 선고하지 않는다.

(차) 50만원 수뢰의 점(⑩공소사실)과 나머지 30만원의 수뢰의 점(㉣공소사실)을 포괄하여 뇌물수수죄로 인정한다.

(카) 갑에게 징역 3년의 형을 선고한다.

(타) 나머지 공소사실에 대해서는 무죄를 선고한다.

【사건의 경과 3】

① 검사는 서울고등법원의 ㉺재심판결에 대해 상고하지 않았다.

② 을은 서울고등법원의 ㉺재심판결의 유죄 부분에 불복하여 상고하였다.

③ 을은 ㉺재심판결에 소송절차위반, 법리오해의 위법이 있다고 주장하였다.

④ 대법원은 심판 범위를 이유 면소 부분을 포함한 유죄 부분(㉣, ⑩공소사실)으로 한정하였다.

⑤ 대법원은 ㉣공소사실과 ⑩공소사실이 증거에 의하여 인정된다고 판단하였다.

⑥ 대법원은 을의 상고이유를 배척하였다.

⑦ (을의 상고이유에 대한 판단 부분은 소개를 생략함)

【사건의 경과 4】

① 대법원은 갑이 형 선고의 효력을 상실하게 하는 특별사면을 받았다는 점에 주목하였다.

② 대법원은 재심심판절차에 특별히 불이익변경금지원칙을 규정한 제439조에 주목하였다.

③ 대법원은 직권으로 판단하였다.

④ 대법원은 다음 내용의 주문을 선고하였다.

(가) ㉺원심판결 중 이유 면소 부분을 포함한 유죄[⑩공소사실] 부분을 파기한다.

(나) ㉮제1심판결 중 수뢰[㉣공소사실], 수뢰로 인한 특정범죄 가중처벌 등에 관한 법률 위반[⑩공소사실] 부분을 파기한다.

(다) 피고인에 대하여 형을 선고하지 아니한다.

⑤ (이하 직권판단 부분만 발췌하여 소개함)

2. 형 선고의 효력을 상실하게 하는 특별사면과 재심

【대법원 요지】 가. 특별사면으로 형 선고의 효력이 상실된 유죄의 확정판결도 형사소송법 제420조의 '유죄의 확정판결'에 해당하여 재심청구의 대상이 되고, /

【대법원 요지】 한편 면소판결 사유인 형사소송법 제326조 제2호의 '사면'이란 일반사면을 의미할 뿐 형을 선고받아 확정된 자를 상대로 이루어지는 특별사면은 이에 해당하지 아니한다. /

【대법원 요지】 따라서 특별사면으로 형 선고의 효력이 상실된 유죄의 확정판결을 대상으로 재심이 청구되어 재심개시결정이 확정된 경우에, /

【대법원 요지】 재심심판절차를 진행하는 법원으로서는 특별사면이 있음을 들어 면소판결을 할 것이 아니고 /

【대법원 요지】 그 심급에 따라 다시 심판하여 실체에 관한 유ㆍ무죄 등의 판단을 하여야 한다 /

【대법원 요지】 (대법원 2015. 5. 21. 선고 **2011도1932** 전원합의체 판결 참조).

3. 재심판결과 불이익변경금지의 원칙

【대법원 요지】 그리고 형사소송법은 유죄의 확정판결과 항소 또는 상고의 기각판결에 대하여 각 그 선고를 받은 자의 이익을 위하여 재심을 청구할 수 있다고 규정함으로써 /

【대법원 요지】 피고인에게 이익이 되는 이른바 이익재심만을 허용하고 있으며(제420조, 제421조 제1항), /

【대법원 요지】 그러한 이익재심의 원칙을 반영하여 제439조에서 "재심에는 원판결의 형보다 중한 형을 선고하지 못한다."고 규정하고 있는데, /

【대법원 요지】 이는 실체적 정의를 실현하기 위하여 재심을 허용하지만 피고인의 법적 안정성을 해치지 않는 범위 내에서 재심이 이루어져야 한다는 취지로서, /

【대법원 요지】 단순히 재심절차에서 전의 판결보다 무거운 형을 선고할 수 없다는 원칙만을 의미하고 있는 것이 아니라, /

【대법원 요지】 피고인이 원판결 이후에 형 선고의 효력을 상실하게 하는 특별사면을 받아 형사처벌의 위험에서 벗어나 있는 경우라면, /

【대법원 요지】 재심절차에서 형을 다시 선고함으로써 위와 같이 특별사면에 따라 발생한 피고인의 법적 지위를 상실하게 하여서는 안 된다는 의미도 포함되어 있는 것으로 보아야 한다.

4. 재심판결의 주문 형태

【대법원 요지】 따라서 특별사면으로 형 선고의 효력이 상실된 유죄의 확정판결에 대하여 재심개시 결정이 이루어져 /

【대법원 요지】 재심심판법원이 그 심급에 따라 다시 심판한 결과 /

【대법원 요지】 무죄로 인정되는 경우라면 무죄를 선고하여야 하겠지만, /

【대법원 요지】 그와 달리 유죄로 인정되는 경우에는, /

【대법원 요지】 피고인에 대하여 다시 형을 선고하거나 /

【대법원 요지】 피고인의 항소를 기각하여 제1심판결을 유지시키는 것은 /

【대법원 요지】 이미 형 선고의 효력을 상실하게 하는 특별사면을 받은 피고인의 법적 지위를 해치는 결과가 되어 앞서 본 이익재심과 불이익변경금지의 원칙에 반하게 되므로, /

【대법원 요지】 재심심판법원으로서는 '피고인에 대하여 형을 선고하지 아니한다'는 주문을 선고할 수밖에 없다.

5. 사안에 대한 대법원의 판단

【대법원 판단】 나. 기록에 의하면, 피고인이 재심대상판결 확정 후인 1980. 2. 29. 형 선고의 효력을 상실하게 하는 특별사면을 받은 사실을 알 수 있으므로, /

【대법원 판단】 재심심판법원인 원심으로서는 다시 심판하여 이 사건 범죄사실이 유죄로 인정된다면 /

【대법원 판단】 앞서 든 법리에 따라 /

【대법원 판단】 피고인에 대하여 다시 형을 선고할 것이 아니라 /

【대법원 판단】 형을 선고하지 아니한다는 주문을 선고하여야 한다.

【대법원 결론】 그럼에도 원심은 이 사건 범죄사실이 유죄로 인정된다고 하여 피고인에게 다시 징역 3년의 형을 선고하였으므로, /

【대법원 결론】 결국 원심판결에는 형사소송법 제420조의 이익재심과 제439조의 불이익변경금지 원칙 및 형 선고의 효력을 상실하게 하는 특별사면을 받은 피고인의 법적 지위에 관한 법리를 오해하여 판결에 영향을 미친 위법이 있다.

2012도4644

통신비밀보호법상 감청의 범위
송 · 수신 완료 전기통신 사건
2012. 10. 25. 2012도4644, 공 2012하, 2004

1. 사실관계 및 사건의 경과

【참조조문】

통신비밀보호법은 다음의 규정을 두고 있다.

제2조 (정의) 이 법에서 사용하는 용어의 정의는 다음과 같다.

3. "전기통신"이라 함은 전화 · 전자우편 · 회원제정보서비스 · 모사전송 · 무선호출 능과 같이 유선 · 무선 · 광선 및 기타의 전자적 방식에 의하여 모든 종류의 음향 · 문언 · 부호 또는 영상을 송신하거나 수신하는 것을 말한다.

7. "감청"이라 함은 전기통신에 대하여 당사자의 동의 없이 전자장치 · 기계장치 등을 사용하여 통신의 음향 · 문언 · 부호 · 영상을 청취 · 공독하여 그 내용을 지득 또는 채록하거나 전기통신의 송 · 수신을 방해하는 것을 말한다.

제3조 (통신 및 대화비밀의 보호) ①누구든지 이 법과 형사소송법 또는 군사법원법의 규정에 의하지 아니하고는 …… 전기통신의 감청[을] ……하지 못한다. (단서 생략함)

제16조 (벌칙) ①다음 각호의 1에 해당하는 자는 1년 이상 10년 이하의 징역과 5년 이하의 자격정지에 처한다.

1. 제3조의 규정에 위반하여 …… 전기통신의 감청을 …… 한 자

【사실관계】

① (사실관계가 불명하여 임의로 구성함)

② [갑은 A의 ㉠PC에 몰래 접속하였다.]

③ [갑은 ㉠PC에 저장되어 있던 ㉡이메일의 내용을 몰래 읽고 이를 출력하였다.]

【사건의 경과】

① 검사는 갑을 통신비밀보호법 제16조 위반죄로 기소하였다.

② 갑의 피고사건은 제1심을 거친 후, 항소심에 계속되었다.
③ 항소심법원은 다음의 이유를 들어 무죄를 선고하였다.
  (가) ⓛ이메일은 ㉠PC에 저장되어 있었다.
  (나) ⓛ이메일은 송·수신이 완료된 전기통신에 해당한다.
  (다) 송·수신이 완료된 전기통신의 내용을 청취·공독하여 지득 또는 채록하는 것은 통신비밀보호법상의 "감청"에 해당하지 아니한다.
④ 검사는 불복 상고하였다.

2. 통신비밀보호법상 감청의 범위

【대법원 요지】 통신비밀보호법 제2조 제3호 및 제7호에 의하면 /
【대법원 요지】 같은 법상의 "감청"은 /
【대법원 요지】 전자적 방식에 의하여 모든 종류의 음향·문언·부호 또는 영상을 송신하거나 수신하는 전기통신에 대하여 /
【대법원 요지】 당사자의 동의 없이 /
【대법원 요지】 전자장치·기계장치 등을 사용하여 /
【대법원 요지】 통신의 음향·문언·부호·영상을 청취·공독하여 그 내용을 지득 또는 채록하거나 /
【대법원 요지】 전기통신의 송·수신을 방해하는 것을 말하는 것이다. /
【대법원 요지】 그런데 해당 규정의 문언이 송신하거나 수신하는 전기통신 행위를 감청의 대상으로 규정하고 있을 뿐 /
【대법원 요지】 송·수신이 완료되어 보관 중인 전기통신 내용은 그 대상으로 규정하지 않은 점, /
【대법원 요지】 일반적으로 감청은 다른 사람의 대화나 통신 내용을 몰래 엿듣는 행위를 의미하는 점 등을 고려하여 보면, /
【대법원 요지】 통신비밀보호법상의 "감청"이란 그 대상이 되는 전기통신의 송·수신과 동시에 이루어지는 경우만을 의미하고, /
【대법원 요지】 이미 수신이 완료된 전기통신의 내용을 지득하는 등의 행위는 포함되지 않는다 /
【대법원 요지】 (대법원 2012. 7. 26. 선고 2011도12407 판결 참조).
【대법원 결론】 같은 취지에서 원심이 송·수신이 완료된 전기통신의 내용을 청취·공독하여 지득 또는 채록하는 것은 통신비밀보호법상의 "감청"에 해당하지 아니한다고 판단하여 /
【대법원 결론】 피고인에 대한 이 사건 공소사실을 무죄로 판단한 조치는 정당하고, /
【대법원 결론】 거기에 상고이유의 주장과 같은 법리오해의 위법이 없다. (상고 기각)

2012도5041

참고인 영상녹화물의 증거능력
영상녹화물과 탄핵증거의 관계
유죄 인정과 합리적 의심
존속살해방조 참고인 사건

2014. 7. 10. 2012도5041, 공 2014하, 1624

1. 사실관계 및 사건의 경과

【사실관계 1】

① (사실관계가 불명하므로 임의로 재구성함)

② 갑은 A의 직계비속이다.

③ B와 C는 갑의 형제자매이다.

④ B와 C는 A를 M장소에 감금하였다.

⑤ 이후 M장소에서 A, B, C가 사망한 상태로 발견되었다.

⑥ 갑은 A, B, C가 사망에 이르게 된 과정을 방관하였다는 혐의를 받았다.

【사실관계 2】

① 수사기관은 갑에 대해 존속살해방조 및 자살방조의 피의사실로 조사를 하였다.

② [갑의 범행 고의와 관련하여] D가 수사기관에 참고인으로 출석하였다.

③ [D는 갑에게 A, B, C의 사망의 점에 대한 고의가 있었다는 취지로 진술하였다.] (㉠진술)

④ D의 ㉠진술은 영상녹화되었다. (㉡영상녹화물)

⑤ 수사기관은 ㉡영상녹화물을 토대로 녹취록을 작성하였다. (㉢녹취록)

【사건의 경과 1】

① 검사는 갑을 존속살해방조죄 및 자살방조죄의 공소사실로 기소하였다.

② 갑은 공소사실을 부인하였다.

③ 검사는 ㉡영상녹화물과 ㉢녹취록을 증거로 제출하였다.

④ 갑은 ㉡영상녹화물과 ㉢녹취록을 증거로 함에 동의하지 않았다.

⑤ 제1심법원은 ㉡영상녹화물과 ㉢녹취록을 증거로 채택하지 않았다.

⑥ 제1심법원은 갑에게 무죄를 선고하였다.

【사건의 경과 2】

① 검사는 불복 항소하였다.

② 검사는 항소이유로, ㉡영상녹화물 및 ㉢녹취록을 증거로 채택하지 아니한 제1심의 증거결정은 위법하다고 주장하였다.

③ 검사는 항소심에서 공소장변경을 신청하여 예비적으로 폭처법위반죄(공동존속감금)의 공소사실을 추가하였다.

④ 항소심법원은 다음과 같이 판결하였다.

　(가) 주위적 공소사실(존속살해방조 및 자살방조) : 무죄

　(나) 예비적 공소사실(공동존속감금) : 유죄

【사건의 경과 3】

① 갑은 유죄 부분에 불복 상고하였다.

② 검사는 무죄 부분에 불복 상고하였다.

③ (이하 검사의 상고 부분만 고찰함)

④ 검사는 상고이유로 다음의 점을 주장하였다.

　(가) ⓛ영상녹화물과 ⓔ녹취록은 증거능력이 있다.

　(나) 원심판결에는 사실을 오인하고 채증법칙을 위반한 위법이 있다.

2. 참고인진술 영상녹화물에 관한 형소법의 규정

【대법원 분석】 가. (1) 2007. 6. 1. 법률 제8496호로 개정된 형사소송법은 /

【대법원 분석】 제221조 제1항에서 /

【대법원 분석】 수사기관은 피의자 아닌 자(이하 '참고인'이라 한다)의 동의를 얻어 그의 진술을 영상녹화할 수 있는 절차를 신설하면서도, /

【대법원 분석】 제312조 제4항에서 /

【대법원 분석】 위 영상녹화물과 별도로 검사 또는 사법경찰관이 참고인의 진술을 기재한 조서가 작성됨을 전제로 하여 /

【대법원 분석】 영상녹화물로 그 진술조서의 실질적 진정성립을 증명할 수 있도록 규정하는 한편, /

【대법원 분석】 증거로 할 수 없는 서류나 진술이라도 공판준비 또는 공판기일에서 피고인 또는 참고인 진술의 증명력을 다투기 위한 증거로 사용될 수 있도록 정한 /

【대법원 분석】 제318조의2 제1항과 별도로 /

【대법원 분석】 제318조의2 제2항을 두어 /

【대법원 요지】 참고인의 진술을 내용으로 하는 영상녹화물은 /

【대법원 요지】 공판준비 또는 공판기일에 참고인이 진술함에 있어서 /

【대법원 요지】 기억이 명백하지 아니한 사항에 관하여 기억을 환기시켜야 할 필요가 있다고 인정되는 때에 한하여 /

【대법원 요지】 참고인에게 재생하여 시청하게 할 수 있다고 규정함으로써, /

【대법원 요지】 참고인의 진술에 대한 영상녹화물이 증거로 사용될 수 있는 경우를 제한하고 있다.

3. 참고인진술 영상녹화물에 관한 특별법의 규정

【대법원 분석】 그리고 이러한 형사소송법의 규정은, /

【대법원 분석】 성폭력범죄의 처벌 등에 관한 특례법(이하 '성폭법'이라 한다) 제30조 제1항 및 /

【대법원 분석】 아동·청소년의 성보호에 관한 법률(이하 '아청법'이라 한다) 제26조 제1항이 /

【대법원 분석】 성폭력범죄의 피해자가 19세 미만이거나 /

【대법원 분석】 신체적인 또는 정신적인 장애로 사물을 변별하거나 의사를 결정할 능력이 미약한 경우 및 /

【대법원 분석】 아동 · 청소년대상 성범죄 피해자의 경우에 /

【대법원 분석】 피해자의 진술 내용과 조사 과정을 비디오녹화기 등 영상물 녹화장치로 촬영 · 보존하여야 한다고 규정하고, /

【대법원 분석】 나아가 성폭법 제30조 제6항 및 아청법 제26조 제6항에서 /

【대법원 분석】 위 절차에 따라 촬영한 영상물에 수록된 피해자의 진술은 /

【대법원 분석】 공판준비기일 또는 공판기일에 /

【대법원 분석】 피해자나 조사 과정에 동석하였던 신뢰관계에 있는 사람 또는 진술조력인의 진술에 의하여 /

【대법원 분석】 그 성립의 진정함이 인정된 경우에 /

【대법원 분석】 증거로 할 수 있도록 규정함으로써, /

【대법원 요지】 일정한 성범죄의 피해자를 조사할 경우에 /

【대법원 요지】 피해자 또는 법정대리인이 영상물 녹화를 원하지 아니하는 의사를 표시하는 등의 사정이 없는 한 /

【대법원 요지】 피해자의 진술을 영상물로 녹화할 의무를 수사기관에 부여하고 /

【대법원 요지】 일정한 요건 아래에서 그 영상물에 수록된 피해자 진술에 대하여 독립적인 증거능력을 명시적으로 인정한 것과 다르다.

4. 형소법상 참고인진술 영상녹화물의 증거능력

【대법원 요지】 이와 같이 2007. 6. 1. 법률 제8496호로 개정되기 전의 형사소송법에는 없던 수사기관에 의한 참고인 진술의 영상녹화를 새로 정하면서 /

【대법원 요지】 그 용도를 참고인에 대한 진술조서의 실질적 진정성립을 증명하거나 /

【대법원 요지】 참고인의 기억을 환기시키기 위한 것으로 한정하고 있는 /

【대법원 요지】 현행 형사소송법의 규정 내용을 /

【대법원 요지】 영상물에 수록된 성범죄 피해자의 진술에 대하여 독립적인 증거능력을 인정하고 있는 /

【대법원 요지】 성폭법 제30조 제6항 또는 아청법 제26조 제6항의 규정과 대비하여 보면, /

【대법원 요지】 수사기관이 참고인을 조사하는 과정에서 형사소송법 제221조 제1항에 따라 작성한 영상녹화물은, /

【대법원 요지】 다른 법률에서 달리 규정하고 있는 등의 특별한 사정이 없는 한, /

【대법원 요지】 공소사실을 직접 증명할 수 있는 독립적인 증거로 사용될 수는 없다고 해석함이 타당하다.

5. 참고인진술 영상녹화물 부분에 대한 대법원의 판단

【대법원 판단】 (2) 원심은, /

【대법원 판단】 피고인의 동의가 없는 이상 /

【대법원 판단】 참고인 공소외 D에 대한 진술조서의 작성이 없는 상태에서 수사기관이 그의 진술을 영상녹화한 영상녹화물만을 독자적인 증거로 쓸 수 없고 /

【대법원 판단】 그 녹취록 또한 증거로 사용할 수 없는 위 영상녹화물의 내용을 그대로 녹취한 것이므로 역시 증거로 사용할 수 없다는 등의 판시와 같은 이유를 들어, /

【대법원 판단】 위 영상녹화물 및 녹취록을 증거로 채택하지 아니한 제1심의 증거결정이 위법하다는 검사의 항소이유 주장을 받아들이지 아니하였다.

【대법원 결론】 원심판결 이유를 기록에 비추어 살펴보면, /

【대법원 결론】 위와 같은 원심의 판단은 위 법리에 기초한 것으로 보이고, /

【대법원 결론】 거기에 상고이유 주장과 같이 참고인의 진술에 대한 영상녹화물의 증거능력에 관한 법리를 오해하는 등의 위법이 없다.

6. 자유심증주의 위반 주장에 대한 대법원의 판단

【대법원 요지】 나. 형사재판에서 유죄의 인정은 /

【대법원 요지】 법관으로 하여금 합리적인 의심을 할 여지가 없을 정도로 /

【대법원 요지】 공소사실이 진정하다는 확신을 가지게 할 수 있는 증명력을 가진 증거에 의하여야 하며, /

【대법원 요지】 이와 같은 증명이 없다면 /

【대법원 요지】 설령 피고인에게 유죄의 의심이 간다고 하더라도 유죄로 판단할 수는 없다 /

【대법원 요지】 (대법원 2001. 8. 21. 선고 2001도2823 판결, /

【대법원 요지】 대법원 2006. 3. 9. 선고 2005도8675 판결 등 참조).

【대법원 분석】 원심은 판시와 같은 이유로, /

【대법원 분석】 이 사건 공소사실 중 존속살해방조 부분 및 자살방조 부분에 대하여 /

【대법원 분석】 제1심에서 인정한 사실 및 사정들을 기초로 무죄라고 판단한 제1심판결은 정당하다고 인정하여, /

【대법원 분석】 이를 다투는 검사의 항소이유 주장을 받아들이지 아니하였다.

【대법원 판단】 원심의 사실인정을 다투는 취지의 이 부분 상고이유의 주장은 /

【대법원 판단】 사실심 법원의 자유판단에 속하는 원심의 증거 선택 및 증명력에 관한 판단을 다투는 것에 불과하며, /

【대법원 결론】 원심판결 이유를 기록에 비추어 살펴보아도 /

【대법원 결론】 위와 같은 원심의 판단에 상고이유 주장과 같이 논리와 경험의 법칙을 위반하고 자유심증주의의 한계를 벗어난 위법이 없다. (상고 기각)

【코멘트】 2007년 형사소송법의 개정에 의하여 수사기관의 영상녹화물에 관한 규정이 신설되었다. 우리나라의 경우 영상녹화물의 사용은 검찰 측에 의하여 시도되었다. 그 계기는 2004년에 나온 대법원의 **2002도537** 전원합의체 판결이었다. 대법원은 이 판례에서 종전의 태도를 바꾸어 형식적 진정성

립 이외에 실질적 진정성립도 원진술자의 법정진술에 의하여 증명될 것을 요구하였다.

이러한 판례변경을 배경으로 검찰 측에서는 피의자나 참고인을 조사할 때 조사과정을 영상녹화하여 진술자가 실질적 진정성립을 부인하는 경우에 대비하려고 하였다. 그런데 이러한 시도는 종전의 조서재판 폐해를 영상녹화물 재판의 폐해로 변질시킨다는 논란을 야기하였다. 2007년 개정된 형사소송법의 논의과정에서 수사기관이 작성한 영상녹화물을 제한적인 범위 내에서 공소사실을 입증할 수 있도록 하는 규정이 마련되었으나, 국회 심의과정에서 이 규정은 삭제되었다.

이러한 변화에 대해 검찰 측에서는 영상녹화물의 증거능력 제한에 관한 규정이 삭제되었으므로 전문법칙 예외의 일반이론에 따라서 영상녹화물이 본증으로 사용될 수 있다는 주장을 전개하였다. 그 논거는 전문법칙의 적용과 관련하여 수사기관이 피의자의 진술을 녹화한 비디오테이프나 CD는 수사기관 작성의 조서와 다름이 없다고 판시한 2007년의 **2007도6129** 대법원판례이었다. 그런데 이 판례는 2008년부터 시행된 신형사소송법이 적용되지 아니한 것이어서 검찰 측 주장이 개정 형사소송법 아래에서 통용될 것인지에 대해 논란이 있었다.

본 판례는 이와 같은 논란에 대해 영상녹화물을 본증으로 사용할 수 없다는 점을 분명히 한 점에서 대단히 중요한 의미를 가진다. 본증 불허의 주된 논거로 대법원은 본 판례에서 수사기관 영상녹화물을 본증으로 사용하는 특별법의 규정들을 들고, 이와 같은 명문의 근거가 형사소송법에 없으므로 본증을 사용할 수 없다는 점을 지적한다.

본 판례는 영상녹화물의 본증 사용을 부정한 점에 그 초점이 모아지지만, 대법원은 그 밖에도 수사기관의 영상녹화물과 관련하여 논란되었던 몇 가지 쟁점들을 아울러 정리하고 있다. 하나는, 참고인조사와 관련하여 수사기관이 조서를 작성할 의무가 있는가 하는 문제이다. 이에 대해 검찰 측은 명문의 규정이 없으므로 영상녹화물이나 그 녹취요약서로 참고인 진술조서에 갈음할 수 있다고 주장해 왔다.

이에 대해 대법원은 본 판례에서 "[형소법] 제312조 제4항에서 위 영상녹화물과 별도로 검사 또는 사법경찰관이 참고인의 진술을 기재한 조서가 작성됨을 전제로 하여 영상녹화물로 그 진술조서의 실질적 진정성립을 증명할 수 있도록 규정하[고 있다]"고 판시하고 있다. 여기에서 주목되는 부분은 '검사 또는 사법경찰관이 참고인의 진술을 기재한 조서가 작성됨을 전제로 [한다]'는 대목이다. 이 부분은 수사기관이 참고인 진술조서를 원칙적으로 작성해야 하며, 영상녹화물이나 그 녹취록으로 대체할 수 없다는 대법원의 판단을 담고 있다고 생각된다.

다음으로, 본 판례에서 대법원은 영상녹화물과 탄핵증거의 관계에 대해 판시하고 있다. 개정 형사소송법 제318조의2 제2항은 "제1항에도 불구하고 피고인 또는 피고인이 아닌 자의 진술을 내용으로 하는 영상녹화물은 공판준비 또는 공판기일에 피고인 또는 피고인이 아닌 자가 진술함에 있어서 기억이 명백하지 아니한 사항에 관하여 기억을 환기시켜야 할 필요가 있다고 인정되는 때에 한하여 피고인 또는 피고인이 아닌 자에게 재생하여 시청하게 할 수 있다."고 규정하고 있다.

이 규정에서 정한 '기억이 명백하지 아니한 사항에 관하여 기억을 환기시켜야 할 필요가 있다고 인정되는 때에 한하여'라는 문구에 대해 검찰 측에서는 이는 탄핵증거의 사용을 제한하는 의미가 아니라 영상녹화물을 신문방법으로 사용하는 것 자체에 대한 제한일 뿐이라고 주장해 왔다. 즉 수사기관의 영상녹화물을 탄핵증거로 사용할 수는 있으되, 이를 다른 탄핵증거와 같이 일반적인 방법으로 제시하지 못하고 기억환기용으로 제시해야 하는 제한이 따를 뿐이라고 본다.

그러나 이러한 주장에 대해 대법원은 본 판례에서 부정적인 입장을 밝히고 있다. 대법원은 형사소송법 제318조의2 제1항과 제2항을 비교하면서 제2항이 "참고인의 진술에 대한 영상녹화물이 증거로 사용될 수 있는 경우를 제한하고 있다."고 판시하고 있다. 제1항과 비교하여 '증거로 사용될 수 있는 경우를 제한하고 있다'고 판시한 부분은 영상녹화물을 탄핵증거로도 사용할 수 없다는 의미를 담고 있다.

본 판례는 2007년 개정 형사소송법에 의하여 도입된 수사기관의 영상녹화물을 둘러싸고 논란되었던 몇 가지 쟁점들을 대법원이 분명하게 정리하였다는 점에서 특별히 주목된다. 본 판례는 앞으로 수사기관의 영상녹화물 사용 관행에 명확한 지침으로 제시할 것이라고 생각된다.

2012도7198

불이익변경금지원칙의 판단방법
벌금 병과 누락 사건
2013. 12. 12. 2012도7198, 공 2014상, 212

1. 사실관계 및 사건의 경과

【사실관계】

① 2008. 말 국회는 공무원의 뇌물범죄를 엄단하기 위하여 특가법을 개정하였다.

② 이 개정으로 특가법 제2조 제2항이 신설되었다.

③ 특가법 제2조 제2항은 수뢰액의 2배 이상 5배 이하의 금액을 반드시 벌금으로 병과하도록 규정하고 있다.

④ (다음의 사안은 개정 특가법 시행 이후에 일어난 것이다.)

⑤ 갑은 뇌물수수죄로 기소되었다.

⑥ 제1심법원은 공소사실을 전부 유죄로 인정하였다.

⑦ 제1심법원은 갑에게 다음의 주문을 선고하였다.

　(가) 징역 1년 6월

　(나) 추징 26,150,000원

【사건의 경과】

① 갑은 불복 항소하였다.

② 검사는 항소하지 않았다.

③ 항소심법원은 공소사실을 전부 유죄로 인정하였다.

④ 항소심법원은 제1심판결에 벌금의 필요적 병과가 누락되었음을 발견하였다.

⑤ 항소심법원은 제1심판결을 파기하였다.

⑥ 항소심법원은 다음의 주문을 선고하였다.

　(가) 징역 1년 6월에 집행유예 3년

　(나) 벌금 50,000,000원 (1일 50,000원으로 환산한 기간 노역장 유치)

(다) 추징 26,150,000원

⑦ 갑은 불복 상고하였다.

⑧ 갑은 상고이유로, 벌금을 추가하여 선고한 것은 불이익변경금지원칙에 반한다고 주장하였다.

【참조조문】

특정범죄 가중처벌 등에 관한 법률

제2조 (뇌물죄의 가중처벌) ① 「형법」 제129조 · 제130조 또는 제132조에 규정된 죄를 범한 사람은 그 수수(收受) · 요구 또는 약속한 뇌물의 가액(價額)(이하 이 조에서 "수뢰액"이라 한다)에 따라 다음 각 호와 같이 가중처벌한다.

1. 수뢰액이 1억원 이상인 경우에는 무기 또는 10년 이상의 징역에 처한다.

2. 수뢰액이 5천만원 이상 1억원 미만인 경우에는 7년 이상의 유기징역에 처한다.

3. 수뢰액이 3천만원 이상 5천만원 미만인 경우에는 5년 이상의 유기징역에 처한다.

② 「형법」 제129조 · 제130조 또는 제132조에 규정된 죄를 범한 사람은 그 죄에 대하여 정한 형(제1항의 경우를 포함한다)에 수뢰액의 2배 이상 5배 이하의 벌금을 병과(倂科)한다.

2. 불이익변경금지원칙의 판단방법

【대법원 분석】 2. 가. 불이익변경금지의 원칙은 /

【대법원 분석】 피고인의 상소권 또는 약식명령에 대한 정식재판청구권을 보장하려는 것으로서, /

【대법원 분석】 피고인만이 또는 피고인을 위하여 상소한 상급심 또는 정식재판청구사건에서 /

【대법원 분석】 법원은 피고인이 같은 범죄사실에 대하여 이미 선고 또는 고지받은 형보다 중한 형을 선고하지 못한다는 원칙이다. /

【대법원 요지】 이러한 불이익변경금지의 원칙을 적용함에 있어서는 /

【대법원 요지】 주문을 개별적 · 형식적으로 고찰할 것이 아니라 /

【대법원 요지】 전체적 · 실질적으로 고찰하여 그 경중을 판단하여야 하는바, /

【대법원 요지】 선고된 형이 피고인에게 불이익하게 변경되었는지의 여부는 /

【대법원 요지】 일단 형법상 형의 경중을 기준으로 하되, /

【대법원 요지】 한 걸음 더 나아가 병과형이나 부가형, 집행유예, 노역장 유치기간 등 /

【대법원 요지】 주문 전체를 고려하여 /

【대법원 요지】 피고인에게 실질적으로 불이익한가의 여부에 의하여 판단하여야 한다 /

【대법원 요지】 (대법원 1998. 3. 26. 선고 **97도1716** 전원합의체 판결, /

【대법원 요지】 대법원 2004. 11. 11. 선고 2004도6784 판결 등 참조).

3. 사안에 대한 대법원의 분석

【대법원 분석】 나. 원심판결 이유 및 기록에 의하면, /

【대법원 분석】 제1심은 피고인에 대한 이 사건 공소사실을 전부 유죄로 인정하여 /

【대법원 분석】 피고인에게 징역 1년 6월 및 추징 26,150,000원을 선고하였고, /

【대법원 분석】 이에 대하여 피고인만이 항소하였는데, /

【대법원 분석】 원심은 제1심과 마찬가지로 이 사건 공소사실을 모두 유죄로 인정하는 한편 /

【대법원 분석】 제1심이 누락한 수뢰액 관련 필요적 벌금형 병과규정인 /

【대법원 분석】 특정범죄 가중처벌 등에 관한 법률(2008. 12. 26. 법률 제9169호로 개정된 것) 제2조 제2항을 적용하여 /

【대법원 분석】 피고인에게 징역 1년 6월에 집행유예 3년, /

【대법원 분석】 벌금 50,000,000원(1일 50,000원으로 환산한 기간 노역장 유치) 및 /

【대법원 분석】 추징 26,150,000원을 선고하였음을 알 수 있다.

4. 사안에 대한 대법원의 판단

【대법원 판단】 앞서 본 법리에 따라 제1심이 선고한 형과 원심이 선고한 형의 경중을 비교해 볼 때 /

【대법원 판단】 제1심이 선고한 '징역 1년 6월'의 형과 /

【대법원 판단】 원심이 선고한 '징역 1년 6월에 집행유예 3년'의 형만을 놓고 본다면 /

【대법원 판단】 제1심판결보다 원심판결이 가볍다 할 수 있으나, /

【대법원 요지】 원심은 제1심이 선고하지 아니한 벌금 50,000,000원(1일 50,000원으로 환산한 기간 노역장 유치)을 병과하였는바, /

【대법원 요지】 집행유예의 실효나 취소가능성, /

【대법원 요지】 벌금 미납 시의 노역장 유치 가능성 및 그 기간 등을 /

【대법원 요지】 전체적·실질적으로 고찰하면 /

【대법원 요지】 원심이 선고한 형은 제1심이 선고한 형보다 무거워 피고인에게 불이익하다고 할 것이다.

【대법원 결론】 결국 피고인만이 항소한 이 사건에서 /

【대법원 결론】 위와 같은 원심판결은 형사소송법 제368조에 규정된 불이익변경금지의 원칙에 관한 법리를 오해하여 판단을 그르친 것이다. (파기 환송)

2012도11431

형식재판과 실체재판의 관계
신호위반 공제가입 차량 사건
2015. 5. 14. 2012도11431, 공 2015상, 826

1. 사실관계 및 사건의 경과

【사실관계】

① 갑은 ⓐ차량을 운전하고 있다.

② ⓐ차량은 P공제조합에 가입되어 있다.

③ 갑은 ⓐ차량을 운행하다가 A에게 2주간 치료를 요하는 상처를 입혔다. (㉮교통사고)

④ 갑이 사고 당시 ㉠교통신호를 위반하였는지가 논란되었다.

⑤ 갑은 ㉠교통신호를 위반하지 않았다고 주장하였다.

⑥ 검사는 갑이 ㉠교통신호를 위반하였다고 판단하였다.

【사건의 경과 1】

① 검사는 갑을 교통사고처리특례법 위반죄로 기소하였다.

② 갑에 대한 공소사실의 요지는 다음과 같다.

③ "피고인이 교통신호를 위반하여 차량을 운행한 과실로 피해자로 하여금 2주간의 치료를 요하는 눈꺼풀 및 눈 주위의 열린 상처 등을 입게 하였다."

④ 제1심법원은 다음의 이유를 들어 무죄를 선고하였다.

　(가) 검사가 제출한 모든 증거에 의하더라도 갑이 신호를 위반한 과실로 ㉮사고가 발생하였음을 인정하기에 부족하다.

　(나) 갑의 차량이 공제조합에 가입하여 교통사고처리 특례법 제4조 제1항 본문의 사유가 있다.

　(다) 그렇지만 이 경우에는 무죄의 실체판결을 할 수 있다.

【사건의 경과 2】

① 검사는 불복 항소하였다.

② 항소심법원은 항소를 기각하고, 제1심판결을 유지하였다.

③ 검사는 불복 상고하였다.

④ 검사는 상고이유로 다음의 점을 주장하였다.

　(가) ⓐ차량은 공제조합에 가입되어 있다.

　(나) 공제조합 가입사실은 교통사고처리특례법상 특례조항에 해당한다.

　(다) 특례조항에 해당하면 공소기각판결을 하여야 한다.

　(라) 원심이 형식재판인 공소기각판결을 하지 않고 실체재판인 무죄판결을 한 것은 위법하다.

2. 교특법 위반죄와 중요 과실 부존재 시의 판단방법

【대법원 요지】 교통사고처리특례법 제3조 제1항, 제2항 단서, 형법 제268조를 적용하여 공소가 제기된 사건에서, /

【대법원 요지】 심리 결과 교통사고처리특례법 제3조 제2항 단서[중요 과실 등]에서 정한 사유가 없고 /

【대법원 요지】 같은 법 제3조 제2항 본문[처벌불원 의사표시]이나 제4조 제1항 본문[보험·공제조합 가입]의 사유로 공소를 제기할 수 없는 경우에 해당하면 /

【대법원 요지】 공소기각의 판결을 하는 것이 원칙이다. /

【대법원 요지】 그런데 사건의 실체에 관한 심리가 이미 완료되어 /

【대법원 요지】 교통사고처리특례법 제3조 제2항 단서[중요 과실 등]에서 정한 사유가 없는 것으로 판명되고 /

【대법원 요지】 달리 피고인이 같은 법 제3조 제1항의 죄를 범하였다고 인정되지 않는 경우, /

【대법원 요지】 설령 같은 법 제3조 제2항 본문이나 제4조 제1항 본문의 사유가 있더라도, /

【대법원 요지】 사실심법원이 피고인의 이익을 위하여 교통사고처리특례법 위반의 공소사실에 대하

여 무죄의 실체판결을 선고하였다면, /

【대법원 요지】 이를 위법이라고 볼 수는 없다고 할 것이다 /

【대법원 요지】 (대법원 2003. 10. 24. 선고 2003도4638 판결 참조).

3. 사안에 대한 대법원의 판단

【대법원 판단】 원심은, /

【대법원 판단】 피고인이 교통신호를 위반하여 차량을 운행한 과실로 피해자로 하여금 2주간의 치료를 요하는 눈꺼풀 및 눈 주위의 열린 상처 등을 입게 하였다는 이 사건 교통사고처리특례법 위반의 공소사실에 대하여, /

【대법원 판단】 검사가 제출한 모든 증거에 의하더라도 피고인이 신호를 위반한 과실로 이 사건 사고가 발생하였음을 인정하기에 부족하다고 판단한 다음, /

【대법원 판단】 비록 피고인 차량이 공제조합에 가입하여 교통사고처리 특례법 제4조 제1항 본문의 사유가 있지만, /

【대법원 판단】 이 경우에는 무죄의 실체판결을 할 수 있다는 이유로 /

【대법원 판단】 피고인에 대하여 무죄를 선고한 제1심판결을 그대로 유지하였다.

【대법원 결론】 원심판결 이유를 위 법리와 기록에 비추어 살펴보면, /

【대법원 결론】 위와 같은 원심의 판단에 상고이유 주장과 같이 공소기각판결의 요건이나 소송조건에 관한 법리를 오해하여 판결에 영향을 미친 위법이 있다고 할 수 없다. (상고 기각)

2012도12867

즉시범과 공소시효 기산점
공소장 기재사실과 공소기각결정
당비 납부 교원 사건
2014. 5. 16. 2012도12867, 공 2014상, 1254

1. 사실관계 및 사건의 경과

【사실관계 1】

① 정당법의 관련규정에 따르면 대한민국의 국민이라면 누구든지 정당의 당원이 될 수 있다.

② 다만 다음의 사람은 당원이 될 수 없다.

　　(가) 공무원 (국공립학교 교원 포함)

　　(나) 사립학교 교원

③ 위의 예외에 대한 예외로서 다음의 사람은 당원이 될 수 있다.

　　(가) 대통령, 국회의원 등 선거에 의하여 선출되는 사람

　　(나) 국회의원 비서관, 보좌관 등

(다) 대학교의 총장, 학장, 교수, 부교수, 조교수

【사실관계 2】

① 갑은 국공립학교의 교원이다.

② 갑은 P정당에 가입하였다.

③ 갑은 P정당의 당비를 계좌이체 방식으로 정기적으로 납부하였다.

④ 갑은 당비 납부는 3년 이상의 기간 동안 계속되었다.

⑤ 갑에 대해 정당법위반죄 등으로 수사가 개시되었다.

⑥ 갑은 P정당에서 탈퇴하였다.

【사건의 경과 1】

① 검사는 갑을 다음의 공소사실로 기소하였다.

    (가) 정치자금법위반죄

    (나) 국가공무원법위반죄

    (다) 정당법위반죄

② 제1심법원은 갑이 당비를 납부한 행위가 위법하다고 판단하였다.

③ 제1심법원은 갑의 P정당 가입으로부터 3년 이상의 시간이 경과하였다는 점에 주목하였다.

④ 제1심법원은 다음과 같이 판결하였다.

    (가) 정치자금법위반죄 : 유죄

    (나) 국가공무원법위반죄 : 면소(공소시효완성)

    (다) 정당법위반죄 : 면소(공소시효완성)

【사건의 경과 2】

① 검사는 면소 부분에 불복하여 항소하였다.

② 갑은 유죄 부분에 불복하여 항소하였다.

③ 항소심법원은 항소를 모두 기각하고, 제1심판결을 유지하였다.

④ 검사는 불복 상고하였다.

⑤ 검사는 상고이유로 다음의 점을 주장하였다.

    (가) 정당법위반죄 및 국가공무원법위반죄(정당가입)는 모두 구성요건 자체로 시간적 계속을 상정하고 있다.

    (나) 정당법위반죄 및 국가공무원법위반죄(정당가입)는 가벌적 위법상태가 계속되는 범행이다.

    (다) 정당법위반죄 및 국가공무원법위반죄(정당가입)는 계속범에 해당한다.

    (라) 갑이 P정당에서 탈퇴한 때가 범죄행위의 종료시점으로 공소시효의 기산점이 된다.

    (마) 정당법위반죄 및 국가공무원법위반죄(정당가입) 부분에 대한 검사의 공소제기는 당비 이체의 종기로부터 공소시효가 완성되기 전에 제기되어 유효하다.

【사건의 경과 3】

① 갑은 불복 상고하였다.

② 갑은 정치자금법위반죄 부분에 대하여 다음과 같이 주장하였다.

    (가) 당원이 당비를 내는 행위는 정치자금법이 정하는 적법한 정치자금 기부방법에 해당한다.

(나) 갑은 당원의 지위에서 당비를 낸 것이다.

(다) 갑의 행위는 처음부터 정치자금법위반죄에 해당할 여지가 없다.

(라) 정치자금법위반죄 부분 공소사실은 공소장에 기재된 사실이 진실하다고 하더라도 범죄가 될 만한 사실이 포함되지 아니하는 때에 해당한다.

(마) 정치자금법위반죄 부분 공소사실에 대해서는 형소법 제328조 제1항 제4호에 따라 결정으로 공소기각을 해야 한다.

③ (그 밖의 상고이유는 고찰을 생략함)

2. 즉시범과 공소시효의 기산점

【대법원 요지】 구 정당법(2011. 7. 21. 법률 제10866호로 개정되기 전의 것, 이하 '정당법'이라 한다) /

【대법원 요지】 제53조, 제22조 제1항에서 규정하는 /

【대법원 요지】 공무원이나 사립학교의 교원이 정당의 당원이 된 죄와 /

【대법원 요지】 구 국가공무원법(2010. 3. 22. 법률 제10148호로 개정되기 전의 것, 이하 '국가공무원법'이라 한다) /

【대법원 요지】 제84조, 제65조 제1항에서 규정하는 /

【대법원 요지】 공무원이 정당 그 밖의 정치단체에 가입한 죄는 /

【대법원 요지】 공무원이나 사립학교의 교원 등이 정당 등에 가입함으로써 즉시 성립하고 그와 동시에 완성되는 즉시범이므로 /

【대법원 요지】 그 범죄성립과 동시에 공소시효가 진행한다.

【대법원 판단】 원심은, /

【대법원 판단】 위 피고인들에 대한 이 사건 공소사실 중 /

【대법원 판단】 국가공무원이나 사립학교의 교원이 정당의 당원이 됨으로 인한 정당법위반죄와 /

【대법원 판단】 국가공무원이 정당에 가입함으로 인한 국가공무원법위반죄 부분에 관한 공소는 /

【대법원 판단】 위 피고인들에 대한 공소사실에 기재된 가입행위시부터 각 3년의 공소시효가 완성된 후인 2011. 7. 21. 제기되었으므로, /

【대법원 판단】 위 피고인들에 대한 이 부분 각 공소사실은 공소시효가 완성되었을 때에 해당한다고 판단하였다.

【대법원 결론】 원심판결 이유를 앞서 본 법리에 비추어 살펴보면, 위와 같은 원심의 판단은 정당하고, /

【대법원 결론】 거기에 검사의 상고이유 주장과 같이 공소시효의 기산점에 관한 법리를 오해하는 등의 위법이 없다. (검사 상고 기각)

3. 공소장 기재사실의 진실과 공소기각 결정

【대법원 요지】 형사소송법 제328조 제1항 제4호에 규정된 /

【대법원 요지】 공소장에 기재된 사실이 진실하다 하더라도 범죄가 될 만한 사실이 포함되지 아니한 때라 함은 /

【대법원 요지】 공소장 기재사실 자체에 대한 판단으로 그 사실 자체가 죄가 되지 아니함이 명백한

경우를 말한다 /

【대법원 요지】 (대법원 1990. 4. 10. 선고 90도174 판결 등 참조).

【대법원 판단】 이러한 법리에 비추어 기록을 살펴보면, /

【대법원 판단】 이 사건 공소사실 중 /

【대법원 판단】 정당법상 당원이 될 수 없는 피고인들이 [P정당]에 당원으로 가입하여 당비 명목으로 정치자금을 기부하였다는 부분에 대하여는 /

【대법원 판단】 피고인들의 당원 가입행위의 효력, /

【대법원 판단】 피고인들이 기부한 돈의 실질적인 성격 및 /

【대법원 판단】 정치자금법의 구성요건 등을 검토하여 /

【대법원 판단】 실체적 판단을 하여야 하는 것이므로, /

【대법원 판단】 공소장 기재사실 자체에 대한 판단만으로도 그 사실 자체가 죄가 되지 아니함이 명백한 경우라고는 할 수 없고, /

【대법원 판단】 따라서 이를 가리켜 형사소송법 제328조 제1항 제4호의 공소기각결정 사유에 해당한다고 할 수 없다.

【대법원 결론】 원심의 이유설시에 다소 적절하지 않은 부분이 없지 않으나, /

【대법원 결론】 이 부분 공소사실이 피고인들 주장과 같은 공소기각결정 사유에 해당하지 않는다고 본 원심의 판단과 결론은 정당하고, /

【대법원 결론】 거기에 형사소송법 제328조 제1항 제4호의 해석에 관한 법리를 오해하는 등의 위법이 없다. (피고인 상고 기각)

2012도14755

재정신청 기각결정의 소추금지 효력
같은 고소장 기각결정 사건
2015. 9. 10. 2012도14755, 공 2015하, 1552

1. 사실관계 및 사건의 경과

【사실관계】

① A는 일련의 업무상 횡령 혐의를 들어 갑을 고소하였다.

② A가 제출한 M고소장에는 ㉠횡령 혐의 부분과 ㉡횡령 혐의 부분이 포함되어 있다.

③ 검사는 ㉠횡령 혐의 부분에 대해 불기소처분을 내렸다. (㉮불기소처분)

④ A는 ㉮불기소처분에 불복하여 관할 고등법원에 재정신청을 하였다.

⑤ 관할 고등법원은 ㉮불기소처분의 당부에 대한 심리에 임하였다.

⑥ 관할 고등법원은 A의 재정신청을 기각하는 결정을 내렸다. (㉯재정신청 기각결정)

⑦ ㉯재정신청 기각결정은 이후 확정되었다.

【사건의 경과 1】

① 검사는 ㉠횡령 혐의 부분에 대해 갑을 업무상 횡령죄로 기소하였다.

② 갑의 피고사건은 제1심을 거친 후, 항소심에 계속되었다.

③ 항소심은 갑에게 유죄를 인정하였다.

④ 갑은 불복 상고하였다.

⑤ 갑은 상고이유로 다음의 점을 주장하였다.

  (가) A가 제출한 M고소장에는 ㉠횡령 혐의 부분과 ㉡횡령 혐의 부분이 함께 기재되어 있다.

  (나) A의 고소에 대해 ㉯재정신청 기각결정이 확정되었다.

  (다) A의 고소에 대해 재정신청을 기각하는 결정이 확정되었음에도 다른 중요한 증거 없이 제기된
    ㉡횡령 혐의 부분에 대한 공소는 부적법하다.

【사건의 경과 2】

① 2015. 9. 10. 대법원은 갑의 상고에 대한 판결을 선고하였다.

② 당시의 형사소송법 제262조 제4항은 다음과 같이 규정하고 있었다.

제262조 ④ 제2항의 결정에 대하여는 불복할 수 없다. 제2항 제1호의 결정이 확정된 사건에 대하여는 다른 중요한 증거를 발견한 경우를 제외하고는 소추할 수 없다.

③ 2016. 1. 6. 형사소송법 제262조 제4항이 다음과 같이 개정되었다.

제262조 ④ 제2항 제1호의 결정에 대하여는 제415조에 따른 즉시항고를 할 수 있고, 제2항 제2호의 결정에 대하여는 불복할 수 없다. 제2항 제1호의 결정이 확정된 사건에 대하여는 다른 중요한 증거를 발견한 경우를 제외하고는 소추할 수 없다.

④ (본 판례에서 문제된 형소법 제262조 제4항 제2문에는 변화가 없다.)

2. 재정신청 기각결정의 재소추금지 효력 범위

【대법원 분석】 [개정 전] 형사소송법 제262조 제2항은 /

【대법원 분석】 "법원은 재정신청서를 송부받은 날부터 3개월 이내에 항고의 절차에 준하여 다음 각 호의 구분에 따라 결정한다. /

【대법원 분석】 이 경우 필요한 때에는 증거를 조사할 수 있다. /

【대법원 분석】 1. 신청이 법률상의 방식에 위배되거나 이유 없는 때에는 신청을 기각한다. /

【대법원 분석】 2. 신청이 이유 있는 때에는 사건에 대한 공소제기를 결정한다."고 규정하고 있고, /

【대법원 분석】 같은 조 제4항은 /

【대법원 분석】 "제2항의 결정에 대하여는 불복할 수 없다. (2016. 1. 6. 달리 개정됨; 저자 주) /

【대법원 분석】 제2항 제1호의 결정이 확정된 사건에 대하여는 다른 중요한 증거를 발견한 경우를 제외하고는 소추할 수 없다."고 규정하고 있다.

【대법원 요지】 이와 같이 형사소송법 제262조 제4항 후문에서 재정신청 기각결정이 확정된 사건에 대하여 다른 중요한 증거를 발견한 경우를 제외하고는 소추할 수 없도록 규정하고 있는 것은, /

【대법원 요지】 한편으로 /

【대법원 요지】 법원의 판단에 의하여 재정신청 기각결정이 확정되었음에도 불구하고 /

【대법원 요지】 검사의 공소제기를 제한 없이 허용할 경우 /

【대법원 요지】 피의자를 지나치게 장기간 불안정한 상태에 두게 되고 /

【대법원 요지】 유죄판결이 선고될 가능성이 낮은 사건에 사법인력과 예산을 낭비하게 되는 결과로 이어질 수 있음을 감안하여 /

【대법원 요지】 재정신청 기각결정이 확정된 사건에 대한 검사의 공소제기를 제한하면서, /

【대법원 요지】 다른 한편으로 /

【대법원 요지】 재정신청사건에 대한 법원의 결정에는 일사부재리의 효력이 인정되지 않는 만큼 /

【대법원 요지】 피의사실을 유죄로 인정할 명백한 증거가 발견된 경우에도 /

【대법원 요지】 재정신청 기각결정이 확정되었다는 이유만으로 검사의 공소제기를 전적으로 금지하는 것은 /

【대법원 요지】 사법정의에 반하는 결과가 된다는 점을 고려한 것이다.

【대법원 요지】 위와 같은 형사소송법의 규정과 입법 취지 등에 비추어 보면, /

【대법원 요지】 형사소송법 제262조 제4항 후문에서 말하는 '제2항 제1호의 결정이 확정된 사건'은 /

【대법원 요지】 재정신청사건을 담당하는 법원에서 공소제기의 가능성과 필요성 등에 관한 심리와 판단이 현실적으로 이루어져 재정신청 기각결정의 대상이 된 사건만을 의미한다고 해석함이 타당하다.

【대법원 요지】 따라서 재정신청 기각결정의 대상이 되지 않은 사건은 /

【대법원 요지】 형사소송법 제262조 제4항 후문에서 말하는 '제2항 제1호의 결정이 확정된 사건'이라고 할 수 없고, /

【대법원 요지】 설령 재정신청 기각결정의 대상이 되지 않은 사건이 고소인의 고소내용에 포함되어 있었다 하더라도 이와 달리 볼 수 없다.

3. 사안에 대한 대법원의 판단

【대법원 판단】 원심은, 이 사건 재정신청 기각결정의 심리와 판단의 대상이 된 창원지방검찰청 2010. 6. 10.자 2010형제○○○○ 불기소결정의 피의사실에 /

【대법원 판단】 창원지방법원 2011고단○○○○ 사건의 판시 일람표(1) 순번 1 내지 23 기재 각 범죄사실이 포함되어 있지 않다는 이유로, /

【대법원 판단】 '위 각 범죄사실에 관하여 고소인 A의 재정신청을 기각하는 결정이 확정되었음에도 다른 중요한 증거 없이 제기된 이 부분 공소가 부적법하다'는 /

【대법원 판단】 피고인의 주장을 받아들이지 아니하였다.

【대법원 결론】 원심판결 이유를 앞서 본 법리와 기록에 따라 살펴보면, 원심의 위와 같은 판단은 정당하다. /

【대법원 결론】 거기에 형사소송법 제262조 제4항에서 정한 소추금지의 범위에 관한 법리를 오해하여 필요한 심리를 다하지 아니하는 등의 위법이 없다. (상고 기각)

2012헌마983

불기소처분과 검찰재항고의 범위
검찰재항고 제한 합헌 사건
2014. 2. 27. 2012헌마983, 헌집 26-1상, 304

1. 사실관계 및 사건의 경과

【사실관계】

① (2011. 7. 18. 형소법이 일부 개정되어 2012. 1. 1.부터 형법 제126조 피의사실공표죄가 재정신청 대상범죄에 포함되었다.)

② A 등은 M군청 재무과 소속 공무원들이다.

③ 갑은 A 등을 다음의 혐의사실로 피해자로서 '고소'를 하였다. (㉠고소)

(가) 직무유기죄(형법 제121조)

(나) 직권남용 권리행사방해죄(형법 제123조)

④ 2012. 7. 11. 관할 지방검찰청은 ㉠고소사건에 대해 혐의없음의 불기소처분을 내렸다. (㉡불기소 처분)

⑤ 갑은 ㉡불기소처분에 불복하여 관할 고등검찰청에 항고를 제기하였다. (㉢검찰항고)

⑥ 2012. 10. 17. 관할 고등법원은 항고를 기각하면서 갑에게 다음 취지의 통지를 보냈다. (㉣검찰항 고기각)

(가) 항고기각 처분에 대하여 이의가 있을 경우 고소인 및 형법 제123조부터 제126조까지 죄의 고 발인은 관할 고등법원에 재정신청을 제기할 수 있다.

(나) 그 밖의 고발인은 검찰총장에게 재항고를 할 수 있다.

【사건의 경과】

① 2012. 12. 11. 갑은 헌법재판소에 헌법소원심판을 청구하였다.

② 갑은 심판청구의 이유로 다음의 점을 주장하였다.

(가) 심판청구인(갑)은 공무원의 직무에 관한 죄인 형법 제123조의 직권남용 권리행사방해죄 등의 피해자이다.

(나) 검찰청법 제10조 제3항은 공무원의 직무에 관한 죄인 형법 제123조의 직권남용 권리행사방해 죄 등의 피해자에 대하여 검찰총장에 대한 재항고권을 부여하지 않고 있다.

(다) 검찰청법 제10조 제3항은 피해자인 심판청구인(갑)의 평등권 등을 침해한다.

③ (판례 본문의 소제목은 판례 원문에 의함)

【심판대상조문】

검찰청법 제10조 (항고 및 재항고) ①～② 생략

③ 제1항에 따라 항고를 한 자/

(형사소송법 제260조에 따라 재정신청을 할 수 있는 자는 제외한다. /

이하 이 조에서 같다)는 /

그 항고를 기각하는 처분에 불복하거나 /

항고를 한 날부터 항고에 대한 처분이 이루어지지 아니하고 3개월이 지났을 때에는 /

그 검사가 속한 고등검찰청을 거쳐 서면으로 /

검찰총장에게 재항고할 수 있다. (후문 생략)

2. 사안에 대한 헌법재판소의 판단

가. 심판대상조항의 의의

【헌재 분석】 2007. 6. 1. 재정신청의 대상을 /

【헌재 분석】 고소권자로부터의 고소가 있는 고소사건과 /

【헌재 분석】 형법 제123조부터 제125조까지의 죄에 관한 고발사건으로 /

【헌재 분석】 대폭 확대하는 내용으로 형사소송법이 개정되면서, /

【헌재 분석】 재정신청의 대상이 되는 범죄에 대하여는 재항고를 제한하는 구 검찰청법(2007. 6. 1. 법률 제8494호로 개정된 것) 제10조 제3항이 입법되었다. /

【헌재 분석】 개정 형사소송법은 재정신청을 하기 위해서는 필수적으로 검찰청법상의 항고를 거치도록 규정하고 있으므로(제260조 제2항), /

【헌재 분석】 기존 검찰청법상의 재항고와 형사소송법상의 재정신청이 모두 불기소처분에 대한 검찰 항고기각처분의 불복수단으로서의 성격을 갖게 되었다. /

【헌재 요지】 심판대상조항은 재정신청의 대상이 된 범죄에 관하여 검찰 항고기각처분에 대한 불복방법을 재정신청으로 일원화한 것이다. /

【헌재 요지】 따라서 심판대상조항에 따라 재정신청을 할 수 있는 사람은 검찰청법상의 재항고권을 제한받게 된다.

나. 평등권 침해 여부

(1) 차별취급의 존재 여부

【헌재 분석】 청구인은, 자신이 심판대상조항 중 '형법 제123조부터 제126조까지의 죄에 관하여 고발한 자'에 해당함을 전제로 /

【헌재 분석】 심판대상조항이 일반 형사범죄의 피해자와 차별하여 공무원의 직무에 관한 죄의 고발인 또는 피해자에 대하여 검찰법상의 재항고를 제한하고 있다고 주장한다. /

【헌재 요지】 그러나 형법 제123조의 직권남용 권리행사방해죄에 해당하는 행위로 인하여 /

【헌재 요지】 의무 없는 일을 하도록 요구받은 사람이나 /

【헌재 요지】 권리행사를 방해받은 사람은 /

【헌재 요지】 '범죄피해자'에 해당하므로, /

【헌재 요지】 청구인은 고소권자로서 일반 형사범죄의 피해자와 같은 지위에 있다고 보아야 한다. /

【헌재 요지】 뿐만 아니라 설사 청구인이 형법 제123조의 죄에 관한 고발인에 해당한다고 하더라도 /

【헌재 요지】 '공무원의 직무에 관한 죄에 관하여 고발을 한 사람'이든 /

【헌재 요지】 '일반 형사범죄의 피해자로서 고소를 한 사람'이든 /

【헌재 요지】 어느 경우에나 재정신청권만 인정되고 검찰청법상의 재항고를 할 수 없는 것은 마찬가지이다. /

【헌재 판단】 그러므로 심판대상조항에 따라 /

【헌재 요지】 '일반 형사범죄의 피해자'와 /

【헌재 요지】 '공무원의 직무에 관한 죄의 고발인 내지 피해자' 사이에 /

【헌재 요지】 차별적 취급이 존재한다고 볼 수는 없다. /

【헌재 분석】 다만, 형사소송법 제260조 제1항은 /

【헌재 분석】 범죄피해자가 아닌 사람이 고발한 사건 중 /

【헌재 분석】 형법 제123조 내지 제126조 등의 죄가 아닌 경우에는 /

【헌재 분석】 고발인에게 재정신청권을 부여하지 않고 있고, /

【헌재 분석】 재정신청권이 없는 고발인들에 대하여는 심판대상조항에 따라 검찰청법상의 재항고권이 인정된다. /

【헌재 분석】 이에 따라 재항고권의 인정 여부에 관하여 /

【헌재 분석】 '재정신청을 할 수 있는 범죄의 고소·고발인'과 /

【헌재 분석】 '그렇지 않은 일반 범죄의 고발인' 사이에서 /

【헌재 분석】 차별적 취급이 있게 된다. /

【헌재 분석】 청구인의 주장 중에는 이러한 취지 역시 포함되어 있다고 볼 수 있으므로, /

【헌재 분석】 그 범위에서 심판대상조항이 청구인의 평등권을 침해하는지 여부에 관하여 본다.

(2) 심사기준

【헌재 요지】 헌법은 공소제기의 주체·방법·절차나 사후통제에 관하여 직접적인 규정을 두고 있지 아니하며, /

【헌재 요지】 검사의 자의적인 불기소처분에 대한 통제방법에 관하여도 아무런 규정을 두고 있지 않다. /

【헌재 요지】 따라서 어떠한 방법으로 어느 범위에서 검사의 공소권 남용을 통제할 것인가 하는 문제는 기본적으로 입법자의 재량에 속하는 입법정책의 문제이고 /

【헌재 요지】 (헌재 2011. 11. 24. **2008헌마578** 등; /

【헌재 요지】 헌재 2012. 7. 26. 2010헌마642 참조), /

【헌재 요지】 불기소처분에 관한 통제방법으로서 어느 범위에서 검찰청법상의 재항고를 인정할 것인지 또는 /

【헌재 요지】 형사소송법상의 재정신청제도와의 관계를 어떻게 설정할 것인지 하는 문제 역시 /

【헌재 요지】 입법자에게 광범위한 재량이 부여되어 있는 영역이다. /

【헌재 요지】 그렇다면 청구인이 주장하는 심판대상조항에 따른 차별 문제는, /

【헌재 요지】 헌법에서 특별히 평등을 요구하고 있는 영역에서의 차별이 아니고 /

【헌재 요지】 재판청구권 등 기본권에 대한 중대한 제한을 초래하는 것이라고 볼 수도 없으므로, /

【헌재 요지】 자의금지원칙 위반 여부를 기준으로 판단하면 충분하다.

(3) 판 단

【헌재 판단】 재정신청과 재항고를 병존적으로 유지하는 경우, /

【헌재 판단】 불기소처분의 항고기각처분에 대한 불복절차가 이원화되어 절차상의 혼란이 불가피해지고, /

【헌재 판단】 유사하거나 동질적인 사안에 관하여 검찰과 법원의 판단이 모순 저촉될 우려가 있게 된다.

【헌재 판단】 재정신청과 재항고제도를 모두 유지하면서 재정신청에 앞서 항고뿐 아니라 재항고까지 필수적으로 거치게 하는 방법을 택하는 경우에도, /

【헌재 판단】 불기소처분을 받은 피의자의 법률상 지위가 지나치게 장기간 불안정해지고, /

【헌재 판단】 고소인 또는 고발인의 권리구제가 지연되는 폐단이 초래될 수 있다.

【헌재 판단】 나아가 재항고나 항고는 모두 검찰 내부적인 불기소처분의 시정절차로서 이미 항고에 의하여 불기소처분의 당부에 관한 검찰의 내부적 의사가 확인된 만큼 /

【헌재 판단】 고소인 등으로 하여금 다시 재항고절차를 거치도록 할 필요성이 크지 않다. /

【헌재 판단】 더욱이 재정신청은 검찰과 독립한 사법기관에 의하여 중립적이고 객관적으로 불기소처분의 당부가 심사되는 절차이고, /

【헌재 판단】 심리결과 불기소처분의 부당성이 인정되는 경우 그 기소가 강제되며 공소의 취소도 불가능하게 되는 강력한 법적 효과가 부여되므로, /

【헌재 판단】 재항고권 대신 재정신청권만을 인정하였다고 하여 고소·고발인의 권리구제에 부족함이 있다고 할 수 없다.

【헌재 판단】 따라서 입법자가 위와 같은 사정들을 고려하여 재정신청을 할 수 있는 고소인 또는 고발인에 대하여는 재항고권을 부여하지 않은 것에는 합리적인 이유가 있다고 인정되므로, /

【헌재 판단】 심판대상조항이 청구인의 평등권을 침해한다고 볼 수 없다.

다. 행복추구권 침해 여부

【헌재 분석】 청구인은 심판대상조항이 자의적으로 공무원의 직무에 관한 죄의 피해자 또는 고발인을 차별하여 청구인의 행복추구권을 침해하였다고 주장한다. /

【헌재 분석】 그러나 청구인은 재항고권의 부여 여부에 관한 차별취급 주장 이외에 행복추구권의 침해와 관련된 구체적인 위헌 사유를 독자적으로 주장하고 있지 아니한데, /

【헌재 판단】 심판대상조항이 자의적으로 공무원의 직무에 관한 죄의 피해자 또는 고발인을 차별하는 것이 아님은 위에서 본 것과 같다. /

【헌재 판단】 따라서 청구인의 이 부분 주장도 받아들일 수 없다. (심판청구 기각)

2013도658

피고인의 사망과 공소기각결정
판결선고 후 피고인 사망 사건
2016. 8. 30. 2013도658, 공 2016하, 1564

1. 사실관계 및 사건의 경과

【사실관계 1】

① P회사는 스판덱스 등 섬유제품을 생산·판매하는 회사이다.

② P회사는 M생산공장을 가지고 있다.

③ 갑은 P회사의 1인주주이다.

④ 을은 갑의 모이다.

⑤ 병은 P회사의 대리점 사장이다.

【사실관계 2】

① P회사의 M공장에서는 스판덱스 등 섬유제품을 생산하였다.

② 갑과 을은 M공장 임직원에게 생산된 제품의 일부(㉠제품)를 세금계산서 발행 없이 무자료로 P회사 대리점들에게 판매하게 하였다.

③ 갑과 을은 병 등 대리점의 사장들로부터 ㉠제품에 대한 무자료 거래대금을 ㉡현금으로 전달받아 관리하였다.

④ 갑과 을은 전달된 ㉡현금을 갑과 가족들의 사적 용도에 사용하였다.

【사건의 경과 1】

① 검사는 갑과 을을 업무상 횡령죄로 기소하였다.

② (조세포탈죄 등 다른 부분은 고찰에서 제외함)

③ 검사는 병을 업무상 횡령죄의 방조범으로 기소하였다.

④ 갑, 을, 병의 피고사건은 제1심을 거친 후, 항소심에 계속되었다.

⑤ 항소심법원은 업무상 횡령죄의 객체를 ㉠제품으로 파악하였다.

⑥ 항소심법원은 갑, 을, 병에게 유죄를 인정하였다.

【사건의 경과 2】

① 갑, 병은 불복 상고하였다.

② 을은 상고하지 않았다.

③ 갑의 변호인 법무법인 P는 ㉢상고이유서를 제출하였다.

④ ㉢상고이유서에는 '병(사망)'이라고 기재되어 있었다.

⑤ 대법원은 직권으로 다음과 같이 판단하였다.

  (가) 원심판결은 횡령죄의 객체를 ㉠섬유제품 일부로 보고 있다.

  (나) 갑, 을, 병의 피고사건에서 횡령죄의 객체는 무자료 거래의 대가로 취득한 ㉡금전이다.

(다) 원심판결을 파기한다.

(라) 환송 후 원심법원이 병에 대한 판단을 할 때 유의해야 할 점을 지적해 둔다.

2. 원심판결 후 피고인 사망시의 조치

【대법원 판단】 피고인 갑의 변호인 법무법인 P의 2015. 7. 15.자 상고이유보충서 28쪽에 '피고인 병(사망)'이라는 기재가 있음을 알 수 있으므로, /

【대법원 판단】 환송 후 원심으로서는 피고인 병이 원심판결 선고 후 사망하였는지 여부를 확인한 후, /

【대법원 판단】 만약 그가 사망한 사실이 확인된다면 /

【대법원 판단】 형사소송법 제328조 제1항 제2호에 따라 /

【대법원 판단】 피고인 병에 대한 공소를 기각하는 결정을 하는 등의 조치를 할 필요가 있음을 지적하여 둔다. (파기 환송)

2013도1079

상고심의 구조와 상고이유의 제한
불출석 피고인 상고 사건
2013. 4. 11. 2013도1079, [미간행]

1. 사실관계 및 사건의 경과

【사실관계 1】

① 검사는 갑을 사기죄로 기소하였다.

② 제1심법원은 갑이 출석한 상태에서 재판을 진행하여 변론을 종결하였다.

③ 제1심법원은 변론을 재개하였다.

④ 제1심법원은 검사가 보정한 갑의 주거지로 ㉠공판기일소환장을 송달하였다.

⑤ ㉠공판기일소환장은 수취인불명으로 송달불능되었다. (㉡송달불능보고서)

⑥ ㉡송달불능보고서가 접수된 때부터 6개월이 지나도록 갑의 휴대전화 등으로 통화가 되지 않았다.

⑦ 관할 경찰서장들에 대한 소재탐지촉탁 결과 등으로도 갑의 소재가 확인되지 않았다.

⑧ 제1심법원은 갑에 대한 송달을 공시송달의 방법에 의하도록 명하였다.

⑨ 갑은 공시송달의 방법에 의한 소환을 2회 이상 받고도 공판기일에 출석하지 않았다.

⑩ 제1심법원은 피고인 갑의 진술 없이 재판을 진행하고 다시 변론을 종결하여 제1심판결을 선고하였다.

【사실관계 2】

① 검사는 제1심판결에 불복하여 항소하였다.

② 검사는 항소이유로 양형부당을 주장하였다.

③ 항소심법원은 검사가 다시 보정한 갑의 주소로 ㉢소송기록접수통지서와 ㉣항소이유서부본 등을 송달하였다.

④ ㉢소송기록접수통지서와 ㉣항소이유서부본 등은 수취인불명으로 송달불능되었다.

⑤ 갑의 휴대전화로도 통화가 되지 않았다.

⑥ 관할 경찰서장들에 대한 소재탐지촉탁 결과로도 갑의 주거, 사무소나 현재지를 알 수 없었다.

⑦ 항소심법원은 갑에 대한 송달을 공시송달의 방법에 의하도록 명하였다.

⑧ 갑은 공시송달의 방법에 의한 소환을 받고도 2회에 걸쳐 공판기일에 출석하지 않았다.

⑨ 항소심법원은 피고인 갑의 진술 없이 재판을 진행하여 판결을 선고하였다.

【사건의 경과】

① 갑은 항소심판결에 불복하여 대법원에 상고하였다.

② 갑은 상고이유로 다음의 점을 주장하였다.

  (가) 피고인 불출석 상태에서 재판을 진행한 제1심 및 항소심의 조치는 피고인의 방어권 또는 절차적 권리를 침해하거나 피고인에 대한 보호의무 등을 위반하여 판결에 영향을 미친 헌법위반 또는 법리오해의 위법이 있다.

  (나) 원심판결에는 심리미진이나 채증법칙위반으로 인한 사실오인의 위법이 있다.

2. 피고인 불출석 시의 재판진행

【대법원 분석】 1. 형사소송법 제63조 제1항에 의하면 /

【대법원 분석】 피고인의 주거, 사무소와 현재지를 알 수 없는 때에는 공시송달을 할 수 있고, /

【대법원 분석】 소송촉진 등에 관한 특례법 제23조, /

【대법원 분석】 소송촉진 등에 관한 특례규칙 제18조 제2항, 제3항, 제19조는, /

【대법원 분석】 제1심에서 사형·무기 또는 장기 10년이 넘는 징역이나 금고에 해당하는 사건이 아니라면 /

【대법원 분석】 피고인의 소재를 확인하기 위하여 필요한 조치를 취하였음에도 불구하고 /

【대법원 분석】 피고인에 대한 송달불능보고서가 접수된 때부터 6개월이 지나도록 피고인의 소재를 확인할 수 없는 경우에는 /

【대법원 분석】 그 후 피고인에 대한 송달은 공시송달의 방법에 의하고, /

【대법원 분석】 피고인이 위와 같은 공시송달의 방법에 의한 공판기일의 소환을 2회 이상 받고도 출석하지 아니한 때에는 피고인의 진술 없이 재판할 수 있다고 규정하고 있다. /

【대법원 분석】 한편 형사소송법 제365조에 의하면 /

【대법원 분석】 항소심에서 피고인이 공판기일에 출정하지 아니한 때에는 다시 기일을 정하여야 하고, /

【대법원 분석】 피고인이 정당한 사유 없이 다시 정한 기일에 출정하지 아니한 때에는 피고인의 진술 없이 판결을 할 수 있다.

【대법원 분석】 기록에 의하면, /

【대법원 분석】 제1심법원은 피고인이 출석한 상태에서 재판을 진행하여 변론을 종결하였다가 변론을 재개하면서 검사가 보정한 피고인의 주거지로 그 공판기일소환장을 송달하였으나 수취인불명으로

송달불능되고, /

【대법원 분석】 그 송달불능보고서가 접수된 때부터 6개월이 지나도록 피고인의 휴대전화 등으로 통화가 되지 아니할 뿐만 아니라 관할경찰서장들에 대한 소재탐지촉탁 결과 등으로도 피고인의 소재가 확인되지 아니하자 피고인에 대한 송달을 공시송달의 방법에 의하도록 명한 다음, /

【대법원 분석】 피고인이 공시송달의 방법에 의한 소환을 2회 이상 받고도 공판기일에 출석하지 아니하자 피고인의 진술 없이 재판을 진행하고 다시 변론을 종결하여 제1심판결을 선고하였고, /

【대법원 분석】 원심법원 역시 검사가 다시 보정한 피고인의 주소로 소송기록접수통지서와 항소이유서부본 등을 송달하였으나 수취인불명으로 송달불능되고, /

【대법원 분석】 피고인의 휴대전화로도 통화가 되지 아니할 뿐만 아니라 관할경찰서장들에 대한 소재탐지촉탁 결과로도 피고인의 주거, 사무소나 현재지를 알 수 없자 피고인에 대한 송달을 공시송달의 방법에 의하도록 명한 다음, /

【대법원 분석】 피고인이 공시송달의 방법에 의한 소환을 받고도 2회에 걸쳐 공판기일에 출석하지 아니하자 피고인의 진술 없이 재판을 진행하여 원심판결을 선고하였음을 알 수 있다.

【대법원 판단】 앞서 본 법률 규정들에 비추어 살펴보면 제1심 및 원심의 위와 같은 조치는 정당하고, /

【대법원 판단】 거기에 상고이유로 주장하는 바와 같이 적정절차를 위반하거나 헌법과 형사소송법에 규정된 피고인의 방어권 또는 절차적 권리를 침해하거나 피고인에 대한 보호의무 등을 위반하여 판결에 영향을 미친 헌법위반 또는 법리오해의 위법이 없다.

3. 상고심의 구조와 상고이유의 제한

【대법원 요지】 2. 상고심은 항소법원 판결에 대한 사후심이므로 /

【대법원 요지】 항소심에서 심판대상이 되지 않은 사항은 상고심의 심판범위에 들지 않는 것이어서 /

【대법원 요지】 피고인이 항소심에서 항소이유로 주장하지 아니하거나 /

【대법원 요지】 항소심이 직권으로 심판대상으로 삼은 사항 이외의 사유에 대하여 /

【대법원 요지】 이를 상고이유로 삼을 수는 없다. /

【대법원 판단】 원심판결에 심리미진이나 채증법칙위반으로 인한 사실오인의 위법이 있다는 주장은, /

【대법원 판단】 제1심판결에 대하여 검사만이 양형부당을 이유로 항소한 이 사건에서 /

【대법원 판단】 원심이 심판대상으로 삼지 아니한 사항에 관하여 /

【대법원 판단】 피고인이 상고심에 이르러서 비로소 상고이유로 내세우는 것에 불과하므로 적법한 상고이유가 될 수 없다. /

【대법원 판단】 나아가 원심판결 및 원심이 유지한 제1심이 적법하게 채택한 증거들에 비추어 살펴보더라도, /

【대법원 판단】 원심이 이 사건 공소사실을 모두 유죄로 인정한 제1심판결을 그대로 유지한 것은 정당하고, /

【대법원 판단】 거기에 상고이유의 주장과 같이 필요한 심리를 제대로 하지 아니한 채 논리와 경험의 법칙을 위반하고 자유심증주의의 한계를 벗어나 사실을 잘못 인정하는 등의 위법이 없다. (상고기각)

2013도1228

영장주의와 위법수집증거배제법칙
미성년자의 소송능력
음주 미성년자 교통사고 사건
2014. 11. 13. 2013도1228, 공 2014하, 2390

1. 사실관계 및 사건의 경과

【사실관계 1】

① 갑은 미성년자이다.

② 2011. 2. 24. 02:30경 갑은 ⓐ오토바이를 운전하여 가다가 [ⓑ차량과 충돌하는] 교통사고를 일으켰다.

③ 갑은 의식을 잃은 채 M병원 응급실로 후송되었다.

④ 사법경찰관 A는 M병원 응급실로 출동하였다.

⑤ 응급실에는 갑의 아버지 B가 있었다.

【사실관계 2】

① 2011. 2. 24. 03:50경 사법경찰관 A는 B로부터 갑의 채혈에 대한 동의를 받았다.

② 사법경찰관 A는 [의료인을 통해] 의식을 잃고 누워 있는 갑으로부터 채혈을 하였다. (㉠혈액)

③ 사법경찰관 A가 갑의 채혈을 할 때 사전 또는 사후에 영장을 받은 바가 없었다.

④ 사법경찰관 A는 국립과학수사연구소에 ㉠혈액의 감정을 의뢰하였다.

⑤ 국립과학수사연구소는 허용치를 초과하는 혈중알코올농도가 검출되었다는 감정의뢰회보를 수사기관에 회신하였다. (㉡감정의뢰회보)

⑥ 사법경찰관 A는 ㉡감정의뢰회보를 토대로 갑의 음주운전에 관한 2차적 증거들을 수집하였다. (㉢증거로 통칭함)

【사건의 경과 1】

① 검사는 갑을 다음의 공소사실로 기소하였다.

　(가) 도로교통법위반죄(음주운전)

　(나) 도로교통법위반죄(과실재물손괴)

② 검사는 ㉡감정의뢰회보와 ㉢증거를 제출하였다.

③ [갑의 변호인은 ㉡감정의뢰회보와 ㉢증거에 대해 증거로 함에 동의하였다.]

④ [갑은 법정에서 음주운전 사실을 자백하였다.] (㉣자백)

【사건의 경과 2】

① 갑의 피고사건은 제1심을 거친 후, 항소심에 계속되었다.

② 항소심은 다음과 같이 판단하였다.

　(가) 사법경찰관은 법원으로부터 영장 또는 감정처분허가장을 발부받지 아니한 채 갑의 동의 없이

갑으로부터 혈액을 채취하였다.

   (나) 사법경찰관은 사후에도 영장을 발부받지 아니하였다.

   (다) ⓛ감정의뢰회보와 ⓒ증거는 위법수집증거로서 증거능력이 없다.

   (라) 갑의 ⓔ자백에 보강증거가 없다.

③ 항소심법원은 다음과 같이 판결하였다.

   (가) 도로교통법위반죄(음주운전) : 무죄

   (나) 도로교통법위반죄(과실재물손괴) : 유죄

【사건의 경과 3】

① 검사는 무죄 부분에 불복하여 상고하였다.

② 검사는 상고이유로 다음의 점을 주장하였다.

   (가) 갑은 미성년자이다.

   (나) B는 갑의 아버지로서 법정대리인이다.

   (다) ㉠채혈은 미성년자의 법정대리인 B의 동의하에 이루어졌으므로 적법하다.

   (라) ㉠채혈이 적법하게 이루어졌으므로 ⓛ감정의뢰회보와 ⓒ증거는 증거능력이 있다.

2. 영장주의와 위법수집증거배제법칙

【대법원 요지】 가. 형사소송법 제308조의2는 /

【대법원 요지】 "적법한 절차에 따르지 아니하고 수집한 증거는 증거로 할 수 없다."라고 규정하고 있고, /

【대법원 요지】 기본적 인권 보장을 위하여 강제처분에 관한 적법절차와 영장주의의 근간을 선언한 헌법과 /

【대법원 요지】 이를 이어받아 실체적 진실 규명과 개인의 권리보호 이념을 조화롭게 실현할 수 있도록 /

【대법원 요지】 압수 · 수색 · 검증과 감정처분절차에 관한 구체적 기준을 마련하고 있는 /

【대법원 요지】 형사소송법의 규범력은 확고히 유지되어야 하므로, /

【대법원 요지】 헌법과 형사소송법이 정한 절차에 따르지 아니하고 수집한 증거는 물론 /

【대법원 요지】 이를 기초로 하여 획득한 2차적 증거 또한 /

【대법원 요지】 기본적 인권 보장을 위해 마련된 적법한 절차에 따르지 않은 것으로서 /

【대법원 요지】 원칙적으로 유죄 인정의 증거로 삼을 수 없다.

3. 사법경찰관의 압수 · 수색 · 검증과 영장주의

【대법원 분석】 형사소송법 규정에 따르면, /

【대법원 분석】 사법경찰관이 범죄수사에 필요한 때에는 검사에게 신청하여 검사의 청구로 판사가 발부한 영장에 의하여 압수, 수색 또는 검증을 할 수 있고(제215조 제2항), /

【대법원 분석】 사법경찰관은 제200조의2, 제200조의3, 제201조 또는 제212조의 규정에 의하여 피의자를 체포 또는 구속하는 경우에 /

【대법원 분석】 필요한 때에는 체포현장에서 영장 없이 압수, 수색, 검증을 할 수 있으나, /

【대법원 분석】 압수한 물건을 계속 압수할 필요가 있는 경우에는 /

【대법원 분석】 체포한 때부터 48시간 이내에 지체 없이 압수수색영장을 청구하여야 하며(제216조 제1항 제2호, 제217조 제2항), /

【대법원 분석】 범행 중 또는 범행 직후의 범죄 장소에서 긴급을 요하여 판사의 영장을 받을 수 없는 때에는 /

【대법원 분석】 영장 없이 압수, 수색 또는 검증을 할 수 있으나, /

【대법원 분석】 이 경우에는 사후에 지체 없이 영장을 받아야 하고(제216조 제3항), /

【대법원 분석】 검사 또는 사법경찰관으로부터 감정을 위촉받은 감정인은 /

【대법원 분석】 감정에 관하여 필요한 때에는 /

【대법원 분석】 검사의 청구에 의해 판사로부터 허가장을 발부받아 감정에 필요한 처분을 할 수 있다 (제221조, 제221조의4, 제173조 제1항).

4. 영장 없는 채혈과 위법수집증거배제법칙

【대법원 요지】 위와 같이 수사기관의 강제처분에 관하여 상세한 절차조항을 규정하고 있는 형사소 송법의 취지에 비추어 볼 때, /

【대법원 요지】 수사기관이 법원으로부터 영장 또는 감정처분허가장을 발부받지 아니한 채 /

【대법원 요지】 피의자의 동의 없이 피의자의 신체로부터 혈액을 채취하고 /

【대법원 요지】 사후에도 지체 없이 영장을 발부받지 아니한 채 /

【대법원 요지】 그 혈액 중 알코올농도에 관한 감정을 의뢰하였다면, /

【대법원 요지】 이러한 과정을 거쳐 얻은 감정의뢰회보 등은 /

【대법원 요지】 형사소송법상 영장주의 원칙을 위반하여 수집하거나 /

【대법원 요지】 그에 기초하여 획득한 증거로서, /

【대법원 요지】 그 절차위반행위가 적법절차의 실질적인 내용을 침해하여 /

【대법원 요지】 피고인이나 변호인의 동의가 있더라도 /

【대법원 요지】 유죄의 증거로 사용할 수 없다 /

【대법원 요지】 (대법원 2012. 11. 15. 선고 **2011도15258** 판결 등 참조).

5. 미성년자의 소송능력과 법정대리인의 채혈 동의

【대법원 요지】 한편 형사소송법상 소송능력이라고 함은 /

【대법원 요지】 소송당사자가 유효하게 소송행위를 할 수 있는 능력, /

【대법원 요지】 즉 피고인 또는 피의자가 /

【대법원 요지】 자기의 소송상의 지위와 이해관계를 이해하고 /

【대법원 요지】 이에 따라 방어행위를 할 수 있는 /

【대법원 요지】 의사능력을 의미하는데/

【대법원 요지】 (대법원 2009. 11. 19. 선고 **2009도6058** 전원합의체 판결 등 참조), /

【대법원 요지】 피의자에게 의사능력이 있으면 직접 소송행위를 하는 것이 원칙이고, /

【대법원 요지】 피의자에게 의사능력이 없는 경우에는 /

【대법원 요지】 형법 제9조 내지 제11조의 규정의 적용을 받지 아니하는 범죄사건에 한하여 /
【대법원 요지】 예외적으로 그 법정대리인이 소송행위를 대리할 수 있다(형사소송법 제26조). /
【대법원 요지】 따라서 음주운전과 관련한 도로교통법위반죄의 범죄수사를 위하여 /
【대법원 요지】 미성년자인 피의자의 혈액채취가 필요한 경우에도 /
【대법원 요지】 피의자에게 의사능력이 있다면 /
【대법원 요지】 피의자 본인만이 혈액채취에 관한 유효한 동의를 할 수 있고, /
【대법원 요지】 피의자에게 의사능력이 없는 경우에도 /
【대법원 요지】 명문의 규정이 없는 이상 /
【대법원 요지】 법정대리인이 피의자를 대리하여 동의할 수는 없다.

6. 사안에 대한 항소심의 판단

【항소심 판단】 나. 원심은, /
【항소심 판단】 피고인이 2011. 2. 24. 02:30경 오토바이를 운전하여 가다가 교통사고를 일으키고 의식을 잃은 채 병원 응급실로 후송된 사실, /
【항소심 판단】 병원 응급실로 출동한 경찰관은 사고 시각으로부터 약 1시간 20분 후인 2011. 2. 24. 03:50경 /
【항소심 판단】 법원으로부터 압수·수색 또는 검증 영장이나 감정처분허가장을 발부받지 아니한 채 /
【항소심 판단】 피고인의 아버지의 동의만 받고서 응급실에 의식을 잃고 누워 있는 피고인으로부터 채혈한 사실 등을 인정한 후, /
【항소심 판단】 위 채혈에 관하여 사후적으로라도 영장을 발부받지 아니하였으므로 /
【항소심 판단】 피고인의 혈중 알코올농도에 대한 국립과학수사연구소의 감정의뢰회보와 이에 기초한 다른 증거는 /
【항소심 판단】 위법수집증거로서 증거능력이 없고, /
【항소심 판단】 피고인의 자백 외에 달리 이를 보강할 만한 증거가 없다는 이유로 /
【항소심 판단】 이 부분 공소사실을 무죄로 판단하였다.

7. 사안에 대한 대법원의 판단

【대법원 판단】 다. 원심판결 이유와 증거에 의하면, /
【대법원 판단】 당시 피고인은 의식불명상태여서 혈액채취에 대한 피고인 본인의 동의를 기대할 수는 없었던 상황으로 보이고, /
【대법원 판단】 이 사건 범죄는 형사소송법 제26조에 의하여 예외적으로 그 법정대리인이 소송행위를 대리할 수 있는 경우에도 해당하지 않으며, /
【대법원 판단】 달리 법정대리인에 의한 채혈동의를 허용하는 명문 규정이 없는 이상, /
【대법원 판단】 피고인이 아닌 피고인의 아버지의 동의만으로는 혈액채취에 관한 유효한 동의가 있었다고 볼 수 없다. /
【대법원 결론】 같은 취지에서 원심이 법원으로부터 영장 또는 감정처분허가장을 발부받지 아니한 채

피고인의 동의 없이 피고인으로부터 혈액을 채취하고 사후에도 영장을 발부받지 아니하였다는 이유로 감정의뢰회보 등의 증거능력을 부정한 후 이 부분 공소사실에 관하여 무죄를 선고한 것은 옳고, /

【대법원 결론】 거기에 위법수집증거 배제원칙에 관한 법리오해의 위법이 없다. (상고 기각)

【코멘트】 본 판례는 법정대리인의 동의를 얻어 의식을 잃은 미성년자로부터 채혈을 하는 것이 허용되는가 하는 문제를 다루고 있다. 본 판례에 나타난 쟁점은 두 가지이다. 하나는 영장 없는 채혈이 위법수집증거에 해당하는가 하는 점이며, 다른 하나는 법정대리인에 의한 채혈 동의가 유효한가 하는 점이다.

본 판례에서 항소심판결은 영장 없는 채혈이 위법수집증거에 해당한다는 점만을 밝히고 있다. 이에 대해 대법원은 항소심의 판단을 지지하면서 나아가 법정대리인에 의한 채혈 동의가 적법하지 않다는 점을 추가로 밝히고 있다. 영장주의와 관련한 판시 부분은 지금까지의 대법원 판례를 확인하는 것이다. 이에 대하여 채혈 동의에 관한 부분은 대법원이 종래 제기되어 오던 논점을 유권적으로 해결하고 있다는 점에서 본 판례의 핵심적 판시사항이라고 할 수 있다.

본 판례에서 대법원은 채혈 동의를 소송행위의 일종으로 파악한다. 소송행위는 일반적인 법률행위와 마찬가지로 그 내부에 일정한 의사내용을 담고 있다. 사법상 법률행위와 동일한 성질의 의사표시는 아니지만 사람의 의사나 관념이 표시된다는 점에서 소송행위는 일정한 의사능력을 전제로 하고 있다.

대법원은 본 판례에서 "형사소송법상 소송능력이라고 함은 소송당사자가 유효하게 소송행위를 할 수 있는 능력, 즉 피고인 또는 피의자가 자기의 소송상의 지위와 이해관계를 이해하고 이에 따라 방어행위를 할 수 있는 의사능력을 의미[한다]"고 판시하고 있다.

소송능력과 관련하여 미성년자와 법정대리인의 관계가 문제된다. 사법(私法)의 경우 미성년자 등 제한능력자의 법률행위는 법정대리인이 대리할 수 있다(민법 제920조, 제949조). 이와 관련하여 형사절차에서 미성년자의 소송행위도 법정대리인이 대리할 수 있는 것이 아닌가 하는 의문이 제기된다. 본 판례에서 검사가 제시한 상고이유도 바로 이와 같은 문제의식에서 비롯된 것이라고 생각된다.

그러나 형사절차상 소송능력은 사법상의 행위능력과 구별된다. 형사절차와 관련하여 대법원은 (가) 피의자·피고인에게 의사능력이 있으면 직접 소송행위를 하는 것이 원칙이고, (나) 피의자·피고인에게 의사능력이 없는 경우에는 형법 제9조 내지 제11조의 규정의 적용을 받지 아니하는 범죄사건에 한하여 예외적으로 그 법정대리인이 소송행위를 대리할 수 있다고 판시하면서 그 근거조문으로 형사소송법 제26조를 제시하고 있다.

그런데 형법 제9조 내지 제11조의 규정의 적용을 받지 아니하는 범죄사건은 매우 드물다. 형법 제9조 내지 제11조의 규정을 적용하지 않는다는 것은 책임주의에 대한 중대한 예외이기 때문이다. 요컨대 일반적인 범죄사건의 경우에 법정대리인은 미성년자 등 제한능력자의 소송행위를 대리할 수 없다. 그렇다면 법정대리인의 동의를 얻어 미성년자로부터 채혈을 하는 것 또한 당연히 허용되지 않는다.

본 판례는 형사절차에서 소송행위는 피의자·피고인이 직접하는 것이 원칙이며 타인에 의한 대리를 허용하지 않는다는 사실을 대법원이 분명하게 밝힌 점에서 주목된다. 법정대리인의 대리권을 규정한 민법 제920조나 제949조도 미성년자나 피후견인의 재산에 관한 법률행위를 대리할 수 있도록 하고 있을 뿐이다. 사법의 경우보다 형사절차에서 대리가 엄격하게 제한되는 이유는 소송행위의 법적 효과가 바로 피의자·피고인의 형사처벌과 직결되기 때문이다.

2013도3790

참고인 진술서의 증거능력
정치자금법 위반죄 진술서 사건
2015. 4. 23. 2013도3790, 공 2015상, 773

1. 사실관계 및 사건의 경과

【사실관계 1】

① 갑은 정치자금법위반죄 피의사실로 조사를 받고 있었다. (㉮사건)

② 갑에게 A가 ㉠금품을 교부하였다는 혐의가 제기되었다.

③ 갑에게 B가 ㉡자금을 마련해 주었다는 혐의가 제기되었다.

④ A는 ㉮사건과는 다른 사건으로 구속 중이었다.

⑤ B는 ㉮사건과는 다른 사건으로 구속 중이었다.

【사실관계 2】

① ㉮사건과 관련하여 2011. 12. 13. A에 대한 참고인 조사가 예정되어 있었다.

② 2011. 12. 12. (하루 전날) 검사는 A를 검찰청에 소환하였다.

③ A는 ㉮사건에 대해 ㉢진술서를 작성하게 되었다.

④ A는 ㉢진술서를 작성할 때 갑에게 금품을 교부한 정확한 일시를 기억하지 못하였다.

⑤ 검사는 B를 소환하였다.

⑥ 검사는 A로 하여금 B와 대화를 나누게 한 뒤 ㉢진술서를 작성하도록 하였다.

⑦ A는 B와 대화를 나눈 뒤 갑에게 금품을 교부한 날짜를 특정하여 ㉢진술서를 작성하였다.

⑧ A는 ㉢진술서를 자필로 작성하고 서명·날인하였다.

【사건의 경과 1】

① 검사는 갑을 정치자금법 위반죄로 기소하였다.

② 검사는 유죄 증거의 하나로 ㉢진술서를 제출하였다.

③ ㉢진술서에는 2011. 12. 12. A에 대해 진행된 조사과정에 관한 내용이 기재되어 있지 않았다.

④ ㉢진술서에는 조사과정을 별도로 기록한 자료가 제출되어 있지 않았다.

⑤ 갑은 ㉢진술서를 증거로 할 수 있음에 대하여 동의하지 않았다.

【사건의 경과 2】

① 갑의 피고사건은 제1심을 거친 후, 항소심에 계속되었다.

② 갑은 다음의 점을 들어 ㉢진술서에 증거능력이 없다고 주장하였다.

  (가) ㉢진술서는 '적법한 절차와 방식'에 따라 작성되지 않았다.

  (나) ㉢진술서를 작성하는 참고인 조사과정에 대해 조사과정기록이 없다.

③ 항소심법원은 '적법한 절차와 방식' 및 조사과정기록은 정식의 참고인 진술조서에만 해당하는 것이라고 판단하였다.

④ 항소심법원은 ⓒ진술서의 증거능력을 인정하였다.

⑤ 항소심법원은 ⓒ진술서를 증거의 하나로 들어서 유죄를 인정하였다.

⑥ 갑은 불복 상고하였다.

⑦ 갑은 상고이유로 다음의 점을 주장하였다.

    (가) ⓒ진술서는 B의 진술을 듣고 A가 이를 기재한 것이다.

    (나) ⓒ진술서는 B의 진술을 기재한 것이다.

    (다) ⓒ진술서는 '적법한 절차와 방식'에 따라 작성된 것이 아니어서 증거능력이 없다.

    (라) ⓒ진술서는 조사과정기록이 없어서 증거능력이 없다.

2. 진술서에 기재된 자필, 서명·날인의 의미

【대법원 판단】 가. 원심은 판시와 같은 이유를 들어,

【대법원 판단】 ① 공소외 A가 작성한 진술서(이하 '이 사건 진술서'라 한다)는 공소외 A가 자필로 작성하고 작성자로서 서명·날인한 이상 그 내용은 공소외 A의 진술이며,

【대법원 판단】 ② 설령 공소외 A가 당초 구체적인 날짜를 기억하지 못하여 공소외 B와 대화를 나눈 후에 날짜를 특정하여 진술서를 작성하였다고 하더라도 /

【대법원 판단】 이는 공소외 A가 공소외 B와 돈 수수에 관하여 이야기를 나눈 뒤 자신의 기억을 되살려 적은 공소외 A의 진술일 뿐 /

【대법원 판단】 공소외 B의 진술 자체가 기재된 것이라고 할 수 없다고 판단하였다.

【대법원 결론】 원심판결 이유를 형사소송법 관련 규정들과 아울러 채택된 증거들에 비추어 살펴보면, /

【대법원 결론】 위와 같은 원심의 판단에 상고이유 주장과 같이 형사소송법 제312조 제5항, 제4항을 위반하여 원진술자에 대한 판단을 그르친 위법이 없다.

【대법원 결론】 상고이유로 들고 있는 대법원판결은 이 사건과 사안이 다르므로, 이 사건에 원용하기에 적절하지 아니하다.

3. 참고인 진술서와 적법한 절차방식

【대법원 요지】 나. (1) 형사소송법 제312조 제4항은 /

【대법원 요지】 검사 또는 사법경찰관이 피고인이 아닌 자의 진술을 기재한 조서의 증거능력이 인정되려면 '적법한 절차와 방식에 따라 작성된 것'이어야 한다고 규정하고 있다. /

【대법원 요지】 여기서 적법한 절차와 방식에 따라 작성한다는 것은 /

【대법원 요지】 피고인이 아닌 자의 진술에 대한 조서 작성 과정에서 지켜야 할 형사소송법이 정한 여러 절차를 준수하고 조서의 작성 방식에도 어긋남이 없어야 한다는 것을 의미한다. /

【대법원 요지】 그리고 형사소송법 제312조 제5항은 /

【대법원 요지】 피고인 또는 피고인이 아닌 자가 수사과정에서 작성한 진술서의 증거능력에 관하여는 형사소송법 제312조 제1항부터 제4항까지 준용하도록 규정하고 있으므로, /

【대법원 요지】 위와 같은 법리는 피고인이 아닌 자가 수사과정에서 작성한 진술서의 증거능력에 관하여도 그대로 적용된다고 할 것이다.

4. 참고인 조사와 조사과정기록제도

【대법원 분석】 한편 형사소송법 제221조 제1항에서 /

【대법원 분석】 검사 또는 사법경찰관은 수사에 필요한 때에는 피의자가 아닌 자의 출석을 요구하여 진술을 들을 수 있다고 규정하고, /

【대법원 분석】 제244조의4 제3항, 제1항에서 /

【대법원 분석】 검사 또는 사법경찰관이 피의자가 아닌 자를 조사하는 경우에는 /

【대법원 분석】 피의자를 조사하는 경우와 마찬가지로 /

【대법원 분석】 조사장소에 도착한 시각, 조사를 시작하고 마친 시각, 그 밖에 조사과정의 진행경과를 확인하기 위하여 필요한 사항을 /

【대법원 분석】 조서에 기록하거나 /

【대법원 분석】 별도의 서면에 기록한 후 수사기록에 편철하여야 한다고 규정하고 있다. /

【대법원 요지】 이와 같이 수사기관으로 하여금 피의자가 아닌 자를 조사할 수 있도록 하면서도 그 조사과정을 기록하도록 한 취지는 /

【대법원 요지】 수사기관이 조사과정에서 피조사자로부터 진술증거를 취득하는 과정을 투명하게 함으로써 그 과정에서의 절차적 적법성을 제도적으로 보장하려는 데 있다. /

【대법원 요지】 따라서 수사기관이 수사에 필요하여 피의자가 아닌 자를 조사하는 과정에서 그 진술을 청취하여 증거로 남기는 방법으로 진술조서가 아닌 진술서를 작성 · 제출받는 경우에도 그 절차는 준수되어야 할 것이다.

【대법원 요지】 이러한 형사소송법의 규정 및 그 입법 목적 등을 종합하여 보면, /

【대법원 요지】 피고인이 아닌 자가 수사과정에서 진술서를 작성하였지만 /

【대법원 요지】 수사기관이 그에 대한 조사과정을 기록하지 아니하여 형사소송법 제244조의4 제3항, 제1항에서 정한 절차를 위반한 경우에는, /

【대법원 요지】 특별한 사정이 없는 한 '적법한 절차와 방식'에 따라 수사과정에서 진술서가 작성되었다 할 수 없으므로 /

【대법원 요지】 그 증거능력을 인정할 수 없다.

5. 사안에 대한 대법원의 분석

【대법원 분석】 (2) 기록에 의하면, /

【대법원 분석】 ① 공소외 A는 다른 사건으로 구속 중인 2011. 12. 12. 그 다음 날 예정된 정식의 참고인 조사를 앞두고 검사에 의하여 검찰청에 소환된 상태에서 이 사건 진술서를 작성하게 된 사실, /

【대법원 분석】 ② 공소외 A가 이 사건 진술서를 작성하면서 피고인[갑]에게 금품을 교부한 정확한 일시를 기억하지 못하자, /

【대법원 분석】 검사는 피고인에게 자금을 마련해 주었던 자로서 역시 다른 사건으로 구속 중이던 공소외 B를 소환하여 공소외 A로 하여금 공소외 B와 대화를 나눈 뒤 이 사건 진술서를 작성하도록 한 사실, /

【대법원 분석】 ③ 한편 이 사건 진술서에는 그날 공소외 A에 대하여 진행된 조사과정에 관한 내용이 기재되어 있지 않고 또한 그 조사과정을 별도로 기록한 자료가 제출되어 있지 아니한 사실, /

【대법원 분석】 ④ 피고인은 이 사건 진술서를 증거로 할 수 있음에 대하여 동의하지 아니한 사실을 알 수 있다.

6. 사안에 대한 대법원의 판단

【대법원 판단】 이러한 사실관계에 나타난 이 사건 진술서의 작성 시기, 장소, 방법 및 그 경위 등에 비추어 보면, /

【대법원 요지】 이 사건 진술서는 공소외 A가 검찰청에 소환된 상태에서 검사의 요구에 의하여 작성된 것으로서 /

【대법원 요지】 비록 검사가 이 사건 진술서의 구체적인 내용에 관여하지 아니하였다고 하더라도 /

【대법원 요지】 그 작성 과정에서 공소외 B와의 대화 기회를 제공하는 등 공소외 A의 피고인에 대한 금품 교부 관련 사실에 대한 수사과정의 일부로서 이 사건 진술서가 작성되었다고 보이므로, /

【대법원 요지】 형사소송법 제312조 제5항에서 정한 '피고인이 아닌 자가 수사과정에서 작성한 진술서'에 해당한다고 할 것이다. /

【대법원 판단】 따라서 이 사건 진술서 작성을 비롯하여 그날 이루어진 공소외 A에 대한 조사에 관하여는 /

【대법원 판단】 형사소송법 제244조의4 제3항, 제1항에 따라 /

【대법원 판단】 공소외 A가 조사장소에 도착한 시각, 조사를 시작하고 마친 시각, 그 밖에 조사과정의 진행경과를 확인하기 위하여 필요한 사항을 /

【대법원 판단】 진술서에 기록하거나 /

【대법원 판단】 별도의 서면에 기록한 후 수사기록에 편철하였어야 하는데, /

【대법원 판단】 이러한 조사과정을 기록한 자료가 없는 이상, /

【대법원 판단】 이 사건 진술서는 적법한 절차와 방식에 따라 작성되었다 할 수 없으므로 /

【대법원 판단】 앞서 본 법리에 따라 그 증거능력이 인정될 수 없다.

【대법원 결론】 그럼에도 이와 달리 원심은, 이 사건 진술서에 형사소송법 제244조의4 제3항, 제1항이 적용되지 아니한다는 잘못된 전제에서, /

【대법원 결론】 그에 관한 절차 위반이 이 사건 진술서의 증거능력에 아무런 영향이 없다는 취지로 판단하였으므로, /

【대법원 결론】 이러한 원심의 판단에는 상고이유 주장과 같이 형사소송법 제244조의4 제3항 및 형사소송법 제312조 제5항의 적용 범위 등에 관한 법리 등을 오해하여 이 사건 진술서의 증거능력에 관한 판단을 그르친 잘못이 있다. (다른 증거들에 의하여 유죄 인정함. 상고 기각)

2013도5441

선관위 문답서의 증거능력
초등학교 후배 제보 사건
2014. 1. 16. 2013도5441, 공 2014상, 421

1. 사실관계 및 사건의 경과

【사실관계 1】

① 갑은 M지역 N지구에서 국회의원으로 출마하려는 사람이다.

② A는 갑의 초등학교 후배이다.

③ B는 선관위 주무관이다.

④ C는 선관위 주무관이다.

【사실관계 2】

① 2012. 4. 11. 제19대 국회의원 총선거가 실시되었다.

② 갑은 M지역 N지구에서 P정당 후보자로 출마하여 당선되었다.

③ A는 갑의 당선을 위해 열심히 선거운동을 도왔음에도 별다른 보상이 없었음에 대해 강한 불만을 가지고 있었다.

④ 2012. 5.경 A의 지인은 A에게 선거운동 도운 사실을 관할 선거관리위원회에 제보할 것을 권유하였다.

【사실관계 3】

① 2012. 6. 22. A는 선관위 직원에게 다음 내용의 선거법위반 사실에 대한 제보를 하겠다는 의사를 표시하였다.

② "갑이 A에게 선거운동과 관련하여 금품을 제공하기로 하였다."

③ 선관위 직원들은 A를 상대로 갑의 선거법위반 혐의에 관한 조사를 시작하였다.

④ 선관위 직원들은 A의 진술이 추상적이고 이를 입증할 만한 증거가 없다고 판단하였다.

⑤ 선관위 직원들은 정식 조사에 착수하더라도 실효성이 없다고 판단하여 조사를 중단하고 문답서도 작성하지 아니하였다.

⑥ 조사 당시 선관위 직원 C는 A에게 다음과 같이 말하였다.

　(가) 선거범죄를 제보한 사람은 공직선거법에 따른 자수 특례에 의해 형을 감경 또는 면제받게 되고, 포상금을 받을 수 있다.

　(나) 제보내용과 관련하여 뚜렷한 증거가 필요하다.

　(다) 녹음이 되었든 녹취가 되었든 그런 게 있어야 되지 않느냐.

【사실관계 4】

① 2012. 6. 29. 선관위 직원 C는 A로부터 "갑이 조만간 입금할 것 같다"라는 말을 들었다.

② C는 A에게 "입금이 되면 연락을 달라"라고 말하였다.

③ 2012. 7. 2. C는 A로부터 "갑으로부터 200만 원이 입금되었다"는 말을 들었다.

④ C는 A에게 다음날 선거관리위원회로 출석하여 조사받을 것을 요구하였다.

⑤ 2012. 7. 3. A는 선거관리위원회에 출석하였다.

⑥ 2012. 7. 3. 선관위 직원 B는 A에게 통장정리를 하도록 하여 갑이 입금한 200만 원의 내역을 확인하였다.

【사실관계 5】

① B는 A를 상대로 갑의 선거법위반 혐의에 관하여 조사하였다.

② B의 조사 과정에서 A는 다음의 진술을 하였다.

    (가) 갑이 2011. 6.경 선거운동을 도와달라고 하면서 그 대가로 200만 원 내지 300만 원 정도의 월급을 준다고 하였다.

    (나) 갑은 2012. 6. 초경 ◁◁구 축구대회에서 진술인(A)에게 "월급을 줄테니 주민등록등본을 국회의원 사무소에 밀봉하여 제출하라"고 해서 갖다 주었다.

    (다) 진술인(A)은 2012. 7. 2. 갑으로부터 200만 원을 입금받았고, 관련 대화내용을 녹음해 두었다.

③ B는 A와의 문답 내용을 문답서로 작성하였다. (㉠문답서)

④ A는 갑 명의로 200만 원이 입금된 내역이 기재된 A명의의 통장 사본을 제출하였다. (㉡통장사본)

【사실관계 6】

① B는 A의 조사과정에서 선거운동 보수에 관한 갑의 대화를 녹음하는 요령을 A에게 일러주었다.

② 이후 A는 갑과의 선거운동 보수에 관한 대화를 자신의 휴대전화에 몰래 녹음하였다. (㉢녹음파일)

③ 선관위는 갑의 선거법위반 혐의사실을 조사하였다.

④ 선관위는 관할 검찰청 공안부에 갑에 대한 혐의사실을 수사의뢰하였다.

⑤ 검사는 갑의 선거법위반 피의사실을 조사하였다.

【사건의 경과 1】

① 검사는 갑을 공직선거법위반죄 공소사실로 기소하였다.

② 검사는 ㉠문답서, ㉢녹음파일을 포함한 일련의 증거를 제출하였다.

③ A는 제1심 공판기일에 증인으로 출석하였다.

④ A는 ㉠문답서에 대해 진정성립을 인정하였다.

⑤ A는 ㉢녹음파일의 녹음시점과 복사과정에 대해 진술하였으나 검찰 단계에서의 진술과 일치하지 않았다.

⑥ 갑은 제출된 증거들이 증거능력을 갖추지 못하였다고 주장하였다.

⑦ 제1심법원은 ㉠문답서의 증거능력을 인정하였다.

⑧ 제1심법원은 ㉢녹음파일의 증거능력을 부정하였다.

⑨ (이하 ㉢녹음파일 부분은 고찰을 생략함)

⑩ 제1심법원은 ㉠문답서를 증거의 하나로 채택하여 유죄를 선고하였다.

【사건의 경과 2】

① 갑은 불복 항소하였다.

② 항소심법원은 ㉠문답서에 대해 증거능력을 인정하였다.

③ 항소심법원은 항소를 기각하고, 제1심판결을 유지하였다.

④ 갑은 불복 상고하였다.

⑤ 갑은 첫 번째 상고이유로 다음의 점을 주장하였다.

   (가) A는 갑의 공직선거법위반죄의 공범이다.

   (나) A는 피의자의 지위에서 진술하고 있다.

   (다) A의 진술은 진술거부권의 고지 없이 이루어진 것이다.

   (라) 따라서 A에 대한 ㉠문답서는 증거능력이 없다.

⑥ 갑은 두 번째 상고이유로 다음의 점을 주장하였다.

   (가) 선관위 직원은 [공적을 올리기 위하여] A에게 갑과의 녹음을 교사하는 등 위법하게 조사하였다.

   (나) A에 대한 ㉠문답서는 공소사실에 부합하게 선관위 직원에 의하여 위법하게 유도된 것이다.

⑦ 갑은 세 번째 상고이유로 다음의 점을 주장하였다.

   (가) ㉠문답서는 형소법 제312조 제3항의 사경작성 피의자신문조서에 준하는 것이다.

   (나) ㉠문답서에 대해 공범인 갑이 그 내용을 부인하고 있다.

   (다) 사경작성 피의자신문조서에 대해 공범이 그 내용을 부정하면 증거능력이 없다.

   (라) 따라서 ㉠문답서는 증거능력이 없다.

2. 선거관리위원회 문답서의 증거능력

【대법원 분석】 헌법 제12조는 제1항에서 적법절차의 원칙을 선언하고 /

【대법원 분석】 제2항에서 "모든 국민은 고문을 받지 아니하며, 형사상 자기에게 불리한 진술을 강요당하지 아니한다."고 규정하여 /

【대법원 분석】 진술거부권을 국민의 기본적 권리로 보장하고 있다. /

【대법원 요지】 이는 형사책임과 관련하여 비인간적인 자백의 강요와 고문을 근절하고 인간의 존엄성과 가치를 보장하려는 데에 그 취지가 있다. /

【대법원 요지】 그러나 진술거부권이 보장되는 절차에서 진술거부권을 고지받을 권리가 헌법 제12조 제2항에 의하여 바로 도출된다고 할 수는 없고, /

【대법원 요지】 이를 인정하기 위해서는 입법적 뒷받침이 필요하다.

【대법원 분석】 구 공직선거법(2013. 8. 13. 법률 제12111호로 개정되기 전의 것, 이하 같다)은 제272조의2에서 /

【대법원 분석】 선거범죄 조사와 관련하여 선거관리위원회 위원·직원이 관계자에게 질문·조사를 할 수 있다고 규정하면서도 /

【대법원 분석】 진술거부권의 고지에 관하여는 별도의 규정을 두지 않았고, /

【대법원 요지】 수사기관의 피의자에 대한 진술거부권 고지를 규정한 형사소송법 제244조의3 제1항이 /

【대법원 요지】 구 공직선거법상 선거관리위원회 위원·직원의 조사절차에 당연히 유추적용된다고 볼 수도 없다. /

【대법원 분석】 한편, 2013. 8. 13. 법률 제12111호로 개정된 공직선거법은 제272조의2 제7항을 신

설하여 /

【대법원 분석】 선거관리위원회의 조사절차에서 피조사자에게 진술거부권을 고지하도록 하는 규정을 마련하였으나, /

【대법원 분석】 그 부칙 제1조는 "이 법은 공포한 날부터 시행한다."고 규정하고 있어 /

【대법원 분석】 그 시행 전에 이루어진 선거관리위원회의 조사절차에 대하여는 구 공직선거법이 적용된다. /

【대법원 판단】 결국, 구 공직선거법 시행 당시 /

【대법원 판단】 선거관리위원회 위원 · 직원이 선거범죄 조사와 관련하여 관계자에게 질문을 하면서 미리 진술거부권을 고지하지 않았다고 하여 /

【대법원 판단】 단지 그러한 이유만으로 그 조사절차가 위법하다거나 /

【대법원 판단】 그 과정에서 작성 · 수집된 선거관리위원회 문답서의 증거능력이 당연히 부정된다고 할 수는 없다.

3. 사안에 대한 대법원의 판단

【대법원 판단】 원심판결 이유에 의하면, /

【대법원 판단】 원심은 그 판시와 같은 이유를 들어 /

【대법원 판단】 경기도선거관리위원회 직원인 공소외 B, C 등이 구 공직선거법에 따라 공소외 A를 조사하면서 작성한 선거관리위원회 문답서의 /

【대법원 판단】 증거능력을 다투는 피고인의 주장을 모두 배척하고 /

【대법원 판단】 그 증거능력을 인정한 제1심의 판단을 그대로 유지하였는바, /

【대법원 결론】 이러한 원심의 판단은 앞서 본 법리에 따른 것일 뿐만 아니라, /

【대법원 판단】 기록에 의하더라도 경기도선거관리위원회 직원 등이 /

【대법원 판단】 공소외 A로 하여금 피고인에게 선거운동의 대가로 금품을 요구하도록 교사하고 /

【대법원 판단】 이 사건 공소사실에 부합하는 내용으로 허위 진술을 하도록 유도하거나, /

【대법원 판단】 공소외 A의 진술을 선별적으로 발췌하여 문답서에 기재하는 등으로 /

【대법원 판단】 공소외 A에 대한 선거관리위원회 문답서를 조작 내지 왜곡하였다고 볼 아무런 자료를 찾아볼 수 없는 이상, /

【대법원 결론】 원심의 위와 같은 판단은 정당하고, 거기에 상고이유 주장과 같이 위법수집증거의 증거능력에 관한 법리를 오해하거나 판단을 누락하는 등의 위법이 없다.

【대법원 판단】 나아가 원심이, /

【대법원 요지】 공소외 A에 대한 선거관리위원회 문답서가 형사소송법 제312조 제3항에 규정된 서류에 해당한다는 전제에서 /

【대법원 요지】 공소외 A와 공범관계에 있는 피고인이 그 내용을 부인한 이상 증거능력이 부정되어야 한다는 피고인의 주장을 배척하고, /

【대법원 요지】 형사소송법 제313조 제1항 본문에 따라 위 문답서의 증거능력을 인정할 수 있다고 판단한 것은 정당한 것으로 수긍할 수 있고, /

【대법원 결론】 거기에 상고이유 주장과 같이 선거관리위원회 문답서의 증거능력 인정요건에 관한 법리를 오해하는 등의 위법이 없다. /

【대법원 결론】 이와 관련된 상고이유 주장은 모두 받아들일 수 없다. (상고 기각)

【코멘트】 선거관리위원회의 위원이나 직원은 공직선거법에 따라 관계자에게 질문 · 조사를 할 수 있다. 선거관리위원회의 위원이나 직원은 검사의 지휘 · 감독을 받는 특별사법경찰관리가 아니다. 선거관리위원회는 헌법에 의하여 설치된 기관으로서(헌법 제114조 이하 참조) 행정부와 독립되어 있다. 그렇지만 선관위의 조사과정에서 작성된 서류는 공직선거법위반죄 피고사건에서 중요한 증거로서 작용한다. 여기에서 선관위의 조사과정이나 그 결과물에 대해 사법경찰관리의 수사절차에 관한 규정 및 증거법 조문을 유추적용할 수 없을 것인가 하는 의문이 제기된다.

대법원은 이 점과 관련하여 본 판례에서 중요한 법리를 제시하고 있다. 하나는 선관위 위원이나 직원의 조사과정에 피의자신문에 적용되는 형소법 제244조의3 제1항의 진술거부권 고지규정을 유추적용할 수 없다는 점이다. 그러나 이 부분은 공직선거법이 개정되면서 진술거부권 규정이 명시되어 그 의미가 크게 줄어들었다.

대법원이 제시한 또 하나의 법리는 선관위의 위원이나 직원이 혐의자를 상대로 작성한 문답서를 사법경찰관이 작성한 피의자신문조서와 같이 볼 수 없다는 점이다. 이 대목과 관련하여 대법원은 선관위 위원이나 임원이 작성한 문답서는 형사소송법 제312조 제3항이 아니라 제313조 제1항 본문에 따라 증거능력을 결정해야 한다고 판시한다.

우리 형사소송법 제313조 제1항은 다른 나라의 입법례에서 찾아보기 어려운 독창적인 조문이다. 형소법 제313조 제1항의 경우 원진술자는 법정에 출석해 있어서 그에 대해 반대신문을 할 수 있다. 그럼에도 불구하고 2016년 개정 전의 형소법 제313조에 의하면 원진술자의 진술을 기재한 서면은 (가) 그 서면에 진술자의 자필 또는 서명 · 날인이 있고, (나) 원진술자가 진정성립을 인정한다는 두 가지 요건을 갖추기만 하면 곧바로 증거능력을 인정받았다. 이 점은 형소법 제312조 제4항이 참고인진술조서에 대해 피고인 또는 변호인에게 반대신문의 기회를 부여하지 않는 한 증거능력이 없다고 규정한 것과 크게 대비되었다.

최근 선거관리위원회나 공정거래위원회 등 각종 단속기관들이 행정조사의 형태로 관계자들의 진술을 서면에 기재해 놓고 있다. 본 판례의 판시사항에 따르면 이들 서면은 사법경찰관리가 작성한 것이 아니므로 형소법 제312조 제3항이나 제4항의 규율을 받지 않고 형소법 제313조 제1항 본문이나 단서에 따라 증거능력이 결정된다.

2016년 개정 전의 형소법 제313조에 따르면 수사기관의 조서에 비하여 행정관청의 조사서류에 보다 더 많은 무게를 실어준다는 문제점이 있었다. 2016년 개정된 형소법 제313조는 이러한 문제점을 입법적으로 해결하였다. 입법자는 형소법 제313조를 개정하여 성립의 진정에 대한 대체적 증명방법을 허용하면서(형소법 제313조 제2항 본문), 동시에 원진술자에 대한 반대신문권의 보장을 증거능력 인정의 요건으로 명시하였다(동항 단서).

2013도5650

통고처분과 고발의 관계
세금계산서 교부 대 제출 사건
2014. 10. 15. 2013도5650, 공 2014하, 2211

1. 사실관계 및 사건의 경과

【사실관계 1】

① P회사는 교통카드 발행 및 단말기 제조 등을 목적으로 설립된 법인이다.

② 갑은 2000. 7.경부터 2009. 3. 31.까지 P회사의 대표이사였던 사람이다.

③ P회사의 현 대표이사는 E이다.

④ [2012. 초 P회사에 대해 관할 세무당국으로부터 세무조사가 있었다.]

⑤ 갑이 재직하던 기간 중에 있었던 허위 세금계산서 관련 범칙사실이 문제되었다.

⑥ 2012. 4. 17. 중부지방국세청장은 통고처분을 하였다. (㉠통고처분)

⑦ ㉠통고처분은 P회사(대표이사 E) 앞으로 발송된 통고서를 통하여 이루어졌다. (㉡통고서)

【사실관계 2】

① ㉡통고서의 통고처분 관련 기재사항은 다음과 같다.

② "별지 기재 범칙행위에 대해 P회사에 벌과금 상당액 1억 4,300만 원을 납부할 것을 통고한다."

③ 별지에는 다음 범칙사항이 기재되어 있다.

　(가) 2007. 6. 1. P회사(당시 대표이사 갑)는 Q회사로부터 10억 3천만 원 상당의 허위 세금계산서를 수취하였다. (㉮범칙사실)

　(나) 2007. 6. 1. P회사(당시 대표이사 갑)는 R회사로부터 4억 원 상당의 허위 세금계산서를 수취하였다. (㉯범칙사실)

④ ㉡통고서의 그 밖의 기재사항은 다음과 같다.

　(가) ㉡통고서 위쪽에 "ⓐ전화번호, 수원중부지방국세청 조사3국 2과 4계"라고 수기로 기재되어 있다.

　(나) ㉡통고서 아래쪽에 "4조사팀/ 2012. 04. 17 09:17/ [담당자] F"라고 활자로 기재되어 있다.

⑤ ⓐ전화번호는 P회사의 팩스 전화번호이다.

【사실관계 3】

① P회사는 1억 4,300만원의 벌과금 상당액을 납부하지 않았다.

② 2012. 5. 22. 중부지방국세청장은 P회사와 ㉮, ㉯범칙행위 당시의 대표이사 갑을 고발하였다. (㉢고발)

③ ㉢고발은 고발서를 통하여 이루어졌다. (㉣고발서)

④ ㉣고발서에는 고발 근거규정으로 행위시 「조세범 처벌절차법」 제12조 제1항이 기재되었다.

⑤ (후술 참조조문 1 참조 바람)

【사건의 경과 1】

① 검사는 갑을 허위세금계산서를 교부받아 세무서 담당공무원에게 제출하였다는 공소사실로 「조세범 처벌법」 위반죄로 기소하였다.

② 검사는 P회사를 「조세범 처벌법」의 양벌규정으로 기소하였다.

③ (공소사실의 구체적인 내용은 판례 본문 참조)

④ (이하 갑에 대하여서만 검토함)

【사건의 경과 2】

① 제1심 공판절차에서 갑은 ㉠통고처분이 자신(갑)에 대한 것이 아니라고 주장하였다.

② 갑은 이를 입증하기 위하여 ㉡통고서를 제출하였다.

③ 갑과 P회사의 피고사건은 제1심을 거친 후, 항소심에 계속되었다.

④ 항소심법원은 다음의 이유를 들어서 갑에게 공소기각판결을 선고하였다.

　(가) 갑은 ㉠통고처분에 따라 벌과금 상당액 납부의무를 면제받았다.

　(나) 납부의무 없는 갑에 대한 ㉢고발은 부적법하다.

　(다) 부적법한 ㉢고발에 따라 제기된 검사의 공소제기는 공소제기의 절차가 법률의 규정에 위반하여 무효이다.

⑤ (항소심의 구체적 판단 이유는 판례 본문 참조)

【사건의 경과 3】

① 검사는 불복 상고하였다.

② 검사는 상고이유로 다음의 점을 주장하였다.

　(가) 범칙행위 당시 대표이사 갑은 행위자로서 「조세범 처벌법」 위반죄의 죄책을 진다.

　(나) ㉠통고처분에는 갑에 대한 벌과금 납부의무 면제에 관한 내용이 없다.

　(다) 행위자인 당시 대표이사 갑에 대한 ㉢고발은 적법하다.

　(라) 검사의 공소제기는 공소제기의 절차가 법률의 규정에 위반하여 무효인 경우에 해당하지 않는다.

【참조조문 1】

조세범 처벌법 (행위시)

제11조의2 (세금계산서 교부 의무위반등 ② 부가가치세법의 규정에 의하여 /

세금계산서를 교부받아야 할 자와 /

매입처별세금계산서합계표를 정부에 제출하여야 할 자가 /

폭행 · 협박 · 선동 · 교사 또는 통정에 의하여 /

세금계산서를 교부받지 아니하거나 /

허위기재의 세금계산서를 교부받은 때 또는 /

허위기재한 매입처별세금계산서합계표를 제출한 때에는 /

3년 이하의 징역 또는 100만원 이하의 벌금에 처한다.

조세범 처벌절차법 (처분시)

제9조 (통고처분) ① 국세청장 · 지방국세청장 또는 세무서장은 /

범칙사건을 조사하여 범칙의 심증(心證)을 갖게 되었을 때에는 그 이유를 명시하여 /

벌금 또는 과료(科料)에 해당하는 금액, /

몰수 또는 몰취(沒取)에 해당하는 물품, /

추징금에 해당하는 금액, /

서류의 송달비용 및 압수물건의 운반 · 보관비용을 /

지정한 장소에 납부할 것을 통고하여야 한다. /

다만, 몰수 또는 몰취에 해당하는 물품에 대해서는 납부 신청만 하도록 통고할 수 있다.

③ 국세청장 · 지방국세청장 또는 세무서장은 /

범칙자가 통고대로 이행할 자금이나 납부 능력이 없다고 인정될 때에는 /

제1항의 통고를 하지 아니하고 즉시 고발하여야 한다.

④ 국세청장 · 지방국세청장 또는 세무서장은 /

정상(情狀)에 따라 징역형에 처할 것으로 판단되는 경우에도 /

즉시 고발하여야 한다.

제12조 (고발) ① 국세청장 · 지방국세청장 또는 세무서장은 /

범칙자가 통고를 받은 날부터 15일 이내에 통고대로 이행하지 아니한 경우에는 /

고발하여야 한다. /

다만, 15일이 지났더라도 고발되기 전에 이행하였을 때에는 예외로 한다.

② 국세청장 · 지방국세청장 또는 세무서장은 /

범칙자의 거소가 분명하지 아니하거나 /

범칙자가 서류의 수령을 거부하여 통고할 수 없는 경우에도 /

고발하여야 한다.

【참조조문 2】

조세범 처벌법 (현행)

제10조 (세금계산서의 발급의무 위반 등) ② 「부가가치세법」에 따라 /

세금계산서를 발급받아야 할 자와 /

매입처별세금계산서합계표를 정부에 제출하여야 할 자가 /

통정하여 다음 각 호의 어느 하나에 해당하는 행위를 한 경우에는 /

1년 이하의 징역 또는 /

매입금액에 부가가치세의 세율을 적용하여 계산한 세액의 /

2배 이하에 상당하는 벌금에 처한다.

조세범 처벌절차법 (현행)

제15조 (통고처분) ① 지방국세청장 또는 세무서장은 /

조세범칙행위의 확증을 얻었을 때에는 /

대통령령으로 정하는 바에 따라 /

그 대상이 되는 자에게 그 이유를 구체적으로 밝히고 /

다음 각 호에 해당하는 금액이나 물품을 납부할 것을 통고하여야 한다. /

다만, 몰수 또는 몰취(沒取)에 해당하는 물품에 대해서는 /

그 물품을 납부하겠다는 의사표시(이하 "납부신청"이라 한다)를 하도록 통고할 수 있다.

1. 벌금에 해당하는 금액(이하 "벌금상당액"이라 한다)

2. 몰수 또는 몰취에 해당하는 물품

3. 추징금에 해당하는 금액

③ 제1항에 따른 통고처분을 받은 자가 통고대로 이행하였을 때에는 /

동일한 사건에 대하여 다시 조세범칙조사를 받거나 처벌받지 아니한다.

제17조 (고발) ① 지방국세청장 또는 세무서장은 /

다음 각 호의 어느 하나에 해당하는 경우에는 통고처분을 거치지 아니하고 /

그 대상자를 즉시 고발하여야 한다.

1. 정상(情狀)에 따라 징역형에 처할 것으로 판단되는 경우

2. 제15조 제1항에 따른 통고대로 이행할 자금이나 납부 능력이 없다고 인정되는 경우

3. 거소가 분명하지 아니하거나 서류의 수령을 거부하여 통고처분을 할 수 없는 경우

4. 도주하거나 증거를 인멸할 우려가 있는 경우

② 지방국세청장 또는 세무서장은 /

제15조 제1항에 따라 통고처분을 받은 자가 /

통고서를 송달받은 날부터 15일 이내에 통고대로 이행하지 아니한 경우에는 /

고발하여야 한다. /

다만, 15일이 지났더라도 고발되기 전에 통고대로 이행하였을 때에는 그러하지 아니하다.

특정범죄 가중처벌 등에 관한 법률

제16조 (소추에 관한 특례) 제6조[관세법 위반행위의 가중처벌] 및 제8조[조세 포탈의 가중처벌]의 죄에 대한 공소는 고소 또는 고발이 없는 경우에도 제기할 수 있다.

2. 공소사실의 요지

【대법원 분석】 공소외 P회사는 교통카드 발행 및 단말기 제조 등을 목적으로 설립된 법인이고, /

【대법원 분석】 피고인은 2000. 7.경부터 2009. 3. 31.까지 공소외 P회사의 대표이사였던 사람이다.

【대법원 분석】 (1) 피고인은 2007. 7. 25.경 성남세무서에 2007년 제1기 부가가치세 확정신고를 하면서, /

【대법원 분석】 사실은 공소외 A로부터 금융컨설팅 용역을 공급받았을 뿐이고, /

【대법원 분석】 공소외 Q주식회사(이하 '공소외 Q회사'라고만 한다)나 공소외 R주식회사(이하 '공소외 R회사'라고만 한다)로부터 재화나 용역을 공급받은 사실이 없는데도, /

【대법원 분석】 공소외 A가 사업자등록이 되어 있지 않아 세금계산서 발급이 되지 않자 /

【대법원 분석】 공소외 Q회사로부터 10억 3,000만 원, 공소외 R회사로부터 4억 원 상당의 용역을 공급받은 것처럼 세금계산서를 교부받고, /

【대법원 분석】 위와 같은 내용으로 매입처별세금계산서합계표를 허위기재하여 그 서류를 위 세무서 담당공무원에게 제출하였다.

【대법원 분석】 (2) 공소외 P회사는 위 일시, 장소에서 /

【대법원 분석】 그 대표이사인 피고인이 공소외 P회사의 업무에 관하여 위와 같이 허위기재한 매입처별세금계산서합계표를 성남세무서 담당공무원에게 제출하였다.

3. 사안에 대한 항소심의 판단

【항소심 분석】 원심은 제1심이 적법하게 채택하여 조사한 증거에 의하여, /

【항소심 분석】 ① 중부지방국세청장이 2012. 4. 17.경 공소외 P회사와 피고인에게, /

【항소심 분석】 공소외 P회사가 2007. 6. 1. 이 사건 공소사실과 같이 공소외 Q회사로부터 10억 3,000만 원, 공소외 R회사로부터 4억 원 상당의 허위 세금계산서 수취 범칙사실을 이유로, /

【항소심 분석】 공소외 P회사는 벌과금 상당액인 1억 4,300만 원을 납부하고, /

【항소심 분석】 피고인은 출자자 아닌 행위자로서 위 벌과금 상당액을 면제한다는 내용의 통고처분/

【항소심 분석】 (이하 '이 사건 통고처분'이라고 하고, 그 통고서를 '이 사건 통고서'라고 한다)을 한 사실, /

【항소심 분석】 ② 공소외 P회사가 위 벌과금 상당액을 납부하지 않자, /

【항소심 분석】 중부지방국세청장은 2012. 5. 22. 수원지방검찰청 성남지청에 위 범칙사실을 이유로 공소외 P회사와 피고인을 고발/

【항소심 분석】 (이하 '이 사건 고발'이라고, 그 고발서를 '이 사건 고발서'라고 한다)한 사실, /

【항소심 분석】 ③ 이 사건 고발서에는 고발근거규정으로 통고처분 불이행으로 인한 고발에 관한 구 조세범 처벌절차법/

【항소심 분석】 (2011. 12. 31. 법률 제11132호로 전부 개정되어 2012. 7. 1. 시행되기 전의 것, 이하 '구 조세범 처벌절차법'이라고 한다) /

【항소심 분석】 제12조 제1항이 기재되어 있는 사실을 인정하였다.

【항소심 판단】 원심은 위와 같은 사실관계 아래, /

【항소심 판단】 ① 피고인은 이 사건 통고처분에 따라 위 벌과금 상당액 납부의무를 면제받았고, /

【항소심 판단】 이 사건 통고처분 당시 이미 대표이사에서 사임하였으므로, /

【항소심 판단】 중부지방국세청장은 법인인 공소외 P회사의 통고처분 불이행을 이유로 피고인을 고발할 수 없으며, /

【항소심 판단】 ② 이 사건 고발서에 통고처분 불이행으로 인한 고발에 관한 규정이 기재되어 있는 이상 /

【항소심 판단】 피고인에 대한 이 사건 고발을 통고처분 없이 하는 즉시고발에 해당한다고 볼 수 없으므로, /

【항소심 판단】 피고인에 대한 이 사건 고발은 부적법하고, /

【항소심 판단】 ③ 따라서 이 사건 공소는 부적법한 이 사건 고발에 따라 제기된 것이므로, /

【항소심 판단】 공소제기의 절차가 법률의 규정을 위반하여 무효인 경우에 해당한다고 보아 /

【항소심 판단】 피고인에 대한 이 사건 공소를 기각하였다.

4. 통고처분의 효력과 상대방에 대한 대법원의 판단

【대법원 분석】 (1) 구 조세범 처벌절차법 제9조, 제11조, 제12조, 제14조, /

【대법원 분석】 구 조사사무처리규정(2012. 6. 29. 국세청훈령 제1945호로 개정되기 전의 것) 제98조에 의하면, /

【대법원 요지】 조세범칙 사건의 조사 결과에 따른 국세청장 등의 후속조치로는 통고처분, 고발, 무혐의 통지만이 규정되어 있고, /

【대법원 요지】 한편 통고처분은 조세범칙자에게 벌금 또는 과료에 해당하는 금액 등을 납부할 것을 통고하는 처분일 뿐 /

【대법원 요지】 벌금 또는 과료의 면제를 통고하는 처분이 아니며, /

【대법원 요지】 그 통고서는 범칙자별로 작성됨을 알 수 있다.

【대법원 분석】 그리고 기록에 의하면, /

【대법원 분석】 ① 이 사건 통고서에는 범칙자로 공소외 P회사만이 기재되어 있고 /

【대법원 분석】 (대표자도 현 대표자인 공소외 E가 기재되어 있을 뿐 전 대표자인 피고인이 기재되어 있지 않다), /

【대법원 분석】 범칙사항에 관하여 별지가 첨부된 것으로 기재되어 있는데, /

【대법원 분석】 피고인 관련 내용은 별지에 기재되어 있을 뿐인 점, /

【대법원 분석】 ② 피고인은 범칙자로 공소외 P회사가 기재된 이 사건 통고서만을 제출하고 있을 뿐인 점, /

【대법원 분석】 ③ 한편 이 사건 통고서 위쪽에는 "(전화번호 1 생략), 수원중부지방국세청 조사3국 2과 4계"라고 수기로 기재되어 있고, /

【대법원 분석】 아래쪽에는 "4조사팀/ 2012. 04. 17 09:17/ 공소외 F"라고 활자로 기재되어 있는데, /

【대법원 분석】 공소외 P회사의 전화번호가 (전화번호 2 생략) 또는 (전화번호 3 생략)인 것으로 보아 /

【대법원 분석】 위 (전화번호 1 생략)는 공소외 P회사의 팩스 또는 관련 번호인 것으로 보일 뿐이어서, /

【대법원 분석】 피고인이 공판과정에서 법원에 이 사건 통고서를 제출하였다는 사실만으로 /

【대법원 분석】 이 사건 통고서 송달 상대방에 공소외 P회사 외에 피고인도 포함되어 있었음을 인정하기 부족하고, /

【대법원 분석】 달리 이를 인정할 자료가 없는 점 등을 알 수 있다. /

【대법원 판단】 이러한 점들에다가 앞서 본 통고처분의 성격 및 작성방법을 보태어 보면, /

【대법원 판단】 이 사건 통고서는 공소외 P회사에 대하여 통고처분을 알리는 서면이고, /

【대법원 판단】 별지에 기재된 피고인 관련 내용은 공소외 P회사의 범칙사항을 설명하기 위한 것에 불과하다고 봄이 옳다.

【대법원 결론】 따라서, 이 사건 통고서가 피고인에 대해서도 벌과금 상당액을 면제한다는 내용의 통고처분을 알리는 서면임을 전제로 한 /

【대법원 결론】 원심의 사실인정과 판단은 받아들이기 어렵다.

5. 통고처분 불이행과 고발의 관계에 대한 대법원의 판단

【대법원 요지】 (2) 조세범 처벌절차법에 즉시고발을 할 때 고발사유를 고발서에 명기하도록 하는 규정이 없을 뿐만 아니라, /

【대법원 요지】 원래 즉시고발권을 세무공무원에게 부여한 것은 /

【대법원 요지】 세무공무원으로 하여금 때에 따라 적절한 처분을 하도록 할 목적으로 /

【대법원 요지】 특별사유의 유무에 대한 인정권까지 세무공무원에게 일임한 취지라고 볼 것이므로, /

【대법원 요지】 조세범칙사건에 대하여 관계 세무공무원의 즉시고발이 있으면 그로써 소추의 요건은 충족되는 것이고, /

【대법원 요지】 법원은 본안에 대하여 심판하면 되는 것이지 즉시고발 사유에 대하여 심사할 수 없다 /

【대법원 요지】 (대법원 1996. 5. 31. 선고 **94도952** 판결 참조).

【대법원 분석】 원심판결 이유와 기록을 살펴보면, /

【대법원 분석】 중부지방국세청장은 피고인이 대표이사로 있던 공소외 P회사에 대해서만 통고처분을 하였을 뿐 /

【대법원 분석】 피고인에 대해서는 아무런 통고처분을 하지 않았는데도, /

【대법원 분석】 이 사건 고발서에 고발근거규정으로 통고처분 불이행으로 인한 고발에 관한 구 조세범 처벌절차법 제12조 제1항이 기재되어 있음을 알 수 있다. /

【대법원 판단】 따라서, 위 고발근거규정이 공소외 P회사에 관한 것일 뿐만 아니라 /

【대법원 판단】 피고인에 관한 것이기도 하다면 /

【대법원 판단】 피고인에 관한 이 사건 고발사유의 기재가 잘못되었다고 볼 수 있으나, /

【대법원 판단】 앞서 본 법리에 의하면 그러한 사유만으로 이 사건 고발이 위법하다고 할 수 없다.

【대법원 분석】 그리고 기록에 의하여 알 수 있는 다음과 같은 사정, 즉 /

【대법원 분석】 ① 중부지방국세청장은 이 사건 통고서에 피고인에 대해서는 공소외 P회사의 통고처분 이행과 무관하게 확정적으로 고발을 하지 않는다는 취지의 기재를 한 바 없는 점, /

【대법원 분석】 ② 더구나 앞서 본 바와 같이 이 사건 통고서는 공소외 P회사에 대하여 통고처분을 알리는 서면이고, /

【대법원 분석】 별지에 기재된 피고인 관련 내용은 공소외 P회사의 범칙사항을 설명하기 위한 것에 불과하다고 볼 수 있는 점, /

【대법원 분석】 ③ 따라서 피고인이 이 사건 통고서 및 그 별지 내용을 알았다고 하더라도 /

【대법원 분석】 그것이 피고인에게 공소외 P회사의 통고처분 이행과 무관하게 확정적으로 고발이 되지 않을 것이라는 신뢰를 줄 정도라고 보기 어렵고, /

【대법원 분석】 오히려 일반인이라면 /

【대법원 분석】 피고인은 공소외 P회사의 대표이사로서 실제 행위자였던 관계로 /

【대법원 분석】 공소외 P회사가 통고처분을 불이행하는 경우 /

【대법원 분석】 공소외 P회사와 함께 고발될 수 있음을 미필적으로나마 인식할 수 있다고 보이는 점, /

【대법원 분석】 ④ 나아가 회사가 통고처분을 불이행할 경우 /

【대법원 분석】 회사와 함께 회사 대표이사로서 실제 행위자였던 사람에게 그 책임을 지우는 것이 부당해 보이지도 않고, /

【대법원 분석】 이는 실제 행위자였던 사람이 출자자가 아니라거나 통고처분 당시 회사 대표이사에서 사임하였다고 하더라도 달리 볼 것은 아닌 점 등을 종합하면, /

【대법원 분석】 중부지방국세청장이 공소외 P회사와 함께 피고인을 고발한 것을 두고 명백히 자의적인 판단이라고 할 수 없다.

【대법원 결론】 따라서, 이러한 점에서도 원심의 판단은 받아들이기 어렵다.

6. 고발의 효력범위

【대법원 요지】 (3) 고발은 범죄사실에 대한 소추를 요구하는 의사표시로서 /

【대법원 요지】 그 효력은 고발장에 기재된 범죄사실과 동일성이 인정되는 사실 모두에 미치므로, /

【대법원 요지】 조세범 처벌절차법에 따라 범칙사건에 대한 고발이 있는 경우 /

【대법원 요지】 그 고발의 효력은 범칙사건에 관련된 범칙사실의 전부에 미치고 /

【대법원 요지】 한 개의 범칙사실의 일부에 대한 고발은 그 전부에 대하여 효력이 생긴다 /

【대법원 요지】 (대법원 2009. 7. 23. 선고 2009도3282 판결 참조). /

【대법원 요지】 그러나 수 개의 범칙사실 중 일부만을 범칙사건으로 하는 고발이 있는 경우 /

【대법원 요지】 고발장에 기재된 범칙사실과 동일성이 인정되지 않는 다른 범칙사실에 대해서까지 그 고발의 효력이 미칠 수는 없다.

7. 공소사실의 특정성에 대한 대법원의 판단

【대법원 분석】 기록과 관련 법령 등에 의하면, /

【대법원 분석】 ① 구 조세범 처벌법 제11조의2 제2항의 범죄는 /

【대법원 분석】 부가가치세법의 규정에 의하여 세금계산서를 교부받아야 할 자와 /

【대법원 분석】 매입처별세금계산서합계표를 정부에 제출하여야 할 자가 /

【대법원 분석】 폭행 · 협박 · 선동 · 교사 또는 통정에 의하여 /

【대법원 분석】 세금계산서를 교부받지 아니하거나 /

【대법원 분석】 '허위기재의 세금계산서를 교부받은 때' 또는 /

【대법원 분석】 '허위기재한 매입처별세금계산서합계표를 제출한 때'에 성립하는데, /

【대법원 분석】 이 사건 공소사실에는 /

【대법원 분석】 피고인이 공소외 Q회사로부터 10억 3,000만 원, 공소외 R회사로부터 4억 원 상당의 용역을 공급받은 것처럼 '세금계산서를 교부받고', /

【대법원 분석】 위와 같은 내용으로 '매입처별세금계산서합계표를 허위기재하여 그 서류를 위 세무서 담당공무원에게 제출하였다'고 기재되어 있기는 하나, /

【대법원 분석】 피고인이 성남세무서에 2007년 제1기 부가가치세 확정신고를 한 2007. 7. 25.경이 범행일로 적혀 있을 뿐이고, /

【대법원 분석】 피고인이 공소외 Q회사나 공소외 R회사로부터 세금계산서를 교부받은 날은 따로 범

행일이 적혀 있지 않은 데다가, /

【대법원 분석】 피고인에 대한 공소장 적용법조에 형법상의 경합범 규정이 기재되어 있지도 않은 점, /

【대법원 분석】 ②공소외 P회사에 대한 공소사실에도 /

【대법원 분석】 피고인이 '허위기재한 매입처별세금계산서합계표를 성남세무서 담당공무원에게 제출한 행위'만이 기재되어 있는 점 등을 알 수 있다. /

【대법원 판단】 위와 같은 사정을 종합하면, /

【대법원 판단】 검사는 피고인을 '허위기재한 매입처별세금계산서합계표를 성남세무서 담당공무원에게 제출한 행위'로만 기소한 것으로 봄이 옳다.

8. 고발과 공소사실의 관계에 대한 대법원의 판단

【대법원 판단】 그런데 이 사건 고발서의 기재에 의하면 /

【대법원 판단】 중부지방국세청장은 '허위 세금계산서 수취행위'를 범칙사실로 하여 피고인을 고발하였음이 분명하고, /

【대법원 판단】 달리 '허위기재한 매입처별세금계산서합계표를 성남세무서 담당공무원에게 제출한 행위'를 범칙사실로 하여 고발하였음을 인정할 만한 자료가 없다. /

【대법원 판단】 따라서 위 고발된 범칙사실과 이 사건 공소사실은 동일성이 인정되지 않으므로 /

【대법원 판단】 위 범칙사실에 대한 고발의 효력은 이 사건 공소사실에 미칠 수 없고, /

【대법원 판단】 결국 이 사건 공소는 중부지방국세청장의 고발 없이 제기된 것으로서 /

【대법원 판단】 공소제기의 절차가 법률의 규정에 위반되어 무효라고 볼 수밖에 없다 /

【대법원 판단】 (대법원 2014. 7. 24. 선고 2014도1381 판결 참조). /

【대법원 결론】 그렇다면 피고인에 대한 공소를 기각한 원심의 결론은 정당하므로, /

【대법원 결론】 앞서 본 원심의 잘못이 판결 결과에 영향을 미쳤다고 할 수 없다. (상고 기각)

【코멘트】 본 판례는 조세범칙 사안에서 통고처분과 세무당국의 고발, 그리고 검사의 공소제기의 관계에 대하여 중요한 법리를 제시하고 있다. 본 판례의 사실관계를 보면 관할 세무당국은 P회사에 대해 통고처분을 하고 있으나 갑에 대해서는 명시적인 언급을 하고 있지 않다. P회사가 통고처분을 이행하지 않자 관할 세무당국은 P회사뿐만 아니라 범칙행위 당시의 대표이사였던 갑을 함께 수사기관에 고발하고 있다.

검사의 공소제기에 대해 갑은 통고처분이 자신에 대한 것이 아니라고 주장하면서 그 근거자료로 ㉠통고처분이 기재된 ㉡통고서를 법원에 제출하고 있다. 갑의 주장에 대해, 항소심법원은 ㉠통고처분에 갑이 언급되어 있지 않은 것은 관할 세무당국이 ㉠통고처분을 통해 갑에게 벌과금 상당액의 납부의무를 면제한 것이라고 본다. 납부의무가 면제된 사람에 대해서는 통고처분 불이행을 생각할 수 없고, 그 결과 관할 세무당국의 갑에 대한 고발은 무효이며, 무효인 고발을 토대로 한 검사의 공소제기는 공소기각판결의 대상이 된다는 것이 항소심법원의 판단이다.

그러나 대법원의 판단은 다르다. 먼저, 대법원은 ㉠통고처분에 대상자로 갑이 언급이 되지 않았다고 하더라도 그것이 곧바로 갑의 벌과금 납입의무를 면제하는 것으로 볼 수 없다고 판단한다. 통고처분은 어디까지 벌과금 납부를 명하는 처분이라는 것이 그 이유이다. 다음으로, 대법원은 통고처분을 알리는 통고서는 범칙자별로 작성된다는 점을 지적한다. 이렇게 본다면 ⊙통고처분의 상대방은 P회사가 된다.

사정이 이렇다면 갑은 다음으로 "통고처분을 이행하지 않는 경우에 고발을 한다"는 「조세범 처벌절차법」의 관련규정을 들어서 세무당국이 통고처분 불이행과 무관한 자신(갑)을 고발한 것은 위법하다고 주장할 것이다. 고발사유는 통고처분을 이행하지 아니한 P회사에게만 있으므로 통고처분을 받지 아니한 자신(갑)에 대한 고발은 고발사유 없는 고발로서 무효라는 것이다.

이에 대해 대법원은 통고처분 사건에서 고발은 그 자체로 유무를 판단하면 족하고 고발사유를 묻지 않는다는 입장을 취하고 있다. 이와 관련하여 대법원은 관련 법률에 고발의 사유를 적도록 규정되어 있지 않다는 점과 회사와 그 대표이사를 함께 처벌하는 것이 합리적이라는 점 등 몇 가지 이유를 제시하고 있다.

갑에 대한 관할 세무당국의 고발이 사유를 묻지 않고 적법하다면 다음으로 그 고발이 검사의 공소제기와 관련하여 유효한 것인지 검토해야 한다. 통고처분과 관련된 고발사건에서 관할 세무당국의 고발은 소추조건이기 때문이다. 고발의 유효 여부를 판단하려면 고발의 효력범위와 공소사실의 효력범위를 비교해 보아야 한다.

관할 세무당국의 고발은 범칙행위를 단위로 그 효력범위가 결정된다. 만일 단일한 범칙행위의 일부분에 대해서만 고발이 있다면 그 고발은 전체 범칙행위에 효력이 미친다. 이와 반대로 수개의 범칙행위가 경합한다면 범칙행위 별로 관할 세무당국의 고발이 있어야 한다. 본 사안에서 세무당국의 고발은 (가) Q회사로부터 허위 세금계산서를 교부받은 것과 (나) R회사로부터 허위 세금계산서를 교부받은 두 가지 범칙행위를 대상으로 하고 있다.

한편 공소사실의 효력범위를 살펴본다. 본 판례에서 문제되는 「조세범 처벌법」의 해당 규정을 보면 (가) 허위 세금계산서를 '교부'받는 행위와 (나) 허위기재한 매입처별세금계산서합계표를 세무당국에 '제출'하는 행위라는 두 가지 행위가 구성요건적 행위를 이루고 있다. 만일 허위 세금계산서를 '교부'받은 후, 일정 시간 경과한 다음에 이를 세무당국에 '제출'하였다면 각각 두 개의 「조세범 처벌법」위반죄가 성립하고, 양자는 실체적 경합관계에 서게 된다.

그런데 검사의 공소사실을 보면, (가) Q, R회사로부터 허위 세금계산서를 '교부'받은 행위와 (나) Q, R회사의 허위 세금계산서를 토대로 작성된 허위기재 매입처별세금계산서합계표를 세무당국에 '제출'한 행위가 기재되어 있다. 여기에서 검사의 공소사실이 허위 세금계산서의 '교부'받은 것에 관한 것인지 허위기재 매입처별세금계산서합계표를 '제출'한 것인지 문제된다.

그런데 본 판례의 사안에서 (가)의 '교부'받은 부분은 일시·장소가 특정되어 있지 않다. '교부'받은 부분을 공소사실로 본다면 이 부분의 공소사실은 특정성이 없어서 무효인 공소제기로 돌아간다. 이제 남는 것은 (나)의 '제출' 부분인데, 일시·장소가 2007. 7. 25. 관할 세무당국으로 명시되어 공소사실의 특정성 요건을 충족하고 있다. 결국 갑에 대한 공소사실은 허위기재 매입처별세금계산서합계표를 '제출'한 것으로 된다. 이러한 판단의 타당성은 양벌규정으로 기소된 P회사의 공소사실이 허위기재 매입처별세금계산서합계표를 세무당국에 '제출'한 것으로 되어 있다는 점에서도 확인할 수 있다.

이제 공소사실을 허위기재 매입처별세금계산서합계표를 '제출'한 행위라고 정리한다면, 이 공소사실에 대해 세무당국으로부터 유효한 고발이 있었는가를 살펴보아야 한다. 앞에서 본 것처럼, 관할 세무당국의 고발은 P회사가 Q, R회사로부터 허위 세금계산서를 '교부'받았다는 범칙행위를 대상으로 하고 있다. 고발의 경우는 공소제기와 달리 엄격하게 일시 · 상소를 특정할 필요는 없다. 따라서 관할 세무당국의 고발은 적법하다. 그렇지만 이 고발의 효력범위는 (나)의 '제출'을 중심으로 한 공소사실, 즉 허위기재 매입처별세금계산서합계표를 세무당국에 '제출'하였다는 공소사실과 부합하지 않는다. 요컨대 검사의 공소사실에 대해 적법한 고발이 없는 것이다.

결국 대법원은 검사의 공소사실 가운데 (가)의 '교부'받은 부분은 공소사실의 특정성이 없어서 무효이고, (나)의 '제출' 부분은 적법한 고발이 없어서 무효라는 결론에 이른다. 이와 같은 공소사실을 내용으로 하는 검사의 공소제기는 공소제기의 절차가 법률의 규정에 위반하여 무효인 때에 해당한다(형소법 제327조 제2호). 즉 공소기각판결의 대상이 되는 것이다.

대법원의 입장에서 볼 때, 관할 세무당국이 통고처분을 통하여 갑에게 벌과금 상당액의 납부의무를 면제하였다는 항소심의 판단은 잘못된 것이다. 그러나 공소기각판결이라는 항소심의 판단은 결론에 있어서 타당하다. 항소심의 잘못된 판단은 판결에 영향을 미치지 아니한 위법에 해당한다. 그리하여 대법원은 검사의 상고를 기각하는 판결에 이르고 있다.

본 판례에서 대법원은 통고처분 관련 사건의 처리를 둘러싸고 전개되는 구체적인 사실관계를 바탕으로 상세한 법리분석을 제시하고 있다. 본 판례는 앞으로 조세 관련 형사사건의 실무처리에 중요한 지침으로 작용할 것이라고 전망된다. 본 판례에 제시된 법리를 간단히 정리하여 결론에 갈음한다.

(가) 통고처분은 벌금 상당액을 납부하도록 통고하는 처분이다. (나) 통고처분은 범칙자별로 작성되어야 한다. (다) 통고처분에 언급되지 않은 사람과의 관계에서 통고처분을 벌금 상당액 면제처분으로 새기는 것은 허용되지 않는다. (라) 세무당국의 고발은 고발사유를 묻지 않고 유효하다. (마) 통고처분의 범칙자가 회사인 경우 범칙 당시의 대표이사에 대한 고발은 유효하다. (바) 법원은 본안에 대하여 심판하면 족하고 고발사유를 심사할 수 없다. (사) 고발은 고발장에 기재된 범칙사실과 동일성이 인정되는 범칙사실에 대해서만 효력이 미친다. (아) 고발된 범칙사실과 검사의 공소사실은 동일성이 인정되어야 한다. (자) 양자의 동일성이 인정되지 않으면 그 공소제기는 무효로서 공소기각판결의 대상이 된다.

2013도6608

불이익변경금지원칙의 판단방법
동시적 경합범의 가중방법
무보험 차량 교통사고 사건

2013. 12. 12. 2013도6608, 공 2014상, 217

1. 사실관계 및 사건의 경과

【사실관계】

① 2012. 9. 25. 갑은 무면허로 운전을 하였다. (㉮사실)

② 이때 갑은 A를 다치게 하는 교통사고를 내었다. (㉯사실)

③ 2012. 10. 4. 갑은 의무보험에 가입하지 아니한 차량을 운전하였다. (㉰사실)

④ 2012. 11. 1. 갑은 의무보험에 가입하지 아니한 차량을 운전하였다. (㉱사실)

⑤ 이때 갑은 B를 다치게 하는 교통사고를 내었다. (㉲사실)

【사건의 경과 1】

① 검사는 갑을 다음과 같이 기소하였다.

    (가) ㉮사실 : 도로교통법 위반죄(무면허운전)

    (나) ㉯사실 : 교통사고처리특례법 위반죄

    (다) ㉰사실 : 자동차손해배상보장법 위반죄

    (라) ㉱사실 : 자동차손해배상보장법 위반죄

    (마) ㉲사실 : 교통사고처리특례법 위반죄

② 제1심 공판절차에서 B는 갑의 처벌을 원하지 않는다는 합의서를 제출하였다.

【사건의 경과 2】

① 제1심법원은 다음과 같이 판단하였다.

    (가) ㉮사실 : 도로교통법 위반죄(무면허운전) : 유죄

    (나) ㉯사실 : 교통사고처리특례법 위반죄 : 유죄

    (다) ㉰사실 : 자동차손해배상보장법 위반죄 : 유죄

    (라) ㉱사실 : 자동차손해배상보장법 위반죄 : 유죄

    (마) ㉲사실 : 교통사고처리특례법 위반죄 : 공소기각

② 제1심법원은 갑에게 금고 5월의 실형을 선고하였다.

【사건의 경과 3】

① 갑은 양형부당을 이유로 항소하였다.

② 검사는 항소하지 않았다.

③ 항소심법원은 갑의 항소이유를 받아들여 제1심판결을 파기하였다.

④ 항소심법원은 다음과 같이 판단하였다.

    (가) ㉮사실 : 도로교통법 위반죄(무면허운전) : 유죄

    (나) ㉯사실 : 교통사고처리특례법 위반죄 : 유죄

    (다) ㉰사실 : 자동차손해배상보장법 위반죄 : 유죄

    (라) ㉱사실 : 자동차손해배상보장법 위반죄 : 유죄

⑤ 항소심법원은 다음의 주문을 선고하였다.

    (가) 금고 5월

    (나) 집행유예 2년 및 보호관찰과 40시간의 수강명령

⑥ (항소심의 판단 이유는 판례 본문 참조)

⑦ 검사는 불복 상고하였다.

⑧ 검사는 상고이유로, 경합범가중의 법리를 오해한 위법이 있다고 주장하였다.

2. 불이익변경금지원칙의 판단방법

【대법원 분석】 1. 불이익변경금지의 원칙은 /

【대법원 분석】 피고인의 상소권 또는 약식명령에 대한 정식재판청구권을 보장하려는 것으로, /

【대법원 분석】 피고인만이 또는 피고인을 위하여 상소한 상급심 또는 정식재판청구사건에서 /

【대법원 분석】 법원은 피고인이 같은 범죄사실에 대하여 이미 선고 또는 고지받은 형보다 중한 형을 선고하지 못한다는 원칙이다. /

【대법원 요지】 불이익변경금지의 원칙을 적용함에 있어서는 /

【대법원 요지】 주문을 개별적 · 형식적으로 고찰할 것이 아니라 /

【대법원 요지】 전체적 · 실질적으로 고찰하여 그 형의 경중을 판단하여야 하고, /

【대법원 요지】 이때 선고된 형이 피고인에게 불이익하게 변경되었는지에 관한 판단은 /

【대법원 요지】 형법상 형의 경중을 일응의 기준으로 하되, /

【대법원 요지】 병과형이나 부가형, 집행유예, 노역장 유치기간 등 주문 전체를 고려하여 /

【대법원 요지】 피고인에게 실질적으로 불이익한가의 여부에 의하여 판단하여야 할 것이다 /

【대법원 요지】 (대법원 1998. 3. 26. 선고 **97도1716** 전원합의체 판결, /

【대법원 요지】 대법원 2004. 11. 11. 선고 2004도6784 판결 등 참조).

【대법원 분석】 한편 대법원 1976. 1. 27. 선고 **75도1543** 판결은, /

【대법원 분석】 제1심이 피고인에게 금고 6월을 선고한 데 대하여 /

【대법원 분석】 피고인만이 항소하였음에도 불구하고 /

【대법원 분석】 원심이 제1심판결을 파기하고 /

【대법원 분석】 피고인에 대하여 징역 6월에 집행유예 1년을 선고한 것은 /

【대법원 분석】 피고인에게 불이익하게 변경되었다고 보아야 한다고 판시한 바 있으나, /

【대법원 요지】 이는 형기의 변경 없이 집행유예가 선고된 사정을 /

【대법원 요지】 전체적 · 실질적으로 고찰하지 않았다는 점에서 /

【대법원 요지】 대법원 1998. 3. 26. 선고 **97도1716** 전원합의체 판결의 /

【대법원 요지】 취지에 반하는 것임이 분명하므로, /

【대법원 요지】 이미 위 전원합의체 판결에 의해서 /

【대법원 요지】 대법원 1967. 11. 21. 선고 67도1185 판결과 /

【대법원 요지】 대법원 1993. 12. 10. 선고 93도2711 판결 등이 폐기될 때 /

【대법원 요지】 함께 폐기된 것으로 봄이 상당하다.

3. 사안에 대한 항소심의 판단

【항소심 판단】 2. 기록에 의하면, /

【항소심 판단】 이 사건 공소사실 중 제1심에서 공소기각된 부분을 제외한 /

【항소심 판단】 나머지 공소사실에 대하여 제1심은 이를 전부 유죄로 인정하여 /

【항소심 판단】 피고인에게 금고 5월의 실형을 선고하였고, /

【항소심 판단】 이에 대하여 피고인만이 항소하였는데, /

【항소심 판단】 원심은 제1심과 마찬가지로 위 나머지 공소사실을 모두 유죄로 인정하여 /

【항소심 판단】 판시 교통사고처리 특례법 위반죄에 대하여는 금고형을, /

【항소심 판단】 판시 자동차손해배상 보장법 위반죄와 도로교통법 위반(무면허운전)죄에 대하여는 각 징역형을 각 선택한 후 /

【항소심 판단】 위 각 죄를 형법 제37조 전단의 경합범으로 처벌하면서 /

【항소심 판단】 형법 제38조 제1항 제2호, 제50조를 적용하여 /

【항소심 판단】 피고인에게 금고 5월, 집행유예 2년, 보호관찰 및 40시간의 수강명령을 선고하였음을 알 수 있다.

4. 사안에 대한 대법원의 판단

【대법원 판단】 이를 앞서 본 법리에 비추어 살펴보면, /

【대법원 요지】 우선 금고형과 징역형을 선택하여 경합범 가중을 하는 경우에는 /

【대법원 요지】 형법 제38조 제2항에 따라 /

【대법원 요지】 금고형과 징역형을 동종의 형으로 간주하여 /

【대법원 요지】 징역형으로 처벌하여야 할 것임에도 /

【대법원 판단】 제1심은 이를 간과한 채 피고인에 대하여 금고 5월의 실형을 선고한 위법이 있고, /

【대법원 요지】 이에 대해 피고인만이 항소한 이 사건에서 /

【대법원 요지】 원심이 피고인에 대하여 /

【대법원 요지】 형기의 변경 없이 위 금고형을 징역형으로 바꾸어 집행유예를 선고하는 것은 /

【대법원 요지】 불이익변경금지의 원칙에 위반되지 아니하므로, /

【대법원 결론】 결국 원심이 피고인의 양형부당 주장을 받아들여 제1심판결을 파기하면서도 /

【대법원 결론】 제1심의 위와 같은 위법을 시정하지 아니한 것이 /

【대법원 결론】 제1심판결보다 불이익하게 변경되지 않도록 하기 위한 불가피한 조치라고 볼 수도 없다. /

【대법원 결론】 따라서 원심판결에는 경합범 가중에 관한 법리를 오해하여 판결에 영향을 미친 잘못이 있고, /

【대법원 결론】 이 점을 지적하는 상고이유 주장은 이유 있다. (파기 환송)

| 2013도7101 (1) |

압수 · 수색과 관련성 요건
공천 브로커 사건
2014. 1. 16. 2013도7101, 공 2014상, 427

1. 사실관계 및 사건의 경과

【사실관계 1】

① 갑은 P정당 내에 넓은 인맥을 가지고 있다.

② 을은 P정당 M지역구 공천후보자이다.

③ 병은 P정당 N지역구 공천후보자이다.

④ A는 을의 운전기사이다.

⑤ 을에 대해 공직선거법위반죄(금품제공) 혐의로 수사가 진행되고 있었다. (㉮사건)

【사실관계 2】

① 2012. 8. 3. 검사는 관할 지방법원으로부터 ㉮사건으로 압수 · 수색영장을 발부받았다. (㉠압수 · 수색영장)

② ㉠압수 · 수색영장에는 다음의 사항이 기재되어 있었다.

  (가) 피의자 : 을

  (나) 압수할 물건 : 갑 등이 소지하고 있는 휴대전화(휴대전화, 스마트폰) 등

  (다) 압수 · 수색할 장소 : 갑의 주거지 등

  (라) 범죄사실 : 피의자는 공천과 관련하여, 2012. 3. 15. 및 3. 28. A에게 지시하여 P정당 공천심사위원인 B 등에게 [거액이 든] 돈 봉투를 각 제공하였다.

③ 관할 검찰청 수사관은 ㉠압수 · 수색영장을 집행하였다.

④ ㉠압수 · 수색영장의 집행에는 갑이 참여하였다.

⑤ 수사관은 갑의 주거지에서 갑의 ⓐ휴대전화를 압수하였다.

【사실관계 3】

① 수사관은 ⓐ휴대전화를 관할 검찰청으로 가져온 후 ⓐ휴대전화에서 추출한 전자정보를 분석하였다.

② 수사관은 복사대상 전자정보의 목록을 갑에게 교부하였다.

③ 수사관은 갑과 병 사이의 대화가 녹음된 ㉡녹음파일을 발견하였다.

④ ㉡녹음파일에는 갑이 병에게 P정당의 공천과 관련하여 금품을 요구하는 내용이 들어 있었다.

⑤ 수사관은 갑과 병에 대해 공직선거법위반죄(금품제공요구) 피의사실로 수사를 개시하였다. (㉯사건)

⑥ 수사관은 갑 또는 병으로부터 ㉡녹음파일을 임의로 제출받지 않았다.

⑦ 수사관은 ㉡녹음파일에 대해 새로운 압수 · 수색영장을 발부받지 않았다.

【사실관계 4】

① 검사는 갑과 병에 대해 ㉡녹음파일의 내용에 대해 조사하였다.

② 갑과 병은 ㉡녹음파일에 녹음된 대화를 한 사실이 있다고 시인하였다. (㉢피의자진술)

③ 참고인 C는 갑과 병 사이의 금품제공요구와 관련된 사실을 진술하였다. (㉣참고인진술)

【사건의 경과 1】

① 검사는 갑을 공직선거법위반죄(금품제공요구)로 기소하였다. (㉯피고사건)

② 제1심 공판절차에서 검사는 ㉡녹음파일을 증거로 제출하였다.

③ 검사는 ㉡녹음파일을 제시하면서 갑과 병에게 대화내용에 대해 신문하였다.

④ 갑과 병은 ㉡녹음파일에 녹음된 대화를 한 사실이 있다고 시인하였다. (㉤법정진술)

⑤ C는 증인으로 출석하여 ㉣참고인진술이 기재된 조서에 대해 진정성립을 인정하였다.

⑥ C는 갑과 병 사이의 금품제공요구와 관련된 사실에 대해 증언하였다. (㉥법정증언)

【사건의 경과 2】

① 갑의 피고사건은 제1심을 거친 후, 항소심에 계속되었다.

② 항소심법원은 다음과 같이 판단하여 유죄를 선고하였다.

   (가) ㉡녹음파일, ㉢검찰진술 : 증거능력 없음

   (나) ㉣참고인진술, ㉤법정진술, ㉥법정증언 : 증거능력 있음

③ (항소심의 판단 이유는 판례 본문 참조)

【사건의 경과 3】

① 검사는 불복 상고하였다.

② 검사는 상고이유로 다음의 점을 주장하였다.

   (가) ㉮압수·수색영장의 집행에는 갑이 참여하였다.

   (나) 수사관은 복사대상 전자정보의 목록을 갑에게 교부하였다.

   (다) 적법하게 진행된 압수·수색절차에서 입수된 ㉡녹음파일과 그에 기초한 ㉢증거는 모두 증거 능력이 있다.

③ 갑도 불복 상고하였다.

④ 갑은 상고이유로 다음의 점을 주장하였다.

   (가) ㉡녹음파일은 영장 없는 압수·수색에 의하여 취득한 증거이다.

   (나) ㉡녹음파일과 그로부터 파생된 ㉢, ㉣, ㉤, ㉥증거는 모두 위법수집증거로서 증거능력이 없다.

2. 1차적 증거에 대한 항소심의 판단

【항소심 분석】 (가) 원심은 /

【항소심 분석】 부산지방검찰청 검사가 2012. 8. 3. 부산지방법원으로부터 압수·수색영장(이하 '이 사건 영장'이라 한다)을 발부받았는데, /

【항소심 분석】 이 사건 영장에 /

【항소심 분석】 피의자는 '피고인 을', /

【항소심 분석】 압수할 물건은 '피고인 갑 등이 소지하고 있는 휴대전화(휴대전화, 스마트폰) 등', /

【항소심 분석】 압수·수색할 장소는 '피고인 갑의 주거지 등', /

【항소심 분석】 영장 범죄사실은 '피의자는 공천과 관련하여, 2012. 3. 15. 및 3. 28. 공소외 A에게 지시하여 ○○○당 공천심사위원인 공소외 B 등에게 거액이 든 돈 봉투를 각 제공하였다 등'으로 /

【항소심 분석】 각 기재되어 있는 사실, /

【항소심 분석】 이에 따라 부산지방검찰청 수사관이 피고인 갑의 주거지에서 그의 휴대전화를 압수하고 /

【항소심 분석】 이를 부산지방검찰청으로 가져온 후 그 휴대전화에서 추출한 전자정보를 분석하던 중 /

【항소심 분석】 피고인 갑과 피고인 병 사이의 대화가 녹음된 이 사건 녹음파일을 통하여 /

【항소심 분석】 위 피고인들에 대한 공직선거법 위반의 혐의점을 발견하고 수사를 개시하였으나, /

【항소심 분석】 위 피고인들로부터 이 사건 녹음파일을 임의로 제출받거나 새로운 압수수색영장을 발부받지 아니하였던 사실 등을 각 인정한 다음, /

【항소심 판단】 이를 전제로 /

【항소심 판단】 ① 이 사건 영장은 '피고인 을'을 피의자로 하여 /

【항소심 판단】 '피고인 을이 공소외 A에게 지시하여 피고인 갑을 통해 공천과 관련하여 ○○○당 공천심사위원인 공소외 B 등에게 거액이 든 돈 봉투를 각 제공하였다'는 혐의사실을 범죄사실로 하여 발부된 것으로서 /

【항소심 판단】 피고인 을의 정당후보자 관련 금품제공 혐의사건과 관련된 자료를 압수하라는 취지가 명백하므로, /

【항소심 판단】 이 사건 영장에 기재된 범죄사실과 전혀 다른 '피고인 병과 피고인 갑 사이의 정당후보자 추천 및 선거운동 관련한 대가 제공 요구 및 약속에 관한' 혐의사실에는 /

【항소심 판단】 그 효력이 미치지 아니하며, /

【항소심 판단】 ② 이 사건 녹음파일이 피고인 을에 대한 공소사실을 입증하는 간접증거로 사용될 수 있다는 것과 /

【항소심 판단】 이 사건 녹음파일을 이 사건 영장 범죄사실과 무관한 피고인 병 · 갑 사이의 범죄사실을 입증하기 위한 증거로 사용하는 것은 별개의 문제이므로 /

【항소심 판단】 피고인 을에 대한 관계에서 이 사건 녹음파일에 대한 압수가 적법하다고 하여 /

【항소심 판단】 피고인 병, 갑에 대한 관계에서도 적법한 것은 아니라는 이유 등을 들어, /

【항소심 판단】 검사가 별도의 압수 · 수색영장을 발부받지 아니한 채 이 사건 녹음파일을 수집한 행위에는 /

【항소심 판단】 적법하게 발부된 영장에 의하지 아니하고 증거를 수집한 절차적 위법이 있으므로, /

【항소심 판단】 이에 따라 수집된 증거인 이 사건 녹음파일은 위법수집증거로서 그 증거능력이 없다고 판단하였다.

3. 1차적 증거에 대한 대법원의 판단

【대법원 판단】 (나) 기록에 의하면, /

【대법원 판단】 이 사건 녹음파일에 의하여 그 범행이 의심되었던 혐의사실은 /

【대법원 판단】 공직선거법상 정당후보자 추천 관련 내지 선거운동 관련 금품 요구 · 약속의 범행에

관한 것으로서, /

【대법원 판단】 일응 범행의 객관적 내용만 볼 때에는 이 사건 영장에 기재된 범죄사실과 동종·유사의 범행에 해당한다고 볼 여지가 있다. /

【대법원 판단】 그러나 이 사건 영장에서 당해 혐의사실을 범하였다고 의심된 '피의자'는 피고인 을에 한정되어 있는데, /

【대법원 판단】 수사기관이 압수한 이 사건 녹음파일은 피고인 갑과 피고인 병 사이의 범행에 관한 것으로서 /

【대법원 판단】 피고인 을이 그 범행에 가담 내지 관련되어 있다고 볼 만한 아무런 자료가 없다.

【대법원 요지】 결국 이 사건 영장에 기재된 '피의자'인 피고인 을이 이 사건 녹음파일에 의하여 의심되는 혐의사실과 무관한 이상, /

【대법원 요지】 수사기관이 별도의 압수·수색영장을 발부받지 아니한 채 압수된 이 사건 녹음파일은 /

【대법원 요지】 형사소송법 제219조에 의하여 수사기관의 압수에 준용되는 /

【대법원 요지】 형사소송법(2011. 7. 18. 법률 제10864호로 개정되어 2012. 1. 1.부터 시행된 것) /

【대법원 요지】 제106조 제1항이 규정하는 '피고사건' 내지 /

【대법원 요지】 같은 법 제215조 제1항이 규정하는 '해당 사건'과 /

【대법원 요지】 '관계가 있다고 인정할 수 있는 것'에 /

【대법원 요지】 해당한다고 할 수 없으며, /

【대법원 요지】 이와 같은 압수에는 헌법 제12조 제1항 후문, 제3항 본문이 규정하는 헌법상 영장주의에 위반한 절차적 위법이 있다고 할 것이다. /

【대법원 요지】 따라서 이 사건 녹음파일은 형사소송법 제308조의2에서 정한 '적법한 절차에 따르지 아니하고 수집한 증거'로서 이를 증거로 쓸 수 없다고 할 것이고, /

【대법원 요지】 그와 같은 절차적 위법은 헌법상 규정된 영장주의 내지 적법절차의 실질적 내용을 침해하는 중대한 위법에 해당하는 이상 /

【대법원 요지】 예외적으로 그 증거능력을 인정할 수 있는 경우로 볼 수도 없다.

【대법원 결론】 (다) 그렇다면 수사기관의 이 사건 녹음파일 압수·수색 과정에서 피압수·수색 당사자인 피고인 갑에게 참여권이 보장되었는지, /

【대법원 결론】 복사대상 전자정보의 목록이 교부되었는지 여부 등은 별론으로 하더라도, /

【대법원 결론】 원심이 위와 같은 전제에서 이 사건 녹음파일이 이 사건 영장에 의하여 압수할 수 있는 물건 내지 전자정보로 볼 수 없다고 하여 그 증거능력을 부정한 조치는 결론에 있어 정당한 것으로 수긍할 수 있으며, /

【대법원 결론】 거기에 검사의 상고이유 주장과 같이 범죄혐의 관련성의 범위나 위법수집증거배제법칙의 예외 등에 관한 법리를 오해한 위법이 없다. (검사 상고 기각)

4. 위법수집증거배제법칙과 2차적 증거의 증거능력

【대법원 요지】 법원이 2차적 증거의 증거능력 인정 여부를 최종적으로 판단할 때에는 /

【대법원 요지】 먼저 절차에 따르지 아니한 1차적 증거 수집과 관련된 모든 사정들, 즉 /

【대법원 기준】 절차 조항의 취지와 그 위반의 내용 및 정도, /

【대법원 기준】 구체적인 위반 경위와 회피가능성, /

【대법원 기준】 절차 조항이 보호하고자 하는 권리 또는 법익의 성질과 침해 정도 및 피고인과의 관련성, /

【대법원 기준】 절차 위반행위와 증거수집 사이의 인과관계 등 관련성의 정도, /

【대법원 기준】 수사기관의 인식과 의도 등을 살피는 것은 물론, /

【대법원 요지】 나아가 1차적 증거를 기초로 하여 다시 2차적 증거를 수집하는 과정에서 추가로 발생한 모든 사정들까지 /

【대법원 요지】 구체적인 사안에 따라 /

【대법원 요지】 주로 인과관계 희석 또는 단절 여부를 중심으로 /

【대법원 요지】 전체적·종합적으로 고려하여야 한다 /

【대법원 요지】 (대법원 2009. 3. 12. 선고 **2008도11437** 판결, /

【대법원 요지】 대법원 2013. 3. 28. 선고 **2012도13607** 판결 등 참조).

5. 2차적 증거에 대한 항소심의 판단

【항소심 판단】 원심은 앞서 본 바와 같이 /

【항소심 판단】 이 사건 녹음파일의 증거능력이 부정되는 이상, /

【항소심 판단】 이에 터 잡아 수집한 2차적 증거인 피고인들의 검찰 진술 또한 그 증거능력이 배제되어야 하는 것으로서 증거로 쓸 수 없다고 판단하는 한편, /

【항소심 판단】 피고인들의 법정진술과 참고인 공소외 C 등의 수사기관 및 법정 진술에 대해서는, /

【항소심 판단】 공개된 법정에서 진술거부권을 고지받고 변호인의 충분한 조력을 받은 상태에서 자발적으로 이루어진 것이고 /

【항소심 판단】 수사기관이 의도적으로 그 영장주의의 취지를 회피하려고 시도한 것은 아니라는 사정 등을 종합하여 그 증거능력이 인정된다고 판단하였다.

6. 2차적 증거에 대한 대법원의 판단

【대법원 요지】 기록에 의하면, /

【대법원 요지】 위 피고인들의 제1심 법정진술의 경우에는 /

【대법원 요지】 그 증거능력이 부정되어야 할 이 사건 녹음파일을 제시받거나 그 대화 내용을 전제로 한 신문에 답변한 내용이 일부 포함되어 있으므로, /

【대법원 요지】 그와 같은 진술과 이 사건 녹음파일 수집 과정에서의 절차적 위법과의 사이에는 여전히 직접적 인과관계가 있다고 볼 여지가 있어, /

【대법원 요지】 원심이 이 부분 진술까지 그 증거능력이 있다고 단정한 데에는 부적절한 점이 없지 아니하다. /

【대법원 결론】 그러나 이를 제외한 나머지 증거들의 증거능력에 대한 원심의 위와 같은 판단은 정당한 것으로 수긍할 수 있고 /

【대법원 결론】 거기에 피고인 갑의 상고이유 주장과 같은 법리오해의 위법이 없으며, /

【대법원 결론】 뒤(기타 상고이유에 관한 검토, 생략)]에서 보는 바와 같이 위 피고인들의 제1심 법정 진술을 제외하더라도 /

【대법원 결론】 피고인 갑에 대한 이 부분 공소사실에 대한 원심의 결론은 정당하므로, /

【대법원 결론】 결국 원심의 위와 같은 잘못은 판결 결과에 영향을 미치지 아니하였다고 할 것이다. (피고인 상고 기각)

【코멘트】 2011. 7. 18. 법률 제10864호로 개정되어 2012. 1. 1.부터 시행된 개정 형사소송법은 압수·수색의 요건을 강화한 점에 특징이 있다. 즉 개정 형소법 제106조 제1항은 공판단계에서 이루어지는 압수·수색에 대해 '피고사건과 관계가 있다고 인정할 수 있는 것에 한정하여'라는 요건을 추가하여 압수·수색의 요건을 강화하였다. 개정 형소법 제106조는 형소법 제219조에 의하여 수사단계에서의 압수·수색에도 준용된다. 또한 2011년 개정 형소법은 제215조에서 수사절차에서의 압수·수색 요건을 규정하면서 '해당 사건과 관계가 있다고 인정할 수 있는 것에 한정하여'라는 요건을 추가하여 동일한 내용을 재확인하고 있다. 이와 같이 피고사건 내지 피의사건과 관계가 있다고 인정할 수 있는 것에 한정하여 압수·수색이 허용된다는 제한을 가리켜서 관련성 요건이라고 부른다.

그런데 압수·수색에 관한 관련성 요건은 우리 입법자가 새로이 도입한 것으로서 그 내용이 어떠한 것인지에 대해서는 해석상 논란이 있었다. 본 판례는 대법원이 압수·수색의 관련성 요건에 대해 그 판단기준과 법적 효과를 분명하게 제시한 것이라는 점에서 그 의미가 특별하다.

본 판례에서 대법원은 먼저 압수·수색의 관련성 요건에 대해 피고인(피의자)라는 주관적 표지와 범죄사실(피의사실)이라는 개관적 표지를 동시에 고려히도록 요구하고 있다. 본 판례에서 수사기관은 을의 공천심사위원 B에 대한 금품제공 피의사실로 압수·수색영장을 집행하면서 갑의 병에 대한 금품제공요구 피의사실을 발견하고 있다. 정당 공천과 관련한 금품제공과 공천 관련 금품제공요구는 사실관계가 매우 유사하다. 그러나 대법원은 을의 B에 대한 금품제공 피의사실은 갑의 병에 대한 금품제공요구 피의사실과 아무런 관련성이 없다고 판단하고 있다.

다음으로, 본 판례에서 대법원은 관련성 요건을 충족하지 못한 압수·수색의 1차적 결과물에 대한 법적 효과에 대해 판시하고 있다. 이에 대해 대법원은 (가) 관련성 요건을 충족하지 못한 압수에는 헌법상 영장주의에 위반한 절차적 위법이 있으며, (나) 압수·수색의 관련성 요건을 충족하지 못한 1차적 결과물은 '적법한 절차'에 따르지 아니하고 수집한 증거로서 형소법 제308조의2에 따라 증거능력이 없고, (다) 그 위법은 헌법상 규정된 영장주의 내지 적법절차의 실질적 내용을 침해하는 중대한 위법에 해당하여 예외적으로도 그 증거능력을 인정할 수 없다는 세 가지 점을 밝히고 있다.

이렇게 볼 때 본 판례의 사실관계에서 문제된 1차적 증거, 즉 ⓛ녹음파일은 위법하게 수집된 증거로서 증거능력이 없다. 그러나 ⓛ녹음파일을 토대로 이후에 수집된 2차적 증거, 즉 ⓒ 내지 ⓗ증거의 증거능력은 별도로 따져보아야 한다. 이 문제와 관련하여 대법원은 종전의 판단기준을 재확인한다. 그 기준은 1차적 증거 수집과 관련된 모든 사정들과 2차적 증거를 수집하는 과정에서 추가로 발생한 모든 사정들까지를 묶어서 구체적인 사안에 따라 주로 인과관계 희석 또는 단절 여부를 중심으로 전체적·종합적으로 고려하여야 한다는 것이다.

본 판례의 사안에서 대법원은 검사가 ⓛ녹음파일을 법정에서 직접 제시하면서 신문하여 얻어낸 ⓜ, ⓗ법정진술은 위법하게 수집된 ⓛ녹음파일과 직접적 인과관계가 있다고 볼 여지가 있다는 점을 들어서 증거능력이 부정된다고 판단하고 있다. 이렇게 볼 때 ⓜ, ⓗ법정진술까지 유죄의 증거에 넣어 판단한 항소심판결은 잘못된 점이 있다. 그렇지만 대법원은 ⓜ, ⓗ법정진술을 제외하고 증거능력이 인정되는 나머지 증거들만 가지고도 갑의 범죄사실이 인정된다는 이유로 갑의 상고를 기각하고 있다.

여기에서 한 가지 주목할 점은 대법원이 2차적 증거 가운데 법정에서 이루어진 진술에 대해서도 증거능력을 부정하고 있다는 사실이다. 그동안 대법원이 2차적 증거와 관련하여 판단한 판례들을 보면, 1차적 증거의 수집과의 인과관계가 단절되었거나 희석되었다는 이유로 법정에서의 진술에 대해 증거능력을 인정한 것들이 있다(2009. 3. 12. **2008도11437**, 2013. 3. 28. **2012도13607**). 1차적 증거의 위법수집으로부터 상당한 시간이 경과한 후에 법정진술이 이루어졌다는 점이 증거능력을 인정하게 된 이유의 하나라고 생각된다.

그러나 본 판례는 법정진술의 형태로 이루어진 2차적 증거의 증거능력을 부인하고 있다는 점에서 이들 판례와 궤를 달리하고 있다. 이 점에서 본 판례는 위법하게 수집된 1차적 증거를 법정에서 직접 제시하면서 2차적 증거를 획득하려는 검사의 법정 관행에 경종을 울리는 의미를 담고 있다. 법정진술 도 위법하게 수집된 2차적 증거로서 증거능력이 부정될 수 있다는 점은 앞으로 형사법정의 변론에서 유념해야 할 대목이라고 생각된다.

2013도7101 (2)

항소심과 공소장변경
블로 세트 2인분 사건
2014. 1. 16. 2013도7101, 공 2014상, 427

1. 사실관계 및 사건의 경과

【참조조문】

공직선거법은 다음의 규정을 두고 있다.

제97조 (방송·신문의 불법이용을 위한 행위 등의 제한) ① 누구든지 /

선거운동을 위하여 /

방송·신문·통신·잡지 기타의 간행물을 경영·관리하는 자 또는 /

편집·취재·집필·보도하는 자에게 /

금품·향응 기타의 이익을 제공하거나 제공할 의사의 표시 또는 그 제공을 약속할 수 없다.

② 정당, 후보자, 선거사무장, 선거연락소장, 선거사무원, 회계책임자, 연설원, 대담·토론자 또는 /

제114조[정당 및 후보자의 가족 등의 기부행위제한] 제2항의 /

후보자 또는 그 가족과 관계있는 회사 등은 /

선거에 관한 보도·논평이나 대담·토론과 관련하여 /

당해 방송·신문·통신·잡지 기타 간행물을 경영·관리하거나 /

편집·취재·집필·보도하는 자 또는 그 보조자에게 /

금품·향응 기타 이익을 제공하거나 제공할 의사의 표시 또는 그 제공을 약속할 수 없다.

③ 방송·신문·통신·잡지 기타 간행물을 경영·관리하거나 /

편집·취재·집필·보도하는 자는 /

제1항 및 제2항의 규정에 의한 금품·향응 기타의 이익을 받거나 권유·요구 또는 약속할 수 없다.

제235조 (방송·신문 등의 불법이용을 위한 매수죄) ① 제97조[방송·신문의 불법이용을 위한 행위 등의 제한] 제1항·제3항의 규정에 위반한 자는 /

5년 이하의 징역 또는 1천만원 이하의 벌금에 처한다.

② 제97조 제2항의 규정에 위반한 자는 /

7년 이하의 징역 또는 2천만원 이하의 벌금에 처한다.

【사실관계】

① 갑은 P정당의 공천을 받아 국회의원선거에 출마하려 하고 있다.

② 갑은 P정당 M지역의 N지구당 예비후보자로 등록하였다.

③ 갑은 M지역 언론사 기자 2명에게 식사를 접대하였다.

④ 갑은 P정당의 공천을 받지 못하였다.

⑤ 국회의원 선거가 실시되었다.

⑥ 갑은 P정당 비례대표로 국회의원에 당선되었다.

【사건의 경과 1】

① 검사는 일련의 공직선거법위반죄 공소사실로 갑을 기소하였다.

② 갑에 대한 공소사실 중 일부는 다음과 같다.

③ "피고인은 2012. 1. 18. 12:00경 Q식당에서 M지역 언론사 기자 2명에게 자신이 M지역 N지구 예비후보자로 출마한 사실을 알리면서 '불로 세트' 2인분과 맥주 2병 등 시가 합계 204,890원 상당을 제공하였다."

④ 검사는 적용법조로 공직선거법 제235조 제2항, 제97조 제1항을 기재하였다.

⑤ (후술 참조조문 참조 바람)

【사건의 경과 2】

① 제1심법원은 다음의 범죄사실을 인정하였다.

　(가) 후보자(후보자가 되고자 하는 자를 포함한다) 등은 선거에 관한 보도·논평이나 대담·토론과 관련하여 당해 방송·신문·통신·잡지 기타 간행물을 경영·관리하거나 편집·취재·집필·보도하는 자 또는 그 보조자에게 금품·향응 기타 이익을 제공하거나 제공할 의사의 표시 또는 그 제공을 약속할 수 없다.

　(나) 그럼에도 불구하고 피고인은 2012. 1. 18. 12:00경 Q식당에서 선거에 관한 보도·논평 등과 관련하여 M지역 언론사 기자 2명에게 자신이 M지역 N지구 예비후보자로 출마한 사실을 알리면서 '불로 세트' 2인분과 맥주 2병 등 시가 합계 204,890원 상당을 제공하였다.

② 제1심법원은 유죄판결에 적용법조로 공직선거법 제235조 제2항, 제97조 제2항을 기재하였다.

【사건의 경과 3】

① 갑은 불복 항소하였다.

② 갑은 항소이유로 다음의 점을 주장하였다.

  (가) 이 부분 공소사실은 공직선거법 제253조 제1항, 제97조 제1항에 해당하는 것임에도 제1심이 공소장 변경 없이 제235조 제2항, 제97조 제2항을 적용하여 갑에게 더 불리한 범죄사실을 유죄로 인정하였다.

  (나) 갑은 예비후보자의 지위에 있었을 뿐 후보자의 지위에 있지 아니하였으므로, 갑은 공직선거법 제235조 제2항, 제97조 제2항 위반죄의 주체에 해당하지 아니한다.

  (다) 갑의 행위는 의례적 행위로서 사회상규에 위반되지 아니하여 위법성이 조각된다.

【사건의 경과 4】

① 항소심 제2회 공판기일에 검사는 다음과 같이 공소장변경을 신청하였다.

  (가) 후보자(후보자가 되고자 하는 자를 포함한다) 등은 선거에 관한 보도·논평이나 대담·토론과 관련하여 당해 방송·신문·통신·잡지 기타 간행물을 경영·관리하거나 편집·취재·집필·보도하는 자 또는 그 보조자에게 금품·향응 기타 이익을 제공하거나 제공할 의사의 표시 또는 그 제공을 약속할 수 없다.

  (나) 그럼에도 불구하고 피고인은 2012. 1. 18. 12:00경 Q식당에서 선거에 관한 보도·논평 등과 관련하여 M지역 언론사 기자 2명에게 자신이 M지역 N지구 예비후보자로 출마한 사실을 알리면서 '불로 세트' 2인분과 맥주 2병 등 시가 합계 204,890원 상당을 제공하였다.

② 항소심법원은 검사의 공소장변경신청을 허가하였다.

【사건의 경과 5】

① 항소심법원은 공소사실이 변경되었다는 이유로 직권으로 제1심판결을 파기하였다.

② 항소심법원은 갑의 항소이유를 배척하고 유죄를 선고하였다.

③ 갑은 불복 상고하였다.

④ 갑은 상고이유로, 항소심에서는 공소장변경이 허용되지 않는다고 주장하였다.

2. 사안에 대한 대법원의 판단

【대법원 요지】 형사소송법에 의하면 항소심은 사후심적 성격이 가미된 속심이라고 할 것이므로, /

【대법원 요지】 공소장변경은 항소심에서도 할 수 있다 /

【대법원 요지】 (대법원 1987. 7. 21. 선고 87도1101, 87감도92 판결, /

【대법원 요지】 대법원 2002. 12. 3.자 2002모265 결정 등 참조). /

【대법원 판단】 기록에 의하면, /

【대법원 판단】 검사는 원심 제2회 공판기일에 이르러 /

【대법원 판단】 공직선거법 제97조 제1항의 규정을 인용하는 형태로 기재되어 있던 이 부분 공소사실을 /

【대법원 판단】 공직선거법 제97조 제2항의 규정 내용과 같이 /

【대법원 판단】 "후보자 등은 선거에 관한 보도·논평이나 대담·토론과 관련하여 /

【대법원 판단】 당해 방송·신문·통신·잡지 기타 간행물을 경영·관리하거나 편집·취재·집필·보도하는 자 또는 그 보조자에게 /

【대법원 판단】 금품·향응 기타 이익을 제공하거나 제공할 의사의 표시 또는 그 제공을 약속할 수 없다."고 /

【대법원 판단】 변경하는 내용의 공소장변경허가신청서를 제출하였고, /

【대법원 판단】 원심은 그와 같은 공소장변경을 허가하는 결정을 한 후 /

【대법원 판단】 변경된 공소사실에 따라 이를 유죄로 인정하였음을 알 수 있다.

【대법원 결론】 위와 같은 법리에 비추어 살펴보면 원심의 위와 같은 조치는 정당한 것으로 수긍할 수 있고, /

【대법원 결론】 거기에 공소장변경의 한계나 헌법상 재판을 받을 권리에 대한 법리를 오해하는 등의 위법이 없다. (상고 기각)

2013도7987

친고죄와 고소불가분의 원칙
개정전 강제추행 고소취소 사건
2015. 11. 17. 2013도7987, 공 2015하, 1968

1. 사실관계 및 사건의 경과

【사실관계 1】

① 2012. 12. 18. 형법이 일부 개정되었다.

② 이 개정으로 각종 성범죄가 친고죄에서 비친고죄로 변경되었다.

③ 강간죄 등을 친고죄로 규정하였던 형법 제306조는 삭제되었다.

④ 개정된 형법은 공포 후 6개월이 경과한 2013. 6. 19.부터 시행되었다(부칙1).

⑤ 형법 제306조의 개정규정은 개정된 형법 시행 후 최초로 저지른 범죄부터 적용되었다(부칙2).

⑥ 성폭력처벌법은 2012. 12. 18.의 형법 일부개정 이전부터 특수강간 등 성범죄를 비친고죄로 규정하고 있었다.

【사실관계 2】

① 2013. 6. 19. 이전 시점에 갑과 을은 A에게 강제추행을 하였다.

② A는 성폭력처벌법 위반죄(특수강제추행)로 갑과 을을 수사기관에 고소하였다.

③ A는 이후 공범 을에 대한 고소를 취소하였다.

④ 검사는 갑을 개정 전 형법 제298조를 적용하여 강제추행죄로 기소하였다.

⑤ 제1심법원은 다음의 이유를 들어 공소기각판결을 선고하였다.

　(가) A는 갑과 을을 비친고죄인 성폭력처벌법 위반죄(특수강제추행)으로 고소하였다.

　(나) 검사는 갑을 친고죄인 구 형법상의 강제추행죄로 기소하였다.

(다) 검사가 친고죄로 기소하였으므로 고소불가분의 원칙 및 고소취소불가분의 원칙이 적용될 수밖에 없다.

(라) 을에게 공범(적어도 종범)으로서 강제추행의 혐의가 인정되지 않는다고 단정할 수 없다.

(마) 을에 대한 고소취소의 효력은 형소법 제233조에 따라 갑에게 미친다.

【사건의 경과】

① 검사는 불복 항소하였다.

② 항소심법원은 항소를 기각하고, 제1심판결을 유지하였다.

③ 검사는 불복 상고하였다.

④ 검사는 상고이유로 다음의 점을 주장하였다.

(가) A는 갑과 을을 성폭력처벌법 위반죄(특수강제추행)로 고소하였다.

(나) 특수강제추행죄는 비친고죄이다.

(다) 비친고죄에는 고소취소불가분의 원칙이 적용되지 않는다.

2. 친고죄와 비친고죄의 구별기준

【대법원 요지】 법원은 검사가 공소를 제기한 범죄사실을 심판하는 것이지 고소권자가 고소한 내용을 심판하는 것이 아니므로, /

【대법원 요지】 고소권자가 비친고죄로 고소한 사건이더라도 /

【대법원 요지】 검사가 사건을 친고죄로 구성하여 공소를 제기하였다면 /

【대법원 요지】 공소장 변경절차를 거쳐 공소사실이 비친고죄로 변경되지 아니하는 한, /

【대법원 요지】 법원으로서는 친고죄에서 소송조건이 되는 고소가 유효하게 존재하는지를 직권으로 조사·심리하여야 한다. /

【대법원 요지】 그리고 이 경우 친고죄에서 고소와 고소취소의 불가분 원칙을 규정한 형사소송법 제233조는 당연히 적용되므로, /

【대법원 요지】 만일 그 공소사실에 대하여 피고인과 공범관계에 있는 자에 대한 적법한 고소취소가 있다면 그 고소취소의 효력은 피고인에 대하여 미친다고 보아야 한다.

3. 사안에 대한 대법원의 판단

【대법원 판단】 원심은, /

【대법원 판단】 피해자[A]가 피고인[갑]과 공소외인[을]을 비친고죄인 「성폭력범죄의 처벌 등에 관한 특례법」 위반(특수강제추행)으로 고소하였더라도 /

【대법원 판단】 검사가 피고인을 친고죄인 구 형법(2012. 12. 18. 법률 제11574호로 개정되기 전의 것) 제298조의 강제추행죄로 공소를 제기한 이상 /

【대법원 판단】 친고죄에서의 고소와 고소취소 불가분의 원칙이 적용될 수밖에 없는데, /

【대법원 판단】 공소외인에게 공범(적어도 종범)으로서 강제추행의 혐의가 인정되지 아니한다고 단정할 수 없으므로 /

【대법원 판단】 공소외인에 대한 고소취소의 효력은 형사소송법 제233조에 따라 피고인에게 미친다

는 이유로, /

【대법원 판단】 이 사건 공소를 기각한 제1심판결을 그대로 유지하였다.

【대법원 결론】 원심판결 이유를 앞서 본 법리와 기록에 비추어 살펴보면 원심의 조치는 정당하고, /

【대법원 결론】 거기에 상고이유의 주장과 같이 형사소송법 제233조의 적용 범위와 적용 요건에 관한 법리를 오해하거나, 이유를 갖추지 못하거나, 논리와 경험의 법칙을 위반하고 자유심증주의의 한계를 벗어나는 등으로 판결 결과에 영향을 미친 위법이 없다. (상고 기각)

2013도8481

음주측정불응죄의 성립요건
백양사휴게소 머리채 사건
2015. 12. 24. 2013도8481, 공 2016상, 262

1. 사실관계 및 사건의 경과

【참조조문】

도로교통법은 다음과 같은 규정을 두고 있다.

제44조 ② 경찰공무원은 교통의 안전과 위험방지를 위하여 필요하다고 인정하거나 제1항[주취운전금지]을 위반하여 술에 취한 상태에서 자동차등을 운전하였다고 인정할 만한 상당한 이유가 있는 경우에는 운전자가 술에 취하였는지를 호흡조사로 측정할 수 있다. 이 경우 운전자는 경찰공무원의 측정에 응하여야 한다.

제148조의2 (벌칙) ① 다음 각 호의 어느 하나에 해당하는 사람은 1년 이상 3년 이하의 징역이나 500만원 이상 1천만원 이하의 벌금에 처한다.

2. 술에 취한 상태에 있다고 인정할 만한 상당한 이유가 있는 사람으로서 제44조 제2항에 따른 경찰공무원의 측정에 응하지 아니한 사람

【사실관계 1】

① A와 B는 장성경찰서 북일파출소 소속 경찰관이다.

② 2012. 5. 29. 05:21경 경찰관 A와 B는 폭행 신고를 받고 호남고속도로 백양사휴게소로 출동하였다.

③ 경찰관 A와 B는 당시 그곳에 시동과 전조등이 켜져 있는 다이너스티 승용차 앞에서 피해 여성 C의 머리채를 잡아 흔들고 있던 갑을 발견하였다.

④ 경찰관 A와 B는 갑과 피해 여성 C에게 북일파출소까지 동행해 줄 것을 요구하면서 언제라도 자유로이 퇴거가 가능하다고 알려주었다.

⑤ 갑과 C는 경찰관 A, B와 함께 북일파출소까지 동행하였다.

【사실관계 2】

① 북일파출소에서 경찰관 A는 폭행 사건을 조사하던 중에 피해 여성 C로부터 갑이 음주운전을 하였다는 진술을 들었다.

② 경찰관 A는 그 사실을 다른 경찰관 B에게 알려주었다.

③ 2012. 5. 29. 06:10경 경찰관 B는 갑을 상대로 음주측정을 요구하였다.

④ 갑은 후배가 운전한 것이라고 하면서 음주측정을 거부하였다. (㉮측정불응행위)

⑤ 경찰관 A와 B는 더 이상 음주측정요구를 하거나 주취운전자 적발보고서 등 측정불응에 따른 서류를 작성하지 않았다.

⑥ 경찰관 A와 B는 피해 여성 C를 상대로 폭행 사건에 관한 조사만을 마쳤다.

⑦ 경찰관 A와 B는 갑에게 폭행 사건의 추가 조사를 위하여 장성경찰서까지 임의동행해 줄 것을 요구하였다.

⑧ 갑은 경찰관 A, B와 함께 장성경찰서까지 동행하였다.

【사실관계 3】

① D는 장성경찰서 폭력계 담당 경찰관이다.

② 경찰관 D는 인계받은 서류를 검토한 후 동행한 경찰관 A와 B에게 음주운전 부분을 조사하라고 하였다.

③ 경찰관 A와 B는 장성경찰서 본관 입구에 있던 갑에게 교통조사계 사무실로 가자고 권유하였다.

④ 갑은 음주운전을 한 사실이 없다고 하면서 동행을 거절하였다.

⑤ 경찰관 A와 B는 갑의 팔을 잡아당기며 교통조사계 사무실로 이끌었다.

⑥ 2012. 5. 29. 09:06경 갑은 교통조사계 사무실에서 음주측정요구를 받았으나 이를 거부하였다.

⑦ 2012. 5. 29. 09:21경 갑은 교통조사계 사무실에서 음주측정요구를 받았으나 이를 거부하였다.

⑧ 2012. 5. 29. 09:33경 갑은 교통조사계 사무실에서 음주측정요구를 받았으나 이를 거부하였다.

　(이상 ㉯측정불응행위)

【사건의 경과】

① 검사는 ㉯측정불응행위에 대해 갑을 도로교통법위반죄(음주측정거부)로 기소하였다.

② 갑의 피고사건은 제1심을 거친 후, 항소심에 계속되었다.

③ 항소심에서 검사는 [공소장변경신청을 하여] ㉮측정불응행위를 공소사실에 추가하였다.

④ 항소심법원은 ㉯행위가 음주측정불응죄에 해당하지 않는다고 판단하여 무죄를 선고하였다.

⑤ 검사는 불복 상고하였다.

⑥ 검사는 상고이유로 다음의 점을 주장하였다.

　(가) ㉯행위는 3회의 측정거부행위로 이루어져 있다.

　(나) 3회의 음주측정거부는 음주측정불응죄에 해당한다.

　(다) ㉯행위가 음주측정불응죄에 해당하지 않는다고 하자.

　(라) 그렇다고 하더라도 ㉮행위에 대해 음주측정불응죄 성립 여부를 검토하였어야 한다.

2. 음주측정불응죄와 엄격해석의 요청

【대법원 분석】 1. 가. 도로교통법 제148조의2 제1항 제2호는 /

【대법원 분석】 "술에 취한 상태에 있다고 인정할 만한 상당한 이유가 있는 사람으로서 /

【대법원 분석】 같은 법 제44조 제2항에 따른 경찰공무원의 측정에 응하지 아니한 사람은 /

【대법원 분석】 1년 이상 3년 이하의 징역이나 500만 원 이상 1천만 원 이하의 벌금에 처한다.”고 규정하고 있다.

【대법원 요지】 위 처벌조항의 주된 목적은 음주측정을 간접적으로 강제함으로써 교통의 안전을 도모함과 동시에 음주운전에 대한 입증과 처벌을 용이하게 하려는 데 있는 것이지, /

【대법원 요지】 측정불응행위 그 자체의 불법성을 처벌하려는 데 있는 것은 아닌 점, /

【대법원 요지】 한편 위 처벌조항의 음주측정불응죄는 주취운전죄 중에서도 불법성이 가장 큰 유형인 3회 이상 또는 혈중알콜농도 0.2% 이상의 주취운전죄와 동일한 법정형으로 규율되고 있는 점, /

【대법원 요지】 경찰청의 교통단속처리지침 제38조 제11항은 /

【대법원 요지】 위와 같은 처벌조항의 입법취지 등을 참작하여 /

【대법원 요지】 “음주측정 요구에 불응하는 운전자에 대하여는 음주측정 불응에 따른 불이익을 10분 간격으로 3회 이상 명확히 고지하고, /

【대법원 요지】 이러한 고지에도 불구하고 측정을 거부한 때(최초 측정 요구시로부터 30분 경과)에는 /

【대법원 요지】 측정결과란에 ‘측정거부X’로 기재하여 주취운전자 적발보고서를 작성한다.”고 규정하고 있는 점 /

【대법원 요지】 등을 고려해 볼 때, /

【대법원 요지】 위 처벌조항에서 말하는 ‘경찰공무원의 측정에 응하지 아니한 경우’라 함은 /

【대법원 요지】 전체적인 사건의 경과에 비추어 /

【대법원 요지】 술에 취한 상태에 있다고 인정할 만한 상당한 이유가 있는 운전자가 /

【대법원 요지】 음주측정에 응할 의사가 없음이 객관적으로 명백하다고 인정되는 때를 의미하는 것으로 봄이 타당하고, /

【대법원 요지】 그러한 운전자가 경찰공무원의 1차 측정에만 불응하였을 뿐 곧이어 이어진 2차 측정에 응한 경우와 같이 /

【대법원 요지】 측정거부가 일시적인 것에 불과한 경우까지 측정불응행위가 있었다고 보아 위 처벌조항의 음주측정불응죄가 성립한다고 볼 것은 아니다.

3. 음주측정요구에 대한 소극적 거부와 적극적 거부

【대법원 요지】 따라서 술에 취한 상태에 있다고 인정할 만한 상당한 이유가 있는 운전자가 /

【대법원 요지】 호흡측정기에 숨을 내쉬는 시늉만 하는 등으로 음주측정을 소극적으로 거부한 경우라면, /

【대법원 요지】 그와 같은 소극적 거부행위가 일정 시간 계속적으로 반복되어 /

【대법원 요지】 운전자의 측정불응의사가 객관적으로 명백하다고 인정되는 때에 /

【대법원 요지】 비로소 음주측정불응죄가 성립한다고 보아야 하고, /

【대법원 요지】 반면 그러한 운전자가 명시적이고도 적극적으로 음주측정을 거부하겠다는 의사를 표명한 것이라면 /

【대법원 요지】 그 즉시 음주측정불응죄가 성립할 수 있으나, /

【대법원 기준】 그 경우 운전자의 측정불응의사가 객관적으로 명백한 것이었는지는 /

【대법원 기준】 음주측정을 요구받을 당시의 운전자의 언행이나 태도 등을 비롯하여 /

【대법원 기준】 경찰공무원이 음주측정을 요구하게 된 경위 및 그 측정요구의 방법과 정도, /

【대법원 기준】 주취운전자 적발보고서 등 측정불응에 따른 관련 서류의 작성 여부 및 /

【대법원 기준】 운전자가 음주측정을 거부한 사유와 태양 및 그 거부시간 등 /

【대법원 기준】 전체적 경과를 종합적으로 고려하여 신중하게 판단하여야 한다.

4. 음주측정요구와 임의동행의 관계

【대법원 요지】 나. 또한 수사관이 수사과정에서 당사자의 동의를 받는 형식으로 피의자를 수사관서 등에 동행하는 것은 /

【대법원 요지】 오로지 피의자의 자발적인 의사에 의하여 동행이 이루어졌음이 /

【대법원 요지】 객관적인 사정에 의하여 명백하게 입증된 경우에 한하여 /

【대법원 요지】 그 적법성이 인정된다고 봄이 타당하다 /

【대법원 요지】 (대법원 2006. 7. 6. 선고 **2005도6810** 판결 참조). /

【대법원 요지】 한편 위법한 체포 상태에서 음주측정요구가 이루어진 경우 그 음주측정요구 역시 위법한 것으로 볼 수밖에 없고, /

【대법원 요지】 그러한 위법한 음주측정요구에 대해서까지 운전자가 응할 의무가 있다고 보아 이를 강제하는 것은 부당하므로, /

【대법원 요지】 그에 불응하였다고 하여 도로교통법 제148조의2 제1항 제2호의 음주측정불응죄로 처벌할 수는 없다 /

【대법원 요지】 (대법원 2006. 11. 9. 선고 **2004도8404** 판결 참조).

5. 사안에 대한 대법원의 분석

【대법원 분석】 2. 가. 원심판결 이유 및 원심이 적법하게 채택한 증거들에 의하면, /

【대법원 분석】 ① 장성경찰서 북일파출소 소속 경찰관 2명은 2012. 5. 29. 05:21경 폭행 신고를 받고 호남고속도로 백양사휴게소로 출동하여, /

【대법원 분석】 당시 그곳에 시동과 전조등이 켜져 있는 다이너스티 승용차 앞에서 피해 여성의 머리채를 잡아 흔들고 있던 피고인을 발견하고서는, /

【대법원 분석】 피고인과 피해 여성에게 북일파출소까지 동행해 줄 것을 요구하면서 언제라도 자유로이 퇴거가 가능하다고 알려준 사실, /

【대법원 분석】 ② 북일파출소에서 위 경찰관 중 1명은 폭행 사건을 조사하던 중에 피해 여성으로부터 피고인이 음주운전을 하였다는 진술을 듣고서 그 사실을 다른 경찰관에게 알려주었고, /

【대법원 분석】 이에 그 경찰관이 같은 날 06:10경 피고인을 상대로 음주측정을 요구하였는데, /

【대법원 분석】 피고인은 후배가 운전한 것이라고 하면서 음주측정을 거부한 사실/

【대법원 분석】 (이하 '파출소에서의 측정불응행위'라고 한다), /

【대법원 분석】 ③ 그러자 위 경찰관들은 더 이상 음주측정요구를 하거나 주취운전자 적발보고서 등

측정불응에 따른 서류를 작성하지 아니한 채로, /

【대법원 분석】 피해 여성을 상대로 폭행 사건에 관한 조사만을 마친 다음, /

【대법원 분석】 피고인에게 폭행 사건의 추가 조사를 위하여 장성경찰서까지 임의동행해 줄 것을 요구하였고, /

【대법원 분석】 피고인은 위 경찰관들과 함께 장성경찰서까지 동행한 사실, /

【대법원 분석】 ④ 장성경찰서 폭력계 담당 경찰관은 인계받은 서류를 검토한 후 위와 같이 동행한 경찰관들에게 음주운전 부분을 조사하라고 하였고, /

【대법원 분석】 이에 위 경찰관들은 장성경찰서 본관 입구에 있던 피고인에게 교통조사계 사무실로 가자고 권유하였으나, /

【대법원 분석】 피고인은 음주운전을 한 사실이 없다고 하면서 동행을 거절한 사실, /

【대법원 분석】 ⑤ 그런데 위 경찰관들은 피고인의 팔을 잡아당기며 교통조사계 사무실로 이끌었고, /

【대법원 분석】 피고인은 교통조사계 사무실에서 같은 날 09:06경, 09:21경, 09:33경 등 3회에 걸쳐 음주측정요구를 받았으나 이를 모두 거부한 사실/

【대법원 분석】 (이하 '교통조사계에서의 측정불응행위'라고 한다)을 알 수 있다.

6. ㉯측정불응행위에 대한 대법원의 판단

【대법원 판단】 나. 앞에서 든 법리에 비추어 /

【대법원 판단】 우선 교통조사계에서의 측정불응행위에 관하여 보면, /

【대법원 판단】 당시 경찰관들이 장성경찰서 본관 입구에서 동행하기를 거절하는 피고인의 팔을 잡아끌고 교통조사계로 데리고 간 것은 위법한 강제연행에 해당하므로, /

【대법원 판단】 그러한 위법한 체포 상태에서 이루어진 교통조사계에서의 음주측정요구 역시 위법하다고 할 것이어서, /

【대법원 판단】 피고인이 그와 같은 음주측정요구에 불응하였다고 하여 음주측정불응죄로 처벌할 수는 없다.

7. ㉮측정불응행위에 대한 대법원의 판단

【대법원 판단】 또한 파출소에서의 측정불응행위에 관하여 보면, /

【대법원 판단】 피고인은 경찰관들로부터 언제라도 자유로이 퇴거할 수 있음을 고지받고 북일파출소까지 자발적으로 동행한 것이므로 /

【대법원 판단】 위 파출소에서의 음주측정요구를 위법한 체포 상태에서 이루어진 것이라고 할 수 없으나, /

【대법원 판단】 위 사실관계에 나타난 다음과 같은 사정, 즉 /

【대법원 판단】 ① 피고인은 폭행 사건으로 경찰관들과 함께 북일파출소로 동행하였다가 피해 여성의 진술로 인해 갑작스럽게 음주측정요구를 받게 된 것인 점, /

【대법원 판단】 ② 북일파출소에서 피고인이 운전을 한 사실이 없다고 다투자, 경찰관들은 더 이상 음주측정을 요구하지 않은 채 폭행 사건만을 조사한 점, /

【**대법원 판단**】 ③ 당시 위 경찰관들은 피고인에게 측정불응으로 인한 불이익을 고지해 주지 않았을 뿐만 아니라 주취운전자 적발보고서 등 측정불응에 따른 서류를 작성하지 않았던 점 등 /

【**대법원 판단**】 여러 사정을 종합해 볼 때, /

【**대법원 판단**】 피고인이 위와 같이 북일파출소에서 음주측정요구에 1회 불응한 사실만으로는 /

【**대법원 판단**】 술에 취한 상태에 있다고 인정할 만한 상당한 이유가 있는 운전자로서 /

【**대법원 판단**】 음주측정에 응할 의사가 없음을 객관적으로 명백하다고 인정할 수 있을 정도로 명시적이고도 적극적으로 표명한 것이라고 할 수 없으므로, /

【**대법원 판단**】 결국 파출소에서의 위 측정불응행위만으로 음주측정불응죄가 성립한다고 볼 수 없다.

【**대법원 결론**】 따라서 원심이 같은 취지에서 이 사건 공소사실에 대하여 무죄를 선고한 것은 정당하고, /

【**대법원 결론**】 거기에 상고이유 주장과 같이 임의동행의 적법성에 관한 법리를 오해하거나 추가된 공소사실인 파출소에서의 측정불응행위에 관한 판단을 유탈함으로써 판결에 영향을 미친 위법이 없다. (상고 기각)

2013도9162

국외도피와 공소시효 정지
고미술상 중국 출국 사건
2014. 4. 24. 2013도9162, 공 2014상, 1162

1. 사실관계 및 사건의 경과

【**사실관계 1**】

① 갑은 고미술상이다.

② 2004. 7.경부터 2004. 11.경까지 갑은 A에게 ㉠고미술품 등 10점을 합계 32억 4천만 원에 판매하였다. (㉮사실)

③ 2004. 9.경 갑은 B에게 부탁하여 ㉡고려불화를 구해주겠으니 그 비용을 달라고 A에게 요구하였다.

④ 2004. 9.경부터 2005. 9경까지 갑은 A로부터 4억 5,000만 원 상당을 ㉡고려불화 대금 명목으로 교부받았다. (㉯사실)

【**사실관계 2**】

① A는 ㉡고려불화가 진품이 아니라는 의심을 가지게 되었다.

② 2007. 1. 22. A는 갑에게 다음의 내용증명을 발송하였다.

③ "㉡고려불화 구입비용 4억 5,000만 원을 2007. 1. 31.까지 반환하라."

④ A는 갑을 고소하지는 않았다.

【사실관계 3】

① 2007. 5. 15. C는 다음의 혐의로 갑을 경찰에 고소하였다. (㉰고소사건)

　(가) 2004. 11.경 갑은 위작인 고미술품 1점을 진품으로 속여 판매하여 1억 1,000만 원을 편취하였다.

　(나) 1992. 5.경부터 2004. 11.경까지 갑은 2회에 걸쳐 위작인 고미술품 2점을 진품으로 속여 합계 1억 7,000만 원을 편취하였다.

② 2007. 7. 11. 갑은 중국으로 출국하였다. (1차 출국)

③ [갑이 진술한] 출국 이유 가운데에는 고미술업계의 고소, 고발 건 관련 문제도 들어 있었다.

④ 2007. 7. 31. 경찰은 ㉰고소사건에 대해 기소중지 의견으로 검찰에 송치하였다.

⑤ 2009. 8. 23. 갑은 중국 체류 774일 만에 귀국하였다.

⑥ 2009. 9. 16. 갑은 중국으로 다시 출국하였다. (2차 출국)

【사실관계 4】

① 2010. 1.경 A는 갑으로부터 구입한 ㉠고미술품 등 10점이 진품이 아님을 알게 되었다.

② 2010. 6. 23. 갑은 중국 체류 280일 만에 귀국하였다.

③ 2010. 7. 28. A는 다음의 혐의로 갑을 고소하였다. (㉱고소사건)

④ "갑은 D와 공모하여 피해자 A에게 도자기 3점을 담보로 제공하고 차용금 8억 원을 편취하였다."

⑤ 2010. 8. 4. A는 다음의 금액을 편취하였다는 혐의로 갑을 고소하였다. (㉲고소사건)

　(가) ㉡고려불화 구매대금 3억 원

　(나) [㉠고미술품 등 10점 중] 조선전기 청화백자 구매대금 2억 8,000만 원 등

【사실관계 5】

① 갑은 ㉱고소사건 및 ㉲고소사건과 관련하여 수사기관에 출석하여 A와의 대질조사를 받는 등 자발적으로 수사에 임하였다.

② 수사기관은 갑과 A에 대해 거짓말탐지기 조사를 실시하였다.

③ 2010. 12. 23. 검사는 갑과 A의 진술의 신빙성 유무를 판단하기 위한 심리생리검사결과가 도착할 때까지 ㉱고소사건에 대해 시한부 기소중지처분을 내렸다.

④ 2010. 12. 24. 검사는 ㉲고소사건에 대해 불기소처분(혐의없음)을 하였다.

【사실관계 6】

① 2011. 6. 21. A는 관할 경찰서에 갑의 ㉠고미술품 등 10점 판매행위(㉮사실)의 일부를 제보하였다.

② 관할 경찰서는 갑에 대해 수사를 개시하였다.

③ 2011. 6. 23. 갑은 [조사를 피하여] 중국으로 출국하였다. (3차 출국)

④ 2011. 10. 11. 갑은 110일 만에 중국으로부터 귀국하였다.

【사건의 경과 1】

① 2012. 3. 30. 검사는 갑을 특경가법위반죄(사기)로 기소하였다.

② 갑에 대한 공소사실은 다음과 같다.

③ "피고인은 2004. 7.경부터 2005. 9.경까지 [㉠, ㉡ 포함] 진품이 아닌 고미술품 11점을 마치 진품인 것처럼 피해자 A에게 거짓말하여 이에 속은 피해자에게 고미술품 11점을 판매하고 그 대금으로

합계 34억 4,000만 원을 교부받아 편취하였다.”

④ 행위시법에 의할 때 ㉠고미술품 등 10점 부분(㉮사실) 공소사실에 적용되는 특경가법위반죄(사기)의 공소시효는 7년이다.

⑤ 갑이 공소제기 전에 중국을 다녀온 기간은 다음과 같다.

　(가) 1차 출국 : 2007. 7. 11. ~ 2009. 8. 23. (774일),

　(나) 2차 출국 : 2009. 9. 16. ~ 2010. 6. 23. (280일)

　(다) 3차 출국 : 2011. 6. 23. ~ 2011. 10. 11. (110일)

【사건의 경과 2】

① 제1심법원은 갑의 1차 및 2차 출국은 국외도피에 해당하지 않는다고 판단하였다.

② 제1심법원은 국외도피가 인정되는 3차 출국의 기간을 제외하더라도 7년의 기간이 경과하였다고 판단하였다.

③ 제1심법원은 다음과 같이 판결하였다.

　(가) ㉮사실(㉠고미술품 등 10점) 부분 : 공소시효완성으로 면소

　(나) ㉯사실(㉡고려불화) 부분 : 증거불충분으로 무죄

④ (이하 면소 부분에 대하여서만 고찰함)

【사건의 경과 3】

① 검사는 불복 항소하였다.

② 항소심법원은 항소를 기각하고, 제1심판결을 유지하였다.

③ 검사는 불복 상고하였다.

④ 검사는 상고이유로 다음의 점을 주장하였다.

　(가) 1차, 2차, 3차 출국에는 모두 형사처분을 면하려는 목적이 인정된다.

　(나) 형소법 제253조 제3항에 따르면 형사처분을 면하려는 목적의 국외체류 기간 동안은 공소시효가 정지된다.

　(다) 1차, 2차, 3차 출국 기간을 모두 제외하면 갑에 대한 공소시효는 완성되지 않았다.

2. 국외도피와 공소시효의 정지

【대법원 분석】 형사소송법 제253조 제3항은 “범인이 형사처분을 면할 목적으로 국외에 있는 경우 그 기간 동안 공소시효는 정지된다.”고 규정하여 /

【대법원 분석】 공소시효의 정지를 위해서는 ‘형사처분을 면할 목적’이 있을 것을 요구한다.

【대법원 요지】 형사소송법 제253조 제3항이 정한 ‘형사처분을 면할 목적’은 /

【대법원 요지】 국외 체류의 유일한 목적으로 되는 것에 한정되지 않고 /

【대법원 요지】 범인이 가지는 여러 국외 체류 목적 중에 포함되어 있으면 족하고, /

【대법원 요지】 범인이 국외에 있는 것이 형사처분을 면하기 위한 방편이었다면 ‘형사처분을 면할 목적’이 있었다고 볼 수 있으며, /

【대법원 요지】 ‘형사처분을 면할 목적’과 양립할 수 없는 범인의 주관적 의사가 명백히 드러나는 객관적 사정이 존재하지 않는 한 /

【대법원 요지】 국외 체류기간 동안 '형사처분을 면할 목적'은 계속 유지된다 /

【대법원 요지】 (대법원 2008. 12. 11. 선고 2008도4101 판결 등 참조).

【대법원 요지】 한편 피고인이 당해 사건으로 처벌받을 가능성이 있음을 인지하였다고 보기 어려운 경우라면 /

【대법원 요지】 피고인이 다른 고소사건과 관련하여 형사처분을 면할 목적으로 국외에 있은 경우라고 하더라도 /

【대법원 요지】 당해 사건의 형사처분을 면할 목적으로 국외에 있었다고 볼 수 없다.

3. 사안에 대한 대법원의 판단

【대법원 판단】 원심판결 이유에 의하면, 원심은, /

【대법원 판단】 피고인이 2007. 7. 11.부터 2009. 8. 23.까지 및 /

【대법원 판단】 2009. 9. 16.부터 2010. 6. 23.까지 국외에 체류할 당시 /

【대법원 판단】 공소외인[C]의 고소로 인하여 이 부분[㉠고미술품 등] 공소사실에 대한 형사처분까지 이루어질 수 있음을 인식하였다고 보이지 아니하는 등 /

【대법원 판단】 그 판시와 같은 이유를 들어 /

【대법원 판단】 피고인이 이 부분 공소사실 기재 범죄에 대한 형사처분을 면할 목적으로 국외에 있었다고 인정하기에 부족하다고 판단하여 /

【대법원 판단】 그 공소시효가 정지되었다는 검사의 주장을 배척하고, /

【대법원 판단】 이 사건 공소제기 당시에 공소시효가 완성되었다는 이유로 이 부분 공소사실이 면소되었다고 판단한 제1심판결을 그대로 유지하였다.

【대법원 결론】 앞서 본 법률 규정과 법리에 비추어 기록을 살펴보면 원심의 위와 같은 조치는 정당하고, /

【대법원 결론】 거기에 상고이유 주장과 같이 공소시효의 정지에 관한 법리를 오해하는 등의 위법이 없다. (상고 기각)

2013도9498

공소장부본 송달의 의의와 효과
소환장만 공시송달 사건

2014. 4. 24. 2013도9498, 공 2014상, 1164

1. 사실관계 및 사건의 경과

【사실관계 1】

① 갑은 사기죄 공소사실로 기소되었다.

② 제1심법원은 갑에게 ㉠공소장 부본과 ㉡공판기일 소환장을 보냈다.

③ 갑에 대한 ㉠공소장 부본과 ㉡공판기일 소환장은 [소재불명으로] 송달되지 않았다.

④ 제1심법원은 갑에 대한 소환을 공시송달의 방법으로 하기로 결정하였다.

⑤ 제1심법원은 ㉡공판기일 소환장을 2회 이상 공시송달하였다.

⑥ 제1심법원은 ㉠공소장 부본은 공시송달하지 않았다.

⑦ 제1심법원은 갑의 출석 없이 공판절차를 진행하였다.

⑧ 제1심법원은 공소사실을 유죄로 인정하여 징역 1년을 선고하였다. (㉮판결)

【사실관계 2】

① 검사는 ㉮판결에 대해 양형부당을 이유로 항소하였다.

② 항소심법원은 갑에게 공시송달의 방법으로 ㉡공판기일 소환장만을 송달하였다.

③ 항소심법원은 갑의 출석 및 진술 없이 공판절차를 진행하였다.

④ 항소심법원은 검사의 항소를 기각하는 판결을 선고하였다. (㉯판결)

⑤ ㉯판결에 대한 불복기간이 경과하였다.

【사건의 경과 1】

① [갑은 ㉮, ㉯판결의 선고 사실을 알게 되었다.]

② 갑은 상소권회복절차를 거쳐 ㉯판결에 대하여 상고하였다.

③ 대법원은 다음의 이유를 들어서 ㉯판결을 파기 환송하였다. (㉰판결)

  (가) 제1심법원은 갑에 대한 공소장 부본의 송달 없이 공시송달의 방법으로 갑에 대한 소환만을 하였다.

  (나) 제1심법원은 갑이 출석하지 아니한 상태에서 갑의 진술 없이 공판절차를 진행하고 판결을 선고하였다.

  (다) 제1심법원의 이러한 조치에는 소송절차상 법령위반의 위법이 있다.

  (라) 항소심법원은 제1심의 이러한 잘못을 직권으로 살펴 공소장 부본을 송달하게 하는 등의 조치를 취한 후 절차를 진행해야 한다.

  (마) 항소심법원이 이러한 절차를 진행하지 아니하고 제1심판결을 그대로 유지한 조치는 위법하다.

【사건의 경과 2】

① 환송후 항소심법원은 갑에게 ㉠공소장 부본을 송달하였다.

② 환송후 항소심법원은 공판절차를 진행하면서 심판범위를 제1심판결에 대한 검사의 항소이유 주장으로 한정하였다.

③ 환송후 항소심법원은 제1심의 증거조사결과 등을 기초로 판결을 선고하였다. (㉱판결)

④ 환송후 항소심법원은 다음의 주문을 선고하였다.

  (가) 원심[㉮]판결을 파기한다.

  (나) 피고인을 징역 10월에 처한다.

【사건의 경과 3】

① 갑은 불복 상고하였다.

② 갑은 상고이유로 다음의 점을 주장하였다.

  (가) 환송후 항소심법원은 심판범위를 제1심판결에 대한 검사의 항소이유 주장으로 한정하였다.

(나) 환송후 항소심법원의 조치는 법령을 위반한 소송절차에 의한 소송행위의 효력에 관한 법리를 오해한 것이다.

(다) 환송후 항소심법원의 조치에는 판결에 영향을 미친 위법이 있다.

2. 공소장부본 송달의 의의와 효과

【대법원 분석】 1. 형사소송법 제266조는 /

【대법원 분석】 "법원은 공소의 제기가 있는 때에는 지체없이 공소장의 부본을 피고인 또는 변호인에게 송달하여야 한다. /

【대법원 분석】 단, 제1회 공판기일 전 5일까지 송달하여야 한다."고 규정하고 있으므로, /

【대법원 요지】 제1심이 공소장 부본을 피고인 또는 변호인에게 송달하지 아니한 채 공판절차를 진행하였다면 /

【대법원 요지】 이는 소송절차에 관한 법령을 위반한 경우에 해당한다. /

【대법원 요지】 이러한 경우에도 피고인이 제1심 법정에서 이의함이 없이 공소사실에 관하여 충분히 진술할 기회를 부여받았다면 /

【대법원 요지】 판결에 영향을 미친 위법이 있다고 할 수 없으나/

【대법원 요지】 (대법원 1992. 3. 10. 선고 91도3272 판결 등 참조), /

【대법원 요지】 제1심이 공시송달의 방법으로 피고인을 소환하여 /

【대법원 요지】 피고인이 공판기일에 출석하지 아니한 가운데 제1심의 절차가 진행되었다면 /

【대법원 요지】 그와 같은 위법한 공판절차에서 이루어진 소송행위는 효력이 없으므로, /

【대법원 요지】 이러한 경우 항소심은 /

【대법원 요지】 피고인 또는 변호인에게 공소장 부본을 송달하고 /

【대법원 요지】 적법한 절차에 의하여 소송행위를 새로이 한 후 /

【대법원 요지】 항소심에서의 진술과 증거조사 등 심리결과에 기초하여 다시 판결하여야 한다 /

【대법원 요지】 (대법원 2012. 1. 12. 선고 2011도14744 판결 등 참조).

3. 사안에 대한 대법원의 분석

【대법원 분석】 2. 기록에 의하면 다음과 같은 사실을 알 수 있다.

【대법원 분석】 가. 제1심은 /

【대법원 분석】 피고인에 대하여 공소장 부본과 공판기일 소환장 등이 송달되지 아니하자 /

【대법원 분석】 피고인에 대한 소환을 공시송달의 방법으로 할 것을 결정하고 /

【대법원 분석】 그에 따라 공판기일 소환장을 2회 이상 공시송달한 다음 /

【대법원 분석】 피고인의 출석 없이 공판절차를 진행하고 /

【대법원 분석】 이 사건 공소사실을 유죄로 인정하여 피고인을 징역 1년에 처하는 내용의 제1심판결을 선고하였다. /

【대법원 분석】 그런데 당시 제1심은 이와 같이 공판절차를 진행하고 판결을 선고하기까지 피고인에

게 공시송달의 방법으로도 공소장 부본을 송달하지 아니하였다.

【대법원 분석】 나. 제1심판결에 대하여 검사가 양형부당을 이유로 항소하여 진행된 환송 전 원심에서도 /

【대법원 분석】 피고인에게 공시송달의 방법으로 공판기일 소환장만을 송달한 후 /

【대법원 분석】 피고인의 출석 없이 공판절차를 진행하고 /

【대법원 분석】 검사의 항소를 기각하는 판결을 선고하였다.

【대법원 분석】 다. 이에 피고인이 상소권회복절차를 거쳐 환송 전 원심판결에 대하여 상고하였다. /

【대법원 분석】 대법원은 /

【대법원 분석】 제1심이 피고인에 대한 공소장 부본의 송달 없이 /

【대법원 분석】 공시송달의 방법으로 피고인에 대한 소환만을 한 다음 /

【대법원 분석】 피고인이 출석하지 아니한 상태에서 피고인의 진술 없이 공판절차를 진행하고 판결을 선고한 조치에는 /

【대법원 분석】 소송절차상 법령위반의 위법이 있고, /

【대법원 분석】 환송 전 원심이 /

【대법원 분석】 제1심의 이러한 잘못을 직권으로 살펴 공소장 부본을 송달하게 하는 등의 조치를 취한 후 절차를 진행하지 아니하고 /

【대법원 분석】 제1심판결을 그대로 유지한 조치는 위법하다는 이유로 /

【대법원 분석】 환송 전 원심판결을 파기하고 사건을 원심법원에 환송하였다.

4. 사안에 대한 대법원의 판단

【대법원 판단】 3. 이러한 절차진행 과정을 앞서 본 법리에 비추어 살펴보면, /

【대법원 판단】 제1심 공판절차에서 이루어진 소송행위는 효력이 없으므로 /

【대법원 판단】 원심으로서는 적법한 절차에 의하여 소송행위를 새로이 한 후 /

【대법원 판단】 원심에서의 진술과 증거조사 등 심리결과에 기초하여 다시 판결하였어야 한다. /

【대법원 결론】 그럼에도 원심은 피고인에게 공소장 부본을 송달한 다음 공판절차를 진행하면서 /

【대법원 결론】 원심의 심판범위를 제1심판결에 대한 검사의 항소이유 주장에만 한정하고 /

【대법원 결론】 제1심의 증거조사결과 등을 기초로 판결을 선고하였으니, /

【대법원 결론】 원심의 이러한 조치에는 법령을 위반한 소송절차에 의한 소송행위의 효력에 관한 법리를 오해하여 판결에 영향을 미친 위법이 있다. /

【대법원 결론】 이를 지적하는 취지의 상고이유의 주장은 이유 있다. (파기 환송)

2013도9605 (1)

과학적 증거방법의 증명력 평가
고춧가루 분광분석 사건

2014. 2. 13. 2013도9605, 공 2014상, 657

1. 사실관계 및 사건의 경과

【사실관계 1】

① P회사는 고춧가루를 제조하여 김치 가공공장 등에 판매하는 회사이다.

② 갑은 P회사의 대표이사이다.

③ Q농업협동조합은 김치 가공공장을 운영하고 있다. (Q조합)

④ 2011. 7. 26.경부터 2011년 9월 초순경까지 P회사는 Q조합에 다음과 같이 고춧가루를 판매하였다.

　(가) 원산지 : '국내산 100%'

　(나) 가격 : kg당 13,500원

　(다) 분량 : 13,520kg

　(라) 판매대금 : 182,520,000원

⑤ Q조합의 P회사에 대한 결제 상황은 다음과 같다.

　(가) 2회 지급 : 197,100,000원

　(나) 1회 미지급 : 81,000,000원

⑥ (2011. 6. 무렵부터 2011. 9. 초순 무렵까지 사이에 P회사는 Q조합을 포함하여 9개 거래처에 고춧가루를 판매하였다.)

【사실관계 2】

① 원산지 표시와 관련한 업무를 담당하는 기관으로 국립농산물품질관리원이 있다. (품질관리원)

② 품질관리원의 직원은 특별사법경찰관이다.

③ 품질관리원 시험연구소는 고춧가루의 원산지 검정방법으로 NIRS(근적외선분광분석기) 검정방법을 사용하고 있다.

④ NIRS(Near-Infrared Spectroscopy) 검정방법의 내용은 다음과 같다.

　(가) 시료인 고춧가루에 근적외선을 조사(照射)한다.

　(나) 고춧가루에 함유된 유기성분이 흡수하는 파장들의 흡광도 차이를 이용한다(스펙트럼 분석).

　(다) 이를 통하여 고춧가루에 함유된 '유기성분'의 종류 및 양을 측정한다.

　(라) 원산지가 정확한 다수의 국내산, 수입산 및 혼합 고춧가루를 이용하여 만들어진 판별 검량식이 마련되어 있다.

　(마) 시료에서 측정된 '유기성분'의 종류 및 양을 판별 검량식과 대비한다.

　(바) 양자의 대비는 통계분석(다중회귀분석)을 통하여 이루어진다.

　(사) 비교 결과는 수치(NIR value)로 표시된다.

【사실관계 3】

① NIR value는 100에 가까울수록 국내산일 확률이 높고, 1에 가까울수록 수입산일 확률이 높다.

② 품질관리원 시험연구소는 NIR value를 기준으로 다음과 같이 판별하고 있다.

   (가) NRI 70 이상 : 국내산

   (나) NRI 31 이상 70 미만 : 혼합

   (다) NRI 30 이하 : 수입산

③ NIRS 검정방법에 의한 판별의 정확도는 일반적으로 95±2%로 알려져 있다.

④ 그동안의 검사 결과에 의하면 100% 국내산 시료에 대하여 혼합 또는 수입산으로 잘못 판정된 경우는 다음과 같다.

   (가) 2010년 : 264점 중 5점 (1.9%),

   (나) 2011년 : 69점 중 2점 (2.9%),

   (다) 2012년 : 337점 중 6점 (1.8%)

【사실관계 4】

① [2011. 8.경 국산 고춧가루만을 사용한다는 가공김치에 중국산 고춧가루가 들어 있다는 혐의가 제기되었다.]

② 2011. 8. 23. 품질관리원 직원은 Q조합 김치가공공장에서 P회사를 포함한 3개 납품업체의 고춧가루 시료를 채취하였다. (㉠시료)

③ ㉠시료 가운데 P회사에서 납품한 고춧가루만 유일하게 혼합으로 판별되었다.

④ 2011. 9. 2. 품질관리원 직원은 Q조합을 포함한 P회사의 거래처 9곳으로부터 총 24개의 고춧가루 시료를 채취하였다.

⑤ 총 24개의 시료 가운데 Q조합으로부터는 채취된 것은 11개의 시료이다. (㉡시료)

⑥ 시료를 채취할 때에는 동일한 시료가 업체에 별도로 보관된다. (㉢시료)

⑦ 품질관리원 직원은 품질관리원 시험연구소에 ㉡시료에 대한 1차 검정을 의뢰하였다.

⑧ [2011. 9. 일자미상] 품질관리원 시험연구소는 다음의 검정결과를 회신하였다. (㉣검정결과)

   (가) 4점 : 국내산

   (나) 7점 : 혼합

【사건의 경과 1】

① 검사는 갑을 다음의 공소사실로 기소하였다.

   (가) 농수산물의 원산지 표시에 관한 법률 위반죄

   (나) 사기죄

   (다) 사기미수죄

② (공소사실의 구체적 내용은 판례 본문 참조)

③ 검사는 P회사를 「농수산물의 원산지 표시에 관한 법률」의 양벌규정으로 기소하였다.

④ 갑과 P회사는 국내산과 중국산을 혼합하여 고춧가루를 제조·판매한 사실이 전혀 없다고 주장하였다.

⑤ 검사는 ㉣검정결과를 증거로 제출하였다.

⑥ 갑과 P회사는 ㉣검정결과를 신뢰할 수 없다고 주장하였다.

【사건의 경과 2】

① 2012. 7. 4. 제1심법원은 Q조합이 업체 보관용으로 보관중인 ㉢시료에 대해 품질관리원 시험연구소에 다시 검정을 의뢰하였다.

② 제1심법원은 Q조합을 제외한 나머지 8개 업체로부터 채취한 시료에 대해서는 다시 검정을 의뢰하지 않았다.

③ 2차 검정을 위하여 Q조합에서 보관용인 ㉢시료를 채취할 당시 품질관리원 직원은 시료의 동일성을 확인하는 절차에 참여하였다.

④ 2012. 7. 13. 품질관리원 시험연구소는 다음과 같이 검정결과를 회신하였다. (㉤검사결과)

    (가) 3점 : 국내산 (1점 감소)

    (나) 8점 : 혼합 (1점 증가)

⑤ ㉣검사결과와 비교할 때 ㉢시료 가운데 5점에 대해 다음과 같이 판별 결과가 변경되었다.

    (가) 3점 : 국내산이 혼합으로 판별됨

    (나) 2점 : 혼합이 국내산으로 판별됨

⑥ 검정결과가 바뀌어 나온 5점의 시료 중 1차 검정에서 혼합으로 판정되어 검사의 공소사실에 해당하는 시료는 시료번호 (3)과 시료번호 (8) 2점이다.

【사건의 경과 3】

① 제1심법원은 품질관리원 시험연구소에 ㉣검사결과와 ㉤검사결과 사이에 차이가 발생한 점에 대하여 설명을 구하였다.

② 품질관리원 시험연구소 직원 B와 C는 법정에 출석하여 다음과 같이 증언하였다. (㉥진술)

    (가) P회사가 국내산과 중국산을 혼합하여 제조하는 과정에서 고춧가루의 뭉쳐짐으로 인해 국내산과 중국산이 균질하게 섞이지 않았기 때문일 수 있다.

    (나) ㉢시료가 장기간 보관됨에 따라 ㉢시료의 유기성분 함량이 변화되었을 수 있다.

    (다) 유기성분 함량 변화의 속도가 굉장히 느리므로 변화의 폭과 시료의 종류 때문에 일정한 방향으로 바뀌지 아니할 수 있다.

③ 제1심법원은 ㉣검사결과와 ㉥진술을 증거의 일부로 채택하여 유죄를 선고하였다.

【사건의 경과 4】

① 갑과 P회사는 불복 항소하였다.

② 갑과 P회사는 항소이유로, ㉣, ㉤검사결과를 신뢰할 수 없다고 주장하였다.

③ 항소심법원은 항소를 기각하고, 제1심판결을 유지하였다.

④ (항소심의 판단 이유는 판례 본문 참조)

⑤ 갑과 P회사는 불복 상고하였다.

⑥ (이하 갑에 대하여서만 분석함)

2. 과학적 증거방법에 대한 증명력 평가방법

【대법원 요지】 가. 형사재판에서 공소제기된 범죄사실에 대한 증명책임은 검사에게 있고, /

【대법원 요지】 유죄의 인정은 /

【대법원 요지】 법관으로 하여금 합리적인 의심을 할 여지가 없을 정도로 /

【대법원 요지】 공소사실이 진실한 것이라는 확신을 가지게 하는 증명력을 가진 /

【대법원 요지】 증거에 의하여야 하므로, /

【대법원 요지】 그와 같은 증거가 없다면 설령 피고인에게 유죄의 의심이 가더라도 피고인의 이익으로 판단할 수밖에 없다 /

【대법원 요지】 (대법원 2001. 8. 21. 선고 2001도2823 판결, /

【대법원 요지】 대법원 2006. 2. 24. 선고 **2005도4737** 판결 등 참조).

【대법원 요지】 공소사실을 뒷받침하는 과학적 증거방법은 /

【대법원 요지】 전제로 하는 사실이 모두 진실임이 입증되고 /

【대법원 요지】 추론의 방법이 과학적으로 정당하여 /

【대법원 요지】 오류의 가능성이 전혀 없거나 무시할 정도로 극소한 것으로 인정되는 경우라야 /

【대법원 요지】 법관이 사실인정을 하는 데 상당한 정도로 구속력을 가진다. /

【대법원 요지】 이를 위하여는 /

【대법원 요지】 그 증거방법이 /

【대법원 요지】 전문적인 지식 · 기술 · 경험을 가진 감정인에 의하여 /

【대법원 요지】 공인된 표준 검사기법으로 분석을 거쳐 /

【대법원 요지】 법원에 제출된 것이어야 할 뿐만 아니라 /

【대법원 요지】 채취 · 보관 · 분석 등 모든 과정에서 자료의 동일성이 인정되고 /

【대법원 요지】 인위적인 조작 · 훼손 · 첨가가 없었음이 담보되어야 한다 /

【대법원 요지】 (대법원 2011. 5. 26. 선고 **2011도1902** 판결 등 참조). /

【대법원 요지】 어떠한 과학적 분석기법을 사용하여 제출된 것으로서 /

【대법원 요지】 공소사실을 뒷받침하는 1차적 증거방법 자체에 /

【대법원 요지】 오류가 발생할 가능성이 내포되어 있고, /

【대법원 요지】 그와 동일한 분석기법에 의하여 제출된 2차적 증거방법이 /

【대법원 요지】 공소사실과 배치되는 소극적 사실을 뒷받침하고 있는 경우, /

【대법원 요지】 법원은 /

【대법원 기준】 각 증거방법에 따른 분석 대상물과 분석 주체, /

【대법원 기준】 분석 절차와 방법 등의 동일 여부, /

【대법원 기준】 내포된 오류가능성의 정도, /

【대법원 기준】 달라진 분석결과가 일정한 방향성을 가지는지 여부, /

【대법원 기준】 상반된 분석결과가 나타난 이유의 합리성 유무 /

【대법원 요지】 등에 관하여 면밀한 심리를 거쳐 /

【대법원 요지】 각 증거방법의 증명력을 판단하여야 한다. /

【대법원 요지】 이때 각 분석결과 사이의 차이점이 합리적인 의심 없이 해명될 수 있고 /

【대법원 요지】 1차적 증거방법에 따른 결과의 오류가능성이 무시할 정도로 극소하다는 점이 검증된

다면 /

【대법원 요지】 공소사실을 뒷받침하는 1차적 증거방법만을 취신하더라도 /

【대법원 요지】 그것이 자유심증주의의 한계를 벗어났다고 할 수는 없을 것이나, /

【대법원 요지】 그에 이르지 못한 경우라면 /

【대법원 요지】 그 중 공소사실을 뒷받침하는 증거방법만을 섣불리 취신하거나 /

【대법원 요지】 이와 상반되는 증거방법의 증명력을 가볍게 배척하여서는 아니 된다.

3. 공소사실의 요지

【대법원 분석】 나. 원심은, /

【대법원 분석】 피고인 갑이 /

【대법원 분석】 2011. 7. 26.경부터 2011년 9월 초순경까지 /

【대법원 분석】 국내산 고춧가루와 중국산 고춧가루를 혼합하여 제조한 고춧가루에 /

【대법원 분석】 '국내산 100%'라고 원산지를 허위로 표시한 뒤 /

【대법원 분석】 공소외 Q농업협동조합(이하 '공소외 Q조합'이라 한다)을 비롯한 9개 업체에 이를 판매하였고, /

【대법원 분석】 2011. 7. 27.경부터 2011. 8. 26.경까지 /

【대법원 분석】 피해자 공소외 Q조합에 이와 같은 고춧가루를 마치 국내산 고춧가루인 것처럼 공급하고 /

【대법원 분석】 이에 속은 피해자 공소외 Q조합으로부터 대금을 교부받아 편취하였거나 /

【대법원 분석】 교부받지 못하여 미수에 그쳤다는 /

【대법원 분석】 이 사건 공소사실에 대하여, /

4. 사안에 대한 항소심의 판단

【항소심 판단】 특별사법경찰관인 국립농산물품질관리원(이하 '품질관리원'이라 한다) 직원이 /

【항소심 판단】 2011. 9. 2. 품질관리원 시험연구소에 공소외 Q조합 김치가공공장에서 수거한 고춧가루 시료 11점에 대한 1차 검정을 의뢰하여 /

【항소심 판단】 그 중 7점의 시료에 국내산과 수입산이 혼합되어 있다는 판정결과를 받았는데/

【항소심 판단】 (이처럼 1차 검정에서 '혼합' 판정을 받은 시료에 해당하는 고춧가루를 판매한 행위들이 기소된 것으로 보인다), /

【항소심 판단】 제1심법원이 2012. 7. 4. /

【항소심 판단】 품질관리원 시험연구소에 위와 같이 수거한 시료와 동일한 시료 11점/

【항소심 판단】 (1차 검정 당시부터 공소외 Q조합에서 보관하던 것들이다. /

【항소심 판단】 한편 공소외 Q조합을 제외한 나머지 8개 업체에 대하여는 1차 검정만 이루어진 것으로 보인다)/

【항소심 판단】 에 대하여 2차 검정을 의뢰한 결과 /

【항소심 판단】 종전에 '국내산'으로 판정된 것 중 3점은 '혼합'으로 변경되었고, /

【항소심 판단】 종전에 '혼합'으로 판정된 것 중 2점은 '국내산'으로 변경되는 검정결과가 나온 사실을 인정하면서도, /

【항소심 판단】 일반적인 제조과정을 거친 고춧가루는 작은 입자 상태이지만 /

【항소심 판단】 표면이 거칠고 끈적함이 있어 작은 덩어리 형태로 뭉쳐질 수 있기 때문에 /

【항소심 판단】 채취 부위에 따라 혼합된 정도가 다를 수 있으므로 /

【항소심 판단】 검정결과에 차이가 있을 수 있고, /

【항소심 판단】 국내산과 수입산이 혼합된 시료를 냉장 보관할 경우 /

【항소심 판단】 시료 전체의 이화학적 변화가 일정한 방향으로 바뀌지 아니할 뿐만 아니라 /

【항소심 판단】 고춧가루의 성분 중 캡사이신 이외의 다른 성분들도 변화하는 것이므로, /

【항소심 판단】 위와 같이 상반된 검정결과가 도출되었다는 사정만으로는 /

【항소심 판단】 최초에 이루어진 1차 검정결과의 증명력을 의심할 만한 사유가 될 수 없다는 등 /

【항소심 판단】 그 판시와 같은 사정들을 종합하여 /

【항소심 판단】 이 사건 공소사실을 모두 유죄로 인정한 제1심의 판단을 그대로 유지하였다.

5. 사안에 대한 대법원의 판단

【대법원 판단】 다. 그러나 이러한 원심의 판단은 다음과 같은 이유로 그대로 수긍하기 어렵다.

【대법원 판단】 (1) 제1심 공판 과정에서 실시된 2차 검정의 분석 대상물은 /

【대법원 판단】 1차 검정을 위하여 시료를 채취할 당시 /

【대법원 판단】 공소외 Q조합에 보관해 놓았던 동일한 시료를 대상으로 한 것으로서, /

【대법원 판단】 1차 검정 당시 시료를 채취하였던 특별사법경찰관이 /

【대법원 판단】 2차 검정을 위한 시료 채취 당시에도 그 동일성을 확인하는 절차에 참여한 것으로 보인다. /

【대법원 판단】 나아가 각 검정절차의 분석은 모두 품질관리원 시험연구소에서 담당하였으며, /

【대법원 판단】 1차 검정절차뿐만 아니라 2차 검정절차에서도 /

【대법원 판단】 어떠한 인위적인 조작·훼손·첨가가 있었다고 볼 만한 자료는 없다.

【대법원 판단】 (2) 제1심에서의 공소외 B, C의 증언 등에 의하면, /

【대법원 판단】 품질관리원이 각 검정절차에 따른 시료 분석을 위하여 활용한 이른바 NIRS(Near-Infrared Spectroscopy) 분석기법, /

【대법원 판단】 즉 '근적외선 분광법'은 기초데이터에 의하여 수집된 대조군과의 일치율에 의한 비율적 판정을 그 핵심적 내용으로 하고 있기 때문에 /

【대법원 판단】 통계적 분석방식을 취하는 데에 따른 오류가능성이 내포되어 있으며, /

【대법원 판단】 고춧가루 원산지 판별의 오류가능성은 통계적으로 약 3~7% 정도라는 것인데, /

【대법원 판단】 위와 같이 2차 검정의 분석 대상물이나 분석 주체, 분석 방법 등에 별다른 문제점을 찾기 어렵다면 /

【대법원 판단】 2차 검정절차에 따른 검정결과의 오류가능성 또한 /

【대법원 판단】 1차 검정결과의 오류가능성과 별다른 차이가 없다고 보아야 할 것이다.

【대법원 판단】 (3) 공소외 B, C는 1차 검정결과와 2차 검정결과 사이에 상반되는 검정결과가 나타나게 된 원인에 대하여, /

【대법원 판단】 원심 설시와 같이 /

【대법원 판단】 각 검정을 위한 시료 채취 당시 그 시료의 균질성에 차이가 있다거나 /

【대법원 판단】 2차 검정 당시에는 보관기간 경과로 인하여 이미 고춧가루의 성분 등이 변화하여 /

【대법원 판단】 1차 검정결과와 다른 분석결과가 나올 수 있다는 취지로 증언하고 있다. /

【대법원 판단】 그러나 만약 2차 검정을 위한 시료 채취 당시 /

【대법원 판단】 특정 원산지의 고춧가루가 집중된 부위만을 채취하였기 때문에 /

【대법원 판단】 1차 검정결과와 그 원산지 검정결과가 달라진 것이라면, /

【대법원 판단】 1차 검정을 위한 시료 채취 당시에도 /

【대법원 판단】 그와 같은 채취 방법의 문제점으로 인하여 /

【대법원 판단】 그릇된 원산지 검정결과가 도출될 가능성을 배제할 수 없다.

【대법원 판단】 공소외 B의 증언이나 /

【대법원 판단】 법원에 제출된 여러 학술논문의 연구 결과와 같이, /

【대법원 판단】 고춧가루의 보관기간 경과에 따라 /

【대법원 판단】 고춧가루를 구성하는 캡사이신 등의 성분의 함량이나 형태 등이 변화되어 /

【대법원 판단】 1차 검정 당시부터 약 10개월 정도 경과한 후인 2차 검정 당시의 /

【대법원 판단】 고춧가루 시료에 대한 원산지 검정결과가 달라진 것이라면, /

【대법원 판단】 적어도 1차 검정 당시 국내산으로 판정된 것이 /

【대법원 판단】 2차 검정 당시에는 모두 혼합으로 판정된다든가 /

【대법원 판단】 아니면 그 역으로 판정되어야 할 것이다. /

【대법원 판단】 그러나 1차 검정결과와 상반된 검정결과가 도출된 5점의 시료들 중 /

【대법원 판단】 3점의 시료는 1차 검정 당시 국내산으로 판정된 것이 혼합으로 변경되었고, /

【대법원 판단】 나머지 2점의 시료는 1차 검정 당시 혼합으로 판정된 것이 국내산으로 변경되는 등 /

【대법원 판단】 그 변경의 방향성이 일정하지 아니하다. /

【대법원 판단】 이에 대하여 공소외 B는 /

【대법원 판단】 '변화의 속도가 굉장히 느리므로 변화의 폭과 시료의 종류 때문에 일정한 방향으로 바뀌지 아니할 수 있다'는 취지로 진술하고 있으나, /

【대법원 판단】 그와 같은 진술만으로 상반된 검정결과가 나타나게 된 구체적 원인에 대하여 합리적 의문의 여지가 없을 정도로 규명되었다고 보기에 부족할 뿐만 아니라, /

【대법원 판단】 이를 뒷받침할 만한 더 이상의 과학적 추론이나 설명이 제시되어 있지도 아니하다.

【대법원 판단】 (4) 이러한 사정들을 앞서 본 법리에 비추어 살펴보면, /

【대법원 판단】 이 사건에서 1차 검정결과와 2차 검정결과 사이에 분석결과의 차이점이 발생한 원인에 대하여 /

【대법원 판단】 합리적 의심이 제거되지 아니하였을 뿐만 아니라 /

【대법원 판단】 1차 검정결과만에 의한 오류가능성이 전혀 없거나 무시할 정도로 극소한 것이라고 보

기도 어렵다 할 것이다.

【대법원 결론】 그럼에도 원심은 피고인 갑에 대한 이 사건 공소사실을 뒷받침하는 1차 검정결과를 모두 그대로 취신하고 /

【대법원 결론】 이에 반하는 2차 검정결과의 증명력을 섣불리 배척한 다음 /

【대법원 결론】 이를 기초로 이 사건 공소사실을 모두 유죄로 인정하였으니, /

【대법원 결론】 이러한 원심의 조치에는 과학적 증거방법의 증명력에 관한 법리를 오해하여 필요한 심리를 다하지 아니하고 자유심증주의의 한계를 벗어남으로써 판결 결과에 영향을 미친 위법이 있다. /

【대법원 결론】 이 점을 지적하는 피고인 갑의 상고이유의 주장은 이유 있다. (파기 환송)

2013도9605 (2)

심급과 변호인 선임의 방법
공동피고인을 위한 공동파기
뒤늦은 변호인 선임서 사건
2014. 2. 13. 2013도9605, 공 2014상, 657

1. 사실관계 및 사건의 경과

【사실관계 1】

① P회사는 고춧가루를 제조하여 김치 가공공장 등에 판매하는 회사이다.

② 갑은 P회사의 대표이사이다.

③ Q농업협동조합은 김치 가공공장을 운영하고 있다. (Q조합)

④ 2011. 7. 26.경부터 2011년 9월 초순경까지 P회사는 수회에 걸쳐서 Q조합에 다량의 고춧가루를 '국내산 100%'라는 원산지 표시를 붙여서 판매하였다.

⑤ Q조합은 P회사에 대해 대금의 일부를 지급하고, 일부는 아직 지급하지 않은 상태로 있었다.

⑥ 2011. 6. 무렵부터 2011. 9. 초순 무렵까지 사이에 P회사는 Q조합을 포함하여 9개 거래처에 고춧가루를 판매하였다.

【사실관계 2】

① P회사가 위 기간 중 Q조합에 판매한 고춧가루가 중국산을 혼합한 것이라는 혐의가 제기되었다.

② 국립농산물품질관리원(품질관리원) 직원은 P회사가 판매한 고춧가루의 시료를 채취하였다.

③ 품질관리원 시험연구소는 시료에서 중국산이 혼합되었다는 ㉣검정결과를 회신하였다.

【사건의 경과 1】

① 검사는 갑을 다음의 공소사실로 기소하였다.

　(가) 농수산물의 원산지 표시에 관한 법률 위반죄

　(나) 사기죄

　(다) 사기미수죄

② 검사는 P회사를 「농수산물의 원산지 표시에 관한 법률」의 양벌규정으로 기소하였다.

③ 갑과 P회사는 국내산과 중국산을 혼합하여 고춧가루를 제조·판매한 사실이 전혀 없다고 주장하였다.

④ 검사는 ㉣검정결과를 증거로 제출하였다.

【사건의 경과 2】

① 제1심법원은 ㉣검정결과를 증거의 하나로 채택하여 갑과 P회사를 유죄로 인정하였다.

② 갑과 P회사는 불복 항소하였다.

③ 갑과 P회사는 항소심에서 변호사 D와 법무법인 E를 공동 변호인으로 선임하였다.

④ 갑은 변호사 D 및 법무법인 E와 연명날인한 ⓐ변호인 선임서를 항소심법원에 제출하였다.

⑤ P회사는 변호인 D 및 법무법인 E와 연명날인한 ⓑ변호인 선임서를 항소심법원에 제출하였다.

⑥ 항소심법원은 항소를 기각하고, 제1심판결을 유지하였다.

⑦ 항소심 변호인인 변호사 D는 상고기간 내에 변호인 D 명의의 상고장을 제출하였다.

【사건의 경과 3】

① [상고심에서 갑에 대한 변호는 변호사 D가 맡기로 하였다.]

② [상고심에서 P회사에 대한 변호는 법무법인 E가 맡기로 하였다.]

③ [변호사 D는 갑과 연명날인한 ⓒ변호인 선임서를 대법원에 제출하였다.]

④ [변호사 D는 상고이유서를 대법원에 제출하였다.]

【사건의 경과 4】

① 법무법인 E는 대법원에 상고이유서를 제출하였다.

② 법무법인 E는 상고이유로, ㉣검정결과를 신뢰할 수 없다고 주장하였다.

③ 갑과 P회사의 상고이유서 제출기간이 경과하였다.

④ 법무법인 E는 상고심인 대법원에 새로이 변호인 선임서를 제출해야 한다는 사실을 뒤늦게 알게 되었다.

⑤ P회사는 법무법인 E과 연명날인한 ⓓ변호인 선임서를 대법원에 제출하였다.

【사건의 경과 5】

① 대법원은 갑의 상고이유에 대한 판단에 임하였다.

② 대법원은 갑의 상고이유를 받아들여 ㉣검정결과를 신뢰할 수 없다고 판단하였다.

③ (㉣감정결과에 대한 대법원의 판단 이유는 앞의 『**2013도9605 (1)** 고춧가루 분광분석 사건』에서 별도로 분석하였음)

④ 대법원은 갑에 대한 항소심판결을 파기하고 환송하였다.

⑤ 대법원은 P회사의 상고이유에 대한 판단에 임하였다.

⑥ 대법원은 P회사의 상고이유서가 부적법하다고 판단하였다.

⑦ 그러나 대법원은 P회사에 대한 항소심판결도 파기하고 환송하였다.

2. 심급의 변경과 변호인 선임방식

【대법원 요지】 변호인의 선임은 심급마다 변호인과 연명날인한 서면으로 제출하여야 하므로(형사소

송법 제32조 제1항) /

【대법원 요지】 변호인 선임서를 제출하지 아니한 채 상고이유서만을 제출하고 /

【대법원 요지】 상고이유서 제출기간이 경과한 후에 변호인 선임서를 제출하였다면 /

【대법원 요지】 그 상고이유서는 적법·유효한 상고이유서가 될 수 없다. /

【대법원 요지】 이는 그 변호인이 원심 변호인으로서 원심법원에 상고장을 제출하였더라도 마찬가지이다 /

【대법원 요지】 (대법원 2013. 10. 14.자 2013도8165 결정 등 참조).

【대법원 판단】 기록에 의하면 피고인 P회사의 원심 변호인이던 변호사 공소외 D가 상고기간 내에 그 명의의 상고장을 제출하였는데, /

【대법원 판단】 또 다른 원심 변호인이던 법무법인 E는 피고인 P회사 명의의 변호인 선임서를 제출하지 아니한 채 상고이유서만을 제출하였고, /

【대법원 판단】 상고이유서 제출기간이 경과한 후에 비로소 피고인 P회사가 법무법인 E와 연명날인한 변호인 선임서를 제출한 사실을 알 수 있으므로, /

【대법원 판단】 이를 앞서 본 법리에 비추어 살펴보면 /

【대법원 판단】 피고인 P회사의 상고이유서는 권한이 있는 자에 의하여 제출된 서면이 아니어서 /

【대법원 판단】 적법한 상고이유서가 되지 못한다고 할 것이다.

3. 공동피고인을 위한 공동파기

【대법원 판단】 다만, 피고인 P회사의 상고 자체가 법률상의 방식에 위반하거나 상고권 소멸 후인 것이 명백한 때에 해당하는 부적법한 상고는 아니므로, /

【대법원 판단】 피고인 P회사는 피고인 갑과 파기의 이유가 공통되는 공동피고인으로서 /

【대법원 판단】 "피고인의 이익을 위하여 원심판결을 파기하는 경우에 /

【대법원 판단】 파기의 이유가 상고한 공동피고인에 공통되는 때에는 /

【대법원 판단】 그 공동피고인에 대하여도 원심판결을 파기하여야 한다."는 /

【대법원 판단】 형사소송법 제392조의 적용대상이 된다고 할 것이다.

【대법원 판단】 앞서 본 바와 같이 피고인 갑의 상고이유의 주장이 이유 있어 /

【대법원 판단】 원심판결 중 피고인 갑에 대한 부분을 파기하여야 하는데, /

【대법원 판단】 원심이 유죄로 인정한 피고인 P회사에 대한 공소사실에 비추어 보아 /

【대법원 판단】 그 파기의 이유가 공동피고인인 피고인 P회사에게도 공통되는 때임이 분명하므로, /

【대법원 판단】 형사소송법 제392조에 따라 /

【대법원 판단】 원심판결 중 피고인 P회사에 대한 부분도 함께 파기되어야 한다. (파기 환송)

2013도11233

임의제출물 압수의 허용요건
축협 유통사업단 사건
2016. 3. 10. 2013도11233, 공 2016상, 587

1. 사실관계 및 사건의 경과

【사실관계 1】

① 갑은 축산물을 도축 · 가공하여 대형 유통업체에 공급하는 업자이다.

② 갑은 P, Q회사를 경영하고 있다.

③ 을은 P, Q회사의 임원이다.

④ P회사와 Q회사는 같은 곳에 M사무실을 두고 있다.

⑤ D는 P, Q회사의 직원이다.

⑥ E는 갑의 동생이다.

【사실관계 2】

① R축협이 있다.

② R축협은 완전 가공되지 않은 정육을 공급하고 있다.

③ R축협 육가공공장은 R축협의 지점법인이다.

④ R축협 유통사업단이 있다.

⑤ R축협 유통사업단은 R축협과는 전혀 별도의 업체이다.

⑥ 갑은 R축협 유통사업단을 실질적으로 운영하고 있다.

【사실관계 3】

① R축협 유통사업단은 R축협 육가공공장과 축산물 가공 위탁 운영계약을 체결하였다.

② R축협 유통사업단은 R축협으로부터 완전 가공되지 않은 정육을 매입하였다.

③ 매입된 정육은 R축협 육가공공장에서의 임가공 및 포장이 되었다.

④ 임가공 및 포장된 정육은 한국까르푸 등 대형 유통업체에 납품되었다.

【사실관계 4】

① 갑에 대해 다음의 혐의가 제기되었다.

　(가) 대형 유통업체에의 납품과 관련하여 군소 축산물납품업자들로부터 부정한 청탁과 함께 금품을 수수하였다. (배임수재죄)

　(나) 유통기한이 지난 외국산 육류를 허위의 유통기한이 적힌 스티커를 새로 만들어 부착하는 방법으로 판매하였다. (축산물가공처리법위반죄, 사기죄)

　(다) R축협이 직접 대형유통업체에 납품하여 R축협 앞으로 모든 소득이 발생하는 것 같은 외관을 형성하여 장기간 소득세신고를 하지 않았다. (조세포탈죄)

② 갑에 대해 검찰 수사가 진행되었다.

③ 갑에 대해 조세포탈 혐의로 세무조사가 진행되었다.

【사실관계 5】

① 2009. 2. 6. 갑에 대해 ㉮압수 · 수색영장이 발부되었다.

② ㉮영장에 기재된 혐의사실은 배임수재죄, 축산물가공처리법위반죄, 사기죄, 특경가법위반죄(사기)에 관한 것이다.

③ 서울남부지방검찰청 수사관들은 P, Q회사의 M사무실에서 ㉮영장을 집행하였다.

④ 수사관들은 ㉮영장을 집행하면서 '갑 실질운영 법인관련 서류철(R축협 중부유통사업단 계약서 등)'을 발견하였다. (㉠축협 관련 서류철)

⑤ ㉠서류철 안에는 다음의 서류들이 들어 있었다.

    (가) ⓐ서류 : 축산물 가공 위탁 운영계약서

    (나) ⓑ서류 : 까르푸 계약서 주요사항

    (다) ⓒ서류 : 까르푸 거래계약서

    (라) ⓓ서류 : 직매입 거래계약서

⑥ 수사관들은 을로부터 ㉠서류철을 압수하였다.

⑦ 수사관들은 P, Q회사의 직원 D로부터 다음의 물품을 압수하였다.

    (가) PC 1대 (㉡PC)

    (나) Q회사 관련 서류 23박스 (㉢서류)

    (다) P회사, Q회사 매입 · 매출 등 전산자료 저장 USB 1개 (㉣USB)

【사실관계 6】

① ㉠, ㉡, ㉢, ㉣물품은 ㉮영장에 기재된 혐의사실과는 무관한 것들이었다.

② 수사관들은 ㉠, ㉡, ㉢, ㉣물품에 대해 별도의 압수 · 수색영장을 발부받지 않았다.

③ 수사관들은 피압수자 을 및 D에게 압수목록을 교부하지 않았다.

④ 수사관들은 M사무실에서 압수한 증거들에 대하여 압수조서도 작성하지 않았다.

⑤ 검사는 배임수재죄, 축산물가공처리법위반죄, 사기죄, 특가법위반죄(사기)의 공소사실로 갑을 구속 기소하였다.

【사실관계 7】

① 검사는 M사무실에서 압수한 ㉠, ㉡, ㉢, ㉣증거들을 피압수자에게 반환하는 등의 조치를 취하지 않고 보유하고 있었다.

② 검사는 서울지방국세청 세무공무원 F에게 연락하였다.

③ 2009. 5. 1. 검사는 갑의 동생 E를 검사실로 불렀다.

④ 이 자리에는 세무공무원 F가 동석하였다.

⑤ 검사는 ㉮영장에 기재된 혐의사실과 관련이 없는 ㉠, ㉡, ㉢, ㉣물품을 ㉤박스에 넣어 E에게 환부하였다.

⑥ E는 ㉤박스의 물품을 환부받으면서 압수물건 수령서 및 승낙서를 작성하였다.

⑦ 압수물건 수령서 및 승낙서에는 '일시 보관 서류 등의 목록'이 첨부되어 있었다.

⑧ '일시 보관 서류 등의 목록'에 ㉣USB는 기재되어 있지 않았다.

【사실관계 8】

① 세무공무원 F는 E에게 갑에 대한 세무조사 협조를 명목으로 ㉣USB의 제출을 요구하였다.

② A는 임의제출 형식으로 ㉣USB를 세무공무원 F에게 제출하였다.

③ 이후 세무공무원 F는 ㉣USB에서 을이 작성한 R축협 유통사업단의 영업실적표 등이 저장되어 있음을 발견하였다.

【사건의 경과 1】

① [검사는 갑을 조세포탈죄로 추가기소하였다.]

② [검사는 을을 조세포탈죄의 공범으로 기소하였다.]

③ (이하에서는 갑의 조세포탈죄 부분만을 검토함)

④ 갑은 공소사실을 부인하였다.

⑤ 검사는 ㉠, ㉡, ㉢, ㉣증거를 유죄의 증거로 제출하였다.

⑥ E는 제1심 공판절차에 출석하여 다음과 같이 진술하였다.

⑦ "당시 검사가 자료 인계를 요청하면서 이에 응하지 않을 경우 형인 갑 및 자신(E)의 사업에 대하여도 불이익이 있을 것이라고 위협하였다."

【사건의 경과 2】

① 갑의 피고사건은 제1심을 거친 후, 항소심에 계속되었다.

② 항소심법원은 ㉠, ㉡, ㉢증거에 대해 증거능력을 인정하지 않았다.

③ 항소심법원은 ㉣증거에 대해 임의제출물이라는 이유로 증거능력을 인정하였다.

④ 항소심법원은 ㉣증거를 유죄 증거의 하나로 채택하여 조세포탈죄를 인정하였다.

⑤ (항소심의 판단이유는 판례 본문 참조.)

【사건의 경과 3】

① 갑은 불복 상고하였다.

② 갑은 상고이유로 다음의 점을 주장하였다.

  (가) ㉣USB는 영장 없이 압수되었다.

  (나) ㉣USB를 세무공무원 B에게 임의제출 형식으로 제출하였으나 임의성이 없다.

  (다) 증거능력 없는 ㉣USB를 유죄의 증거로 채택한 원심판결은 위법하다.

2. 압수 · 수색영장과 관련성 요건

【대법원 요지】 (1) 검사 또는 사법경찰관은 범죄수사에 필요한 때에는 피의자가 죄를 범하였다고 의심할 만한 정황이 있는 경우에 판사로부터 발부받은 영장에 의하여 압수 · 수색을 할 수 있으나, /

【대법원 요지】 압수 · 수색은 영장 발부의 사유로 된 범죄 혐의사실과 관련된 증거에 한하여 할 수 있는 것이므로, /

【대법원 요지】 영장 발부의 사유로 된 범죄 혐의사실과 무관한 별개의 증거를 압수하였을 경우 이는 원칙적으로 유죄 인정의 증거로 사용할 수 없다.

3. 압수물 환부와 압수물 임의제출의 관계

【대법원 요지】 다만 수사기관이 그 별개의 증거를 피압수자 등에게 환부하고 후에 이를 임의제출받아 다시 압수하였다면 /

【대법원 요지】 그 증거를 압수한 최초의 절차 위반행위와 최종적인 증거수집 사이의 인과관계가 단절되었다고 평가할 수 있는 사정이 될 수 있으나, /

【대법원 요지】 환부 후 다시 제출하는 과정에서 수사기관의 우월적 지위에 의하여 임의제출의 명목으로 실질적으로 강제적인 압수가 행하여질 수 있으므로, /

【대법원 요지】 그 제출에 임의성이 있다는 점에 관하여는 검사가 합리적 의심을 배제할 수 있을 정도로 증명하여야 하고, /

【대법원 요지】 임의로 제출된 것이라고 볼 수 없는 경우에는 그 증거능력을 인정할 수 없다.

4. 사안에 대한 항소심의 판단

【항소심 판단】 (2) 원심은 피고인 갑에 대한 조세포탈의 점과 관련하여, /

【항소심 판단】 서울남부지방검찰청 수사관이 서울 강남구 개포동 (주소 생략) 주식회사 P, 주식회사 Q 사무실에서 공소외 D로부터 R축협 유통사업단의 영업실적표 등이 저장된 USB를 압수하였고, /

【항소심 판단】 담당 검사는 2009. 5. 1. 공소외 D로부터 압수한 물품 중 2009. 2. 6.자 압수·수색 영장(이하 '이 사건 영장'이라 한다)에 기재된 혐의사실과 관련 없는 물품을 환부할 때 위 USB도 박스에 넣어 같이 환부하였는데, /

【항소심 판단】 피고인 갑의 동생인 공소외 E가 같은 날 동석한 서울지방국세청 세무공무원 공소외 F의 피고인 갑에 대한 세무조사 협조를 명목으로 한 제출 요구에 따라 이를 임의제출하였다고 인정한 다음, /

【항소심 판단】 ① 이 사건 영장 집행 당시 피고인 을로부터 압수한 '피고인 갑 실질운영 법인관련 서류철(R축협 중부유통사업단 계약서 등)' 중 /

【항소심 판단】 축산물 가공 위탁 운영계약서, 까르푸 계약서 주요사항, 까르푸 거래계약서, 직매입 거래계약서 등 조세포탈 증거들은 /

【항소심 판단】 영장에 기재된 압수대상물이 아님에도 /

【항소심 판단】 수사기관이 위 증거에 대하여 별도의 압수·수색영장을 발부받지 않은 점, /

【항소심 판단】 피압수자인 피고인 을에게 위 증거에 대한 압수목록 교부가 이루어지지 않은 점 /

【항소심 판단】 등을 종합하면, /

【항소심 판단】 이 사건 영장에 의하여 압수된 위 조세포탈 증거들은 형사소송법 제308조의2에 의하여 증거능력이 없으나, /

【항소심 판단】 ② 영업실적표가 저장된 USB는 앞서 본 바와 같이 공소외 E가 이를 세무공무원인 공소외 F에게 임의제출하였고, /

【항소심 판단】 공소외 F는 피고인 갑의 조세포탈 혐의에 관하여 세무조사를 하던 중 위 USB에서 피고인 을이 작성한 영업실적표를 발견하였으므로, /

【항소심 판단】 영업실적표는 적법하게 수집된 증거로서 증거능력이 있고, /

【항소심 판단】 그에 기초하여 수집된 원심판시 증거들 및 /

【항소심 판단】 피고인 갑이 제1심 및 원심 법정에서 한 진술 역시 /

【항소심 판단】 유죄 인정의 증거로 사용할 수 있다고 판단하였다.

5. 사안에 대한 대법원의 분석

【대법원 분석】 (3) 그러나 원심판결 이유와 기록에 의하면, /

【대법원 분석】 ① 서울남부지방검찰청 수사관은 이 사건 영장으로 위 개포동 사무실에서 공소외 D로부터 'PC 1대', 'Q회사 관련 서류 23박스', 'P회사, Q회사 매입·매출 등 전산자료 저장 USB 1개' 등을 압수하였는데, /

【대법원 분석】 위와 같이 압수된 증거들은 그 영장에 기재된 혐의사실과 무관한 증거인 사실, /

【대법원 분석】 ② 수사기관은 위 개포동 사무실을 압수·수색함에 있어 상세 압수목록을 피압수자 등에게 교부하지 않았을 뿐만 아니라 /

【대법원 분석】 위 개포동 사무실에서 압수한 증거들에 대하여 압수조서조차 작성하지 아니한 사실, /

【대법원 분석】 ③ 검사는 위 개포동 사무실에서 압수한 증거들을 피압수자에게 반환하는 등의 조치를 취하지 않고 보유하고 있다가, /

【대법원 분석】 2009. 5. 1.에 이르러 피고인 갑의 동생인 공소외 E를 검사실로 불러 '일시 보관 서류 등의 목록', 압수물건 수령서 및 승낙서를 작성하게 한 다음, /

【대법원 분석】 당시 검사실로 오게 한 세무공무원 공소외 F에게 이를 제출하도록 한 사실, /

【대법원 분석】 ④ 공소외 E가 그때 작성한 압수물건 수령서 및 승낙서에 첨부된 '일시 보관 서류 등의 목록'에 위 USB는 기재되어 있지 않은 사실, /

【대법원 분석】 ⑤ 공소외 E가 위와 같이 압수물건 수령서 및 승낙서를 작성할 당시 피고인 갑은 구속상태에서 배임수재 등 혐의로 재판을 받고 있었던 사실, /

【대법원 분석】 ⑥ 공소외 E는 제1심에서부터 '당시 검사가 자료 인계를 요청하면서 이에 응하지 않을 경우 형인 피고인 갑 및 자신의 사업에 대하여도 불이익이 있을 것이라고 위협하였다'는 취지의 진술을 하였던 사실 등을 알 수 있다.

6. 사안에 대한 대법원의 판단

【대법원 판단】 이러한 사실관계에 의하여 알 수 있는 /

【대법원 판단】 위 USB의 압수 경위, /

【대법원 판단】 수사기관이 위 USB를 보유하고 있던 기간, /

【대법원 판단】 공소외 E가 압수물건 수령서 및 승낙서를 제출할 당시의 객관적 상황과 그 경위, /

【대법원 판단】 공소외 E가 작성한 '일시 보관 서류 등의 목록'의 내용 등을 /

【대법원 판단】 위 법리에 비추어 보면, /

【대법원 판단】 과연 공소외 E가 수사기관으로부터 위 USB를 돌려받았다가 다시 세무공무원에게 제출한 것인지 의심스러울 뿐만 아니라, /

【대법원 판단】 설령 공소외 E가 위 USB를 세무공무원에게 제출하였다고 하더라도 그 제출에 임의성이 있는지가 합리적인 의심을 배제할 정도로 증명되었다고 할 수 없으므로, /

【대법원 판단】 공소외 E가 위와 같이 압수물건 수령서 및 승낙서를 제출하였다는 사정만으로 /

【대법원 판단】 이 사건 영장에 기재된 범죄 혐의사실과 무관한 증거인 위 USB가 압수되었다는 절차 위반행위와 /

【대법원 판단】 최종적인 증거수집 사이의 인과관계가 단절되었다고 보기 어렵다. /

【대법원 판단】 따라서 위 USB 및 그에 저장되어 있던 영업실적표는 증거능력이 없다고 할 것이다. /

【대법원 결론】 그럼에도 이와 달리 원심은, 공소외 E가 위 USB를 환부받아 다시 임의로 제출함으로써 최초의 절차 위반행위와 인과관계가 단절된 것이라는 전제에서 영업실적표의 증거능력을 인정하였으므로, /

【대법원 결론】 이러한 원심의 판단에는 위법수집증거 배제법칙 또는 임의제출에 관한 법리를 오해하여 증거능력에 관한 판단을 그르친 잘못이 있다.

【대법원 판단】 (4) 다만 피고인 갑, 공소외 G, 공소외 H가 공개된 법정에서 진술거부권 또는 증언거부권을 고지받고 한 진술/

【대법원 판단】 (다만 영업실적표 등 위법수집증거를 제시받고 한 일부 진술은 제외), /

【대법원 판단】 공소외 F에 대한 검찰 진술조서, /

【대법원 판단】 서울지방국세청이 세무조사 과정에서 R축협으로부터 임의로 제출받은 R축협 계산서, 월별집계표 등 /

【대법원 판단】 영업실적표와는 무관하게 수집되었거나 /

【대법원 판단】 영업실적표와 인과관계가 단절되어 증거능력이 인정되는 나머지 증거들만으로도 /

【대법원 판단】 이 부분 공소사실과 관련한 객관적 사실관계를 넉넉히 인정할 수 있으므로, /

【대법원 결론】 결과적으로 원심의 위와 같은 잘못이 판결 결과에 영향을 미쳤다고 볼 수는 없다. (상고 기각)

2013도11649

확정판결의 시간적 효력범위
무면허 필러 시술 사건

2014. 1. 16. 2013도11649, 공 2014상, 444

1. 사실관계 및 사건의 경과

【사실관계 1】

① '필러 시술'이란 주름살을 제거하기 위하여 피시술자의 이마와 볼 부위 등에 필러를 주입하는 미용 시술이다.

② 갑은 의사 면허가 없다.

③ 갑은 사람들에게 50만 원 내지 120만 원씩을 받고 소위 '필러 시술'을 해주었다.

④ 갑의 '필러 시술' 행위는 전체적으로 2010. 6.부터 시작하여 2012. 10. 22까지 계속되었다.

⑤ [사후적으로 볼 때, 갑의 전체 '필러 시술' 행위는 다음과 같이 이루어져 있다.]

　(가) 2010. 6.부터 2011. 7.까지의 시술행위 (㉠행위)

　(나) 2011. 8.부터 2012. 3. 26까지의 시술행위 (㉡행위)

　(다) 2012. 3. 27.부터 2012. 10. 22.까지의 시술행위 (㉢행위)

【사실관계 2】

① 2011. 7. 갑은 관계 당국에 적발되었다.

② 검사는 ㉠행위에 대해 갑을 의료법위반죄로 불구속 기소하였다. (㉮사건)

③ 갑은 ㉮사건에 대한 재판이 진행중임에도 돈을 받고 계속 '필러 시술'을 하였다.

④ 2012. 3. 26. 관할 제1심법원은 ㉮사건에 대해 의료법위반죄로 갑에게 징역 8월에 집행유예 2년의 판결을 선고하였다. (㉮판결)

⑤ ㉮판결의 범죄사실은 다음과 같다. (㉮범죄사실)

⑥ "피고인은 2010년 6월경부터 2011년 7월경까지 [A 등] 5명으로부터 대가를 받거나 받지 아니하고 무면허로 보톡스나 필러를 주사하는 의료행위를 하였다."

⑦ [갑은 ㉮판결에 대해 항소하지 않았다.]

⑧ 2012. 4. 3. ㉮판결은 그대로 확정되었다.

【사실관계 3】

① ㉠시술행위에 대한 재판이 진행되었음에도 불구하고 갑이 '필러 시술' 행위를 계속하고 있다는 사실이 추가로 적발되었다.

② 검사는 갑의 죄질이 중하다고 판단하였다.

③ 검사는 ㉡, ㉢시술행위에 대해 갑을 「보건범죄단속에 관한 특별조치법」위반죄(부정의료업자)로 기소하였다.

④ 관할 제1심법원은 ㉮확정판결의 효력이 ㉡시술행위 부분에 미친다고 판단하였다.

⑤ 2013. 7. 9. 관할 제1심법원은 다음과 같이 판결을 선고하였다.

　(가) ㉡시술행위 부분 : 면소 (㉯면소판결)

　(나) ㉢시술행위 부분 : 1년 6월 징역형 실형, 벌금형 병과 (㉰유죄판결)

⑥ ㉯면소판결의 대상이 된 공소사실의 내용은 다음과 같다. (㉯공소사실)

⑦ "피고인은 의사가 아님에도 2011. 12. 초순경부터 2012. 3.말 경까지 B 등에게 총 13회에 걸쳐 필러 전용 주사기를 이용하여 피시술자의 이마와 볼 부위 등에 필러를 주입하는 '필러 시술'을 하고 그 대가로 합계 976만 원 상당을 대가로 교부받아 영리를 목적으로 의료행위를 업으로 하였다."

【사건의 경과】

① 검사는 ㉯면소판결에 대해 법리오해를 이유로 불복 항소하였다.

② 갑은 ㉰유죄판결에 대해 양형부당을 이유로 불복 항소하였다.

③ 2013. 9. 11. 항소심법원은 판결을 선고하였다.

④ 항소심법원은 검사의 항소를 기각하였다.

⑤ 항소심법원은 갑의 양형부당 항소이유를 받아들여 제1심판결을 파기하고, 징역 1년의 실형과 벌금형을 선고하였다.

⑥ 검사는 불복 상고하였다.

⑦ [갑은 상고하지 않았다.]

⑧ 검사는 상고이유로, ㉮판결에 대한 확정판결의 효력은 ㉯공소사실에 미치지 않는다고 주장하였다.

2. 확정판결의 효력범위

【대법원 요지】 1. 형사재판이 실체적으로 확정되면 동일한 범죄에 대하여 거듭 처벌할 수 없고, /

【대법원 요지】 확정판결이 있는 사건과 동일한 사건에 대하여 공소의 제기가 있는 경우에는 판결로써 면소의 선고를 하여야 한다. /

【대법원 요지】 이때 공소사실이나 범죄사실의 동일성 여부는 /

【대법원 요지】 사실의 동일성이 가지는 법률적 기능을 염두에 두고 /

【대법원 요지】 피고인의 행위와 그 사회적인 사실관계를 기본으로 하되 /

【대법원 요지】 그 규범적 요소도 고려하여 판단하여야 한다 /

【대법원 요지】 (대법원 2006. 3. 23. 선고 **2005도9678** 판결, /

【대법원 요지】 대법원 2010. 10. 14. 선고 2009도4785 판결 등 참조).

3. 영업범과 포괄일죄의 법리

【대법원 분석】 의료법 제27조 제1항 본문은 /

【대법원 분석】 "의료인이 아니면 누구든지 의료행위를 할 수 없으며 /

【대법원 분석】 의료인도 면허된 것 이외의 의료행위를 할 수 없다"라고 정하여 /

【대법원 분석】 무면허 의료행위를 금지하고 /

【대법원 분석】 같은 법 제87조 제1항 제2호는 /

【대법원 분석】 무면허 의료행위를 한 자를 처벌하도록 정하고 있다. /

【대법원 분석】 이와 별도로 '보건범죄 단속에 관한 특별조치법' 제5조 제1호는 /

【대법원 분석】 '의사가 아닌 사람이 의료법 제27조의 규정을 위반하여 /

【대법원 분석】 영리를 목적으로 의료행위를 업으로 한 행위'를 /

【대법원 분석】 가중처벌하고 있다. /

【대법원 요지】 그런데 무면허 의료행위는 그 범죄구성요건의 성질상 동종 범죄의 반복이 예상되는 것이므로, /

【대법원 요지】 영리를 목적으로 무면허 의료행위를 업으로 하는 자가 /

【대법원 요지】 반복적으로 여러 개의 무면허 의료행위를 /

【대법원 요지】 단일하고 계속된 범의 아래 일정 기간 계속하여 행하고 /

【대법원 요지】 그 피해법익도 동일한 경우라면 /

【대법원 요지】 이들 각 행위를 통틀어 포괄일죄로 처단하여야 할 것이다.

4. 포괄일죄와 일부 확정판결의 관계

【대법원 요지】 한편 포괄일죄의 관계에 있는 범행 일부에 대하여 판결이 확정된 경우에는 /

【대법원 요지】 사실심 판결선고 시를 기준으로 /

【대법원 요지】 그 이전에 이루어진 범행에 대하여는 /

【대법원 요지】 확정판결의 기판력이 미쳐 면소의 판결을 선고하여야 하고, /

【대법원 요지】 이러한 법리는 /

【대법원 요지】 영리를 목적으로 무면허 의료행위를 업으로 하는 자의 여러 개의 무면허 의료행위가 포괄일죄의 관계에 있고 /

【대법원 요지】 그 중 일부에 대하여 판결이 확정된 경우에도 마찬가지로 적용되며, /

【대법원 요지】 그 확정판결의 범죄사실이 '보건범죄 단속에 관한 특별조치법' 제5조 제1호 위반죄가 아니라 /

【대법원 요지】 단순히 의료법 제27조 제1호 위반죄로 공소제기된 경우라고 하여 달리 볼 것이 아니다.

5. 사안에 대한 대법원의 판단

【대법원 분석】 2. 원심은, 이 사건 공소사실 중 /

【대법원 분석】 피고인이 의사가 아님에도 /

【대법원 분석】 제1심판결 별지 범죄일람표 순번 제1번 내지 제13번 기재와 같이 총 13회에 걸쳐 /

【대법원 분석】 필러 전용 주사기를 이용하여 피시술자의 이마와 볼 부위 등에 필러를 주입하는 '필러 시술'을 하고 /

【대법원 분석】 그 대가로 합계 976만 원 상당을 대가로 교부받아 /

【대법원 분석】 영리를 목적으로 의료행위를 업으로 하였다는 /

【대법원 분석】 공소사실 부분에 대하여, /

【대법원 분석】 피고인은 2012. 3. 26. 광주지방법원에서 의료법위반죄로 징역 8월에 집행유예 2년의 판결을 선고받고 /

【대법원 분석】 그 판결이 2012. 4. 3. 그대로 확정되었는데 /

【대법원 분석】 위 확정판결의 범죄사실은 /

【대법원 분석】 피고인이 2010년 6월경부터 2011년 7월경까지 5명으로부터 대가를 받거나 받지 아니하고 무면허로 보톡스나 필러를 주사하는 의료행위를 하였다는 것이고, /

【대법원 분석】 피고인은 위 재판이 진행 중임에도 위와 같은 무면허 의료행위를 멈추지 아니하고 범죄사실에 기재된 바와 같이 2012. 10. 22.경까지 동일한 방식으로 무면허 의료행위를 계속하여 온 점, /

【대법원 분석】 위 확정판결에서도 피고인이 단일한 범의 아래서 무면허 의료행위를 하였다고 보아 이를 모두 포괄하여 일죄로 처벌하였던 점 등을 종합하여 보면, /

【대법원 판단】 피고인에 대한 위 확정판결의 범죄사실과 /

【대법원 판단】 이 부분 공소사실은 /

【대법원 판단】 그 범행의 일시·장소 및 무면허 의료시술의 태양 등에 비추어 /

【대법원 판단】 피고인의 단일하고 계속된 범의 하에 동종의 범행을 동일한 방법으로 하여 온 것으로서 /

【대법원 판단】 기본적 사실관계가 동일하여 /

【대법원 판단】 포괄일죄의 관계에 있으므로, /

【대법원 판단】 위 확정판결의 효력은 그 사실심판결 선고 이전에 행하여진 이 부분 공소사실에 대하여도 미친다는 이유로 이에 대하여 면소를 선고하였다.

【대법원 결론】 앞서 본 법리에 비추어 기록을 비추어 살펴보면 원심의 위와 같은 조치는 정당한 것으로 수긍할 수 있다. /

【대법원 결론】 거기에 상고이유의 주장과 같이 '보건범죄 단속에 관한 특별조치법' 위반의 죄로 공소제기된 무면허 의료행위의 죄수에 관한 법리나 기판력의 범위에 관한 법리를 오해하는 등의 위법이 있다고 할 수 없다. /

【대법원 결론】 상고이유에서 들고 있는 대법원판결은 사안을 달리하는 것이어서 이 사건에 원용하기에 적절하지 아니하다. (상고 기각)

2013도12652

수사기관 조서와 특신상태의 증명
모텔방 112 신고 사건
2014. 2. 21. 2013도12652, 공 2014상, 785

1. 사실관계 및 사건의 경과

【사실관계 1】

① 갑은 남성, A는 여성이다.

② 갑과 A는 M모텔에 투숙하였다.

③ 갑과 A는 함께 들어간 모텔방에서 서로 다툼을 하였다.

④ 갑은 112에 신고를 하였다.

⑤ 갑과 A는 경찰에 가서 최초 조사를 받았다.

⑥ A는 갑이 성매매를 위하여 자신과 함께 모텔에 투숙한 것이라는 진술서를 작성하였다. (㉠진술서)

⑦ 경찰은 갑을 성매매처벌법위반죄(성매매)로 입건하여 검찰로 송치하였다.

【사실관계 2】

① 검사는 갑과 A에 대해 피의자신문을 하였다.

② 피의자신문 과정에서 갑과 A 사이에 대질이 이루어졌다.

③ 갑은 다음과 같은 취지로 진술하였다.

  (가) 인터넷 채팅으로 A와 합의하여 모텔방에 왔다.

(나) A가 모텔방에 온 후에야 대가를 요구하길래 이를 신고하였다.

④ 갑의 진술은 검사 작성 피의자신문조서에 기재되었다. (ⓛ피의자신문조서)

⑤ A는 다음과 같은 취지로 진술하였다.

　　(가) 인터넷 채팅으로 갑과 미리 행위의 내용과 대가를 정하였다.

　　(나) 갑이 다른 행위를 요구하여 서로 다투었다.

⑥ A의 진술은 검사 작성 피의자신문조서에 기재되었다. (ⓒ피의자신문조서)

【사건의 경과 1】

① 검사는 갑을 성매매처벌법위반죄(성매매)로 기소하였다.

② 갑은 공소사실을 부인하였다.

③ 검사는 ㉠진술서와 ㉢피의자신문조서를 증거로 제출하였다.

④ A는 소재불명으로 공판기일에 소환할 수 없었다.

⑤ 검사는 ㉠진술서와 ㉢피의자신문조서가 형소법 제314조에 기하여 증거능력이 인정된다고 주장하였다.

【사건의 경과 2】

① 갑의 피고사건은 제1심을 거친 후, 항소심에 계속되었다.

② 항소심 공판절차에서 갑은 동영상이 수록된 CD를 증거로 제출하였다. (㉣동영상)

③ ㉣동영상에는 A의 다음 진술이 들어 있었다.

④ "수사기관에서 한 본인(A)의 진술은 거짓이다."

⑤ A는 항소심 공판절차에 출석하지 않았다.

⑥ 항소심법원은 ㉠진술서와 ㉢피의자신문조서가 형소법 제314조의 특신상태 하에서 삭성되었음이 충분히 증명되지 아니하였다는 이유로 증거능력을 부정하였다.

⑦ 항소심법원은 갑에게 무죄를 선고하였다.

⑧ 검사는 불복 상고하였다.

⑨ 검사는 상고이유로, 항소심판결에 증거능력과 증명력을 혼동한 위법이 있다고 주장하였다.

2. 수사기관 조서의 증거능력과 엄격해석의 요청

【대법원 요지】 1. 형사소송법은 /

【대법원 요지】 헌법 제12조 제1항이 규정한 적법절차의 원칙, /

【대법원 요지】 그리고 헌법 제27조가 보장하는 공정한 재판을 받을 권리를 구현하기 위하여 /

【대법원 요지】 공판중심주의·구두변론주의·직접심리주의를 기본원칙으로 하고 있다. /

【대법원 요지】 따라서 법관의 면전에서 조사·진술되지 아니하고 /

【대법원 요지】 그에 대하여 피고인이 공격·방어할 수 있는 반대신문의 기회가 실질적으로 부여되지 아니한 진술은 /

【대법원 요지】 원칙적으로 증거로 할 수 없다 /

【대법원 요지】 (형사소송법 제310조의2 및 /

【대법원 요지】 대법원 2000. 6. 15. 선고 **99도1108** 전원합의체 판결 등 참조). /

【대법원 요지】 이에 비추어 형사소송법이 수사기관에서 작성된 조서 등 서면증거에 대하여 일정한 요건 아래 증거능력을 인정하는 것은 /

【대법원 요지】 실체적 진실발견의 이념과 소송경제의 요청을 고려하여 예외적으로 허용하는 것일 뿐이므로, /

【대법원 요지】 그 증거능력 인정 요건에 관한 규정은 엄격하게 해석·적용하여야 한다 /

【대법원 요지】 (대법원 2013. 3. 14. 선고 **2011도8325** 판결 참조).

3. 형소법 제314조와 특신상태의 정도

【대법원 분석】 특히 형사소송법은 /

【대법원 분석】 검사 또는 사법경찰관이 피고인 아닌 자의 진술을 기재한 조서나 /

【대법원 분석】 피고인 아닌 자가 수사과정에서 작성한 진술서에 대하여 /

【대법원 분석】 원진술자 또는 작성자(이하 '참고인'이라 한다) 본인이 /

【대법원 분석】 법관의 면전에서 그 진술조서 또는 진술서의 진정성립을 인정하거나 /

【대법원 분석】 피고인 또는 변호인에게 반대신문의 기회가 부여되었다는 등 /

【대법원 분석】 엄격한 요건이 충족될 때에 한하여 예외적으로 증거능력을 인정하면서도(제312조 제4항, 제5항), /

【대법원 분석】 그 참고인이 사망·질병·외국거주·소재불명 등의 사유로 공판준비 또는 공판기일에 출석하여 진술할 수 없고, /

【대법원 분석】 수사기관에서 한 진술 등이 '특히 신빙할 수 있는 상태하에서 행하여졌음이 증명된 때'에는 /

【대법원 분석】 법관의 면전에 출석하여 직접 진술하지 아니하였더라도 그 진술조서 등을 증거로 할 수 있도록 하고 있다(제314조). /

【대법원 요지】 결국 참고인의 소재불명 등의 경우에 그 참고인이 진술하거나 작성한 진술조서나 진술서에 대하여 증거능력을 인정하는 것은, /

【대법원 요지】 형사소송법이 제312조 또는 제313조에서 /

【대법원 요지】 참고인 진술조서 등 서면증거에 대하여 /

【대법원 요지】 피고인 또는 변호인의 반대신문권이 보장되는 등 엄격한 요건이 충족될 경우에 한하여 증거능력을 인정할 수 있도록 함으로써 /

【대법원 요지】 직접심리주의 등 기본원칙에 대한 예외를 인정한 데 대하여 /

【대법원 요지】 다시 중대한 예외를 인정하여 /

【대법원 요지】 원진술자 등에 대한 반대신문의 기회조차 없이 증거능력을 부여할 수 있도록 한 것이므로, /

【대법원 요지】 그 경우 참고인의 진술 또는 작성이 '특히 신빙할 수 있는 상태하에서 행하여졌음에 대한 증명'은 /

【대법원 요지】 단지 그러할 개연성이 있다는 정도로는 부족하고 /

【대법원 요지】 합리적인 의심의 여지를 배제할 정도에 이르러야 한다고 할 것이다.

4. 사안에 대한 대법원의 판단

【대법원 판단】 2. 기록에 의하면, 검사의 상고이유 주장처럼 공소외인[A]에 대한 검찰 피의자신문 과정에서 피고인과 대질이 이루어진 바 있기는 하나, /

【대법원 판단】 함께 들어간 모텔방에서 서로 다툼이 있어 피고인이 먼저 직접 112 신고를 하고 곧바로 공소외인과 함께 경찰에 가서 최초 조사를 받았고, /

【대법원 판단】 각 진술 내용을 보더라도 피고인의 진술은 인터넷 채팅으로 만난 공소외인이 합의하에 모텔방에 온 후에야 대가를 요구길래 이를 신고하였다는 취지인 반면 /

【대법원 판단】 공소외인의 진술은 인터넷 채팅으로 미리 행위의 내용과 대가를 정하였는데 피고인이 다른 행위를 요구하여 서로 다투었다는 취지로서, /

【대법원 판단】 대질을 포함한 각 진술 과정에서 공소사실과 같이 사전에 유사성교행위의 대가를 지급하기로 한 바가 있는지 등 공소사실의 핵심적인 사항에 관하여 /

【대법원 판단】 두 사람의 진술이 시종일관 일치하지 않았던 사정을 알 수 있다. /

【대법원 판단】 더구나 원심에 이르러 피고인이 제출한 CD(을 제1호)에 수록된 동영상에서는 /

【대법원 판단】 공소외인이 수사기관에서 한 자신의 진술이 허위라는 취지로 진술하고 있는 점도 기록상 드러나 있다. /

【대법원 판단】 이와 같은 여러 정황을 종합하여 보면 /

【대법원 판단】 공소외인의 진술이 /

【대법원 요지】 형사소송법 제314조가 의미하는 '특히 신빙할 수 있는 상태하에서' 이루어진 것이라는 점, /

【대법원 요지】 즉 진술 내용에 허위개입의 여지가 거의 없고 /

【대법원 요지】 진술 내용의 신빙성을 담보할 구체적이고 외부적인 정황이 있다는 점이 /

【대법원 요지】 합리적 의심을 배제할 수 있을 만큼 확실히 증명되어 /

【대법원 요지】 법정에서 반대신문을 통한 확인과 검증을 거치지 않아도 될 정도에 /

【대법원 판단】 이르렀다고 보기는 어렵다.

【대법원 결론】 원심이 공소외인의 진술서와 그에 대한 각 피의자신문조서에 대하여 /

【대법원 결론】 특히 신빙할 수 있는 상태하에서 진술이 행하여졌다는 점이 충분히 증명되었다고 속단하기에는 주저된다는 이유로 증거능력을 부정한 것은 /

【대법원 결론】 위와 같은 법리에 비추어 수긍할 수 있다. /

【대법원 결론】 거기에 상고이유 주장과 같이 형사소송법 제314조를 자의적으로 해석하거나 증거능력의 문제와 증명력의 문제를 혼동한 결과 판결에 영향을 미친 법리오해의 위법이 있다고 할 수 없다. (상고 기각)

2013도12937

영업범과 포괄일죄의 판단방법
병원 건물 리모델링 사건
2014. 7. 24. 2013도12937, 공 2014하, 1705

1. 사실관계 및 사건의 경과

【사실관계】

① 갑과 을은 각각 건설업등록을 하지 아니한 채 건설 관련 업체를 운영하고 있다.

② M대학교 N병원은 N병원 건물 리모델링 공사와 관련하여 갑과 을에게 그때그때 필요한 공사를 발주하였다.

③ 갑은 총 13회의 구조물철거공사를 하였다.

④ 을은 총 19회의 실내건축공사를 하였다.

⑤ 을은 그 밖에 2회에 걸쳐서 H병원과 관련된 무면허 공사를 하였다. (총 21회 공사)

【사건의 경과】

① 검사는 갑과 을을 각각 건설산업기본법위반죄 공소사실로 기소하였다.

② 갑과 을의 피고사건은 제1심을 거친 후, 항소심에 계속되었다.

③ 항소심법원은 갑과 을의 범죄사실을 각각 실체적 경합범으로 파악하였다.

④ 항소심법원은 갑에 대해 다음과 같이 판단하였다.

   (가) 제1~제9 공사 부분 : 공소시효 완성으로 면소

   (나) 제10~제13 공사 부분 : 유죄

⑤ 항소심법원은 을에 대해 다음과 같이 판단하였다.

   (가) 제1~제13 공사 부분 : 공소시효 완성으로 면소

   (나) 제14~제21 공사 부분 : 유죄

⑥ (항소심의 판단 이유는 판례 본문 참조)

⑦ 검사는 갑과 을의 면소 부분에 불복하여 상고하였다.

⑧ 검사는 상고이유로, 갑과 을의 해당 공소사실은 공소시효가 완성되지 않았다고 주장하였다.

2. 영업범과 포괄일죄의 판단방법

【대법원 분석】 1. 건설산업기본법 제9조 제1항 본문은 /

【대법원 분석】 '건설업을 하려는 자는 대통령령으로 정하는 업종별로 국토교통부장관에게 등록을 하여야 한다.'고 규정하고, /

【대법원 분석】 벌칙 조항인 제96조 제1호에서는 /

【대법원 분석】 제9조 제1항에 따른 등록을 하지 아니하고 건설업을 한 자를 형벌에 처하도록 규정하고 있는데, /

【대법원 요지】 위 규정에 위반하는 무등록 건설업 영위 행위는 /

【대법원 요지】 그 범죄의 구성요건의 성질상 동종 행위의 반복이 예상된다 할 것이고, /

【대법원 요지】 그와 같이 반복된 수개의 행위가 /

【대법원 요지】 단일하고 계속된 범의하에 /

【대법원 요지】 근접한 일시·장소에서 유사한 방법으로 행하여지는 등 밀접한 관계가 있어 /

【대법원 요지】 그 전체를 1개의 행위로 평가함이 상당한 경우에는 /

【대법원 요지】 이들 각 행위를 통틀어 포괄일죄로 처벌하여야 할 것이다 /

【대법원 요지】 (대법원 1993. 3. 26. 선고 92도3405 판결, /

【대법원 요지】 대법원 2002. 7. 26. 선고 2002도1855 판결 등 참조). /

【대법원 요지】 그리고 포괄일죄의 공소시효는 최종의 범죄행위가 종료한 때로부터 진행한다 /

【대법원 요지】 (대법원 2002. 10. 11. 선고 2002도2939 판결 참조).

3. 사안에 대한 항소심의 판단

【항소심 판단】 2. 원심은, /

【항소심 판단】 피고인 갑은 건설업등록을 하지 아니한 채 ○○브레카를 운영하며 총 13회에 걸쳐 △△대학교□□□병원에서 건설공사를 하였고, /

【항소심 판단】 피고인 을은 건설업등록을 하지 아니한 채 ◇◇하우징을 운영하며 △△대학교□□□병원 등에서 총 21회에 걸쳐 건설공사를 한 사실을 인정한 다음, /

【항소심 판단】 피고인들이 무등록 건설업체를 운영하면서 위 □□□병원으로부터 그때그때 필요한 공사를 발주받은 것이므로 /

【항소심 판단】 각 공사마다 별개의 범죄가 성립한다고 보아야 하고, /

【항소심 판단】 피고인들의 각 공사를 통틀어 포괄일죄로 처단할 만큼 범의의 단일성이나 계속성이 있다고 보기는 어렵다고 전제하고, /

【항소심 판단】 피고인들의 각 공사 부분은 별개의 범죄로 각 실체적 경합범 관계에 있으므로 /

【항소심 판단】 각각의 범죄행위 종료시인 각 공사 종료시점을 기준으로 공소시효 완성 여부를 판단하여야 한다고 보아, /

【항소심 판단】 피고인 갑에 대한 공소사실 중 원심 판시 공소사실 기재 ① 내지 ⑨번 공사와, /

【항소심 판단】 피고인 을에 대한 공소사실 중 원심 판시 공소사실 기재 ① 내지 ⑬번 공사에 관하여 /

【항소심 판단】 각 공소시효가 완성된 때에 해당한다는 이유로 면소를 선고하였다.

4. 사안에 대한 대법원의 판단

【대법원 판단】 3. 그러나 위와 같은 원심의 판단은 다음과 같은 이유에서 그대로 수긍할 수 없다.

【대법원 판단】 원심이 확정한 사실관계와 기록에 의하여 인정할 수 있는 다음과 같은 사정, 즉 /

【대법원 판단】 피고인들이 수행한 공사는 모두 △△대학교□□□병원이 발주한 공사로서 /

【대법원 판단】 병원 건물의 리모델링이라는 목적을 위한 것이고 /

【대법원 판단】 공사현장도 □□□병원으로 동일한 점, /

【대법원 판단】 피고인 갑이 수행한 공사는 모두 구조물철거공사, /

【대법원 판단】 피고인 을이 수행한 공사는 모두 실내건축공사로서 /

【대법원 판단】 피고인들이 운영하던 각 업체의 설립 목적과 동일한 점, /

【대법원 판단】 피고인들이 수행한 구체적인 공사들은 리모델링공사를 구성하는 부속공사들로서 /

【대법원 판단】 각 부문별로 시공시기를 나누고 기성고에 따라 공사대금을 지급받은 것과 마찬가지로 볼 수 있는 점 등을 종합하면, /

【대법원 판단】 피고인들에 대한 각 공소사실은 /

【대법원 판단】 동일죄명에 해당하는 수개의 영업적 행위를 /

【대법원 판단】 단일하고 계속된 범의하에 일정 기간 계속하여 행한 것으로서 /

【대법원 판단】 각 반복된 수개의 행위 상호간에 일시·장소의 근접, 방법의 유사성 등 밀접한 관계가 있고 /

【대법원 판단】 건설공사의 적정한 시공을 통한 품질과 안전 확보, 건설산업의 건전한 발전이라는 피해법익도 동일하다고 보아야 할 것이다. /

【대법원 판단】 그렇다면 이들 각 행위는 피고인별로 포괄하여 각 1개의 건설산업기본법 제96조 제1호, 제9조 제1항 위반죄를 구성한다 할 것이므로, /

【대법원 판단】 최종 범죄행위가 종료한 때로부터 기산하면 아직 공소시효가 완성되지 아니하였다.

【대법원 결론】 그런데도 원심은 이와 달리 피고인들의 각 행위가 실체적 경합범 관계에 있다고 보아 일부 공소사실에 대하여 공소시효가 완성되었다고 판단하여 면소를 선고하였으니, /

【대법원 결론】 이러한 원심판결에는 건설산업기본법 위반죄에 있어 포괄일죄와 경합범의 구별 기준에 관한 법리를 오해하고 필요한 심리를 다하지 아니함으로써 판결에 영향을 미친 위법이 있다.

【대법원 판단】 다만, 피고인 을에 대한 공소사실 중 /

【대법원 판단】 원심 판시 공소사실 제1항 (21) 기재 2010. 4.경 공사와 /

【대법원 판단】 제2항 기재 2009. 7. 14.경부터 같은 달 24.까지의 공사는 /

【대법원 판단】 다른 공사들과는 공사시점 간의 시간적 간격이 상당하고, /

【대법원 판단】 공사현장이 ◎◎◎◎병원으로 다르고 /

【대법원 판단】 공사금액도 상당히 고액이거나, /

【대법원 판단】 건설업의 종류가 다른 사정이 보이므로 /

【대법원 판단】 과연 위 건설공사들도 다른 공사들과 함께 전체로서 1개의 행위로 평가함이 상당한지 여부를 좀 더 면밀히 심리해 볼 필요가 있음을 지적해 둔다. (파기 환송)

2013도14716

조세부과처분취소와 재심청구사유
외주공사비 손금 처리 사건
2015. 10. 29. 2013도14716, 공 2015하, 1839

1. 사실관계 및 사건의 경과

【사실관계】

① 갑은 P회사를 실질적으로 운영하고 있다.

② 갑은 2009년도 P회사의 종합소득세를 과세관청에 신고하였다.

③ 갑은 ㉠외주공사비 5천 6백만원을 손금으로 처리하여 신고하였다.

④ 관할 과세관청은 ㉠외주공사비를 가공의 경비라고 판단하였다.

⑤ 2011. 7. 12. 관할 과세관청은 ㉠외주공사비를 손금불산입하여 P회사의 2009 사업연도 법인세를 부과하는 처분을 하였다. (㉡법인세부과처분)

⑥ 갑은 ㉡법인세부과처분에 불복하여 조세심판원에 이의신청을 하였다. (㉢이의신청)

⑦ 갑은 P회사가 외상매입금을 지급하면서 이를 외주공사비 항목으로 회계처리하였다고 주장하였다.

⑧ [관할 과세관청은 갑을 검찰에 고발하였다.]

【사건의 경과 1】

① 검사는 갑을 조세범처벌법위반죄(조세포탈)로 기소하였다.

② 갑의 피고사건은 제1심을 거친 후, 항소심에 계속되었다.

③ 2013. 11. 14. 항소심법원은 포탈세액을 1억 4천만원으로 판단하여 갑에게 유죄을 인정하였다.

④ 갑은 불복 상고하였다.

【사건의 경과 2】

① 2013. 12. 18. 조세심판원은 재조사한 다음 그 결과에 따라 과세표준과 세액을 경정하라는 취지의 재조사결정을 하였다. (㉣재조사결정)

② 2014. 1. 27. 과세관청은 조세심판원의 결정에 따른 후속처분으로서 당초 부과처분 중 5천 6백만원에 해당하는 세액을 취소하였다. (㉤일부세액취소)

③ 갑은 ㉣재조사결정과 ㉤일부세액취소 사실에 관한 증거를 대법원에 제출하였다.

④ 2015. 10. 29. 대법원은 갑의 상고에 대해 판결을 선고하였다.

2. 조세부과처분의 취소와 재심청구사유

【대법원 분석】 가. 형사소송법 제383조 제3호는 '재심청구의 사유가 있는 때'에는 원심판결에 대한 상고이유로 할 수 있도록 규정하고, /

【대법원 분석】 제384조 단서는 '제383조 제3호의 경우에는 상고이유서에 포함되지 아니한 때에도 직권으로 심판할 수 있다'고 규정하고 있으며, /

【대법원 분석】 제420조 제5호는 /

【대법원 분석】 '유죄의 선고를 받은 자에 대하여 무죄 또는 면소를, /

【대법원 분석】 형의 선고를 받은 자에 대하여 형의 면제 또는 원판결이 인정한 죄보다 경한 죄를 인정할 /

【대법원 분석】 명백한 증거가 새로 발견된 때'를 재심이유의 하나로 규정하고 있다.

【대법원 요지】 형사소송법 제420조 제5호에 정한 재심사유인 무죄 등을 인정할 '증거가 새로 발견된 때'라 함은 /

【대법원 요지】 재심대상이 되는 확정판결의 소송절차에서 발견되지 못하였거나 또는 /

【대법원 요지】 발견되었다 하더라도 제출할 수 없었던 증거로서 /

【대법원 요지】 이를 새로 발견하였거나 /

【대법원 요지】 비로소 제출할 수 있게 된 때를 말한다 /

【대법원 요지】 (대법원 2013. 4. 18.자 **2010모363** 결정 등 참조). /

【대법원 요지】 조세의 부과처분을 취소하는 행정판결이 확정된 경우 /

【대법원 요지】 그 부과처분의 효력은 처분 시에 소급하여 효력을 잃게 되어 그에 따른 납세의무가 없으므로 /

【대법원 요지】 확정된 행정판결은 조세포탈에 대한 무죄 내지 원심판결이 인정한 죄보다 경한 죄를 인정할 명백한 증거에 해당한다 /

【대법원 요지】 (대법원 1985. 10. 22. 선고 83도2933 판결 등 참조). /

【대법원 요지】 조세심판원이 재조사결정을 하고 그에 따라 과세관청이 후속처분으로 당초 부과처분을 취소하였다면 /

【대법원 요지】 그 부과처분은 처분 시에 소급하여 효력을 잃게 되어 원칙적으로 그에 따른 납세의무도 없어지므로, /

【대법원 요지】 이 역시 형사소송법 제420조 제5호에 정한 재심사유에 해당한다고 보아야 할 것이다.

3. 사안에 대한 대법원의 분석

【대법원 분석】 나. 기록에 의하면, /

【대법원 분석】 ① 과세관청은 2011. 7. 12. 이 사건 외주공사비가 가공경비라는 이유 등으로 그 금액을 손금불산입하고 피고인이 실질적으로 운영하는 공소외[P] 주식회사(이하 '공소외 회사'라고 한다)에 2009 사업연도 법인세를 부과하는 당초 부과처분을 한 사실, /

【대법원 분석】 ② 원심은 2013. 11. 14. 피고인이 위 외주공사비를 손금에 산입함으로써 사기 기타 부정한 행위로써 2009 사업연도 법인세 139,203,273원을 포탈하였다는 공소사실에 대하여 유죄판결을 선고한 사실, /

【대법원 분석】 ③ 조세심판원은 2013. 12. 18. 공소외 회사가 외상매입금을 지급하면서 이를 외주공사비 항목으로 회계처리하였다고 볼 여지가 있다는 이유로 그에 관하여 재조사한 다음 그 결과에 따라 과세표준과 세액을 경정하라는 취지의 재조사결정을 한 사실, /

【대법원 분석】 ④ 이에 과세관청은 2014. 1. 27. 공소외 회사가 2009 사업연도에 외상매입금을 지

급하면서 외주공사비 계정을 사용하였다는 이유로 조세심판원의 결정에 따른 후속처분으로서 당초 부과처분 중 55,860,962원에 해당하는 세액을 일부 취소한 사실 등을 알 수 있다.

4. 사안에 대한 대법원의 판단

【대법원 판단】 이러한 사실관계를 앞서 본 법리에 비추어 살펴보면, /

【대법원 판단】 조세심판원의 재조사결정과 과세관청의 후속처분에 관한 증거가 원심판결 선고 후에 제출되었다는 사정은 /

【대법원 판단】 형사소송법 제420조 제5호에 정한 재심사유인 무죄 등을 인정할 '증거가 새로 발견된 때'에 해당하므로, /

【대법원 판단】 원심판결 중 이 사건 외주공사비에 관한 법인세 포탈세액 전부에 관하여 유죄로 인정한 부분은 그 취소된 세액의 범위 내에서는 그대로 유지될 수 없다. (파기 환송)

2013도15616

통신비밀보호법과 대화비밀침해죄
이사장실 휴대폰 사건

2016. 5. 12. 2013도15616, 공 2016상, 809

1. 사실관계 및 사건의 경과

【사실관계 1】

① 갑은 P신문사에 근무하는 언론인이다.

② A는 Q재단법인 이사장이다.

③ 갑은 P신문사 빌딩에서 휴대폰의 녹음기능을 작동시킨 상태로 A에게 전화를 걸었다.

④ 갑은 A와 약 8분간 전화통화를 하였다.

⑤ 갑은 전화통화를 마친 후 상대방에 대한 예우 차원에서 바로 전화통화를 끊지 않고 A가 전화를 먼저 끊기를 기다렸다.

【사실관계 2】

① 그러던 중 평소 친분이 있는 R방송 기획홍보본부장 B가 A와 인사를 나누면서 R방송 전략기획부장 C를 소개하는 목소리가 갑의 휴대폰을 통해 들려왔다.

② 때마침 A는 실수로 휴대폰의 통화종료 버튼을 누르지 아니한 채 이를 이사장실 내의 탁자 위에 놓아두었다.

③ 갑은 A의 휴대폰과 통화연결상태에 있는 자신의 휴대폰 수신 및 녹음기능을 이용하여 A와 B 사이의 ㉠대화를 몰래 청취하면서 녹음하였다.

④ ㉠대화의 내용은 Q법인이 보유하고 있던 언론사의 지분매각 문제에 관한 것이었다.

⑤ [갑은 이후 ㉠대화 내용을 실명과 함께 그대로 P신문 지상에 보도하였다.]

【사건의 경과】

① 검사는 갑을 통신비밀보호법 위반죄로 기소하였다.

② 갑의 피고사건은 제1심을 거친 후, 항소심에 계속되었다.

③ 항소심은 유죄를 인정하였다.

④ 갑은 불복 상고하였다.

⑤ 갑은 상고이유로 다음의 점을 주장하였다.

   (가) 갑은 A의 대화 상대방이므로 대화비밀침해죄가 성립하지 않는다.

   (나) 설사 갑의 행위가 통신비밀보호법 제14조 제1항 위반에 해당한다고 하더라도 이를 처벌하는
      형벌규정이 없다.

   (다) 갑의 행위는 부작위에 의한 것인데 원심판결은 작위에 의한 것으로 판단한 위법이 있다.

   (라) 갑의 보도행위는 정당행위에 해당하여 위법성이 없다.

   (마) 갑에게 보도를 하지 않도록 할 기대가능성이 없이 책임이 조각된다.

2. 대화비밀침해죄의 적용범위

【대법원 분석】 가. 구 통신비밀보호법/

【대법원 분석】 (2014. 1. 14. 법률 제12229호로 개정되기 전의 것, 이하 같다)은 /

【대법원 분석】 제3조 제1항에서 /

【대법원 분석】 누구든지 이 법과 형사소송법 또는 군사법원법의 규정에 의하지 아니하고는 공개되지 아니한 타인간의 대화를 녹음 또는 청취하지 못하도록 규정하고, /

【대법원 분석】 제14조 제1항에서 /

【대법원 분석】 위와 같이 금지하는 청취행위를 전자장치 또는 기계적 수단을 이용한 경우로 제한하는 한편, /

【대법원 분석】 제16조 제1항에서 /

【대법원 분석】 위 제3조의 규정에 위반하여 공개되지 아니한 타인간의 대화를 녹음 또는 청취한 자(제1호)와 /

【대법원 분석】 제1호에 의하여 지득한 대화의 내용을 공개하거나 누설한 자(제2호)를 /

【대법원 분석】 처벌하고 있다. /

【대법원 요지】 위와 같은 구 통신비밀보호법의 내용 및 형식, /

【대법원 요지】 구 통신비밀보호법이 공개되지 아니한 타인간의 대화에 관한 녹음 또는 청취에 대하여 제3조 제1항에서 일반적으로 이를 금지하고 있음에도 /

【대법원 요지】 제14조 제1항에서 구체화하여 금지되는 행위를 제한하고 있는 입법 취지와 체계 등에 비추어 보면, /

【대법원 요지】 구 통신비밀보호법 제14조 제1항의 금지를 위반하는 행위는, /

【대법원 요지】 구 통신비밀보호법과 형사소송법 또는 군사법원법의 규정에 의한 것이라는 등의 특별한 사정이 없는 한, /

【대법원 요지】 같은 법 제3조 제1항 위반행위에 해당하여 /

【대법원 요지】 같은 법 제16조 제1항 제1호의 처벌대상이 된다고 해석하여야 한다.

3. 타인간 대화의 범위

【대법원 요지】 그리고 구 통신비밀보호법 제3조 제1항이 공개되지 아니한 타인간의 대화를 녹음 또는 청취하지 못하도록 한 것은, /

【대법원 요지】 대화에 원래부터 참여하지 않는 제3자가 그 대화를 하는 타인간의 발언을 녹음 또는 청취해서는 아니 된다는 취지이다 /

【대법원 요지】 (대법원 2006. 10. 12. 선고 2006도4981 판결, /

【대법원 요지】 대법원 2014. 5. 16. 선고 2013도16404 판결 등 참조). /

【대법원 요지】 따라서 대화에 원래부터 참여하지 않는 제3자가 /

【대법원 요지】 일반 공중이 알 수 있도록 공개되지 아니한 타인간의 발언을 녹음하거나 /

【대법원 요지】 전자장치 또는 기계적 수단을 이용하여 청취하는 것은 /

【대법원 요지】 특별한 사정이 없는 한 같은 법 제3조 제1항에 위반된다.

4. 작위와 부작위의 구별

【대법원 요지】 한편 어떠한 범죄가 적극적 작위에 의하여 이루어질 수 있음은 물론 /

【대법원 요지】 결과의 발생을 방지하지 아니하는 소극적 부작위에 의하여도 실현될 수 있는 경우에, /

【대법원 요지】 행위자가 자신의 신체적 활동이나 물리적 · 화학적 작용을 통하여 적극적으로 타인의 법익 상황을 악화시킴으로써 결국 그 타인의 법익을 침해하기에 이르렀다면, /

【대법원 요지】 이는 작위에 의한 범죄로 봄이 원칙이다 /

【대법원 요지】 (대법원 2004. 6. 24. 선고 2002도995 판결 참조).

5. 대화비밀침해죄 적용범위에 대한 대법원의 판단

【대법원 판단】 나. 원심은 그 판시와 같은 이유를 들어, /

【대법원 판단】 피고인이 P신문사 빌딩에서 휴대폰의 녹음기능을 작동시킨 상태로 공소외 Q재단법인(이하 '공소외 Q법인'이라고 한다)의 이사장실에서 집무 중이던 공소외 Q법인 이사장인 공소외 A의 휴대폰으로 전화를 걸어 공소외 A와 약 8분간의 전화통화를 마친 후 /

【대법원 판단】 상대방에 대한 예우 차원에서 바로 전화통화를 끊지 않고 공소외 A가 전화를 먼저 끊기를 기다리던 중, /

【대법원 판단】 평소 친분이 있는 R방송 기획홍보본부장 공소외 B가 공소외 A와 인사를 나누면서 R방송 전략기획부장 공소외 C를 소개하는 목소리가 피고인[갑]의 휴대폰을 통해 들려오고, /

【대법원 판단】 때마침 공소외 A가 실수로 휴대폰의 통화종료 버튼을 누르지 아니한 채 이를 이사장실 내의 탁자 위에 놓아두자, /

【대법원 판단】 공소외 A의 휴대폰과 통화연결상태에 있는 자신의 휴대폰 수신 및 녹음기능을 이용하여 이 사건 대화를 몰래 청취하면서 녹음한 사실을 인정한 다음, /

【대법원 판단】 피고인은 이 사건 대화에 원래부터 참여하지 아니한 제3자이므로, /

【대법원 판단】 통화연결상태에 있는 휴대폰을 이용히여 이 사건 대화를 청취·녹음하는 행위는 /

【대법원 판단】 작위에 의한 구 통신비밀보호법 제3조의 위반행위로서 /

【대법원 판단】 같은 법 제16조 제1항 제1호에 의하여 처벌된다고 판단하였다.

【대법원 결론】 원심판결 이유를 앞서 본 법리와 적법하게 채택된 증거들에 비추어 살펴보면, /

【대법원 결론】 원심의 위와 같은 판단은 정당하고, /

【대법원 결론】 거기에 상고이유 주장과 같이 구 통신비밀보호법 제3조 제1항에 정한 '공개되지 아니한 타인간의 대화'의 의미와 /

【대법원 결론】 같은 법 제16조 제1항 제1호의 처벌대상 및 /

【대법원 결론】 형법상 작위와 부작위의 구별에 관한 법리를 오해하는 등의 잘못이 없다.

6. 언론보도와 정당행위 부분에 대한 대법원의 판단

【대법원 요지】 가. 형법 제20조에 정한 '사회상규에 위배되지 아니하는 행위'라 함은 /

【대법원 요지】 법질서 전체의 정신이나 그 배후에 놓여 있는 사회윤리 내지 사회통념에 비추어 용인될 수 있는 행위를 말하고, /

【대법원 요지】 어떠한 행위가 사회상규에 위배되지 아니하는 정당한 행위로서 위법성이 조각되는 것인지는 구체적인 사정 아래서 합목적적, 합리적으로 고찰하여 개별적으로 판단되어야 하므로, /

【대법원 요지】 이와 같은 정당행위를 인정하려면 /

【대법원 요지】 첫째 그 행위의 동기나 목적의 정당성, /

【대법원 요지】 둘째 행위의 수단이나 방법의 상당성, /

【대법원 요지】 셋째 보호이익과 침해이익과의 법익균형성, /

【대법원 요지】 넷째 긴급성, /

【대법원 요지】 다섯째 그 행위 외에 다른 수단이나 방법이 없다는 보충성 /

【대법원 요지】 등의 요건을 갖추어야 한다 /

【대법원 요지】 (대법원 2003. 9. 26. 선고 2003도3000 판결 참조).

【대법원 판단】 나. 원심은 그 판시와 같은 이유를 들어 /

【대법원 판단】 (1) ① 피고인이 이 사건 대화를 처음 청취·녹음할 당시 어떠한 내용을 청취·녹음하게 될지 알지 못한 채 그 내용을 탐색해보겠다는 생각으로 이 사건 대화의 청취·녹음을 진행한 것으로 보이는 점, /

【대법원 판단】 ② 대화당사자가 이른바 공적 인물로서 통상인에 비하여 사생활의 비밀과 자유가 일정한 범위 내에서 제한된다고 하더라도 /

【대법원 판단】 자신의 의지에 반하여 불법 녹음되고 공개될 것이라는 염려 없이 대화할 수 있는 그들의 권리까지 쉽게 제한될 수 없는 점 등을 고려하면, /

【대법원 판단】 청취 및 녹음 결과 이 사건 대화 내용이 공소외 Q법인이 보유하고 있던 언론사의 지분매각 문제라는 점만으로 이러한 '청취'·'녹음' 행위가 정당행위에 해당한다고 볼 수 없고, /

【대법원 판단】 (2) ① 불법 녹음된 대화 내용을 실명과 함께 그대로 공개하여야 할 만큼 위 대화 내

용이 공익에 대한 중대한 침해가 발생할 가능성이 현저한 경우로서 비상한 공적 관심의 대상이 되는 경우에 해당한다고 보기는 어려운 점, /

【대법원 판단】 ② 피고인은 이 사건 대화당사자 몰래 공개되지 아니한 타인의 대화를 청취·녹음하여 불법적인 자료를 취득한 점, /

【대법원 판단】 ③ 피고인은 이 사건 대화의 주요 내용을 비실명 요약 보도하는 것만으로도 공소외 Q 법인과 R방송의 관계를 일반인에게 알릴 수 있는데도 /

【대법원 판단】 대화당사자 등의 실명과 대화의 상세한 내용까지 그대로 공개함으로써 그 수단과 방법의 상당성을 일탈한 점 등을 고려하면, /

【대법원 판단】 이 사건 대화 내용의 '공개' 행위 역시 정당행위에 해당하지 아니한다고 판단하였다.

【대법원 결론】 원심판결 이유를 앞서 본 법리와 적법하게 채택된 증거들에 비추어 살펴보면, 원심의 위와 같은 판단은 정당하고, /

【대법원 결론】 거기에 상고이유 주장과 같이 정당행위에 관한 법리를 오해하는 등의 잘못이 없다.

7. 기대가능성 주장에 대한 대법원의 판단

【대법원 요지】 피고인에게 적법행위를 기대할 가능성이 있는지 여부를 판단하기 위하여는 /

【대법원 요지】 행위 당시의 구체적인 상황하에 행위자 대신 사회적 평균인을 두고 /

【대법원 요지】 이 평균인의 관점에서 그 기대가능성 유무를 판단하여야 한다 /

【대법원 요지】 (대법원 2008. 10. 23. 선고 2005도10101 판결 참조).

【대법원 결론】 원심판결 이유를 앞서 본 법리와 적법하게 채택된 증거들에 비추어 살펴보면, 원심이 피고인에게 적법행위에 대한 기대가능성이 있다고 판단한 것은 정당하고, /

【대법원 결론】 거기에 상고이유 주장과 같이 기대가능성에 관한 법리를 오해하는 등의 잘못이 없다. (상고 기각)

2013모2347

재정신청 기각결정과 재소자 특칙 불허
전주교도소 재소자 재항고 사건
2015. 7. 16. 2013모2347 전원합의체 결정, 공 2015하, 1300

1. 사실관계 및 사건의 경과

【사실관계 1】

① 2007년 개정된 형사소송법은 재정신청에 대한 고등법원의 결정에 대해 기각결정, 인용결정을 묻지 않고 모두 불복을 불허하였다.

② 2011. 11. 14. 헌법재판소는 재정신청 기각결정에 대해 대법원에 불복을 불허하는 부분은 위헌이라고 판단하였다.

③ 2016. 1. 6. 형소법 제262조 제4항이 개정되어 재정신청 기각결정에 대한 대법원에의 재항고가 명문으로 허용되었다.

④ 본 판례는 2015. 7. 16.에 고지된 것으로 2016. 1. 6. 형소법 개정 이전에 나온 것이다.

【사실관계 2】

① 갑은 ㉮사건으로 M교도소에 수감되어 있다.

② 갑은 ㉯사건으로 A를 고소하였다.

③ 검사는 ㉯고소사건에 대해 ㉠불기소처분을 내렸다.

④ 갑은 ㉠불기소처분에 불복하여 관할 고등법원에 ㉡재정신청을 하였다.

⑤ 관할 고등법원은 ㉡재정신청에 대해 ㉢기각결정을 내렸다.

⑥ 2013. 9. 30. 관할 고등법원의 ㉢재정신청 기각결정은 갑에게 송달되었다.

【사실관계 3】

① 재정신청 기각결정에 대한 재항고는 즉시항고이다.

② 재정신청 기각결정에 대한 재항고는 형소법 제415조, 제405조에 의하여 그 불복기간이 3일로 제한된다.

③ 형소법 제344조는 재소자의 상소장 제출에 대해 재소자 특칙을 규정하고 있다.

④ 재소자 특칙에 따르면 재소자가 상소장을 교도소장 또는 구치소장에게 제출하면 상소제기기간 내에 상소장이 제출된 것으로 간주된다.

【사건의 경과 1】

① 갑은 ㉢기각결정에 불복하여 대법원에 재항고하기로 하였다.

② 2013. 9. 30. (송달 당일) 갑은 ㉢기각결정에 대한 ㉣재항고장을 M교도소장에게 제출하였다. (㉣재항고)

③ ㉣재항고장은 일반우편으로 발송되었다.

④ 2013. 10. 14. ㉣재항고장은 관할 고등법원에 도달하였다.

⑤ 2013. 10. 15. 관할 고등법원은 갑이 재항고권 소멸 후에 ㉣재항고를 제기하였다고 판단하여 ㉤재항고 기각결정을 내렸다. (㉤재항고기각결정)

⑥ 갑은 ㉤재항고기각결정에 불복하여 대법원에 재항고하였다. (㉥재항고)

【사건의 경과 2】

① 대법원판례는 재정신청 기각결정에 대해 재소자 특칙을 인정하는 것과 불허하는 것이 병존하고 있었다.

② 대법원은 전원합의체 결정을 통해 재소자 특칙의 적용 여부 명확히 하기로 하였다.

③ 대법원은 재소자 특칙의 적용 여부를 놓고 8 대 5로 견해가 나뉘었다.

④ 대법원은 다수의견에 따라 재소자 특칙을 적용하지 않기로 하였다.

⑤ 대법원은 종전 대법원판례 가운데 재소자 특칙을 인정하였던 판례를 폐기하였다.

⑥ (지면 관계로 다수의견만 소개함)

2. 도달주의 원칙과 재소자 특칙

【대법원 요지】 1. 형사소송절차에서 법원에 제출하는 서류는 법원에 도달하여야 제출의 효과가 발생하며, /

【대법원 요지】 각종 서류의 제출에 관하여 법정기간의 준수 여부를 판단할 때에도 당연히 해당 서류가 법원에 도달한 시점을 기준으로 하여야 한다.

【대법원 분석】 한편 형사소송법은 이러한 도달주의 원칙에 대한 예외로서, /

【대법원 분석】 교도소 또는 구치소에 있는 피고인(이하 '재소자 피고인'이라 한다)이 제출하는 상소장에 대하여 /

【대법원 분석】 상소의 제기기간 내에 교도소장이나 구치소장 또는 그 직무를 대리하는 사람에게 이를 제출한 때에 상소의 제기기간 내에 상소한 것으로 간주하는 /

【대법원 분석】 재소자 피고인에 대한 특칙(제344조 제1항, 이하 '재소자 피고인 특칙'이라 한다)을 두고 있다. /

【대법원 분석】 그런데 형사소송법은 상소장 외에 재소자가 제출하는 다른 서류에 대하여는 재소자 피고인 특칙을 일반적으로 적용하거나 준용하지 아니하고, /

【대법원 분석】 상소권회복의 청구 또는 상소의 포기나 취하(제355조), /

【대법원 분석】 항소이유서 및 상고이유서 제출(제361조의3 제1항, 제379조 제1항), /

【대법원 분석】 재심의 청구와 그 취하(제430조), /

【대법원 분석】 소송비용의 집행면제의 신청, /

【대법원 분석】 재판의 해석에 대한 의의(疑義)신청과 /

【대법원 분석】 재판의 집행에 대한 이의신청 및 그 취하(제490조 제2항) /

【대법원 분석】 등의 경우에 개별적으로 재소자 피고인 특칙을 준용하는 규정을 두고 있으며, /

【대법원 분석】 재정신청절차에 대하여는 재소자 피고인 특칙의 준용 규정을 두고 있지 아니하다. /

【대법원 요지】 이와 같이 형사소송법이 법정기간의 준수에 대하여 도달주의 원칙을 정하고 그에 대한 예외로서 재소자 피고인 특칙을 제한적으로 인정하는 취지는 /

【대법원 요지】 소송절차의 명확성, 안정성과 신속성을 도모하기 위한 것이며, /

【대법원 요지】 재정신청절차에 대하여 재소자 피고인 특칙의 준용 규정을 두지 아니한 것도 마찬가지라 할 것이다.

3. 재정신청절차와 형사재판절차의 차이점

【대법원 요지】 그리고 재정신청절차는 고소·고발인이 검찰의 불기소처분에 불복하여 법원에 그 당부에 관한 판단을 구하는 절차로서 /

【대법원 요지】 검사가 공소를 제기하여 공판절차가 진행되는 형사재판절차와는 다르며, /

【대법원 요지】 또한 고소·고발인인 재정신청인은 검사에 의하여 공소가 제기되어 형사재판을 받는 피고인과는 그 지위가 본질적으로 다르다. /

【대법원 요지】 재정신청 기각결정에 대하여 재항고가 허용된다고 해석되기는 하지만[2011. 11. 14.

헌법재판소의 한정위헌결정을 가리킴; 저자 주], /

【대법원 요지】 형사소송법 제262조 제4항이 재정신청에 관한 법원의 결정에 대하여는 불복할 수 없다는 규정을 별도로 두고 있는 것[현행법은 명문으로 재항고를 허용하고 있음; 저자 주]도 /

【대법원 요지】 재정신청절차가 위와 같이 형사재판절차와는 다른 제도적 목적에 기반을 두고 있기 때문이다. /

【대법원 요지】 따라서 형사소송법이 피고인을 위하여 상소 등에 관하여 재소자 피고인 특칙을 두면서도 재정신청절차에서는 그 준용 규정을 두지 아니한 것은, /

【대법원 요지】 재정신청절차와 피고사건에 대한 형사재판절차의 목적이 서로 다르며 /

【대법원 요지】 재정신청인과 피고인의 지위에 본질적인 차이가 있음을 고려한 것으로 해석된다. /

【대법원 요지】 그동안 대법원은 교도소 또는 구치소에 있는 재정신청인이 구 형사소송법(2007. 6. 1. 법률 제8496호로 개정되기 전의 것)에 의한 재정신청을 하는 경우에 /

【대법원 요지】 그 재정신청서의 제출에 대하여 재소자 피고인 특칙의 준용 규정을 두고 있지 아니하므로 /

【대법원 요지】 그 신청기간의 준수 여부는 도달주의 원칙에 따라 판단하여야 한다고 판시하였는데/

【대법원 요지】 (대법원 1998. 12. 14.자 98모127 결정, /

【대법원 요지】 대법원 2003. 3. 6.자 2003모13 결정 등 참조), /

【대법원 요지】 이 역시 이와 같은 차이를 반영한 것이다.

4. 불변기간의 연장 가능성 등

【대법원 요지】 또한 재정신청인이 교도소 또는 구치소에 있는 경우에도 제3자에게 제출권한을 위임하여 재정신청 기각결정에 대한 재항고장을 제출할 수 있고, /

【대법원 요지】 게다가 특급우편제도를 이용할 경우에는 발송 다음 날까지 재항고장이 도달할 수도 있다. /

【대법원 요지】 또한 형사소송법 제67조 및 형사소송규칙 제44조에 의하여 /

【대법원 요지】 재정신청인이 있는 교도소 등의 소재지와 법원과의 거리, 교통통신의 불편 정도에 따라 일정한 기간이 재항고 제기기간에 부가되며 /

【대법원 요지】 나아가 법원에 의하여 그 기간이 더 연장될 수 있다. /

【대법원 요지】 그뿐 아니라 재정신청인이 자기 또는 그 대리인이 책임질 수 없는 사유로 인하여 재정신청 기각결정에 대한 재항고 제기기간을 준수하지 못한 경우에는 /

【대법원 요지】 형사소송법 제345조에 따라 재항고권 회복을 청구할 수도 있다.

5. 재정신청과 재소자특칙의 불인정

【대법원 요지】 위와 같이 법정기간 준수에 대하여 도달주의 원칙을 정하고 재소자 피고인 특칙의 예외를 개별적으로 인정한 형사소송법의 규정 내용과 입법 취지, /

【대법원 요지】 재정신청절차가 형사재판절차와 구별되는 특수성, /

【대법원 요지】 법정기간 내의 도달주의를 보완할 수 있는 여러 형사소송법상의 제도 및 /

【대법원 요지】 신속한 특급우편제도의 이용 가능성 등을 종합하여 보면, /

【대법원 요지】 재정신청 기각결정에 대한 재항고나 /

【대법원 요지】 그 재항고 기각결정에 대한 즉시항고로서의 재항고에 대한 /

【대법원 요지】 법정기간의 준수 여부는 도달주의 원칙에 따라 재항고장이나 즉시항고장이 법원에 도달한 시점을 기준으로 판단하여야 하고, /

【대법원 요지】 거기에 재소자 피고인 특칙은 준용되지 아니한다고 해석함이 타당하다.

【대법원 요지】 이와 달리 재정신청인의 재정신청 기각결정에 대한 재항고장 제출에 대하여 재소자 피고인 특칙이 준용된다는 취지의 /

【대법원 요지】 대법원 2011. 12. 20.자 2011모1925 결정, /

【대법원 요지】 대법원 2012. 3. 15.자 2011모1899 결정 등은 /

【대법원 요지】 이 결정에 배치되는 범위 내에서 변경하기로 한다.

6. 사안에 대한 대법원의 분석

【대법원 분석】 2. 기록에 의하면, /

【대법원 분석】 (1) 원심법원의 재정신청 기각결정이 2013. 9. 30. 재정신청인에게 송달되었고, /

【대법원 분석】 재정신청인이 그 기각결정에 대한 재항고장을 같은 날 전주교도소장에게 제출하여 일반우편으로 발송하였으며, /

【대법원 분석】 위 재항고장이 2013. 10. 14. 원심법원에 도달하자 /

【대법원 분석】 원심법원은 2013. 10. 15. 재항고권 소멸 후에 위 재항고를 제기하였다고 인정하여 재항고 기각결정을 한 사실, /

【대법원 분석】 (2) 이에 대하여 재정신청인은 2013. 10. 18. 위 재항고 기각결정을 송달받은 후 /

【대법원 분석】 2013. 10. 21. 전주교도소장에게 그 기각결정에 대한 이 사건 즉시항고장을 제출하여 일반우편으로 발송하였으며, /

【대법원 분석】 이 사건 즉시항고장이 2013. 10. 29. 원심법원에 도달한 사실을 알 수 있다.

7. 사안에 대한 대법원의 판단

【대법원 판단】 3. 위와 같은 사실관계를 앞서 본 법리에 비추어 보면, /

【대법원 판단】 (1) 위 재정신청 기각결정에 대하여 2013. 10. 14. 제기된 재항고는 /

【대법원 판단】 형사소송법 제415조, 제405조에 의한 즉시항고로서의 재항고 법정기간 3일과 /

【대법원 판단】 형사소송법 제67조 및 형사소송규칙 제44조 제1항 본문에서 정한 부가기간을 포함한 /

【대법원 판단】 재항고 제기기간이 훨씬 지나 /

【대법원 판단】 재항고권이 소멸한 후에 제기되었고, /

【대법원 판단】 또한 재정신청인이 책임질 수 없는 사유로 인하여 불복기간을 준수하지 못한 경우에 해당된다고 보기도 어려우므로, /

【대법원 판단】 그에 대하여 원심법원이 재항고 기각결정을 한 것은 수긍할 수 있고, /

【대법원 판단】 (2) 또한 그 재항고 기각결정에 대하여 제기된 이 사건 즉시항고장에 의한 이 사건 재

항고 역시 /

【대법원 판단】 위 법정기간과 부가기간을 포함한 재항고 제기기간이 훨씬 지나 /

【대법원 판단】 재항고권이 소멸한 후에 제기되었으므로 /

【대법원 판단】 재항고기각 사유에 해당한다.

【대법원 결론】 4. 그러므로 이 사건 재항고를 기각하기로 하여 주문과 같이 결정한다. /

【대법원 결론】 이 결정에는 대법관 민일영, 대법관 이인복, 대법관 박보영, 대법관 김소영, 대법관 권순일의 반대의견이 있는 외에는 /

【대법원 결론】 관여 법관들의 의견이 일치하였다.

2014도342

항소장과 항소심의 심판범위
항소취하의 방식
무죄판결 양형부당 사건

2014. 3. 27. 2014도342, 공 2014상, 996

1. 사실관계 및 사건의 경과

【사실관계】

① 갑은 다음의 공소사실로 기소되었다.

   (가) 피해자 A에 대한 횡령죄 (㉮사실)

   (나) 피해자 B에 대한 횡령죄 (㉯사실)

   (다) 피해자 B에 대한 사기죄 (㉰사실)

② ㉮, ㉯, ㉰사실은 형법 제37조 전단의 동시적 경합범 관계에 있다.

③ 제1심법원은 다음과 같이 판단하였다.

   (가) 피해자 A에 대한 횡령죄 (㉮사실) : 유죄

   (나) 피해자 B에 대한 횡령죄 (㉯사실) : 무죄

   (다) 피해자 B에 대한 사기죄 (㉰사실) : 무죄

④ 제1심법원은 다음의 주문을 선고하였다.

   (가) 피고인을 징역 6월에 처한다.

   (나) 이 판결 확정일로부터 2년간 위 형의 집행을 유예한다.

   (다) 이 사건 공소사실 중 사기(㉰사실) 및 피해자 B에 대한 횡령(㉯사실)의 점은 무죄.

【사건의 경과 1】

① 갑은 항소하지 않았다.

② 검사는 불복 항소하였다.

③ 검사는 항소장을 제출하였다.

④ 검사는 항소장의 각 항목에 다음과 같이 기재하였다.

　(가) 항소의 범위 : 전부

　(나) 무죄 부분 항소이유 : 법리오해, 사실오인, 양형부당

　(다) 유죄 부분 항소이유 : (기재 없음)

⑤ 항소심 공판절차에서 검사는 ⓐ공소사실에 대해 횡령죄에서 재물은닉죄로 공소장변경을 신청하였다.

⑥ 항소심법원은 검사의 공소장변경신청을 허가하였다.

【사건의 경과 2】

① 항소심 공판절차에서 재판장은 공판검사에게 항소이유에 관한 석명을 구하였다.

② 공판검사는 다음과 같이 진술하였다.

③ "항소이유서에 기재한 양형부당 주장은 유죄 부분에 대한 양형부당 주장이 아니라 일부 무죄 부분이 유죄로 인정될 경우에 대비하는 취지이다."

④ 항소심 재판장은 공판검사와의 협의를 거쳐 다음과 같이 항소이유를 정리하였다.

⑤ "항소이유는 제1심의 무죄 부분에 대한 사실오인과 법리오해 주장임"

【사건의 경과 3】

① 항소심법원은 공판검사와의 협의를 통하여 ㉮공소사실에 대한 검사의 항소가 취하되었다고 판단하였다.

② 항소심법원은 다음과 같이 판단하였다.

　(가) 검사는 제1심 판결의 무죄 부분(ⓐ, ⓑ공소사실)에 대하여만 항소하였다.

　(나) 양쪽이 항소하지 않은 유죄 부분(㉮공소사실)은 이미 그대로 분리확정되었다.

　(다) 검사가 항소한 부분 가운데 ⓑ공소사실에 대해서는 사실오인의 위법이 없다.

③ 항소심법원은 다음의 주문을 선고하였다.

　(가) 제1심판결의 무죄 부분 중 횡령의 점(ⓐ공소사실)에 대한 부분을 파기한다.

　(나) 위 파기 부분(ⓐ공소사실)에 관하여 피고인에 대한 형을 징역 2개월로 정한다.

　(다) 이 판결 확정일로부터 1년간 위 형의 집행을 유예한다.

　(라) 검사의 나머지 항소(사기의 점(ⓑ공소사실)에 대한 항소)를 기각한다.

【사건의 경과 4】

① 검사는 불복 상고하였다.

② 검사는 상고이유로 다음의 점을 주장하였다.

　(가) 항소심의 심판범위에 관한 판단에 잘못이 있다.

　(나) ㉮공소사실에 대해 검사가 항소취하한 사실이 없음에도 항소취하로 판단한 잘못이 있다.

2. 일부 유죄, 일부 무죄 경합범 사건과 항소심의 심판범위

【대법원 요지】 1. 형법 제37조 전단 경합범 관계에 있는 공소사실 중 /

【대법원 요지】 일부에 대하여 유죄, 나머지 부분에 대하여 무죄를 선고한 제1심판결에 대하여 /

【대법원 요지】 검사만이 항소하면서 /

【대법원 요지】 무죄 부분에 관하여는 항소이유를 기재하고 /

【대법원 요지】 유죄 부분에 관하여는 이를 기재하지 않았으나 /

【대법원 요지】 항소 범위는 '전부'로 표시하였다면, /

【대법원 요지】 이러한 경우 제1심판결 전부가 이심되어 원심의 심판대상이 되므로, /

【대법원 요지】 원심이 제1심판결 무죄 부분을 유죄로 인정하는 때에는 /

【대법원 요지】 제1심판결 전부를 파기하고 /

【대법원 요지】 경합범 관계에 있는 공소사실 전부에 대하여 하나의 형을 선고하여야 한다 /

【대법원 요지】 (대법원 2011. 3. 10. 선고 2010도17779 판결 등 참조).

【대법원 분석】 2. 기록에 의하면, /

【대법원 분석】 ① 제1심은 형법 제37조 전단의 경합범 관계에 있는 이 사건 공소사실 중 /

【대법원 분석】 피해자 공소외 A에 대한 횡령의 점에 대하여는 유죄를, /

【대법원 분석】 피해자 공소외 B에 대한 횡령의 점과 사기의 점에 대하여는 무죄를 각 선고한 사실, /

【대법원 분석】 ② 이에 검사만이 제1심판결에 대하여 항소하였고, /

【대법원 분석】 항소장에 항소의 범위를 '전부'라고 기재한 사실, /

【대법원 분석】 ③ 원심은 공소장 변경 절차에 따라 위 제1심 무죄 부분 중 피해자 공소외 B에 대한 횡령의 점을 재물은닉의 점으로 변경한 후 이를 유죄로 판단하고, /

【대법원 분석】 사기의 점에 대한 제1심의 무죄 판단은 그대로 유지한 사실을 알 수 있다. /

【대법원 판단】 위와 같은 사실관계를 위 법리에 비추어 살펴보면, /

【대법원 판단】 제1심에서 유죄로 선고된 피해자 공소외 A에 대한 횡령의 점을 포함한 /

【대법원 판단】 제1심판결 전부가 이심되어 원심의 심판대상이 되므로, /

【대법원 판단】 원심이 피해자 공소외 B에 대한 재물은닉의 점을 유죄로 인정한 이상, /

【대법원 판단】 원심으로서는 제1심판결 중 /

【대법원 판단】 피해자 공소외 B에 대한 사기의 점을 제외한 /

【대법원 판단】 나머지 부분을 전부 파기하고 /

【대법원 판단】 형법 제37조 전단의 경합범 관계에 있는 횡령죄와 재물은닉죄에 대하여 /

【대법원 판단】 하나의 형을 선고하였어야 한다 /

3. 항소취하의 방법

【대법원 분석】 [기록에 의하면, /

【대법원 분석】 원심 재판장이 제2회 공판기일에 공판검사로부터 /

【대법원 분석】 '항소이유서에 기재한 양형부당 주장은 /

【대법원 분석】 유죄 부분에 대한 양형부당 주장이 아니라 /

【대법원 분석】 일부 무죄 부분이 유죄로 인정될 경우에 대비하는 취지이다'라는 진술을 듣고, /

【대법원 분석】 공판검사와의 협의를 거쳐 항소이유를 /

【대법원 분석】 '제1심의 무죄 부분에 대한 사실오인과 법리오해 주장'이라고 /

【대법원 분석】 정리한 사실을 알 수 있으나, /

【대법원 요지】 항소취하의 경우 그 방식이 원칙적으로 서면이어야 하고, /

【대법원 요지】 예외적으로 법정에서 구술로 하더라도 이를 조서에 기재하여야 하므로(형사소송법 제352조), /

【대법원 판단】 위와 같은 사정만을 가지고 검사가 피해자 공소외 A에 대한 횡령 부분에 관하여 항소를 취하하였다고 보기는 어렵다].

【대법원 결론】 그럼에도 불구하고 원심은 제1심판결 중 피해자 공소외 B에 대한 횡령 부분만을 파기하고 이에 대하여 별도의 형을 선고하였는바, /

【대법원 결론】 이는 항소심의 심판대상 및 항소취하에 관한 법리를 오해하여 판단을 그르친 것이다. (파기 환송)

2014도1779

사경 작성 공범자 조서의 증거능력
공범자 진술의 신빙성 판단방법
교도소 동기 제보자 사건

2014. 4. 10. 2014도1779, 공 2014상, 1084

1. 사실관계 및 사건의 경과

【사실관계 1】

① A는 다른 범죄로 재판을 받던 중에 수사기관에게 자신과 공범들 사이의 마약류 관련 범행을 제보하였다.

② 제보된 공범에는 B와 교도소 수감 동기 갑이 있다.

③ (관련된 사건을 다음과 같이 부르기로 한다.)

   (가) A 부분 : ㉠사건

   (나) B 부분 : ㉡사건

   (다) 갑 부분 : ㉢사건

【사실관계 2】

① 2011. 6. 29. B는 다른 범죄로 재판을 받던 중 화성직업훈련교도소 수사접견실에서 사법경찰관으로부터 ㉡사건에 대해 피의자신문을 받았다.

② B는 ㉡사건 피의자신문에서 다음의 진술을 하였다.

③ "M시일 N장소에서 A와 함께 갑으로부터 메스암페타민 0.8g을 공동매수하였다."

④ B의 진술은 사경 작성 피의자신문조서에 기재되었다. (㉠사경조서)

【사실관계 3】

① B에 대한 ㉠사경 피의자신문조서에는 다음의 문답이 기재되어 있었다.

(가) 문 : "피의자는 진술거부권과 변호인의 조력을 받을 권리들이 있음을 고지받았는가요?"

(나) 답 : "예, 고지를 받았습니다."

(다) 문 : "피의자는 진술거부권을 행사할 것인가요?"

(라) 답 : "행사하지 않겠습니다."

② B의 답변은 B의 자필로 기재된 것이 아니다.

③ 각 답변란에는 B의 무인이 흐릿하게 찍혀 있다.

④ ㉠사경조서의 말미에 찍혀 있는 B의 무인은 뚜렷하다.

⑤ ㉠사경조서에 간인으로 찍혀 있는 B의 무인은 뚜렷하다.

【사실관계 4】

① 2011. 7. 4. 경찰은 B에 대한 ㉯피의사실에 관하여 기소 의견으로 검찰에 송치하였다.

② 2011. 8. 11. B는 서울구치소 주차장 승합차 안에서 사법경찰리로부터 참고인조사를 받았다.

③ B는 참고인조사에서 다음의 진술을 하였다.

④ "M시일 N장소에서 A가 갑으로부터 메스암페타민 0.8g을 매수하는 것을 목격하였다."

⑤ B의 진술은 참고인 진술조서에 기재되었다. (㉡진술조서)

【사실관계 5】

① 2011. 8. 29. A는 안양교도소 수사접견실에서 사법경찰리로부터 ㉮사건에 대해 피의자신문을 받았다.

② A는 ㉮사건 피의자신문에서 다음과 같이 진술하였다.

(가) M일시 N장소에서 갑으로부터 메스암페타민 0.8g을 매수하였다.

(나) 메스암페타민 매수 당시 현장에 B가 함께 동행하였다.

③ A의 진술은 사경 작성 피의자신문조서에 기재되었다. (㉢사경조서)

【사실관계 6】

① 2011. 9. 30. 검사는 B의 ㉯피의사실에 관하여 증거불충분을 이유로 불기소 처분을 하였다.

② 2012. 1. 20. 검사는 A의 ㉮피의사실에 관하여 다음의 이유로 불기소처분하였다.

(가) A의 자백이 그에게 불리한 유일한 증거이다.

(나) A가 관련자라고 진술한 B는 범행을 부인하고 있다.

③ [검사는 갑을 ㉯사건으로 조사하였다.]

④ [갑은 A 또는 B에게 메스암페타민을 매도한 사실이 없다고 주장하였다.]

【사건의 경과 1】

① 검사는 갑을 마약류 관리에 관한 법률 위반죄(향정)로 다음의 공소사실로 기소하였다.

② "M일시 N장소에서 갑은 A에게 80만 원을 받고 1회용 주사기에 들어있는 향정신성의약품인 메스암페타민 약 0.8g을 매도하였다."

③ (공소사실의 요지는 판례 본문 참조)

④ 갑은 공소사실을 부인하였다.

⑤ 2012. 7. 3. 제1심 제2회 공판기일에 검사는 ㉠사경조서, ㉡진술조서, ㉢사경조서를 증거로 제출하였다.

⑥ 갑은 ㉠, ㉡, ㉢조서를 증거로 함에 동의하지 않았다.

【사건의 경과 2】

① 제1심법원은 A와 B를 증인으로 채택하였다.

② A는 법정에 증인으로 출석하였다.

③ A는 ⓒ사경조서에 대해 진정성립을 인정하였다.

④ A는 다음과 같이 진술하였다. (ⓔ법정진술)

⑤ "M시일 N장소에서 갑으로부터 메스암페타민을 매수한 사실이 있다."

⑥ (ⓔ법정진술의 구체적인 내용은 판례 본문 참조)

⑦ 제1심법원은 B를 증인으로 채택하였다.

⑧ B는 소재불명 등의 이유로 법정에 출석하지 않았다.

【사건의 경과 3】

① 갑의 피고사건은 제1심을 거친 후, 항소심에 계속되었다.

② 항소심법원은 다음을 증거로 채택하여 유죄를 선고하였다.

   (가) B의 ㉠사경조서

   (나) B의 ㉡진술조서

   (다) A의 ⓒ사경조서

   (라) A의 ⓔ법정진술

③ 갑은 불복 상고하였다.

④ 갑은 상고이유로 다음의 점을 주장하였다.

   (가) ㉠, ㉡, ⓒ조서는 증거능력이 없다.

   (나) ⓔ법정진술은 신빙성이 없다.

2. 공소사실의 요지

【대법원 분석】 1. 피고인에 대한 이 사건 공소사실의 요지는, /

【대법원 분석】 '피고인은 마약류취급자가 아님에도 /

【대법원 분석】 2010. 7. 하순 17:00경 /

【대법원 분석】 대구 남구 대명11동 1135에 있는 대구시외버스터미널 인근의 /

【대법원 분석】 상호를 알 수 없는 여관의 호실을 알 수 없는 방에서 /

【대법원 분석】 교도소 수감시절 알게 된 공소외 A로부터 80만 원을 받고 /

【대법원 분석】 1회용 주사기에 들어있는 향정신성의약품인 메스암페타민 약 0.8g을 매도하였다.'는 것인데,

3. 사안에 대한 항소심의 판단

【항소심 판단】 원심은 /

【항소심 판단】 매수인인 공소외 A의 제1심 법정진술과 경찰피의자신문조서, /

【항소심 판단】 당시 공소외 A과 동행하였다는 공소외 B의 경찰피의자신문조서와 경찰진술조서를 /

【항소심 판단】 증거로 채택하고, /

【항소심 판단】 공소외 A의 진술이 일관되고 /

【항소심 판단】 공소외 B의 진술도 매우 구체적이어서 신빙성이 높은 점 등을 종합하여 보면, /

【항소심 판단】 피고인에 대한 공소사실을 충분히 인정할 수 있다고 판단하였다.

4. 사안에 대한 대법원의 판단

【대법원 판단】 2. 그러나 원심의 이러한 판단은 다음과 같은 이유로 수긍할 수 없다.

(1) A에 대한 사법경찰리 작성의 ⓒ피의자신문조서의 증거능력

【대법원 요지】 형사소송법 제312조 제3항은 /

【대법원 요지】 검사 이외의 수사기관이 작성한 /

【대법원 요지】 당해 피고인에 대한 피의자신문조서를 /

【대법원 요지】 유죄의 증거로 하는 경우뿐만 아니라 /

【대법원 요지】 검사 이외의 수사기관이 작성한 /

【대법원 요지】 당해 피고인과 공범관계에 있는 다른 피고인이나 피의자에 대한 피의자신문조서를 /

【대법원 요지】 당해 피고인에 대한 유죄의 증거로 채택할 경우에도 적용되는바, /

【대법원 요지】 당해 피고인과 공범관계가 있는 다른 피의자에 대한 /

【대법원 요지】 검사 이외의 수사기관 작성의 피의자신문조서는 /

【대법원 요지】 그 피의자의 법정진술에 의하여 그 성립의 진정이 인정되더라도 /

【대법원 요지】 당해 피고인이 공판기일에서 그 조서의 내용을 부인하면 증거능력이 부정된다 /

【대법원 요지】 (대법원 2004. 7. 15. 선고 **2003도7185** 전원합의체 판결, /

【대법원 요지】 대법원 2008. 9. 25. 선고 **2008도5189** 판결 등 참조).

【대법원 분석】 원심판결 이유 및 기록에 의하면, /

【대법원 분석】 공소외 A는 다른 범죄로 재판을 받던 중에 자신과 공범들 사이의 마약류 관련 범행을 제보하였고, /

【대법원 분석】 2011. 8. 29. 안양교도소 수사접견실에서 /

【대법원 분석】 '이 사건 공소사실 기재 일시, 장소에서 피고인으로부터 메스암페타민 0.8g을 매수하였다.'라는 점 등에 관하여 /

【대법원 분석】 사법경찰리로부터 피의자신문을 받은 사실, /

【대법원 분석】 검사는 2012. 1. 20. 공소외 A에 대하여 /

【대법원 분석】 위 피의사실에 관하여 공소외 A의 자백이 그에게 불리한 유일한 증거이고 /

【대법원 분석】 공소외 A가 관련자라고 진술한 공소외 B는 범행을 부인하고 있다는 이유로 /

【대법원 분석】 불기소 처분을 한 사실, /

【대법원 분석】 피고인이 2012. 7. 3. 제1심 제2회 공판기일에 /

【대법원 분석】 검사가 증거로 제출한 공소외 A에 대한 사법경찰 작성의 피의자신문조서의 내용을 부인하였음에도 불구하고 /

【대법원 분석】 원심은 그 후 법정진술 등을 거쳤음을 이유로 /

【대법원 분석】 위 피의자신문조서를 유죄 인정의 증거로 채용하고 있는 사실을 알 수 있다.

【대법원 판단】 위 법리에 비추어 보면 /

【대법원 판단】 가사 공소외 A가 법정진술에 의하여 위 피의자신문조서의 성립의 진정을 인정하였다 하더라도 /

【대법원 판단】 피고인이 그 조서의 내용을 부인하였으므로 /

【대법원 판단】 이를 유죄 인정의 증거로 사용할 수 없는 것이다. /

【대법원 결론】 그럼에도 불구하고 이를 유죄 인정의 증거로 채용한 원심에는 공범인 다른 피의자에 대한 검사 이외의 수사기관 작성 피의자신문조서의 증거능력에 관한 법리를 오해한 위법이 있다.

(2) B에 대한 사법경찰관 작성의 ㉠피의자신문조서의 증거능력

【대법원 요지】 헌법 제12조 제2항, /

【대법원 요지】 형사소송법 제244조의3 제1항, 제2항, /

【대법원 요지】 제312조 제3항에 비추어 보면, /

【대법원 요지】 비록 사법경찰관이 피의자에게 진술거부권을 행사할 수 있음을 알려 주고 그 행사 여부를 질문하였다 하더라도, /

【대법원 요지】 형사소송법 제244조의3 제2항에 규정한 방식에 위반하여 /

【대법원 요지】 진술거부권 행사 여부에 대한 피의자의 답변이 자필로 기재되어 있지 아니하거나 /

【대법원 요지】 그 답변 부분에 피의자의 기명날인 또는 서명이 되어 있지 아니한 /

【대법원 요지】 사법경찰관 작성의 피의자신문조서는 /

【대법원 요지】 특별한 사정이 없는 한 /

【대법원 요지】 형사소송법 제312조 제3항에서 정한 /

【대법원 요지】 '적법한 절차와 방식'에 따라 작성된 조서라 할 수 없으므로 /

【대법원 요지】 그 증거능력을 인정할 수 없다 /

【대법원 요지】 (대법원 2013. 3. 28. 선고 2010도3359 판결 참조).

【대법원 분석】 기록에 의하면, /

【대법원 분석】 공소외 B에 대한 사법경찰관 작성의 피의자신문조서에는 /

【대법원 분석】 "피의자는 진술거부권과 변호인의 조력을 받을 권리들이 있음을 고지받았는가요?"라는 질문에 /

【대법원 분석】 "예, 고지를 받았습니다."라는 답변이, /

【대법원 분석】 "피의자는 진술거부권을 행사할 것인가요?"라는 질문에 /

【대법원 분석】 "행사하지 않겠습니다."라는 답변이 기재되어 있기는 하나 /

【대법원 분석】 그 답변은 공소외 B의 자필로 기재된 것이 아니고, /

【대법원 분석】 각 답변란에 무인이 되어 있기는 하나 /

【대법원 분석】 조서 말미와 간인으로 되어 있는 공소외 B의 무인과 달리 /

【대법원 분석】 흐릿하게 찍혀 있는 사실을 알 수 있다.

【대법원 판단】 위 법리에 비추어 보면 /

【대법원 판단】 공소외 B에 대한 사법경찰관 작성의 피의자신문조서는 /

【대법원 판단】 형사소송법 제312조 제3항에서 정하는 '적법한 절차와 방식'에 따라 작성된 조서로 볼 수 없으므로 /

【대법원 판단】 이를 증거로 쓸 수 없다고 할 것이다. /

【대법원 판단】 그럼에도 불구하고 이를 유죄 인정의 증거로 채용한 원심에는 피의자신문조서의 증거능력에 관한 법리를 오해한 위법이 있다.

(3) B에 대한 사법경찰리 작성의 ⓒ참고인진술조서의 증거능력

【대법원 요지】 피의자의 진술을 녹취 내지 기재한 서류 또는 문서가 /

【대법원 요지】 수사기관에서의 조사 과정에서 작성된 것이라면, /

【대법원 요지】 그것이 '진술조서, 진술서, 자술서'라는 형식을 취하였다고 하더라도 /

【대법원 요지】 피의자신문조서와 달리 볼 수 없다. /

【대법원 요지】 형사소송법이 보장하는 피의자의 진술거부권은 /

【대법원 요지】 헌법이 보장하는 형사상 자기에게 불리한 진술을 강요당하지 않는 자기부죄거부의 권리에 터 잡은 것이므로, /

【대법원 요지】 수사기관이 피의자를 신문함에 있어서 피의자에게 미리 진술거부권을 고지하지 않은 때에는 /

【대법원 요지】 그 피의자의 진술은 위법하게 수집된 증거로서 /

【대법원 요지】 진술의 임의성이 인정되는 경우라도 증거능력이 부인되어야 한다 /

【대법원 요지】 (대법원 2009. 8. 20. 선고 **2008도8213** 판결 참조).

【대법원 분석】 기록에 의하면, /

【대법원 분석】 공소외 B는 다른 범죄로 재판을 받던 중인 2011. 6. 29. /

【대법원 분석】 화성직업훈련교도소 수사접견실에서 /

【대법원 분석】 '이 사건 공소사실 기재 일시, 장소에서 공소외 A와 함께 피고인으로부터 메스암페타민 0.8g을 공동매수하였다.'라는 점 등에 관하여 /

【대법원 분석】 사법경찰관으로부터 피의자신문을 받은 사실, /

【대법원 분석】 경찰은 2011. 7. 4. 공소외 B에 대한 위 피의사실에 관하여 기소 의견으로 검찰에 송치한 사실, /

【대법원 분석】 그런데 공소외 B는 2011. 8. 11. 서울구치소 주차장 승합차 안에서 /

【대법원 분석】 '이 사건 공소사실 기재 일시, 장소에서 공소외 A가 피고인[갑]으로부터 메스암페타민 0.8g을 매수하는 것을 목격하였다.'라는 내용으로 /

【대법원 분석】 사법경찰리로부터 참고인조사를 받은 사실, /

【대법원 분석】 검사는 2011. 9. 30. 공소외 B에 대한 위 피의사실에 관하여 /

【대법원 분석】 증거불충분을 이유로 불기소 처분을 한 사실을 알 수 있다.

【대법원 판단】 사실관계가 이러하다면, /

【대법원 판단】 공소외 B가 위와 같이 참고인조사를 받을 당시 /

【대법원 판단】 이 사건 공소사실에 대하여 범죄혐의에서 벗어나지 못한 피의자 신분이었다고 할 것이므로, /

【대법원 판단】 공소외 B에 대한 참고인진술조서는 진술조서의 형식을 취하였다고 하더라도 피의자신문조서와 달리 볼 수 없다. /

【대법원 판단】 그런데도 기록상 경찰이 공소외 B의 진술을 들음에 있어 /

【대법원 판단】 공소외 B에게 미리 진술거부권이 있음을 고지한 사실을 인정할 만한 아무런 자료가 없으므로, /

【대법원 판단】 진술의 임의성이 인정되는 경우라도 위법하게 수집된 증거로서 증거능력이 없다고 할 것이다. /

【대법원 결론】 그럼에도 불구하고 이를 유죄 인정의 증거로 채용한 원심에는 피의자신문조서의 증거능력에 관한 법리를 오해한 위법이 있다.

(4) A의 ⓔ법정진술의 신빙성

【대법원 요지】 마약류 매매 여부가 쟁점이 된 사건에서 /

【대법원 요지】 매도인으로 지목된 피고인이 수수사실을 부인하고 있고 /

【대법원 요지】 이를 뒷받침할 금융자료 등 객관적 물증이 없는 경우, /

【대법원 요지】 마약류를 매수하였다는 사람의 진술만으로 유죄를 인정하기 위해서는 /

【대법원 요지】 그 사람의 진술이 증거능력이 있어야 함은 물론 /

【대법원 요지】 합리적인 의심을 배제할 만한 신빙성이 있어야 한다. /

【대법원 요지】 신빙성 유무를 판단할 때에는 /

【대법원 요지】 그 진술 내용 자체의 합리성, 객관적 상당성, 전후의 일관성뿐만 아니라 /

【대법원 요지】 그의 인간됨, 그 진술로 얻게 되는 이해관계 유무 등을 아울러 살펴보아야 한다. /

【대법원 요지】 특히, 그에게 어떤 범죄의 혐의가 있고 /

【대법원 요지】 그 혐의에 대하여 수사가 개시될 가능성이 있거나 수사가 진행 중인 경우에는, /

【대법원 요지】 이를 이용한 협박이나 회유 등의 의심이 있어 그 진술의 증거능력이 부정되는 정도에까지 이르지 않는 경우에도, /

【대법원 요지】 그로 인한 궁박한 처지에서 벗어나려는 노력이 진술에 영향을 미칠 수 있는지 여부 등을 살펴보아야 한다.

【대법원 판단】 기록에 의하면, /

【대법원 판단】 피고인으로부터 메스암페타민을 매수하였다는 공소외 A의 법정진술은 /

【대법원 판단】 이를 뒷받침하는 금융거래내역, 통화내역 등 물증이 없고, /

【대법원 판단】 그 내용을 보더라도 /

【대법원 판단】 '피고인을 만난 장소가 대구 서부시외버스터미널인지 대구 소재 다른 시외버스터미널인지 잘 모르겠고, /

【대법원 판단】 매수대금을 언제 어떻게 송금하였는지, /

【대법원 판단】 메스암페타민을 건네받은 장소가 모텔 몇 층인지, /

【대법원 판단】 당시 택시를 타고 다른 곳으로 이동한 적이 있는지 등은 /

【대법원 판단】 기억이 안 난다.'라고 하는 등 /

【대법원 판단】 그 내용 자체의 합리성, 객관적 상당성, 전후의 일관성이 없는 점, /

【대법원 판단】 공소외 A는 다른 범죄로 재판을 받던 궁박한 상황 중에 /

【대법원 판단】 피고인을 비롯한 공범들과 사이의 마약류 관련 범행을 제보하였을 뿐만 아니라, /

【대법원 판단】 정작 이 사건 공소사실 기재 일시, 장소에서 피고인으로부터 메스암페타민 0.8g을 매수하였다는 피의사실에 관하여 /

【대법원 판단】 불기소 처분을 받은 점 등을 종합적으로 고려할 때 /

【대법원 판단】 공소외 A의 법정진술은 합리적인 의심을 배제할 만한 신빙성이 있다고 보기 어렵다.

5. 사안에 대한 대법원의 결론

【대법원 결론】 3. 그럼에도 원심은, 공소외 A, 공소외 B에 대한 사법경찰관리 작성의 피의자신문조서 등의 증거능력을 잘못 인정하였을 뿐만 아니라 /

【대법원 결론】 공소외 A의 법정진술의 신빙성을 인정하고 /

【대법원 결론】 이를 기초로 피고인에 대한 이 사건 공소사실을 유죄로 단정하였으니, /

【대법원 결론】 이러한 원심의 판단에는 증거능력에 관한 법리를 오해하고, 채증법칙을 위반하여 판결에 영향을 미친 위법이 있다고 할 것이다. (파기 환송)

2014도2946

재심심판과 자유심증주의
유서대필사건 재심 사건

2015. 5. 14. 2014도2946, 공 2015하, 917

1. 사실관계 및 사건의 경과

【사실관계】

① 1991. 5. 8. 당시의 정권에 항의하는 표시로 A가 분신자살하였다.

② A의 사망과 관련하여 ㉠유서가 발견되었다.

③ 국립과학수사연구소는 ㉠유서에 대해 감정을 실시하였다.

④ B는 국립과학수사연구소 소속 문서감정 전문가이다.

⑤ B는 ㉠유서가 갑에 의하여 대필된 것이라고 감정하였다. (㉡감정)

【사건의 경과 1】

① 검사는 갑을 자살방조죄 및 국가보안법위반죄로 기소하였다. (㉮사건)

② 갑의 피고사건은 제1심을 거친 후, 항소심에 계속되었다.

③ 항소심인 서울고등법원은 ○감정을 유죄 증거의 하나로 채택하였다.

④ 서울고등법원은 갑에게 징역 3년과 자격정지 1년 6월을 선고하였다. (㉮재심대상판결)

⑤ 갑은 불복 상고하였다.

⑥ 대법원은 상고를 기각하였다. (㉮확정판결)

⑦ 1994. 8. 17. 갑은 만기출소하였다.

【사건의 경과 2】

① 2007. 11. 13. 진실화해를 위한 과거사 정리위원회는 갑의 ㉮사건에 대해 국가의 사과와 재심 등의 조치를 취할 것을 권고하였다.

② 갑은 서울고등법원에 ㉮판결에 대한 재심을 청구하였다. (㉯재심청구)

③ 서울고등법원은 ㉮판결에 대한 재심개시결정을 내렸다. (㉰재심개시결정)

④ 서울고등법원은 ㉮사건에 대해 다시 심판하였다.

⑤ 서울고등법원은 ㉮사건에 대한 재심심판절차에서 무죄를 선고하였다. (㉱재심판결)

⑥ (서울고등법원의 판단이유는 판례 본문 참조)

【사건의 경과 3】

① 검사는 ㉱재심판결에 불복하여 대법원에 상고하였다.

② 검사는 상고이유로 다음의 점을 주장하였다.

　(가) ㉱재심판결에는 논리칙과 경험칙에 위반하여 사실을 인정한 위법이 있다.

　(나) ㉱재심판결에는 자유심증주의의 한계를 벗어난 위법이 있다.

2. 재심심판의 의미와 자유심증주의

【대법원 요지】　형사소송법 제438조 제1항은 /

【대법원 요지】　"재심개시의 결정이 확정한 사건에 대하여는 제436조의 경우 외에는 법원은 그 심급에 따라 다시 심판을 하여야 한다."고 규정하고 있다. /

【대법원 요지】　여기서 '다시' 심판한다는 것은 재심대상판결의 당부를 심사하는 것이 아니라 피고 사건 자체를 처음부터 새로 심판하는 것을 의미하므로, /

【대법원 요지】　재심대상판결이 상소심을 거쳐 확정되었더라도 /

【대법원 요지】　재심사건에서는 재심대상판결의 기초가 된 증거와 재심사건의 심리과정에서 제출된 증거를 모두 종합하여 공소사실이 인정되는지를 새로이 판단하여야 한다 /

【대법원 요지】　그리고 재심사건의 공소사실에 관한 증거취사와 이에 근거한 사실인정도 /

【대법원 요지】　다른 사건과 마찬가지로 /

【대법원 요지】　그것이 논리와 경험의 법칙을 위반하거나 자유심증주의의 한계를 벗어나지 아니하는 한 /

【대법원 요지】　사실심으로서 재심사건을 심리하는 법원의 전권에 속한다. /

【대법원 요지】　한편 형사재판에서 공소제기된 범죄사실에 대한 증명책임은 검사에게 있고, /

【대법원 요지】　유죄의 인정은 법관으로 하여금 합리적인 의심을 할 여지가 없을 정도로 공소사실이 진실한 것이라는 확신을 가지게 하는 증명력을 가진 증거에 의하여야 하므로, /

【대법원 요지】 그와 같은 증거가 없다면 설령 피고인에게 유죄의 의심이 가더라도 피고인의 이익으로 판단하여야 한다.

3. 사안에 대한 대법원의 판단

【대법원 판단】 원심은, /

【대법원 판단】 ① 국립과학수사연구소 감정인 공소외 B가 이 사건 유서와 피고인[갑]의 필적이 동일하다고 판단하는 근거로 내세우는 특징들 중 일부는 항상성 있는 특징으로 볼 수 없는 점, /

【대법원 판단】 ② 공소외 B는 이 사건 유서에 나타난 'ㅎ' 필법의 특징, /

【대법원 판단】 즉 제1획 기재 방향이 우하방인 'ㅎ'과 좌하방인 'ㅎ'이 모두 혼재하여 나타나고 있는 특징은 최근 변형된 것으로 판단하여 /

【대법원 판단】 이를 제외한 다른 희소성 있는 특징을 가지고 이 사건 유서와 피고인의 필적이 동일하다는 결론을 내린 것이라고 진술하고 있으나, /

【대법원 판단】 필적감정 시 대조자료로 제출된 피고인의 수첩(일터에서 90, 검사 제출의 증 제9-23호)은 이 사건 유서가 작성되기 직전인 1990년에 작성된 것으로 /

【대법원 판단】 그 수첩에는 'ㅎ'의 제1획 기재 방향이 모두 우하방인 점 등을 고려하여 볼 때 /

【대법원 판단】 이 사건 유서상의 'ㅎ'의 필법이 최근에 변형된 것으로 단정하고 희소성 있는 필적 특징에서 제외하였다는 공소외 A의 진술은 쉽게 이해하기 어려운 점, /

【대법원 판단】 ③ 이 사건 유서에는 '겠', '있', '했'자의 종성인 'ㅆ'의 제2획을 생략하는 특징이 나타나지만(……이미지 부분 참조), /

【대법원 판단】 피고인의 진술서 등에는 'ㅆ'의 제2획 부분이 생략된 글자가 보이지 아니하는 점, /

【대법원 판단】 ④ 공소외 B는 1991. 5. 29.자 및 1991. 7. 4.자 감정서에서 피고인의 화학노트 필적도 이 사건 유서의 필적과 동일하다고 감정하였으나, /

【대법원 판단】 2007. 8. 8. 진실·화해를 위한 과거사정리위원회에서 조사를 받을 때에는 /

【대법원 판단】 '피고인의 화학노트의 경우 유서와 동일 필적의 특징을 찾기가 대단히 어려웠고 유서와 단순하게 비교하면 상이한 점이 많았다'고 진술한 점, /

【대법원 판단】 ⑤ 당시 국립과학수사연구소에 소속되어 있던 다른 문서감정인들이 필적감정에 직접적으로 참여한 적이 없음에도 /

【대법원 판단】 공소외 B는 제1심 공판기일에 증인으로 출석하여 /

【대법원 판단】 당시 국립과학수사연구소에 재직 중이던 감정인 4명 모두 직접 감정에 참여하여 공동심의를 한 것처럼 허위의 증언을 한 점 /

【대법원 판단】 등을 비롯한 그 판시와 같은 이유로, /

【대법원 판단】 공소외 B가 작성한 감정서 중 이 사건 유서와 피고인의 필적이 동일하다는 부분은 그대로 믿기 어렵고, /

【대법원 판단】 검사가 제출한 나머지 증거만으로는 피고인이 이 사건 유서를 대필하여 주어 공소외 A의 자살을 방조하였다는 공소사실이 합리적 의심의 여지가 없을 정도로 충분히 증명되었다고 볼 수 없다고 판단하여, /

【대법원 판단】 자살방조의 공소사실에 대하여 무죄를 선고하였다.

【대법원 결론】 원심판결 이유를 앞서 본 법리와 기록에 비추어 살펴보면 원심의 위와 같은 판단은 정당한 것으로 수긍할 수 있고, /

【대법원 결론】 거기에 상고이유의 주장과 같이 논리와 경험의 법칙을 위반하고 자유심증주의의 한계를 벗어나거나 판단을 누락하는 등으로 판결 결과에 영향을 미친 위법이 없다. (상고 기각)

2014도3360

혈중알코올농도의 입증 방법
감자탕 골목 주취운전 사건
2014. 6. 12. 2014도3360, 공 2014하, 1500

1. 사실관계 및 사건의 경과

【사실관계 1】

① 2012. 9. 22. 08:30경 갑은 ⓐ차량을 운전하여 M지점의 감자탕 골목을 지나가고 있었다.

② 갑은 진행방향 오른쪽에 주차되어 있는 ⓑ차량을 충돌하였다. (㉮교통사고)

③ 갑은 ㉮교통사고 사실을 인식하지 못한 채 그대로 진행하여 갔다.

④ 갑은 사고 후 사고지점에서 약 50m 정도 떨어져 있는 자신의 P상점에서 잠이 들었다.

⑤ ⓑ차량의 주인 A는 경찰에 신고하였다.

【사실관계 2】

① 신고를 받고 출동한 경찰관 B는 P상점에서 갑을 검거하였다.

② 갑을 검거할 당시 P상점 테이블에는 뚜껑이 열려져 있으나 마시지 아니한 맥주 1병과 뚜껑이 닫혀 있는 맥주 1병이 놓여 있었다.

③ 2012. 9. 22. 09:48경 경찰관 B는 갑에 대해 혈중알코올농도를 측정하였다.

④ 갑의 혈중알코올농도는 0.158%로 나타났다.

⑤ (후술 참조조문 참조 바람)

⑥ 경찰관 B는 다음 내용이 기재된 '주취운전자 정황진술 보고서'를 작성하였다. (㉠주취보고서)

    (가) 언행은 술 냄새가 나고 약간 어눌함

    (나) 보행은 약간 비틀거림

    (다) 혈색은 얼굴과 눈동자에 충혈

    (라) 최종 음주시점은 2012. 9. 22. 04:30

【사건의 경과 1】

① 검사는 갑을 도로교통법위반죄(음주운전)로 기소하였다.

② 갑에 대한 공소사실의 요지는 다음과 같다.

③ "피고인은 2012. 9. 22. 08:30경 대구 북구 산격동에 있는 ○○○ 감자탕 음식점 앞 도로에서부터

△△△△ 상가 앞 도로까지 약 200m의 구간에서 혈중알코올농도 0.158%의 술에 취한 상태로 승용차를 운전하였다."

④ 공소사실에 대한 적용법조는 다음과 같다.

(가) 도로교통법 제148조의2 제2항 제2호,

(나) 제44조 제1항(혈중알코올농도가 0.1% 이상 0.2% 미만인 경우)

【사건의 경과 2】

① 검사는 ㉠주취보고서를 증거로 제출하였다.

② 제1심 공판절차에 경찰관 B가 증인으로 출석하였다.

③ B는 "발견 당시 갑이 만취 상태에 있었다'고 진술하였다.

④ 제1심 공판절차에서 갑은 다음과 같이 진술하였다.

(가) 2012. 9. 22. 06:40경부터 지인들과 식사 겸 술을 마셨다.

(나) 2012. 9. 22. 08:10경까지 술을 마셨다.

【사건의 경과 3】

① 제1심법원은 다음과 같이 판단하였다.

(가) 주취보고서에는 최종 음주 시점이 2012. 9. 22. 04:30경으로 되어 있다.

(나) 갑은 최종 음주 시점이 2012. 9. 22. 08:10경이라고 한다.

(다) 최종 음주 시점은 2012. 9. 22. 08:00경 혹은 그 이후일 가능성을 배제할 수 없다.

(라) 경찰관 B의 음주측정시점[2012. 9. 22. 09:48경]은 음주 후 혈중알코올농도가 최고치에 도달하는 단계(상승기)에 위치할 가능성이 높다.

(마) 상승기일 가능성이 있는 단계에서 측정된 혈중알코올농도는 신뢰할 수 없다.

② 제1심법원은 갑에게 무죄를 선고하였다.

【사건의 경과 4】

① 검사는 불복 항소하였다.

② 항소심법원은 항소를 기각하고, 제1심판결을 유지하였다.

③ (항소심의 판단 이유는 판례 본문 참조)

④ 검사는 불복 상고하였다.

⑤ 검사는 상고이유로 다음의 점을 주장하였다.

(가) 최종 음주 시점에 대한 판단이 잘못되었다.

(나) 혈중알코올농도가 상승기에서 측정되었다는 판단은 잘못되었다.

(다) 항소심판결의 사실인정은 논리칙과 경험칙에 반한다.

【참조조문】

도로교통법

제44조 (술에 취한 상태에서의 운전 금지) ① 누구든지 술에 취한 상태에서 /

자동차등 /

(「건설기계관리법」 제26조 제1항 단서에 따른 건설기계 외의 건설기계를 포함한다. /

이하 이 조, 제45조, 제47조, 제93조 제1항 제1호부터 제4호까지 및 제148조의2에서 같다) /

을 운전하여서는 아니 된다.

④ 제1항에 따라 운전이 금지되는 술에 취한 상태의 기준은 /

운전자의 혈중알코올농도가 0.05퍼센트 이상인 경우로 한다.

제148조의2 (벌칙) ② 제44조 제1항을 위반하여 술에 취한 상태에서 자동차등을 운전한 사람은 /

다음 각 호의 구분에 따라 처벌한다.

1. 혈중알콜농도가 0.2퍼센트 이상인 사람은 /

1년 이상 3년 이하의 징역이나 500만원 이상 1천만원 이하의 벌금

2. 혈중알콜농도가 0.1퍼센트 이상 0.2퍼센트 미만인 사람은 /

6개월 이상 1년 이하의 징역이나 300만원 이상 500만원 이하의 벌금

3. 혈중알콜농도가 0.05퍼센트 이상 0.1퍼센트 미만인 사람은 /

6개월 이하의 징역이나 300만원 이하의 벌금

2. 공소사실의 요지

【대법원 분석】 가. 이 사건 공소사실의 요지는 /

【대법원 분석】 '피고인은 2012. 9. 22. 08:30경 /

【대법원 분석】 대구 북구 산격동에 있는 ○○○ 감자탕 음식점 앞 도로에서부터 △△△△ 상가 앞 도로까지 약 200m의 구간에서 /

【대법원 분석】 혈중알코올농도 0.158%의 술에 취한 상태로 승용차를 운전하였다'는 것이고, /

【대법원 분석】 그 적용법조는 /

【대법원 분석】 도로교통법 제148조의2 제2항 제2호, /

【대법원 분석】 제44조 제1항(혈중알코올농도가 0.1% 이상 0.2% 미만인 경우)이다.

3. 사안에 대한 항소심의 판단

【항소심 판단】 나. 원심은 그 판시와 같은 이유를 들어 /

【항소심 판단】 피고인의 최종 음주 시점은 /

【항소심 판단】 주취운전자 정황진술 보고서에 기재되어 있는 2012. 9. 22. 04:30경으로 단정할 수 없고 /

【항소심 판단】 오히려 2012. 9. 22. 08:00경 혹은 그 이후일 가능성을 배제할 수 없다고 전제한 다음, /

【항소심 판단】 다음과 같은 이유를 들어 /

【항소심 판단】 피고인이 2012. 9. 22. 08:30경 음주운전을 한 시각의 혈중알코올농도가 /

【항소심 판단】 음주측정을 한 시각인 2012. 9. 22. 09:48경의 혈중알코올농도 0.158%와 같다고 볼 수 없고 /

【항소심 판단】 달리 피고인의 운전 당시의 혈중알코올농도가 0.1% 이상이었다고 단정할 수 없다고 판단하여 /

【항소심 판단】 이 사건 공소사실에 대하여 무죄를 선고한 제1심판결을 그대로 유지하였다.

【항소심 판단】 ① 음주로 인한 혈중알코올농도는 /

【항소심 판단】 피검사자의 체질, 음주한 술의 종류, 음주 속도, 음주 시 위장에 있는 음식의 정도 등에 따라 개인차가 있기는 하지만 /

【항소심 판단】 통상 음주 후 30분 내지 90분 사이에 최고치에 이르렀다가 /

【항소심 판단】 그 후로 시간당 약 0.008%~0.03%씩 점차 감소하는 것으로 알려져 있다.

【항소심 판단】 ② 음주 후 혈중알코올농도가 최고치에 도달할 때까지 /

【항소심 판단】 시간당 어느 정도의 비율로 증가하는지에 대해서는 /

【항소심 판단】 아직까지 과학적으로 알려진 신빙성 있는 통계자료가 없고, /

【항소심 판단】 음주측정기에 의하여 호흡측정을 한 혈중알코올농도 측정치로는 /

【항소심 판단】 혈중알코올농도가 최고치에 도달한 이후 하강기에 해당하는 구간의 혈중알코올농도를 역추산할 수 있을 뿐 /

【항소심 판단】 상승기에 해당하는 구간의 혈중알코올농도는 산정할 수 없다.

【항소심 판단】 ③ 따라서 피고인에게 가장 유리한 전제사실에 따라 /

【항소심 판단】 최종음주 후 90분이 경과한 시점에서 혈중알코올농도가 최고치에 이른다는 것을 기초로 할 경우, /

【항소심 판단】 피고인이 차량을 운전한 시점인 2012. 9. 22. 08:30경은 /

【항소심 판단】 피고인의 최종음주 시점일 가능성이 있는 2012. 9. 22. 08:00경 혹은 그 이후로부터 90분 이내로서 /

【항소심 판단】 혈중알코올농도의 상승기에 해당할 가능성이 높다.

4. 혈중알코올농도의 입증 방법

【대법원 분석】 가. 우선 음주 종료 시점에 관한 상고이유를 살펴본다.

【대법원 판단】 기록에 비추어 살펴보면, 음주 종료 시점에 관한 원심의 위와 같은 판단은 수긍할 수 있다. /

【대법원 판단】 거기에 상고이유의 주장과 같이 논리와 경험칙을 위반하여 사실을 잘못 인정하는 등의 위법이 있다고 할 수 없다.

【대법원 판단】 나. 다음으로 음주운전에 있어서 혈중알코올농도의 입증에 관한 상고이유에 대하여 보면, /

【대법원 판단】 원심의 판단은 다음과 같은 이유로 그대로 수긍하기 어렵다.

【대법원 요지】 (1) 음주운전 시점이 혈중알코올농도의 상승시점인지 하강시점인지 확정할 수 없는 상황에서는 /

【대법원 요지】 운전을 종료한 때로부터 상당한 시간이 경과한 시점에서 측정된 혈중알코올농도가 처벌기준치를 약간 넘었다고 하더라도, /

【대법원 요지】 실제 운전 시점의 혈중알코올농도가 처벌기준치를 초과하였다고 단정할 수는 없다. /

【대법원 요지】 개인마다 차이는 있지만 /

【대법원 요지】 음주 후 30분~90분 사이에 혈중알코올농도가 최고치에 이르고 /

【대법원 요지】 그 후 시간당 약 0.008%~0.03%(평균 약 0.015%)씩 감소하는 것으로 /

【대법원 요지】 일반적으로 알려져 있는데, /

【대법원 요지】 만약 운전을 종료한 때가 혈중알코올농도의 상승기에 속하여 있다면 /

【대법원 요지】 실제 측정된 혈중알코올농도보다 운전 당시의 혈중알코올농도가 더 낮을 가능성이 있기 때문이다. /

【대법원 요지】 그러나 비록 운전 시점과 혈중알코올농도의 측정 시점 사이에 시간 간격이 있고 /

【대법원 요지】 그때가 혈중알코올농도의 상승기로 보이는 경우라 하더라도, /

【대법원 요지】 그러한 사정만으로 실제 운전 시점의 혈중알코올농도가 처벌기준치를 초과한다는 점에 대한 입증이 불가능하다고 볼 수는 없다. /

【대법원 기준】 이러한 경우 운전 당시에도 처벌기준치 이상이었다고 볼 수 있는지 여부는 /

【대법원 기준】 운전과 측정 사이의 시간 간격, /

【대법원 기준】 측정된 혈중알코올농도의 수치와 처벌기준치의 차이, /

【대법원 기준】 음주를 지속한 시간 및 음주량, /

【대법원 기준】 단속 및 측정 당시 운전자의 행동 양상, /

【대법원 기준】 교통사고가 있었다면 그 사고의 경위 및 정황 등 /

【대법원 기준】 증거에 의하여 인정되는 여러 사정을 종합적으로 고려하여 /

【대법원 기준】 논리와 경험칙에 따라 합리적으로 판단하여야 한다 /

【대법원 기준】 (대법원 2013. 10. 24. 선고 2013도6285 판결 등 참조).

5. 사안에 대한 대법원의 판단

【대법원 분석】 (2) 기록에 의하면 다음의 각 사정들이 인정된나. /

【대법원 분석】 ① 피고인이 마지막으로 술을 마신 시각이라고 주장하는 2012. 9. 22. 08:10경으로부터 /

【대법원 분석】 약 98분이 경과한 같은 날 09:48경 측정한 혈중알코올농도는 /

【대법원 분석】 처벌기준치인 0.1%를 크게 상회하는 0.158%로 나타났다. /

【대법원 판단】 ② 비록 '음주 후 30분~90분 사이에 혈중알코올농도가 최고치에 이른다'는 일반적인 기준을 피고인에게 유리하게 적용할 경우 /

【대법원 판단】 운전 당시는 혈중알코올농도의 상승기라고 볼 여지가 있기는 하다. /

【대법원 판단】 그러나 피고인의 진술에 의하면 피고인은 2012. 9. 22. 06:40경부터 지인들과 식사 겸 술을 마셨다는 것이므로 /

【대법원 판단】 처음으로 음주를 한 시각을 기준으로 하면 1시간 50분이나 뒤에 운전이 이루어진 것이어서 /

【대법원 판단】 운전 당시에 반드시 혈중알코올농도의 상승기에 있었다고 단정하기 어렵다. /

【대법원 판단】 ③ 피고인은 차량을 운전하다가 2012. 9. 22. 08:30경 진행방향 오른쪽에 주차되어 있는 차량을 충돌하고도 사고 사실을 전혀 인식하지 못하고 그대로 진행하여 갔는데, /

【대법원 판단】 사고가 음주를 마친 후 얼마 되지 아니한 시각에 발생한 점을 감안하면 /

【대법원 판단】 피고인은 상당히 술에 취한 것으로 인하여 반응 능력이 떨어진 상태에 있었다고 볼

수 있다.

【대법원 판단】 ④ 피고인은 사고 후 사고지점에서 약 50m 정도 떨어져 있는 피고인이 운영하는 '□□□□□ □□점'에서 잠을 자고 있다가 경찰관에게 검거되었고, /

【대법원 판단】 당시 그곳 테이블에는 뚜껑이 열려져 있으나 마시지 아니한 맥주 1병과 뚜껑이 닫혀 있는 맥주 1병이 놓여 있기는 하였으나 /

【대법원 판단】 피고인이 사고 후 '□□□□□ □□점'으로 가서 술을 더 마셨다고 보이지 아니한다. /

【대법원 판단】 피고인이 검거된 후인 2012. 9. 22. 09:48경 작성된 '주취운전자 정황진술 보고서'에는 /

【대법원 판단】 '언행은 술 냄새가 나고 약간 어눌함, 보행은 약간 비틀거림, 혈색은 얼굴과 눈동자에 충혈'이라고 기재되어 있고, /

【대법원 판단】 피고인을 발견한 경찰관도 피고인이 만취 상태에 있었다고 진술하고 있다.

【대법원 판단】 (3) 이러한 사정들을 앞서 본 법리에 비추어 보면, /

【대법원 판단】 피고인은 이 사건 차량을 운전할 당시 적어도 혈중알코올농도 0.1% 이상의 술에 취한 상태에 있었다고 봄이 상당하다.

【대법원 결론】 그럼에도 원심은 이와 달리 그 판시와 같은 이유만으로 운전 당시 피고인의 혈중알코올농도가 0.1% 이상이었다고 보기 어렵다고 보아 피고인에게 무죄를 선고한 제1심판결을 그대로 유지하였다. /

【대법원 결론】 이러한 원심판결에는 논리와 경험칙을 위반하여 사실을 잘못 인정하거나 음주운전에 있어서 혈중알코올농도의 입증에 관한 법리를 오해하여 판결에 영향을 미친 위법이 있다고 할 것이다. /

【대법원 결론】 이 점을 지적하는 상고이유 주장은 이유 있다. (파기 환송)

2014도4496

시각장애인과 재량국선
2급 시각장애인 국선변호 사건
2014. 8. 28. 2014도4496, 공 2014하, 1952

1. 사실관계 및 사건의 경과

【사실관계】

① 갑은 2급 시각장애인이다.

② 갑은 무고죄로 기소되었다.

③ 갑의 사선변호인 A는 제1심법원에 장애등급심사결정서를 첨부한 장애등급 조정 심사 결과서를 제출하였다. (㉠서류)

④ ㉠서류에 의하면 갑의 시력은 우안 0.04, 좌안 0.02로 점자자료가 아니면 인쇄물 정보접근에 상당

한 곤란을 겪을 것으로 예상되었다.

⑤ 제1심법원은 갑에게 유죄를 선고하였다.

【사건의 경과 1】

① 갑은 불복 항소하였다.

② 항소심에서 갑은 변호인을 선임하지 않았다.

③ 갑의 항소이유서 제출기간이 경과하였다.

④ 2013. 9. 27. 갑은 항소심법원에 빈곤을 이유(법33②)로 국선변호인 선정청구를 하였다.

【사건의 경과 2】

① 2014. 3. 14. (5개월 후) 항소심법원은 갑에 대하여 국선변호인 선정결정을 하였다.

② 2014. 3. 19. 갑의 국선변호인 B는 항소심법원에 항소이유서를 제출하였다.

③ 2014. 3. 20. 항소심법원은 공판기일을 진행하여 갑과 국선변호인 B의 구두변론을 들은 후 변론을 종결하였다.

④ 2014. 4. 3. 항소심법원은 적법한 항소이유서 제출기간 내에 항소이유서가 제출되지 않았다는 이유로 갑의 항소를 기각하였다.

⑤ 갑은 불복 상고하였다.

⑥ 갑은 상고이유로, 국선변호인 선정에 관한 법리오해가 있다고 주장하였다.

2. 국선변호인 재량 선정에 관한 규정

【대법원 분석】 1. 가. 형사소송법(이하 '법'이라 한다) 제33조는 /

【대법원 분석】 헌법 제12조에 의하여 피고인에게 보장된 변호인의 조력을 받을 권리가 /

【대법원 분석】 공판심리절차에서 효과적으로 실현될 수 있도록 /

【대법원 분석】 일정한 경우에 직권 또는 청구에 의한 법원의 국선변호인 선정의무를 규정하는 한편 (제1, 2항), /

【대법원 분석】 피고인의 연령 · 지능 및 교육 정도 등을 참작하여 권리보호를 위하여 필요하다고 인정되는 때에도 /

【대법원 분석】 피고인의 명시적 의사에 반하지 아니하는 범위 안에서 /

【대법원 분석】 법원이 국선변호인을 선정하여야 한다고 규정하고 있다(제3항).

【대법원 분석】 그리고 형사소송규칙(이하 '규칙'이라 한다) 제156조의2 제1항은 /

【대법원 분석】 '항소법원은 법 제33조 제1항 제1호 내지 제6호의 필요적 변호사건에 있어서 /

【대법원 분석】 변호인이 없는 경우에는 지체없이 변호인을 선정한 후 /

【대법원 분석】 그 변호인에게 소송기록접수통지를 하여야 한다. /

【대법원 분석】 법 제33조 제3항에 의하여 국선변호인을 선정한 경우에도 그러하다.'고 규정하고, /

【대법원 분석】 국선변호에 관한 예규 제6조 제2항은 /

【대법원 분석】 '법 제33조 제3항에 해당하는 경우 또는 /

【대법원 분석】 피고인이 시각장애인인 경우, /

【대법원 분석】 1심 법원은 /

【대법원 분석】 피고인이 명시적으로 국선변호인의 선정을 원하지 않는다는 의사를 표시한 때를 제외하고 /

【대법원 분석】 지체없이 국선변호인을 선정한다.'고 규정하고, /

【대법원 분석】 제8조 제1항은 /

【대법원 분석】 '항소법원은 /

【대법원 분석】 직권으로 소송기록과 소명자료를 검토하여 /

【대법원 분석】 피고인이 제6조 제2항에 해당한다고 인정되는 경우 /

【대법원 분석】 즉시 국선변호인을 선정한다.'고 규정하고 있다.

3. 시각장애인의 방어권보장과 재량국선

【대법원 판단】 헌법상 변호인의 조력을 받을 권리를 비롯한 앞서 본 제반 규정 및 /

【대법원 판단】 국선변호인 제도의 취지와, /

【대법원 판단】 피고인이 시각장애인인 경우에는 /

【대법원 판단】 공소장 부본을 송달받을 권리(법 제266조), /

【대법원 판단】 소송계속 중의 관계 서류나 증거물 또는 공판조서의 열람·등사청구권(법 제35조 제1항, 제55조 제1항) 등 /

【대법원 판단】 법이 피고인에게 보장하고 있는 권리를 자력으로 행사하기 곤란할 것임에도 /

【대법원 판단】 소송계속 중의 관계 서류 등이 점자자료로 작성되어 제공되고 있지 아니한 현행 형사소송실무상 /

【대법원 판단】 이를 제대로 확인하지 못한 채 공판심리에 임하게 됨으로써 효과적인 방어권을 행사하지 못할 가능성이 높은 점 등에 비추어, /

【대법원 요지】 법원으로서는 피고인이 시각장애인인 경우 /

【대법원 요지】 그 장애의 정도를 비롯하여 연령·지능·교육 정도 등을 확인한 다음 /

【대법원 요지】 권리보호를 위하여 필요하다고 인정하는 때에는 /

【대법원 요지】 법 제33조 제3항의 규정에 의하여 /

【대법원 요지】 피고인의 명시적 의사에 반하지 아니하는 범위 안에서 /

【대법원 요지】 국선변호인을 선정하여 방어권을 보장해 줄 필요가 있다 /

【대법원 요지】 (대법원 2010. 4. 29. 선고 2010도881 판결 등 참조).

4. 국선변호인 재량 선정과 항소심 판결 기간

【대법원 요지】 나. 그리고 법원이 법 제33조 제3항에 의하여 국선변호인을 선정한 경우에는 /

【대법원 요지】 그 변호인에게 소송기록접수통지를 함으로써, /

【대법원 요지】 그 변호인이 통지를 받은 날로부터 소정의 기간 내에 피고인을 위하여 항소이유서를 작성·제출할 수 있도록 하여 /

【대법원 요지】 변호인의 조력을 받을 피고인의 권리를 보호하여야 하고, /

【대법원 요지】 또한 법 제361조의3, 제364조 등의 규정에 의하면 /

【대법원 요지】 항소심의 구조는 피고인 또는 변호인이 법정기간 내에 제출한 항소이유서에 의하여 심판되는 것이므로 /

【대법원 요지】 항소이유서가 제출되었더라도 항소이유서 제출기간의 경과를 기다리지 않고는 항소사건을 심판할 수 없고, /

【대법원 요지】 법 제33조 제3항의 규정에 의하여 선정된 국선변호인의 경우에도 /

【대법원 요지】 국선변호인의 항소이유서 제출기간 만료 시까지 /

【대법원 요지】 항소이유서를 제출하거나 수정·추가 등을 할 수 있는 권리는 마찬가지로 보호되어야 한다 /

【대법원 요지】 (대법원 2009. 4. 9. 선고 2008도11213 판결 등 참조).

5. 사안에 대한 대법원의 분석

【대법원 분석】 2. 가. 기록에 의하면, /

【대법원 분석】 피고인은 2급 시각장애인인 사실, /

【대법원 분석】 피고인은 제1심 변호인을 통하여 제1심법원에 장애등급심사결정서를 첨부한 장애등급 조정 심사 결과서를 제출하였는데, /

【대법원 분석】 위 서류에 의하면 피고인의 시력은 우안 0.04, 좌안 0.02로 점자자료가 아니면 인쇄물 정보접근에 상당한 곤란을 겪을 것으로 예상되는 사실, /

【대법원 분석】 피고인은 항소이유서 제출기간이 경과한 후인 2013. 9. 27. 원심법원에 빈곤을 이유로 국선변호인 선정청구를 하였고 /

【대법원 분석】 원심법원은 그로부디 5개월 이상 경과한 2014. 3. 14.에서아 피고인에 대하여 국선변호인 선정결정을 한 사실, /

【대법원 분석】 피고인의 국선변호인은 2014. 3. 19. 원심법원에 항소이유서를 제출하였고, /

【대법원 분석】 원심법원은 2014. 3. 20. 공판기일을 진행하여 피고인과 그 국선변호인의 구두변론을 들은 후 변론을 종결한 다음, /

【대법원 분석】 2014. 4. 3. 적법한 항소이유서 제출기간 내에 항소이유서가 제출되지 않았다는 이유로 피고인의 항소를 기각하는 판결을 선고하였음을 알 수 있다.

6. 사안에 대한 대법원의 판단

【대법원 판단】 나. 위 사실관계를 앞서 본 법리에 비추어 살펴보면, /

【대법원 요지】 원심법원으로서는 2급 시각장애인인 피고인에 대하여 법 제33조 제3항의 규정을 적용하여 /

【대법원 요지】 그 시각장애의 정도를 비롯하여 연령·지능·교육 정도 등을 확인한 다음 /

【대법원 요지】 규칙 제17조에 따라 법원에 대하여 국선변호인의 선정을 희망하지 아니한다는 의사를 표시할 수 있다는 취지를 고지하고, /

【대법원 요지】 피고인의 명시적 의사에 반하지 아니하는 범위 안에서 국선변호인을 선정하는 절차를 취했어야 할 것이며, /

【대법원 요지】 법 제33조 제2항에 따라 국선변호인을 선정한 후라고 하여도 /

【대법원 요지】 그 국선변호인을 법 제33조 제3항에 의한 국선변호인으로 보아 그에 대해 소송기록 접수통지를 하여야 하므로 /

【대법원 요지】 그 국선변호인이 선정결정일로부터 20일 이내에 항소이유서를 제출하였다면 /

【대법원 요지】 그 항소이유서는 법이 정한 기간 내에 적법하게 제출된 것이라고 할 것이다.

【대법원 결론】 다. 그럼에도 원심은 피고인의 국선변호인이 제출한 항소이유서가 그 제출기간 내에 적법하게 제출되지 않은 것으로 보고 /

【대법원 결론】 그 항소이유에 대하여 판단하지 아니한 채 피고인의 항소를 기각하는 판결을 선고하였으므로, /

【대법원 결론】 이러한 원심판결에는 법 제33조 제3항에 관한 법리와 항소이유서 제출기간에 관한 법리를 오해한 나머지 /

【대법원 결론】 시각장애인인 피고인의 방어권을 보장하기 위하여 법 제33조 제3항에 의한 국선변호인 선정이 필요한 경우인지 여부에 대하여 필요한 심리를 다하지 아니하였을 뿐만 아니라 /

【대법원 결론】 국선변호인으로 하여금 항소이유서 제출기간 만료 시까지 항소이유서를 제출하거나 수정·추가 등을 할 수 있는 기회를 박탈함으로써 /

【대법원 결론】 판결에 영향을 미친 위법이 있고, 이 점을 지적하는 상고이유의 주장은 이유 있다. (파기 환송)

【코멘트】 형사소송법 제33조는 국선변호인의 종류를 (가) 피고인의 신청을 기다리지 않고 법원이 반드시 선정해야 하는 직권국선(제1항), (나) 피고인의 신청을 기다려서 법원이 선정하는 청구국선(제2항), (다) 법원이 재량으로 선정하는 재량국선(제3항)의 세 가지로 규정하고 있다. 본 판례는 이 가운데 재량국선에 관한 사안을 다루고 있다.

본 판례의 사실관계를 보면, 시각장애인인 피고인이 항소심에서 변호인이 없는 상태에서 항소이유서 제출기간을 도과한 다음 빈곤을 이유로 한 국선변호인 선정신청을 하고 있다. 이에 대해 항소심법원은 5개월이 지난 후 갑의 신청을 받아들여 국선변호인을 선정하고 있다(청구국선). 선정된 국선변호인은 뒤늦게 항소이유서를 제출하였는데, 항소심법원은 항소이유서 제출 바로 다음날 결심을 하고 2주 후에 판결을 선고하고 있다. 참고로 항소이유서 제출기간은 20일이다(형소법 제361조의3 제1항). 항소심법원이 내린 판결은 항소이유서 제출기간 내에 항소이유서가 제출되지 않았다는 이유로 갑의 항소를 기각하는 것이었다.

갑의 불복 상고에 대해, 대법원은 항소이유서 제출기간 내에 항소이유서가 제출되었다고 판단하여 항소심판결을 파기하고 있다. 대법원은 이와 관련하여 몇 가지 중요한 판단기준을 제시하고 있다.

첫째, 본 사안과 같이 피고인이 시각장애인인 경우 법원은 피고인의 명시적 의사에 반하지 아니하는 범위 안에서 형소법 제33조 제3항에 따라 국선변호인을 선정하여야 한다(재량국선). 둘째, 본 판례의 사안에서 항소심법원은 형소법 제33조 제2항에 따른 청구국선의 형식으로 국선변호인을 선정하고 있으나, 이는 형소법 제33조 제3항에 따른 재량국선으로 볼 것이다. 셋째, 항소심에서 국선변호인이 선정되는 경우 그의 항소이유서 제출로 만족할 것이 아니라 항소이유서 제출기간을 전부 보장해 주어야 한다. 항소심법원은 항소이유서 제출기간이 전부 지나가기 전까지는 판결을 선고해서는 안 된다. 항소이유서를 제출할 뿐만 아니라 제출된 항소이유서에 수정·추가 등을 할 수 있는 기회를 항소이유서 제출기간 만료 시까지 보장해 주어야 하기 때문이다.

피고인이 시각과 청각 모두에 장애를 가지고 있다면 이는 농아자에 해당한다. 이 경우 법원은 형소법 제33조 제1항 제4호에 의하여 직권으로 국선변호인을 선정하여야 한다(직권국선). 그런데 시각에 대해서만 장애가 있는 피고인에게는 형소법 제33조 제1항을 적용할 수 없다. 현행 형사소송 실무를 보면 소송계속 중의 관계 서류 등이 점자자료로 작성되어 제공되고 있지 않다. 시각장애인의 관점에서 보면 이는 중대한 방어권의 제한이다.

본 판례에서 대법원은 형사실무의 이러한 문제점에 주목하면서 다음과 같은 기준을 분명하게 제시하고 있다. 즉, 법원은 시각장애인 피고인의 경우 피고인의 명시적인 반대의사가 없는 한 형소법 제33조 제3항에 근거하여 국선변호인을 선정하여야 한다. 시각장애인 피고인의 경우 재량국선이 사실상 직권국선으로 변용되는 모습은 주목할 만하다.

┌─────────────┐
│ **2014도5939** │
└─────────────┘

공범자 진술과 진술거부권
참고인진술조서의 증거능력
증거보전절차와 공개재판의 원칙
탈북민 공범 진술 사건
2015. 10. 29. 2014도5939, 공 2015하, 1842

1. 사실관계 및 사건의 경과

【사실관계 1】
① [갑은 탈북민으로 국내에 정착하여 M시 공무원으로 재직중이다.]
② A도 탈북민이다.
③ A는 탈북민 정착지원 시설에 수용되어 있었다.
④ A는 중앙합동신문센터의 북한이탈주민에 대한 조사과정에서 갑에 대한 사항을 제보하였다.
⑤ 국가정보원 수사관들은 갑을 국가보안법위반죄(잠입·탈출) 피의사실로 조사하기 시작하였다. (㉮ 피의사건)

【사실관계 2】
① A는 ㉮사건에 대한 공범 혐의로 국정원 수사관들로부터 조사를 받았다.
② A는 국정원 수사관들 면전에서 진술서, 자술서, 확인서, 반성문 등을 작성하였다. (㉠진술서로 통칭함)
③ A는 ㉠진술서에 갑의 피의사실을 뒷받침하는 ㉡진술내용을 기재하였다.

④ 국정원 수사관은 A에 대해 참고인진술조서를 작성하였다. (ⓒ진술조서)

⑤ ⓒ참고인진술조서에는 ⓛ진술과 그 밖의 진술이 기재되었다.

【사실관계 3】

① 갑의 ㉮피의사실은 검찰에 송치되었다.

② 검사는 A에 대해 참고인조사를 하였다.

③ A는 갑의 ㉮피의사실을 뒷받침하는 ㉣진술을 하였다.

④ ㉣진술은 검사작성 ⓜ참고인진술조서에 기재되었다. (ⓜ진술조서)

【사실관계 4】

① 검사는 관할 지방법원에 ㉮피의사건과 관련하여 A에 대한 증거보전신청을 하였다.

② 관할 지방법원판사는 ㉮피의사건과 관련한 ㉯증거보전절차를 비공개로 진행하였다.

③ 관할 지방법원판사는 ㉯증거보전절차에 대해 비공개결정을 선고하지 않았다.

④ ㉯증거보전절차에서 A는 갑의 피의사실을 뒷받침하는 ⓗ진술을 하였다.

⑤ 갑의 변호인은 A에 대해 반대신문을 하였다.

⑥ ⓗ진술은 관할 지방법원의 증인신문조서에 기재되었다. (ⓢ증인신문조서)

【사건의 경과 1】

① 검사는 갑을 국가보안법위반죄(간첩) 등으로 기소하였다.

② (이하에서는 국가보안법위반죄 부분만 고찰함)

③ 검사는 ㉠진술서, ㉢참고인진술조서, ⓜ증인신문조서를 증거로 제출하였다.

④ 갑은 ㉠, ㉢, ⓜ증거에 대해 증거로 함에 동의하지 않았다.

⑤ 제1심법원은 ㉠, ㉢, ⓜ증거의 증거능력을 부정하였다.

⑥ 제1심법원은 국가보안법위반죄(간첩) 부분에 대해 무죄를 선고하였다.

⑦ 검사는 무죄 부분에 불복하여 항소하였다.

⑧ 항소심법원은 항소를 기각하고, 제1심판결을 유지하였다.

【사건의 경과 2】

① 검사는 불복 상고하였다.

② 검사는 상고이유로, ㉠, ㉡, ㉢증거에 증거능력이 인정된다고 주장하였다.

③ (검사의 구체적 상고이유는 판례 본문 참조)

2. 공범자의 진술과 진술거부권의 고지

【대법원 분석】 가. 공소외 A가 작성한 각 진술서, 자술서, 확인서, 반성문의 증거능력 및 /

【대법원 분석】 특별사법경찰관이 공소외 A에 대하여 작성한 각 진술조서 중 피고인과 공소외 A가 공범관계에 있는 공소사실에 관한 부분의 증거능력에 관하여

【대법원 요지】 피의자의 진술을 기재한 서류 또는 문서가 수사기관에서의 조사 과정에서 작성된 것이라면, /

【대법원 요지】 그것이 '진술조서, 진술서, 자술서'라는 형식을 취하였다고 하더라도 /

【대법원 요지】 피의자신문조서와 달리 볼 수 없고, /

【대법원 요지】 수사기관에 의한 진술거부권 고지의 대상이 되는 피의자의 지위는 /

【대법원 요지】 수사기관이 범죄인지서를 작성하는 등의 형식적인 사건수리 절차를 거치기 전이라도 /

【대법원 요지】 조사대상자에 대하여 범죄의 혐의가 있다고 보아 실질적으로 수사를 개시하는 행위를 한 때에 인정되는 것으로 봄이 상당하다. /

【대법원 요지】 특히 조사대상자의 진술내용이 /

【대법원 요지】 단순히 제3자의 범죄에 관한 경우가 아니라 /

【대법원 요지】 자신과 제3자에게 공동으로 관련된 범죄에 관한 것이거나 /

【대법원 요지】 제3자의 피의사실뿐만 아니라 자신의 피의사실에 관한 것이기도 하여 /

【대법원 요지】 그 실질이 피의자신문조서의 성격을 가지는 경우에 /

【대법원 요지】 수사기관은 그 진술을 듣기 전에 미리 진술거부권을 고지하여야 한다 /

【대법원 요지】 (대법원 2013. 7. 25. 선고 2012도8698 판결 등 참조).

【대법원 요지】 한편 피고인과 공범관계가 있는 다른 피의자에 대한 검사 이외의 수사기관 작성의 피의자신문조서는 /

【대법원 요지】 그 피의자의 법정진술에 의하여 성립의 진정이 인정되더라도 /

【대법원 요지】 당해 피고인이 공판기일에서 그 조서의 내용을 부인하면 증거능력이 부정된다 /

【대법원 요지】 (대법원 2004. 7. 15. 선고 2003도7185 전원합의체 판결 등 참조).

3. 진술서 및 진술조서의 증거능력에 대한 대법원의 판단

【대법원 판단】 원심은, /

【대법원 판단】 공소외 A기 국기정보원 수사권들로부터 조사를 빋을 당시 실질적인 피의자의 지위에 있었으므로, /

【대법원 판단】 진술거부권이 고지되지 않은 상태에서 작성한 각 진술서, 자술서, 확인서, 반성문은 위법수집증거에 해당하고, /

【대법원 판단】 특별사법경찰관이 공소외 A에 대하여 작성한 각 진술조서 중 /

【대법원 판단】 피고인이 공소외 A와 공범관계에 있는 공소사실에 관한 부분은 /

【대법원 판단】 피고인이나 변호인들이 증거로 함에 동의하지 아니하였고 /

【대법원 판단】 이는 그 내용을 인정하지 않는다는 취지라는 등 /

【대법원 판단】 판시와 같은 이유를 들어, /

【대법원 판단】 위 각 증거의 증거능력을 모두 부정한 제1심의 판단을 그대로 유지하였다.

【대법원 결론】 원심판결 이유를 위 법리와 기록에 비추어 살펴보면, 원심의 위와 같은 판단은 정당하고, /

【대법원 결론】 거기에 상고이유 주장과 같이 피의자의 지위, 진술거부권 등에 관한 법리를 오해하거나, 논리와 경험의 법칙을 위반하여 자유심증주의의 한계를 벗어나는 등의 위법이 없다.

【대법원 판단】 상고이유에서 내세우는 /

【대법원 판단】 대법원 2014. 1. 16. 선고 2013도5441 판결, /

【대법원 판단】 대법원 2011. 11. 10. 선고 2011도8125 판결 등은 /

【대법원 판단】 이 사건과는 사안이 다른 것이어서 이 사건에 원용하기에 적절하지 아니하다.

4. 참고인진술조서의 증거능력

【대법원 분석】 나. 특별사법경찰관이 공소외 A에 대하여 작성한 각 진술조서 중 피고인과 공범관계에 있는 공소사실에 관한 부분을 제외한 나머지 부분 및 /

【대법원 분석】 검사가 공소외 A에 대하여 작성한 각 진술조서의 증거능력에 관하여

【대법원 분석】 형사소송법 제312조 제4항은 /

【대법원 분석】 "검사 또는 사법경찰관이 피고인이 아닌 자의 진술을 기재한 조서는 /

【대법원 분석】 적법한 절차와 방식에 따라 작성된 것으로서 /

【대법원 분석】 그 조서가 검사 또는 사법경찰관 앞에서 진술한 내용과 동일하게 기재되어 있음이 /

【대법원 분석】 원진술자의 공판준비 또는 공판기일에서의 진술이나 /

【대법원 분석】 영상녹화물 또는 그 밖의 객관적인 방법에 의하여 증명되고, /

【대법원 분석】 피고인 또는 변호인이 공판준비 또는 공판기일에 그 기재 내용에 관하여 원진술자를 신문할 수 있었던 때에는 /

【대법원 분석】 증거로 할 수 있다. /

【대법원 분석】 다만 그 조서에 기재된 진술이 특히 신빙할 수 있는 상태하에서 행하여졌음이 증명된 때에 한한다."/

【대법원 분석】 고 규정하고 있는바, /

【대법원 요지】 여기서의 '특히 신빙할 수 있는 상태'라 함은 /

【대법원 요지】 진술 내용이나 조서의 작성에 허위개입의 여지가 거의 없고, /

【대법원 요지】 진술 내용의 신빙성이나 임의성을 담보할 구체적이고 외부적인 정황이 있는 것을 말한다. /

【대법원 요지】 그리고 이러한 '특히 신빙할 수 있는 상태'는 증거능력의 요건에 해당하므로 /

【대법원 요지】 검사가 그 존재에 대하여 구체적으로 주장·입증하여야 하는 것이다 /

【대법원 요지】 (대법원 2012. 7. 26. 선고 **2012도2937** 판결 등 참조).

5. 참고인진술조서의 증거능력에 대한 대법원의 판단

【대법원 판단】 원심은, 그 판시와 같은 이유를 들어, /

【대법원 판단】 공소외 A에 대하여 특별사법경찰관이 작성한 각 진술조서 중 피고인과 공범관계에 있는 공소사실에 관한 부분을 제외한 나머지 부분과 /

【대법원 판단】 검사가 작성한 각 진술조서는, /

【대법원 판단】 공소외 A가 부당하게 장기간 계속된 사실상의 구금 상태에 있었음에도 /

【대법원 판단】 변호인의 조력을 받을 권리도 보장받지 못한 채 /

【대법원 판단】 심리적 불안감과 위축 속에서 수사관의 회유에 넘어가 진술한 것으로서 /

【대법원 판단】 그 진술이 특히 신빙할 수 있는 상태하에서 행하여졌다고 보기 어려워 /

【대법원 판단】 증거능력이 없다고 판단하였다.

【대법원 결론】 원심판결 이유를 위 법리와 기록에 비추어 살펴보면, 원심의 위와 같은 판단은 정당한 것으로 수긍이 가고, /

【대법원 결론】 거기에 상고이유 주장과 같이 /

【대법원 결론】 중앙합동신문센터의 북한이탈주민에 대한 수용 · 조사, /

【대법원 결론】 국가정보원장의 임시보호조치 재량권, /

【대법원 결론】 공소외 A의 변호인과의 접견교통권 및 변호인의 공소외 A와의 접견교통권, /

【대법원 결론】 임의수사의 방법, /

【대법원 결론】 수사재량권, /

【대법원 결론】 공판중심주의 등에 관한 /

【대법원 결론】 법리를 오해하거나, /

【대법원 결론】 논리와 경험의 법칙을 위반하여 자유심증주의의 한계를 벗어나거나, /

【대법원 결론】 필요한 심리를 하지 아니하는 등의 위법이 없다.

【대법원 판단】 상고이유에서 내세우는 대법원 2013. 1. 24. 선고 2012다95943 판결 등은 이 사건과는 사안이 다른 것이어서 이 사건에 원용하기에 적절하지 아니하다.

6. 증거보전절차와 공개재판의 원칙

【대법원 분석】 다. 증거보전절차에서 공소외 A가 한 진술의 증거능력에 관하여

【대법원 분석】 헌법 제27조 제3항 후문은 /

【대법원 분석】 "형사피고인은 상당한 이유가 없는 한 지체 없이 공개재판을 받을 권리를 가진다."고 규정하여 /

【대법원 분석】 형사피고인에게 공개재판을 받을 권리가 기본권으로 보장됨을 선언하고 있고, /

【대법원 분석】 헌법 제109조와 법원조직법 제57조 제1항은 /

【대법원 분석】 재판의 심리와 판결은 공개하되, /

【대법원 분석】 다만 심리는 국가의 안전보장 · 안녕질서 또는 선량한 풍속을 해할 우려가 있는 때에는 결정으로 이를 공개하지 아니할 수 있다고 규정하고 있으며, /

【대법원 분석】 법원조직법 제57조 제2항은 /

【대법원 분석】 재판의 심리에 관한 공개금지결정은 이유를 개시하여 선고한다고 규정하고 있다. /

【대법원 요지】 위 규정들의 취지에 비추어 보면, /

【대법원 요지】 헌법 제109조, 법원조직법 제57조 제1항이 정한 공개금지사유가 없음에도 불구하고 재판의 심리에 관한 공개를 금지하기로 결정하였다면 /

【대법원 요지】 그러한 공개금지결정은 피고인의 공개재판을 받을 권리를 침해한 것으로서 /

【대법원 요지】 그 절차에 의하여 이루어진 증인의 증언은 증거능력이 없다고 할 것이고, /

【대법원 요지】 변호인의 반대신문권이 보장되었더라도 달리 볼 수 없으며, /

【대법원 요지】 이러한 법리는 공개금지결정의 선고가 없는 등으로 공개금지결정의 사유를 알 수 없는 경우에도 마찬가지라 할 것이다 /

【대법원 요지】 (대법원 2013. 7. 26. 선고 **2013도2511** 판결 등 참조).

7. 증인신문조서의 증거능력에 대한 대법원의 판단

【대법원 판단】 원심은, 그 판시와 같은 이유를 들어, /

【대법원 판단】 수원지방법원 안산지원 2013초기○○○ 증거보전절차의 제1회 기일에서 이루어진 공소외 A에 대한 증인신문은 비공개로 진행되었다고 봄이 상당한데, /

【대법원 판단】 증거보전기일에서 비공개결정의 선고가 되지 않아 비공개사유를 알 수 없으므로, /

【대법원 판단】 이 부분 증거는 공개재판을 받을 권리를 침해한 것으로 증거능력이 없다고 판단하였다.

【대법원 결론】 원심판결 이유를 위 법리와 기록에 비추어 살펴보면, 원심의 위와 같은 판단은 정당한 것으로 수긍이 가고, /

【대법원 결론】 거기에 상고이유 주장과 같이 증거보전절차 조서의 증거능력 등에 관한 법리를 오해하거나, 논리와 경험의 법칙을 위반하여 자유심증주의의 한계를 벗어나거나, 필요한 심리를 하지 아니하는 등의 위법이 없다. (상고 기각)

2014도6107

마약 사범과 공소사실의 특정
서산 어떤 모텔 사건
2014. 10. 30. 2014도6107, 공 2014하, 2296

1. 사실관계 및 사건의 경과

【사실관계 1】

① 갑과 A는 친구 사이이다.

② 갑과 B(여, 사건 당시 17세)는 연인 사이이다.

③ 2012. 12. B는 A 등과 함께 필로폰을 투약하였다는 혐의로 경찰에서 조사를 받았다.

④ B에 대한 혐의사실은 다음과 같다.

　　(가) 2012. 7. A와 함께 필로폰 투약 (㉮사실)

　　(나) 2012. 9. A와 함께 필로폰 투약 (㉯사실)

⑤ [수사관은 B에게 처음 필로폰을 접하게 된 계기를 물었다.]

⑥ B는 다음과 같이 답변하였다.

　　(가) 2010. 1.부터 2010. 3.까지 사이의 어느 때에 있었던 일이다.

　　(나) 본인(B)은 당시 연인 관계였던 갑 및 갑의 친구인 A와 서산 바닷가에 놀러 갔다.

　　(다) 새벽 3시경에 서산에 있는 어떤 모텔에 세 사람이 함께 투숙하였다.

　　(라) 이때 A가 본인(B)에게 주사로 필로폰을 투약하였다. (㉰사실)

　　(마) ㉰사실 외에는 그 전이나 후에 갑과 필로폰을 투약한 적은 없었다.

【사실관계 2】

① 수사관은 갑을 조사하였다.

② 갑은 다음과 같이 진술하였다.

  (가) 2010년 초나 다른 시기에 B와 서산에 간 적이 있었는지 기억나지 않는다.

  (나) 2010년까지는 필로폰이 무엇인지조차 몰랐다.

③ B는 ㉮사실과 ㉯사실에 대해 기소유예처분을 받았다.

④ 갑은 다음의 범죄사실로 징역형을 받은 일이 있다.

  (가) 2012. 12. 필로폰 투약 (㉰사실)

  (나) 2013. 1. 필로폰 투약 (㉱사실)

⑤ 갑은 ㉰, ㉱사실 전에 필로폰 투약으로 처벌받은 적이 없다.

【사건의 경과 1】

① 검사는 ㉯사실에 대해 갑을 「마약류관리에 관한 법률」 위반죄(향정)로 기소하였다.

② ㉯사실 부분에 대한 공소사실은 다음과 같다. (㉯공소사실)

③ (이해를 돕기 위하여 문장을 / 부호를 붙여서 나눔)

  (가) 피고인은 마약류취급자가 아닌바, /

  (나) 2010년 1월에서 3월 사이 일자불상 03:00경 /

  (다) 서산시 소재 상호불상의 모텔에서, /

  (라) 공소외 A와 공모하여 /

  (마) 청소년인 공소외 B(여, 당시 17세)에게 향정신성의약품인 메스암페타민(일명 필로폰, 이하 '필로폰'이라 한다)을 투약하기로 마음먹고, /

  (바) 위 공소외 A는 불상의 경위로 소지한 필로폰 불상량을 일회용 주사기에 담아 생수로 희석한 다음, 공소외 B의 팔에 주사하였다. /

  (사) 이로써 피고인은 위 공소외 A와 공모하여 위와 같이 공소외 B에게 필로폰을 투약하였다.

④ 갑은 공소사실을 부인하였다.

【사건의 경과 2】

① 갑의 피고사건은 제1심을 거친 후, 항소심에 계속되었다.

② 항소심법원은 공소사실이 특정되지 아니하였다는 이유로 공소기각판결을 선고하였다.

③ (항소심의 판단 이유는 판례 본문 참조)

④ 검사는 불복 상고하였다.

⑤ 검사는 상고이유로, ㉯공소사실은 특정되어 있다고 주장하였다.

2. 공소사실의 요지

【대법원 분석】 피고인은 마약류취급자가 아닌바, /

【대법원 분석】 2010년 1월에서 3월 사이 일자불상 03:00경 /

【대법원 분석】 서산시 소재 상호불상의 모텔에서, /

【대법원 분석】 공소외 A와 공모하여 /

【대법원 분석】 청소년인 공소외 B(여, 당시 17세)에게 향정신성의약품인 메스암페타민(일명 필로폰, 이하 '필로폰'이라 한다)을 투약하기로 마음먹고, /

【대법원 분석】 위 공소외 A는 불상의 경위로 소지한 필로폰 불상량을 일회용 주사기에 담아 생수로 희석한 다음, 공소외 B의 팔에 주사하였다. /

【대법원 분석】 이로써 피고인은 위 공소외 A와 공모하여 위와 같이 공소외 B에게 필로폰을 투약하였다.

3. 사안에 대한 항소심의 판단

【항소심 판단】 피고인은 이 사건 공소사실을 부인하고 있는바, /

【항소심 판단】 필로폰의 투약시기와 장소에 관한 위와 같은 개괄적인 기재는 /

【항소심 판단】 피고인의 방어권 행사에 지장을 초래할 위험성이 크고, /

【항소심 판단】 단기간 내에 반복되는 공소 범죄사실의 특성에 비추어 볼 때 /

【항소심 판단】 위 투약시기로 기재된 기간 내에 복수의 범행 가능성이 농후하여 /

【항소심 판단】 심판대상이 한정되었다고 보기도 어렵다. /

【항소심 판단】 따라서 이 사건 공소사실의 기재는 특정한 구체적 사실의 기재에 해당한다고 볼 수 없어 /

【항소심 판단】 형사소송법 제254조 제4항에 정해진 요건을 갖추지 못하였으므로, /

【항소심 판단】 이 사건 공소는 공소제기의 절차가 법률의 규정을 위반하여 무효이다.

4. 공소사실의 특정방법

【대법원 판단】 원심의 위와 같은 판단은 다음과 같은 이유로 그대로 수긍하기 어렵다.

【대법원 요지】 가. 형사소송법 제254조 제4항에서 공소사실의 특정요소를 갖출 것을 요구하는 법의 취지는 /

【대법원 요지】 피고인의 방어의 범위를 특정시켜 방어권 행사를 쉽게 하려는 데 있는 것이므로, /

【대법원 요지】 공소사실은 그 특정요소를 종합하여 범죄구성요건에 해당하는 구체적 사실을 다른 사실과 식별할 수 있는 정도로 기재하면 충분하고, /

【대법원 요지】 위 법규정에서 말하는 범죄의 '시일'은 이중기소나 시효에 저촉되지 않을 정도로 기재하면 되는 것이므로 /

【대법원 요지】 비록 공소장에 범죄의 시일이 구체적으로 적시되지는 않았더라도 /

【대법원 요지】 그 기재가 위에서 본 정도에 반하지 아니하고, /

【대법원 요지】 더구나 그 범죄의 성격에 비추어 그 시일에 관한 개괄적 표시가 부득이하며 /

【대법원 요지】 또한 그에 대한 피고인의 방어권 행사에 지장이 없다고 보이는 경우에는 /

【대법원 요지】 그 공소내용이 특정되지 않았다고 볼 수 없다 /

【대법원 요지】 (대법원 2008. 7. 24. 선고 2008도4854 판결 등 참조).

5. 사안에 대한 대법원의 판단

【대법원 분석】 나. 이 사건 기록상 다음과 같은 사정이 인정된다.

【대법원 요지】 ① 피고인이 필로폰 투약사실을 부인하고 있고 /

【대법원 요지】 그에 관한 뚜렷한 증거가 확보되지 않았음에도 /

【대법원 요지】 모발감정 결과에 기초하여 그 투약 가능 기간을 추정한 다음 /

【대법원 요지】 개괄적으로만 그 범행시기를 적시하여 공소사실을 기재하게 되면 /

【대법원 요지】 감정의 정확성을 신뢰하기 어렵다는 문제와 /

【대법원 요지】 감정 결과에 기초한 투약 가능 기간이 오랜 기간 걸쳐 있는 경우가 많다는 마약류 투약범죄의 특성상 /

【대법원 요지】 그 기간에 여러 차례 투약했을 가능성이 있다는 점 때문에 /

【대법원 요지】 피고인의 방어권 행사에 지장을 초래할 수 있고 /

【대법원 요지】 이중기소 여부나 일사부재리의 효력 범위를 판단함에 있어 곤란한 문제가 발생할 수 있어 /

【대법원 요지】 그 공소내용이 특정되었다고 볼 것인지는 매우 신중히 판단하여야 하겠으나, /

【대법원 요지】 이 사건 공소사실은 투약 대상인 공소외 B의 진술에 기초한 것이라는 점에서 /

【대법원 요지】 피고인에 대한 모발 등의 감정결과에만 기초하여 공소사실을 기재한 경우와는 달리 볼 필요가 있다.

【대법원 판단】 ② 이 사건 공소사실에서 범행 일시가 2010. 1.부터 같은 해 3.까지로 다소 개괄적으로 기재된 것은 사실이지만, /

【대법원 판단】 피고인이 혼자 은밀한 공간에서 마약류를 투약하는 경우와 비교하여 보면 /

【대법원 판단】 이 사건은 새벽 3시경에 서산에 있는 모텔에 피고인이 공범 공소외 A와 청소년이자 여성인 공소외 B와 함께 투숙하였고 /

【대법원 판단】 공소외 A가 공소외 B에게 필로폰을 주사하였다는 /

【대법원 판단】 구별되는 사정이 존재한다.

【대법원 판단】 ③ 공소외 B는 2012. 12.에 이르러서야 경찰에서 2012. 7.과 2012. 9.에 공소외 A 등과 함께 필로폰을 투약한 행위로 조사받으면서 /

【대법원 판단】 그때로부터 2년 전에 있었던 이 사건 공소사실 범행을 처음 필로폰을 접하게 된 계기가 된 사건이라고 자백하게 된 것이다.

【대법원 판단】 ④ 원심이 유지한 제1심이 적법하게 채택한 증거에 의하면, /

【대법원 판단】 공소외 B는 이 사건 당시 연인 관계였던 피고인 및 피고인의 친구인 공소외 A와 서산 바닷가에 놀러 갔다가 처음으로 필로폰을 투약한 것이고, /

【대법원 판단】 이 사건 외에는 그 전이나 후에 피고인과 필로폰을 투약한 적은 없었다고 진술한 사실, /

【대법원 판단】 피고인은 2010년 초나 다른 시기에 공소외 B와 서산에 간 적이 있었는지 기억나지 않고, /

【대법원 판단】 2010년까지는 필로폰이 무엇인지조차 몰랐다고 진술한 사실, /

【대법원 판단】 공소외 B는 2012. 7.과 2012. 9. 등 두 차례 필로폰 투약으로 기소유예처분을 받은 전력만 있고, /

【대법원 판단】 피고인도 2012. 12.과 2013. 1.경의 필로폰 투약으로 징역형의 처벌을 받았기는 하였으나 /

【대법원 판단】 그 전에 필로폰 투약으로 처벌받은 적은 없는 사실을 알 수 있는바, /

【대법원 판단】 여기에 이 사건 공소사실의 투약행위는 1회에 불과하다는 사정을 더하여 보면, /

【대법원 판단】 이 사건 투약행위가 있었던 시기 전후하여 상당한 기간에는 /

【대법원 판단】 이 사건 공소사실의 구별을 곤란하게 하는 다른 유사한 내용의 투약행위가 존재할 가능성은 낮다.

【대법원 판단】 다. 이러한 사정을 앞서 본 법리에 비추어 볼 때, /

【대법원 판단】 이 사건 공소사실에서 일시나 장소가 다소 개괄적으로 기재되었다고 하더라도 /

【대법원 판단】 이 사건 공소사실의 기재가 다른 사실과 식별이 곤란하다거나 /

【대법원 판단】 그로 인하여 피고인의 방어권 행사에 지장을 초래할 정도라고는 보기 어렵다고 할 것이다.

【대법원 결론】 그럼에도 원심이 이 사건 공소사실이 특정되어 있지 않다고 보아 이 사건 공소제기가 무효라고 한 것은 공소사실의 특정에 관한 법리를 오해하여 판단을 그르친 것이다. (파기 환송)

2014도7976

불심검문과 공무집행의 적법성
수내파출소 불심검문 사건
2014. 12. 11. 2014도7976, 공 2015상, 160

1. 사실관계 및 사건의 경과

【사실관계 1】
① M경찰서 관내 수내파출소에 순경 A, 경사 B, 경위 C가 근무하고 있었다.
② 2013. 2. 21. 03:10경 경찰관 A와 B는 112신고를 받고 현장인 N카페에 출동하였다.
③ 경찰관 A와 B는 N카페 여종업원 D와 여사장 E로부터 갑이 술값을 내지 않고 가려다 여종업원 D와 실랑이가 있었다는 말을 들었다.
④ 경찰관 A와 B는 여종업원 D가 피묻은 휴지를 얼굴에 대고 있는 것을 보게 되었다.

【사실관계 2】
① 순경 A는 갑에게 확인하려고 질문을 시도하였다.
② 갑은 질문에 응하지 않고 계산대 쪽으로 피했다가 재차 질문을 받자 출입문 쪽으로 나가려고 하였다.
③ 순경 A는 갑의 앞을 막아선 다음 다시 상황을 설명해 달라고 말하였다.

④ 그러자 갑은 욕설하며 순경 A의 멱살을 잡았다.

⑤ 그때 경사 B가 갑을 제지하기 위해 뒤쪽에서 갑의 어깨를 잡았다.

⑥ 갑은 '넌 뭐야'라고 말하고 머리와 몸을 돌리면서 오른쪽 팔꿈치로 경사 B의 턱을 1회 때렸다.

⑦ 이에 경찰관 A와 B는 갑에게 피의사실의 요지 및 현행범인 체포의 이유와 변호인을 선임할 수 있음을 고지하고 변명의 기회를 제공한 다음 갑을 공무집행방해죄 현행범으로 체포하였다.

【사실관계 3】

① 경찰관 A와 B는 갑을 수내파출소로 연행하였다.

② 2013. 2. 21. 04:10경 수내파출소에서 경위 C는 갑의 손목에 채워진 수갑을 풀어주었다.

③ 갑은 자신을 체포한 경사 B를 보고 "너 이 새끼"라고 말하며 주먹으로 B의 가슴을 2회 때리고, B의 멱살을 잡아끌고 갔다.

④ 갑은 이를 제지하는 경위 C의 멱살을 잡아당겨 흔들고, 주먹으로 입 부위를 1회 때리고, 얼굴을 2회 때렸다.

⑤ 이상의 과정에서 경찰관 A, B, C는 각각 3주 정도 치료를 요하는 상해를 입었다.

【사건의 경과】

① 검사는 갑을 공무집행방해죄 및 상해죄로 기소하였다.

② (공소사실의 상세한 내용은 판례 본문 참조)

③ 갑의 피고사건은 제1심을 거친 후, 항소심에 계속되었다.

④ 항소심은 유죄를 인정하였다.

⑤ 갑은 불복 상고하였다.

⑥ 갑은 상고이유로 다음의 점을 주장하였다.

　　(가) 원심판결에는 사실오인의 위법이 있다.

　　(나) 경찰관 A와 B의 요구는 불심검문의 요건을 갖추지 아니하여 적법한 공무집행이라고 할 수 없다.

　　(다) 갑의 행위는 위법한 공무집행으로부터 벗어나기 위한 것으로서 정당행위에 해당한다.

⑦ (상고이유의 상세한 내용은 판례 본문 참조)

2. 공소사실

【대법원 분석】 1. 이 사건 공소사실

【대법원 분석】 피고인은 /

【대법원 분석】 2013. 2. 21. 03:10경 'ㅇㅇㅇ' 카페에서, /

【대법원 분석】 술값 문제로 시비가 있다는 경비업체의 지원요청 신고를 받고 출동한 피해자인 수내파출소 소속 경찰공무원 순경 A과 경사 B가 /

【대법원 분석】 그곳 여종업원과 여사장으로부터 피고인이 술값을 내지 않고 가려다 여종업원과 실랑이가 있었다는 경위를 듣고, /

【대법원 분석】 순경 A가 음식점 밖으로 나가려는 피고인의 앞을 막으며 "상황을 설명해 주십시오"라고 말하자 /

【대법원 분석】 "야이 씨발년들아. 너희 업주랑 한편이지? 너희 내가 거꾸로 매달아 버릴 거야. 내가 누군지 알아?"라고 소리를 지르며 A의 멱살을 잡아 흔들고, /

【대법원 분석】 경사 B가 피고인을 제지하기 위해 뒤쪽에서 피고인의 어깨를 잡자 "넌 뭐야"라고 말하고 머리와 몸을 돌리면서 오른쪽 팔꿈치로 B의 턱을 1회 때렸다.

【대법원 분석】 계속하여 피고인은 같은 날 04:10경 수내파출소에서, /

【대법원 분석】 피해자인 수내파출소 소속 경찰공무원 경위 C가 피고인의 손목에 채워진 수갑을 풀어주자 /

【대법원 분석】 자신을 체포한 경사 B를 보고 "너 이 새끼"라고 말하며 주먹으로 B의 가슴을 2회 때리고, B의 멱살을 잡아끌고 가고, /

【대법원 분석】 이를 제지하는 C의 멱살을 잡아당겨 흔들고, 주먹으로 입 부위를 1회 때리고, 얼굴을 2회 때렸다.

【대법원 분석】 피고인은 위와 같은 방법으로 피해자들의 112 신고출동, 질서유지와 범죄수사 및 범죄의 예방·진압에 관한 정당한 공무집행을 방해함과 동시에 /

【대법원 분석】 A, B, C에게 약 3주간의 치료를 요하는 경추의 염좌 및 긴장 등의 상해를 가하였다.

3. 피고인의 상고이유

【대법원 분석】 2. 피고인의 상고이유의 요지는 다음과 같다.

【대법원 분석】 ① 피고인이 먼저 경찰에게 달려들어 멱살을 잡거나 1회 제지당하였을 때 곧바로 멱살을 잡는 등 유형력을 행사한 것이 아니고, /

【대법원 분석】 몸싸움을 벌이는 과정에서 몸을 돌리다가 팔꿈치로 피고인 뒤쪽에 있던 경찰 B의 턱을 우연히 충격하게 된 것일 뿐임에도 /

【대법원 분석】 원심이 관련자들의 증언 등을 무시하고 피고인에게 불리하게 사실인정한 잘못이 있다.

【대법원 분석】 ② 당시 단순한 정지 요구를 넘어 피고인이 바깥으로 나가지 못하도록 제지하여 신체의 자유를 침해한 것은 /

【대법원 분석】 경찰관직무집행법(이하 '법'이라 한다)상의 불심검문에 수반되어 허용될 수 있는 '정지'라고 할 수 없고, /

【대법원 분석】 특히 출동한 경찰관들이 신분을 표시하는 증표를 제시하거나 소속, 성명 등을 밝히지 아니하여 법 제3조 제4항도 위반하였으므로, /

【대법원 분석】 경찰관들의 위와 같은 행위는 적법한 공무집행이 아닌 불법 체포·감금에 해당하고, /

【대법원 분석】 이러한 위법한 공무집행에서 벗어나기 위하여 몸싸움을 벌이다가 상해를 가한 것은 정당행위이거나 사회상규에 반하지 않는 행동이다.

【대법원 분석】 ③ 피고인은 술에 만취한 상태에서 수내파출소에서 1시간 이상 불법 체포·감금되어 있던 중 감금상태를 벗어나려고 하는 과정에서 경찰관에게 상해를 가하였을 뿐이므로 /

【대법원 분석】 이러한 피고인의 행위 역시 정당행위에 해당한다.

4. 사실오인과 상고이유

【대법원 분석】 가. 원심판결에 사실오인의 잘못이 있다는 주장에 관하여 본다.

【대법원 요지】 사실의 인정과 그 전제로 행하여지는 증거의 취사선택 및 평가는 자유심증주의의 한계를 벗어나지 않는 한 사실심법원의 전권에 속하는 것인바, /

【대법원 요지】 원심이 증거에 반하여 사실을 인정하였다는 취지의 주장은 원심의 전권에 속하는 사실인정을 다투는 것에 불과하여 적법한 상고이유가 되지 못한다.

【대법원 판단】 나아가 기록을 살펴보더라도 원심에 피고인 주장과 같은 사실오인의 잘못이 없다.

5. 불심검문의 요건

【대법원 분석】 나. 피해자들의 행위가 적법한 공무집행이 아니라는 주장에 관하여 본다.

【대법원 분석】 (1) [경찰관직무집행]법 제1조는 제1항에서 /

【대법원 분석】 "이 법은 국민의 자유와 권리의 보호 및 사회공공의 질서유지를 위한 경찰관(국가경찰공무원에 한한다. 이하 같다)의 직무수행에 필요한 사항을 규정함을 목적으로 한다"고 규정하고, /

【대법원 분석】 법 제3조는 제1항에서 /

【대법원 분석】 "경찰관은 수상한 거동 기타 주위의 사정을 합리적으로 판단하여 /

【대법원 분석】 어떠한 죄를 범하였거나 범하려 하고 있다고 의심할 만한 상당한 이유가 있는 자 또는 /

【대법원 분석】 이미 행하여진 범죄나 행하여지려고 하는 범죄행위에 관하여 그 사실을 안다고 인정되는 자를 /

【대법원 분석】 정지시켜 질문할 수 있다"고 규정하고, /

【대법원 분석】 제3항에서 /

【대법원 분석】 "경찰관은 제1항에 규정된 자에 대하여 질문을 할 때에 흉기의 소지 여부를 조사할 수 있다"고 규정하고 있다.

【대법원 요지】 위와 같은 법의 목적, 규정 내용 및 체계 등을 종합하면, /

【대법원 요지】 경찰관이 법 제3조 제1항에 규정된 대상자 해당 여부를 판단함에 있어 /

【대법원 요지】 불심검문 당시의 구체적 상황은 물론 /

【대법원 요지】 사전에 얻은 정보나 전문적 지식 등에 기초하여 /

【대법원 요지】 불심검문 대상자인지 여부를 객관적·합리적인 기준에 따라 판단하여야 할 것이나, /

【대법원 요지】 반드시 불심검문 대상자에게 형사소송법상 체포나 구속에 이를 정도의 혐의가 있을 것을 요한다고 할 수는 없고, /

【대법원 요지】 경찰관은 불심검문 대상자에게 질문하기 위하여 /

【대법원 요지】 범행의 경중, /

【대법원 요지】 범행과의 관련성, /

【대법원 요지】 상황의 긴박성, /

【대법원 요지】 혐의의 정도, /

【대법원 요지】 질문의 필요성 등에 비추어 /

【대법원 요지】 그 목적 달성에 필요한 최소한의 범위에서 /

【대법원 요지】 사회통념상 용인될 수 있는 상당한 방법으로 /

【대법원 요지】 그 대상자를 정지시킬 수 있다고 할 것이다 /

【대법원 요지】 (대법원 2012. 9. 13. 선고 2010도6203 판결, /

【대법원 요지】 대법원 2014. 2. 27. 선고 2011도13999 판결 등 참조). /

【대법원 분석】 한편, 법 제3조 제4항은 /

【대법원 분석】 경찰관이 불심검문을 하고자 할 때에는 자신의 신분을 표시하는 증표를 제시하여야 한다고 규정하고, /

【대법원 분석】 법 시행령 제5조는 /

【대법원 분석】 위 법 소정의 신분을 표시하는 증표는 경찰관의 공무원증이라고 규정하고 있는바, /

【대법원 기준】 불심검문을 하게 된 경위, /

【대법원 기준】 불심검문 당시의 현장상황과 검문을 하는 경찰관들의 복장, /

【대법원 기준】 피고인이 공무원증 제시나 신분 확인을 요구하였는지 여부 /

【대법원 기준】 등을 종합적으로 고려하여, /

【대법원 요지】 검문하는 사람이 경찰관이고 검문하는 이유가 범죄행위에 관한 것임을 피고인이 충분히 알고 있었다고 보이는 경우에는 /

【대법원 요지】 신분증을 제시하지 않았다고 하여 그 불심검문이 위법한 공무집행이라고 할 수 없다 /

【대법원 요지】 (대법원 2004. 10. 14. 선고 2004도4029 판결 참조).

6. 불심검문의 적법성에 대한 대법원의 판단

【대법원 분석】 (2) 원심판결 이유 및 원심이 유지한 제1심이 적법하게 채택한 증거들에 의하면, /

【대법원 분석】 ① 112신고를 받고 현장에 출동한 순경 A, 경사 B는 /

【대법원 분석】 그곳 여종업원과 여사장으로부터 피고인이 술값을 내지 않고 가려다 여종업원과 실랑이가 있었다고 들었고 여종업원이 피묻은 휴지를 얼굴에 대고 있는 것을 보게 되자, /

【대법원 분석】 A가 피고인에게 확인하려고 질문을 시도하였으나, /

【대법원 분석】 피고인은 질문에 응하지 않고 계산대 쪽으로 피했다가 재차 질문을 받자 출입문 쪽으로 나가려 한 사실, /

【대법원 분석】 ② A가 피고인의 앞을 막아선 다음 다시 상황을 설명해 달라고 하자 피고인이 욕설하며 A의 멱살을 잡은 사실, /

【대법원 분석】 ③ 그때 B가 피고인을 제지하기 위해 뒤쪽에서 피고인의 어깨를 잡자 /

【대법원 분석】 피고인이 '넌 뭐야'라고 말하고 머리와 몸을 돌리면서 오른쪽 팔꿈치로 B의 턱을 1회 때렸고, /

【대법원 분석】 이에 위 경찰관들은 피고인에게 피의사실의 요지 및 현행범인 체포의 이유와 변호인을 선임할 수 있음을 고지하고 변명의 기회를 제공한 다음 피고인을 공무집행방해죄 현행범으로 체포한 사실을 인정할 수 있는바, /

【대법원 판단】 이러한 사실관계를 위 법리에 비추어 보면, /

【대법원 판단】 위 경찰관들로서는 참고인들에 대한 확인절차를 거쳐 피고인이 범인이라고 의심할 만한 상당한 이유가 있었으므로 /

【대법원 판단】 위 경찰관들의 검문에 불응하고 막무가내로 밖으로 나가려고 하는 피고인을 막아선 정도로 유형력을 행사한 것은 /

【대법원 판단】 그 목적 달성에 필요한 최소한의 범위에서 사회통념상 용인될 수 있는 방법으로 이루어진 것으로 봄이 상당하다.

【대법원 분석】 나아가, 같은 증거들에 의하면, /

【대법원 분석】 당시 출동한 A, B는 경찰 정복차림이었고, /

【대법원 분석】 피고인이 위 경찰관들에게 신분증 제시 등을 요구한 적도 없으며, /

【대법원 분석】 욕설을 하며 바깥으로 나가려고 하다가 제지하는 위 경찰관들을 폭행한 사실을 알 수 있는바, /

【대법원 판단】 이러한 사정을 앞서 본 법리에 비추어 보면, /

【대법원 판단】 당시 피고인은 위 A 등이 경찰관이고 검문하는 이유가 자신에 관한 범죄행위 때문임을 모두 알고 있었다고 보이므로, /

【대법원 판단】 이러한 상황에서 위 경찰관들이 피고인에게 신분증을 제시하거나 그 소속 등을 밝히지 않았다고 하여 /

【대법원 판단】 그 불심검문이 위법한 공무집행이라고 볼 수 없다.

【대법원 결론】 따라서 위 경찰관들의 행위가 위법한 공무집행으로서 불법 체포·감금에 해당함을 전제로 피고인이 피해자들을 폭행하여 상해를 가한 행위가 정당행위라거나 사회상규에 반하지 않는다는 피고인의 주장은 모두 받아들일 수 없다.

【대법원 결론】 (3) 같은 취지의 원심의 사실인정과 판단은 정당하고, /

【대법원 결론】 거기에 논리와 경험의 법칙에 반하여 자유심증주의의 한계를 벗어나거나 형법상 정당행위 또는 체포·감금 및 법 제3조에 관한 법리를 오해한 잘못이 없다. (상고 기각)

2014도8377

국민참여재판과 재판장 설명의무
술집 과도 빼앗기 사건
2014. 11. 13. 2014도8377, 공 2014하, 2399

1. 사실관계 및 사건의 경과

【사실관계 1】

① 갑은 살인미수죄로 기소되었다.

② 갑에 대한 공소사실은 다음과 같다. (㉮주위적 공소사실)

(가) 공소사실 : "피고인은 2013. 5. 22. 주점에서 술을 마시다가 피해자(A) 일행과 시비 끝에 피해자를 살해하기 위하여 과도로 피해자의 복부를 5 cm 깊이로 찔렀으나 피해자에게 4주 이상의 상해를 가하는 것으로 미수에 그쳤다."

(나) 죄명 : 살인

(다) 적용법조 : 형법 제250조 제1항

③ 갑은 국민참여재판을 신청하였다.

【사실관계 2】

① 제1심법원은 갑의 피고사건을 국민참여재판으로 진행하기로 하였다.

② 제1심법원은 쟁점과 증거를 정리하기 위해 공판준비기일을 진행하였다.

③ 갑은 공판준비기일에서 자신(갑)은 자신의 일행 B에게 칼을 빼앗겨 A를 칼로 찌른 적이 없다고 주장하였다.

④ 제1심 재판장은 사건의 쟁점을 다음과 같이 정리하였다.

(가) '피고인이 당시 자신의 일행인 B에게 칼을 빼앗겼는지 여부'

(나) 'A가 칼에 찔리게 된 경위'

⑤ 제1심의 공판준비기일이 종결되었다.

⑥ 2013. 11. 25. (공판기일 종결 후) 검사는 제1심법원에 다음 내용의 예비적 공소사실을 추가하는 ㉠공소장변경허가신청을 하였다. (㉯예비적 공소사실)

(가) 공소사실 : "피고인은 2013. 5. 22. 주점에서 술을 마시다가 피해자(A) 일행과 시비 끝에 과도로 피해자의 복부를 5cm 깊이로 찔러 피해자에게 4주 이상의 상해를 가하였다."

(나) 죄명 : 폭력행위 등 처벌에 관한 법률 위반(집단 · 흉기등상해)

(다) 적용법조 : 폭력행위 등 처벌에 관한 법률 제3조 제1항

【사실관계 3】

① 2013. 12. 5. 10:00경 배심원선정절차가 진행되었다.

② 배심원들과 예비배심원들이 선정되었다.

③ 2013. 12. 5. [11:00경] 제1회 공판기일이 열렸다.

④ [배심원들은 배심원선서를 하였다.]

⑤ 2013. 12. 5. 11:15경 제1심 재판장은 배심원들과 예비배심원들에게 배심원과 예비배심원의 권한 · 의무 · 재판절차, 그 밖에 직무수행을 원활히 하는 데 필요한 사항을 설명하였다.

⑥ [제1심 재판장은 배심원들에게 ㉮, ㉯공소사실에 관하여는 아무런 설명을 하지 않았다.]

【사실관계 4】

① 제1심 재판장은 피고인에게 진술거부권을 고지하였다.

② 제1심 재판장은 피고인에 대한 인정신문을 하였다.

③ 제1심 재판장은 검사의 ㉠공소장변경신청을 허가하였다.

④ 제1심 재판장은 검사로 하여금 공소장 및 예비적 공소장변경허가신청서에 의하여 ㉮주위적 공소사실 및 ㉯예비적 공소사실의 요지, 죄명 및 적용법조를 낭독하게 하였다.

⑤ 변호인은 다음과 같이 진술하였다.

(가) 피고인이 피해자를 칼로 찌른 사실이 없다.

(나) ㉮주위적 공소사실과 ㉯예비적 공소사실은 범의에서 차이가 나는 것이다.

【사실관계 5】

① 제1심 재판장은 배심원들에게 다음과 같이 설명하였다.

② "본격적인 심리에 들어가기에 앞서, 검사와 변호인 및 피고인의 진술을 토대로 이 사건의 주된 쟁점을 간단히 설명하여 드리겠다."

③ 제1심 재판장은 먼저 ㉮주위적 공소사실의 요지를 말하였다.

④ 제1심 재판장은 다음으로 유·무죄 판단과 관련된 쟁점을 다음과 같이 설명하였다.

    (가) 피고인은 당시 칼을 들었던 사실은 있으나 피고인의 일행 B와 그곳에서 일하는 여자의 만류로 칼을 빼앗겼기 때문에 그 칼을 사용하지 않았고 피해자를 칼로 찌른 사실도 없다는 취지로 변소하고 있다.

    (나) 그러므로 이 사건의 쟁점은 피고인이 피해자를 칼로 찌른 사실이 있는지 여부이다.

    (다) 구체적으로는 피고인이 당시 B에게 칼을 빼앗겼는지 여부, 피해자는 어떤 경위로 칼에 찔리게 되었는지 등이다.

【사실관계 6】

① 제1심 재판장은 이어서 증인신문 등 심리절차를 진행하였다.

② 제1심 재판장은 제1회 공판기일 오전 재판 후 점심식사를 위한 휴정을 하였다.

③ 제1심 재판장은 제1회 공판기일 오후 재판을 개정하였다.

④ 제1심 재판장은 변호인에게 이제까지 진행된 공판절차의 결과에 대하여 이의가 있는지 물었다.

⑤ 변호인은 이의가 없다고 답변하였다.

⑥ [제1회 공판기일이 종료하였다.]

【사실관계 7】

① 2013. 12. 6. 10:00경 제2회 공판기일이 개시되었다.

② 제1심법원은 피고인신문과 최종의견진술 등의 절차를 진행하였다.

③ 이틀간의 공판 심리에서는 피고인이 피해자를 칼로 찌른 사실이 인정되는가의 문제를 중심으로 공방과 심리가 이루어졌다.

④ ㉯예비적 공소사실의 내용, 양형 조건 등에 관하여는 특별히 ㉮주위적 공소사실과 분리하여 독자적인 공방과 심리가 있지는 않았다.

⑤ 제1심 재판장은 제2회 공판기일에서 변론을 종결하였다.

【사실관계 8】

① 제1심 재판장은 법정에서 배심원들에게 최종 설명을 진행하였다.

② 제1심 재판장은 배심원들에게 다음과 같이 말하였다.

    (가) 지금부터 그동안의 재판 내용을 간단히 요약해드리고, 이 사건에 적용되는 법 원칙을 설명하겠다.

    (나) 다만 변론종결되는 시점에서 검찰과 변호인 측의 주장과 증거관계에 관한 설명을 충분히 들었으므로 중복되지 않도록 설명하겠다.

(다) 공소사실의 요지는 생략한다.

③ 제1심 재판장은 배심원들에게 배심원설명서를 배부하였다. (ⓛ배심원설명서)

④ 제1심 재판장은 ⓛ배심원설명서에 의하여 최종 설명을 하였다.

⑤ ⓛ배심원설명서에는 공소사실과 죄명으로 ㉮주위적 공소사실에 관한 것만 기재되어 있었다.

【사실관계 9】

① 제1심 재판장은 평의할 때 유의하여야 하는 증거법칙, 평의절차 등에 관하여 상세히 설명하였다.

② 제1심 재판장의 최종 설명 내용 중에는 다음의 설명이 들어 있었다.

　　(가) 만장일치가 되지 아니할 때에는 다수결에 의한 평결을 할 수 있지만, 그에 앞서 반드시 재판부
　　　의 의견을 들어야 한다.

　　(나) 평의 과정에서 확인할 필요가 있는 사항이 있을 경우 질문할 수 있다.

③ 제1심 재판장은 양형에 대하여 다음과 같이 설명하였다.

　　(가) 형법 제51조에서 정한 범인의 연령, 성행, 지능과 환경, 피해자와의 관계 등을 참작하면 된다.

　　(나) 유죄의 평결을 하였을 때에는 재판부와 함께 형에 관하여 토론하여야 한다.

④ 이상의 최종 설명 과정에서 제1심 재판장은 ㉯예비적 공소사실에 관한 설명을 하지 않았다.

⑤ 제1심 재판장은 ㉮주위적 공소사실 및 ㉯예비적 공소사실의 구체적인 양형 조건 등에 관하여 설명
　하지 않았다.

⑥ 피고인과 변호인은 최종 설명 당시 제1심 재판장에게 ㉯예비적 공소사실의 요지 설명이 없었던 점
　에 대해 이의를 하지 않았다.

⑦ 피고인과 변호인은 최종 설명 당시 ㉯예비적 공소사실의 요지의 설명을 포함시켜 달라는 요청을 하
　지 않았다.

【사실관계 10】

① [배심원들은 평의실로 이동하여 평의에 임하였다.]

② [배심원들은 만장일치에 이르지 못하였다.]

③ [배심원들은 재판부로부터 설명을 들었다.]

④ 배심원들은 유죄 5명, 무죄 4명의 다수결로 ㉮주위적 공소사실에 관하여 유죄 평결을 내렸다.

⑤ 배심원들은 ㉮주위적 공소사실에 대한 형으로 징역 2년 6월(4명), 징역 3년(4명), 징역 4년(1명)의
　양형의견을 밝혔다.

⑥ 제1심법원은 ㉮주위적 공소사실을 유죄로 인정하고 징역 3년의 형을 선고하였다.

【사건의 경과】

① 갑은 불복 항소하였다.

② [갑은 항소이유로, 사실오인, 법리오해, 양형부당을 주장하였다.]

③ 갑은 ㉯예비적 공소사실에 관한 제1심 재판장의 설명 누락 부분에 관하여는 전혀 다투지 않았다.

④ 항소심법원은 다음과 같이 판단하였다.

　　(가) 제1심법원은 국민참여재판을 원하는 피고인의 신청을 받아들여 ㉮주위적 공소사실과 ㉯예비
　　　적 공소사실 전부에 관하여 국민참여재판절차에 회부하였다.

　　(나) 제1심법원 내지 재판장은 특별한 배제결정 없이 ㉯예비적 공소사실에 대해서는 국민참여재판

절차를 진행하지 아니하였다.

　(다) 제1심법원 내지 재판장의 각 조치는 피고인의 국민참여재판을 받을 권리의 실질적인 부분을 침해한 위법한 조치이다.

　(라) 이러한 일련의 조치들에 의하여 진행된 공판 진행은 피고인의 국민참여재판을 받을 권리의 실질적인 부분을 침해한 위법한 조치이다.

　(마) 이러한 위법한 공판절차에서 이루어진 소송행위는 무효이다.

⑤ 항소심법원은 제1심이 다시 국민참여재판을 할 필요가 있다는 이유로 제1심판결을 파기하고 사건을 제1심법원에 환송하는 판결을 선고하였다.

⑥ 검사는 불복 상고하였다.

⑦ 검사는 상고이유로, 국민참여재판의 절차와 심리 등에 관한 법리오해가 있다고 주장하였다.

2. 배심원에 대한 최초 설명의무의 범위

【대법원 분석】 1. 가. 국민의 형사재판 참여에 관한 법률(이하 '법률'이라 한다)은 /

【대법원 분석】 제42조 제2항에서, /

【대법원 분석】 "재판장은 배심원과 예비배심원에 대하여 배심원과 예비배심원의 권한·의무·재판절차, 그 밖에 직무수행을 원활히 하는 데 필요한 사항을 설명하여야 한다."고 하여 /

【대법원 분석】 재판장의 공판기일에서의 최초 설명의무를 규정하고 있는데, /

【대법원 요지】 이러한 재판장의 최초 설명은 재판절차에 익숙하지 아니한 배심원과 예비배심원을 배려하는 차원에서 /

【대법원 요지】 국민의 형사재판 참여에 관한 규칙(이하 '규칙'이라 한다) 제35조 제1항에 따라 /

【대법원 요지】 피고인에게 진술거부권을 고지하기 전에 이루어지는 것으로, /

【대법원 요지】 원칙적으로 그 설명의 대상에 검사가 아직 공소장에 의하여 낭독하지 아니한 공소사실 등이 포함된다고 볼 수 없다.

3. 배심원에 대한 최종 설명의무의 범위

【대법원 분석】 나. 한편 법률 제46조 제1항은 /

【대법원 분석】 "재판장은 변론이 종결된 후 법정에서 배심원에게 공소사실의 요지와 적용법조, 피고인과 변호인 주장의 요지, 증거능력, 그 밖에 유의할 사항에 관하여 설명하여야 한다. /

【대법원 분석】 이 경우 필요한 때에는 증거의 요지에 관하여 설명할 수 있다."고 규정하고 있고, /

【대법원 분석】 나아가 규칙 제37조 제1항은 /

【대법원 분석】 '그 밖에 유의할 사항'에 관한 설명에 피고인의 무죄추정, 증거재판주의, 자유심증주의의 각 원칙 등이 포함된다고 규정하고 있는데, /

【대법원 요지】 이러한 재판장의 최종 설명은 배심원이 올바른 평결에 이를 수 있도록 지도하고 조력하는 기능을 담당하는 것으로서 /

【대법원 요지】 배심원의 평결에 미치는 영향이 크므로, /

【대법원 요지】 재판장이 법률 제46조 제1항, 규칙 제37조 제1항에 따라 설명의무가 있는 사항을 설

명하지 않는 것은 /

【대법원 요지】 원칙적으로 위법한 조치라 할 것이다.

【대법원 판단】 그러나 ① 위 최종 설명의 대상이 되는 사항 대부분은 /

【대법원 판단】 공판 진행 과정을 통해 배심원이 참여한 법정에 자연스럽게 현출되는 것임에도 /

【대법원 판단】 법률이 재판장에게 최종 설명의무를 부과하는 것은 /

【대법원 판단】 사건에 따라 배심원이 이해하기 어려운 사항이 있을 수 있으므로 /

【대법원 판단】 이를 쉽고 간략하게 정리하여 재확인하도록 하는 취지인 점, /

【대법원 판단】 ② 규칙 제37조 제2항은 /

【대법원 판단】 "검사 · 피고인 또는 변호인은 재판장에게 /

【대법원 판단】 당해 사건과 관련하여 설명이 필요한 법률적 사항을 특정하여 /

【대법원 판단】 제1항의 설명에 포함하여 줄 것을 /

【대법원 판단】 서면으로 요청할 수 있다."고 규정하여 /

【대법원 판단】 재판장의 최종 설명이 미흡할 경우 이를 보완할 방법을 마련하고 있는 점, /

【대법원 판단】 ③ 법률 제46조 제2항 단서는 /

【대법원 판단】 "배심원 과반수의 요청이 있으면 심리에 관여한 판사의 의견을 들을 수 있다."고 규정하고, /

【대법원 판단】 같은 조 제3항은 /

【대법원 판단】 "배심원은 유 · 무죄에 관하여 전원의 의견이 일치하지 아니한 때에는 /

【대법원 판단】 평결을 하기 전에 심리에 관여한 판사의 의견을 들어야 한다."고 규정하고 있어, /

【대법원 판단】 재판장의 최종 설명이 미흡하다고 하더라도 /

【대법원 판단】 평의 과정에서 재판장이 배심원들에게 의견을 제시하면서 최종 설명을 보완하거나 보충할 수 있는 점 등을 종합하여 보면, /

【대법원 요지】 재판장이 최종 설명 때 공소사실에 관한 설명을 일부 빠뜨렸거나 미흡하게 한 잘못이 있다고 하더라도, /

【대법원 요지】 이를 두고 그전까지 절차상 아무런 하자가 없던 소송행위 전부를 무효로 할 정도로 판결에 영향을 미친 위법이라고 쉽게 단정할 것은 아니고, /

【대법원 기준】 설명이 빠졌거나 미흡한 부분이 공판 진행과정에서 이미 드러났던 것인지, /

【대법원 기준】 공판 진행과정에서 이미 드러났던 것이라면 그 시점과 재판장의 최종 설명 때까지 시간적 간격은 어떠한지, /

【대법원 기준】 재판장의 설명 없이는 배심원이 이해할 수 없거나 이해하기 어려운 사항에 해당하는지, /

【대법원 기준】 재판장의 최종 설명에 대한 피고인 또는 변호인의 이의가 있었는지, /

【대법원 기준】 평의 과정에서 배심원들의 의견이 일치하지 않아 재판장이 법률 제46조 제3항에 따라 의견을 진술하면서 최종 설명을 보충할 수 있었던 사안인지 및 /

【대법원 기준】 최종 설명에서 누락된 부분과 최종 평결과의 관련성 등을 /

【대법원 기준】 종합적으로 고려하여, /

【대법원 요지】 위와 같은 잘못이 배심원의 평결에 직접적인 영향을 미쳐 /

【대법원 요지】 피고인의 국민참여재판을 받을 권리 등을 본질적으로 침해하고 /

【대법원 요지】 판결의 정당성마저 인정받기 어려운 정도에 이른 것인지를 /

【대법원 요지】 신중하게 판단하여야 할 것이다.

4. 사안에 대한 대법원의 분석

【대법원 분석】 2. 원심판결 이유와 기록에 의하면, 다음과 같은 사실을 알 수 있다.

【대법원 분석】 가. 제1심은 국민참여재판을 원하는 피고인의 의사에 따라 /

【대법원 분석】 "피고인은 2013. 5. 22. 주점에서 술을 마시다가 피해자 일행과 시비 끝에 피해자를 살해하기 위하여 과도로 피해자의 복부를 5㎝ 깊이로 찔렀으나 피해자에게 4주 이상의 상해를 가하는 것으로 미수에 그쳤다." /

【대법원 분석】 (이하 '이 사건 주위적 공소사실'이라 한다)는 내용으로 공소가 제기된 이 사건에 관하여 /

【대법원 분석】 쟁점과 증거를 정리하기 위해 공판준비기일을 진행하였다.

【대법원 분석】 나. 피고인이 위 공판준비기일에서 자신은 피해자를 칼로 찌른 적이 없다고 주장함에 따라, /

【대법원 분석】 제1심 재판장은 사건의 쟁점을 '피고인이 당시 자신의 일행인 공소외인에게 칼을 빼앗겼는지'와 '피해자가 칼에 찔리게 된 경위'로 정리하였다.

【대법원 분석】 다. 검사는 공판준비기일이 종결된 이후인 2013. 11. 25. 예비적으로 /

【대법원 분석】 피고인이 과도로 피해자를 찔러 상해를 가했다는 내용의 폭력행위 등 처벌에 관한 법률 위반(집단·흉기등상해)의 공소사실/

【대법원 분석】 (이하 '이 사건 예비적 공소사실'이라 한다)을 추가하는 공소상변경허가신청을 하였다.

【대법원 분석】 라. 제1심 재판장은 제1회 공판기일인 2013. 12. 5. 11:15경 배심원들과 예비배심원들에게 배심원과 예비배심원의 권한·의무·재판절차, 그 밖에 직무수행을 원활히 하는 데 필요한 사항을 설명한 후, /

【대법원 분석】 검사의 위 공소장변경신청을 허가한 다음, /

【대법원 분석】 검사로 하여금 공소장 및 예비적 공소장변경허가신청서에 의하여 이 사건 주위적 공소사실 및 예비적 공소사실의 요지, 죄명 및 적용법조를 낭독하게 하였고, /

【대법원 분석】 변호인은 피고인이 피해자를 칼로 찌른 사실이 없다고 변론을 하면서 이 사건 주위적 공소사실과 예비적 공소사실은 범의에서 차이가 나는 것이라고 진술하였다.

【대법원 분석】 마. 이에 이어 제1심 재판장은 배심원들에게 "본격적인 심리에 들어가기에 앞서, 검사와 변호인 및 피고인의 진술을 토대로 이 사건의 주된 쟁점을 간단히 설명하여 드리겠습니다."고 한 뒤, /

【대법원 분석】 이 사건 주위적 공소사실의 요지를 말한 다음, /

【대법원 분석】 유·무죄 판단과 관련된 쟁점은 /

【대법원 분석】 "피고인은 당시 칼을 들었던 사실은 있으나 피고인의 일행 공소외인[B]과 그곳에서 일하는 여자의 만류로 칼을 빼앗겼기 때문에 그 칼을 사용하지 않았고 피해자를 칼로 찌른 사실도 없다는 취지로 변소하고 있으므로 /

【대법원 분석】 이 사건의 쟁점은 피고인이 피해자를 칼로 찌른 사실이 있는지 여부인바, /

【대법원 분석】 구체적으로는 피고인이 당시 공소외인에게 칼을 빼앗겼는지 여부, 피해자는 어떤 경위로 칼에 찔리게 되었는지 등입니다."라고 설명하였다.

【대법원 분석】 바. 이후 같은 날 진행된 증인신문 등 심리절차와 /

【대법원 분석】 그 다음 날 진행된 피고인 신문, 최종 의견진술 등의 각 절차에서 /

【대법원 분석】 피고인이 피해자를 칼로 찌른 사실이 인정되는가의 문제를 중심으로 공방과 심리가 이루어졌는데, /

【대법원 분석】 이 사건 예비적 공소사실의 내용, 양형 조건 등에 관하여는 특별히 이 사건 주위적 공소사실과 분리하여 독자적인 공방과 심리가 있지는 않았다. /

【대법원 분석】 제1심 재판장은 제1회 공판기일 오전 재판 후 점심식사를 위한 휴정을 거친 다음 /

【대법원 분석】 오후 재판을 개정하면서 변호인에게 이제까지 진행된 공판절차의 결과에 대하여 이의가 있는지 물었으나 /

【대법원 분석】 변호인은 없다고 답변하였다.

【대법원 분석】 사. 제1심 재판장은 2013. 12. 6. 10:00경에 개시된 제2회 공판기일에서 변론을 종결한 후 /

【대법원 분석】 법정에서 배심원들에게 최종 설명을 하면서 /

【대법원 분석】 "지금부터 그동안의 재판 내용을 간단히 요약해드리고, 이 사건에 적용되는 법 원칙을 설명하겠습니다. /

【대법원 분석】 다만 변론종결되는 시점에서 검찰과 변호인 측의 주장과 증거관계에 관한 설명을 충분히 들으셨으므로 중복되지 않도록 설명드리겠습니다. /

【대법원 분석】 공소사실의 요지는 생략합니다."라고 한 뒤, /

【대법원 분석】 배심원설명서에 의하여 설명하였다. /

【대법원 분석】 다만 제1심 재판장이 배심원들에게 배부한 배심원설명서에는 공소사실과 죄명으로 이 사건 주위적 공소사실에 관한 것만이 기재되어 있었다. /

【대법원 분석】 그 후 제1심 재판장은 평의할 때 유의하여야 하는 증거법칙, 평의절차 등에 관하여 상세히 설명하였는데, /

【대법원 분석】 그 내용 중에는 "만장일치가 되지 아니할 때에는 다수결에 의한 평결을 할 수 있지만, 그에 앞서 반드시 재판부의 의견을 들어야 한다. /

【대법원 분석】 평의 과정에서 확인할 필요가 있는 사항이 있을 경우 질문할 수 있다."라는 등의 설명이 있었다. /

【대법원 분석】 한편 제1심 재판장은 배심원설명서에 의하여 형을 정함에 있어 형법 제51조에서 정한 범인의 연령, 성행, 지능과 환경, 피해자와의 관계 등을 참작하면 된다고 개괄적으로 설명하였을 뿐 /

【대법원 분석】 이 사건 주위적 및 예비적 공소사실의 구체적인 양형 조건 등에 관하여는 설명하지 않았고, /

【대법원 분석】 "유죄의 평결을 하였을 때에는 재판부와 함께 형에 관하여 토론하여야 한다."고 설명하였다.

【대법원 분석】 아. 배심원들은 평의를 거쳐 유죄 5명, 무죄 4명의 다수결로 이 사건 주위적 공소사

실에 관하여 유죄 평결을 내리고, /

【대법원 분석】 이 사건 주위적 공소사실에 대한 형으로 징역 2년 6월(4명), 징역 3년(4명), 징역 4년(1명)의 양형의견을 밝혔다. /

【대법원 분석】 제1심은 이 사건 주위적 공소사실을 유죄로 인정하고 징역 3년의 형을 선고하였다.

【대법원 분석】 자. 피고인과 변호인은, 최종 설명 때 이 사건 예비적 공소사실의 요지를 설명하지 아니한 제1심 재판장의 조치에 대하여, /

【대법원 분석】 당시 제1심 재판장에게 이의를 제기하거나 최종 설명에 이 사건 예비적 공소사실의 요지의 설명을 포함시켜 달라는 요청을 하지 않았고, /

【대법원 분석】 원심에서도 그에 관하여는 전혀 다투지 않았다.

5. 사안에 대한 대법원의 판단

【대법원 판단】 3. 가. 위와 같은 사실관계를 앞서 본 법리에 비추어 보면, /

【대법원 판단】 우선 제1심 재판장이 최초 설명 당시 이 사건 예비적 공소사실에 관하여 이를 설명하지 아니한 조치에 /

【대법원 판단】 재판장의 최초 설명의무 위반 등으로 관계 법령을 위반한 위법이 없다.

【대법원 판단】 나. 또한, 제1심 재판장은 최초 설명 이후에 이어진 검사와 피고인 측의 모두 진술 다음에 /

【대법원 판단】 배심원과 예비배심원에게 공소사실로 예비적 공소사실을 빠뜨린 채 주위적 공소사실만을 설명하고 /

【대법원 판단】 사건의 쟁점을 피고인이 피해자를 칼로 찌른 사실이 있는지 등으로 정리하였으나, /

【대법원 판단】 ① 제1심 재판장이 위와 같이 공소사실이나 사건의 쟁점을 정리하여 설명해 준 것은 배심원과 예비배심원의 이해를 돕기 위한 것에 불과한 것으로, /

【대법원 판단】 그와 같은 설명에 공소사실 일부가 누락되었다고 하더라도 법원이 그 부분을 심리에서 제외하였다고는 볼 수 없는 점, /

【대법원 판단】 ② 이 사건에서 '피고인이 피해자를 칼로 찌른 사실이 있는지, 당시 공소외인에게 칼을 빼앗겼는지, 피해자가 어떤 경위로 칼에 찔리게 되었는지'는 /

【대법원 판단】 주위적 공소사실에 한정된 쟁점이라고 볼 수 없고 /

【대법원 판단】 기본적 사실관계가 동일한 이 사건 예비적 공소사실의 쟁점이기도 한 점 등을 종합하여 살펴보면, /

【대법원 판단】 제1심 재판장이 검사와 변호인의 모두진술 이후 이 사건 쟁점을 위와 같이 정리하고, /

【대법원 판단】 그 후 이를 중심으로 심리한 조치를 두고, /

【대법원 판단】 이 사건 주위적 공소사실에 대하여만 국민참여재판 절차를 진행하고 예비적 공소사실은 사실상 국민참여재판에서 배제한 것이라고 평가할 수 없고, /

【대법원 판단】 달리 관계 법령을 위반한 위법이 있다고 할 수도 없다.

【대법원 판단】 다. 다만 위 사실관계에서 나타난 바와 같이 최종 설명에서 이 사건 예비적 공소사실의 요지에 관한 설명을 누락한 제1심 재판장의 조치에는, /

【대법원 판단】 법률 제46조 제1항이 정하는 최종 설명의무를 제대로 이행하지 아니한 잘못이 있다고 할 것이다.

【대법원 판단】 그러나 앞서 본 법리에 위 사실관계에 나타난 여러 사정, 즉, /

【대법원 판단】 ① 이 사건 예비적 공소사실의 요지 및 주위적 공소사실과의 차이점 등은 검사와 변호인의 모두진술 등으로써 이 사건 공판 과정에서 이미 드러난 상태인 점, /

【대법원 판단】 ② 이 사건 예비적 공소사실은 주위적 공소사실에 대한 관계에서 고의의 내용만 다르고 특별히 주위적 공소사실과는 다른 사실관계의 인정이나 법률적 쟁점이 없는 축소사실에 해당하며, /

【대법원 판단】 사안과 쟁점도 복잡하지 아니하여, /

【대법원 판단】 그에 대한 제1심 재판장의 설명이 없더라도 배심원들이 공판 과정에서 드러난 사정으로 이해할 수 있었을 것으로 보이는 점, /

【대법원 판단】 ③ 피고인과 변호인은 제1심 재판장에게 최종 설명에 예비적 공소사실에 관한 설명을 포함하여 달라고 요구하거나 그 설명이 누락된 것에 대하여 이의를 제기하지 아니한 점, /

【대법원 판단】 ④ 제1심 재판장은 최종 설명 때 배심원들에게 평의 과정에서 확인할 필요가 있는 사항이 있을 경우 질문할 수 있다고 설명하였고, /

【대법원 판단】 특히 이 사건은 주위적 공소사실의 유·무죄에 관하여 전원의 의견이 일치하지 아니하여 /

【대법원 판단】 법률 제46조 제3항에 따라 배심원들이 심리에 관여한 판사로부터 그 의견을 들어야 했던 사안으로서, /

【대법원 판단】 평의 과정에서 주위적 공소사실에 대한 평결이 무죄인 경우의 후속 조치, /

【대법원 판단】 즉 이 사건 예비적 공소사실에 대한 평의와 평결에 관하여 질문과 설명의 기회를 가질 수 있었던 경우인 점, /

【대법원 판단】 ⑤ 결과적으로 배심원들이 주위적 공소사실에 대하여 다수결로 유죄의 평결을 함으로써 /

【대법원 판단】 이 사건 예비적 공소사실에 대하여는 나아가 평의와 평결을 할 필요가 없었던 점 /

【대법원 판단】 등을 종합하여 살펴보면, /

【대법원 판단】 제1심 재판장의 최종 설명 과정에서의 위와 같은 잘못으로 피고인의 국민참여재판을 받을 권리가 본질적으로 침해되었다고 보기는 어렵다.

6. 사안에 대한 대법원의 결론

【항소심 판단】 4. 그런데도 원심은 이와 달리, 그 판시와 같은 이유만으로 /

【항소심 판단】 앞서 본 제1심 법원 내지 재판장의 각 조치, /

【항소심 판단】 그리고 이러한 일련의 조치들에 의하여 진행된 공판 진행은, /

【항소심 판단】 국민참여재판을 원하는 피고인의 신청을 받아들여 이 사건 주위적, 예비적 공소사실 전부에 관하여 국민참여재판절차에 회부하여 놓고도 /

【항소심 판단】 특별한 배제결정 없이 예비적 공소사실에 대해서는 국민참여재판절차를 진행하지 아니함으로써 /

【항소심 판단】 피고인의 국민참여재판을 받을 권리의 실질적인 부분을 침해한 위법한 조치이고, /

【항소심 판단】 따라서 이러한 위법한 공판절차에서 이루어진 소송행위는 무효라고 판단한 다음, /

【항소심 판단】 제1심이 다시 국민참여재판을 할 필요가 있다는 이유로 제1심판결을 파기하고 사건을 제1심 법원에 환송하는 판결을 선고하였다. /

【대법원 결론】 위와 같은 원심의 판단 및 결론에는, 피고인의 국민참여재판을 받을 권리, 국민참여재판의 절차와 심리 등에 관한 법리를 오해하여 판결에 영향을 미친 위법이 있다. (파기 환송)

2014도10193

경합범 재심결정과 재심심판의 범위
긴급조치 부분만 재심사유 사건
2014. 11. 13. 2014도10193, 공 2014하, 2409

1. 사실관계 및 사건의 경과

【사실관계 1】

① (1970년대 유신헌법에 의한 대통령 긴급조치가 있을 때의 일이다.)

② 갑은 다음의 공소사실로 기소되었다.

   (가) 대통령긴급조치제9호위반죄 (㉠사실)

   (나) 공무집행방해죄 (㉡사실)

   (다) 폭력행위등처벌에관한법률위반죄(야간상해) (㉢사실)

③ 1978. 11. 2. 서울형사지방법원은 공소사실을 모두 유죄로 인정하고, 징역 2년 및 자격정지 2년을 선고하였다. (㉮판결)

④ 갑은 서울고등법원에 불복 항소하였다.

⑤ 1979. 2. 16. 서울고등법원은 다음 내용의 판결을 선고하였다. (㉯판결)

   (가) 갑의 양형부당 주장을 받아들여 제1심판결을 파기한다.

   (나) 갑을 징역 1년 및 자격정지 2년에 처한다.

⑥ 갑은 불복 상고하였다.

⑦ 1979. 3. 5. 갑은 상고를 취하하였다.

⑧ ㉯판결은 갑의 상고취하로 확정되었다.

【사실관계 2】

① 2004. 12. 16. 헌법재판소는「폭력행위 등 처벌에 관한 법률」가운데 '야간 협박' 가중처벌 조항에 대해 위헌 결정을 내렸다.

② 2006. 3. 24.「폭력행위 등 처벌에 관한 법률」이 개정되어 '야간'의 표지가 삭제되었다.

③ 2010. 12. 16. 대법원은 전원합의체 판결로 대통령 긴급조치 제9호 등에 대해 위헌 무효를 선언하였다.

【사건의 경과 1】

① 2013. 10. 17. 갑은 ㉯확정판결에 재심사유가 있다며 서울고등법원에 재심청구를 하였다.

② 2014. 3. 17. 서울고등법원은 재심개시결정을 하였다. (㉰재심개시결정)

③ 서울고등법원은 ㉰재심개시결정에서 다음과 같이 판단하였다.

    (가) 대통령긴급조치제9호위반죄(㉠사실)에 관하여는 재심사유가 있다.

    (나) 이와 경합범 관계에 있는 공무집행방해죄(㉡사실), 폭력행위등처벌에관한법률위반죄(㉢사실)

        에 관하여는 재심사유가 없다.

④ ㉰재심개시결정은 그 무렵 확정되었다.

【사건의 경과 2】

① 서울고등법원은 ㉯확정판결에 대해 재심심판에 임하였다.

② 2014. 7. 24. 서울고등법원은 재심심판사건에 대해 판결을 선고하였다. (㉱재심판결)

③ 서울고등법원은 다음과 같이 판단하였다.

    (가) 위헌·무효인 대통령긴급조치 제9호를 적용하여 공소가 제기된 부분인 ㉠공소사실은 형사소

        송법 제325조 전단의 '피고사건이 범죄로 되지 아니한 때'에 해당한다.

    (나) 야간상해의 ㉢공소사실의 경우 구 폭처법의 가중처벌 부분이 2006. 3. 24. 개정·시행된 폭

        처법에 의하여 폐지되었다.

    (다) ㉢공소사실은 형사소송법 제361조의5 제2호가 정하고 있는 원심판결 후에 형의 폐지가 있는

        때에 해당하여 면소를 선고하여야 할 것이다.

    (라) 그러나 ㉢공소사실에는 상해의 점이 포함되어 있다.

    (마) 상해의 점에 대하여 형법 제257조 제1항을 적용하여 피고인에게 유죄를 선고하므로 주문에서

        따로 면소를 선고하지 아니한다.

④ 서울고등법원은 다음의 주문을 선고하였다.

    (가) ㉯재심대상판결을 파기한다.

    (나) 대통령긴급조치제9호위반(㉠사실)의 점은 무죄

    (다) 상상적 경합 관계에 있는 공무집행방해(㉡사실) 및 상해(㉢사실)의 점에 대하여는 피고인에게

        벌금 50만 원을 선고한다.

【사건의 경과 3】

① 갑은 ㉱재심판결에 불복 상고하였다.

② 갑은 상고이유로 다음의 점을 주장하였다.

    (가) 폭처법의 야간상해 부분은 폐지되었다.

    (나) 상해 부분에 대해 형법을 적용하여 처벌하는 것은 이중처벌금지의 원칙에 위반된다.

    (다) 재심결정 이외의 부분에 대해서도 재심대상판결을 파기한 것에는 재심에 관한 법리를 오해한

        위법이 있다.

2. 한 개의 형이 선고된 경합범 판결과 재심의 범위

【대법원 요지】 1. 경합범 관계에 있는 수 개의 범죄사실을 유죄로 인정하여 한 개의 형을 선고한 불

가분의 확정판결에서 /

【대법원 요지】 그중 일부의 범죄사실에 대하여만 재심청구의 이유가 있는 것으로 인정되었으나 /

【대법원 요지】 형식적으로는 1개의 형이 선고된 판결에 대한 것이어서 /

【대법원 요지】 그 판결 전부에 대하여 재심개시의 결정을 한 경우, /

【대법원 요지】 재심법원은 재심사유가 없는 범죄에 대하여는 새로이 양형을 하여야 하는 것이므로 /

【대법원 요지】 이를 헌법상 이중처벌금지의 원칙을 위반한 것이라고 할 수 없고, /

【대법원 요지】 다만, 재심사건에는 불이익변경의 금지 원칙이 적용되어 원판결의 형보다 중한 형을 선고하지 못하는 것이다(형사소송법 제439조).

3. 사안에 대한 대법원의 판단

【대법원 분석】 2. 원심은, /

【대법원 분석】 피고인은 1978. 11. 2. 서울형사지방법원 [사건번호 생략] 사건에서 대통령긴급조치 제9호위반, 공무집행방해, 폭력행위등처벌에관한법률위반죄로 징역 2년 및 자격정지 2년을 선고받았고, /

【대법원 분석】 서울고등법원은 1979. 2. 16. 위 사건의 항소심인 [사건번호 생략] 사건에서 피고인의 양형부당 주장을 받아들여 원심판결을 파기하고 피고인을 징역 1년 및 자격정지 2년에 처하는 판결 (이하 '재심대상판결'이라 한다)을 선고한 사실, /

【대법원 분석】 재심대상판결은 피고인의 상고취하로 1979. 3. 5. 확정된 사실, /

【대법원 분석】 피고인은 2013. 10. 17. 서울고등법원 [사건번호 생략]로 재심대상판결에 재심사유가 있다며 재심청구를 하였고, /

【대법원 분석】 위 법원은 2014. 3. 17. /

【대법원 분석】 "대통령긴급조치제9호위반죄에 관하여는 재심사유가 있으나, /

【대법원 분석】 이와 경합범 관계에 있는 공무집행방해죄, 폭력행위등처벌에관한법률위반죄에 관하여는 재심사유가 없다."고 판단하여 /

【대법원 분석】 재심개시결정을 하였고, /

【대법원 분석】 그 결정은 그 무렵 그대로 확정된 사실 등을 인정한 다음, /

【대법원 판단】 위헌 · 무효인 대통령긴급조치 제9호를 적용하여 공소가 제기된 부분의 공소사실은 /

【대법원 판단】 형사소송법 제325조 전단의 '피고사건이 범죄로 되지 아니한 때'에 해당하고, /

【대법원 판단】 야간상해의 공소사실은 /

【대법원 판단】 구 폭력행위 등 처벌에 관한 법률(2006. 3. 24. 법률 제7891호로 개정되기 전의 것) /

【대법원 판단】 제2조 제2항 중 야간에 범한 같은 조 제1항 소정의 범죄에 대한 가중처벌 부분이 /

【대법원 판단】 2006. 3. 24. 법률 제7891호로 개정 · 시행된 폭력행위 등 처벌에 관한 법률에 의하여 폐지되었으므로 /

【대법원 판단】 형사소송법 제383조[제361조의5의 오기로 생각됨. 저자 주] 제2호가 정하고 있는 원심판결 후에 형의 폐지가 있는 때에 해당하여 /

【대법원 판단】 면소를 선고하여야 할 것이나, /

【대법원 판단】 그 공소사실에 포함된 상해의 점에 대하여 형법 제257조 제1항을 적용하여 피고인에게 유죄를 선고하므로 /

【대법원 판단】 주문에서 따로 면소를 선고하지 아니한다고 판단하여, /

【대법원 판단】 주문에서 재심대상판결을 파기하고 /

【대법원 판단】 대통령긴급조치제9호위반의 점에 대하여는 무죄를 선고하고, /

【대법원 판단】 상상적 경합 관계에 있는 공무집행방해 및 상해의 점에 대하여는 피고인에게 벌금 50만 원을 선고하였다.

【대법원 결론】 앞서 본 법리에 비추어보면, /

【대법원 결론】 원심이 위와 같이 징역형 및 자격정지형을 선고한 재심대상판결을 파기하고 /

【대법원 결론】 그 판시와 같은 모든 사정을 참작하여 재심대상판결의 선고형보다 가벼운 벌금형을 선고한 것이 /

【대법원 결론】 헌법상 이중처벌금지의 원칙을 위반하거나 /

【대법원 결론】 형사소송법상 재심에 관한 법리를 오해한 것이라고 할 수 없다. (상고 기각)

2014도10978

통신제한조치와 비밀녹음
녹음파일의 증거능력
영장제시의 원칙과 예외
압수 · 수색절차와 참여권 보장
RO 강연회 비밀녹음 사건
2015. 1. 22. 2014도10978 전원합의체 판결, 공 2015상, 357

1. 사실관계 및 사건의 경과

【사실관계 1】
① 국가정보원은 P정당 Q지부의 모임이 국가보안법에 위반된다는 혐의를 가지고 수사에 임하였다.

② 갑, 을, 병, 정 등은 P정당 Q지부의 핵심적 인물들이다.

③ 국가정보원 수사관은 갑, 을 등에 대해 각각 다음 내용의 통신제한조치 허가서를 발부받았다. (@허가서 등으로 통칭함)

  (가) 대상과 범위 : 대상자와 상대방 사이의 국가보안법위반 혐의사실을 내용으로 하는 대화에 대한 녹음 및 청취

  (나) 집행방법 : 전자 · 기계장치를 사용한 지득 또는 채록

【사실관계 2】
① E는 P정당의 Q지부 모임에 참석하는 사람이다.

② 국가정보원 수사관은 E에게 ⓐ허가서 등이 발부된 사실을 알려주었다.

③ 국가정보원 수사관은 E에게 ⓐ허가서 등을 보여주면서 기간과 범위를 설명한 다음 각 대상자의 대화를 녹음해 달라고 요청하였다.

④ E는 P정당 Q지부 모임에 참석하여 다음과 같이 강연내용을 비밀녹음하였다.

　　(가) 2012. 6. 21.자 모임에 대한 녹음 (㉠녹음파일),

　　(나) 2012. 8. 10.자 모임에 대한 녹음 (㉡녹음파일)

　　(다) 2013. 5. 10. 22:00경 모임에 대한 녹음 (㉢녹음파일)

　　(라) 2013. 5. 12. 22:00경 모임에 대한 녹음 (㉣녹음파일)

【사실관계 3】

① E는 국가정보원 수사관에게 ㉠, ㉡, ㉢, ㉣녹음파일 원본(녹음기)을 전달하였다.

② E는 국가정보원 수사관의 집행위탁이나 협조요청과 관련한 대장을 작성하지 않았다.

③ 국가정보원 수사관은 E에게 ㉠, ㉡, ㉢, ㉣녹음파일의 해쉬(Hash)값을 확인하게 하였다.

④ ㉠, ㉡, ㉢, ㉣녹음파일의 일부에 대한 해쉬값 확인은 녹음기 자체를 대상으로 이루어졌다.

⑤ ㉠, ㉡, ㉢, ㉣녹음파일의 다른 일부에 대한 해쉬값 확인은 며칠 후 수사관이 가져온 마이크로 SD카드를 대상으로 이루어졌다.

⑥ ㉠, ㉡, ㉢, ㉣녹음파일로부터 ⓔ, ⓕ, ⓖ, ⓗ, ⓘ, ⓙ녹음파일 부분이 발견되었다.

【사실관계 4】

① 국가정보원 수사관은 E를 참고인으로 조사하였다.

② E는 P정당 Q지부 모임에 참석하여 청취한 내용을 진술하였다.

③ E의 진술은 ⓜ참고인진술조서에 기재되었다.

④ E의 진술은 영상녹화되지 않았다.

【사실관계 5】

① M장소는 병의 거소지이다.

② A는 병의 보좌관이다.

③ M장소는 임대차계약서상 A가 임차인으로 되어 있다.

④ [국가정보원 수사관들은 병의 거소지인 M장소에 대한 압수·수색영장을 발부받았다.]

⑤ 2013. 8. 28. 06:58경 국가정보원 수사관들은 M장소로 들어갔다.

⑥ M장소에 대한 압수·수색 당시 병은 현장에 없었다.

⑦ 수사관들은 곧바로 A에게 연락하여 참여할 것을 고지하였다.

⑧ 수사관들은 M장소에 진입한 이후 30분가량 참여인 없이 수색절차를 진행하였다.

【사실관계 6】

① 2013. 8. 28. 08:19경 A가 병의 변호인 F와 함께 수색 현장인 M장소에 도착하였다.

② A가 도착한 이후부터 압수물 선별 과정, 디지털 포렌식 과정, 압수물 확인 과정에 A와 병의 변호인 F의 적극적이고 실질적인 참여가 있었다.

③ 수사관들은 이후 진행한 압수·수색의 전 과정을 영상녹화하였다.

④ 수사관들은 M장소에 대한 압수·수색을 통하여 ⓝ정보저장매체 원본을 압수하였다.

⑤ ⒣정보저장매체는 [A의] 서명하에 봉인되었다.

【사실관계 7】

① [국가정보원 수사관들은 정의 혐의사실과 관련하여 N평생교육원 건물에 대한 압수 · 수색영장을 발부받았다.]

② 2013. 8. 28. 07:30경 수사관들은 N평생교육원 건물 안으로 들어갔다.

③ N평생교육원에 대한 압수 · 수색 당시 N평생교육원 원장 C는 현장에 없었다.

④ N평생교육원에 대한 압수 · 수색 당시 이사장 D는 수사관들에게 자신의 신분을 밝히지 않은 채 건물 밖에서 지켜보기만 하였다.

【사실관계 8】

① 수사관들은 N건물에 진입한 이후 수색절차를 진행하지 않은 채 대기하였다.

② 수사관들은 N건물 소재지를 관할하는 주민센터에 연락하였다.

③ 수사관들은 관할 주민센터 직원 B가 도착한 이후에 본격적인 수색절차를 진행하였다.

④ 수사관들은 이후 진행된 압수 · 수색과정을 영상녹화하였다.

⑤ 수사관들은 N건물에 대한 압수 · 수색을 통하여 ⒜정보저장매체를 발견하였다.

⑥ 수사관들은 ⒜정보저장매체를 복제하여 ⒪복제본을 압수하였다.

⑦ 수사관들은 ⒜정보저장매체를 복제하는 과정에서 ⒪복제본과의 동일성을 확인하기 위한 해쉬(Hash)값을 보존하였다.

【사실관계 9】

① 수사관들은 압수한 ⒣정보저장매체 원본과 ⒪정보정매체 복제본을 국가정보원 사무실 등으로 옮겼다.

② 수사관들은 범죄혐의와 관련된 전자정보를 수집하거나 확보하기 위하여 삭제된 파일을 복구하는 작업을 진행하였다.

③ 수사관들은 범죄혐의와 관련된 전자정보를 수집하거나 확보하기 위하여 암호화된 파일을 복호화하는 작업을 진행하였다.

④ 수사관들은 병과 정 및 이들의 변호인에게 삭제된 파일의 복구 및 암호화된 파일의 복호화와 관련된 작업의 일시와 장소를 통지하지 않았다.

【사건의 경과 1】

① 검사는 갑 등을 국가보안법위반죄로 기소하였다.

② 검사는 다음의 증거를 제출하였다.

    (가) ⒠, ⒡, ⒢, ⒣, ⒤, ⒥녹음파일 부분

    (나) ⒨참고인진술조서

    (다) ⒣정보저장매체 원본

    (라) ⒪정보저장매체 복제본

【사건의 경과 2】

① ⒠, ⒡, ⒢, ⒣, ⒤, ⒥녹음파일 부분 가운데 ⒠, ⒡녹음파일 부분은 원본 파일임이 확인되었다.

② ⒠, ⒡, ⒢, ⒣, ⒤, ⒥녹음파일 부분 가운데 ⒢, ⒣녹음파일 부분은 사본 파일이지만 원본 파일과

동일함이 확인되었다.

③ ⓔ, ⓕ, ⓖ, ⓗ, ⓘ, ⓙ녹음파일 부분 가운데 ⓘ, ⓙ녹음파일 부분의 증거능력이 문제되었다.

④ E는 법정에 출석하였다.

⑤ E는 ⓐ, ⓑ, ⓒ, ⓓ녹음파일의 해쉬값에 대해 다음과 같이 증언하였다.

    (가) ⓐ, ⓑ, ⓒ, ⓓ녹음파일 중 일부는 자신(E)이 전달한 녹음기 자체로부터 해쉬값을 산출한 것이다.

    (나) ⓐ, ⓑ, ⓒ, ⓓ녹음파일 중 다른 일부는 녹음기 자체가 아니라 며칠 후 수사관이 가져온 마이크로 SD카드를 대상으로 해쉬값을 산출한 것이다.

    (다) 현재로서는 해당 녹음파일을 특정할 수 없다.

⑥ E는 ⓜ참고인진술조서에 대해 그 내용이 자신이 말한 대로 적혀 있다고 진술하였다.

【사건의 경과 3】

① 갑 등의 피고사건은 제1심을 거친 후, 항소심에 계속되었다.

② 항소심법원은 검사가 제출한 증거의 증거능력에 대해 다음과 같이 판단하였다.

    (가) ⓔ, ⓕ녹음파일 원본 부분 : 증거능력 인정

    (나) ⓖ, ⓗ녹음파일 사본 부분 : 증거능력 인정

    (다) ⓘ, ⓙ녹음파일 사본 부분 : 증거능력 부정

    (라) ⓜ참고인진술조서 : 증거능력 부정

    (마) ⓐ정보저장매체 원본 : 증거능력 인정

    (바) ⓞ정보저장매체 복제본 : 증거능력 인정

③ 항소심법원은 갑 등에게 유죄를 인정하였다.

④ (항소심의 판단 이유는 판례본문 참조)

⑤ 갑 등은 불복 상고하였다.

⑥ 검사도 불복 상고하였다.

【사건의 경과 4】

① 갑 등은 첫 번째 상고이유로 다음의 점을 주장하였다.

    (가) ⓗ정보저장매체 원본과 ⓞ정보저장매체 복제본으로부터 삭제파일을 복구하거나 암호파일을 복호화하는 작업은 압수·수색의 연장이다.

    (나) 피고인들이나 변호인에게 삭제파일을 복구하거나 암호파일을 복호화하는 작업의 일시와 장소를 통지하지 않은 것은 형소법 제219조, 제122조 본문, 제121조에 위배된다.

    (다) ⓗ정보저장매체 원본과 ⓞ정보저장매체 복제본으로부터 취득한 정보들은 위법하게 수집된 증거로서 증거능력이 없다.

【사건의 경과 5】

① 갑 등은 두 번째 상고이유로 다음의 점을 주장하였다.

    (가) M장소에 대한 압수·수색은 주거주, 간수자 또는 이에 준하는 자의 참여 없이 실시되었다.

    (나) N건물에 대한 압수·수색은 인거인 또는 지방공공단체 직원의 참여 없이 실시되었다.

    (다) M장소와 N건물에 대한 압수·수색은 형소법 제219조, 제123조 제2항, 제3항에 위배된다.

(라) M장소와 N건물에 대한 압수·수색에 의하여 취득된 ㉾정보저장매체 원본과 ㉿정보저장매체 복제본은 위법하게 수집된 증거로서 증거능력이 없다.

【사건의 경과 6】

① 갑 등은 세 번째 상고이유로 다음의 점을 주장하였다.

(가) M장소에 대한 압수·수색은 병에게 영장을 제시한 바 없이 실시되었다.

(나) N장소에 대한 압수·수색은 N건물 관계자 C, D에게 영장을 제시한 바 없이 실시되었다.

(다) 영장제시 없이 실시된 압수·수색에서 취득한 ㉾정보저장매체 원본과 ㉿정보저장매체 복제본은 위법하게 수집된 증거로서 증거능력이 없다.

【사건의 경과 7】

① 갑 등은 네 번째 상고이유로 다음의 점을 주장하였다.

(가) 통신비밀보호법 제9조 제1항은 "제6조 내지 제8조의 통신제한조치는 이를 청구 또는 신청한 검사·사법경찰관 또는 정보수사기관의 장이 집행한다. 이 경우 체신관서 기타 관련기관등(이하 "통신기관등"이라 한다)에 그 집행을 위탁하거나 집행에 관한 협조를 요청할 수 있다."고 규정하고 있다.

(나) 통신제한조치는 수사기관이 직접 집행하는 것이 원칙이다(통비법9① 전문).

(다) 통신제한조치의 집행을 위탁할 수 있는 대상은 통신기관 등이다(통비법9① 후문).

(라) E는 통신기관이 아니다.

(마) 수사기관이 통신기관이 아닌 E에게 통신제한조치의 집행을 위탁한 것은 위법하다.

(바) 설사 집행위탁이 적법하다고 하더라도 E는 녹음과 관련한 대장을 작성하여 비치해야 한다는 통신비밀보호법상의 의무를 이행하지 않았다.

(사) 결국 ㉠, ㉡, ㉢, ㉣녹음파일은 위법하게 수집된 증거로서 증거능력이 없다.

【사건의 경과 8】

① 갑 등은 다섯 번째 상고이유로 다음의 점을 주장하였다.

(가) ㉢녹음파일은 ⓒ통신제한조치 허가장에 의하여 취득한 것이다.

(나) ㉣녹음파일은 ⓓ통신제한조치 허가장에 의하여 취득한 것이다.

(다) ⓒ, ⓓ통신제한조치 허가서에는 통신제한조치의 대상과 범위가 "대상자와 상대방 사이의 국가보안법위반 혐의사실을 내용으로 하는 대화에 대한 녹음 및 청취"로 기재되어 있다.

(라) ⓒ, ⓓ통신제한조치 허가서에 기재된 '대화'는 당사자가 마주 대하여 이야기를 주고받는 경우를 의미한다.

(마) ㉢, ㉣녹음파일은 공소외 E가 5. 10. 회합 및 5. 12. 회합에서 ⓒ, ⓓ허가서에 기재된 대상자가 참석한 가운데 이루어진 강연과 토론·발표 등을 녹음한 것이다.

(바) ㉢, ㉣녹음파일은 '대화'를 녹음한 것이 아니므로 증거능력이 없다.

【사건의 경과 9】

① 갑 등은 여섯 번째 상고이유로 다음의 점을 주장하였다.

② 갑 등의 여섯 번째 상고이유는 상고심에서 비로소 주장된 것이다.

(가) ㉠, ㉡녹음파일은 ⓐ, ⓑ허가서의 대상자인 을과 갑이 없는 자리에서 공소외 E가 임의로 녹

음한 것으로 위법하여 증거능력이 없다.

(나) ㉢, ㉣녹음파일은 검사가 그 대상자에게 통신비밀보호법 제14조 제2항, 제9조의2 제1항에 따른 집행사실 통지를 누락하여 증거능력이 없다.

【사건의 경과 10】

① 갑 등은 일곱 번째 상고이유로 다음의 점을 주장하였다.

(가) ⑧, ⑩녹음파일 부분은 사본 파일이다.

(나) ⑧, ⑩녹음파일 사본이 원본의 내용 그대로 복사된 것이라는 보장이 없다.

(다) 따라서 ⑧, ⑩녹음파일 부분은 증거능력이 없다.

【사건의 경과 11】

① 갑 등은 여덟 번째 상고이유로 다음의 점을 주장하였다.

(가) ㉠, ㉡, ㉢, ㉣녹음파일은 전문증거에 해당한다.

(나) ㉠, ㉡, ㉢, ㉣녹음파일이 전문법칙의 예외로서 증거능력을 인정받으려면 원진술자에 의한 성립의 진정이 인정되어야 한다.

(다) ㉠, ㉡, ㉢, ㉣녹음파일에 대해 진정성립이 인정된 바가 없다.

(라) ㉠, ㉡, ㉢, ㉣녹음파일은 전문법칙에 의하여 증거능력이 없다.

【사건의 경과 12】

① 검사는 첫 번째 상고이유로 다음의 점을 주장하였다.

(가) ⑤, ⑥녹음파일 부분은 사본 파일이다.

(나) ⑤, ⑥녹음파일 부분에 대해 E는 법정에서 해쉬값이 동일하다고 진술하였다.

(다) ⑤, ⑥녹음파일 부분에 대한 감정 결과 원본 파일과 동일하다는 점이 확인되었다.

(라) 따라서 ⑤, ⑥녹음파일 부분은 증거능력이 있다.

【사건의 경과 13】

① 검사는 두 번째 상고이유로 다음의 점을 주장하였다.

(가) 원심판결은 ⑩참고인진술조서가 실질적 진정성립이 인정되지 않는다는 이유로 증거능력을 부인하고 있다.

(나) E는 제1심 법정에서 ⑩참고인진술조서의 내용이 자신이 말한 대로 적혀 있다고 진술하였다.

(다) 따라서 ⑩참고인진술조서는 실질적 진정성립이 인정된다.

2. 전자정보의 복호화 과정 등에 대한 피고인 · 변호인의 참여권 보장

【대법원 분석】 1) 전자정보의 복호화 과정 등에 대한 참여권이 보장되지 않아 증거로 사용할 수 없다는 등의 주장에 관하여

【대법원 요지】 헌법과 형사소송법이 정한 절차에 따르지 아니하고 수집된 증거는 기본적 인권 보장을 위해 마련된 적법한 절차에 따르지 않은 것으로 원칙적으로 유죄 인정의 증거로 삼을 수 없다. /

【대법원 요지】 다만 법이 정한 절차에 따르지 아니하고 수집한 압수물의 증거능력 인정 여부를 최종적으로 판단함에 있어서는, /

【대법원 요지】 수사기관의 증거수집 과정에서 이루어진 절차 위반행위와 관련된 모든 사정, /

【대법원 요지】 즉 절차 조항의 취지와 그 위반의 내용 및 정도, /

【대법원 요지】 구체적인 위반 경위와 회피 가능성, /

【대법원 요지】 절차 조항이 보호하고자 하는 권리 또는 법익의 성질과 침해 정도 및 피고인과의 관련성, /

【대법원 요지】 절차 위반행위와 증거수집 사이의 인과관계 등 관련성의 정도, /

【대법원 요지】 수사기관의 인식과 의도 /

【대법원 요지】 등을 전체적·종합적으로 살펴볼 때, /

【대법원 요지】 수사기관의 절차 위반행위가 적법절차의 실질적인 내용을 침해하는 경우에 해당하지 아니하고, /

【대법원 요지】 오히려 그 증거의 증거능력을 배제하는 것이 /

【대법원 요지】 헌법과 형사소송법이 형사소송에 관한 절차 조항을 마련하여 /

【대법원 요지】 적법절차의 원칙과 실체적 진실 규명의 조화를 도모하고 /

【대법원 요지】 이를 통하여 형사 사법의 정의를 실현하려 한 취지에 /

【대법원 요지】 반하는 결과를 초래하는 것으로 평가되는 예외적인 경우라면, /

【대법원 요지】 법원은 그 증거를 유죄 인정의 증거로 사용할 수 있다고 보아야 한다 /

【대법원 요지】 (대법원 2007. 11. 15. 선고 **2007도3061** 전원합의체 판결 등 참조).

【대법원 판단】 원심은, /

【대법원 판단】 수사관들이 압수한 디지털 저장매체 원본이나 복제본을 국가정보원 사무실 등으로 옮긴 후 /

【대법원 판단】 범죄혐의와 관련된 전자정보를 수집하거나 확보하기 위하여 /

【대법원 판단】 삭제된 파일을 복구하고 /

【대법원 판단】 암호화된 파일을 복호화하는 과정도 /

【대법원 판단】 전체적으로 압수·수색과정의 일환에 포함되므로 /

【대법원 판단】 그 과정에서 피고인들과 변호인에게 압수·수색 일시와 장소를 통지하지 아니한 것은 /

【대법원 판단】 형사소송법 제219조, 제122조 본문, 제121조에 위배되나, /

【대법원 판단】 피고인들은 일부 현장 압수·수색과정에는 직접 참여하기도 하였고, /

【대법원 판단】 직접 참여하지 아니한 압수·수색절차에도 피고인들과 관련된 참여인들의 참여가 있었던 점, /

【대법원 판단】 현장에서 압수된 디지털 저장매체들은 /

【대법원 판단】 제3자의 서명하에 봉인되고 /

【대법원 판단】 그 해쉬(Hash)값도 보존되어 있어 /

【대법원 판단】 복호화 과정 등에 대한 사전통지 누락이 /

【대법원 판단】 증거수집에 영향을 미쳤다고 보이지 않는 점 등 /

【대법원 판단】 그 판시와 같은 사정을 들어, /

【대법원 판단】 위 압수·수색과정에서 수집된 디지털 관련 증거들은 유죄 인정의 증거로 사용할 수

있는 예외적인 경우에 해당한다는 이유로 /

【대법원 판단】 위 증거들의 증거능력을 인정하였다.

【대법원 결론】 원심판결 이유를 위 법리와 기록에 비추어 살펴보면, 원심의 위와 같은 판단은 정당한 것으로 수긍할 수 있고, /

【대법원 결론】 거기에 상고이유 주장과 같이 전자정보의 복호화 과정 등에 대한 참여권과 위법수집증거 배제법칙의 예외에 관한 법리를 오해하는 등의 위법이 없다.

3. 압수 · 수색절차와 주거주 등의 참여권 보장

【대법원 분석】 2) 압수 · 수색절차에서 주거주 등의 참여권이 보장되지 않아 증거로 사용할 수 없다는 등의 주장에 관하여

【대법원 판단】 원심은, /

【대법원 판단】 수사관들이 피고인 4[병]의 거소지인 서울 마포구 (주소 생략)[M장소]로 들어간 2013. 8. 28. 06:58경부터 /

【대법원 판단】 피고인 4[병]의 보좌관이자 임대차계약서상 위 거소지의 임차인인 공소외 A가 수사관들로부터 연락을 받고 현장에 도착한 같은 날 08:19경까지는 /

【대법원 판단】 주거주, 간수자 또는 이에 준하는 자의 참여가 없었고, /

【대법원 판단】 인거인 또는 지방공공단체 직원의 참여도 없어 /

【대법원 판단】 이 부분 압수 · 수색은 형사소송법 제219조, 제123조 제2항, 제3항에 위배되나, /

【대법원 판단】 수사관들은 거소지에 진입한 이후 30분가량 참여인 없이 수색절차를 진행하다가 /

【대법원 판단】 곧바로 공소외 A에게 연락하여 참여할 것을 고시하였고, /

【대법원 판단】 공소외 A가 현장에 도착한 08:19경부터는 /

【대법원 판단】 압수물 선별 과정, 디지털 포렌식 과정, 압수물 확인 과정에 /

【대법원 판단】 공소외 A와 변호인의 적극적이고 실질적인 참여가 있었으며, /

【대법원 판단】 압수 · 수색의 전 과정이 영상녹화된 점 등 /

【대법원 판단】 그 판시와 같은 사정을 들어, /

【대법원 판단】 위 압수 · 수색과정에서 수집된 증거들은 유죄 인정의 증거로 사용할 수 있는 예외적인 경우에 해당한다는 이유로 /

【대법원 판단】 위 증거들의 증거능력을 인정하였다.

【대법원 판단】 나아가 원심은, /

【대법원 판단】 수사관들이 피고인 7[정]과 관련하여 N평생교육원 건물을 압수 · 수색하면서 위 건물에 들어간 2013. 8. 28. 07:30경부터 /

【대법원 판단】 하남시 신장2동 주민센터 직원 공소외 B가 압수 · 수색에 참여한 같은 날 09:46경까지는 /

【대법원 판단】 주거주 등이나 지방공공단체의 직원 등의 참여가 없어 /

【대법원 판단】 이 부분 압수 · 수색도 형사소송법 제219조, 제123조 제2항, 제3항에 위배되나, /

【대법원 판단】 수사관들은 위 건물에 진입한 이후 수색절차를 진행하지 않은 채 대기하다가 /

【대법원 판단】 주민센터 직원 공소외 B가 도착한 이후에야 본격적인 수색절차를 진행하였고, /

【대법원 판단】 압수 · 수색과정을 영상녹화하는 등 /

【대법원 판단】 절차의 적정성을 담보하기 위해 상당한 조치를 취한 점 등 /

【대법원 판단】 그 판시와 같은 사정을 들어, /

【대법원 판단】 위 압수 · 수색과정에서 수집된 증거들도 유죄 인정의 증거로 사용할 수 있는 예외적인 경우에 해당한다는 이유로 /

【대법원 판단】 위 증거들의 증거능력을 인정하였다.

【대법원 결론】 원심판결 이유를 앞서 본 법리와 기록에 비추어 살펴보면, 원심의 위와 같은 판단은 정당한 것으로 수긍할 수 있고, /

【대법원 결론】 거기에 상고이유 주장과 같이 압수 · 수색절차에 있어 주거주 등의 참여권과 위법수집증거 배제법칙의 예외에 관한 법리를 오해하는 등의 위법이 없다.

4. 압수 · 수색절차와 영장제시의 원칙

【대법원 분석】 3) 압수 · 수색절차에서 영장을 제시하지 않은 것이 위법하다는 등의 주장에 관하여

【대법원 요지】 형사소송법 제219조가 준용하는 제118조는 /

【대법원 요지】 "압수 · 수색영장은 처분을 받는 자에게 반드시 제시하여야 한다"고 규정하고 있으나, /

【대법원 요지】 이는 영장제시가 현실적으로 가능한 상황을 전제로 한 규정으로 보아야 하고, /

【대법원 요지】 피처분자가 현장에 없거나 /

【대법원 요지】 현장에서 그를 발견할 수 없는 경우 등 /

【대법원 요지】 영장제시가 현실적으로 불가능한 경우에는 /

【대법원 요지】 영장을 제시하지 아니한 채 압수 · 수색을 하더라도 위법하다고 볼 수 없다.

【대법원 판단】 원심은, 그 채택 증거를 종합하여 /

【대법원 판단】 피고인 4[병]의 주소지와 거소지에 대한 압수 · 수색 당시 피고인 4[병]가 현장에 없었던 사실, /

【대법원 판단】 피고인 7[정]과 관련한 N평생교육원에 대한 압수 · 수색 당시 /

【대법원 판단】 N평생교육원 원장 공소외 C는 현장에 없었고 /

【대법원 판단】 이사장 공소외 D도 수사관들에게 자신의 신분을 밝히지 않은 채 건물 밖에서 지켜보기만 한 사실 등을 인정한 다음, /

【대법원 판단】 수사관들이 위 각 압수 · 수색 당시 피고인 4[병]와 N평생교육원 원장 또는 이사장 등에게 영장을 제시하지 않았다고 하여 /

【대법원 판단】 이를 위법하다고 볼 수 없다고 판단하였다.

【대법원 결론】 원심판결 이유를 위 법리와 적법하게 채택된 증거들에 비추어 살펴보면, 원심의 위와 같은 사실인정과 판단은 정당한 것으로 수긍할 수 있고, /

【대법원 결론】 거기에 상고이유 주장과 같이 압수 · 수색절차에서의 영장제시의무에 관한 법리를 오해하는 등의 위법이 없다.

5. 통신제한조치 허가장의 집행과 사인에 대한 집행위탁

【대법원 분석】 4) 대화의 녹음 · 청취에 대한 집행위탁이 위법하다는 등의 주장에 관하여

【대법원 분석】 가) 우편물의 검열 또는 전기통신의 감청(이하 '통신제한조치'라 한다)과 관련하여, /

【대법원 분석】 통신비밀보호법 제9조 제1항은 /

【대법원 분석】 "통신제한조치는 이를 청구 또는 신청한 검사 · 사법경찰관 또는 정보수사기관의 장이 집행한다. /

【대법원 분석】 이 경우 체신관서 기타 관련기관 등(이하 '통신기관 등'이라 한다)에 그 집행을 위탁하거나 집행에 관한 협조를 요청할 수 있다"고 규정하고, /

【대법원 분석】 나아가 같은 법 제9조 제3항은 /

【대법원 분석】 "통신제한조치를 집행하는 자와 /

【대법원 분석】 이를 위탁받거나 이에 관한 협조요청을 받은 자는 /

【대법원 분석】 당해 통신제한조치를 청구한 목적과 그 집행 또는 협조일시 및 대상을 기재한 대장을 /

【대법원 분석】 대통령령이 정하는 기간 동안 비치하여야 한다"고 규정하면서, /

【대법원 분석】 같은 법 제17조 제1항 제2호는 /

【대법원 분석】 위 대장을 비치하지 아니한 자를 처벌하도록 규정하고 있다.

【대법원 요지】 이처럼 통신비밀보호법 제9조 제1항 후문 등에서 통신기관 등에 대한 집행위탁이나 협조요청 및 대장 비치의무 등을 규정하고 있는 것은 /

【대법원 요지】 통신제한조치의 경우 해당 우편이나 전기통신의 역무를 담당하는 통신기관 등의 협조가 없이는 사실상 그 집행이 불가능하다는 점 등을 고려하여 /

【대법원 요지】 검사 · 사법경찰관 또는 정보수사기관의 장(이하 '집행주체'라 한다)이 통신기관 등에 집행을 위탁하거나 집행에 관한 협조를 요청할 수 있음을 명확히 하는 한편 /

【대법원 요지】 통신기관 등으로 하여금 대장을 작성하여 비치하도록 함으로써 사후 통제를 할 수 있도록 한 취지라고 할 것이다.

【대법원 요지】 한편 '대화의 녹음 · 청취'에 관하여 /

【대법원 요지】 통신비밀보호법 제14조 제2항은 /

【대법원 요지】 통신비밀보호법 제9조 제1항 전문을 적용하여 집행주체가 집행한다고 규정하면서도, /

【대법원 요지】 통신기관 등에 대한 집행위탁이나 협조요청에 관한 같은 법 제9조 제1항 후문을 적용하지 않고 있으나, /

【대법원 요지】 이는 '대화의 녹음 · 청취'의 경우 통신제한조치와 달리 통신기관의 업무와 관련이 적다는 점을 고려한 것일 뿐이므로, /

【대법원 요지】 반드시 집행주체가 '대화의 녹음 · 청취'를 직접 수행하여야 하는 것은 아니다. /

【대법원 요지】 따라서 집행주체가 제3자의 도움을 받지 않고서는 '대화의 녹음 · 청취'가 사실상 불가능하거나 곤란한 사정이 있는 경우에는 /

【대법원 요지】 비례의 원칙에 위배되지 않는 한 /

【대법원 요지】 제3자에게 집행을 위탁하거나 그로부터 협조를 받아 '대화의 녹음 · 청취'를 할 수 있

다고 봄이 타당하고, /

【대법원 요지】 그 경우 통신기관 등이 아닌 일반 사인에게 대장을 작성하여 비치할 의무가 있다고 볼 것은 아니다.

【대법원 판단】 나) 원심은, 그 채택 증거를 종합하여, /

【대법원 판단】 이 사건에서 증거로 채택된 녹음파일들은 모두 통신제한조치 허가서에 의해 취득된 것들로서, /

【대법원 판단】 국가정보원 수사관이 공소외 E에게 허가서가 발부된 사실을 알려주고 이를 보여주면서 기간과 범위를 설명한 다음 각 대상자의 대화를 녹음해 달라고 요청하여 /

【대법원 판단】 공소외 E가 그 대상자의 대화를 녹음한 후 수사관에게 제출한 사실, /

【대법원 판단】 위 각 허가서에는 통신제한조치의 집행방법으로 '전자 · 기계장치를 사용한 지득 또는 채록'이라고 기재되어 있을 뿐 /

【대법원 판단】 집행과 관련하여 다른 특별한 제한을 두고 있지 않은 사실 등을 인정한 다음, /

【대법원 판단】 위 각 허가서의 혐의사실은 이적단체 내지 반국가단체 활동 등 국가보안법위반 범죄로서 은밀히 행해지는 조직범죄의 성격을 띠고 있고, /

【대법원 판단】 공소외 E도 지하혁명조직 RO가 보안수칙을 정하여 조직원에게 엄수시키고 있다고 진술하고 있어 /

【대법원 판단】 당시 수사기관으로서는 해당 대화를 직접 녹음 · 청취하는 것이 쉽지 않았을 것으로 보이는 점, /

【대법원 판단】 그리고 대화 당사자인 공소외 E로 하여금 해당 대화를 녹음하도록 하는 것이 수사기관이 직접 해당 대화를 녹음하는 것보다 대화 당사자들의 법익을 더 침해할 것으로 보이지 않는 점 /

【대법원 판단】 등의 사정을 종합하여 볼 때, /

【대법원 판단】 수사기관이 공소외 E의 협조를 얻어 그로 하여금 허가서에 따라 해당 대화를 녹음하도록 한 것은 집행방법의 하나로 적법하고, /

【대법원 판단】 나아가 공소외 E가 집행위탁이나 협조요청과 관련한 대장을 작성하지 아니하였다고 하더라도 이를 위법하다고 볼 수 없다고 판단하였다.

【대법원 결론】 원심판결 이유를 위 법리와 적법하게 채택된 증거들에 비추어 살펴보면, 원심의 위와 같은 사실인정과 판단은 정당한 것으로 수긍할 수 있고, /

【대법원 결론】 거기에 상고이유 주장과 같이 대화의 녹음 · 청취에 대한 집행위탁의 허용요건에 관한 법리를 오해하는 등의 위법이 없다.

6. 비밀녹음의 허용범위

【대법원 분석】 5) 대화의 녹음 · 청취가 허가 대상이 된 발언자의 범위를 벗어났고 사후허가도 받지 아니하여 위법하다는 등의 주장에 관하여

【대법원 판단】 가) 원심은, 그 채택 증거를 종합하여 /

【대법원 분석】 2013. 5. 10. 22:00경 광주시에 있는 K청소년수련원에서 피고인 4[병], 6을 비롯한 130여 명이 참석한 회합(이하 '5. 10. 회합'이라 한다)에 대한 녹음은 /

【대법원 분석】 수원지방법원 제2013-4114호(대상자: 피고인 2[을])와 /

【대법원 분석】 제2013-4118호(대상자: 피고인 5)의 /

【대법원 분석】 각 통신제한조치 허가서에 기한 것이고, /

【대법원 분석】 2013. 5. 12. 22:00경 서울 마포구 합정동에 있는 L교육수사회에서 피고인들을 비롯하여 위 130여 명 대부분이 참석한 회합(이하 '5. 12. 회합'이라 한다)에 대한 녹음은 /

【대법원 분석】 위 각 통신제한조치 허가서 및 /

【대법원 분석】 수원지방법원 제2013-4115호(대상자: 피고인 1[갑])과 /

【대법원 분석】 제2013-5119호(대상자: 피고인 3)의 /

【대법원 분석】 각 통신제한조치 허가서에 기한 것인데, /

【대법원 분석】 위 각 허가서에는 통신제한조치의 대상과 범위가 "대상자와 상대방 사이의 국가보안법위반 혐의사실을 내용으로 하는 대화에 대한 녹음 및 청취"로 기재되어 있는 사실, /

【대법원 분석】 공소외 E가 5. 10. 회합 및 5. 12. 회합에서 위 각 허가서에 기재된 대상자가 참석한 가운데 이루어진 강연과 토론 · 발표 등을 녹음한 사실을 인정한 다음, /

【대법원 요지】 통신비밀보호법에서 말하는 '대화'에는 /

【대법원 요지】 당사자가 마주 대하여 이야기를 주고받는 경우뿐만 아니라 /

【대법원 요지】 당사자 중 한 명이 일방적으로 말하고 상대방은 듣기만 하는 경우도 포함되므로, /

【대법원 요지】 위 강연과 토론 · 발표 등은 대상자와 상대방 사이의 대화에 해당되고, /

【대법원 판단】 따라서 5. 10. 회합 및 5. 12. 회합에 대한 녹음은 위 각 허가서의 대상 및 범위에 포함되는 것으로 적법하며, /

【대법원 판단】 별도로 사후허가를 받을 필요가 없다고 판단하였다.

【대법원 결론】 원심판결 이유를 적법하게 채택된 증거들에 비추어 살펴보면, 원심의 위와 같은 사실 인정과 판단은 정당한 것으로 수긍할 수 있고, /

【대법원 결론】 거기에 상고이유 주장과 같이 통신제한조치 허가서의 효력이 미치는 범위나 사후허가의 필요성에 관한 법리를 오해하는 등의 위법이 없다.

【대법원 판단】 나) 피고인들은, /

【대법원 판단】 ① 2012. 6. 21.자 및 2012. 8. 10.자 각 모임에 대한 녹음은 /

【대법원 판단】 그 근거가 된 허가서의 대상자인 피고인 2[을]와 피고인 1[갑]이 없는 자리에서 공소외 E가 임의로 녹음한 것으로 위법하여 증거능력이 없고, /

【대법원 판단】 ② 5. 10. 회합 및 5. 12. 회합 녹음도 /

【대법원 판단】 검사가 그 대상자에게 통신비밀보호법 제14조 제2항, 제9조의2 제1항에 따른 집행사실 통지를 누락하여 증거능력이 없다고 주장하나, /

【대법원 판단】 이 부분 주장은 피고인들이 항소이유로 삼거나 원심이 직권으로 심판대상으로 삼은 바가 없는 것을 상고심에 이르러 비로소 제기하는 것으로서 적법한 상고이유가 되지 아니한다.

7. 녹음파일의 원본성 증명방법 - 1

【대법원 분석】 6) 원본과의 동일성이 인정되지 않아 녹음파일(증거순번 I-839, 844~874)[ⓖ, ⓗ

녹음파일 부분]의 증거능력이 인정되지 않는다는 등의 주장에 관하여

【대법원 요지】 대화 내용을 녹음한 파일 등의 전자매체는 /

【대법원 요지】 그 성질상 작성자나 진술자의 서명 혹은 날인이 없을 뿐만 아니라, /

【대법원 요지】 녹음자의 의도나 특정한 기술에 의하여 그 내용이 편집·조작될 위험성이 있음을 고려하여 /

【대법원 요지】 그 대화 내용을 녹음한 원본이거나 혹은 /

【대법원 요지】 원본으로부터 복사한 사본일 경우에는 복사 과정에서 편집되는 등 인위적 개작 없이 원본의 내용 그대로 복사된 사본임이 입증되어야만 하고, /

【대법원 요지】 그러한 입증이 없는 경우에는 쉽게 그 증거능력을 인정할 수 없다 /

【대법원 요지】 (대법원 2007. 3. 15. 선고 **2006도8869** 판결, /

【대법원 요지】 대법원 2012. 9. 13. 선고 **2012도7461** 판결 등 참조). /

【대법원 요지】 그리고 증거로 제출된 녹음파일이 대화 내용을 녹음한 원본이거나 혹은 /

【대법원 요지】 복사 과정에서 편집되는 등 인위적 개작 없이 원본 내용을 그대로 복사한 사본이라는 점은 /

【대법원 요지】 녹음파일의 생성과 전달 및 보관 등의 절차에 관여한 사람의 증언이나 진술, /

【대법원 요지】 원본이나 사본 파일 생성 직후의 해쉬(Hash)값과의 비교, /

【대법원 요지】 녹음파일에 대한 검증·감정 결과 등 /

【대법원 요지】 제반 사정을 종합하여 판단할 수 있다. /

【대법원 판단】 원심은, /

【대법원 판단】 피고인들이 주장하는 '진정성', '무결성', '신뢰성' 등은 /

【대법원 판단】 녹음파일의 증거능력 인정 요건인 '원본일 것' 또는 /

【대법원 판단】 '사본일 경우에는 편집 등의 인위적 개작 없이 원본의 내용 그대로 복사된 것일 것'이라는 요건과 /

【대법원 판단】 내용상 동일하거나 이를 담보하기 위한 보조적인 요소라는 전제에서, /

【대법원 판단】 공소외 E, 6, 7, 8, 9의 증언을 통해 알 수 있는 녹음파일의 생성과 전달, 보관 및 해쉬값 산출 경위, /

【대법원 판단】 녹음파일의 사본에서 편집의 흔적이 발견되지 않았고 해쉬값도 수사기관에 제출될 당시 공소외 7이 확인한 해쉬값과 일치한다는 감정 결과 등을 비롯하여 /

【대법원 판단】 그 판시에서 들고 있는 사정을 종합해 보면, /

【대법원 판단】 증거로 제출된 녹음파일 중 증거순번 I-839, 844~850, 866~869[ⓔ, ⓕ녹음파일 부분]는 /

【대법원 판단】 녹음 당시의 대화 내용이 편집되거나 조작되지 않고 그 대화 내용 그대로 녹음된 원본임이 인정되고, /

【대법원 판단】 나머지 녹음파일 중 증거순번 I-851~865, 870~874[ⓖ, ⓗ녹음파일 부분]는 /

【대법원 판단】 원본으로부터 복사하는 과정에서 편집되는 등의 인위적인 개작 없이 원본 내용 그대로 복사된 사본임이 인정되므로, /

【대법원 판단】 위 녹음파일들(증거순번 I-839, 844~874)4[ⓔ, ⓕ, ⓖ, ⓗ녹음파일 부분]의 증거능력을 인정할 수 있다고 판단하였다.

【대법원 결론】 원심판결 이유를 위 법리와 기록에 비추어 살펴보면, 원심의 위와 같은 판단은 정당한 것으로 수긍할 수 있고, /

【대법원 결론】 거기에 상고이유 주장과 같이 녹음파일의 증거능력 인정요건에 관한 법리를 오해하거나 논리와 경험의 법칙을 위반하여 자유심증주의의 한계를 벗어나는 등의 위법이 없다.

8. 녹음파일과 전문법칙의 관계

【대법원 분석】 7) 전문법칙이 적용된다는 등의 주장에 관하여

【대법원 요지】 피고인 또는 피고인 아닌 사람의 진술을 녹음한 녹음파일은 /

【대법원 요지】 실질에 있어서 피고인 또는 피고인 아닌 사람이 작성한 진술서나 그 진술을 기재한 서류와 크게 다를 바 없어 /

【대법원 요지】 그 녹음파일에 담긴 진술 내용의 진실성이 증명의 대상이 되는 때에는 전문법칙이 적용된다고 할 것이나, /

【대법원 요지】 녹음파일에 담긴 진술 내용의 진실성이 아닌 그와 같은 진술이 존재하는 것 자체가 증명의 대상이 되는 경우에는 전문법칙이 적용되지 아니한다 /

【대법원 요지】 (대법원 2013. 2. 15. 선고 **2010도3504** 판결, /

【대법원 요지】 대법원 2013. 7. 26. 선고 **2013도2511** 판결 등 참조). /

【대법원 요지】 나아가 어떤 진술을 범죄사실에 대한 직접증거로 사용할 때에는 /

【대법원 요지】 그 진술이 전문증거가 된다고 하더라도 /

【대법원 요지】 그와 같은 진술을 하였다는 것 자체 또는 /

【대법원 요지】 그 진술의 진실성과 관계없는 간접사실에 대한 정황증거로 사용할 때에는 /

【대법원 요지】 반드시 전문증거가 되는 것은 아니다 /

【대법원 요지】 (대법원 2000. 2. 25. 선고 99도1252 판결 등 참조).

【대법원 판단】 원심은, 위 녹음파일들(증거순번 I-839, 844~874)[ⓔ, ⓕ, ⓖ, ⓗ녹음파일 부분]은 /

【대법원 판단】 거기에 녹음된 진술 내용의 진실성을 증명하기 위해 제출된 것이 아니라 /

【대법원 판단】 그러한 진술이 있었다는 사실 그 자체를 증명하기 위해 제출된 것으로 보고, /

【대법원 판단】 위 녹음파일들에 대해서는 전문법칙이 적용되지 아니한다고 판단하였다.

【대법원 결론】 원심판결 이유를 위 법리와 기록에 비추어 살펴보면, 원심의 위와 같은 판단은 정당한 것으로 수긍할 수 있고, /

【대법원 결론】 거기에 상고이유 주장과 같이 전문법칙의 적용범위에 관한 법리를 오해하는 등의 위법이 없다.

9. 녹음파일의 원본성 증명방법 - 2

【대법원 분석】 1) 녹음파일(증거순번 I-828~838, 840~843)[ⓘ, ⓙ녹음파일 부분]의 증거능력이

인정된다는 등의 [검사의] 주장에 관하여

【대법원 판단】 원심은, /

【대법원 판단】 녹음파일 증거순번 I-828~838, 840~843[ⓘ. ⓙ녹음파일 부분]은 모두 사본 파일인데, /

【대법원 판단】 공소외 E는 /

【대법원 판단】 위 녹음파일 중 일부는 자신이 전달한 녹음기 자체로부터 해쉬값을 산출한 것이나 /

【대법원 판단】 다른 일부는 녹음기 자체가 아니라 며칠 후 수사관이 가져온 마이크로 SD카드를 대상으로 해쉬값을 산출한 것으로 /

【대법원 판단】 현재로서는 해당 녹음파일을 특정할 수 없다고 증언하고 있는 점 등에 비추어 볼 때, /

【대법원 판단】 위 공소외 E의 진술이나 해쉬값 확인서 또는 감정 결과만으로는 /

【대법원 판단】 위 녹음파일이 인위적 개작 없이 원본 내용 그대로 복사된 사본이라고 볼 수 없으므로, /

【대법원 판단】 위 녹음파일들의 증거능력을 인정할 수 없다고 판단하였다.

【대법원 결론】 원심판결 이유를 앞서 본 녹음파일의 증거능력에 관한 법리와 기록에 비추어 살펴보면, /

【대법원 결론】 원심의 위와 같은 판단은 정당한 것으로 수긍할 수 있고, /

【대법원 결론】 거기에 상고이유 주장과 같이 녹음파일의 증거능력에 관한 법리를 오해하거나 논리와 경험의 법칙을 위반하여 자유심증주의의 한계를 벗어나는 등의 위법이 없다.

10. 참고인진술조서의 증거능력

【대법원 분석】 2) 사법경찰관이 작성한 공소외 E에 대한 제2, 4회 진술조서[ⓜ참고인진술조서]의 증거능력이 인정된다는 등의 [검사의] 주장에 관하여

【대법원 판단】 원심은, /

【대법원 요지】 형사소송법 제312조 제4항에 따라 /

【대법원 요지】 사법경찰관이 작성한 피고인 아닌 자의 진술을 기재한 조서의 증거능력을 인정하기 위해서는 /

【대법원 요지】 실질적 진정성립, 즉 그 조서의 기재 내용이 원진술자가 사법경찰관 앞에서 진술한 것과 동일하다는 점이 증명되어야 하고, /

【대법원 요지】 그 경우 증명의 정도는 합리적인 의심을 배제할 정도에 이르러야 한다고 전제한 뒤, /

【대법원 판단】 공소외 E가 제1심 법정에서 사법경찰관 작성의 공소외 E에 대한 제2, 4회 진술조서는 그 내용이 자신이 말한 대로 적혀 있다고 진술하였으나, /

【대법원 판단】 ① 제2회 진술조서에 4시간 10여 분에 달하는 녹음파일을 재생하여 들려준 것으로 기재되어 있음에도 /

【대법원 판단】 조사는 3시간 25분 만에 종료된 것으로 기재되어 있는 점, /

【대법원 판단】 ② 제4회 진술조서에도 10시간에 달하는 녹음파일을 재생하여 들려준 것으로 기재되어 있음에도 /

【**대법원 판단**】 조사는 4시간 만에 종료된 것으로 기재되어 있는 점, /

【**대법원 판단**】 ③ 위 조서가 작성된 곳이 수사기관이 아니라 호텔방이고, /

【**대법원 판단**】 조서의 양이 수십 페이지에 달하는 방대한 양이며, /

【**대법원 판단**】 조사 과정에 대한 영상녹화물이 존재하지 않는 점 등 /

【**대법원 판단**】 여러 사정을 고려해 보면, /

【**대법원 판단**】 위 공소외 E의 진술만으로 실질적 진정성립이 합리적인 의심을 배제할 정도로 증명되었다고 할 수 없어 /

【**대법원 판단**】 사법경찰관 작성의 공소외 E에 대한 제2, 4회 각 진술조서는 증거능력이 없다고 판단하였다.

【**대법원 결론**】 원심판결 이유를 기록에 비추어 살펴보면, 위와 같은 원심의 판단은 정당하고, /

【**대법원 결론**】 거기에 상고이유 주장과 같이 진술조서의 증거능력에 관한 법리를 오해하는 등의 위법이 없다.

【**대법원 결론**】 검사가 상고이유에서 원용하고 있는 대법원 2005. 6. 10. 선고 2005도1849 판결은 /

【**대법원 결론**】 원진술자가 진술조서 중 일부에 관해서만 실질적 진정성립을 인정하는 경우에 그 부분을 구체적으로 심리하여 증거능력을 판단해야 한다는 취지로서, /

【**대법원 결론**】 원진술자의 진술에 불구하고 실질적 진정성립이 증명되지 않았다고 본 이 사건과는 그 사안이 다르므로, 이 사건에 원용하기에 적절하지 아니하다. (상고 기각)

2014도16051

호흡음주측정과 혈액음주측정의 관계
중앙선 또 넘기 교통사고 사건
2015. 7. 9. 2014도16051, 공 2015하, 1178

1. 사실관계 및 사건의 경과

【사실관계 1】

① 2013. 6. 2. 00:05경 갑은 그랜저XG 승용차량을 운전하고 M장소의 편도 4차로 도로의 1차로를 진행하고 있었다.

② 갑의 차량은 전방에서 신호대기 중이던 레이 승용차량 뒷부분을 세게 들이받아 그 차량이 앞으로 밀리면서 다른 차량 2대를 충격하게 하였다.

③ 갑의 차량은 곧바로 그 자리에서 1, 2m 후진한 후 중앙선을 넘어 다시 진행하면서 왼쪽으로 원을 그리듯 회전하여 중앙선을 또다시 넘은 다음 당초 진행방향의 차로 쪽으로 돌진하였다.

④ 갑의 차량은 그곳 2, 3, 4차로에서 신호대기 중이던 다른 차량 3대를 잇달아 들이받고 나서 보도 경계석에 부딪혀 멈춰섰다.

⑤ 이 사고로 인하여 피해차량들에 승차하고 있던 피해자들 중 3명은 각 3주간의 치료가 필요한 상해

를, 7명은 각 2주간의 치료가 필요한 상해를 입었다.

【사실관계 2】

① 경사 A는 인천삼산경찰서 교통조사계 소속 경찰관이다.

② 경찰관 A는 사고 직후 현장에 출동하여 사고 경위를 파악한 다음 갑과 함께 경찰서로 이동하였다.

③ 갑은 그곳에서 호흡측정기로 음주측정을 한 결과 혈중알코올농도 0.024%로 측정되었다. (㉠호흡측정결과)

④ 그런데 당시 갑은 얼굴색이 붉고 혀가 꼬부라진 발음을 하며 걸음을 제대로 걷지 못한 채 비틀거리는 등 술에 상당히 취한 모습을 보였다.

⑤ 경찰관 A는 경찰서 내에 대기하던 피해자들에게 호흡측정 결과를 알려주었다.

⑥ 그러자 일부 피해자들은 측정 결과를 믿을 수 없다며 경찰관 A에게 혈액 채취에 의한 측정을 요구하였다.

【사실관계 3】

① 이에 경찰관 A는 갑에게 호흡측정 수치를 알려주었다.

② 경찰관 A는 갑에게 다음과 같이 말하면서 혈액 채취에 의한 음주측정에 응하도록 설득하였다.

③ "피해자들이 처벌수치 미달로 나온 것을 납득하지 못하니 정확한 조사를 위하여 채혈에 동의하겠느냐. 채혈 결과가 최종 음주수치가 된다."

④ 이에 갑이 순순히 응하여 "음주량이 어느 정도인지 확인하고자 혈액 채취를 승낙한다"는 내용의 혈액 채취 동의서에 서명ㆍ무인하였다. (㉡혈액채취동의서)

⑤ 갑은 경찰관 A와 인근 병원에 동행하여 그곳 의료진의 조치에 따라 혈액을 채취하였다. (㉢채취혈액)

⑥ 경찰관 A는 이와 같이 채취된 ㉢혈액을 제출받았다.

⑦ 경찰관 A는 ㉢혈액을 국립과학수사연구원에 송부하여 그에 대한 감정을 의뢰하였다.

⑧ 채취된 ㉢혈액에 대해 혈중알코올농도가 0.239%로 측정되었다. (㉣혈액측정결과)

【사건의 경과 1】

① 검사는 갑을 다음의 공소사실로 기소하였다.

　　(가) 특가법위반죄(위험운전치사상)

　　(나) 도로교통법위반죄(음주운전)

② 검사는 다음의 증거를 제출하였다.

　　(가) 경찰관 A의 요구로 채혈하여 획득한 ㉢혈액

　　(나) 이를 기초로 한 ㉣혈중알코올 감정서,

　　(다) 경찰관 A가 작성한 주취운전자 적발보고서,

　　(라) 경찰관 A가 작성한 수사보고(혈액감정결과 등),

　　(마) 경찰관 A가 작성한 수사결과보고

【사건의 경과 2】

① 갑의 피고사건은 제1심을 거친 후, 항소심에 계속되었다.

② 항소심법원은 도로교통법위반죄(음주운전) 부분에 대해 무죄를 선고하였다.

③ 항소심법원의 판단 이유는 다음과 같다.

(가) 도로교통법 제44조 제3항은 "제2항[호흡음주측정]에 따른 측정 결과에 불복하는 운전자에 대하여는 그 운전자의 동의를 받아 혈액 채취 등의 방법으로 다시 측정할 수 있다."고 규정하고 있다.

(나) 이 규정의 해석상 경찰관이 호흡측정이 이루어진 운전자에 대하여 다시 혈액 채취의 방법으로 측정할 수 있는 경우는 운전자가 호흡측정 결과에 불복한 경우에 한정된다.

(다) 갑은 호흡측정 결과에 불복하지 않았다.

(라) 따라서 경찰관의 요구로 채혈하여 획득한 ⓒ혈액은 적법한 절차에 따르지 아니한 채 수집한 위법수집증거이다.

(마) ⓒ혈액을 기초로 한 ⓓ혈중알코올 감정서, 주취운전자 적발보고서, 수사보고(혈액감정결과 등), 수사결과보고는 모두 위법수집증거의 2차적 증거로서 증거능력이 없다.

【사건의 경과 3】

① 검사는 불복 상고하였다.

② 검사는 상고이유로 다음의 점을 주장하였다.

(가) ⓒ혈액은 갑의 동의를 얻어 채취한 것으로 위법수집증거에 해당하지 않는다.

(나) ⓒ혈액을 기초로 한 ⓓ혈중알코올 감정서 등도 위법수집증거에 해당하지 않는다.

2. 혈액채취 음주측정의 입법취지

【대법원 분석】 1. 구 도로교통법/

【대법원 분석】 (2014. 12. 30. 법률 제12917호로 개정되기 전의 것, 이하 같다) /

【대법원 분석】 제44조 제2항은 /

【대법원 분석】 "경찰공무원(자치경찰공무원은 제외한다. 이하 이 항에서 같다)은 교통의 안전과 위험방지를 위하여 필요하다고 인정하거나 /

【대법원 분석】 제1항을 위반하여 술에 취한 상태에서 자동차등을 운전하였다고 인정할 만한 상당한 이유가 있는 경우에는 /

【대법원 분석】 운전자가 술에 취하였는지를 호흡조사로 측정할 수 있다. /

【대법원 분석】 이 경우 운전자는 경찰공무원의 측정에 응하여야 한다."고 규정하고, /

【대법원 분석】 제3항은 /

【대법원 분석】 "제2항에 따른 측정 결과에 불복하는 운전자에 대하여는 그 운전자의 동의를 받아 혈액 채취 등의 방법으로 다시 측정할 수 있다."고 규정하며, /

【대법원 분석】 제148조의2 제1항 제2호는 /

【대법원 분석】 "술에 취한 상태에 있다고 인정할 만한 상당한 이유가 있는 사람으로서 /

【대법원 분석】 제44조 제2항에 따른 경찰공무원의 측정에 응하지 아니한 사람은 /

【대법원 분석】 1년 이상 3년 이하의 징역이나 500만 원 이상 1천만 원 이하의 벌금에 처한다."고 규정하고 있다. /

【대법원 요지】 여기서 교통안전과 위험방지를 위한 필요가 없음에도 주취운전을 하였다고 인정할

만한 상당한 이유가 있다는 이유만으로 이루어지는 음주측정은 /

【대법원 요지】 이미 행하여진 주취운전이라는 범죄행위에 대한 증거 수집을 위한 수사절차로서의 의미를 가지는 것이다 /

【대법원 요지】 (대법원 2012. 12. 13. 선고 **2012도11162** 판결 등 참조). /

【대법원 분석】 도로교통법은 이러한 수사절차로서의 음주측정에 관하여는 아무런 규정을 두지 아니하다가 /

【대법원 분석】 1995. 1. 5. 법률 제4872호로 개정되면서 비로소 /

【대법원 분석】 '술에 취한 상태에서 자동차 등을 운전하였다고 인정할 만한 상당한 이유가 있는 때'에는 운전자에게 수사를 위한 호흡측정에도 응할 의무를 부과하면서 /

【대법원 분석】 이에 응하지 아니하는 행위를 음주측정불응죄로 처벌하는 규정을 두었고, /

【대법원 분석】 이와 더불어 구 도로교통법 제44조 제3항과 같은 규정을 신설하여 /

【대법원 분석】 호흡측정에 대한 운전자의 불복절차를 규정하였다. /

【대법원 요지】 이와 같은 도로교통법 규정들의 입법연혁과 그 규정 내용 등에 비추어 보면, /

【대법원 요지】 구 도로교통법 제44조 제2항, 제3항은 /

【대법원 요지】 음주운전 혐의가 있는 운전자에게 수사를 위한 호흡측정에도 응할 것을 간접적으로 강제하는 한편 /

【대법원 요지】 혈액 채취 등의 방법에 의한 재측정을 통하여 호흡측정의 오류로 인한 불이익을 구제받을 수 있는 기회를 보장하는 데 그 취지가 있다고 할 것이므로, /

【대법원 요지】 이 규정들이 음주운전에 대한 수사방법으로서의 혈액 채취에 의한 측정의 방법을 운전자가 호흡측정 결과에 불복하는 경우에만 한정하여 허용하려는 취지의 규정이라고 해석할 수는 없다.

3. 호흡음주측정과 혈액음주측정의 관계

【대법원 요지】 한편 수사기관은 수사의 목적을 달성하기 위하여 필요한 조사를 할 수 있으나(형사소송법 제199조 제1항 본문 참조), /

【대법원 요지】 수사는 그 목적을 달성함에 필요한 최소한도의 범위 내에서 사회통념상 상당하다고 인정되는 방법과 절차에 따라 수행되어야 하는 것이다 /

【대법원 요지】 (대법원 1999. 12. 7. 선고 **98도3329** 판결 참조). /

【대법원 요지】 음주운전에 대한 수사 과정에서 음주운전 혐의가 있는 운전자에 대하여 구 도로교통법 제44조 제2항에 따른 호흡측정이 이루어진 경우에는 /

【대법원 요지】 그에 따라 과학적이고 중립적인 호흡측정 수치가 도출된 이상 다시 음주측정을 할 필요성은 사라졌다고 할 것이므로 /

【대법원 요지】 운전자의 불복이 없는 한 다시 음주측정을 하는 것은 원칙적으로 허용되지 아니한다고 할 것이다. /

【대법원 요지】 그러나 운전자의 태도와 외관, /

【대법원 요지】 운전 행태 등에서 드러나는 주취 정도, /

【대법원 요지】 운전자가 마신 술의 종류와 양, /

【대법원 요지】 운전자가 사고를 야기하였다면 그 경위와 피해의 정도, /

【대법원 요지】 목격자들의 진술 등 /

【대법원 요지】 호흡측정 당시의 구체적 상황에 비추어 /

【대법원 요지】 호흡측정기의 오작동 등으로 인하여 호흡측정 결과에 오류가 있다고 인정할 만한 객관적이고 합리적인 사정이 있는 경우라면 /

【대법원 요지】 그러한 호흡측정 수치를 얻은 것만으로는 수사의 목적을 달성하였다고 할 수 없어 /

【대법원 요지】 추가로 음주측정을 할 필요성이 있다고 할 것이므로, /

【대법원 요지】 경찰관이 음주운전 혐의를 제대로 밝히기 위하여 운전자의 자발적인 동의를 얻어 혈액 채취에 의한 측정의 방법으로 다시 음주측정을 하는 것을 위법하다고 볼 수는 없다. /

【대법원 요지】 이 경우 운전자가 일단 호흡측정에 응한 이상 재차 음주측정에 응할 의무까지 당연히 있다고 할 수는 없으므로, /

【대법원 요지】 운전자의 혈액 채취에 대한 동의의 임의성을 담보하기 위하여는 /

【대법원 요지】 경찰관이 미리 운전자에게 혈액 채취를 거부할 수 있음을 알려주었거나 /

【대법원 요지】 운전자가 언제든지 자유로이 혈액 채취에 응하지 아니할 수 있었음이 인정되는 등 /

【대법원 요지】 운전자의 자발적인 의사에 의하여 혈액 채취가 이루어졌다는 것이 /

【대법원 요지】 객관적인 사정에 의하여 명백한 경우에 한하여 /

【대법원 요지】 혈액 채취에 의한 측정의 적법성이 인정된다고 보아야 한다.

4. 사안에 대한 대법원의 분석

【대법원 분석】 2. 원심이 적법하게 채택한 증거들에 의하면, /

【대법원 분석】 피고인[갑]은 2013. 6. 2. 00:05경 그랜저XG 승용차량을 운전하고 이 사건 사고 장소인 편도 4차로 도로의 1차로를 진행하다가 전방에서 신호대기 중이던 레이 승용차량 뒷부분을 세게 들이받아 그 차량이 앞으로 밀리면서 다른 차량 2대를 충격하게 한 사실, /

【대법원 분석】 피고인은 곧바로 그 자리에서 1, 2m 후진한 후 중앙선을 넘어 다시 진행하면서 왼쪽으로 원을 그리듯 회전하여 중앙선을 또다시 넘은 다음 당초 진행방향의 차로 쪽으로 돌진하였고, /

【대법원 분석】 그곳 2, 3, 4차로에서 신호대기 중이던 다른 차량 3대를 잇달아 들이받고 나서 보도 경계석에 부딪혀 멈춰선 사실, /

【대법원 분석】 이 사고로 인하여 피해차량들에 승차하고 있던 피해자들 중 3명은 각 3주간의 치료가 필요한 상해를, 7명은 각 2주간의 치료가 필요한 상해를 입은 사실, /

【대법원 분석】 인천삼산경찰서 교통조사계 소속 경사 공소외인[A]은 사고 직후 현장에 출동하여 사고 경위를 파악한 다음 피고인과 함께 경찰서로 이동하였고, /

【대법원 분석】 그곳에서 호흡측정기로 음주측정을 한 결과 혈중알코올농도 0.024%로 측정된 사실, /

【대법원 분석】 그런데 당시 피고인은 얼굴색이 붉고 혀가 꼬부라진 발음을 하며 걸음을 제대로 걷지 못한 채 비틀거리는 등 술에 상당히 취한 모습을 보였고, /

【대법원 분석】 공소외인이 경찰서 내에 대기하던 피해자들에게 호흡측정 결과를 알려주자, /

【대법원 분석】 일부 피해자들은 측정 결과를 믿을 수 없다며 공소외인에게 혈액 채취에 의한 측정을 요구한 사실, /

【대법원 분석】 이에 공소외인은 피고인에게 호흡측정 수치를 알려주고 '피해자들이 처벌수치 미달로 나온 것을 납득하지 못하니 정확한 조사를 위하여 채혈에 동의하겠느냐. 채혈 결과가 최종 음주수치가 된다'고 말하며 혈액 채취에 의한 음주측정에 응하도록 설득하였고, /

【대법원 분석】 이에 피고인이 순순히 응하여 '음주량이 어느 정도인지 확인하고자 혈액 채취를 승낙한다'는 내용의 혈액 채취 동의서에 서명·무인한 다음 공소외인과 인근 병원에 동행하여 그곳 의료진의 조치에 따라 혈액을 채취한 사실, /

【대법원 분석】 공소외인은 이와 같이 채취된 혈액을 제출받아 국립과학수사연구원에 송부하여 그에 대한 감정을 의뢰하였는데, 혈중알코올농도가 0.239%로 측정된 사실을 알 수 있다.

5. 사안에 대한 대법원의 판단

【대법원 판단】 이러한 사실관계를 앞서 본 법리에 비추어 살펴보면, /

【대법원 판단】 피고인에 대한 호흡측정 결과 처벌기준치에 미달하는 수치로 측정되기는 하였으나, /

【대법원 판단】 당시 피고인의 태도나 외관 등에서 정상적인 보행이 어려울 정도로 술에 상당히 취한 상태임이 분명히 드러났던 점, /

【대법원 판단】 피고인이 1차로 추돌 사고를 낸 후 곧바로 중앙선을 넘어 왼쪽으로 회전하다가 중앙선을 또다시 넘은 다음 다른 피해차량 여러 대를 들이받는 사고를 추가로 내고서야 멈춰서는 등 비정상적인 운전 행태를 보인 점, /

【대법원 판단】 이 사건 사고로 인하여 상해를 입은 피해자들이 10명에 이르렀고, /

【대법원 판단】 그중 경찰서에 대기하며 피고인의 모습을 목격한 일부 피해자들이 호흡측정 결과를 믿을 수 없다며 경찰관에게 혈액측정을 요구한 점 등 /

【대법원 판단】 호흡측정 당시의 여러 구체적 상황으로 보아 /

【대법원 판단】 처벌기준치에 미달한 호흡측정 결과에 오류가 있다고 인정할 만한 객관적이고 합리적인 사정이 있었다고 할 것이다. /

【대법원 판단】 나아가 피고인이 처벌기준치 미달로 나온 호흡측정 결과를 알면서도 경찰관의 설득에 따라 혈액 채취에 순순히 응하여 혈액 채취 동의서에 서명·무인하였고, /

【대법원 판단】 그 과정에서 경찰관이나 피해자들의 강요를 받았다는 정황은 없는 점, /

【대법원 판단】 피고인이 경찰서에서 병원으로 이동하여 혈액을 채취할 때까지 이를 거부하는 의사를 표시하였다는 사정도 없는 점 등에 비추어 보면 /

【대법원 판단】 피고인에 대한 혈액 채취는 피고인의 자발적인 의사에 따라 이루어졌다고 볼 수 있다. /

【대법원 판단】 그렇다면 이 사건 사고 조사를 담당한 경찰관이 피고인의 음주운전 혐의를 제대로 밝히기 위하여 피고인의 자발적인 동의를 얻어 혈액 채취에 의한 측정방법으로 다시 음주측정을 한 조치를 위법하다고 할 수 없고, /

【대법원 판단】 이를 통하여 획득한 혈액측정 결과 또한 위법한 절차에 따라 수집한 증거라고 할 수 없으므로 그 증거능력을 부정할 수 없다고 할 것이다.

【대법원 결론】 3. 그럼에도 원심은 /

【대법원 결론】 구 도로교통법 제44조 제2항, 제3항의 해석상 경찰관이 호흡측정이 이루어진 운전자에 대하여 다시 혈액 채취의 방법으로 측정할 수 있는 경우는 운전자가 호흡측정 결과에 불복한 경우에 한정된다고 보아, /

【대법원 결론】 피고인이 호흡측정 결과에 불복하지 아니하였음에도 경찰관의 요구로 채혈하여 획득한 혈액과 이를 기초로 한 혈중알코올 감정서, 주취운전자 적발보고서, 수사보고(혈액감정결과 등), 수사결과보고가 모두 적법한 절차에 따르지 아니한 채 수집한 위법수집증거이거나 위법수집증거의 2차적 증거로서 증거능력이 없다고 판단하였다. /

【대법원 결론】 이러한 원심의 판단에는 구 도로교통법 제44조 제2항, 제3항 및 혈액측정 결과의 증거능력 등에 관한 법리를 오해하여 판결 결과에 영향을 미친 위법이 있다. /

【대법원 결론】 이 점을 지적하는 상고이유의 주장은 이유 있다. (파기 환송)

2014도17252

상고이유로서의 재심청구사유
항소심 불출석재판과 소송촉진법상의 재심
항소심 불출석재판 재심 사건
2015. 6. 25. 2014도17252 전원합의체 판결, 공 2015하, 1112

1. 사실관계 및 사건의 경과

【사실관계 1】
① 검사는 갑을 폭행죄, 공무집행방해죄, 사기죄의 공소사실로 기소하였다.
② 갑은 제1심 공판절차에 불출석하였다.
③ 제1심법원은 갑의 주소지 관할 경찰서에 소재탐지조사를 명하였다.
④ 제1심법원은 관할 경찰서장으로부터 소재탐지불능보고서를 받았다.
⑤ 제1심법원은 소송촉진등에 관한 특례법(소송촉진법) 제23조에 따라 공시송달의 방법으로 공소장 부본과 소환장 등을 송달하였다.
⑥ 제1심법원은 갑이 불출석한 상태에서 심리를 진행하여 벌금 500만 원을 선고하였다.

【사실관계 2】
① 검사는 제1심판결에 불복하여 양형부당으로 항소하였다.
② 항소심법원도 공시송달의 방법으로 소환장 등을 송달하였다.
③ 항소심법원은 형소법 제365조에 따라 갑이 불출석한 상태에서 심리를 진행하였다.
④ 항소심법원은 검사의 항소를 받아들여 제1심판결을 파기하면서 징역 1년을 선고하였다. (㉮판결)
⑤ 이후 ㉮판결은 확정되었다.

【사건의 경과 1】

① 갑은 공소장 부본 등을 송달받지 못해 공소가 제기된 사실조차 알지 못하였다.

② 갑은 ㉮판결에 의한 형 집행으로 검거되었다.

③ 갑은 곧바로 상소권회복청구와 함께 ㉮판결에 불복하여 상고하였다.

④ 갑은 상고이유로, 소송촉진법 제23조의2 제1항에 기한 재심청구사유를 주장하였다.

⑤ 대법원은 갑이 상고기간 내에 상고하지 못한 것은 책임을 질 수 없는 사유로 인한 것이라고 인정하여 상고권회복결정을 하였다.

【사건의 경과 2】

① 소송촉진법 제23조의2 제1항은 제1심 불출석재판에 대한 재심 허용규정이다.

② 대법원은 소송촉진법 제23조의2 제1항이 항소심의 불출석재판에도 유추적용될 수 있는지에 대해 11 대 2로 견해가 나뉘었다.

③ 대법원은 다수의견에 따라 소송촉진법 제23조의2 제1항에 의한 재심청구사유가 항소심의 불출석재판에도 인정된다고 판단하였다.

④ (지면관계로 다수의견만 소개함)

2. 소송촉진 등에 관한 특례법상의 특례규정과 재심사유

【대법원 분석】 1. 가. 사형, 무기 또는 장기(長期) 10년이 넘는 징역이나 금고에 해당하지 아니하는 사건에 대하여는 /

【대법원 분석】 소송촉진 등에 관한 특례법(이하 '소송촉진법'이라 한다) /

【대법원 분석】 제23조/

【대법원 분석】 (이하 '이 사건 특례 규정'이라 한다)에 의하여 /

【대법원 분석】 제1심 공판절차에 관한 특례가 허용되어, /

【대법원 분석】 피고인에 대한 송달불능보고서가 접수된 때부터 6개월이 지나도록 피고인의 소재를 확인할 수 없는 경우에는 /

【대법원 분석】 대법원규칙으로 정하는 바에 따라 피고인의 진술 없이 재판할 수 있다.

【대법원 분석】 다만 이 사건 특례 규정에 따라 유죄판결을 받고 그 판결이 확정된 피고인이 책임을 질 수 없는 사유로 공판절차에 출석할 수 없었던 경우에는, /

【대법원 분석】 위 피고인 등이 /

【대법원 분석】 소송촉진법 제23조의2 제1항/

【대법원 분석】 (이하 '이 사건 재심 규정'이라 한다)에 의하여 /

【대법원 분석】 그 판결이 있었던 사실을 안 날부터 14일 이내에 제1심 법원에 재심을 청구할 수 있으며, /

【대법원 분석】 만약 책임을 질 수 없는 사유로 위 기간에 재심청구를 하지 못한 경우에는 /

【대법원 분석】 그 사유가 없어진 날부터 14일 이내에 제1심 법원에 재심을 청구할 수 있다.

3. 공정한 재판을 받을 권리와 불출석재판의 제한

【대법원 요지】 나. 헌법은 제27조 제1항에서 /

【대법원 요지】 "모든 국민은 헌법과 법률이 정한 법관에 의하여 법률에 의한 재판을 받을 권리를 가진다."고 규정하고, /

【대법원 요지】 같은 조 제3항 전문에서 /

【대법원 요지】 "모든 국민은 신속한 재판을 받을 권리를 가진다."고 규정함으로써 /

【대법원 요지】 모든 국민에게 적법하고 공정한 재판을 받을 권리를 보장하고 있다. /

【대법원 요지】 여기서 '공정한 재판을 받을 권리'에는 /

【대법원 요지】 모든 증거자료가 법관의 앞에서 조사 · 진술되고 /

【대법원 요지】 이에 대하여 피고인이 방어할 수 있는 기회가 실질적으로 보장되는 재판, /

【대법원 요지】 즉 피고인이 공판절차에 당사자로 참여하여 구술변론에 의해 답변과 반증을 할 수 있는 충분한 기회가 보장되는 재판을 받을 권리가 포함된다. /

【대법원 요지】 형사소송법에서 피고인에게 /

【대법원 요지】 변호인의 조력을 받을 권리(제33조), /

【대법원 요지】 증거신청권과 증거보전청구권(제294조, 제184조), /

【대법원 요지】 증거조사에 대한 의견진술권(제293조)과 /

【대법원 요지】 증거조사에 대한 이의신청권(제296조) /

【대법원 요지】 등을 보장하고 있는 것도, /

【대법원 요지】 형사소송절차에서 피고인에게 당사자로서의 지위를 인정하고 /

【대법원 요지】 국가의 형벌권 행사에 대하여 적절하게 방어할 수 있는 수단과 기회를 제공함으로써 /

【대법원 요지】 공정한 재판을 받을 권리를 실질적으로 보장하기 위한 것이다.

【대법원 요지】 이러한 '공정한 재판을 받을 권리'를 실현하기 위하여는 /

【대법원 요지】 사전에 피고인에게 공소장을 송달하여 공소사실을 알려주고 공판기일을 통지하여 공판기일에 출석할 수 있는 권리를 보장해 주는 것이 필수적이다. /

【대법원 요지】 이를 위하여 형사소송법은 피고인이 공판기일에 출석하지 아니한 때에는 특별한 규정이 없으면 개정하지 못하도록 규정하고 있으며(제276조 본문), /

【대법원 요지】 예외적으로 다액 500만 원 이하의 벌금 또는 과료에 해당하는 사건 등과 같이 중형선고의 가능성이 없거나 /

【대법원 요지】 피고인이 재판장의 허가 없이 퇴정하거나 퇴정명령을 받는 등 불출석에 대한 책임이 피고인에게도 있는 경우에 한하여 /

【대법원 요지】 불출석 재판을 허용하고 있다(제277조, 제330조 등).

4. 소송촉진 등에 관한 특례법과 재심사유

【대법원 요지】 다. 이와 같은 헌법 및 형사소송법 규정에 불구하고 소송촉진법에서 이 사건 특례 규정을 둔 것은 /

【대법원 요지】 소송의 지연을 방지하여 형벌권의 신속한 행사를 도모하고 미제사건이 불합리하게 적체되지 않도록 하려는 목적에서 /

【대법원 요지】 일정한 요건을 갖춘 특별한 경우로 한정하여 피고인의 공판기일 출석에 예외를 인정

한 것이다. /

【대법원 요지】 그렇지만 그로 인하여 헌법 및 형사소송법이 보장한 피고인의 방어권 행사가 제한되는 것은 부정할 수 없으므로, /

【대법원 요지】 공정한 재판을 받을 권리가 본질적으로 침해되지 않도록 방어권을 보완하는 절차를 둘 필요가 있다.

【대법원 요지】 앞서 본 것과 같이 이 사건 특례 규정이 그 적용 대상에서 사형, 무기 또는 장기 10년이 넘는 징역이나 금고에 해당하는 사건을 제외함으로써 /

【대법원 요지】 불출석 재판에 의하여 피고인에게 과중한 형이 선고되는 것을 막는 것에 그치지 않고, /

【대법원 요지】 나아가 이 사건 재심 규정을 두어 /

【대법원 요지】 피고인이 책임을 질 수 없는 사유로 제1심 공판절차에 출석할 수 없었던 경우에 확정된 제1심 유죄판결에 대하여 폭넓게 재심을 허용한 것은 /

【대법원 요지】 피고인이 출석한 공판절차에서 다시 재판을 받을 수 있는 기회를 부여하여 방어권을 실질적으로 보완하고 심급의 이익을 보장함으로써 /

【대법원 요지】 헌법이 인정한 공정한 재판을 받을 권리 및 적법절차의 원칙을 실현하려는 취지로서, /

【대법원 요지】 이 사건 특례 규정이 합헌성을 갖추기 위한 필수적인 제도적 장치라 할 수 있다.

5. 소송촉진 등에 관한 특례법과 항소심의 불출석재판

【대법원 요지】 라. 그런데 이와 같이 귀책사유 없이 공판절차에 출석하지 못한 피고인에게 재심청구권을 부여하여 공정한 재판을 받을 권리를 보장할 필요성은, /

【대법원 요지】 이 사건 특례 규정에 따라 진행된 제1심의 불출석 재판에 의하여 유죄판결이 확정된 경우뿐만 아니라, /

【대법원 요지】 그 제1심의 불출석 재판에 대하여 검사가 항소하여 항소심도 불출석 재판으로 진행한 후에 제1심판결을 파기하고 새로 또는 다시 유죄판결을 선고하여 확정된 경우에도 /

【대법원 요지】 마찬가지로 인정된다.

【대법원 요지】 오히려 제1심에 이어 항소심까지 불출석 재판으로 진행되어 제1심판결이 위와 같이 파기되면 /

【대법원 요지】 제1심판결을 재심청구 대상으로 삼을 수 없을 뿐만 아니라 /

【대법원 요지】 상고권회복결정을 받아 상고하더라도 /

【대법원 요지】 형사소송법 제383조 제4호에 의하여 사실오인이나 양형부당을 상고이유로 주장하지 못하므로 /

【대법원 요지】 피고인으로서는 그에 관하여 제대로 주장을 펴지도 못하고 항소심의 유죄판결을 받아들일 수밖에 없음을 고려하면, /

【대법원 요지】 제1심의 불출석 재판에 의한 유죄판결이 항소 없이 그대로 확정된 경우에 비해서 /

【대법원 요지】 재심을 허용하여 피고인을 구제하여야 할 필요성은 훨씬 더 크다고 할 것이다.

【대법원 요지】 비록 이 사건 재심 규정이 이 사건 특례 규정에 따라 제1심에서 유죄판결이 확정된 경우에 관하여 정하고 있지만, /

【대법원 요지】 이는 이 사건 특례 규정에 따라 피고인 불출석 상태에서 재판이 진행되는 경우에는 일반적으로 제1심에서 유죄판결이 확정된다는 사정을 고려한 것에 불과하고, /

【대법원 요지】 그 실질적인 취지는 이 사건 특례 규정에 기초하여 진행된 소송절차를 전제로 유죄판결이 이루어진 경우에는 /

【대법원 요지】 그에 대한 재심을 허용하겠다는 것이라고 봄이 타당하다.

【대법원 요지】 그럼에도 항소심 재판이 진행되었다는 이유로 이 사건 재심 규정과 같은 재심절차를 허용하지 않는다면, /

【대법원 요지】 이는 귀책사유 없이 제1심은 물론 항소심까지 공판절차에 출석할 수 없었던 피고인으로 하여금 /

【대법원 요지】 징역 10년이 선고될 수도 있는 사건에 관한 사실심 재판결과를 그대로 받아들이도록 하는 것이어서 /

【대법원 요지】 실체적 진실발견을 통하여 형벌권을 행사한다는 형사소송의 이념을 훼손하고 /

【대법원 요지】 피고인의 공정한 재판을 받을 권리 및 방어권을 본질적으로 침해하는 결과를 낳을 뿐만 아니라, /

【대법원 요지】 제1심의 불출석 재판에 의한 유죄판결이 확정된 경우에 비하여 /

【대법원 요지】 합리적인 이유 없이 부당하게 차별하는 것이므로 형평의 원칙에 반한다.

6. 항소심의 불출석재판과 재심사유

【대법원 요지】 마. 이러한 이 사건 특례 규정과 재심 규정의 내용 및 입법 취지, /

【대법원 요지】 헌법 및 형사소송법에서 정한 피고인의 공정한 재판을 받을 권리 및 방어권의 내용, /

【대법원 요지】 적법절차를 선언한 헌법 정신, /

【대법원 요지】 귀책사유 없이 불출석한 상태에서 제1심과 항소심에서 유죄판결을 받은 피고인의 공정한 재판을 받을 권리를 실질적으로 보호할 필요성 /

【대법원 요지】 등의 여러 사정들을 종합하여 보면, /

【대법원 요지】 이 사건 특례 규정에 따라 진행된 제1심의 불출석 재판에 대하여 검사만 항소하고 /

【대법원 요지】 항소심도 불출석 재판으로 진행한 후에 제1심판결을 파기하고 새로 또는 다시 유죄판결을 선고하여 /

【대법원 요지】 그 유죄판결이 확정된 경우에도, /

【대법원 요지】 이 사건 재심 규정을 유추 적용하여, /

【대법원 요지】 귀책사유 없이 제1심과 항소심의 공판절차에 출석할 수 없었던 피고인은 /

【대법원 요지】 이 사건 재심 규정이 정한 기간 내에 항소심 법원에 그 유죄판결에 대한 재심을 청구할 수 있다고 해석함이 타당하다.

7. 상고이유로서의 재심청구사유

【대법원 요지】 그리고 위 경우에 피고인이 재심을 청구하지 않고 상고권회복에 의한 상고를 제기하여 위 사유를 상고이유로 주장한다면, /

【대법원 요지】 이는 형사소송법 제383조 제3호에서 상고이유로 정한 원심판결에 '재심청구의 사유가 있는 때'에 해당한다고 볼 수 있으므로 /

【대법원 요지】 원심판결에 대한 파기사유가 될 수 있다. /

【대법원 요지】 나아가 위 사유로 파기되는 사건을 환송받아 다시 항소심 절차를 진행하는 원심으로서는 /

【대법원 요지】 피고인의 귀책사유 없이 이 사건 특례 규정에 의하여 제1심이 진행되었다는 파기환송판결 취지에 따라, /

【대법원 요지】 제1심판결에 형사소송법 제361조의5 제13호의 항소이유에 해당하는 이 사건 재심 규정에 의한 재심청구의 사유가 있어 /

【대법원 요지】 직권 파기 사유에 해당한다고 보고, /

【대법원 요지】 다시 공소장 부본 등을 송달하는 등 새로 소송절차를 진행한 다음 /

【대법원 요지】 새로운 심리 결과에 따라 다시 판결을 하여야 할 것이다.

8. 사안에 대한 대법원의 분석

【대법원 분석】 2. 기록에 의하면, /

【대법원 분석】 ① 제1심은 이 사건 특례 규정에 따라 공시송달의 방법으로 공소장 부본과 소환장 등을 송달하고 피고인이 불출석한 상태에서 심리를 진행하여 벌금 500만 원을 선고하였고, /

【대법원 분석】 ② 이에 대하여 검사만 양형부당으로 항소하자, /

【대법원 분석】 원심도 공시송달의 방법으로 소환장 등을 송달하고 형사소송법 제365조에 따라 피고인이 불출석한 상태에서 심리를 진행한 후, /

【대법원 분석】 검사의 항소를 받아들여 제1심판결을 파기하면서 징역 1년을 선고하여 원심판결이 형식적으로 확정되었는데, /

【대법원 분석】 ③ 피고인은 공소장 부본 등을 송달받지 못해 공소가 제기된 사실조차 알지 못하였으며, /

【대법원 분석】 그 후 피고인이 원심판결에 의한 형 집행으로 검거되자 곧바로 상소권회복청구를 하였고, /

【대법원 분석】 ④ 이에 법원은 피고인이 상고기간 내에 상고하지 못한 것은 책임을 질 수 없는 사유로 인한 것이라고 인정하여 상소권회복결정을 한 사실들을 알 수 있으므로, /

【대법원 판단】 이에 비추어 보면 피고인은 책임을 질 수 없는 사유로 제1심과 원심의 공판절차에 출석하지 못하였다고 할 수 있다.

9. 사안에 대한 대법원의 판단

【대법원 판단】 3. 이러한 사정을 앞서 본 법리에 비추어 살펴보면, /

【대법원 판단】 피고인이 책임을 질 수 없는 사유로 불출석한 상태에서 이 사건 특례 규정에 의하여 제1심 재판이 진행되고 /

【대법원 판단】 항소심 역시 피고인이 책임질 수 없는 사유로 불출석한 채 재판을 진행하여 제1심판

결을 파기하고 다시 유죄판결을 선고한 원심판결에는 /

【대법원 판단】 이 사건 재심 규정을 유추 적용한 재심청구의 사유가 있다 할 것이며, /

【대법원 판단】 이는 형사소송법 제383조 제3호에서 정한 상고이유에 해당한다. /

【대법원 판단】 이를 지적하는 취지의 상고이유의 주장은 이유 있다.

【대법원 결론】 4. 그러므로 원심판결을 파기하고, 사건을 다시 심리 · 판단하게 하기 위하여 원심법원에 환송하기로 하여 주문과 같이 판결한다. /

【대법원 결론】 이 판결에는 대법관 민일영, 대법관 권순일의 반대의견이 있는 외에는 /

【대법원 결론】 관여 법관의 의견이 일치하였다.

2014도18006

증인신문과 차폐시설의 설치
가명 증인 차폐시설 사건
2015. 5. 28. 2014도18006, 공 2015하, 929

1. 사실관계 및 사건의 경과

【사실관계 1】

① 갑은 M폭력조직의 수괴급 조직원이다.

② A는 M폭력조직의 내부 구성원이다.

③ A는 M폭력조직의 활동에 대해 수사기관에 신고하였다.

④ 수사기관은 A의 신원노출을 방지하기 위하여 특정범죄신고자 등 보호법 제7조에 따라 가명 조치를 취하였다.

【사실관계 2】

① 검사는 갑을 폭처법위반죄(단체 등의 구성 · 활동)로 기소하였다.

② 제1심법원은 가명 조치가 취해진 A에 대해 증인신문을 실시하기로 하였다.

③ 제1심법원은 피고인(갑) 및 변호인과 증인 A 사이에 차폐시설을 설치하였다.

④ 갑의 변호인은 차폐시설을 사이에 놓고 가명 증인 A에 대해 반대신문을 하였다.

⑤ 제1심법원은 A의 증언을 취신하여 유죄를 인정하였다.

【사건의 경과】

① 갑은 불복 항소하였다.

② 갑은 항소이유로 다음의 점을 주장하였다.

    (가) 형사소송규칙 제84조의9는 피고인과 증인 사이의 차폐시설 설치만을 규정하고 있다.

    (나) 변호인과 증인 사이에 차폐시설을 설치하는 것은 변호인의 반대신문권을 침해하는 것으로서 위법하다.

    (다) 위법하게 진행된 증인신문절차에서 이루어진 A의 증언은 증거능력이 없다.

③ 항소심법원은 항소를 기각하고, 제1심판결을 유지하였다.
④ 갑은 불복 상고하였다.
⑤ 갑의 상고이유는 항소이유와 같다.

2. 증인신문과 차폐시설의 상대방

【대법원 분석】 형사소송법 제165조의2 제3호에 의하면, /

【대법원 분석】 법원은 /

【대법원 분석】 범죄의 성질, 증인의 연령, 피고인과의 관계, 그 밖의 사정으로 인하여 /

【대법원 분석】 '피고인 등'과 대면하여 진술하면 심리적인 부담으로 정신의 평온을 현저하게 잃을 우려가 있다고 인정되는 사람을 증인으로 신문하는 경우 /

【대법원 분석】 상당하다고 인정되는 때에는 /

【대법원 분석】 검사와 피고인 또는 변호인의 의견을 들어 /

【대법원 분석】 차폐시설 등을 설치하고 신문할 수 있다.

【대법원 요지】 증인이 대면하여 진술함에 있어 심리적인 부담으로 정신의 평온을 현저하게 잃을 우려가 있는 상대방은 피고인인 경우가 대부분일 것이지만, /

【대법원 요지】 증인이나 피고인과의 관계에 따라서는 방청인 등 다른 사람도 그 상대방이 될 수 있다. /

【대법원 요지】 이에 따라 형사소송법 제165조의2 제3호도 그 대상을 '피고인 등'이라고 규정하고 있으므로, /

【대법원 요지】 법원은 형사소송법 제165조의2 제3호의 요건이 충족될 경우 /

【대법원 요지】 피고인뿐만 아니라 검사, 변호인, 방청인 등에 대하여도 차폐시설 등을 설치하는 방식으로 증인신문을 할 수 있으며, /

【대법원 요지】 이는 형사소송규칙 제84조의9에서 피고인과 증인 사이의 차폐시설 설치만을 규정하고 있다고 하여 달리 볼 것이 아니다.

3. 변호인의 반대신문과 차폐시설의 허용요건

【대법원 요지】 다만 증인이 변호인을 대면하여 진술함에 있어 심리적인 부담으로 정신의 평온을 현저하게 잃을 우려가 있다고 인정되는 경우는 일반적으로 쉽게 상정할 수 없고, /

【대법원 요지】 피고인뿐만 아니라 변호인에 대해서까지 차폐시설을 설치하는 방식으로 증인신문이 이루어지는 경우 /

【대법원 요지】 피고인과 변호인 모두 증인이 증언하는 모습이나 태도 등을 관찰할 수 없게 되어 그 한도에서 반대신문권이 제한될 수 있으므로, /

【대법원 요지】 변호인에 대한 차폐시설의 설치는, /

【대법원 요지】 특정범죄신고자 등 보호법 제7조에 따라 /

【대법원 요지】 범죄신고자 등이나 그 친족 등이 보복을 당할 우려가 있다고 인정되어 조서 등에 인적사항을 기재하지 아니한 범죄신고자 등을 증인으로 신문하는 경우와 같이, /

【대법원 요지】 이미 인적사항에 관하여 비밀조치가 취해진 증인이 /

【대법원 요지】 변호인을 대면하여 진술함으로써 자신의 신분이 노출되는 것에 대하여 심한 심리적인 부담을 느끼는 등의 /

【대법원 요지】 특별한 사정이 있는 경우에 예외적으로 허용될 수 있을 뿐이다.

4. 사안에 대한 대법원의 판단

【대법원 판단】 원심은, /

【대법원 판단】 형사소송법 제165조의2 제3호에 정한 요건이 충족될 경우 /

【대법원 판단】 증인과 변호인 사이에 차폐시설을 설치하고 증인신문을 하는 것은 /

【대법원 판단】 소송지휘권의 범위에 속하는 것이므로, /

【대법원 판단】 제1심 공판기일에 증인으로 출석한 가명 진술자들이 /

【대법원 판단】 변호인과 대면할 경우 신분노출 가능성에 따른 심리적인 부담으로 평온한 상태로 증언하기 어렵다고 판단하여 /

【대법원 판단】 가명 진술자들과 변호인 사이에 차폐시설을 설치한 제1심법원의 조치는 적법하다고 판단하였다.

【대법원 결론】 원심판결 이유를 위 법리와 기록에 비추어 살펴보면, /

【대법원 결론】 원심의 이유설시에 일부 적절하지 못한 부분이 있으나, /

【대법원 요지】 이 사건에서 변호인에 대한 차폐시설 설치는 /

【대법원 요지】 특정범죄신고자 등 보호법 제7조에 따라 가명 조치가 취해진 증인들의 신분노출을 방지하기 위한 목적에서 이루어진 것으로서 /

【대법원 요지】 변호인에 대한 차폐시설 설치가 허용되는 특별한 사정이 있는 경우에 해당하는 만큼 /

【대법원 결론】 원심의 판단은 결과적으로 정당하고, /

【대법원 결론】 거기에 상고이유 주장과 같이 형사소송법 제165조의2의 해석에 관한 법리나 변호인의 반대신문권 또는 위법수집증거 배제법칙의 적용 범위 등에 관한 법리를 오해하여 판결에 영향을 미친 위법이 있다고 할 수 없다. (상고 기각)

2014마667

재판의 성립과 효력발생 시점
고지 전 즉시항고 사건
2014. 10. 8. 2014마667 전원합의체 결정, 공 2014하, 2159

1. 사실관계 및 사건의 경과

【사실관계 1】

① 갑은 A의 채무자이다.

② B는 갑의 채무자이다. (제3채무자)

③ B는 ㉠주식을 보유하고 있다.

④ 갑은 B에 대해 ㉠주식 양도청구권을 가지고 있다.

【사실관계 2】

① 채권자 A는 채무자 갑을 상대로 민사집행절차의 관할법원에 제3채무자 B의 ㉠주식에 대한 양도명령을 신청하였다.

② 2012. 7. 12. 관할 제1심법원은 ㉠주식에 대한 양도명령을 내렸다. (㉡명령)

③ 2012. 7. 18. ㉡명령은 채권자 A에게 송달되었다.

④ (갑은 채권자 A에 대해 ㉡명령이 송달된 사실을 알게 되었다.)

【사실관계 3】

① 2012. 7. 23. 갑은 ㉡명령에 불복하여 즉시항고하였다. (㉢즉시항고)

② 2012. 7. 26. 관할 제1심법원으로부터 채무자 갑에게 ㉡명령이 송달되었다.

③ [갑은 이미 ㉢즉시항고를 하였으므로 ㉡명령 송달 후에 새로운 즉시항고를 할 필요가 없다고 생각하였다.]

④ 2012. 7. 30. ㉠주식양도청구 사건에 대한 기록이 항고법원으로 송부되었다.

⑤ 2012. 8. 3. 갑이 ㉡명령을 송달을 받은 후 1주일의 즉시항고 기간이 경과하였다.

⑥ 2012. 8. 17. ㉡명령은 제3채무자 B에게 송달되었다.

【사건의 경과 1】

① 기록을 송부받은 항고법원은 ㉢즉시항고사건을 심리하였다.

② 2014. 3. 20. (기록 송부 후 1년 7개월 경과 시점) 항고법원은 다음의 이유를 들어서 갑의 즉시항고를 각하하였다.

　　(가) ㉢즉시항고는 ㉡주식 양도명령이 갑에게 고지되어 효력을 발생하기 전에 한 것이다.

　　(나) ㉢즉시항고는 부적법하고 그 하자를 치유할 방법도 없다.

③ (후술하는 참조조문 참조 바람)

④ (항고법원의 판단은 종전의 대법원판례에 따른 것이다.)

【사건의 경과 2】

① 갑은 불복하여 대법원에 재항고하였다.

② 갑은 상고이유로, ㉢즉시항고는 적법하다고 주장하였다.

③ 대법원은 12 대 1로 견해가 나뉘었다.

④ 대법원은 다수의견에 따라 종전의 판례를 변경하였다.

⑤ 대법원은 항고법원의 항고각하결정을 파기하고 환송하였다.

⑥ (지면 관계로 다수의견만 소개함)

【참조조문】

민사소송법

제205조 (판결의 효력발생) 판결은 선고로 효력이 생긴다.

제221조 (결정 · 명령의 고지) ① 결정과 명령은 상당한 방법으로 고지하면 효력을 가진다.

② 법원사무관등은 고지의 방법·장소와 날짜를 재판의 원본에 덧붙여 적고 날인하여야 한다.

제396조 (항소기간) ① 항소는 판결서가 송달된 날부터 2주 이내에 하여야 한다. 다만, 판결서 송달 전에도 할 수 있다.

② 제1항의 기간은 불변기간으로 한다.

제444조 (즉시항고) ① 즉시항고는 재판이 고지된 날부터 1주 이내에 하여야 한다.

② 제1항의 기간은 불변기간으로 한다.

민사집행법

제15조 (즉시항고) ① 집행절차에 관한 집행법원의 재판에 대하여는 특별한 규정이 있어야만 즉시항고(即時抗告)를 할 수 있다.

② 항고인(抗告人)은 재판을 고지받은 날부터 1주의 불변기간 이내에 항고장(抗告狀)을 원심법원에 제출하여야 한다.

③ 항고장에 항고이유를 적지 아니한 때에는 항고인은 항고장을 제출한 날부터 10일 이내에 항고이유서를 원심법원에 제출하여야 한다.

④ 항고이유는 대법원규칙이 정하는 바에 따라 적어야 한다.

⑤ 항고인이 제3항의 규정에 따른 항고이유서를 제출하지 아니하거나 /

항고이유가 제4항의 규정에 위반한 때 또는 /

항고가 부적법하고 이를 보정(補正)할 수 없음이 분명한 때에는 /

원심법원은 결정으로 그 즉시항고를 각하하여야 한다.

제23조 (민사소송법의 준용 등) ① 이 법에 특별한 규정이 있는 경우를 제외하고는 민사집행 및 보전처분의 절차에 관하여는 민사소송법의 규정을 준용한다.

형사소송법

제343조 (상소 제기기간) ① 상소의 제기는 그 기간 내에 서면으로 한다.

② 상소의 제기기간은 재판을 선고 또는 고지한 날로부터 진행된다.

제405조 (즉시항고의 제기기간) 즉시항고의 제기기간은 3일로 한다.

제416조 (준항고) ① 재판장 또는 수명법관이 다음 각 호의 1에 해당한 재판을 고지한 경우에 불복이 있으면 그 법관소속의 법원에 재판의 취소 또는 변경을 청구할 수 있다.

1. 기피신청을 기각한 재판

2. 구금, 보석, 압수 또는 압수물환부에 관한 재판

3. 감정하기 위하여 피고인의 유치를 명한 재판

4. 증인, 감정인, 통역인 또는 번역인에 대하여 과태료 또는 비용의 배상을 명한 재판

② 지방법원이 전항의 청구를 받은 때에는 합의부에서 결정을 하여야 한다.

③ 제1항의 청구는 재판의 고지있는 날로부터 3일 이내에 하여야 한다.

④ 제1항 제4호의 재판은 전항의 청구기간 내와 청구가 있는 때에는 그 재판의 집행은 정지된다.

2. 재판의 성립 시점과 효력발생 시점

【대법원 요지】 1. 판결과 달리 /

【대법원 요지】 선고가 필요하지 않은 결정이나 명령(이하 '결정'이라고만 한다)과 같은 재판은 /

【대법원 요지】 ㄱ 원본이 법원사무관등에게 교부되었을 때 성립한 것으로 보아야 하고, /

【대법원 요지】 일단 성립한 결정은 /

【대법원 요지】 그 취소 또는 변경을 허용하는 별도의 규정이 있는 등의 특별한 사정이 없는 한 /

【대법원 요지】 결정법원이라도 이를 취소 · 변경할 수 없다. /

【대법원 요지】 또한 결정법원은 즉시항고가 제기되었는지 여부와 관계없이 /

【대법원 요지】 일단 성립한 결정을 당사자에게 고지하여야 하고 /

【대법원 요지】 그 고지는 상당한 방법으로 가능하며(민사소송법 제221조 제1항), /

【대법원 요지】 재판기록이 항고심으로 송부된 이후에는 항고심에서의 고지도 가능하므로 /

【대법원 요지】 결정의 고지에 의한 효력 발생이 당연히 예정되어 있다.

3. 결정 · 명령에 대한 불복의 시기(始期)

【대법원 요지】 일단 결정이 성립하면 /

【대법원 요지】 당사자가 법원으로부터 결정서를 송달받는 등의 방법으로 결정을 직접 고지받지 못한 경우라도 /

【대법원 요지】 결정을 고지받은 다른 당사자로부터 전해 듣거나 기타 방법에 의하여 결론을 아는 것이 가능하여 /

【대법원 요지】 본인에 대해 결정이 고지되기 전에 불복 여부를 결정할 수 있다. /

【대법원 요지】 그럼에도 이미 성립한 결정에 불복하여 제기한 즉시항고가 /

【대법원 요지】 항고인에 대한 결정의 고지 전에 이루어졌다는 이유만으로 부적법하다고 한다면, /

【대법원 요지】 항고인에게 결정의 고지 후에 동일한 즉시항고를 다시 제기하도록 하는 부담을 지우는 것이 될 뿐만 아니라 /

【대법원 요지】 이미 즉시항고를 한 당사자는 그 후 법원으로부터 결정서를 송달받아도 다시 항고할 필요가 없다고 생각하는 것이 통상의 경우이므로 /

【대법원 요지】 다시 즉시항고를 제기하여야 한다는 것을 알게 되는 시점에서는 이미 즉시항고기간이 경과하여 회복할 수 없는 불이익을 입게 된다.

【대법원 요지】 이와 같은 사정을 종합적으로 고려하면, /

【대법원 요지】 이미 성립한 결정에 대하여는 /

【대법원 요지】 그 결정이 고지되어 효력을 발생하기 전에도 /

【대법원 요지】 그 결정에 불복하여 항고할 수 있다고 보는 것이 타당하다.

【대법원 요지】 이와 달리 /

【대법원 요지】 결정의 성립 여부와 관계없이 /

【대법원 요지】 아직 효력이 발생하지 아니한 결정에 대하여는 항고권이 발생하지 아니하고 /

【대법원 요지】 항고권 발생 전에 한 항고는 부적법한 것으로 각하하여야 한다는 /

【대법원 요지】 대법원 1983. 3. 29.자 83스5 결정, /

【대법원 요지】 대법원 1983. 3. 31.자 83그9 결정, /

【대법원 요지】 대법원 1983. 4. 12.자 83스8 결정을 비롯하여 /

【대법원 요지】 같은 취지의 결정들은 /

【대법원 요지】 이 결정의 견해에 배치되는 범위 내에서 이를 변경하기로 한다.

4. 사안에 대한 항고법원의 판단

【항고심 판단】 2. 원심결정 이유와 기록에 의하면, /

【항고심 판단】 제1심법원의 2012. 7. 12.자 이 사건 주식양도명령이 /

【항고심 판단】 2012. 7. 18. 채권자에게, /

【항고심 판단】 2012. 7. 26. 채무자인 재항고인에게, /

【항고심 판단】 2012. 8. 17. 제3채무자에게 각각 송달되었는데, /

【항고심 판단】 재항고인은 자신에게 이 사건 주식양도명령이 송달되기 전인 2012. 7. 23.에 즉시항고를 제기하였고, /

【항고심 판단】 원심은 위 즉시항고는 이 사건 주식양도명령이 재항고인에게 고지되어 효력을 발생하기 전에 한 것이어서 부적법하고 그 하자를 치유할 방법도 없다는 이유로, /

【항고심 판단】 재항고인의 즉시항고를 각하하였다.

5. 사안에 대한 대법원의 판단

【대법원 판단】 그러나 앞서 본 법리에 의하면, /

【대법원 판단】 재항고인의 즉시항고는 이 사건 주식양도명령이 이미 성립한 상태에서 제기되었으므로 적법하다고 할 것이다.

【대법원 결론】 그럼에도 이와 달리 판단하여 재항고인의 즉시항고를 각하한 원심결정은 항고의 시기에 관한 법리를 오해하여 재판에 영향을 미친 위법이 있다.

【대법원 결론】 3. 그러므로 원심결정을 파기하고, 사건을 다시 심리·판단하게 하기 위하여 원심법원에 환송하기로 하여 주문과 같이 결정한다. /

【대법원 결론】 이 결정에 대하여는 대법관 조희대의 반대의견이 있는 외에는 관여 법관의 의견이 일치되었고, /

【대법원 결론】 다수의견에 대한 대법관 박보영, 대법관 김소영의 보충의견이 있다.

【코멘트】 본 판례는 민사집행절차에 관한 것이다. 그러나 결정·명령의 성립시점과 효력발생시점의 상호관계를 논하고 있다는 점에서 보면, 본 판례는 형사절차에서의 결정·명령에도 그대로 적용된다고 생각된다.

　　법원의 결정에 대한 불복방법은 항고이다(형소법 제402조). 판사의 명령에 대한 불복방법은 준항고이다(형소법 제416조 제1항). 항고 또는 준항고 가운데 결정·명령이 고지된 날부터 일정한 기간 내에 제기해야 하는 것을 가리켜서 즉시항고라고 한다. 즉시항고의 기간은 민사소송의 경우 1주일이며(민소법 제444조 제1항), 형사소송의 경우 3일이다(형소법 제405조, 제416조 제3항).

종래 대법원은 결정·명령에 대한 불복은 당해 결정·명령이 효력을 발생한 때로부터 불복기간이 종료할 때까지 가능하다고 보았다. 결정·명령은 이를 고지한 때로부터 효력이 발생한다(민소법 제221조 제1항, 형소법 제343조 제2항). 이에 따르면 즉시항고가 가능한 시기(始期)는 결정·명령이 고지된 시점이며, 즉시항고를 할 수 있는 종기(終期)는 결정·명령이 고지된 때로부터 1주일(민사소송) 또는 3일(형사소송)이 경과하는 시점이다.

이러한 논리에 따르면 결정·명령이 있다는 사실을 알게 되었다고 하여도 고지라는 형식을 갖추지 못하였다면 그 결정·명령에 불복하여 즉시항고를 할 수 없다. 결정·명령이 고지되지 아니하여 효력이 발생하지 아니한 단계에서는 불복을 할 수 있는 가능성이 없기 때문이다.

그러나 이러한 접근방법은 당해 결정·명령에 대해 불복하려는 사람의 입장에서 보면 매우 불리하며 불합리하다. 결정·명령이 고지되기 전에 즉시항고를 하더라도 이는 부적법한 것이어서 효력이 없고, 고지 이후의 시점에 반드시 다시 즉시항고를 하여야 한다. 이는 절차의 중복이다. 만일 적법하게 즉시항고를 하였다고 믿고 즉시항고 기간을 넘겨버리면 다시 즉시항고를 할 수도 없다.

이러한 불합리성에 주목하여 대법원은 본 판례에서 종전의 대법원판례를 변경하고 있다. 대법원이 이를 위하여 사용한 논리는 재판의 성립과 재판의 효력발생을 구별하는 것이다. 본 판례에서 대법원은 "[결정·명령은] 그 원본이 법원사무관등에게 교부되었을 때 성립한 것으로 [본다]"는 새로운 기준을 제시하고 있다. 이에 대해 결정·명령의 효력발생시점은 결정·명령이 고지된 때이다(민소법 제221조 제1항). 이제 즉시항고의 시기(始期)는 결정·명령이 성립한 시점이 되고, 즉시항고의 종기(終期)는 결정·명령이 고지된 때로부터 1주일(민사소송) 또는 3일(형사소송)의 기간이 경과한 시점이 된다.

이러한 판례변경에 대해 소수의견은 명문의 규정에 반하는 것이라고 비판한다. 이에 대해 다수의견의 보충의견은 하나의 결정·명령이 다수의 관계자들에게 고지될 때 그 고지시점에 따라 불복의 시기(始期)가 달라지는 문제점을 시정할 필요가 있다는 점을 지적한다. 소수의견과 보충의견의 자세한 내용은 지면관계로 일일이 소개할 수 없다. 결정·명령에 대한 불복의 시기(始期)를 통일적으로 확정하고, 결정·명령을 받은 당사자에게 불복의 가능성을 확장한다는 점에서 대법원의 판례변경은 타당하다고 생각된다.

본 판례는 민사집행절차에 관한 것임에도 불구하고 그 법리는 형사절차에서도 그대로 적용된다고 생각된다. 결정·명령은 재판의 형식으로서 민사소송과 형사소송 사이에 차이가 없기 때문이다. 즉시항고의 기산점은 결정·명령의 성립시점이라는 본 판례의 새로운 기준은 형사절차에서도 특별히 유념할 필요가 있다고 할 것이다.

2014모739

재심청구절차와 청구인 사망의 효과
범인은닉죄 재심청구인 사건
2014. 5. 30. 2014모739, 공 2014하, 1372

1. 사실관계 및 사건의 경과

【사실관계】

① (1970년대 소위 유신시절의 사안이다.)

② A는 대통령긴급조치 제9호 위반으로 수사대상이 되어 있었다.

③ 갑은 A를 숨겨주었다.

④ 검사는 갑을 범인은닉죄로 기소하였다.

⑤ 1976 7. 7. 서울형사지방법원은 갑에 대해 유죄판결을 선고하였다. (㉮유죄판결)

⑥ ㉮유죄판결은 확정되었다.

⑦ 이후 대법원은 전원합의체 결정으로 대통령긴급조치 제9호를 위헌·무효로 선언하였다.

⑧ A는 재심절차를 통해 무죄의 확정판결을 받았다. (㉯무죄판결)

【사건의 경과 1】

① 2013. 갑은 서울중앙지방법원에 ㉮유죄판결에 대한 재심을 청구하였다. (㉰재심청구)

② 서울중앙지방법원은 재심개시결정을 내렸다. (㉱재심개시결정)

③ 검사는 ㉱재심개시결정에 불복하여 서울고등법원에 즉시항고하였다.

④ 검사는 항고이유로, A에 대한 ㉯무죄판결은 갑의 범인은닉죄 성립에 아무런 영향을 미치지 않는다고 주장하였다.

⑤ 2013. 12. 20. 재심청구인 갑이 사망하였다.

⑥ 2014. 3. 13. 서울고등법원은 검사의 항고를 기각하였다.

【사건의 경과 2】

① 검사는 항고기각결정에 불복하여 대법원에 재항고하였다.

② 검사의 재항고이유는 항고이유와 같다.

③ 대법원은 직권으로 판단하였다.

2. 재심청구절차와 재심청구인의 사망

【대법원 요지】 형사소송법이나 형사소송규칙에는 /

【대법원 요지】 재심청구인이 재심의 청구를 한 후 /

【대법원 요지】 그 청구에 대한 결정이 확정되기 전에 사망한 경우에 /

【대법원 요지】 재심청구인의 배우자나 친족 등에 의한 재심청구인 지위의 승계를 인정하거나 /

【대법원 요지】 형사소송법 제438조와 같이 /

【대법원 요지】 재심청구인이 사망한 경우에도 절차를 속행할 수 있는 규정이 없으므로, /

【대법원 요지】 재심청구절차는 재심청구인의 사망으로 당연히 종료하게 된다.

【대법원 판단】 기록에 의하면, /

【대법원 판단】 재심청구인은 재심의 청구를 한 후 /

【대법원 판단】 그 청구에 대한 결정이 확정되기 전인 2013. 12. 20. 사망하였음이 명백하므로, /

【대법원 판단】 이 사건 재심청구절차는 재심청구인의 사망으로 당연히 종료되었다. /

【대법원 결론】 그럼에도 원심이 재심청구인의 사망을 간과하고 검사의 항고에 대하여 심리·판단한 것은 /

【대법원 결론】 재심청구절차의 종료에 관한 법리를 오해한 위법이 있다.

【대법원 결론】 그러므로 원심결정을 파기하고 /

【대법원 결론】 이 사건 재심청구절차가 재심청구인의 사망으로 종료되었음을 선언하기로 하여 /

【대법원 결론】 관여 대법관의 일치된 의견으로 주문과 같이 결정한다.

【대법원 주문】

원심결정을 파기한다. 이 사건 재심청구절차는 2013. 12. 20. 재심청구인의 사망으로 종료하였다.

【코멘트】 본 판례는 재심청구절차의 특징을 잘 보여주고 있다. 재심절차는 크게 보아 (가) 재심청구인이 재심심판절차를 열어줄 것을 청구하여 법원이 그에 대한 판단을 하는 재심청구절차와 (나) 재심청구가 받아들여져서 법원이 재차 공판심리를 하는 재심심판절차로 구별된다. 재심청구절차와 재심심판절차는 모두 유죄의 확정판결을 한 원판결법원에서 진행된다. 그러나 그 절차는 크게 다르다. 재심청구절차는 변론을 열 필요가 없고, 결정으로 종결된다. 이에 대해 재심심판절차에서는 법원이 공판기일을 열어 변론을 듣고, 유·무죄 등 실체판결로써 절차를 종결해야 한다.

재심청구절차와 재심심판절차를 비교해 보면 재심청구인의 사망과 관련하여 중요한 차이가 있음을 알 수 있다. 통상의 공판절차에서 피고인이 사망하면 법원은 형소법 제328조 제1항 제2호에 따라 공소기각결정으로 절차를 종결해야 한다. 그러나 재심심판절차의 경우에는 재심피고인이 사망하더라도 법원은 절차를 계속하여 진행해야 한다. 형소법 제438조 제2항이 형소법 제328조 제1항 제2호의 적용을 배제하고 있기 때문이다. 이 경우 법원은 피고인의 출정 없이 심판할 수 있으며(형소법 제438조 제3항 참조), 재심청구인이 사망 전에 변호인을 선임해 두지 아니하였다면 재판장은 직권으로 변호인을 선정하여야 한다(동조 제3항 참조).

이에 반해 재심청구절차에서는 재심청구인이 사망하였을 때에 관한 규정이 없다. 형사소송규칙의 경우도 마찬가지이다. 이러한 상황에서 법원이 선택할 수 있는 방법은 두 가지라고 생각된다. 하나는 재심심판절차에 적용되는 형소법 제438조를 재심청구절차에 준용하는 방법이다. 다른 하나는 명문의 규정이 없으므로 재심청구인의 사망과 함께 재심청구절차를 종결하는 방법이다. 본 판례에서 대법원은 후자의 입장을 취하겠다는 점을 분명히 하고 있다.

재심청구인이 사망하였다고 하여 곧바로 재심청구절차를 종결하는 것에 대해 이는 재심청구인 측에 지나치게 불리하며 법원 중심의 권위적인 태도가 아닌가 하는 비판이 제기될 수 있다. 나아가 대법원의 태도는 유죄의 확정판결을 받은 사람이 이미 사망한 경우에도 그 배우자 등 친족이 재심청구를 할 수 있도록 규정한 형소법 제424조 제4호와 배치되는 것이 아닌가 하는 의문이 생길 수도 있다.

그러나 결론적으로 대법원의 입장이 타당하다고 생각된다. 재심청구절차가 진행되는 동안에 재심청구인이 사망한 경우 그 재심청구절차는 종료된다. 그렇다고 재심이 완전히 봉쇄되는 것은 아니다. 사망자의 배우자 등은 형소법 제424조 제4호에 기하여 독자적으로 재심청구를 할 수 있기 때문이다. 이 경우 재심청구인은 사망자가 아니라 사망자의 배우자 등 살아있는 사람이며, 이를 통해 재심청구절차는 유효하게 진행될 수 있다. 본 판례의 사안으로 돌아가 본다면, 이제 사망자 갑의 배우자 등 그의 친족은 별도로 재심청구를 하면 될 것이다.

2014모1557

위법한 공시송달과 상소권회복청구
인도네시아 무단 출국 사건
2014. 10. 16. 2014모1557, 공 2014하, 2219

1. 사실관계 및 사건의 경과

【사실관계 1】

① 2011. 2. 10. 갑은 부산지방법원에 사기 등의 피고사건으로 기소되었다.

② 갑의 피고사건은 단독판사 관할에 속한다.

③ 갑에 대한 공소장에는 다음의 사항이 기재되었다.

　(가) 주거지 : (번지 생략) M아파트 N동 ⓐ호 (㉠주소)

　(나) 전화번호 : ⓑ번 (㉡전화번호)

④ 제1심법원은 공소장과 피고인소환장을 ㉠주소로 발송하였다.

⑤ A는 갑의 처이다.

⑥ 공소장과 피고인소환장은 ㉠주소에서 A가 수령하였다.

⑦ 제1심법원은 제1회 공판기일을 변경하였다.

⑧ 갑은 ㉠주소에서 제1회 공판기일 변경명령을 수령하였다.

【사실관계 2】

① 갑은 제1회 공판기일에 출석하여 다음과 같이 진술하였다.

　(가) 본인(갑)의 주거지는 ㉠주소이다.

　(나) 전화번호는 공소장 기재와 같다.

② 갑은 그 후 제5회 공판기일까지 모두 출석하였다.

③ 2011. 7. 12. 제1심법원은 제5회 공판기일에 변론을 종결하고, 선고기일을 2011. 8. 19.로 지정하였다.

【사실관계 3】

① 2011. 7. 16. 갑은 인도네시아로 출국하였다.

② 갑은 출국 사실을 법원에 신고하지 않았다.

③ 2011. 8. 18. 갑의 변호인은 제1심법원에 피해자와의 합의를 위해 선고기일을 연기해 달라는 요청을 하였다.

④ 2011. 8. 19. 선고기일에 갑은 출석하지 않았다.

⑤ 제1심법원은 선고기일을 2011. 9. 6.로 연기하였다.

【사실관계 4】

① 제1심법원은 연기된 선고기일의 피고인소환장을 ㉠주소로 송부하였다.

② 피고인소환장은 ㉠주소에서 A가 수령하였다.

③ 2011. 9. 6. 선고기일에 갑은 출석하지 않았다.

④ 제1심법원은 선고기일을 2011. 9. 23.로 재차 연기하였다.

【사실관계 5】

① 2011. 9. 9. 제1심법원은 갑에 대해 피고인 구인용 구속영장을 발부하였다. (ⓒ구속영장)

② 제1심법원은 2011. 9. 23. 선고기일의 피고인소환장을 ㉠주소로 송부하였다.

③ 피고인소환장은 ㉠주소에서 A가 수령하였다.

④ 2011. 9. 23. 재차 연기된 선고기일에 갑은 출석하지 않았다.

【사실관계 6】

① 2011. 9. 29. 제1심법원은 갑에 대한 변론을 재개하였다.

② 제1심법원은 2011. 10. 14.로 공판기일을 지정하였다.

③ 제1심법원은 변론재개결정문과 피고인소환장을 ㉠주소로 송부하였다.

④ 변론재개결정문과 피고인소환장은 ㉠주소에서 A가 수령하였다.

⑤ 2011. 10. 14. 공판기일에 갑은 출석하지 않았다.

⑥ 제1심법원은 공판기일을 2011. 11. 4.로 연기하였다.

【사실관계 7】

① 2011. 10. 17. 검사는 2011. 9. 9. 제1심법원이 발부한 피고인 구인용 ⓒ구속영장을 반환하였다.

② 검사는 ⓒ구속영장 반환과 함께 다음 내용의 수사보고서를 제출하였다. (ⓔ수사보고서)

  (가) 갑은 ㉠주소에 실제로 거주하지 않고 있다.

  (나) 현재 ㉠주소에는 갑의 처 A가 혼자 살고 있다는 사실을 아파트 관리사무소를 통해 확인했다.

  (다) 갑의 최근 소재지를 확인하기 위해 몇 차례 방문하였다.

  (라) 갑의 처 A는 현재 다른 지방에서 일을 하는 등으로 장기간 집을 비우고 있어 소재불명이다.

【사실관계 8】

① 2011. 10. 20. 갑의 처 A는 2011. 11. 4. 공판기일 피고인소환장을 ㉠주소에서 수령하였다.

② 2011. 11. 4. 공판기일에 갑은 출석하지 않았다.

③ 제1심법원은 공판기일을 2011. 11. 25.로 다시 연기하였다.

④ 제1심법원은 재차 연기된 공판기일에 관한 피고인소환장을 ㉠주소로 송부하였다.

⑤ [피고인소환장은 수령하는 사람이 없어 반송되었다.]

【사실관계 9】

① 2011. 11. 8. 제1심법원은 ㉠주소를 관할하는 부산진경찰서장에게 갑에 대한 소재탐지촉탁을 명하였다.

② 2011. 11. 25. 공판기일에 갑은 출석하지 않았다.

③ 2012. 1. 13. 제1심법원은 부산진경찰서장으로부터 다음 내용의 회신을 받았다. (㉢소재탐지불능보고서)

④ "㉠주소에 인기척이 없고, 관리사무소에 문의한바, 1~2달 전부터 비어 있는 집으로 아무도 살고 있지 않는다고 하여 소재불명이다."

【사실관계 10】

① 2012. 5. 30. 제1심법원은 제12회 공판기일을 2012. 6. 26.로 지정하였다.

② 2012. 6. 1. 피고인소환장은 ㉠주소에서 A가 수령하였다.

③ [2012. 6. 26. 공판기일에 갑은 출석하지 않았다.]

④ 2012. 6. 27. 검사는 갑에 대한 출입국현황서를 제1심법원에 제출하였다.

⑤ 이를 통하여 갑이 2011. 7. 16. 인도네시아로 출국한 사실이 밝혀졌다.

【사건의 경과 1】

① 2012. 6. 27. 제1심법원은 피고인에 대한 송달을 공시송달로 하기로 결정하였다.

② 제1심법원은 2012. 7. 24.로 공판기일을 지정하였다.

③ 지정된 공판기일은 제1심법원 소속 법원 청사 게시장에 공시되었다.

④ 2012. 7. 24. 공판기일에 갑은 출석하지 않았다.

【사건의 경과 2】

① 제1심법원은 2012. 8. 14.로 공판기일을 다시 지정하였다.

② 다시 지정된 공판기일은 제1심법원 소속 법원 청사 게시장에 공시되었다.

③ 2012. 8. 14. 공판기일에 갑은 출석하지 않았다.

④ 2012. 8. 14. 제1심법원은 변론을 종결하였다.

⑤ 2012. 8. 24. 제1심법원은 갑을 징역 4년에 처하는 판결을 선고하였다. (㉮판결)

⑥ ㉮판결은 항소제기기간을 경과하여 확정되었다.

【사건의 경과 3】

① [갑은 인도네시아로부터 귀국하였다.]

② [2014. 5.경] 갑은 상소권회복청구와 함께 항소장을 제1심법원에 제출하였다.

③ 갑은 항소기간 내에 항소하지 못한 소명 사유로 다음의 점을 기재하였다.

　(가) 변호인으로부터 본인(갑)이 재판에 출석해야 하는 경우 연락을 해 주겠다는 말을 믿고 인도네시아로 출국하였다.

　(나) 변호인으로부터 아무런 연락을 받지 못하였다.

　(다) 본인(갑)의 ㉠주소지에서 피고인소환장을 송달받은 처 A로부터도 아무런 연락을 받지 못하였다.

④ 제1심법원은 갑의 상소권회복청구를 기각하는 결정을 내렸다.

【사건의 경과 4】

① 갑은 제1심법원의 상소권회복청구 기각결정에 불복하여 즉시항고하였다.

② 관할 항고법원은 부산지방법원 합의부이다.

③ 2014. 6. 9. 관할 항고법원은 갑의 즉시항고를 기각하였다.

④ (항고법원의 판단 이유는 판례본문 참조)

⑤ 갑은 대법원에 재항고하였다.

⑥ 갑은 재항고 이유로 다음의 점을 주장하였다.

   (가) 갑에 대한 공시송달은 위법하다.

   (나) 위법한 공시송달은 피고인 또는 그 대리인이 책임질 수 있는 사유가 아니다.

   (다) 책임질 수 없는 사유로 항소하지 못하였으므로 상소권회복청구가 가능하다.

2. 사안에 대한 항고법원의 판단

【대법원 판단】 1. 원심결정 이유에 의하면, 원심은, /

【대법원 요지】 ① 형사피고사건으로 법원에 재판이 계속 중인 사람은 /

【대법원 요지】 공소제기 당시 주소지나 그 후 신고한 주소지를 옮긴 때에는 /

【대법원 요지】 자기의 신주소지를 법원에 제출한다거나 /

【대법원 요지】 기타 소송진행상태를 알 수 있는 방법을 강구하여야 하고, /

【대법원 요지】 만일 이러한 조치를 취하지 않았다면 /

【대법원 요지】 소송서류가 송달되지 아니하여 공판기일에 출석하지 못하거나 /

【대법원 요지】 판결선고사실을 알지 못하여 상소기간을 도과하는 등 /

【대법원 요지】 불이익을 받는 책임을 면할 수 없으므로, /

【대법원 판단】 재항고인이 변호인으로부터 자신이 재판에 출석해야 하는 경우 연락을 해 주겠다는 말을 믿고 인도네시아로 출국하였는데 /

【대법원 판단】 변호인으로부터 아무런 연락을 받지 못하였고 /

【대법원 판단】 자신의 주소지에서 피고인소환장을 송달받은 재항고인의 처로부터도 아무런 연락을 받지 못하였다는 사정만으로는 /

【대법원 판단】 재항고인이 책임질 수 없는 사유로 인하여 상소의 제기기간 내에 상소를 하지 못한 때에 해당한다고 할 수 없고, /

【항고심 판단】 ② 제1심법원이 재항고인의 소재를 확인하기 위하여 /

【항고심 판단】 구인장 발부, 소재조사촉탁 등 여러 가지 조치를 취하였음에도 /

【항고심 판단】 재항고인의 소재가 확인되지 아니하자 /

【항고심 판단】 공시송달결정을 하고 피고인소환장을 공시송달한 다음, /

【항고심 판단】 재항고인이 불출석한 상태에서 재판을 진행하여 판결을 선고한 것에 /

【항고심 판단】 아무런 잘못이 없다고 판단하였다.

【대법원 결론】 2. 관련 법리와 기록에 비추어 살펴보면, /

【대법원 결론】 원심의 위 ①과 같은 판단은 정당한 것으로 수긍이 가고, 거기에 재판에 영향을 미친

헌법 · 법률 · 명령 또는 규칙의 위반이 없다.

【대법원 결론】 그러나 원심의 위 ②와 같은 판단은 다음과 같은 이유로 수긍하기 어렵다.

3. 공시송달의 요건

【대법원 분석】 가. 소송촉진 등에 관한 특례법 제23조와 /

【대법원 분석】 같은 법 시행규칙 제19조 제1항에 의하면, /

【대법원 요지】 피고인의 소재를 확인하기 위하여 필요한 조치를 취하였음에도 불구하고 /

【대법원 요지】 피고인에 대한 송달불능보고서가 접수된 때로부터 6월이 경과하도록 /

【대법원 요지】 피고인의 소재가 확인되지 아니한 때에 /

【대법원 요지】 비로소 공시송달의 방법에 의하도록 하고 있는바, /

【대법원 요지】 피고인 주소지에 피고인이 거주하지 아니한다는 이유로 /

【대법원 요지】 구속영장이 여러 차례에 걸쳐 집행불능되어 반환된 바 있었다고 하더라도 /

【대법원 요지】 이를 소송촉진 등에 관한 특례법이 정한 '송달불능보고서의 접수'로 볼 수는 없다 /

【대법원 요지】 (대법원 2012. 3. 29. 선고 2011도7570 판결, /

【대법원 요지】 대법원 2003. 11. 14. 선고 2003도4983 판결 등 참조). /

【대법원 요지】 반면에 소재탐지불능보고서의 경우는 /

【대법원 요지】 경찰관이 직접 송달 주소를 방문하여 거주자나 인근 주민 등에 대한 탐문 등의 방법으로 피고인의 소재 여부를 확인하므로 /

【대법원 요지】 송달불능보고서보다 더 정확하게 피고인의 소재 여부를 확인할 수 있기 때문에 /

【대법원 요지】 송달불능보고서와 동일한 기능을 한다고 볼 수 있으므로 /

【대법원 요지】 소재탐지불능보고서의 접수는 /

【대법원 요지】 소송촉진 등에 관한 특례법이 정한 '송달불능보고서의 접수'로 볼 수 있다.

【대법원 요지】 한편, 피고인의 집 전화번호 또는 휴대전화번호 등이 기록상 나타나 있는 경우에는 /

【대법원 요지】 위 전화번호로 연락하여 송달받을 장소를 확인하여 보는 등의 시도를 해 보아야 하고, /

【대법원 요지】 그러한 조치를 취하지 아니한 채 곧바로 공시송달의 방법에 의한 송달을 하는 것은 /

【대법원 요지】 형사소송법 제63조 제1항, /

【대법원 요지】 소송촉진 등에 관한 특례법 제23조에 위배되어 /

【대법원 요지】 허용되지 아니한다 /

【대법원 요지】 (대법원 2011. 5. 13. 선고 **2011도1094** 판결 등 참조).

4. 위법한 공시송달과 상소권회복청구

【대법원 요지】 그리고 피고인이 소송이 계속 중인 사실을 알면서도 법원에 거주지 변경 신고를 하지 않았다 하더라도, /

【대법원 요지】 잘못된 공시송달에 터 잡아 피고인의 진술 없이 공판이 진행되고 /

【대법원 요지】 피고인이 출석하지 않은 기일에 판결이 선고된 이상, /

【대법원 요지】 피고인은 자기 또는 대리인이 책임질 수 없는 사유로 인하여 상소제기기간 내에 상소를 하지 못한 것으로 봄이 상당하다 /

【대법원 요지】 (대법원 2006. 2. 8.자 **2005모507** 결정 등 참조).

5. 사안에 대한 대법원의 분석

【대법원 분석】 나. 기록에 의하면 다음과 같은 사실을 알 수 있다.

【대법원 분석】 (1) 재항고인[갑]은 2011. 2. 10. 부산지방법원 2011고단○○○호 사기 등 사건으로 기소되었는데, /

【대법원 분석】 그 공소장에는 재항고인의 주거지가 '부산 부산진구 (주소 생략)○○주공아파트(동호수 생략)'(이하 '이 사건 주소지'라 한다)로, /

【대법원 분석】 재항고인의 전화번호가 (전화번호 생략)으로 각 기재되어 있고, /

【대법원 분석】 위 공소장 부본 및 피고인소환장은 이 사건 주소지에서 재항고인의 처인 신청외인[A]이 수령하였으며, /

【대법원 분석】 재항고인은 이 사건 주소지에서 제1회 공판기일 변경명령을 수령하였다.

【대법원 분석】 (2) 재항고인은 제1회 공판기일에 출석하여 자신의 주거지가 이 사건 주소지이고, 전화번호가 공소장 기재와 같다고 진술하였고, /

【대법원 분석】 그 후 제5회 공판기일까지 모두 출석하였으며, /

【대법원 분석】 제1심법원은 제5회 공판기일에 변론을 종결하고, 선고기일을 2011. 8. 19.로 지정하였다.

【대법원 분석】 (3) 재항고인은 변론 종결 후 4일이 지난 2011. 7. 16. 인도네시아로 출국하였는데, /

【대법원 분석】 이러한 사실을 법원에 신고하지 아니하였다.

【대법원 분석】 (4) 재항고인의 변호인은 2011. 8. 18. 제1심법원에 합의를 위해 선고기일을 연기해 달라는 요청을 하였고, /

【대법원 분석】 재항고인은 2011. 8. 19. 선고기일에 출석하지 아니하였다. /

【대법원 분석】 그리고 재항고인은 그 후 연기된 선고기일인 2011. 9. 6.과 재차 연기된 선고기일인 2011. 9. 23.에도 모두 출석하지 아니하였고, /

【대법원 분석】 위와 같이 각 연기된 선고기일에 관한 피고인소환장은 이 사건 주소지에서 신청외인이 각 수령하였다.

【대법원 분석】 (5) 제1심법원은 2011. 9. 29. 재항고인에 대한 변론을 재개하면서 2011. 10. 14.로 공판기일을 지정하였는데, /

【대법원 분석】 그 변론재개결정문과 피고인소환장은 이 사건 주소지에서 신청외인이 수령하였으나, /

【대법원 분석】 재항고인은 출석하지 아니하였고, /

【대법원 분석】 그 후 연기된 공판기일인 2011. 11. 4.과 2011. 11. 25.에도 모두 출석하지 아니하였는데, /

【대법원 분석】 2011. 11. 4. 공판기일 소환장은 2011. 10. 20. 이 사건 주소지에서 신청외인이 수령하였다.

【대법원 분석】 (6) 제1심법원은 2011. 9. 9. 피고인 구인용 구속영장을 발부하였는데, /

【대법원 분석】 검사는 2011. 10. 17. 위 구속영장을 반환하면서 /

【대법원 분석】 '재항고인은 이 사건 주소지에 실제로 거주하지 않고, /

【대법원 분석】 현재 이 사건 주소지에는 재항고인의 처 신청외인이 혼자 살고 있다는 사실을 아파트 관리사무소를 통해 확인했다. /

【대법원 분석】 재항고인의 최근 소재지를 확인하기 위해 몇 차례 방문했으나, /

【대법원 분석】 신청외인은 현재 다른 지방에서 일을 하는 등으로 장기간 집을 비우고 있어 소재불명이다' /

【대법원 분석】 라는 취지의 수사보고서를 제출하였다.

【대법원 분석】 (7) 제1심법원은 2011. 11. 8. 이 사건 주소지를 관할하는 부산진경찰서장에게 재항고인에 대한 소재탐지촉탁을 명하였고, /

【대법원 분석】 2012. 1. 13. '이 사건 주소지에 인기척이 없고, 관리사무소에 문의한바, 1~2달 전부터 비어 있는 집으로 아무도 살고 있지 않다고 하여 소재불명이다' /

【대법원 분석】 라는 내용의 회신을 받았다.

【대법원 분석】 (8) 제1심법원은 2012. 5. 30. 제12회 공판기일을 2012. 6. 26.로 지정하였는데, /

【대법원 분석】 그 피고인소환장은 2012. 6. 1. 이 사건 주소지에서 신청외인이 수령하였다.

【대법원 분석】 (9) 검사는 2012. 6. 27. 재항고인에 대한 출입국현황서를 제출하였고, /

【대법원 분석】 그로 인하여 비로소 재항고인이 2011. 7. 16. 인도네시아로 출국한 사실이 밝혀졌다.

【대법원 분석】 (10) 제1심법원은 2012. 6. 27. 피고인에 대한 송달을 공시송달로 하기로 결정하고, /

【대법원 분석】 그 후 지정된 공판기일인 2012. 7. 24. 및 2012. 8. 14.에 재항고인이 모두 불출석하자 /

【대법원 분석】 2012. 8. 14. 변론을 종결한 후 /

【대법원 분석】 2012. 8. 24. 재항고인을 징역 4년에 처하는 판결을 선고하였다.

6. 사안에 대한 대법원의 판단

【대법원 판단】 다. 위 사실을 앞서 본 법리에 비추어 보면, /

【대법원 판단】 제1심법원에 재항고인에 대한 송달불능보고서가 접수된 적이 없고, /

【대법원 판단】 제1심법원이 발부한 구속영장이 이 사건 주소지에 피고인이 거주하지 아니한다는 이유로 집행불능되어 반환되었다고 하더라도 /

【대법원 판단】 이를 소송촉진 등에 관한 특례법이 정한 '송달불능보고서의 접수'로 볼 수도 없다. /

【대법원 판단】 다만 부산진경찰서장의 소재탐지불능보고서는 이를 소송촉진 등에 관한 특례법이 정한 송달불능보고서로 볼 수 있으나, /

【대법원 판단】 위 보고서가 제1심법원에 접수된 것이 2012. 1. 13.이므로 /

【대법원 판단】 제1심법원이 그로부터 6월이 경과하기 전인 2012. 6. 27.에 공시송달결정을 한 것은 잘못이다.

【대법원 요지】 뿐만 아니라 공소장 등에 재항고인의 전화번호가 기재되어 있으므로, /

【대법원 요지】 제1심법원으로서는 공시송달결정을 하기에 앞서 /

【대법원 요지】 재항고인의 전화번호로 연락하여 송달받을 장소를 확인하여 보는 등의 시도를 해 보았어야 하는데, /

【대법원 요지】 그러한 조치를 취하지 아니한 채 피고인의 소재가 확인되지 아니한다고 단정하여 /

【대법원 요지】 곧바로 공시송달의 방법에 의한 송달을 한 것 또한 잘못이다.

【대법원 판단】 이처럼 잘못된 공시송달에 터 잡아 재항고인의 진술 없이 공판이 진행되고, /

【대법원 판단】 재항고인이 출석하지 않은 기일에 제1심판결이 선고된 이상, /

【대법원 판단】 재항고인은 자기 또는 대리인이 책임질 수 없는 사유로 인하여 /

【대법원 판단】 항소제기기간 내에 항소를 하지 못한 것으로 봄이 상당하다.

【대법원 결론】 그럼에도 원심은 그 판시와 같은 이유만으로 재항고인의 상소권회복청구를 배척하였는바, /

【대법원 결론】 이는 소송촉진 등에 관한 특례법 제23조, 형사소송법 제345조를 위반하여 판단을 그르친 것이다. (파기 환송)

2014모2488

피고인 구속과 구속신문절차
캐나다 출국자 구속영장 사건

2014. 11. 18. 2014모2488, [미공간]

1. 사실관계 및 사건의 경과

【사실관계 1】

① 2014. 3. 26. 갑은 ㉮피고사건으로 기소되었다.

② 2014. 4. 1. 갑은 캐나다로 출국하였다.

③ 제1심법원은 2014. 5. 8.을 제1회 공판기일로 지정하였다.

④ 제1심법원은 공소장 부본과 피고인소환장을 갑에게 송부하였다.

⑤ 갑은 국내에 거주하는 부친 A를 통해 피고인소환장을 송달받았다.

⑥ 갑은 변호인 B를 통해 공판기일변경신청서를 제출하였다.

⑦ 갑은 자신이 캐나다 내에서 체류하고 있는 거소와 귀국예정일을 밝히기 위하여 다음의 서류를 함께 제출하였다.

    (가) 캐나다 내 주택임대차계약서 사본

    (나) 예매한 항공권 사본

⑧ 제1심법원은 갑의 공판기일변경신청을 기각하였다.

【사실관계 2】

① 2014. 5. 8. 갑은 제1회 공판기일에 불출석하였다.

② 제1심법원은 2014. 6. 10.을 제2회 공판기일로 지정하였다.

③ 제1심법원은 피고인소환장을 갑에게 송부하였다.

④ 갑은 국내에 거주하는 부친 A를 통해 피고인소환장을 송달받았다.

⑤ 갑은 변호인 B를 통해 종전과 같은 내용의 공판기일변경신청서를 다시 제출하였다.

⑥ 제1심법원은 갑의 공판기일변경신청을 다시 기각하였다.

⑦ 2014. 6. 10. 갑은 제2회 공판기일에 불출석하였다.

⑧ 제1심법원은 갑이 형사재판을 회피할 목적으로 귀국하지 아니한 것으로서 도망한 경우에 해당한다고 판단하였다.

⑨ 제1심법원은 갑에 대한 사전 청문절차를 거치지 않고 갑에 대한 구금용 구속영장을 발부하였다.

【사건의 경과】

① 갑은 제1심법원의 구금용 구속영장 발부에 불복하여 관할 항고법원에 항고하였다.

② 관할 항고법원은 항고를 기각하였다.

③ (항고법원의 판단 이유는 판례 본문 참조)

④ 갑은 항고기각결정에 불복하여 대법원에 재항고하였다.

2. 피고인 구속과 구속신문절차

【대법원 분석】 1. 형사소송법 제72조는 /

【대법원 분석】 "피고인에 대하여 범죄사실의 요지, 구속의 이유와 변호인을 선임할 수 있음을 말하고 변명할 기회를 준 후가 아니면 구속할 수 없다. /

【대법원 분석】 다만, 피고인이 도망한 경우에는 그러하지 아니하다."고 규정하고 있다.

【대법원 요지】 이는 피고인을 구속함에 있어 법관에 의한 사전 청문절차를 규정한 것으로서, /

【대법원 요지】 구속영장을 집행함에 있어 집행기관이 취하여야 하는 절차가 아니라 /

【대법원 요지】 구속영장을 발부함에 있어 수소법원 등 법관이 취하여야 하는 절차라 할 것이므로, /

【대법원 요지】 피고인이 청문권을 포기하였다고 볼 수 있는 도망한 경우나 /

【대법원 요지】 이미 변호인을 선정하여 공판절차에서 변명과 증거의 제출을 다하고 그의 변호 아래 판결을 선고받는 등과 같이 /

【대법원 요지】 위 규정에서 정한 절차적 권리가 실질적으로 보장되었다고 볼 수 있는 경우가 아님에도 /

【대법원 요지】 법원이 사전에 위 규정에 따른 절차를 거치지 아니한 채 /

【대법원 요지】 피고인에 대하여 구금용 구속영장을 발부하였다면 그 발부결정은 위법하다 /

【대법원 요지】 (대법원 2000. 11. 10.자 **2000모134** 결정 등 참조).

【대법원 요지】 한편 여기서 도망이란 피고인이 공판절차의 진행 또는 형의 집행을 면할 의사로 소재불명이 되는 것을 의미한다.

3. 사안에 대한 항고법원의 판단

【항고심 판단】 2. 원심은, /

【항고심 판단】 피고인이 2014. 3. 26. 이 사건 공소가 제기된 사실을 알면서 2014. 4. 1. 캐나다로 출국하였고, /

【항고심 판단】 국내에 거주하는 부친을 통해 피고인소환장을 송달받고도 2014. 5. 8. 제1회 공판기일과 2014. 6. 10. 제2회 공판기일에 모두 불출석하였으며, /

【항고심 판단】 비록 피고인이 변호인을 통해 제1심법원에 두 차례에 걸쳐 공판기일변경신청서를 제출하면서 자신이 캐나다 내에서 체류하고 있는 거소와 귀국예정일에 관해 밝혔다고 하더라도, /

【항고심 판단】 제1심법원이 위 공판기일변경신청을 불허한 이상 /

【항고심 판단】 피고인으로서는 현지 체류가 불가피한 특별한 사정이 없는 한 형사재판을 받기 위해 귀국하였어야 함에도 /

【항고심 판단】 그러한 특별한 사정 없이 귀국하여 형사재판에 출석하지 아니하였다는 이유로, /

【항고심 판단】 피고인이 형사재판을 회피할 목적으로 귀국하지 아니한 것으로서 도망한 경우에 해당한다고 보아, /

【항고심 판단】 제1심법원이 사전 청문절차를 거치지 않고 피고인에 대한 구금용 구속영장을 발부한 것은 적법하다고 판단하였다.

4. 사안에 대한 대법원의 판단

【대법원 판단】 3. 그러나 원심의 위와 같은 판단은 그대로 수긍하기 어렵다.

【대법원 판단】 기록상 알 수 있는 다음과 같은 사정, /

【대법원 판단】 즉 피고인이 두 차례에 걸쳐 공판기일이 지정된 사실을 알고도 이에 불출석하였다고 하더라도, /

【대법원 판단】 그 불출석에 앞서 변호인을 통하여 자신이 캐나다 내에서 체류하고 있는 거소와 귀국예정일에 관해 밝혔을 뿐만 아니라, /

【대법원 판단】 그와 같이 밝힌 거소나 귀국예정일이 거짓된 것이었다고 보이지 않는 점/

【대법원 판단】 (캐나다 내 주택임대차계약서 사본과 예매한 항공권 사본 등도 공판기일변경신청서와 함께 제출되었다), /

【대법원 판단】 그 귀국예정일이 상당한 기간 후도 아니었고, 그때까지 귀국하기 어려운 사정에 관하여도 수긍할 만한 이유가 있어 보인다는 점, /

【대법원 판단】 한편 원심은 피고인이 이 사건 공소가 제기된 사실을 알면서 캐나다로 출국하였다고 보았으나, /

【대법원 판단】 피고인이 출국하여 캐나다에 도착할 당시까지 이 사건 공소가 제기된 사실을 알았다고 볼 만한 아무런 자료도 없다는 점 등을 종합하여 볼 때, /

【대법원 판단】 피고인이 소재불명되었다고 보기 어렵고, /

【대법원 판단】 나아가 피고인에게 공판절차의 진행을 면할 의사가 있었다고 단정하기도 어렵다고 할 것이다.

【대법원 판단】 따라서 피고인이 도망한 경우에 해당한다고 볼 수 없고, /

【대법원 판단】 나아가 피고인에게 형사소송법 제72조 본문에서 정한 절차적 권리가 실질적으로 보

장되었다고 볼 수 있는 경우도 아님에도, /

【대법원 판단】 제1심법원은 사전에 위 규정에 따른 절차를 거치지 아니한 채 피고인에 대하여 구금용 구속영장을 발부하였으므로, /

【대법원 판단】 그 발부결정이 적법하다고 볼 수는 없다.

【대법원 결론】 그런데도 원심은 그 판시와 같은 이유만으로 이와 달리 판단하였으니, 이러한 원심판단에는 구금용 구속영장 발부에 관한 법리를 오해하는 등으로 재판에 영향을 미친 잘못이 있다. /

【대법원 결론】 이 점을 지적하는 재항고이유 주장은 이유 있다. (파기 환송)

2014모2521

이유 무죄와 형사보상청구
특가법 상습절도 이유 무죄 사건
2016. 3. 11. 2014모2521, 공 2016상, 549

1. 사실관계 및 사건의 경과

【사실관계 1】

① (2016. 1. 6.의 개정에 의해 특가법상의 상습절도 조항이 삭제되기 전의 사안이다.)

② 갑은 M편의점 종업원이다.

③ 갑은 절도 진과가 여러 차례 있다.

④ 2013. 8. 31. 22:40경 갑은 M편의점 앞 테이블에서 A가 맥주를 마시고 의자 위에 놓고 간 검은색 ㉠가방을 가지고 갔다.

⑤ ㉠가방 속에는 A 소유의 현금 163만 원이 들어 있었다.

【사실관계 2】

① 2013. 10. 30. 검사는 갑을 특가법위반죄(상습절도)로 구속기소하였다.

② 제1심 공판절차에서 갑은 불법영득의사가 없었다고 주장하였다.

③ 2013. 12. 11. 제1심법원은 유죄를 인정하여 징역 1년 6월을 선고하였다.

【사실관계 3】

① 2013. 12. 17. 갑은 불복 항소하였다.

② 항소심법원은 서울고등법원이다.

③ 항소심 공판절차에서 특가법위반죄(상습절도) 공소사실에 점유이탈물횡령의 점을 예비적 공소사실로 추가하는 공소장변경이 이루어졌다.

④ 2014. 3. 27. 서울고등법원은 제1심판결을 파기하고 다음과 같이 판단하였다. (㉮판결)

　(가) 점유이탈물횡령죄 : 벌금 300만 원

　(나) 특가법위반죄(상습절도) : 판결 이유에서 무죄

⑤ 갑은 석방되었다.

⑥ ㉮판결은 확정되었다.

【사건의 경과】

① 갑은 형사보상 및 명예회복에 관한 법률에 따라 서울고등법원에 형사보상을 청구하였다.

② 2014. 9. 19. 서울고등법원은 다음의 이유를 들어 갑의 형사보상청구에 대해 기각결정을 내렸다. (㉯기각결정)

  (가) ㉮판결을 보면, 주위적 공소사실인 특정범죄가중법 위반(절도)의 점을 판결 이유에서 무죄로 판단하고 예비적 공소사실인 점유이탈물횡령의 점에 대하여 유죄를 선고하였다.

  (나) 이유에서 무죄로 판단한 경우는 형사보상법 제2조 제1항이 정한 '무죄재판을 받은 경우'에 해당한다고 볼 수 없다.

③ 갑은 서울고등법원의 ㉯기각결정에 불복하여 대법원에 재항고하였다.

2. 이유 무죄 부분과 형사보상

【대법원 분석】 헌법 제28조는 /

【대법원 분석】 "형사피의자 또는 형사피고인으로서 구금되었던 자가 /

【대법원 분석】 법률이 정하는 불기소처분을 받거나 무죄판결을 받은 때에는 /

【대법원 분석】 법률이 정하는 바에 의하여 국가에 정당한 보상을 청구할 수 있다."고 규정하고, /

【대법원 분석】 「형사보상 및 명예회복에 관한 법률」(이하 '형사보상법'이라 한다) 제2조 제1항은 /

【대법원 분석】 "형사소송법에 따른 일반 절차 또는 재심이나 비상상고 절차에서 /

【대법원 분석】 무죄재판을 받아 확정된 사건의 피고인이 /

【대법원 분석】 미결구금을 당하였을 때에는 /

【대법원 분석】 이 법에 따라 국가에 대하여 그 구금에 대한 보상을 청구할 수 있다."고 규정하고 있다. /

【대법원 요지】 이와 같은 형사보상법 조항은 그 입법 취지와 목적 및 내용 등에 비추어 /

【대법원 요지】 재판에 의하여 무죄의 판단을 받은 자가 그 재판에 이르기까지 억울하게 미결구금을 당한 경우 보상을 청구할 수 있도록 하기 위한 것이므로, /

【대법원 요지】 판결 주문에서 무죄가 선고된 경우뿐만 아니라 /

【대법원 요지】 판결 이유에서 무죄로 판단된 경우에도 /

【대법원 요지】 미결구금 가운데 무죄로 판단된 부분의 수사와 심리에 필요하였다고 인정된 부분에 관하여는 보상을 청구할 수 있고, /

【대법원 요지】 다만 형사보상법 제4조 제3호를 유추적용하여 /

【대법원 요지】 법원의 재량으로 보상청구의 전부 또는 일부를 기각할 수 있을 뿐이다.

3. 사안에 대한 대법원의 분석

【대법원 분석】 기록에 의하면, /

【대법원 분석】 ① 재항고인[갑]은 2013. 10. 30. 서울서부지방법원 2013고단○○○○호로 /

【대법원 분석】 '서울 용산구 (주소 생략)에 있는 씨유(CU) M점 편의점 종업원으로서 2013. 8. 31. 22:40경 편의점 앞 테이블에서 피해자 청구외인이 맥주를 마시고 의자 위에 놓고 간 피해자 소유인

현금 163만 원이 들어 있는 검은색 가방을 가지고 갔다'는 공소사실에 대하여 /

【대법원 분석】 「특정범죄 가중처벌 등에 관한 법률」(이하 '특정범죄가중법'이라 한다) 위반(절도)죄로 기소되어 /

【대법원 분석】 2013. 12. 11. 징역 1년 6월을 선고받은 사실, /

【대법원 분석】 ② 재항고인이 2013. 12. 17. 항소를 제기한 후 항소심에서 점유이탈물횡령의 점을 예비적 공소사실로 추가하는 공소장변경이 이루어지고, /

【대법원 분석】 항소심인 서울서부지방법원은 2014. 3. 27. 2013노○○○○호로 제1심판결을 파기하고 /

【대법원 분석】 '재항고인이 서울 용산구 (주소 생략) 씨유(CU) ○○○○점 편의점 종업원으로서 /

【대법원 분석】 2013. 8. 31. 22:40경/

【대법원 분석】 (판결에는 '2013. 8. 21. 22:40경'으로 기재되어 있으나 이는 '2013. 8. 31. 22:40경'의 오기로 보인다) /

【대법원 분석】 편의점 앞에서 /

【대법원 분석】 피해자 청구외인이 그곳 의자 위에 떨어뜨리고 간 현금 163만 원이 들어 있는 검은색 가방을 자신이 가질 생각으로 들고 가 /

【대법원 분석】 점유이탈물을 횡령하였다'는 /

【대법원 분석】 예비적 공소사실을 점유이탈물횡령죄의 유죄로 인정하여 /

【대법원 분석】 재항고인에게 벌금 300만 원을 선고하면서 /

【대법원 분석】 주위적 공소사실인 특정범죄가중법 위반(절도)의 점에 대하여는 판결 이유에서 무죄로 판단하였으며, /

【대법원 분석】 이 항소심판결은 그대로 확정된 사실을 알 수 있다.

4. 사안에 대한 대법원의 판단

【대법원 판단】 이와 같은 사실관계를 앞서 본 법리에 비추어 살펴보면 /

【대법원 판단】 재항고인[갑]은 판결 이유에서 특정범죄가중법 위반(절도)의 공소사실에 대하여 무죄의 판단을 받아 확정되었으므로, /

【대법원 판단】 형사보상법 제2조 제1항에 따라 보상을 청구할 수 있다고 할 것이다.

【대법원 결론】 그럼에도 원심은 /

【대법원 결론】 주위적 공소사실인 특정범죄가중법 위반(절도)의 점을 판결 이유에서 무죄로 판단하고 /

【대법원 결론】 예비적 공소사실인 점유이탈물횡령의 점에 대하여 유죄를 선고한 경우를 /

【대법원 결론】 형사보상법 제2조 제1항이 정한 '무죄재판을 받은 경우'에 해당한다고 볼 수 없다고 판단하였으니, /

【대법원 결론】 원심결정에는 형사보상법 제2조 제1항을 위반하여 재판에 영향을 미친 위법이 있다. /

【대법원 결론】 이 점을 지적하는 재항고이유의 주장은 이유 있다. (파기 환송)

2015도1362

공소시효 배제규정과 소급효
장애인 준강간죄 공소시효 사건
2015. 5. 28. 2015도1362, 공 2015하, 933

1. 사실관계 및 사건의 경과

【사실관계 1】

① 2006. 5.경 갑은 장애인 준강간죄를 범하였다. (㉠사건)

② 행위시의 성폭력처벌법, 형법 및 형사소송법에 따르면 장애인 준강간죄의 공소시효는 7년이다. (㉮ 성폭력처벌법)

【사실관계 2】

① 2010. 4. 15. 성폭력처벌법이 분법(分法)되면서 새로이 제정·공포되었다. (㉯성폭력처벌법)

② ㉯성폭력처벌법은 미성년자에 대한 성폭력범죄와 관련한 공소시효 정지·연장조항을 신설하였다 (제20조 제1항, 제2항).

③ ㉯성폭력처벌법은 그 부칙 제3조에서 다음과 같은 경과규정을 두었다.

④ "이 법 시행 전 행하여진 성폭력범죄로 아직 공소시효가 완성되지 아니한 것에 대하여도 제20조를 적용한다."

【사실관계 3】

① 2011. 11. 17. 성폭력처벌법이 개정되었다. (㉰성폭력처벌법)

② ㉰성폭력처벌법은 제20조 제3항에서 다음과 같은 공소시효 배제조항을 신설하였다.

③ "13세 미만의 여자 및 신체적인 또는 정신적인 장애가 있는 여자에 대하여 형법 제297조(강간) 또는 제299조(준강간, 준강제추행)(준강간에 한정한다)의 죄를 범한 경우에는 제1항과 제2항에도 불구하고 형사소송법 제249조부터 제253조까지 및 군사법원법 제291조부터 제295조까지에 규정된 공소시효를 적용하지 아니한다."

④ ㉰성폭력처벌법은 위와 같은 공소시효 배제조항을 신설하면서도 ㉯성폭력처벌법 부칙 제3조와 같은 경과규정을 두지 아니하였다.

【사건의 경과 1】

① 2013. 5. 이후의 시점이 되었다.

② ㉠사건 발생시점으로부터 7년이 경과하였다.

③ 검사는 ㉠사건에 대해 갑을 ㉰성폭력처벌법상의 장애인 준강간죄로 기소하였다.

④ 제1심법원은 유죄를 인정하였다.

⑤ 갑은 불복 항소하였다.

⑥ 항소심법원은 제1심판결을 파기하고, 면소판결을 선고하였다.

⑦ (항소심의 판단 이유는 판례본문 참조)

【사건의 경과 2】

① 검사는 불복 상고하였다.

② 검사는 상고이유로 다음의 점을 주장하였다.

　(가) ㉲성폭력처벌법이 시행되는 시점에 ㉠사건의 공소시효는 완성되지 않았다.

　(나) 개정된 ㉲성폭력처벌법은 장애인 준강간죄에 대해 공소시효를 배제하고 있다.

　(다) 공소시효가 완성되지 않았으므로 갑에 대해 유죄판결을 선고해야 한다.

2. 공소시효 배제규정과 헌법합치적 해석방법

【대법원 요지】 (1) 법원이 어떠한 법률조항을 해석·적용함에 있어서 /

【대법원 요지】 한 가지 해석방법에 의하면 헌법에 위배되는 결과가 되고 /

【대법원 요지】 다른 해석방법에 의하면 헌법에 합치하는 것으로 볼 수 있을 때에는 /

【대법원 요지】 위헌적인 해석을 피하고 헌법에 합치하는 해석방법을 택하여야 한다 /

【대법원 요지】 (대법원 1992. 5. 8.자 91부8 결정 등 참조). /

【대법원 요지】 이는 입법방식에 다소 부족한 점이 있어 어느 법률조항의 적용 범위 등에 관하여 불명확한 부분이 있는 경우에도 마찬가지라 할 것이다. /

【대법원 요지】 이러한 관점에서 보면 공소시효를 정지·연장·배제하는 내용의 특례조항을 신설하면서 /

【대법원 요지】 소급적용에 관한 명시적인 경과규정을 두지 아니한 경우에 /

【대법원 요지】 그 조항을 소급하여 적용할 수 있다고 볼 것인지에 관하여는 /

【대법원 요지】 이를 해결할 보편타당한 일반원칙이 존재할 수 없는 터이므로 /

【대법원 요지】 적법절차원칙과 소급금지원칙을 천명한 헌법 제12조 제1항과 제13조 제1항의 정신을 바탕으로 하여 /

【대법원 요지】 법적 안정성과 신뢰보호원칙을 포함한 법치주의 이념을 훼손하지 아니하도록 신중히 판단하여야 한다.

3. 사안에 대한 대법원의 분석

【대법원 분석】 (2) 이 사건 공소사실 중 /

【대법원 분석】 2006. 5.경 장애인 준강간의 점(이하 '이 사건 장애인 준강간의 점'이라 한다)에 대한 적용법조는 /

【대법원 분석】 구 「성폭력범죄의 처벌 및 피해자보호 등에 관한 법률」/

【대법원 분석】 (2010. 4. 15. 법률 제10258호 「성폭력범죄의 피해자보호 등에 관한 법률」로 개정되기 전의 것) /

【대법원 분석】 제8조, /

【대법원 분석】 구 형법(2012. 12. 18. 법률 제11574호로 개정되기 전의 것) /

【대법원 분석】 제297조로서 /

【대법원 분석】 그 법정형이 3년 이상의 유기징역이므로, /

【대법원 분석】 구 형사소송법(2007. 12. 21. 법률 제8730호로 개정되기 전의 것) /

【대법원 분석】 제249조 제1항 제3호에 의하여 /

【대법원 분석】 그 공소시효는 7년이다.

【대법원 분석】 한편 2010. 4. 15. 법률 제10258호로 제정·공포된 /

【대법원 분석】 「성폭력범죄의 처벌 등에 관한 특례법」/

【대법원 분석】 (이하 '법률 제10258호 성폭력처벌법'이라 한다)은 /

【대법원 분석】 미성년자에 대한 성폭력범죄와 관련한 공소시효 정지·연장조항을 신설하면서/

【대법원 분석】 (제20조 제1항, 제2항) /

【대법원 분석】 그 부칙 제3조에서 /

【대법원 분석】 "이 법 시행 전 행하여진 성폭력범죄로 아직 공소시효가 완성되지 아니한 것에 대하여도 제20조를 적용한다."고 규정한 반면, /

【대법원 분석】 2011. 11. 17. 법률 제11088호로 개정되어 2011. 11. 17. 시행된 /

【대법원 분석】 「성폭력범죄의 처벌 등에 관한 특례법」/

【대법원 분석】 (이하 '이 사건 법률'이라 한다)은 /

【대법원 분석】 제20조 제3항에서 /

【대법원 분석】 "13세 미만의 여자 및 신체적인 또는 정신적인 장애가 있는 여자에 대하여 /

【대법원 분석】 형법 제297조(강간) 또는 제299조(준강간, 준강제추행)(준강간에 한정한다)의 죄를 범한 경우에는 /

【대법원 분석】 제1항과 제2항에도 불구하고 /

【대법원 분석】 형사소송법 제249조부터 제253조까지 및 /

【대법원 분석】 군사법원법 제291조부터 제295조까지에 규정된 /

【대법원 분석】 공소시효를 적용하지 아니한다."고 규정하여 /

【대법원 분석】 공소시효 배제조항을 신설하면서도 /

【대법원 분석】 이에 대하여는 법률 제10258호 성폭력처벌법 부칙 제3조와 같은 경과규정을 두지 아니하였다.

4. 사안에 대한 대법원의 판단

【대법원 판단】 (3) 원심은, /

【대법원 요지】 이 사건 법률을 통하여 피고인에게 불리한 내용의 공소시효 배제조항을 신설하면서 /

【대법원 요지】 신법을 적용하도록 하는 경과규정을 두지 아니한 경우 /

【대법원 요지】 그 공소시효 배제조항의 시적 적용 범위에 관하여는 보편타당한 일반원칙이 존재하지 아니하므로 /

【대법원 요지】 각국의 현실과 사정에 따라 그 적용 범위를 달리 규율할 수 있는데, /

【대법원 요지】 2007. 12. 21. 법률 제8730호로 개정된 형사소송법이 /

【대법원 요지】 종전의 공소시효 기간을 연장하면서도 /

【대법원 요지】 그 부칙 제3조에서 /

【대법원 요지】 "이 법 시행 전에 범한 죄에 대하여는 종전의 규정을 적용한다."고 규정함으로써 /

【대법원 요지】 소급효를 인정하지 아니한다는 원칙을 밝힌 점, /

【대법원 요지】 특별법에 소급적용에 관한 명시적인 경과규정이 없는 경우에는 일반법에 규정된 경과규정이 적용되어야 하는 점 등에 비추어 /

【대법원 요지】 공소시효가 피고인에게 불리하게 변경되는 경우에는 피고인에게 유리한 종전 규정을 적용하여야 하고, /

【대법원 요지】 이 사건 법률에는 소급적용에 관한 명시적인 경과규정이 없어 /

【대법원 요지】 이 사건 장애인 준강간의 점에 대하여는 /

【대법원 요지】 이 사건 법률 제20조 제3항을 소급하여 적용할 수 없으므로 /

【대법원 판단】 그 범행에 대한 공소가 범죄행위 종료일부터 7년이 경과한 후에 제기되어 공소시효가 완성되었다는 이유로, /

【대법원 판단】 이를 유죄로 판단한 제1심판결을 파기하고 /

【대법원 판단】 이 부분 공소사실에 대하여 면소를 선고하였다.

【대법원 결론】 (4) 원심판결 이유를 앞서 본 법리에 비추어 살펴보면 원심의 판단은 정당하고, /

【대법원 결론】 거기에 상고이유의 주장과 같이 형벌불소급의 원칙 및 공소시효 배제규정에 대한 부진정소급효에 관한 법리를 오해하는 등으로 판결 결과에 영향을 미친 위법이 없다. /

【대법원 결론】 상고이유에서 들고 있는 대법원판결은 이 사건과는 사안을 달리하므로 이 사건에 원용하기에 적절하지 아니하다. (상고 기각)

2015도1466

항소이유서와 항소심의 구조
병합심리 항소이유서 사건
2015. 4. 9. 2015도1466, 공 2015상, 713

1. 사실관계 및 사건의 경과

【사실관계 1】
① [갑은 여러 건의 사기범행 혐의를 받고 있었다.]
② 검사는 ㉠범행에 대해 갑을 사기죄로 인천지방법원에 기소하였다.
③ 제1심법원(단독판사)은 유죄를 인정하였다.
④ 갑은 제1심판결에 불복하여 인천지방법원에 항소하였다. (㉮항소사건)

【사실관계 2】
① 검사는 ㉡범행에 대해 갑을 사기죄 및 특수절도죄로 인천지방법원에 기소하였다.
② 검사는 이후 ㉢, ㉣범행에 대해 갑을 추가 기소하였다.
③ 인천지방법원(단독판사)은 ㉡, ㉢, ㉣피고사건을 병합 심리하였다.

④ 2014. 11. 5. 인천지방법원은 ⓛ, ⓒ, ⓔ피고사건(병합)에 대해 판결을 선고하였다.

【사건의 경과 1】

① 갑은 ⓛ, ⓒ, ⓔ피고사건(병합)에 대한 제1심판결에 불복하여 인천지방법원에 항소하였다. (㉯항소사건)

② 항소심법원(인천지방법원 항소부)은 ㉯항소사건을 기존의 ㉮항소사건과 병합하였다.

③ 항소심법원은 ㉯항소사건에 대한 소송기록 접수통지서의 송달을 실시하였다.

④ 2014. 12. 8. ㉯항소사건에 대한 ⓐ소송기록접수 통지서가 갑에게 송달되었다.

【사건의 경과 2】

① 2014. 12. 10. 항소심 공판기일이 열렸다.

② 갑은 공판기일에서 다음과 같이 진술하였다.

(가) ㉯항소사건에 대한 항소이유는 양형부당이다.

(나) 사선변호인 선임 및 피해자들과의 합의에 필요한 시간을 달라.

③ 항소심법원은 곧바로 변론을 종결하였다.

④ 항소심법원은 선고기일을 2014. 12. 26.로 지정하였다.

【사건의 경과 3】

① 이후 갑에게 사선변호인 A가 선임되었다.

② 2014. 12. 18. 변호인 A는 ⓑ변론재개신청을 하였다.

③ 2014. 12. 29. 변호인 A는 ⓒ항소이유서를 제출하였다.

④ ⓒ항소이유서에는 ㉯항소사건의 일부 공소사실에 대해 제1심판결의 사실오인 및 법리오해를 다투는 새로운 주장이 포함되어 있었다.

⑤ 항소심법원은 변호인 A의 ⓑ변론재개신청을 불허하였다.

⑥ 항소심법원은 당초 지정되었던 선고기일을 연기하였다.

⑦ 2015. 1. 9. 항소심법원은 ㉮, ㉯항소사건(병합)에 대해 판결을 선고하였다.

【사건의 경과 4】

① 갑은 항소심판결에 불복하여 대법원에 상고하였다.

② 갑은 상고이유로 다음의 점을 주장하였다.

(가) ㉯항소사건에 대한 소송기록 접수통지가 2014. 12. 8.에 있었다.

(나) 이로부터 20일 이내인 2014. 12. 29.까지는 항소이유서를 제출할 수 있다.

(다) ⓒ항소이유서는 2014. 12. 29.에 제출되었다.

(라) 항소심법원이 ⓒ항소이유서에 대한 판단을 하지 않은 것은 위법하다.

2. 항소심의 구조와 항소이유서의 제출

【대법원 요지】 형사소송법 제361조의3, 제364조 등의 규정에 의하면 /

【대법원 요지】 항소심의 구조는 피고인 또는 변호인이 법정기간 내에 제출한 항소이유서에 의하여 심판되는 것이고, /

【대법원 요지】 이미 항소이유서를 제출하였더라도 항소이유를 추가 · 변경 · 철회할 수 있으므로, /

【대법원 요지】 항소이유서 제출기간의 경과를 기다리지 않고는 항소사건을 심판할 수 없다 /

【대법원 요지】 (대법원 2004. 6. 25. 선고 2004도2611 판결, /

【대법원 요지】 대법원 2007. 1. 25. 선고 2006도8591 판결 참조). /

【대법원 요지】 따라서 항소이유서 제출기간 내에 변론이 종결되었는데 /

【대법원 요지】 그 후 위 제출기간 내에 항소이유서가 제출되었다면, /

【대법원 요지】 특별한 사정이 없는 한 항소심법원으로서는 변론을 재개하여 그 항소이유의 주장에 대해서도 심리를 해 보아야 한다.

3. 사안에 대한 대법원의 분석

【대법원 분석】 기록에 의하면, /

【대법원 분석】 ① 피고인이 인천지방법원 2014. 11. 5. 선고 2014고단3764, 4679(병합), 5987(병합), 6895(병합) 판결에 대하여 위 법원 2014노4099호로 항소를 제기하자 /

【대법원 분석】 원심은 위 항소사건(이하 '제2사건'이라 한다)을 피고인에 대한 기존 사건(위 법원 2014노2031호)에 병합한 뒤 /

【대법원 분석】 제2사건에 대한 소송기록 접수통지서의 송달을 실시하였고 /

【대법원 분석】 그 통지서가 2014. 12. 8. 피고인에게 송달된 사실, /

【대법원 분석】 ② 피고인은 2014. 12. 10. 열린 공판기일에서 제2사건에 대한 항소이유를 양형부당이라고 진술하면서 사선변호인 선임 및 합의를 위한 시간을 요청하였으나, /

【대법원 분석】 원심은 곧바로 변론을 종결하고 선고기일을 2014. 12. 26.로 지정한 사실, /

【대법원 분석】 ③ 이후 선임된 피고인의 사선변호인은 2014. 12. 18. 변론재개신청을 하고 2014. 12. 29. 항소이유서를 제출하였는데, /

【대법원 분석】 그 항소이유서에는 제2사건의 일부 공소사실에 대해서 제1심판결의 사실오인 및 법리오해를 다투는 새로운 주장이 포함되어 있었던 사실, /

【대법원 분석】 ④ 원심은 위 변론재개신청을 불허한 뒤 당초 지정되었던 선고기일을 연기하여 2015. 1. 9. 판결을 선고한 사실 등을 알 수 있다.

4. 사안에 대한 대법원의 판단

【대법원 판단】 이와 같은 사실관계를 앞서 본 법리에 비추어 살펴보면, /

【대법원 판단】 피고인의 항소이유서 제출기간은 제2사건에 대한 소송기록 접수통지서가 송달된 2014. 12. 8.로부터 20일 이내인 2014. 12. 29.(월요일)까지라 할 것이고, /

【대법원 판단】 2014. 12. 10. 변론이 종결된 이후 위 제출기간 내에 새로운 주장이 포함된 항소이유서가 제출되었으므로 /

【대법원 판단】 원심으로서는 특별한 사정이 없는 한 변론을 재개하여 위 주장에 대해서도 심리를 해 보았어야 한다.

【대법원 결론】 그런데도 원심은 그러한 심리를 거치지 아니한 채 그대로 판결을 선고함으로써 /

【대법원 결론】 항소이유서 제출기간 만료 시까지 항소이유서를 제출하거나 수정·추가 등을 한 다

음 이에 관하여 변론을 한 후 심판을 받을 수 있는 기회를 피고인으로부터 박탈하고 말았으니, /

【대법원 결론】 이러한 원심이 조치에는 항소이유서 제출기간 및 변론재개에 관한 법리를 오해하여 판결에 영향을 미친 위법이 있다. /

【대법원 결론】 이 점을 지적하는 취지의 상고이유 주장은 이유 있다. (파기 환송)

2015도1803

지방법원 본원과 지원 간의 관할분배
지원 사건 본원 기소 사건
2015. 10. 15. 2015도1803, 공 2015하, 1712

1. 사실관계 및 사건의 경과

【사실관계】

① (세월호 침몰사고와 관련된 사안이다.)

② 세월호 침몰사고가 발생한 곳은 전라남도 진도군에 위치한다.

③ 전라남도 진도군은 광주지방법원 해남지원의 관할구역에 속한다.

④ 갑은 세월호 침몰사고와 관련된 공무원이다.

⑤ 갑은 세월호 침몰사고와 관련된 구조업무를 제대로 수행하지 못하였다는 혐의를 받았다.

【사건의 경과 1】

① 검사는 다음의 판단 아래 갑을 광주지방법원 본원에 기소하였다.

　(가) 사건의 내용이 매우 중대하고 복잡하다.

　(나) 사건을 본원 합의부에서 신중하게 심리할 필요가 있다.

　(다) 지원은 본원의 일부이다.

　(라) 지원의 관할구역은 본원의 관할구역에 속한다.

② 광주지방법원 본원은 다음의 이유를 들어 관할위반의 판결을 선고하였다.

　(가) 이 사건 범죄지로 인한 제1심 토지관할은 광주지방법원 해남지원에만 있다.

　(나) 지방법원 지원의 관할구역이 당연히 지방법원 본원의 관할구역에 포함된다고 해석할 수는 없다.

【사건의 경과 2】

① 검사는 불복하여 광주고등법원에 항소하였다.

② 항소심법원은 항소를 기각하고, 제1심판결을 유지하였다.

③ 검사는 불복 상고하였다.

2. 지방법원 본원과 지방법원 지원의 관할구역

【대법원 요지】 형사사건의 관할은 /

【대법원 요지】 심리의 편의와 사건의 능률적 처리라는 절차적 요구뿐만 아니라 /

【대법원 요지】 피고인의 출석과 방어권 행사의 편의라는 방어상의 이익도 충분히 고려하여 결정하여야 하고, /

【대법원 요지】 특히 자의적 사건처리를 방지하기 위하여 법률에 규정된 추상적 기준에 따라 획일적으로 결정하여야 한다. /

【대법원 요지】 이에 따라 각급 법원의 설치와 관할구역에 관한 법률 제4조 제1호 [별표 3]은 /

【대법원 요지】 지방법원 본원과 지방법원 지원의 관할구역을 대등한 입장에서 서로 겹치지 않게 구분하여 규정하고 있다. /

【대법원 요지】 따라서 제1심 형사사건에 관하여 지방법원 본원과 지방법원 지원은 /

【대법원 요지】 소송법상 별개의 법원이자 /

【대법원 요지】 각각 일정한 토지관할 구역을 나누어 가지는 대등한 관계에 있으므로, /

【대법원 요지】 지방법원 본원과 지방법원 지원 사이의 관할의 분배도 /

【대법원 요지】 지방법원 내부의 사법행정사무로서 행해진 지방법원 본원과 그 지원 사이의 단순한 사무분배에 그치는 것이 아니라 /

【대법원 요지】 소송법상 토지관할의 분배에 해당한다고 할 것이다. /

【대법원 요지】 그러므로 형사소송법 제4조에 의하여 지방법원 본원에 제1심 토지관할이 인정된다고 볼 특별한 사정이 없는 한, /

【대법원 요지】 지방법원 지원에 제1심 토지관할이 인정된다는 사정만으로 당연히 지방법원 본원에도 제1심 토지관할이 인정된다고 볼 수는 없다.

3. 사안에 대한 대법원의 판단

【대법원 판단】 앞서 본 법리에 따라 기록을 살펴보면, /

【대법원 판단】 이 사건 범죄지인 전라남도 진도군은 광주지방법원 해남지원의 관할에 속하므로, /

【대법원 판단】 검사가 광주지방법원 본원에도 범죄지로 인한 제1심 토지관할이 있음을 이유로 제1심법원인 광주지방법원 본원에 공소를 제기한 이 사건에 관하여, /

【대법원 판단】 원심이 /

【대법원 판단】 이 사건 범죄지로 인한 제1심 토지관할은 광주지방법원 해남지원에만 있을 뿐이고, /

【대법원 판단】 지방법원 지원의 관할구역이 당연히 지방법원 본원의 관할구역에 포함된다고 해석할 수는 없다는 이유를 들어 /

【대법원 판단】 이 사건에 관하여 관할위반의 선고를 한 제1심판결을 그대로 유지한 것은 정당하다. /

【대법원 결론】 거기에 지방법원 본원과 지방법원 지원 사이의 관할 분배에 관한 법리 등을 오해한 위법이 없다. (상고 기각)

2015도2207

확정판결의 객관적 효력범위
허위 세금계산서 확정판결 사건

2015. 6. 23. 2015도2207, 공 2015하, 1105

1. 사실관계 및 사건의 경과

【사실관계 1】

① 조세범처벌법 제10조 제3항은 허위 세금계산서 발행행위를 3년 이하의 징역 또는 관련 세액의 3배 이하에 상당하는 벌금으로 처벌하고 있다.

② 특가법 제8조의2는 허위 세금계산서의 공급가액에 따라 다음과 같이 가중처벌하고 있다.

　(가) 공급가액이 50억원 이상인 경우 : 3년 이상의 유기징역 및 관련 세액의 2배 이상 5배 이하의 벌금

　(나) 공급가액이 30억원 이상 50억원 미만인 경우 : 1년 이상의 유기징역 및 관련 세액의 2배 이상 5배 이하의 벌금

【사실관계 2】

① 갑은 사업자 A 명의로 여러 건의 허위 세금계산서를 발행하였다. (㉠세금계산서로 통칭함)

② ㉠세금계산서 공급가액의 합계는 30억원 미만이다.

③ 갑은 사업자 B 명의로 여러 건의 허위 세금계산서를 발행하였다. (㉡세금계산서로 통칭함)

④ ㉡세금계산서 공급가액의 합계는 30억원 이상이다.

⑤ 갑은 사업자 C 명의로 여러 건의 허위 세금계산서를 발행하였다. (㉢세금계산서로 통칭함)

⑥ ㉢세금계산서 공급가액의 합계는 30억원 이상이다.

【사건의 경과 1】

① 검사는 ㉠세금계산서 부분에 대해 조세범처벌법 위반죄로 갑을 기소하였다. (㉮사건)

② 갑은 ㉮피고사건으로 유죄판결을 선고받고 확정되었다. (㉮확정판결)

【사건의 경과 2】

① 검사는 ㉡, ㉢세금계산서 부분에 대해 각각 특가법위반죄로 갑을 기소하였다. (㉯, ㉰사건)

② 갑의 ㉯, ㉰피고사건은 제1심을 거친 후, 항소심에 계속되었다.

③ 항소심법원은 다음의 이유를 들어 유죄를 인정하였다.

　(가) 특가법 제8조의2를 적용할 때에는 사업자명의별로 공급가액등을 합산하여 판단해야 한다.

　(나) 사업자명의를 기준으로 개별적인 허위 세금계산서 발행행위는 포괄일죄를 이룬다.

　(다) 각 사업자명의의 포괄일죄는 서로 실체적 경합관계에 있다.

　(라) ㉠, ㉡, ㉢세금계산서 발행행위는 서로 실체적 경합관계에 있다.

　(마) ㉠세금계산서 발행행위에 대한 ㉮확정판결은 ㉡, ㉢세금계산서 발행행위 부분(㉯, ㉰사건)에 미치지 않는다.

(바) ㉡, ㉢세금계산서 발행행위에 대해 각각 특가법위반죄 성립을 인정한다.

【사건의 경과 3】

① 갑은 불복 상고하였다.

② 갑은 상고이유로 다음의 점을 주장하였다.

　(가) ㉠, ㉡, ㉢세금계산서 발행행위는 동일한 영리 목적 아래 범한 것으로서 포괄일죄를 이룬다.

　(나) ㉠세금계산서 발행행위에 대한 ㉮확정판결의 기판력은 포괄일죄 관계에 있는 ㉡, ㉢세금계산서 발행행위 부분(㉯, ㉰사건)에 미친다.

　(다) 따라서 ㉡, ㉢세금계산서 발행행위 부분에 대해서는 면소판결을 선고해야 한다.

2. 조세범처벌법위반죄와 특가법위반죄의 관계

【대법원 분석】 가. 특정범죄 가중처벌 등에 관한 법률 /

【대법원 분석】 제8조의2 제1항(이하 '이 사건 법률조항'이라 한다)은 /

【대법원 분석】 영리를 목적으로 조세범 처벌법 제10조 제3항 및 제4항 전단의 죄를 범한 사람에 대하여, /

【대법원 분석】 세금계산서 및 계산서에 기재된 공급가액이나 /

【대법원 분석】 매출처별세금계산서합계표 · 매입처별세금계산서합계표에 기재된 공급가액 또는 매출 · 매입금액/

【대법원 분석】 (이하 '공급가액등'이라 한다)의 /

【대법원 분석】 합계액이 50억 원 이상인 경우에는 3년 이상의 유기징역에 처하고(제1호), /

【대법원 분석】 공급가액등의 합계액이 30억 원 이상 50억 원 미민인 경우에는 1년 이상의 유기징역에 처한다고(제2호) 규정하고 있다.

【대법원 요지】 이와 같이 이 사건 법률조항은 /

【대법원 요지】 영리의 목적과 공급가액등의 합계액이 일정액 이상이라는 가중사유를 구성요건화하여 /

【대법원 요지】 조세범 처벌법 제10조 제3항 위반과 합쳐서 /

【대법원 요지】 하나의 범죄유형으로 정하고 /

【대법원 요지】 공급가액등의 합계액에 따라 구분하여 법정형을 정하고 있음에 비추어 보면, /

【대법원 요지】 조세범 처벌법 제10조 제3항의 각 위반행위가 /

【대법원 요지】 영리를 목적으로 단일하고 계속된 범의 아래 일정기간 계속하여 행하고 /

【대법원 요지】 그 행위들 사이에 시간적 · 장소적 연관성이 있으며 /

【대법원 요지】 범행의 방법 간에도 동일성이 인정되는 등 /

【대법원 요지】 하나의 이 사건 법률조항 위반행위로 평가될 수 있고, /

【대법원 요지】 그 행위들에 해당하는 문서에 기재된 공급가액을 모두 합산한 금액이 이 사건 법률조항에 정한 금액에 해당하면, /

【대법원 요지】 그 행위들에 대하여 포괄하여 이 사건 법률조항 위반의 1죄가 성립될 수 있다고 해석함이 타당하다.

3. 사안에 대한 항소심의 판단

【항소심 판단】 나. 원심은, /

【항소심 판단】 (1) 이 사건 법률조항의 위반행위자가 /

【항소심 판단】 여러 사업자명의로 /

【항소심 판단】 허위 매출·매입처별세금계산서합계표를 제출하거나 /

【항소심 판단】 허위 세금계산서를 발급한 경우에 /

【항소심 판단】 이 사건 법률조항을 적용할 때에는 각 사업자명의별로 공급가액등을 합산하여 각각 별개의 포괄일죄가 성립한다고 보아, /

【항소심 판단】 원심판시 범죄사실 중 이 사건 법률조항 위반 부분/

【항소심 판단】 (이하 '이 사건 법률조항 위반 범죄사실 부분'이라 한다)은 /

【항소심 판단】 원심판시 각 사업자명의별로 포괄일죄가 성립하고 /

【항소심 판단】 각 사업자명의별로 성립한 이 사건 법률조항 위반죄는 실체적 경합관계가 된다고 판단하고, /

【항소심 판단】 (2) 피고인 2가 /

【항소심 판단】 그 전에 위와 별개의 사업자명의로 허위 매출처별세금계산서합계표를 제출하여 /

【항소심 판단】 조세범 처벌법 위반죄로 처벌받은 확정판결의 기판력이 /

【항소심 판단】 이 사건 법률조항 위반 범죄사실 부분에 미친다는 /

【항소심 판단】 위 피고인의 주장에 대하여는 이를 받아들이지 아니하는 전제 아래, /

【항소심 판단】 위 피고인에 대한 이 사건 법률조항 위반 범죄사실 부분을 전부 유죄로 인정하였다.

4. 사안에 대한 대법원의 판단

【대법원 판단】 다. 원심판결 이유를 위에서 본 법리와 아울러 기록에 비추어 살펴보면, /

【대법원 판단】 원심이 위 피고인의 이 사건 법률조항 위반 범죄사실 부분에 대하여 /

【대법원 판단】 영리의 목적으로 단일하고 계속된 범의 아래 일정기간 계속하여 행하여지고 /

【대법원 판단】 그 행위들 사이에 시간적·장소적 연관성이 있으며 /

【대법원 판단】 범행의 방법 간에도 동일성이 인정되는 등 /

【대법원 판단】 하나의 이 사건 법률조항 위반행위로 평가될 수 있는지 살피지 아니하고, /

【대법원 판단】 단지 위 피고인이 여러 사업자명의를 범행에 이용하였다는 이유만으로 /

【대법원 판단】 사업자명의별로 실체적 경합관계에 있는 수개의 죄가 성립한다고 단정한 것에는, /

【대법원 판단】 포괄일죄에 관한 법리를 오해하여 필요한 심리를 다하지 아니한 잘못이 있다 할 것이다.

【대법원 요지】 그렇지만 확정판결의 기판력이 미치는 범위는 그 확정된 사건 자체의 범죄사실과 죄명을 기준으로 정하는 것이 원칙이므로, /

【대법원 요지】 그 전의 확정판결에서 조세범 처벌법 제10조 제3항 각 호의 위반죄로 처단되는 데 그친 경우에는, /

【대법원 요지】 설령 확정된 사건 자체의 범죄사실이 뒤에 공소가 제기된 사건과 종합하여 이 사건

법률조항 위반의 포괄일죄에 해당하는 것으로 판단된다 하더라도, /

【대법원 요지】 뒤늦게 앞서의 확정판결을 위 포괄일죄의 일부에 대한 확정판결이라고 보아 기판력이 그 사실심판결 선고 전의 이 사건 법률조항 위반 범죄사실에 미친다고 볼 수 없다 /

【대법원 요지】 (대법원 2004. 9. 16. 선고 **2001도3206** 전원합의체 판결 참조). /

【대법원 판단】 이에 비추어 보면, /

【대법원 판단】 위 피고인이 주장하는 종전 확정판결은 조세범 처벌법 위반죄로 처벌된 것으로서, /

【대법원 판단】 설령 위 확정판결의 범죄사실이 뒤에 공소 제기된 이 사건 법률조항 위반 범죄사실 부분과 포괄일죄에 해당하는 것으로 볼 수 있다 할지라도, /

【대법원 판단】 위 확정판결의 기판력은 이 사건 법률조항을 적용하여 공소 제기된 이 사건 법률조항 위반 범죄사실 부분에는 미치지 아니한다 할 것이며, /

【대법원 판단】 이에 어긋나는 위 피고인의 주장은 받아들일 수 없다.

【대법원 결론】 결국 위 피고인의 주장을 받아들이지 아니한 원심의 결론은 정당하며, /

【대법원 결론】 상고이유 주장과 같이 원심의 위와 같은 잘못으로 인하여 판결에 영향을 미친 위법이 있다고 할 수 없다. (상고 기각)

2015도2275

증거물인 서면과 전문법칙
부도 당좌수표 사본 사건
2015. 4. 23. 2015도2275, 공 2015상, 779

1. 사실관계 및 사건의 경과

【사실관계 1】

① 갑은 ㉠, ㉡, ㉢, ㉣당좌수표를 발행하였다.

② ㉠, ㉡, ㉢, ㉣당좌수표는 지급기일에 부도처리되었다.

③ [관련 금융기관은 갑을 수사기관에 고발하였다.]

【사실관계 2】

① 검사는 갑을 부정수표단속법위반죄 등으로 기소하였다.

② 제1심 공판절차에서 검사는 ㉡당좌수표 부분에 대해 복사된 사본을 증거로 제출하였다.

③ 갑은 ㉡당좌수표 사본에 대해 증거로 함에 동의하지 않았다.

④ 제1심법원은 다음의 이유를 들어 ㉡당좌수표 사본의 증거능력을 인정하지 않았다.

　(가) 검사가 증거로 제출한 ㉡당좌수표 사본은 증거물이 아닌 문서의 사본으로 제시한 것이다.

　(나) 갑은 ㉡당좌수표 사본을 증거로 함에 동의하지 않았다.

　(다) ㉡당좌수표 사본을 증거로 사용하기 위해서는 특히 신용할 만한 정황에 의하여 ㉡당좌수표가 작성되었는지 여부를 살펴야 한다.

(라) ⓛ당좌수표 사본의 액면금 부분 필적은 다른 ㉠, ㉢, ㉣당좌수표 사본들의 해당 부분 필적과 다르다.

(마) ⓛ당좌수표 사본의 액면금 부분 필적은 다른 ㉠, ㉢, ㉣당좌수표 사본들과 달리 한자가 아닌 한글로 기재되어 있다.

(바) ⓛ당좌수표 사본이 특히 신용할 만한 정황에 의하여 작성되었다고 단정하기 어렵다.

(사) ⓛ당좌수표 사본은 증거능력이 없다.

⑤ 제1심법원은 ⓛ당좌수표 부분에 대해 무죄를 선고하였다.

【사건의 경과】

① 검사는 불복 항소하였다.

② 항소심법원은 항소를 기각하고, 제1심판결을 유지하였다.

③ 검사는 불복 상고하였다.

④ 검사는 상고이유로 다음의 점을 주장하였다.

(가) ⓛ당좌수표 사본은 증거서류가 아니라 증거물인 서면이다.

(나) 증거물인 서면에는 전문법칙이 적용되지 않는다.

(다) ⓛ당좌수표 사본은 증거능력이 있다.

2. 증거물인 서면과 전문법칙

【대법원 요지】 1) 피고인이 수표를 발행하였으나 예금부족 또는 거래정지처분으로 지급되지 아니하게 하였다는 /

【대법원 요지】 부정수표단속법위반의 공소사실을 증명하기 위하여 제출되는 수표는 /

【대법원 요지】 그 서류의 존재 또는 상태 자체가 증거가 되는 것이어서 /

【대법원 요지】 증거물인 서면에 해당하고 /

【대법원 요지】 어떠한 사실을 직접 경험한 사람의 진술에 갈음하는 대체물이 아니므로, /

【대법원 요지】 그 증거능력은 증거물의 예에 의하여 판단하여야 하고, /

【대법원 요지】 이에 대하여는 형사소송법 제310조의2에서 정한 전문법칙이 적용될 여지가 없다. /

【대법원 요지】 이때 수표 원본이 아니라 전자복사기를 사용하여 복사한 사본이 증거로 제출되었고 /

【대법원 요지】 피고인이 이를 증거로 하는 데 부동의한 경우 /

【대법원 요지】 위 수표 사본을 증거로 사용하기 위해서는 /

【대법원 요지】 수표 원본을 법정에 제출할 수 없거나 그 제출이 곤란한 사정이 있고 /

【대법원 요지】 수표 원본이 존재하거나 존재하였으며 /

【대법원 요지】 증거로 제출된 수표 사본이 이를 정확하게 전사한 것이라는 사실이 증명되어야 할 것이다 /

【대법원 요지】 (대법원 2008. 11. 13. 선고 **2006도2556** 판결 참조).

3. 사안에 대한 항소심의 판단

【항소심 판단】 2) 원심은, /

【대법원 분석】 피고인이 공소외 A와 공모하여 /

【대법원 분석】 제1심(서울중앙지방법원 2014. 5. 8. 선고 2013고단8○○4 판결, 이하 같다) /

【대법원 분석】 별지 범죄일람표 순번 2, 11, 19 기재 각 당좌수표/

【대법원 분석】 (이하 '이 사건 각 당좌수표'라 한다)를 발행하였으나 /

【대법원 분석】 예금부족 또는 거래정지처분으로 지급되지 아니하게 하였다는 공소사실에 대하여, /

【항소심 판단】 검사가 증거로 제출한 이 사건 각 당좌수표 사본은 /

【항소심 판단】 증거물이 아닌 문서의 사본으로 제시한 것이고, /

【항소심 판단】 따라서 피고인이 증거로 함에 동의하지 아니한 이상 /

【항소심 판단】 이를 증거로 사용하기 위해서는 특히 신용할 만한 정황에 의하여 이 사건 각 당좌수표가 작성되었는지 여부를 살펴야 할 것인데, /

【항소심 판단】 이 사건 각 당좌수표 사본의 액면금 부분 필적이 다른 당좌수표 사본들의 해당 부분 필적과 다르고 /

【항소심 판단】 한자가 아닌 한글로 기재되어 있는 등의 사정을 고려하면 /

【항소심 판단】 위 각 당좌수표 사본이 특히 신용할 만한 정황에 의하여 작성되었다고 단정하기 어려우므로 이를 증거로 사용할 수 없고, /

【항소심 판단】 각 해당 고발장 등 기재만으로는 이 부분 공소사실을 인정하기에 부족하다고 보아, /

【항소심 판단】 이에 대하여 무죄를 선고한 제1심을 유지하였다.

4. 사안에 대한 대법원의 판단

【대법원 판단】 3) 그러나 원심의 이러한 판단은 앞서 본 법리에 비추어 다음과 같은 이유로 그대로 수긍하기 어렵다.

【대법원 판단】 이 사건 각 당좌수표 사본은 증거물인 서면이어서 /

【대법원 판단】 이에 대하여는 전문법칙이 적용되지 아니하므로, /

【대법원 판단】 원심으로서는 이 사건 각 당좌수표 원본을 법정에 제출할 수 없거나 그 제출이 곤란한 사정이 있고 /

【대법원 판단】 그 원본이 존재하거나 존재하였으며 /

【대법원 판단】 증거로 제출된 이 사건 각 당좌수표 사본이 이를 정확하게 전사한 것인지 여부를 심리하여 /

【대법원 판단】 이 점이 증명되는 경우 그 증거능력을 인정하여야 할 것이고, /

【대법원 판단】 한편 이 사건 각 당좌수표 사본의 액면금 부분 필적이 다른 당좌수표들과 다르다는 등의 사정은 /

【대법원 판단】 증명력의 문제일 뿐 증거능력의 문제는 아니라 할 것이다.

【대법원 결론】 그럼에도 원심은 그 판시와 같은 이유만으로 이 사건 각 당좌수표 사본의 증거능력을 부인하고 이 부분 공소사실을 무죄로 판단하고 말았다. /

【대법원 결론】 이러한 원심판결에는 이 사건 각 당좌수표의 증거로서의 성격 및 이 사건 각 당좌수표 사본의 증거능력에 관한 법리를 오해하여 판결에 영향을 미친 위법이 있다. /

【대법원 결론】 이 점을 지적하는 검사의 상고이유 주장은 이유 있다. (파기 환송)

2015도2625

업무상 통상문서 등의 증거능력
심리전단 텍스트 파일 사건
2015. 7. 16. 2015도2625 전원합의체 판결, 공 2015하, 1308

1. 사실관계 및 사건의 경과

【사실관계 1】

① 2012. 12. 대통령선거가 예정되어 있었다.

② 공직선거법은 공무원의 선거관여행위를 형벌로써 금지하고 있다.

③ 국가정보원법은 국가정보원 소속 공무원들의 정치관여행위를 형벌로써 금지하고 있다.

④ 국가정보원 내에 인터넷 상의 활동을 담당하는 심리전단(心理戰團)이 있다.

【사실관계 2】

① 갑은 국정원장이다.

② 을, 병은 국정원의 간부 직원이다.

③ A는 심리전단 소속 국정원 직원이다.

④ 국가정보원장 갑 등의 지시에 의해 심리전단의 직원들이 불법적인 사이버 활동을 하였다는 혐의가 제기되었다.

⑤ 문제된 사이버 활동은 대통령선거와 관련된 것이다.

⑥ 사이버 활동은 인터넷 게시글, 댓글, 찬반클릭 및 트윗글과 리트윗글 등의 형태로 이루어진다.

【사실관계 3】

① 검사는 갑 등 관련자를 공직선거법위반죄, 국가정보원법위반죄로 기소하였다.

② 제1심 공판절차에서 검사는 심리전단의 사이버 활동과 관련된 각종 증거들을 제출하였다.

③ 검사가 제출한 증거들 가운데 ㉠증거가 있다.

④ ㉠증거는 심리전단 직원 A의 ㉡이메일 계정에서 적법하게 압수한 것이다.

⑤ ㉠증거는 다음의 파일로 구성되어 있다.

　　(가) 텍스트 파일 형식의 '425지논 파일'

　　(나) 텍스트 파일 형식의 '시큐리티 파일'

⑥ 제1심 공판절차에서 '425지논 파일'과 '시큐리티 파일'의 증거능력이 문제되었다.

⑦ 심리전단 직원 A는 법정에 출석하여 다음과 같이 진술하였다.

　　(가) ㉡이메일 계정은 본인(A)이 관리하고 활용하는 계정이다.

　　(나) '425지논 파일'과 '시큐리티 파일'은 본인(A)이 작성한 것이 아니다.

【사건의 경과 1】

① 갑 등의 피고사건은 제1심을 거친 후, 항소심에 계속되었다.

② 항소심법원은 '425지논 파일'과 '시큐리티 파일'의 증거능력에 대해 다음과 같이 판단하였다.

　　(가) 원진술자의 진술에 의하여 성립의 진정이 인정되지 않았다.

　　(나) 따라서 형소법 제313조에 의한 증거능력은 부정된다.

　　(다) 그러나 형소법 제315조 제2호에 의한 증거능력은 인정된다.

　　(라) 나아가 형소법 제315조 제3호에 의한 증거능력도 인정된다.

③ 항소심법원은 '425지논 파일'과 '시큐리티 파일'을 증거의 하나로 채택하여 유죄를 인정하였다.

④ (항소심의 판단 이유는 판례본문 참조)

【사건의 경과 2】

① 갑 등은 불복 상고하였다.

② 갑 등은 상고이유로 다음의 점을 주장하였다.

　　(가) '425지논 파일'과 '시큐리티 파일'은 형소법 제315조 제2호에 의하더라도 증거능력이 인정되지 않는다.

　　(나) '425지논 파일'과 '시큐리티 파일'은 형소법 제315조 제3호에 의하더라도 증거능력이 인정되지 않는다.

【사건의 경과 3】

① 검사는 불복 상고하였다.

② 검사는 상고이유로 다음의 점을 주장하였다.

　　(가) 형소법 제313조는 증거능력 인정의 요건으로 '성립의 진정'을 요구하고 있다.

　　(나) 성립의 진정은 원진술자의 진술에 의하여 인정될 수 있다.

　　(다) 나아가 과학적 분석결과에 기초한 디지털포렌식 자료나 감정 등 객관적 방법으로도 성립의 진정을 인정할 수 있다.

③ 대법원은 원진술자의 진술에 의해서만 형소법 제313조의 진정성립을 증명할 수 있다는 종전의 입장을 유지하였다.

④ 본 판례를 계기로 입법자는 2016. 5. 29. 형사소송법을 일부 개정하였다.

⑤ 이 개정을 통하여 형소법 제313조에 다음의 조항이 신설되었다.

⑥ "② 제1항 본문[원진술자의 진술 요구]에도 불구하고 진술서의 작성자가 공판준비나 공판기일에서 그 성립의 진정을 부인하는 경우에는 과학적 분석결과에 기초한 디지털포렌식 자료, 감정 등 객관적 방법으로 성립의 진정함이 증명되는 때에는 증거로 할 수 있다. 다만, 피고인 아닌 자가 작성한 진술서는 피고인 또는 변호인이 공판준비 또는 공판기일에 그 기재 내용에 관하여 작성자를 신문할 수 있었을 것을 요한다."

⑦ (아래에서는 형소법 제315조 제2호 및 제3호와 관련된 부분만을 발췌하여 소개한다.)

2. 사안에 대한 대법원의 쟁점정리

【대법원 분석】 마. 심리전단 직원인 공소외 A의 이메일 계정에서 압수한 /

【대법원 분석】 텍스트 파일 형식의 이 사건 '425지논 파일' 및 '시큐리티 파일'의 증거능력에 관하여 /

【대법원 분석】 ([상고인] 검사, 피고인 갑, 피고인 병)

【대법원 분석】 원심은, /

【대법원 분석】 425지논 파일 및 시큐리티 파일의 증거능력을 인정하여 /

【대법원 분석】 시큐리티 파일에 기재된 269개의 계정을 /

【대법원 분석】 심리전단 직원들이 사용한 계정이라고 인정한 다음, /

【대법원 분석】 이를 기초로 다시 422개의 트윗덱(TweetDeck) 연결계정을 /

【대법원 분석】 심리전단 직원들이 사용한 계정이라고 인정하고, /

【대법원 분석】 검사가 주장하는 트위터피드(Twitterfeed) 연결계정 466개에 대하여는 /

【대법원 분석】 트위터피드 프로그램의 특성 등 그 판시와 같은 사정을 들어 /

【대법원 분석】 이를 인정할 수 없으나, /

【대법원 분석】 위 466개의 계정 중 25개의 계정은 /

【대법원 분석】 심리전단 직원 공소외 F, 공소외 G의 이메일 기재 등 다른 증거에 의하여 /

【대법원 분석】 공소외 F와 공소외 G가 사용 또는 관리하였음이 인정된다고 보아, /

【대법원 분석】 결국 검사가 심리전단 직원들의 계정이라고 주장한 1,157개의 트위터 계정 중 /

【대법원 분석】 합계 716개 계정이 심리전단 직원들에 의하여 사용, 관리된 계정이라고 판단하고, /

【대법원 분석】 이 716개 계정에서 작성된 합계 274,800회의 트윗글과 리트윗글을 /

【대법원 분석】 심리전단 직원들이 행한 사이버 활동 범위로 확정하였다.

【대법원 분석】 이러한 트위터 계정에 관한 원심판단은, /

【대법원 분석】 ① 425지논 파일 및 시큐리티 파일의 증거능력 인정 여부와, /

【대법원 분석】 ② 검사가 주장하는 트윗덱 및 트위터피드 프로그램에 의한 연결계정을 심리전단의 사용 계정으로 추론하는 논리의 타당성 여부를 /

【대법원 분석】 그 기초로 하는 것인데, /

【대법원 분석】 이에 관한 원심판단의 당부는 /

【대법원 분석】 곧바로 심리전단이 사용한 것으로 인정되는 트위터 계정의 수 및 /

【대법원 분석】 그에 따른 트윗글 및 리트윗글의 범위에 관한 사실인정이 /

【대법원 분석】 정당한지 여부를 좌우한다는 점에서 그 중요성이 크다. /

【대법원 분석】 그러므로 이에 관하여는 항을 달리하여 자세히 살펴본다.

3. 형소법 제313조에 의한 증거능력 판단

【대법원 분석】 3. 425지논 파일 및 시큐리티 파일의 증거능력에 관하여 판단한다.

【대법원 분석】 가. 425지논 파일 및 시큐리티 파일이 형사소송법 제313조 제1항에 의하여 증거능력이 인정되는지에 관하여 /

【대법원 분석】 ([상고인] 검사)

【대법원 판단】 (생략함)

4. 형소법 제315조에 의한 증거능력 요건

【대법원 분석】 나. 425지논 파일 및 시큐리티 파일이 형사소송법 제315조 제2호 및 제3호에 의하여 증거능력이 인정되는지에 관하여 /

【대법원 분석】 ([상고인] 피고인 갑, 피고인 병) /

【대법원 분석】 1) 형사소송법 제315조는 /

【대법원 분석】 당연히 증거능력이 있는 서류에 관하여 /

【대법원 분석】 "다음에 게기한 서류는 증거로 할 수 있다. /

【대법원 분석】 1. 가족관계기록사항에 관한 증명서, 공정증서등본 기타 공무원 또는 외국 공무원의 직무상 증명할 수 있는 사항에 관하여 작성한 문서, /

【대법원 분석】 2. 상업장부, 항해일지 기타 업무상 필요로 작성한 통상문서, /

【대법원 분석】 3. 기타 특히 신용할 만한 정황에 의하여 작성된 문서"라고 규정하고 있다. /

【대법원 요지】 상업장부나 항해일지, 진료일지 또는 이와 유사한 금전출납부 등과 같이 /

【대법원 요지】 범죄사실의 인정 여부와는 관계없이 /

【대법원 요지】 자기에게 맡겨진 사무를 처리한 내역을 /

【대법원 요지】 그때그때 계속적, 기계적으로 기재한 문서는 /

【대법원 요지】 사무처리 내역을 증명하기 위하여 존재하는 문서로서 /

【대법원 요지】 형사소송법 제315조 제2호에 의하여 당연히 증거능력이 인정된다 /

【대법원 요지】 (대법원 1996. 10. 17. 선고 **94도2865** 전원합의체 판결 등 참조). /

【대법원 요지】 그리고 이러한 문서는 업무의 기계적 반복성으로 인하여 허위가 개입될 여지가 적고, /

【대법원 요지】 또 문서의 성질에 비추어 고도의 신용성이 인정되어 반대신문의 필요가 없거나 /

【대법원 요지】 작성자를 소환해도 서면제출 이상의 의미가 없는 것들에 해당하기 때문에 /

【대법원 요지】 당연히 증거능력이 인정된다는 것이 /

【대법원 요지】 형사소송법 제315조의 입법 취지인 점과 아울러, /

【대법원 요지】 전문법칙과 관련된 형사소송법 규정들의 체계 및 규정 취지에 더하여 /

【대법원 요지】 '기타'라는 문언에 의하여 /

【대법원 요지】 형사소송법 제315조 제1호와 제2호의 문서들을 /

【대법원 요지】 '특히 신용할 만한 정황에 의하여 작성된 문서'의 예시로 삼고 있는 /

【대법원 요지】 형사소송법 제315조 제3호의 규정형식을 종합하여 보면, /

【대법원 요지】 형사소송법 제315조 제3호에서 규정한 /

【대법원 요지】 '기타 특히 신용할 만한 정황에 의하여 작성된 문서'는 /

【대법원 요지】 형사소송법 제315조 제1호와 제2호에서 열거된 /

【대법원 요지】 공권적 증명문서 및 업무상 통상문서에 준하여 /

【대법원 요지】 '굳이 반대신문의 기회 부여 여부가 문제 되지 않을 정도로 /

【대법원 요지】 고도의 신용성의 정황적 보장이 있는 문서'를 의미한다고 할 것이다 /

【대법원 요지】 (헌법재판소 2013. 10. 24. 선고 **2011헌바79** 결정 참조). /

【**대법원 기준**】 나아가 어떠한 문서가 형사소송법 제315조 제2호가 정하는 업무상 통상문서에 해당하는지를 구체적으로 판단함에 있어서는, /

【**대법원 기준**】 위와 같은 형사소송법 제315조 제2호 및 제3호의 입법 취지를 참작하여 /

【**대법원 기준**】 당해 문서가 정규적·규칙적으로 이루어지는 업무활동으로부터 나온 것인지 여부, /

【**대법원 기준**】 당해 문서를 작성하는 것이 일상적인 업무 관행 또는 직무상 강제되는 것인지 여부, /

【**대법원 기준**】 당해 문서에 기재된 정보가 그 취득된 즉시 또는 그 직후에 이루어져 정확성이 보장될 수 있는 것인지 여부, /

【**대법원 기준**】 당해 문서의 기록이 비교적 기계적으로 행하여지는 것이어서 그 기록 과정에 기록자의 주관적 개입의 여지가 거의 없다고 볼 수 있는지 여부, /

【**대법원 기준**】 당해 문서가 공시성이 있는 등으로 사후적으로 내용의 정확성을 확인·검증할 기회가 있어 신용성이 담보되어 있는지 여부 /

【**대법원 기준**】 등을 종합적으로 고려하여야 한다.

5. 사안에 대한 항소심의 판단

【**항소심 판단**】 2) 원심은 아래와 같은 사정을 들어, /

【**항소심 판단**】 위 두 파일은 /

【**항소심 판단**】 형사소송법 제315조 제2호의 '기타 업무상 필요로 작성한 통상문서' 및 /

【**항소심 판단**】 같은 조 제3호의 '기타 특히 신용할 만한 정황에 의하여 작성된 문서'에 해당하여 /

【**항소심 판단**】 증거능력이 있다고 판단하였다.

【**항소심 판단**】 (가) 위 두 파일은 심리전단 직원인 공소외 A의 이메일 계정에서 압수한 전자 문서인데, /

【**항소심 판단**】 공소외 A는 공판준비 또는 공판기일에서 위 두 파일을 자신이 작성한 것이라고 인정하지는 않았지만, /

【**항소심 판단**】 이메일 계정의 관리 및 활용에 관한 공소외 A의 진술, /

【**항소심 판단**】 공소외 A의 이메일 계정에서 압수한 다른 파일과의 관련성, /

【**항소심 판단**】 위 두 파일에는 공소외 A만이 알 수 있는 정보 등이 기재되어 있는 등 /

【**항소심 판단**】 그 제반 사정을 종합하면, /

【**항소심 판단**】 위 두 파일의 작성자가 공소외 A임이 인정된다.

【**항소심 판단**】 (나) 425지논 파일은, /

【**항소심 판단**】 피고인 갑의 업무 지시 사항에 따라 심리전단이 활동해야 할 주제와 /

【**항소심 판단**】 그에 관련된 2~3줄의 짧은 설명을 담고 있는 구체적 활동 지침에 해당하는 이른바 '이슈와 논지', /

【**항소심 판단**】 공소외 A가 심리전단 직원으로서 수행함에 있어 필요한 자료, /

【**항소심 판단**】 심리전단 활동의 수행 방법 등 /

【**항소심 판단**】 업무와 관련한 내용을 주로 담고 있고, /

【**항소심 판단**】 자신이 한 심리전단 활동으로 인해 수사를 받을 것이라는 점을 전혀 인식하지 못한

상황에서 /

【항소심 판단】 장기간에 걸쳐 계속적으로 작성하여 업무수행의 기초로 삼은 것으로서, /

【항소심 판단】 그 작성 경위와 목적, /

【항소심 판단】 공소외 A의 업무와 문서에 담긴 내용의 관련성 및 내용의 신빙성 등을 /

【항소심 판단】 종합적으로 고려하면, /

【항소심 판단】 위 파일은 /

【항소심 판단】 공소외 A가 /

【항소심 판단】 2012. 4. 25.부터 2012. 12. 5.까지 /

【항소심 판단】 통상적 업무인 /

【항소심 판단】 트위터를 통한 심리전 활동을 전개하기 위하여 /

【항소심 판단】 매일 시달된 이슈와 논지와 함께 그 활동에 필요한 각종 자료들을 계속 추가·보충한 문서로서 /

【항소심 판단】 형사소송법 제315조 제2호의 '업무상 필요로 작성한 통상문서'에 해당한다.

【항소심 판단】 (다) 시큐리티 파일도, /

【항소심 판단】 269개 트위터 계정을 포함하고 있는 심리전단 직원별 트위터 계정 정보, /

【항소심 판단】 트위터피드 계정에 관한 비밀번호 등 기본 정보, /

【항소심 판단】 직원들과 보수논객 등의 트위터 계정의 정보 및 /

【항소심 판단】 공소외 A의 구체적인 심리전 활동 내역 등 /

【항소심 판단】 업무와 관련한 내용을 주로 담고 있으며, /

【항소심 판단】 공소외 A가 /

【항소심 판단】 2012. 3.부터 2012. 12.까지 /

【항소심 판단】 업무에 필요할 때마다 /

【항소심 판단】 동일하거나 연관된 내용의 정보를 추가하면서 계속적으로 작성하여 /

【항소심 판단】 업무에 활용한 것이라는 사정 등을 고려하면, /

【항소심 판단】 이 역시 여러 달 동안 통상적 업무인 트위터를 통한 심리전 활동을 전개하기 위해 /

【항소심 판단】 필요한 트위터 계정 등을 계속 추가·보충하고 /

【항소심 판단】 활동 내역과 실적을 반복적으로 기재하여 온 문서로 /

【항소심 판단】 형사소송법 제315조 제2호에 의하여 증거능력을 인정할 수 있다.

【항소심 판단】 (라) 나아가, /

【항소심 판단】 위 두 파일에 기재된 업무 관련 내용은 /

【항소심 판단】 잘못 기재할 경우 업무수행에 지장을 초래하게 된다는 점에서 /

【항소심 판단】 사실과 다른 내용을 굳이 기재할 동기나 이유를 쉽게 찾아보기 어렵고, /

【항소심 판단】 특히 시큐리티 파일의 경우에는 /

【항소심 판단】 문장의 형태로 기재된 것이 드물고 /

【항소심 판단】 대부분 업무수행에 필요한 정보들만이 단편적으로 기재되어 있는 등 /

【항소심 판단】 관련 정보를 전자적으로 복사하여 문서로 만든 것으로 보여 /

【항소심 판단】 그 자체로 공소외 A의 주관적 의사가 개입될 여지가 없어 보이므로, /

【항소심 판단】 위 두 파일은 /

【항소심 판단】 형사소송법 제315조 제3호의 '기타 특히 신용할 만한 정황에 의하여 작성된 문서'에도 해당한다.

6. 사안에 대한 대법원의 판단

【대법원 판단】 3) 그러나 이와 같은 원심판결 이유를 앞서 본 법리와 적법하게 채택된 증거들에 비추어 살펴보면, /

【대법원 판단】 원심의 위와 같은 판단은 다음과 같은 이유로 수긍할 수 없다.

【대법원 판단】 (가) 425지논 파일의 내용 중 상당 부분은 /

【대법원 판단】 그 출처를 명확히 알기도 어려운 매우 단편적이고 조악한 형태의 언론 기사 일부분과 트윗글 등으로 이루어져 있으며, /

【대법원 판단】 시큐리티 파일의 내용 중 심리전단 직원들이 사용한 것으로 추정된다는 트위터 계정은 /

【대법원 판단】 그 정보의 근원, 기재 경위와 정황이 불분명하고 /

【대법원 판단】 그 내용의 정확성 · 진실성을 확인할 마땅한 방법이 없을 뿐만 아니라, /

【대법원 판단】 위 두 파일에 포함되어 있는 이슈와 논지 및 트위터 계정에 관한 기재가 /

【대법원 판단】 그 정보 취득 당시 또는 그 직후에 기계적으로 반복하여 작성된 것인지도 /

【대법원 판단】 알 수 없다.

【대법원 판단】 (나) 위 두 파일이 그 작성자의 업무수행 과정에서 작성된 문서라고 하더라도, /

【대법원 판단】 위 두 파일에 포함되어 있는 업무 관련 내용이 실제로 업무수행 과정에서 어떻게 활용된 것인지를 알기도 어려울 뿐만 아니라 /

【대법원 판단】 다른 심리전단 직원들의 이메일 계정에서는 위 두 파일과 같은 형태의 문서가 발견되지 않는다는 사정은 /

【대법원 판단】 위 두 파일이 심리전단의 업무 활동을 위하여 관행적 또는 통상적으로 작성되는 문서가 아님을 보여 준다.

【대법원 판단】 (다) 나아가 업무수행을 위하여 작성되었다는 위 두 파일에는 /

【대법원 판단】 업무와 무관하게 작성자의 개인적 필요로 수집하여 기재해 놓은 것으로 보이는 /

【대법원 판단】 여행 · 상품 · 건강 · 경제 · 영어 공부 · 취업 관련 다양한 정보, 격언, 직원들로 보이는 사람들의 경조사 일정 등 신변잡기의 정보도 포함되어 있으며 /

【대법원 판단】 그 기재가 극히 일부에 불과하다고 볼 수도 없어, /

【대법원 판단】 위 두 파일이 업무를 위한 목적으로만 작성된 것이라고 보기도 어렵다.

【대법원 판단】 (라) 425지논 파일에 기재된 업무 관련 내용도 /

【대법원 판단】 아무런 설명이나 규칙 없이 나열되어 있는 경우가 대부분이어서 /

【대법원 판단】 그중 어디까지가 이슈와 논지이고 /

【대법원 판단】 어디부터가 작성자 자신이 심리전단 활동을 위하여 인터넷 등에서 모아 놓은 기사 등

인지 애매하고, /

【대법원 판단】 시큐리티 파일도 그 기재 내용이 /

【대법원 판단】 'lillyamerica - hyesuk888, /

【대법원 판단】 아리록dkflfhr - ahahfldh', /

【대법원 판단】 'okm237 as1234' /

【대법원 판단】 등과 같이 /

【대법원 판단】 영문자 또는 숫자의 조합이 아무런 설명 없이 나열되어 있을 뿐이어서, /

【대법원 판단】 그 기재 자체만으로는 그것이 트위터 계정 또는 그 비밀번호라는 사실조차도 알기 어려운 트위터 계정을 모아 놓은 것이 /

【대법원 판단】 업무상 필요했던 이유 및 /

【대법원 판단】 그 작성자의 심리전 활동 내용에 관하여 '굳이 반대신문의 기회를 부여하지 않아도 될 정도'로 /

【대법원 판단】 고도의 신용성의 정황적 보장이 있다고 보기 어렵다.

【대법원 결론】 (마) 결국 위와 같은 여러 사정을 앞서 본 법리에 비추어 볼 때, /

【대법원 결론】 원심이 들고 있는 사유만으로는 /

【대법원 결론】 위 두 파일이 /

【대법원 결론】 형사소송법 제315조 제2호 또는 제3호에 정한 문서에 해당하여 당연히 증거능력이 인정된다고 할 수 없다.

【대법원 결론】 4) 그런데도 이와 달리 /

【대법원 결론】 이를 결정적, 핵심적인 증거로 하여 /

【대법원 결론】 269개의 트위터 계정이 심리전단 직원이 사용한 것이라고 인정하고 /

【대법원 결론】 이를 바탕으로 다시 422개의 트윗덱 연결계정도 심리전단 직원들이 사용한 것으로 추론할 수 있다고 하여 /

【대법원 결론】 위 계정을 통해 작성한 트윗글과 리트윗글이 모두 정치관여 행위에 해당하고 /

【대법원 결론】 그 일부는 선거운동에도 해당한다고 판단한 원심판결에는 /

【대법원 결론】 형사소송법 제315조가 정한 당연히 증거능력 있는 서류에 관한 법리를 오해하여 판결 결과에 영향을 미친 잘못이 있다. /

【대법원 결론】 따라서 상고이유로 이 점을 지적하는 피고인 갑, 피고인 병의 주장은 정당하고, /

【대법원 결론】 원심판결의 이러한 잘못은 피고인 을에 관한 부분에도 공통된다. (파기 환송)

2015도3136

진술거부권의 적용범위
새마을금고 임원 허위답변 사건
2015. 5. 28. 2015도3136, 공 2015하, 936

1. 사실관계 및 사건의 경과

【사실관계 1】

① 새마을금고법은 다음의 처벌규정을 두고 있다. (㉠규정)

② "새마을금고나 새마을금고중앙회의 임직원 또는 청산인이 감독기관의 검사를 거부 · 방해 또는 기피하거나 해당 검사원의 질문에 거짓으로 진술한 경우 3년 이하의 징역이나 500만원[현행법 3,000만원] 이하의 벌금에 처한다."

③ ㉠규정과 관련하여 검사원이 질문을 하기 전에 진술거부권을 고지하여야 한다는 규정은 따로 마련되어 있지 않다.

④ 새마을금고는 특정경제범죄 가중처벌 등에 관한 법률(특경가법) 제2조 제1호의 "금융회사 등"에 해당한다.

⑤ 특경가법은 다음의 처벌규정을 두고 있다. (㉡규정)

　(가) 금융회사 등의 장이나 감사 또는 검사의 직무에 종사하는 임직원 또는 감독기관의 감독업무에 종사하는 사람은 그 직무를 수행할 때 금융회사 등의 임직원이 그 직무에 관하여 이 법에 규정된 죄를 범한 정황을 알았을 때에는 지체 없이 수사기관에 알려야 한다.

　(나) 정당한 사유 없이 [위 규정]을 위반한 사람은 200만원 이하의 벌금에 처한다.

【사실관계 2】

① 갑은 P새마을금고의 임원이다.

② 갑이 서류를 거짓으로 꾸며 을 등에게 부정대출을 해주고 거액의 사례금을 받았다는 의혹이 제기되었다.

③ A는 P새마을금고의 감독기관으로부터 나온 검사원이다.

④ 검사원 A와 갑 사이에 다음의 문답이 있었다.

　(가) 문 : "대출과 관련하여 을 등으로부터 금전적인 사례를 받은 사실이 있는가?"

　(나) 답 : "대출과 관련하여 을 등으로부터 금전적인 사례를 받은 사실이 없다." (㉢답변)

⑤ 이후 갑의 ㉢답변이 허위임이 밝혀졌다.

【사건의 경과 1】

① 검사는 갑을 다음의 공소사실로 기소하였다.

　(가) 특경가법위반죄(수재 등)

　(나) 사문서위조죄 · 위조사문서행사죄

　(다) 특경가법위반죄(배임)

(라) 새마을금고법위반죄
② 갑의 피고사건은 제1심을 거친 후, 항소심에 계속되었다.
③ 항소심법원은 다음과 같이 판단하였다.
　(가) 특경가법위반죄(수재등) : 유죄
　(나) 사문서위조죄 · 위조사문서행사죄 : 유죄
　(다) 특경가법위반죄(배임) : 유죄
　(라) 새마을금고법위반죄 : 무죄
④ 항소심법원은 무죄 부분에 대해 다음의 판단 이유를 제시하였다.
　(가) 갑이 검사원 A의 질문에 대하여 "대출과 관련하여 을 등으로부터 금전적인 사례를 받은 사실이 있다"는 취지의 대답을 하였다고 해 보자.
　(나) 이는 그 자체로 특경가법 제5조의 수재 등의 죄를 자인하는 진술이 된다.
　(다) 나아가 실질적으로 형사책임 추급을 위한 자료로 사용될 것이다.
　(라) 갑이 검사원의 질문에 대하여 사실대로 대답하지 아니하였다고 하더라도 ㉠처벌규정에 해당하지 않는다.

【사건의 경과 2】
① 검사는 무죄 부분에 불복하여 상고하였다.
② 검사는 상고이유로 다음의 점을 주장하였다.
　(가) 진술거부권은 형사절차에서 피의자 · 피고인에게 부여되는 권리이다.
　(나) 검사원 A와 갑 사이의 문답은 금융기관의 감독에 관한 절차에서 이루어졌다.
　(다) 검사원의 질문에 대해 진술거부권을 보장하는 규정이 없다.
　(라) 금융기관의 감독절차에는 진술거부권이 적용되지 않는다.

2. 진술거부권의 적용범위

【대법원 요지】 가. 헌법 제12조 제2항은 /
【대법원 요지】 "모든 국민은 고문을 받지 아니하며, 형사상 자기에게 불리한 진술을 강요당하지 아니한다."고 규정하여 /
【대법원 요지】 형사책임에 관하여 자기에게 불이익한 진술을 강요당하지 않을 것을 국민의 기본권으로 보장하고 있다. /
【대법원 요지】 이러한 진술거부권은 형사절차에서만 보장되는 것이 아니고 /
【대법원 요지】 행정절차이거나 국회에서의 질문 등 어디에서나 /
【대법원 요지】 그 진술이 자기에게 형사상 불리한 경우에는 묵비권을 가지고 이를 강요받지 아니할 국민의 기본권으로 보장된다. /
【대법원 요지】 따라서 현재 형사피의자나 피고인으로서 수사 및 공판절차에 계속 중인 자 뿐만 아니라 /
【대법원 요지】 장차 형사피의자나 피고인이 될 가능성이 있는 자에게도 /
【대법원 요지】 그 진술내용이 자기의 형사책임에 관련되는 것일 때에는 /

【대법원 요지】 그 진술을 강요받지 않을 자기부죄 거절의 권리가 보장되는 것이다. /

【대법원 요지】 또한 진술거부권은 형사상 자기에게 불리한 내용의 진술을 강요당하지 아니하는 것이므로 /

【대법원 요지】 고문 등 폭행에 의한 강요는 물론 /

【대법원 요지】 법률로서도 진술을 강제할 수 없음을 의미한다. /

【대법원 요지】 그러므로 만일 법률이 범법자에게 자기의 범죄사실을 반드시 신고하도록 명시하고 /

【대법원 요지】 그 미신고를 이유로 처벌하는 벌칙을 규정하는 것은 /

【대법원 요지】 헌법상 보장된 국민의 기본권인 진술거부권을 침해하는 것이 된다 /

【대법원 요지】 (헌법재판소 1990. 8. 27. 선고 **89헌가118** 전원재판부 결정 참조).

3. 사안에 대한 대법원의 판단

【대법원 분석】 구 새마을금고법(2014. 6. 11. 법률 제12749호로 개정되기 전의 것) /

【대법원 분석】 제85조 제2항 제9호(이하 '이 사건 처벌규정'이라 한다)는 /

【대법원 분석】 "새마을금고나 새마을금고중앙회의 임직원 또는 청산인이 /

【대법원 분석】 감독기관의 검사를 거부·방해 또는 기피하거나 /

【대법원 분석】 해당 검사원의 질문에 거짓으로 진술한 경우 /

【대법원 분석】 3년 이하의 징역이나 500만 원 이하의 벌금에 처한다."고 규정하고 있고, /

【대법원 분석】 위와 같은 질문을 하기 전에 진술거부권을 고지하여야 한다는 규정은 따로 두고 있지 않다. /

【대법원 분석】 그런데 새마을금고는 특정경제범죄 가중처벌 등에 관한 법률(이하 '특정경제범죄법'이라 한다) 제2조 제1호의 "금융회사 등"에 해당하고, /

【대법원 분석】 특정경제범죄법 제12조 제2항은 /

【대법원 분석】 "금융회사 등의 장이나 /

【대법원 분석】 감사 또는 검사의 직무에 종사하는 임직원 또는 /

【대법원 분석】 감독기관의 감독업무에 종사하는 사람은 /

【대법원 분석】 그 직무를 수행할 때 금융회사 등의 임직원이 그 직무에 관하여 이 법에 규정된 죄를 범한 정황을 알았을 때에는 /

【대법원 분석】 지체 없이 수사기관에 알려야 한다."고 규정하고 있으며, /

【대법원 분석】 같은 조 제4항은 /

【대법원 분석】 "정당한 사유 없이 제2항을 위반한 사람은 200만 원 이하의 벌금에 처한다."고 규정하고 있다.

【대법원 판단】 위와 같은 규정을 앞서 본 법리에 비추어 살펴보면, /

【대법원 판단】 이 사건 처벌규정은 /

【대법원 판단】 적어도 새마을금고의 임직원이 장차 특정경제범죄법에 규정된 죄로 처벌받을 수도 있는 사항에 관한 질문을 받고 거짓 진술을 한 경우에는 /

【대법원 판단】 특별한 사정이 없는 한 적용되지 않는다고 해석하여야 한다. /

【대법원 판단】이러한 경우까지 항상 이 사건 처벌규정으로 처벌될 수 있다고 본다면, /

【대법원 판단】이는 실질적으로 장차 형사피의자나 피고인이 될 가능성이 있는 자로 하여금 수사기관 앞에서 자신의 형사책임을 자인하도록 강요하는 것과 다르지 않기 때문이다.

【대법원 결론】나. 같은 취지에서 원심이, /

【대법원 결론】피고인이 만약 검사원 공소외 A의 질문에 대하여 '대출과 관련하여 공소외 을 등으로부터 금전적인 사례를 받은 사실이 있다'는 취지의 대답을 하였다면 /

【대법원 결론】이는 그 자체로 특정경제범죄법 제5조의 수재 등의 죄를 자인하는 진술이 되고 /

【대법원 결론】나아가 실질적으로 형사책임 추급을 위한 자료로 사용될 것이라는 등의 이유에서, /

【대법원 결론】피고인이 이 부분 공소사실 기재와 같은 검사원의 질문에 대하여 사실대로 대답하지 아니하였다고 하더라도 /

【대법원 결론】이 사건 처벌규정에 해당하지 않는다고 판단한 것은 정당하다. /

【대법원 결론】거기에 검사의 상고이유 주장과 같은 법리오해 등의 위법이 없다. (상고 기각)

2015도3260

항소심의 구조와 양형판단
형량 5배 가중 사건
2015. 7. 23. 2015도3260 전원합의체 판결, 공 2015하, 1322

1. 사실관계 및 사건의 경과

【사실관계】

① 갑과 ㉠, ㉡, ㉢, ㉣사이트 등 수 개의 인터넷 도박사이트를 운영하였다.

② 을은 갑의 도박사이트 운영을 도왔다.

③ (이하 갑에 대해서만 고찰함)

④ 갑은 ㉠도박사이트 운영으로 유죄판결을 선고받고 확정되었다.

⑤ 갑은 누범 기간 중이다.

【사건의 경과 1】

① 검사는 ㉡, ㉢, ㉣사이트에 대해 갑을 게임산업진흥에관한법률위반죄 및 도박개장죄로 기소하였다.

② 제1심법원은 ㉡공소사실을 무죄로 판단하였다.

③ 제1심법원은 ㉢, ㉣공소사실을 유죄로 인정하였다.

④ 제1심법원은 갑에게 징역 10월을 선고하였다.

⑤ 제1심법원은 유죄판결의 양형이유에서 다음과 같이 설시하였다.

    (가) ㉢, ㉣범행은 이 사회 전체의 건전한 근로정신을 훼손하고 다수의 피해자를 양산하며 그 범행 동기가 우발적이거나 생계유지에 있기보다는 그릇된 욕심을 채우기 위해 사전에 계획된 점 등

에 비추어 보면 그 죄질이 가볍지 아니하다.

(나) 갑은 ⓒ, ⓔ범행의 주범이다.

(다) 갑은 누범기간 중에 ⓒ, ⓔ범행을 행하였다.

(라) 갑은 일부 범행을 부인하고 있다.

(마) 게임에 참가한 자들도 ⓒ, ⓔ사이트가 불법 게임물이라는 것을 알았다.

(바) 갑이 확정된 ㉠죄와 같이 판결을 받았을 경우의 양형을 고려한다.

(사) 갑의 환경 등 제반 사정을 참작한다.

【사건의 경과 2】

① 갑은 불복 항소하였다.

② 검사도 불복 항소하였다.

③ 검사는 항소이유로, "제1심의 형은 다소 가벼워서 부당하다"고 주장하였다.

④ 항소심법원은 별다른 증거조사나 피고인신문 없이 제1회 공판기일에 변론을 종결하였다.

⑤ 항소심법원은 제1심이 설시한 양형이유와 유사한 양형이유를 설시하였다.

⑥ 항소심법원은 검사의 양형부당 주장을 받아들였다.

⑦ 항소심법원은 제1심판결을 파기하고, 갑에게 징역 4년을 선고하였다.

【사건의 경과 3】

① 갑은 불복 상고하였다.

② 갑은 상고이유로 다음의 점을 주장하였다.

(가) 원심판결이 선고한 형량(징역 48개월)은 제1심법원이 선고한 형량(징역 10개월)의 거의 5배에 달한다.

(나) 원심판결은 양형재량을 현저히 일탈하여 위법하다.

(다) 제1심판결과 원심판결의 양형이유는 거의 같다.

(라) 5배 가까이 형을 가중하면서 양형의 조건이 되는 사유를 구체적으로 밝히지 않은 것은 위법하다.

【사건의 경과 4】

① 대법원은 10 대 3으로 견해가 나뉘었다.

② 다수의견은 갑의 상고이유가 단순한 양형부당 사유에 해당한다고 판단하였다.

③ 소수의견은 갑의 상고이유가 법령위반 사유에 해당한다고 주장하였다.

④ 대법원은 다수의견에 따라 갑의 상고를 기각하였다.

⑤ (이하 지면 관계로 다수의견만을 소개함)

2. 항소심의 구조와 양형판단

【대법원 요지】 가. 형사소송법 제361조의5 제15호는 "형의 양정이 부당하다고 인정할 사유가 있는 때"를 항소이유의 하나로 들고 있고, /

【대법원 요지】 그 항소이유가 인정되는 경우에 항소심은 제364조 제6항에 따라 제1심판결을 파기하고 다시 판결하여야 하므로, /

【대법원 요지】 항소심은 판결 당시까지 제출된 모든 자료를 토대로 적정한 양형을 하여 제1심의 형

의 양정이 부당한지 여부를 가려야 한다.

【대법원 요지】 양형부당은 원심판결의 선고형이 구체적인 사안의 내용에 비추어 너무 무겁거나 너무 가벼운 경우를 말한다. /

【대법원 요지】 양형은 법정형을 기초로 하여 형법 제51조에서 정한 양형의 조건이 되는 사항을 두루 참작하여 합리적이고 적정한 범위 내에서 이루어지는 재량 판단으로서, /

【대법원 요지】 공판중심주의와 직접주의를 취하고 있는 우리 형사소송법에서는 양형판단에 관하여도 제1심의 고유한 영역이 존재한다. /

【대법원 요지】 이러한 사정들과 아울러 항소심의 사후심적 성격 등에 비추어 보면, /

【대법원 요지】 제1심과 비교하여 양형의 조건에 변화가 없고 제1심의 양형이 재량의 합리적인 범위를 벗어나지 아니하는 경우에는 이를 존중함이 타당하며, /

【대법원 요지】 제1심의 형량이 재량의 합리적인 범위 내에 속함에도 항소심의 견해와 다소 다르다는 이유만으로 제1심판결을 파기하여 제1심과 별로 차이 없는 형을 선고하는 것은 자제함이 바람직하다. /

【대법원 요지】 그렇지만 제1심의 양형심리 과정에서 나타난 양형의 조건이 되는 사항과 양형기준 등을 종합하여 볼 때에 제1심의 양형판단이 재량의 합리적인 한계를 벗어났다고 평가되거나, /

【대법원 요지】 항소심의 양형심리 과정에서 새로이 현출된 자료를 종합하면 제1심의 양형판단을 그대로 유지하는 것이 부당하다고 인정되는 등의 사정이 있는 경우에는, /

【대법원 요지】 항소심은 형의 양정이 부당한 제1심판결을 파기하여야 한다.

【대법원 요지】 그런데 항소심은 제1심에 대한 사후심적 성격이 가미된 속심으로서 제1심과 구분되는 고유의 양형재량을 가지고 있다고 보아야 하므로, /

【대법원 요지】 항소심이 그 자신의 양형판단과 일치하지 아니한다고 하여 양형부당을 이유로 제1심판결을 파기하는 것이 앞서 본 바와 같은 이유로 바람직하지 아니한 점이 있다고 하더라도 /

【대법원 요지】 이를 두고 양형심리 및 양형판단 방법이 위법하다고까지 할 수는 없다. /

【대법원 요지】 그리고 위와 같은 원심의 판단에 그 근거가 된 양형자료와 그에 관한 판단 내용이 모순 없이 설시되어 있는 경우에는 /

【대법원 요지】 양형의 조건이 되는 사유에 관하여 일일이 명시하지 아니하여도 위법하다고 할 수 없다 /

【대법원 요지】 (대법원 1994. 12. 13. 선고 94도2584 판결 등 참조).

3. 양형부당과 상고이유

【대법원 요지】 나. 한편 형사소송법 제383조 제4호에 의하면, /

【대법원 요지】 사형, 무기 또는 10년 이상의 징역이나 금고가 선고된 사건에서만 양형부당을 사유로 한 상고가 허용되며, /

【대법원 요지】 사실심법원이 양형의 기초 사실에 관하여 사실을 오인하였다거나 /

【대법원 요지】 양형의 조건이 되는 정상에 관하여 심리를 제대로 하지 아니하였다는 사유를 들어 /

【대법원 요지】 원심판결을 다투는 것은 양형부당 취지의 주장에 해당한다 /

【대법원 요지】 (대법원 1988. 1. 19. 선고 87도1410 판결, /

【대법원 요지】 대법원 2013. 9. 26. 선고 2013도7876 판결 등 참조).

【대법원 판단】 다. 피고인들은 양형의 기초 사실에 관한 사실오인이나 법리오해, 심리미진 등으로 인하여 원심판결에 죄형균형 원칙 내지 책임주의 원칙을 위반한 위법이 있다고 주장하고 있으나, /

【대법원 판단】 그 사유를 앞서 본 법리들과 원심판결 이유에 비추어 살펴보면 위 주장은 실질적으로 원심의 양형이 부당하다는 취지에 불과하다.

【대법원 판단】 따라서 피고인들에 대하여 형사소송법 제383조 제4호에서 정한 형보다 가벼운 형이 선고된 이 사건에서 위 주장을 비롯하여 원심이 정한 형이 너무 무거워서 부당하다는 취지의 주장은 적법한 상고이유가 되지 못한다.

【대법원 결론】 그러므로 상고를 모두 기각하기로 하여 주문과 같이 판결한다. /

【대법원 결론】 이 판결에는 대법관 박보영, 대법관 김신, 대법관 권순일의 반대의견이 있는 외에는 /

【대법원 결론】 관여 법관의 의견이 일치하였다.

【코멘트】 본 판례에서 대법원은 다수의견과 소수의견으로 견해가 나뉘고 있다. 다수의견은 항소심의 구조를 속심 원칙, 사후심 예외라는 관점에 서서 항소심에게 고유의 양형재량권을 인정하고 있다. 소수의견 또한 속심 원칙, 사후심 예외라는 관점에 서있다. 그렇지만 본 판례의 사안에서 항소심이 양형재량권을 일탈하였다는 입장을 취하고 있다.

그러나 본 판례의 사안을 단순히 양형재량의 일탈 여부라는 관점에서만 판단해서는 안 된다고 본다. 국민참여재판이 실시된 이래 제1심 공판중심주의와 직접심리주의가 강조되고 있다. 이 점을 반영하여 형사소송규칙은 형사항소심을 사후심적으로 운용하도록 규정하고 있다. 본 판례에서 대법원의 다수의견 및 소수의견을 이 점을 간과하고 있다.

사후심 원칙, 속심 예외라는 관점에서 보면, 항소심법원이 별다른 증거조사나 피고인신문 없이 제1회 공판기일에 변론을 종결하고 5배 가까이 가중된 형을 선고하는 것은 지나치다고 하지 않을 수 없다. 본 판례의 사안에서 항소심의 판단은 단순한 양형부당의 문제가 아니라 항소심의 구조를 교란하는 위법의 문제에 해당한다고 보아야 할 것이다. 본 판례의 자세한 평석으로, 신동운, "양형판단과 형사항소심의 구조", 서울대학교 법학, 제57권 제4호(2016.12) 참조.

2015도5916

국외체류와 공소시효의 정지
국외 횡령범 국외체류 사건
2015. 6. 24. 2015도5916, 공 2015하, 1110

1. 사실관계 및 사건의 경과

【사실관계】
① 갑은 국외에서 ㉠횡령죄를 범하였다.

② 갑은 국내로 귀국할 경우 처벌받을 것을 염려하였다.

③ 갑은 다른 활동도 계속할 겸 국외체류를 계속하였다.

④ 갑은 횡령죄에 대한 통상의 공소시효 기간이 경과하기를 기다렸다.

⑤ 갑은 해당 기간이 경과한 후 귀국하였다.

【사건의 경과 1】

① 검사는 갑을 횡령죄로 기소하였다.

② 갑의 피고사건은 제1심을 거친 후, 항소심에 계속되었다.

③ 항소심법원은 갑의 국외체류를 형사처분을 면할 목적에서 이루어진 것이라고 판단하였다.

④ 항소심법원은 유죄를 인정하였다.

【사건의 경과 2】

① 갑은 불복 상고하였다.

② 갑은 상고이유로 다음의 점을 주장하였다.

　(가) 국외체류를 이유로 공소시효를 정지하는 것은 국내에서 국외로 도피하는 경우에 대비하기 위함이다.

　(나) 국외에서 범한 범죄에 대해서는 국외도피라는 것을 생각할 수 없다.

　(다) 갑의 국외체류는 다른 활동을 하기 위한 것으로 국외도피의 목적이 없었다.

　(라) 갑의 ㉠횡령 공소사실에 대해 공소시효가 이미 완성되었다.

2. 국외체류와 공소시효의 정지

【대법원 요지】 형사소송법 제253조 제3항은 /

【대법원 요지】 "범인이 형사처분을 면할 목적으로 국외에 있는 경우 그 기간 동안 공소시효는 정지된다."라고 규정하고 있다. /

【대법원 요지】 위 규정의 입법 취지는 /

【대법원 요지】 범인이 우리나라의 사법권이 실질적으로 미치지 못하는 국외에 체류한 것이 도피의 수단으로 이용된 경우에 /

【대법원 요지】 그 체류기간 동안은 공소시효가 진행되는 것을 저지하여 범인을 처벌할 수 있도록 하여 /

【대법원 요지】 형벌권을 적정하게 실현하고자 하는 데 있다 /

【대법원 요지】 (대법원 2008. 12. 11. 선고 2008도4101 판결 참조). /

【대법원 요지】 따라서 위 규정이 정한 '범인이 형사처분을 면할 목적으로 국외에 있는 경우'는 /

【대법원 요지】 범인이 국내에서 범죄를 저지르고 형사처분을 면할 목적으로 국외로 도피한 경우에 한정되지 아니하고, /

【대법원 요지】 범인이 국외에서 범죄를 저지르고 형사처분을 면할 목적으로 국외에서 체류를 계속하는 경우도 포함된다고 볼 것이다.

【대법원 요지】 한편 여기에서 '형사처분을 면할 목적'은 국외 체류의 유일한 목적으로 되는 것에 한정되지 않고 범인이 가지는 여러 국외 체류 목적 중에 포함되어 있으면 충분하다. /

【대법원 요지】 범인이 국외에 있는 것이 형사처분을 면하기 위한 방편이었다면 '형사처분을 면할 목적'이 있었다고 볼 수 있고, /

【대법원 요지】 '형사처분을 면할 목적'과 양립할 수 없는 범인의 주관적 의사가 냉백히 드러나는 객관적 사정이 존재하지 않는 한 /

【대법원 요지】 국외 체류기간 동안 '형사처분을 면할 목적'은 계속 유지된다고 볼 것이다 /

【대법원 요지】 (대법원 2005. 12. 9. 선고 2005도7527 판결, /

【대법원 요지】 대법원 2012. 7. 26. 선고 2011도8462 판결 등 참조).

【대법원 판단】 원심은 판시와 같은 이유를 들어, 피고인이 '형사처분을 면할 목적'으로 국외에 체류하였다고 판단하고, /

【대법원 판단】 이 사건 범행에 관한 공소시효 완성을 주장하는 피고인의 항소이유 주장을 받아들이지 아니하였다.

【대법원 결론】 원심판결 이유를 관련 법리와 적법하게 채택한 증거들에 비추어 살펴보면, 위와 같은 원심의 판단은 정당하고, 거기에 상고이유 주장과 같이 공소시효 정지에 관한 법리를 오해한 위법이 없다. (상고 기각)

2015도7821

상소취하의 방식
뇌물죄 변호인 상소취하 사건
2015. 9. 10. 2015도7821, 공 2015하, 1586

1. 사실관계 및 사건의 경과

【사실관계 1】
① 검사는 갑과 을을 특가법위반죄(뇌물)의 공동정범으로 기소하였다.
② 제1심법원은 갑과 을에 대해 유죄를 인정하였다.
③ 갑과 을은 불복 항소하였다.
④ 을의 변호인은 A이다.
⑤ 을은 항소이유로, 공동정범의 성립에 관한 법리오해 등의 잘못이 있다고 주장하였다.
⑥ 검사도 불복 항소하였다.

【사실관계 2】
① 항소심 제1회 공판기일이 열렸다.
② 을의 변호인 A는 구술로써 "항소를 취하한다"고 진술하였다.
③ 을은 이에 대하여 아무런 의견도 진술하지 않았다.
④ 항소심법원은 을에게 변호인 A의 항소취하에 대하여 동의하는지에 대해 명시적인 의사를 확인하지 않았다.

⑤ 검사는 항소이유를 진술하였다.

⑥ 항소심법원은 검사의 항소이유에 대한 변호인의 최종변론과 을의 최후진술을 들었다.

⑦ 항소심법원은 변론을 종결하였다.

【사건의 경과 1】

① 항소심법원은 선고기일에 판결을 선고하였다.

② 항소심법원은 갑에게 유죄를 인정하였다.

③ 항소심법원은 을의 항소가 변호인 A에 의하여 적법하게 취하된 것이라고 판단하였다.

④ 항소심법원은 을의 항소이유에 관하여는 판단하지 않았다.

⑤ 항소심법원은 검사의 항소이유에 관하여만 판단하였다.

【사건의 경과 2】

① 갑은 불복 상고하였다.

② 을은 불복 상고하였다.

③ 을은 상고이유로, 공동정범의 성립에 관한 법리오해 등이 있다고 주장하였다.

④ (이하 을에 대해서만 검토함)

2. 상소취하의 방식과 피고인의 동의

【대법원 요지】 변호인은 피고인의 동의를 얻어 상소를 취하할 수 있으므로(형사소송법 제351조, 제341조), /

【대법원 요지】 변호인의 상소취하에 피고인의 동의가 없다면 그 상소취하의 효력은 발생하지 아니한다. /

【대법원 요지】 한편 변호인이 상소취하를 할 때 원칙적으로 피고인은 이에 동의하는 취지의 서면을 제출하여야 하나(형사소송규칙 제153조 제2항), /

【대법원 요지】 피고인은 공판정에서 구술로써 상소취하를 할 수 있으므로(형사소송법 제352조 제1항 단서), /

【대법원 요지】 변호인의 상소취하에 대한 피고인의 동의도 공판정에서 구술로써 할 수 있다. /

【대법원 요지】 다만 상소를 취하하거나 상소의 취하에 동의한 자는 다시 상소를 하지 못하는 제한을 받게 되므로(형사소송법 제354조), /

【대법원 요지】 상소취하에 대한 피고인의 구술 동의는 명시적으로 이루어져야만 한다.

3. 사안에 대한 대법원의 판단

【대법원 분석】 기록에 의하면, /

【대법원 분석】 원심 제1회 공판기일에 피고인 을의 변호인(이하 '변호인'이라고만 한다)이 구술로써 항소를 취하한다고 진술하였으나 /

【대법원 분석】 피고인 을은 이에 대하여 아무런 의견도 진술하지 아니한 사실, /

【대법원 분석】 원심은 그러한 상태에서 피고인 을에게 변호인의 항소취하에 대하여 동의하는지 여부에 관한 명시적인 의사를 확인하지 아니한 채 /

【대법원 분석】 검사의 항소이유에 대한 변호인의 최종변론과 피고인 을의 최후진술을 듣고 변론을 종결한 후, /

【대법원 분석】 선고기일에 판결을 선고하면서 /

【대법원 분석】 피고인 을의 항소가 변호인에 의하여 적법하게 취하된 것으로 보아 /

【대법원 분석】 공동정범의 성립에 관한 법리오해 등의 잘못이 있다는 취지의 피고인 을의 항소이유에 관하여는 판단하지 아니하고 /

【대법원 분석】 검사의 항소이유에 관하여만 판단한 사실을 알 수 있다.

【대법원 판단】 위와 같은 사실관계를 앞서 본 법리에 비추어 보면, /

【대법원 판단】 원심법정에서의 변호인의 항소취하에 피고인 을이 동의하였다고 인정하기 어려우므로 변호인의 항소취하는 효력이 없다고 할 것이다.

【대법원 결론】 그런데도, 이와 다른 전제에서 피고인 을의 항소가 변호인에 의하여 적법하게 취하된 것으로 보고 피고인 을의 항소이유에 대하여 아무런 판단을 하지 아니한 원심판결에는, /

【대법원 결론】 변호인의 상소취하에 관한 법리를 오해한 나머지 판단을 누락하여 판결에 영향을 미친 잘못이 있다. /

【대법원 결론】 원심판결에 공동정범의 성립에 관한 법리오해 등이 있다는 상고이유 주장 속에는 같은 내용의 항소이유에 관한 판단누락의 잘못이 있다는 주장이 포함되어 있는 것으로 볼 수 있고, /

【대법원 결론】 이러한 주장은 정당하다. (파기 환송)

2015도9951

국선변호인의 조력을 받을 권리
이해상반 국선변호인 사건
2015. 12. 23. 2015도9951, 공 2016상, 257

1. 사실관계 및 사건의 경과

【사실관계 1】

① 갑과 을을 포함한 여러 사람들이 말싸움과 몸싸움을 하였다.

② 검사는 갑 등을 모욕죄, 폭행죄, 상해죄, 명예훼손죄 등으로 기소하였다.

③ 갑에 대한 공소사실 가운데에는 다음의 공소사실이 들어 있다.

④ "갑은 팔꿈치로 을의 가슴을 밀쳐 넘어뜨려 을에게 상해를 가하였다."

⑤ 을에 대한 공소사실 가운데에는 다음의 공소사실이 들어 있다.

　(가) 을은 갑으로부터 위와 같이 상해를 당할 때 쓰레기통으로 갑의 어깨를 때려 갑에게 상해를 가하였다.

　(나) 을은 갑의 명예를 훼손하였다.

⑥ 제1심법원은 갑과 을에게 유죄를 인정하였다.

【사실관계 2】

① 갑은 불복 항소하였다.

② 을은 불복 항소하였다.

③ 을과 P법무법인은 연명으로 ㉠변호인선임서를 제1심법원에 제출하였다.

④ ㉠변호인선임서에는 다음 내용이 기재되어 있었다.

   (가) 사건 : 항소

   (나) 본문 : 위 사건에 관하여 P법무법인 담당변호사 B, C, D, E, F를 변호인으로 선임하였으므로 이에 변호인 선임서를 제출합니다.

⑤ ㉠변호인선임서가 제출될 당시 P법무법인 명의의 ㉡담당변호인지정서가 함께 제출되었다.

⑥ ㉡담당변호인지정서의 '담당변호인'란에는 B만 기재되어 있다.

⑦ 그 후 항소심법원에 P법무법인 명의로 을을 위한 ㉢항소이유서가 제출되었다.

⑧ ㉢항소이유서의 마지막 부분에는 담당변호사로 'B, C, D, E, F'가 기재되어 있고, 각 변호사의 날인이 있다.

【사실관계 3】

① ㉠변호인선임서가 제출된 후 갑은 항소심법원에 ㉣국선변호인선정청구서를 제출하였다.

② 항소심법원은 변호사 E를 갑의 국선변호인으로 선정하였다.

③ 항소심법원은 제1심판결을 파기하고, 갑과 을에게 유죄를 인정하였다.

【사건의 경과】

① 갑은 불복 상고하였다.

② 을은 불복 상고하였다.

③ (이하 갑에 대해서만 검토함)

④ 갑은 상고이유로, 변호인의 조력을 받을 권리가 침해되었다고 주장하였다.

2. 국선변호인의 실질적 조력을 받을 권리

【대법원 요지】 가. 국선변호인의 실질적 조력을 받을 권리에 관한 법리

【대법원 요지】 헌법상 보장되는 '변호인의 조력을 받을 권리'는 변호인의 '충분한 조력'을 받을 권리를 의미하므로, /

【대법원 요지】 피고인에게 국선변호인의 조력을 받을 권리를 보장하여야 할 국가의 의무에는 피고인이 국선변호인의 실질적 조력을 받을 수 있도록 할 의무가 포함된다 /

【대법원 요지】 (대법원 2012. 2. 16.자 **2009모1044** 전원합의체 결정 등 참조).

【대법원 요지】 공소사실 기재 자체로 보아 어느 피고인에 대한 유리한 변론이 다른 피고인에 대하여는 불리한 결과를 초래하는 경우 공동피고인들 사이에 그 이해가 상반된다고 할 수 있다. /

【대법원 요지】 이와 같이 이해가 상반된 피고인들 중 어느 피고인이 특정 법무법인을 변호인으로 선임하고, 해당 법무법인이 담당변호사를 지정하였을 때, /

【대법원 요지】 법원이 위 담당변호사 중 1인 또는 수인을 다른 피고인을 위한 국선변호인으로 선정한다면, /

【대법원 요지】 국선변호인으로 선정된 변호사는 이해가 상반된 피고인들 모두에게 유리한 변론을 하기 어렵다. /

【대법원 요지】 결국 이로 인하여 위 다른 피고인은 국선변호인의 실질적 조력을 받을 수 없게 되었다고 보아야 하고, /

【대법원 요지】 따라서 위와 같은 국선변호인 선정은 국선변호인의 조력을 받을 피고인의 권리를 침해하는 것이다.

3. 사안에 대한 대법원의 분석

【대법원 분석】 나. 피고인들의 이해 상반

【대법원 분석】 피고인 갑에 대한 공소사실 중 피고인 을과 관련 있는 부분은, 피고인 갑이 팔꿈치로 피고인 을의 가슴을 밀쳐 넘어뜨려 피고인 을에게 상해를 가하였다는 것이다.

【대법원 분석】 한편, 피고인 을에 대한 공소사실은, 피고인 을이 위와 같이 상해를 당할 때 쓰레기통으로 피고인 갑의 어깨를 때려 피고인 갑에게 상해를 가하였다는 것과 피고인 갑의 명예를 훼손하였다는 것이다.

【대법원 판단】 위 공소사실 기재 자체로 볼 때, 피고인들 중 어느 피고인에 대한 유리한 변론은 다른 피고인에게 불리한 결과를 초래하므로, 피고인들 사이에 그 이해가 상반된다.

【대법원 분석】 다. 피고인 을을 위한 담당변호사 지정

【대법원 분석】 1) 기록에 의하면, 다음과 같은 사실을 알 수 있다.

【대법원 분석】 가) 제1심판결 선고 후 피고인 을과 공소외 P법무법인 연명으로 '변호인선임서'가 제1심법원에 제출되었는데, /

【대법원 분석】 위 서면의 '사건'란에는 '항소'라고 기재되어 있고, /

【대법원 분석】 본문에는 "위 사건에 관하여 공소외 P법무법인 담당변호사: 공소외 B, 공소외 C, 공소외 D, 공소외 E, 공소외 F를 변호인으로 선임하였으므로 이에 변호인 선임서를 제출합니다."라고 기재되어 있다.

【대법원 분석】 나) 위 변호인선임서가 제출될 당시 공소외 P법무법인 명의의 '담당변호인지정서'가 함께 제출되었는데, /

【대법원 분석】 위 지정서의 '담당변호인'란에는 '공소외 B'만 기재되어 있다.

【대법원 분석】 다) 그 후 원심법원에 공소외 P법무법인 명의로 피고인 을을 위한 항소이유서가 제출되었는데, /

【대법원 분석】 위 항소이유서의 마지막 부분에는 담당변호사로 '공소외 B, 공소외 C, 공소외 D, 공소외 E, 공소외 F'가 기재되어 있고, 각 변호사의 날인이 있다.

【대법원 분석】 2) 변호사법 제50조 제1항 본문은 /

【대법원 분석】 "법무법인은 법인 명의로 업무를 수행하며 그 업무를 담당할 변호사를 지정하여야 한다."라고, /

【대법원 분석】 같은 조 제7항은 /

【대법원 분석】 "법무법인이 그 업무에 관하여 작성하는 문서에는 법인명의를 표시하고 담당변호사

가 기명날인하거나 서명하여야 한다."라고 각 규정하고 있는데, /

【대법원 분석】 담당변호사의 지정방법에 관하여는 변호사법이나 그 시행령에 규정이 없다. /

【대법원 분석】 이러한 사정에 더하여 위 변호인선임서의 담당변호사 표시 부분에 변호사 공소외 E의 성명이 기재되어 있고, /

【대법원 분석】 위 항소이유서의 담당변호사 표시 부분에 변호사 공소외 E의 기명날인이 있는 점을 아울러 고려하여 보면, /

【대법원 판단】 비록 위 담당변호인지정서에는 변호사 공소외 B만 담당변호사로 기재되어 있으나, /

【대법원 판단】 공소외 P법무법인이 피고인 을의 변호를 담당할 변호사로 변호사 공소외 E도 지정하였다고 보아야 한다.

【대법원 분석】 라. 피고인 갑을 위한 국선변호인 선정

【대법원 분석】 기록에 의하면, 위 변호인선임서가 제출된 후 피고인 갑이 원심법원에 국선변호인선정청구서를 제출한 사실, /

【대법원 분석】 이에 원심법원이 위 변호사 공소외 E를 피고인 갑의 국선변호인으로 선정한 사실을 알 수 있다.

4. 사안에 대한 대법원의 판단

【대법원 판단】 마. 국선변호인의 실질적 조력을 받을 피고인 갑의 권리 침해

【대법원 판단】 앞서 본 바와 같이 이 사건 피고인들 사이에 이해가 상반되는데, /

【대법원 판단】 피고인 을이 공소외 P법무법인을 변호인으로 선임하고 /

【대법원 판단】 위 법무법인이 변호사 공소외 E를 담당변호사로 지정하였는데도, /

【대법원 판단】 원심법원이 같은 변호사를 피고인 갑을 위한 국선변호인으로 선정한 것은, /

【대법원 판단】 앞서 본 법리와 같이 국선변호인의 실질적 조력을 받을 피고인 갑의 권리를 침해하는 것이다. /

【대법원 결론】 따라서 원심판결에는 국선변호인의 조력을 받을 권리에 관한 법리를 오해하여 판결에 영향을 미친 잘못이 있다. (파기 환송)

2015도11696

항소이유와 구두변론주의
양형부당 항소장 사건
2015. 12. 10. 2015도11696, 공 2016상, 163

1. 사실관계 및 사건의 경과

【사실관계 1】

① 검사는 갑을 다음의 공소사실로 기소하였다.

　　(가) 강간

　　(나) 마약류관리에 관한 법률 위반(향정)

② 검사는 징역 3년을 구형하였다.

③ 제1심법원은 다음과 같이 판단하였다.

　　(가) 강간 : 유죄

　　(나) 마약류관리에 관한 법률 위반(향정) : 무죄

④ 제1심법원은 갑에게 징역 2년 6월을 선고하였다.

【사실관계 2】

① 검사는 제1심판결 전부에 대하여 항소하였다.

② 검사는 ㉠항소장을 제출하였다.

③ 검사는 ㉠항소장에 항소이유를 다음과 같이 기재하였다.

④ "피고인의 강간범행에 대하여 유죄를 선고하면서도 징역 3년을 구형한 검사의 의견과 달리 원심은 징역 2년 6월을 선고하였는데, ① 피고인의 범행수법, ② 피해자 및 그 가족들의 피해정도, ③ 미합의(피해자는 피고인의 엄벌을 여전히 원하고 있음) 등을 고려하면 이는 너무 가벼워 부당함"

⑤ 검사는 법정기간 내에 ㉡항소이유서를 제출하였다.

⑥ 검사는 ㉡항소이유서에서 제1심에서 무죄로 판단한 마약류관리에 관한 법률 위반(향정) 부분에 대한 사실오인 및 법리오해 주장만을 하였다.

⑦ 검사는 ㉡항소이유서에서 강간죄 유죄 부분에 대한 양형부당 주장을 하지는 않았다.

【사실관계 3】

① 항소심 제1회 공판기일이 열렸다.

② 검사는 ㉡항소이유서를 진술하면서 제1심 무죄 부분에 대한 사실오인 및 법리오해의 위법이 있다는 진술만 하였다.

③ 검사는 ㉠항소장에 기재된 양형부당 주장에 관하여는 아무런 진술도 하지 않았다.

④ 항소심법원은 제2회 공판기일에 변론을 종결하였다.

⑤ 검사는 변론이 종결된 제2회 공판기일에 이르기까지 제1심의 양형이 너무 가벼워 부당하다는 취지의 주장을 하지 않았다.

⑥ 피고인 측은 검사의 사실오인 및 법리오해 주장에 대해서만 다투었다.

⑦ 피고인 측은 검사의 양형부당 주장에는 아무런 반박도 하지 않았다.

【사실관계 4】

① 항소심법원은 검사의 사실오인 및 법리오해 주장을 배척하였다.

② 항소심법원은 검사의 양형부당 주장을 받아들였다.

③ 항소심법원은 갑에게 징역 2년 6월을 선고한 제1심판결을 파기하고, 갑에게 징역 4년을 선고하였다.

【사건의 경과】

① 갑은 불복 상고하였다.

② 갑은 상고이유로 다음의 점을 주장하였다.

　　(가) 검사는 항소심 공판절차에서 양형부당을 주장하지 않았다.

(나) 원심법원이 갑에게 제1심판결보다 중한 형을 선고한 것은 위법하다.

2. 공판중심주의와 항소심절차

【대법원 요지】 1. 헌법 제12조 제1항 후문에서 규정한 적법절차의 원칙, /

【대법원 요지】 그리고 헌법 제27조가 보장하는 기본권, /

【대법원 요지】 즉 법관의 면전에서 모든 증거자료가 조사·진술되고 /

【대법원 요지】 이에 대하여 피고인이 공격·방어할 수 있는 기회가 실질적으로 부여되는 /

【대법원 요지】 재판을 받을 권리 등을 구현하기 위하여 /

【대법원 요지】 현행 형사소송법은 당사자주의·공판중심주의·직접주의를 그 기본원칙으로 하고 있다 /

【대법원 요지】 (대법원 2011. 4. 28. 선고 **2009도10412** 판결 등 참조). /

【대법원 요지】 공판중심주의를 실현하고 이를 통하여 피고인의 방어권을 실질적으로 보장하기 위하여 /

【대법원 요지】 형사소송법은, /

【대법원 요지】 판결은 법률에 다른 규정이 없으면 구두변론에 의하여야 하고(제37조 제1항), /

【대법원 요지】 공판정에서의 변론은 구두로 하여야 하며(제275조의3), /

【대법원 요지】 검사는 공소장에 의하여 공소사실·죄명 및 적용법조를 낭독하여야 하고(제285조), /

【대법원 요지】 피고인은 검사의 모두진술이 끝난 후에 공소사실의 인정 여부를 진술하여야 하며(제286조 제1항), /

【대법원 요지】 재판장은 피고인의 모두진술이 끝난 다음에 피고인 또는 변호인에게 쟁점의 정리를 위하여 필요한 질문을 할 수 있고, /

【대법원 요지】 검사 및 변호인으로 하여금 공소사실 등의 증명과 관련된 주장 및 입증계획 등을 진술하게 할 수 있도록 하는 등의 규정을 두고 있는데(제287조), /

【대법원 요지】 이러한 제1심 공판절차에 관한 규정은 특별한 규정이 없으면 항소심의 심판절차에 준용된다(제370조). /

【대법원 요지】 나아가 항소심 공판절차와 관련하여 /

【대법원 요지】 형사소송규칙은, /

【대법원 요지】 항소인은 그 항소이유를 구체적으로 진술하여야 하고(제156조의3 제1항), /

【대법원 요지】 상대방은 항소인의 항소이유 진술이 끝난 뒤에 항소이유에 대한 답변을 구체적으로 진술하여야 하며(같은 조 제2항), /

【대법원 요지】 법원은 항소이유와 답변에 터잡아 해당 사건의 사실상·법률상 쟁점을 정리하여 밝히고 그 증명되어야 하는 사실을 명확히 하여야 하고(제156조의4), /

【대법원 요지】 항소심의 증거조사와 피고인 신문절차가 종료한 때에는 검사는 원심 판결의 당부와 항소이유에 대한 의견을 구체적으로 진술하여야 하며(제156조의7 제1항), /

【대법원 요지】 재판장은 검사의 의견을 들은 후 피고인과 변호인에게도 의견을 진술할 기회를 주어야 한다고 규정하고 있다(같은 조 제2항).

3. 항소이유와 구두변론주의

【대법원 요지】 공판중심주의를 실현하고 이를 통하여 피고인의 방어권을 실질적으로 보장하기 위하여 마련된 위와 같은 형사소송법과 형사소송규칙의 규정들에 비추어 볼 때, /

【대법원 요지】 검사가 공판정에서 구두변론을 통해 항소이유를 주장하지 않았고 /

【대법원 요지】 피고인도 그에 대한 적절한 방어권을 행사하지 못하는 등 /

【대법원 요지】 검사의 항소이유가 실질적으로 구두변론을 거쳐 심리되지 않았다고 평가될 경우, /

【대법원 요지】 항소심법원이 이러한 검사의 항소이유 주장을 받아들여 피고인에게 불리하게 제1심판결을 변경하는 것은 허용되지 않는다 /

【대법원 요지】 (대법원 1994. 10. 21. 선고 94도2078 판결 참조).

4. 양형부당과 직권조사사유

【대법원 요지】 한편 검사가 일부 유죄, 일부 무죄가 선고된 제1심판결 전부에 대하여 항소하면서 유죄 부분에 대하여는 아무런 항소이유도 주장하지 않은 경우에는, /

【대법원 요지】 유죄 부분에 대하여 법정기간 내에 항소이유서를 제출하지 않은 것이 되고, /

【대법원 요지】 그 경우 설령 제1심의 양형이 가벼워 부당하다 하더라도 /

【대법원 요지】 그와 같은 사유는 형사소송법 제361조의4 제1항 단서의 직권조사사유나 /

【대법원 요지】 같은 법 제364조 제2항의 직권심판사항에 해당하지 않으므로, /

【대법원 요지】 항소심이 제1심판결의 형보다 중한 형을 선고하는 것은 허용되지 않는데/

【대법원 요지】 (대법원 2008. 1. 31. 선고 2007도8117 판결, /

【대법원 요지】 대법원 2014. 7. 10. 선고 2014도5503 판결 등 참조), /

【대법원 요지】 이러한 법리는 검사가 유죄 부분에 대하여 아무런 항소이유를 주장하지 않은 경우뿐만 아니라 /

【대법원 요지】 검사가 항소장이나 법정기간 내에 제출된 항소이유서에서 유죄 부분에 대하여 양형부당 주장을 하였으나, /

【대법원 요지】 그러한 항소이유 주장이 실질적으로 구두변론을 거쳐 심리되지 아니한 경우에도 마찬가지로 적용된다.

5. 사안에 대한 대법원의 분석

【대법원 분석】 2. 기록에 의하면 다음과 같은 사실을 알 수 있다.

【대법원 분석】 가. 검사는, 이 사건 공소사실 중 강간 부분은 유죄로, 마약류관리에 관한 법률 위반(향정) 부분은 무죄로 판단한 제1심판결 전부에 대하여 항소하면서, /

【대법원 분석】 항소장에서 항소이유로 "피고인의 강간범행에 대하여 유죄를 선고하면서도 징역 3년을 구형한 검사의 의견과 달리 원심은 징역 2년 6월을 선고하였는데, ① 피고인의 범행수법, ② 피해자 및 그 가족들의 피해정도, ③ 미합의(피해자는 피고인의 엄벌을 여전히 원하고 있음) 등을 고려하면 이는 너무 가벼워 부당함"이라고 기재하였다.

【대법원 분석】 나. 한편 법정기간 내에 제출된 항소이유서에서 검사는 제1심에서 무죄로 판단한 마약류관리에 관한 법률 위반(향정) 부분에 대한 사실오인 및 법리오해 주장만을 하였을 뿐 유죄 부분에 대한 양형부당 주장을 하지는 않았다.

【대법원 분석】 다. 원심 제1회 공판기일에서 검사는 위 항소이유서를 진술하면서 제1심 무죄 부분에 대한 사실오인 및 법리오해의 위법이 있다는 진술만 하였을 뿐 /

【대법원 분석】 항소장에 기재된 양형부당 주장에 관하여는 아무런 진술도 하지 않았고, /

【대법원 분석】 이후 변론이 종결된 제2회 공판기일에 이르기까지 제1심의 양형이 너무 가벼워 부당하다는 취지의 주장을 전혀 한 바 없으며, /

【대법원 분석】 피고인 측도 검사의 사실오인 및 법리오해 주장에 대해서만 다투었을 뿐 검사의 양형부당 주장에는 아무런 반박도 하지 않았다.

【대법원 분석】 라. 원심은 검사의 사실오인 및 법리오해 주장을 배척하면서도 검사의 양형부당 주장을 받아들여 피고인에게 징역 2년 6월을 선고한 제1심판결을 파기하고 피고인에게 징역 4년을 선고하였다.

6. 사안에 대한 대법원의 판단

【대법원 판단】 3. 가. 위와 같은 사실관계를 앞서 본 법리에 비추어 살펴보면, /

【대법원 판단】 이 사건 원심의 공판과정에서 검사의 양형부당 항소이유가 실질적으로 구두변론을 거쳐 심리되었다고 보기 어려우므로, /

【대법원 판단】 원심이 검사의 양형부당 항소이유를 받아들여 제1심보다 중한 형을 선고하는 것은 허용되지 않고, /

【대법원 판단】 나아가 그와 같은 사유가 형사소송법 제361조의4 제1항 단서의 직권조사사유나 같은 법 제364조 제2항의 직권심판사항에 해당하지도 않는 만큼, /

【대법원 판단】 원심이 피고인에게 불리하게 직권으로 제1심판결의 형보다 중한 형을 선고하는 것도 역시 허용되지 않는다.

【대법원 결론】 나. 그런데도 원심은, 검사의 양형부당 주장이 구두변론을 거쳐 적법하게 심리되었다는 잘못된 전제에서 검사의 양형부당 주장을 받아들여 피고인에게 제1심보다 중한 형을 선고하였으니, /

【대법원 결론】 이러한 원심의 조치에는 항소심의 공판절차와 심판범위에 관한 법리를 오해하여 판결에 영향을 미친 위법이 있다. 이를 지적하는 취지의 상고이유 주장은 이유 있다. (파기 환송)

2015도12372

적용법조 변경과 공소장변경 필요성
폭처법 대 형법 상습공갈 사건
2015. 11. 12. 2015도12372, 공 2015하, 1965

1. 사실관계 및 사건의 경과

【사실관계 1】

① 갑은 상습공갈죄 등 여러 가지 공소사실로 별건으로 기소되었다.

② 갑에 대해 다음과 같은 제1심 유죄판결들이 선고되었다.

   (가) ㉮사건 : 2014. 9. 19. 선고

   (나) ㉯사건 : 2014. 12. 17. 선고

   (다) ㉰사건 : 2015. 4. 9. 선고

③ 갑은 ㉮, ㉯, ㉰판결에 각각 불복하여 항소하였다.

④ 항소심법원은 ㉮, ㉯, ㉰사건을 병합하여 심리하였다.

⑤ ㉮, ㉯, ㉰사건 가운데에는 ㉠상습공갈죄의 공소사실이 들어 있다.

【사실관계 2】

① 2015. 7. 16. 항소심법원은 제1심판결들을 모두 파기하고 갑에게 유죄판결을 선고하였다.

② 항소심법원은 ㉠상습공갈죄 공소사실 부분에 대해 직권으로 다음과 같이 판단하였다.

   (가) 갑은 폭처법 제2조 제1항 제3호, 형법 제350조에 위반한 것으로 기소되었다.

   (나) 폭처법 제2조 제1항 제3호, 형법 제350조는 특별한 가중적 구성요건의 표지를 전혀 추가하지 않은 채 형법 제351조, 제350조의 상습공갈죄와 똑같은 구성요건을 규정하면서 그 법정형만 상향 조정한 것이다.

   (다) 폭처법 제2조 제1항 제3호, 형법 제350조는 형벌체계상의 정당성과 균형을 잃어 인간의 존엄성과 가치를 보장하는 헌법의 기본원리에 위배될 뿐 아니라 법의 내용에 있어서도 평등원칙에 반하는 위헌성을 띤 처벌규정이 될 수 있다.

   (라) 법원은 공소사실의 동일성이 인정되는 범위 내에서 공소장 기재 적용법조에 구속받지 아니하고 직권으로 법률을 적용할 수 있다.

   (마) 상습공갈의 범죄사실에 대하여 공소장에 기재된 폭처법위반죄(상습공갈)가 아닌 형법상 상습공갈죄를 적용하여 이를 유죄로 판단한다.

【사건의 경과】

① 갑은 불복 상고하였다.

② 2015. 9. 24. 헌법재판소는 상습성을 이유로 형을 가중하고 있는 폭처법 제2조 제1항에 대해 위헌을 선언하였다(2015. 9. 24. 2014헌바154, 헌집 27-2상, 555).

③ 폭처법상의 상습공갈죄도 위 위헌결정의 대상조문에 포함되어 있다.

④ 2015. 11. 12. 갑에 대한 상고심 판결이 선고되었다.

⑤ 2016. 1. 6. 폭처법이 개정되어 폭처법 제2조 제1항이 삭제되었다.

⑥ (폭처법 제2조 제1항이 삭제되었음에도 공소장변경 필요성에 관한 법리를 소개하기 위하여 본 판례를 소개함)

2. 사안에 대한 항소심의 판단

【항소심 판단】 가. 원심은, /

【항소심 판단】 피고인에 대한 이 사건 공소사실 중 상습공갈의 점에 관하여 /

【항소심 판단】 폭력행위 등 처벌에 관한 법률(이하 '폭력행위처벌법'이라 한다) 제2조 제1항 제3호, /

【항소심 판단】 형법 제350조/

【항소심 판단】 (이하 위 두 조항을 통틀어 '이 사건 조항'이라 한다)를 /

【항소심 판단】 위반한 것으로 기소되었으나, /

【항소심 판단】 이 사건 조항은 특별한 가중적 구성요건의 표지를 전혀 추가하지 않은 채 형법 제351조, 제350조의 상습공갈죄와 똑같은 구성요건을 규정하면서 그 법정형만 상향 조정함으로써 /

【항소심 판단】 형벌체계상의 정당성과 균형을 잃어 인간의 존엄성과 가치를 보장하는 헌법의 기본원리에 위배될 뿐 아니라 /

【항소심 판단】 법의 내용에 있어서도 평등원칙에 반하는 위헌성을 띤 처벌규정이 될 수 있고, /

【항소심 판단】 법원은 공소사실의 동일성이 인정되는 범위 내에서 공소장 기재 적용법조에 구속받지 아니하고 직권으로 법률을 적용할 수 있다는 이유로, /

【항소심 판단】 상습공갈의 범죄사실에 대하여 공소장에 기재된 폭력행위처벌법위반(상습공갈)죄가 아닌 형법상 상습공갈죄를 적용하여 이를 유죄로 판단하였다.

3. 적용법조 변경과 공소장변경의 필요성

【대법원 판단】 나. 그러나 원심의 이러한 판단은 다음과 같은 이유로 수긍하기 어렵다.

【대법원 요지】 공소장에는 공소사실의 법률적 평가를 명확히 하여 공소의 범위를 확정하는 데 보조기능을 하기 위하여 적용법조를 기재하여야 하는데(형사소송법 제254조 제3항), /

【대법원 요지】 적용법조의 기재에 오기·누락이 있거나 또는 /

【대법원 요지】 그 적용법조에 해당하는 구성요건이 충족되지 않을 때에는 /

【대법원 요지】 공소사실의 동일성이 인정되는 범위 내로서 피고인의 방어에 실질적인 불이익을 주지 않는 한도에서 /

【대법원 요지】 법원이 공소장 변경의 절차를 거침이 없이 직권으로 공소장 기재와 다른 법조를 적용할 수 있지만/

【대법원 요지】 (대법원 1996. 6. 28. 선고 96도1232 판결, /

【대법원 요지】 대법원 2006. 4. 14. 선고 **2005도9743** 판결 등 참조), /

【대법원 요지】 공소장에 기재된 적용법조를 단순한 오기나 누락으로 볼 수 없고 /

【대법원 요지】 그 구성요건이 충족됨에도 불구하고 /

【대법원 요지】 법원이 공소장 변경의 절차를 거치지 아니하고 임의적으로 다른 법조를 적용하여 처단할 수는 없다고 할 것이다. /

【대법원 판단】 원심이 들고 있는 대법원 1976. 11. 23. 선고 75도363 판결은 이 사건과는 사안을 달리하여 원용하기에 적절하지 아니하다.

【대법원 판단】 나아가, 폭력행위처벌법 제2조 제1항에서 말하는 '상습'이란 /

【대법원 판단】 같은 항 각 호에 열거된 각 범죄행위 상호 간의 상습성만을 의미하는 것이 아니라, /

【대법원 판단】 같은 항 각 호에 열거된 모든 범죄행위를 포괄한 폭력행위의 습벽을 의미하는 것이라고 해석하여야 하고/

【대법원 판단】 (대법원 2008. 8. 21. 선고 2008도3657 판결 등 참조), /

【대법원 판단】 반면에 형법 제351조, 제350조에서 규정하는 상습공갈죄에서의 '상습'이란 /

【대법원 판단】 반복하여 공갈행위를 하는 습벽으로서 행위자의 속성을 말하므로/

【대법원 판단】 (대법원 2005. 10. 28. 선고 2005도5774 판결 등 참조), /

【대법원 판단】 이 사건 조항은 형법 제351조, 제350조의 상습공갈죄와는 서로 다른 구성요건을 가지는 것이어서, /

【대법원 판단】 똑같은 구성요건임에도 법정형만 상향 조정한 조항임을 전제로 헌법의 기본원리에 위배되고 평등원칙에 반하는 위헌성을 띤 처벌규정으로 볼 수 없다.

4. 사안에 대한 대법원의 판단

【대법원 결론】 그렇다면 원심이 위 공소사실에 대하여 그 판시와 같은 이유로 공소장 변경의 절차를 거치지 아니하고 /

【대법원 결론】 공소장에 기재된 폭력행위처벌법위반(상습공갈)죄가 아닌 형법상 상습공갈죄를 직권으로 적용한 조치에는 /

【대법원 결론】 판단을 누락하거나 불고불리의 원칙을 위배하거나 위헌법률심판에 관한 법리를 오해하여 판결에 영향을 미친 위법이 있다. /

【대법원 결론】 이 점을 지적하는 검사의 상고이유 주장은 이유 있다. (파기 환송)

2015도16586

실질적 진정성립의 증명방법
진정성립 통역인 증언 사건
2016. 2. 18. 2015도16586, 공 2016상, 493

1. 사실관계 및 사건의 경과

【사실관계 1】
① 갑과 을은 마약류관리에관한법률위반죄(마약, 향정) 피의사실로 검찰 수사를 받았다.

② 을은 외국인이다.

③ 검사는 을을 신문하였다.

④ 을의 신문과정에는 통역인 A가 배석하였다.

⑤ 을의 진술은 ㉠피의자신문조서에 기재되었다.

⑥ 을은 ㉠피의자신문조서에 서명, 날인하였다.

【사실관계 2】

① 검사는 갑과 을을 마약류관리에관한법률위반죄(마약, 향정)로 기소하였다.

② 검사는 검사작성 ㉠피의자신문조서를 증거로 제출하였다.

③ 을은 ㉠피의자신문조서에 기재된 서명, 날인이 자기의 것임을 인정하였다.

④ 을은 ㉠피의자신문조서에 기재된 내용이 자신이 진술한 것과 다르게 기재되었다고 주장하였다.

⑤ 검사는 통역인 A를 증인으로 신청하였다.

⑥ 통역인 A는 증인으로 출석하여 다음과 같이 진술하였다.

   (가) 을이 진술한 대로 통역하였다.

   (나) 통역한 내용은 그대로 ㉠피의자신문조서에 기재되었다.

【사건의 경과 1】

① 을의 피고사건은 제1심을 거친 후, 항소심에 계속되었다.

② 항소심법원은 ㉠피의자신문조서의 증거능력에 대해 다음과 같이 판단하였다.

   (가) 형소법 제312조 제2항은 진정성립의 대체적 증명방법을 허용하고 있다.

   (나) 형소법 제312조 제2항의 '객관적 방법'은 영상녹화물에 필적할 만큼 강력한 증명력을 갖춘 것이어야 한다.

   (다) 검사의 을에 대한 피의자신문 당시 을의 진술을 통역한 통역인의 증언은 객관적인 방법에 해당한다고 볼 수 없다.

③ 항소심법원은 ㉠피의자신문조서를 제외한 나머지 증거에 의하여 유죄를 인정하였다.

【사건의 경과 2】

① 검사는 불복 상고하였다.

② 검사는 상고이유로 다음의 점을 주장하였다.

   (가) 형소법 제312조 제2항은 진정성립의 대체적 증명방법을 허용하고 있다.

   (나) 통역인은 허위통역죄(형법154)의 벌을 받겠다는 선서를 하고 통역한다.

   (다) 검사의 을에 대한 피의자신문 당시 을의 진술을 통역한 통역인의 증언은 객관적인 방법에 해당한다.

2. 진정성립의 대체적 증명방법과 허용범위

【대법원 분석】 가. 검사 작성의 피의자신문조서에 대한 증거능력 인정 방법에 관한 법리오해 주장에 대하여

【대법원 분석】 1) 형사소송법 제312조는 제1항에서 /

【대법원 분석】 "검사가 피고인이 된 피의자의 진술을 기재한 조서는 /

【대법원 분석】 적법한 절차와 방식에 따라 작성된 것으로서 /

【대법원 분석】 피고인이 진술한 내용과 동일하게 기재되어 있음이 /

【대법원 분석】 공판준비 또는 공판기일에서의 피고인의 진술에 의하여 인정되고, /

【대법원 분석】 그 조서에 기재된 진술이 특히 신빙할 수 있는 상태하에서 행하여졌음이 /

【대법원 분석】 증명된 때에 한하여 증거로 할 수 있다."고 하여 /

【대법원 분석】 조서의 내용이 원진술자인 피고인이 진술한 대로 기재된 것이라는 실질적 진정성립이 인정되어야 증거로 할 수 있다고 하면서 /

【대법원 분석】 이러한 실질적 진정성립은 공판준비 또는 공판기일에서의 피고인의 진술에 의해서만 인정된다고 규정하고 있다. /

【대법원 분석】 다만 그 제2항은 /

【대법원 분석】 "제1항에도 불구하고 /

【대법원 분석】 피고인이 그 조서의 성립의 진정을 부인하는 경우에는 /

【대법원 분석】 그 조서에 기재된 진술이 피고인이 진술한 내용과 동일하게 기재되어 있음이 /

【대법원 분석】 영상녹화물이나 그 밖의 객관적인 방법에 의하여 증명되고, /

【대법원 분석】 그 조서에 기재된 진술이 특히 신빙할 수 있는 상태 하에서 행하여졌음이 증명된 때에 한하여 /

【대법원 분석】 증거로 할 수 있다."고 하여 /

【대법원 분석】 피고인의 진술 외에 영상녹화물이나 그 밖의 객관적인 방법에 의해서도 실질적 진정성립을 인정할 수 있는 여지를 열어 두고 있다.

【대법원 요지】 실질적 진정성립을 증명할 수 있는 방법으로서 형사소송법 제312조 제2항에 예시되어 있는 영상녹화물의 경우 /

【대법원 요지】 형사소송법 및 형사소송규칙에 의하여 영상녹화의 과정, 방식 및 절차 등이 엄격하게 규정되어 있는데다 /

【대법원 요지】 (형사소송법 제244조의2, /

【대법원 요지】 형사소송규칙 제134조의2 제3항, 제4항, 제5항 등) /

【대법원 요지】 피의자의 진술을 비롯하여 검사의 신문 방식 및 피의자의 답변 태도 등 조사의 전 과정이 모두 담겨 있어 /

【대법원 요지】 피고인이 된 피의자의 진술 내용 및 그 취지를 과학적 · 기계적으로 재현해 낼 수 있으므로 /

【대법원 요지】 조서의 내용과 검사 앞에서의 진술 내용을 대조할 수 있는 수단으로서의 객관성이 보장되어 있다고 볼 수 있으나, /

【대법원 요지】 피고인을 피의자로 조사하였거나 그 조사에 참여하였던 자들의 증언은 /

【대법원 요지】 오로지 해당 증언자의 주관적 기억 능력에 의존할 수밖에 없어 객관성이 보장되어 있다고 보기 어렵다. /

【대법원 요지】 결국 검사 작성의 피의자신문조서에 대한 실질적 진정성립을 증명할 수 있는 수단으로서 /

【대법원 요지】 형사소송법 제312조 제2항에 규정된 '영상녹화물이나 그 밖의 객관적인 방법'이라 함은 /

【대법원 요지】 형사소송법 및 형사소송규칙에 규정된 방식과 절차에 따라 제작된 영상녹화물 또는 /

【대법원 요지】 그러한 영상녹화물에 준할 정도로 피고인의 진술을 과학적 · 기계적 · 객관적으로 재현해 낼 수 있는 방법만을 의미한다고 봄이 타당하고, /

【대법원 요지】 그 외에 조사관 또는 조사 과정에 참여한 통역인 등의 증언은 이에 해당한다고 볼 수 없다.

【대법원 판단】 2) 원심판결 이유를 앞서 본 법리에 비추어 살펴보면, /

【대법원 판단】 원심이 /

【대법원 판단】 형사소송법 제312조 제2항의 '객관적 방법'은 영상녹화물에 필적할 만큼 강력한 증명력을 갖춘 것이어야 하므로 /

【대법원 판단】 검사의 피고인 을에 대한 피의자신문 당시 피고인 을의 진술을 통역한 통역인의 증언은 객관적인 방법에 해당한다고 볼 수 없다고 판단한 것은 정당하고, /

【대법원 결론】 거기에 상고이유 주장과 같이 형사소송법 제312조 제2항의 '그 밖의 객관적인 방법'에 대한 해석을 잘못하여 검사 작성의 피의자신문조서에 대한 증거능력을 오해한 위법이 없다. (상고 기각)

2015도17115

참고인 외국거주와 형소법 제314조
호주 임시체류 비자 사건
2016. 2. 18. 2015도17115, 공 2016상, 495

1. 사실관계 및 사건의 경과

【사실관계 1】

① 1992. 8. 25. 대한민국과 호주 양국 간에 형사사법공조 양자조약이 체결되었다.

② 1993. 12. 29. 대한민국과 호주 양국 간의 형사사법공조 양자조약이 발효되었다.

③ [A는 호주에 거주하고 있다.]

④ [A는 국내에 입국하였다.]

⑤ 검사는 갑의 A에 대한 사기사건 피의사실에 대해 수사하였다.

⑥ A는 수사과정에서 ㉠진술서를 작성하였다.

⑦ A는 수사과정에서 자신이 작성한 ㉡노트의 ㉢사본을 제출하였다.

【사실관계 2】

① 검사는 갑을 다음의 공소사실로 기소하였다.

　(가) 갑은 A를 기망하여 ㉣금원을 편취하였다. (㉮사기죄)

　(나) 갑은 A와 공모하여 위조된 사실증명에 관한 사문서인 호주 이민청 장관 명의로 된 B에 대한

ⓜ호주 시민권증서 1장을 행사하였다. (ⓥ위조사문서행사죄)

② 검사는 증거를 제출하였다.

③ 검사는 제출한 증거 가운데에는 다음의 증거가 있다.

　(가) A가 작성한 ㉠진술서

　(나) A가 작성한 ㉡노트의 ㉢사본

④ 갑은 ㉠진술서와 ㉢노트 사본을 증거로 함에 동의하지 않았다.

【사실관계 3】

① 2015. 2. 27. 검사는 A를 증인으로 신청하였다.

② 검사는 다음 내용의 A에 대한 증인신청서를 제출하였다. (ⓜ증인신청서)

　(가) 주소 : 호주 시드니 이스트우드 M장소

　(나) 연락처 : (국제전화번호) ⓐ번

③ 2015. 3. 10. A는 다음 내용의 불출석사유서를 제출하였다. (ⓗ불출석사유서)

④ "본인(A)은 현재 호주에 거주하고 있고, 비자(Visa) 조건이 외국 또는 대한민국으로 방문을 하였을 시 3년간 호주 입국을 할 수 없는 임시 체류 비자 'E'라는 조건으로 있어 갑에 대한 재판에 증인으로 참석이 불가능하다."

⑤ ⓗ불출석사유서에는 호주 이민청(Department of Immigration and Border Protection)이 발부한 다음 내용의 통지서 사본이 첨부되어 있다. (ⓢ통지서)

　(가) 비자 종류 : Bridging E visa

　(나) 비자 등급 : W.E. General(subclass 050)

【사건의 경과 1】

① 제1심법원은 A에 대한 증인소환장의 송달을 실시하지 않았다.

② 제1심법원은 A에 대하여 국제형사사법공조를 통한 증인소환이나 호주 법원에 대한 증인신문 요청 등의 조치를 시도하지 않았다.

③ 제1심법원은 제5회 공판기일에서 A에 대한 증인채택을 취소하였다.

④ 제1심법원은 형소법 제314조에 의거하여 A가 작성한 ㉠진술서와 A가 작성한 ㉡노트의 ㉢사본 등을 모두 증거로 채택하여 조사하였다.

⑤ 제1심법원은 ㉠진술서와 ㉡노트의 ㉢사본 등을 증거로 삼아 유죄를 인정하였다.

【사건의 경과 2】

① 갑은 불복 항소하였다.

② 갑은 항소이유로, ㉠진술서와 ㉡노트의 ㉢사본 등에 증거능력이 인정되지 않는다고 주장하였다.

③ 항소심법원은 항소를 기각하고, 제1심판결을 유지하였다.

④ 갑은 불복 상고하였다.

⑤ 갑의 상고이유는 항소이유와 같다.

2. 외국거주와 형소법 제314조의 성립요건

【대법원 분석】 1. 참고인 진술서 등 피고인 아닌 자의 진술을 기재한 서류가 /

【대법원 분석】 그 진술자가 공판정에서 한 진술에 의하여 진정성립이 증명되지 않았음에도 /

【대법원 분석】 형사소송법 제314조에 의하여 증거능력이 인정되려면, /

【대법원 분석】 그 진술자가 사망·질병·외국거주·소재불명, 그 밖에 이에 준하는 사유로 인하여 공판정에 출석하여 진술할 수 없는 때에 해당하고, /

【대법원 분석】 또 그 서류의 작성이 특히 신빙할 수 있는 상태에서 행하여졌음이 증명되어야 한다. /

【대법원 요지】 여기서 '외국거주'라고 함은 /

【대법원 요지】 진술을 요하는 자가 외국에 있다는 것만으로는 부족하고, /

【대법원 요지】 수사 과정에서 수사기관이 그 진술을 청취하면서 /

【대법원 요지】 그 진술자의 외국거주 여부와 장래 출국 가능성을 확인하고, /

【대법원 요지】 만일 그 진술자의 거주지가 외국이거나 /

【대법원 요지】 그가 가까운 장래에 출국하여 장기간 외국에 체류하는 등의 사정으로 /

【대법원 요지】 향후 공판정에 출석하여 진술을 할 수 없는 경우가 발생할 개연성이 있다면 /

【대법원 요지】 그 진술자의 외국 연락처를, /

【대법원 요지】 일시 귀국할 예정이 있다면 /

【대법원 요지】 그 귀국 시기와 귀국 시 체류 장소와 연락 방법 등을 /

【대법원 요지】 사전에 미리 확인하고, /

【대법원 요지】 그 진술자에게 공판정 진술을 하기 전에는 출국을 미루거나, /

【대법원 요지】 출국한 후라도 공판 진행 상황에 따라 일시 귀국하여 공판정에 출석하여 진술하게끔 하는 방안을 확보하여 /

【대법원 요지】 그 진술자로 하여금 공판정에 출석하여 진술할 기회를 충분히 제공하며, /

【대법원 요지】 그 밖에 그를 공판정에 출석시켜 진술하게 할 모든 수단을 강구하는 등 /

【대법원 요지】 가능하고 상당한 수단을 다하더라도 그 진술을 요할 자를 법정에 출석하게 할 수 없는 사정이 있어야 /

【대법원 요지】 예외적으로 그 적용이 있다 /

【대법원 요지】 (대법원 2002. 3. 26. 선고 2001도5666 판결, /

【대법원 요지】 대법원 2008. 2. 28. 선고 2007도10004 판결 등 참조). /

【대법원 요지】 나아가 진술을 요하는 자가 외국에 거주하고 있어 공판정 출석을 거부하면서 공판정에 출석할 수 없는 사정을 밝히고 있다고 하더라도 /

【대법원 요지】 증언 자체를 거부하는 의사가 분명한 경우가 아닌 한 /

【대법원 요지】 거주하는 외국의 주소나 연락처 등이 파악되고, /

【대법원 요지】 해당 국가와 대한민국 간에 국제형사사법공조조약이 체결된 상태라면 /

【대법원 요지】 우선 사법공조의 절차에 의하여 증인을 소환할 수 있는지 여부를 검토해 보아야 하고, /

【대법원 요지】 소환을 할 수 없는 경우라고 하더라도 외국의 법원에 사법공조로 증인신문을 실시하도록 요청하는 등의 절차를 거쳐야 한다고 할 것이고, /

【대법원 요지】 이러한 절차를 전혀 시도해 보지도 아니한 것은 /

【대법원 요지】 가능하고 상당한 수단을 다하더라도 그 진술을 요하는 자를 법정에 출석하게 할 수

없는 사정이 있는 때에 해당한다고 보기 어렵다.

3. 사안에 대한 대법원의 분석

【대법원 분석】 2. 가. 원심은 제1심판결의 채용 증거들을 종합하여, /

【대법원 분석】 피고인이 피해자 공소외 A를 기망하여 판시 금원을 편취하였다는 사기의 점과 /

【대법원 분석】 공소외 A와 공모하여 위조된 사실증명에 관한 사문서인 호주 이민청 장관 명의로 된 '공소외 B'에 대한 호주 시민권증서 1장을 행사하였다는 위조사문서행사의 점에 관한 /

【대법원 분석】 각 공소사실을 유죄로 인정하였는바, /

【대법원 분석】 원심이 인용한 제1심판결의 채용 증거에는 공소외 A가 작성한 진술서, 노트 사본(이하 '진술서 등'이라고 한다)이 포함되어 있다.

【대법원 분석】 나. 그런데 기록에 의하면, /

【대법원 분석】 ① 제1심법원은 피고인이 공소외 A 작성의 위 진술서 등을 증거로 함에 동의하지 않자, /

【대법원 분석】 검사의 신청에 따라 공소외 A를 증인으로 채택하였고, /

【대법원 분석】 검사가 2015. 2. 27. 제출한 공소외 A에 대한 증인신청서에는 공소외 A의 주소가 '호주 시드니 이스트우드 (주소 생략)'로, 연락처가 '○○＋○○○＋○○○○○○, ○○○－○○○○－○○○○'로 특정되어 있는데도 /

【대법원 분석】 공소외 A가 2015. 3. 10. '불출석 사유서'를 제출하자 /

【대법원 분석】 공소외 A에 대한 증인소환장의 송달을 실시하지 아니한 사실, /

【대법원 분석】 ② 공소외 A가 제출한 위 불출석 사유서에는 /

【대법원 분석】 "공소외 A가 현재 호주에 거주하고 있고, 비자(Visa) 조건이 외국 또는 대한민국으로 방문을 하였을 시 3년간 호주 입국을 할 수 없는 임시 체류 비자 'E'라는 조건으로 있어 피고인에 대한 재판에 증인으로 참석이 불가능하다."고 기재되어 있고, /

【대법원 분석】 거기에 첨부된 호주 이민청(Department of Immigration and Border Protection)의 통지서 사본에는 공소외 A의 비자 종류가 'Bridging E visa'로, 비자 등급이 'W.E. General(subclass 050)'로 기재되어 있는 사실, /

【대법원 분석】 ③ 제1심법원은 공소외 A에 대하여 국제형사사법공조를 통한 증인소환이나 호주 법원에 대한 증인신문 요청 등의 조치를 전혀 시도해 보지도 아니한 채 /

【대법원 분석】 제5회 공판기일에서 증인 공소외 A에 대한 증인채택을 취소하고, /

【대법원 분석】 형사소송법 제314조에 의하여 공소외 A 작성의 위 진술서 등을 모두 증거로 채택하여 조사한 사실을 알 수 있고, /

【대법원 분석】 대한민국과 호주 양국 간에는 1992. 8. 25. 형사사법공조 양자조약이 체결되어 1993. 12. 29. 발효된 것은 이 법원에 현저하다.

4. 사안에 대한 대법원의 판단

【대법원 판단】 다. 사정이 이와 같다면 앞서 본 법리에 비추어 볼 때, /

【대법원 판단】 공소외 A가 작성한 위 진술서 등은 /

【대법원 판단】 '공판기일에 진술을 요하는 자가 외국거주 등으로 인하여 진술할 수 없는 때'에 해당하여 형사소송법 제314조에 의하여 증거능력을 갖춘 것으로 보기 어렵고, /

【대법원 판단】 이를 제외한 나머지 증거들만으로는 이 사건 공소사실 중 공소외 A에 대한 사기의 점과 위조사문서행사의 점에 관한 공소사실을 인정하기에 부족하다.

【대법원 결론】 그럼에도 불구하고 공소외 A가 작성한 위 진술서 등이 형사소송법 제314조에 의하여 증거능력이 인정됨을 전제로 /

【대법원 결론】 이를 토대로 이 사건 공소사실 중 공소외 A에 대한 사기의 점과 위조사문서행사의 점이 유죄로 인정된다고 판단한 제1심판결 및 /

【대법원 결론】 이를 유지한 원심판결에는 /

【대법원 결론】 형사소송법 제314조에 관한 법리를 오해하여 판결에 영향을 미친 잘못이 있다. /

【대법원 결론】 이 점을 지적하는 피고인의 상고이유 주장은 이유 있다. (파기 환송)

2015도17674

공소사실의 특정 방법
조립형 포장박스 특허권 사건
2016. 5. 26. 2015도17674, 공 2016하, 905

1. 사실관계 및 사건의 경과

【사실관계】

① 검사는 갑을 특허법위반죄로 기소하였다.

② 갑에 대한 공소사실은 다음과 같다.

③ "피고인은 2013. 1.경 P목재에서, 피해자 Q주식회사가 대한민국 특허청에 [특허등록번호ⓐ]로 등록한 '팔레타이저용 조립형 포장박스'와 그 구성요소가 동일하고, 위 특허의 권리범위에 속하는 포장박스를 제작, 생산 및 판매함으로써 피해자 회사의 특허권을 침해하였다."

④ 제1심법원은 유죄를 인정하고, 벌금 5백만원을 선고하였다.

【사건의 경과】

① 갑은 불복 항소하였다.

② 항소심법원은 항소를 기각하고, 제1심판결을 유지하였다.

③ 갑은 불복 상고하였다.

④ 갑은 상고이유로, 피해자의 특허권 침해에 대한 고의가 없었다고 주장하였다.

⑤ 대법원은 직권으로 판단하였다.

2. 공소사실의 특정 방법

【대법원 판단】 상고이유에 대한 판단에 앞서 직권으로 판단한다.

【대법원 요지】 형사소송법 제254조 제4항이 /

【대법원 요지】 "공소사실의 기재는 범죄의 시일, 장소와 방법을 명시하여 사실을 특정할 수 있도록 하여야 한다."라고 규정한 취지는, /

【대법원 요지】 심판의 대상을 한정함으로써 심판의 능률과 신속을 꾀함과 동시에 /

【대법원 요지】 방어의 범위를 특정하여 피고인의 방어권 행사를 쉽게 해 주기 위한 것이므로, /

【대법원 요지】 검사로서는 위 세 가지 특정요소를 종합하여 다른 사실과의 식별이 가능하도록 범죄 구성요건에 해당하는 구체적 사실을 기재하여야 한다 /

【대법원 요지】 (대법원 2000. 10. 27. 선고 2000도3082 판결, /

【대법원 요지】 대법원 2011. 2. 10. 선고 2010도16361 판결 등 참조). /

【대법원 요지】 그리고 피고인이 생산 등을 하는 물건 또는 사용하는 방법(이하 '침해제품 등'이라고 한다)이 특허발명의 특허권을 침해하였는지가 문제로 되는 특허법 위반 사건에서 /

【대법원 요지】 다른 사실과 식별이 가능하도록 범죄 구성요건에 해당하는 구체적 사실을 기재하였다고 하기 위해서는 /

【대법원 요지】 침해의 대상과 관련하여 /

【대법원 요지】 특허등록번호를 기재하는 방법 등에 의하여 /

【대법원 요지】 침해의 대상이 된 특허발명을 특정할 수 있어야 하고, /

【대법원 요지】 침해의 태양과 관련하여서는 /

【대법원 요지】 침해제품 등의 제품명, 제품번호 등을 기재하거나 /

【대법원 요지】 침해제품 등의 구성을 기재하는 방법 등에 의하여 /

【대법원 요지】 침해제품 등을 다른 것과 구별할 수 있을 정도로 특정할 수 있어야 한다.

3. 사안에 대한 대법원의 판단

【대법원 판단】 그런데 이 사건 공소사실에는 범죄의 방법에 대하여, /

【대법원 판단】 "피고인은 2013. 1.경 ○○목재에서, 피해자 공소외 주식회사가 대한민국 특허청에 (특허등록번호 생략)로 등록한 '팔레타이저용 조립형 포장박스'와 그 구성요소가 동일하고, 위 특허의 권리범위에 속하는 포장박스를 제작, 생산 및 판매함으로써 피해자 회사의 특허권을 침해하였다."라고만 기재하고 있어서, /

【대법원 판단】 피고인이 제작, 생산 및 판매하였다는 침해제품인 포장박스가 어떠한 것인지 명확하게 적시되어 있지 아니하여 이를 특정할 수 없고, /

【대법원 판단】 그와 함께 기재된 공소사실의 다른 사항을 고려하더라도 마찬가지이므로, /

【대법원 판단】 이 사건 공소는 그 공소사실이 특정되었다고 할 수 없다.

【대법원 결론】 그렇다면 이 사건은 공소사실이 특정되지 않아 공소제기의 절차가 법률의 규정에 위반된다고 할 것임에도, /

【대법원 결론】 이 사건 공소사실이 특정되었다고 보아 공소사실을 유죄로 인정한 원심에는 공소사실의 특정에 관한 법리를 오해하여 판결에 영향을 미친 잘못이 있다. (파기 환송)

2015모1032

피고인 구속과 사전 청문절차
일반교통방해죄 2차 구속영장 사건
2016. 6. 14. 2015모1032, 공 2016하, 973

1. 사실관계 및 사건의 경과

【사실관계 1】
① 갑에 대해 일련의 일반교통방해죄 피의사실로 수사기관의 수사가 진행되었다.
② 2014. 9. 19. ㉮일반교통방해죄 피의사실로 갑에 대해 구속영장이 발부되었다. (㉠구속영장)
③ 2014. 9. 26. 검사는 서울중앙지방법원에 갑을 구속 기소하였다.

【사실관계 2】
① 2014. 12. 15. 검사는 ㉯일반교통방해죄 공소사실로 갑을 추가기소하였다.
② 2014. 12. 22. 제1심법원은 ㉯사건을 ㉮사건에 병합하여 심리한다는 결정을 하였다.
③ 2015. 1. 20. 병합된 사건의 제4회 공판기일이 열렸다.
④ 검사는 ㉯사건의 공소장에 의하여 공소사실, 죄명, 적용법조를 낭독하였다.
⑤ 갑은 변호인의 변호 아래 공소사실을 일부 부인하는 취지의 진술을 하였다.
⑥ 그 후 ㉯사건에 관하여 어떠한 증거제출이나 증거조사 등 추가심리는 진행되지 않은 상태였다.

【사실관계 3】
① ㉮사건에 대한 ㉠구속영장의 구속기간이 곧 만료하게 되었다.
② 2015. 3. 24. 제1심법원은 법정 외에서 별도의 사전 청문절차 없이 갑에 대하여 ㉯사건의 범죄사실에 관하여 구속영장을 발부하였다. (㉡구속영장)
③ 2015. 3. 26. ㉡구속영장이 집행되었다.

【사건의 경과 1】
① 갑은 제1심법원의 2015. 3. 24. 자 ㉡구속영장 발부결정에 불복하여 서울중앙지방법원에 항고하였다.
② 갑은 항고이유로 다음의 점을 주장하였다.
   (가) 제1심법원은 2015. 3. 24. ㉡구속영장을 발부하였다.
   (나) 제1심법원은 ㉡구속영장을 발부하면서 형소법 제72조에 따른 사전 청문절차를 거치지 않았다.
   (다) 따라서 2015. 3. 24. 자 ㉡구속영장 발부결정은 위법하다.
③ 항고법원은 항고를 기각하고, 제1심법원의 ㉡구속영장 발부결정을 유지하였다.
④ (항고법원의 판단 이유는 판례본문 참조)

【사건의 경과 2】
① 갑은 항고법원의 기각결정에 불복하여 대법원에 재항고하였다.
② 갑의 재항고이유는 항고이유와 같다.

2. 사안에 대한 항고법원의 판단

【항고법원 판단】 1. 원심결정 이유에 의하면, 원심은 /
【항고법원 판단】 제1심법원이 구속영장을 발부함에 있어서 형사소송법 제72조에 따른 사전 청문절차를 거치지 아니하였으므로 구속영장 발부결정이 위법하다는 피고인의 주장에 대하여, /
【항고법원 판단】 구속영장 기재 범죄사실에 관하여 별건으로 기소되어 병합된 이후 공판기일에서 공소사실 등이 낭독되고 /
【항고법원 판단】 변호인의 변호 아래 피고인에게 공소사실에 관한 진술기회를 부여함으로써 변명을 할 기회가 주어졌으므로 /
【항고법원 판단】 피고인에게 형사소송법 제72조에 따른 절차적 권리가 실질적으로 보장되었다고 보아 /
【항고법원 판단】 구속영장 발부결정은 적법하다고 판단하였다.

3. 법원의 구속영장과 사전 청문절차

【대법원 판단】 2. 그러나 원심의 위와 같은 판단은 다음과 같은 이유로 수긍하기 어렵다.
【대법원 요지】 형사소송법 제72조의 /
【대법원 요지】 '피고인에 대하여 범죄사실의 요지, 구속의 이유와 변호인을 선임할 수 있음을 말하고 변명할 기회를 준 후가 아니면 구속할 수 없다'는 규정은 /
【대법원 요지】 피고인을 구속함에 있어서 법관에 의한 사전 청문절차를 규정한 것으로서, /
【대법원 요지】 법원이 사전에 위 규정에 따른 절차를 거치지 아니한 채 피고인에 대하여 구속영장을 발부하였다면 그 발부결정은 위법하다 /
【대법원 요지】 (대법원 2000. 11. 10.자 **2000모134** 결정 참조).
【대법원 요지】 한편 위 규정은 피고인의 절차적 권리를 보장하기 위한 규정이므로 /
【대법원 요지】 이미 변호인을 선정하여 공판절차에서 변명과 증거의 제출을 다하고 그의 변호 아래 판결을 선고받은 경우 등과 같이 /
【대법원 요지】 위 규정에서 정한 절차적 권리가 실질적으로 보장되었다고 볼 수 있는 경우에는 /
【대법원 요지】 이에 해당하는 절차의 전부 또는 일부를 거치지 아니한 채 구속영장을 발부하였다 하더라도 /
【대법원 요지】 이러한 점만으로 그 발부결정을 위법하다고 볼 것은 아니지만/
【대법원 요지】 (위 대법원 **2000모134** 결정, /
【대법원 요지】 대법원 2001. 5. 29. 선고 2001도1154 판결 등 참조), /
【대법원 요지】 위와 같이 사전 청문절차의 흠결에도 불구하고 구속영장 발부를 적법하다고 보는 이유는 /

【대법원 요지】 공판절차에서 증거의 제출과 조사 및 변론 등을 거치면서 판결이 선고될 수 있을 정도로 범죄사실에 대한 충분한 소명과 공방이 이루어지고 /

【대법원 요지】 그 과정에서 피고인에게 자신의 범죄사실 및 구속사유에 관하여 변명을 할 기회가 충분히 부여되기 때문이므로, /

【대법원 요지】 이와 동일시할 수 있을 정도의 사유가 아닌 이상 함부로 청문절차 흠결의 위법이 치유된다고 해석하여서는 아니 된다.

4. 사안에 대한 대법원의 분석

【대법원 분석】 기록에 의하면, /

【대법원 분석】 서울중앙지방법원 2014고단6○○3 일반교통방해 등 사건(이하 '제1 사건'이라 한다)에서 /

【대법원 분석】 피고인은 제1 사건의 범죄사실에 관하여 2014. 9. 19. 발부된 구속영장(이하 '제1차 구속영장'이라 한다)에 의하여 구속된 상태에서 /

【대법원 분석】 2014. 9. 26. 기소되어 재판을 받았는데, /

【대법원 분석】 그 재판 진행 중 피고인에 대한 2014고단93○○ 일반교통방해 사건(이하 '제2 사건'이라 한다)이 2014. 12. 15. 추가 기소되자 /

【대법원 분석】 제1심법원은 2014. 12. 22. 제2 사건을 제1 사건에 병합하여 심리한다는 결정을 한 사실, /

【대법원 분석】 병합된 사건의 2015. 1. 20. 제4회 공판기일에서 검사가 제2 사건의 공소장에 의하여 공소사실, 죄명, 적용법조를 낭독하고 /

【대법원 분석】 이에 대하여 변호인의 변호 아래 피고인은 공소사실을 일부 부인하는 취지의 진술을 한 사실, /

【대법원 분석】 그 후 제2 사건에 관하여 어떠한 증거제출이나 증거조사 등 추가심리가 진행되지 않은 상태에서 /

【대법원 분석】 제1심법원은 제1차 구속영장에 의한 구속기간이 곧 만료하게 되자 2015. 3. 24. 법정 외에서 별도의 사전 청문절차 없이 피고인에 대하여 제2 사건의 범죄사실에 관하여 구속영장(이하 '제2차 구속영장'이라 한다)을 발부하였고 /

【대법원 분석】 2015. 3. 26. 위 구속영장이 집행된 사실을 알 수 있다.

5. 사안에 대한 대법원의 판단

【대법원 판단】 위 사실관계를 앞서 본 법리에 비추어 살펴보면, /

【대법원 판단】 제1심법원은 제2차 구속영장을 발부하기 전에 형사소송법 제72조에 따른 절차를 따로 거치지 아니하였는데, /

【대법원 판단】 그 전 공판기일에서 검사가 모두진술에 의하여 공소사실 등을 낭독하고 /

【대법원 판단】 피고인과 변호인이 모두진술에 의하여 공소사실의 인정 여부 및 이익이 되는 사실 등을 진술하였다는 점만으로는 /

【대법원 판단】 위 규정에서 정한 절차적 권리가 실질적으로 보장되었다고 보기는 어렵다고 할 것이다.

【대법원 결론】 그럼에도 원심이 판시와 같은 이유만으로 피고인에게 형사소송법 제72조에 따른 절차적 권리가 실질적으로 보장되었다고 보아 제2차 구속영장 발부결정이 적법하다고 판단한 것에는 /

【대법원 결론】 형사소송법 제72조에 관한 법리를 오해하여 재판에 영향을 미친 위법이 있다. (파기환송)

2015모1475

위헌법령과 재심의 허용시점
간통죄 재심청구 사건
2016. 11. 10. 2015모1475, 공 2016하, 1952

1. 사실관계 및 사건의 경과

【사실관계 1】

① 검사는 다음의 공소사실로 갑을 서울중앙지방법원에 기소하였다.

   (가) 2004년 8월경 간통

   (나) 2004년 11월경 간통

② 2008. 2. 19. 제1심법원은 유죄를 인정하고, 징역 6월에 집행유예 2년을 선고하였다. (㉮판결)

【사실관계 2】

① 갑은 제1심판결에 불복하여 서울중앙지방법원(항소부)에 항소하였다.

② 2008. 10. 30. 헌법재판소는 간통죄 조문(구형법 제241조)이 헌법에 위반되지 아니한다고 결정하였다. (㉯합헌결정)

③ 2009. 5. 20. 항소심법원(서울중앙지방법원)은 제1심판결을 파기하고, 징역 4월에 집행유예 2년을 선고하였다. (㉰판결)

④ 갑은 불복 상고하였다.

⑤ 2009. 8. 20. 대법원은 상고를 기각하였다.

⑥ ㉰판결은 확정되었다.

【사건의 경과 1】

① 2015. 2. 26. 헌법재판소는 간통죄 조문(구형법 제241조)이 헌법에 위반된다고 결정하였다. (㉱위헌결정)

② 갑은 ㉰확정판결에 대해 서울중앙지방법원에 재심을 청구하였다.

③ 2015. 5. 8. 서울중앙지방법원은 다음의 이유를 들어 갑의 재심청구를 기각하였다.

   (가) 헌법재판소법 제47조 제4항에 의하여 재심을 청구할 수 있는 유죄의 확정판결은 그 범행이 종전 합헌결정이 있는 날의 다음 날 이후에 이루어진 경우에 한한다.

(나) 갑의 각 간통죄 범행은 종전의 ㉯합헌결정 다음 날 이전에 이루어졌다.

(다) 재심대상판결인 ㉰확정판결에는 헌법재판소법이 정한 재심이유가 존재하지 않는다.

【사건의 경과 2】

① 갑은 재심청구 기각결정에 불복하여 대법원에 재항고하였다.

② 갑은 재항고 이유로 다음의 점을 주장하였다.

(가) 원심결정은 범행시점을 재심허용의 기준으로 삼고 있다.

(나) 재심허용 기준은 위헌법령의 적용 여부가 되어야 한다.

③ 2016. 1. 6. 형법 일부개정에 의하여 간통죄를 규정하였던 형법 제241조는 삭제되었다.

④ 2016. 11. 10. 대법원은 갑의 재항고에 대해 결정을 내렸다.

2. 위헌법령과 재심의 허용시점

【대법원 분석】 1. 헌법재판소법 제47조는 /

【대법원 분석】 제2항에서 /

【대법원 분석】 "위헌으로 결정된 법률 또는 법률의 조항은 그 결정이 있는 날부터 효력을 상실한다." 라고 규정하면서, /

【대법원 분석】 제3항에서 /

【대법원 분석】 "제2항에도 불구하고 형벌에 관한 법률 또는 법률의 조항은 소급하여 그 효력을 상실 한다. /

【대법원 분석】 다만, 해당 법률 또는 법률의 조항에 대하여 종전에 합헌으로 결정한 사건이 있는 경 우에는 그 결정이 있는 날의 다음 날로 소급하여 효력을 상실한다."라고 규정하고, /

【대법원 분석】 제4항에서 /

【대법원 분석】 "제3항의 경우에 위헌으로 결정된 법률 또는 법률의 조항에 근거한 유죄의 확정판결 에 대하여는 재심을 청구할 수 있다."라고 규정하고 있다.

【대법원 요지】 헌법재판소법 제47조 제4항에 따라 재심을 청구할 수 있는 /

【대법원 요지】 '위헌으로 결정된 법률 또는 법률의 조항에 근거한 유죄의 확정판결'이란 /

【대법원 요지】 헌법재판소의 위헌결정으로 인하여 같은 조 제3항의 규정에 의하여 소급하여 효력을 상실하는 법률 또는 법률의 조항을 적용한 유죄의 확정판결을 의미한다. /

【대법원 요지】 따라서 위헌으로 결정된 법률 또는 법률의 조항이 같은 조 제3항 단서에 의하여 종전 의 합헌결정이 있는 날의 다음 날로 소급하여 효력을 상실하는 경우 /

【대법원 요지】 그 합헌결정이 있는 날의 다음 날 이후에 유죄 판결이 선고되어 확정되었다면, /

【대법원 요지】 비록 범죄행위가 그 이전에 행하여졌다 하더라도 /

【대법원 요지】 그 판결은 위헌결정으로 인하여 소급하여 효력을 상실한 법률 또는 법률의 조항을 적 용한 것으로서 /

【대법원 요지】 '위헌으로 결정된 법률 또는 법률의 조항에 근거한 유죄의 확정판결'에 해당하므로 /

【대법원 요지】 이에 대하여 재심을 청구할 수 있다고 보아야 한다.

3. 사안에 대한 대법원의 분석

【대법원 분석】 2. 기록에 의하면 다음과 같은 사실을 알 수 있다.

【대법원 분석】 가. 재항고인은 2004년 8월 및 11월경 각 간통하였다는 공소사실로 기소되어 /

【대법원 분석】 제1심법원에서 2008. 2. 19. 징역 6월에 집행유예 2년을 선고받고 항소하였다. /

【대법원 분석】 항소심법원은 2009. 5. 20. 제1심판결을 파기하고, 징역 4월에 집행유예 2년을 선고하였고(이하 '재심대상판결'이라고 한다), /

【대법원 분석】 재항고인이 상고하였으나 2009. 8. 20. 상고가 기각되어 재심대상판결이 확정되었다.

【대법원 분석】 나. 헌법재판소는 2008. 10. 30. 구 형법(2016. 1. 6. 법률 제13719호로 개정되기 전의 것, 이하 같다) 제241조가 헌법에 위반되지 아니한다고 결정하였다가(이하 '종전 합헌결정'이라고 한다), /

【대법원 분석】 2015. 2. 26. 구 형법 제241조가 헌법에 위반된다고 결정하였다(이하 '이 사건 위헌결정'이라고 한다).

4. 사안에 대한 대법원의 판단

【대법원 판단】 3. 위와 같은 사실관계를 앞에서 본 법리에 비추어 보면, /

【대법원 판단】 구 형법 제241조는 이 사건 위헌결정에 따라 헌법재판소법 제47조 제3항 단서에 의하여 종전 합헌결정이 있었던 날의 다음 날인 2008. 10. 31.로 소급하여 효력을 상실하였다. /

【대법원 판단】 그 후인 2009. 5. 20. 선고된 재심대상판결은 이 사건 위헌결정으로 인하여 소급하여 효력을 상실한 구 형법 제241조가 적용된 판결로서 /

【대법원 판단】 헌법재판소법 제47조 제4항에서 정한 '위헌으로 결정된 법률의 조항에 근거한 유죄의 확정판결'에 해당한다. /

【대법원 판단】 따라서 재심대상판결에는 위 규정에서 정한 재심이유가 있다고 보아야 한다.

【대법원 분석】 그럼에도 이와 달리 원심은, /

【대법원 분석】 헌법재판소법 제47조 제4항에 의하여 재심을 청구할 수 있는 유죄의 확정판결은 /

【대법원 분석】 그 범행이 종전 합헌결정이 있는 날의 다음 날 이후에 이루어진 경우에 한한다는 전제 아래, /

【대법원 분석】 재항고인의 각 범행이 종전 합헌결정 다음 날 이전에 이루어졌다는 이유로 /

【대법원 분석】 재심대상판결에 위 규정에서 정한 재심이유가 존재하지 아니한다고 판단하였다.

【대법원 결론】 따라서 이러한 원심결정에는 헌법재판소법 제47조 제4항에서 정한 재심이유에 관한 법리를 오해하여 재판에 영향을 미친 잘못이 있다. /

【대법원 결론】 이를 지적하는 재항고이유 주장은 이유 있다. (파기 환송)

2015모2898

성폭력범죄와 국민참여재판의 관계
장애인 성범죄 배제결정 사건
2016. 3. 16. 2015모2898, 공 2016상, 598

1. 사실관계 및 사건의 경과

【사실관계】

① 검사는 갑을 성폭력처벌법위반죄로 기소하였다.

② 갑의 공소사실은 14세의 지적장애인 A에 대해 성폭력처벌법 제2조 소정의 성폭력범죄를 범하였다는 것이다.

③ 갑은 국민참여재판을 신청하였다.

④ A의 법정대리인은 국민참여재판을 원하지 아니한다는 의사를 밝혔다.

⑤ 제1심법원은 다음의 이유를 들어 국민참여재판 배제결정을 내렸다.

　(가) 피해자의 법정대리인은 국민참여재판을 원하지 아니한다는 의사를 명백하게 밝히고 있다.

　(나) 피해자는 14세의 지적장애인이다.

　(다) 심리과정에서 피해자의 인격이나 명예 손상, 사생활에 관한 비밀의 침해, 성적 수치심, 공포감 유발 등 추가적인 피해가 발생할 우려가 있다.

　(라) 그 밖에 국민참여재판의 특성 및 피고사건에서 예상되는 심리 절차와 방법 등에 비추어 본다.

　(마) 피고사건을 국민참여재판으로 진행하는 것은 적절하지 않다.

【사건의 경과】

① 갑은 제1심법원의 국민참여재판 배제결정에 불복하여 항고하였다.

② 항고법원은 항고를 기각하고, 제1심의 배제결정을 유지하였다.

③ 갑은 항고법원의 항고기각결정에 불복하여 대법원에 재항고하였다.

2. 국민참여재판의 원칙과 예외

【대법원 분석】 1. 국민의 형사재판 참여에 관한 법률(이하 '법'이라 한다)에 따라 시행되는 국민참여재판은 사법의 민주적 정당성과 신뢰를 높이기 위하여 도입한 제도로서(법 제1조), /

【대법원 분석】 누구든지 법으로 정하는 바에 따라 국민참여재판을 받을 권리를 가지므로(법 제3조), /

【대법원 분석】 법과 그 규칙에서 국민참여재판의 대상으로 정하는 사건은 국민참여재판의 절차에 따라 진행하는 것이 원칙이다(법 제5조 제1항). /

【대법원 분석】 다만, 피고인이 국민참여재판을 원하지 아니하거나 /

【대법원 분석】 법 제9조 제1항 각 호의 사유가 있어 법원이 배제결정을 하는 경우에는 /

【대법원 분석】 예외적으로 국민참여재판을 하지 아니한다(법 제5조 제2항).

【대법원 요지】 한편 성폭력범죄의 처벌 등에 관한 특례법 제2조의 범죄로 인한 피해자(이하 '성폭력

범죄 피해자'라 한다) 또는 법정대리인이 국민참여재판을 원하지 아니하는 경우 /

【**대법원 요지**】 법원은 공소제기 후부터 공판준비기일이 종결된 다음 날까지 국민참여재판을 하지 아니하기로 하는 결정을 할 수 있다(법 제9조 제1항 제3호). /

【**대법원 요지**】 이는 성폭력범죄에 대하여 국민참여재판을 하는 과정에서 성폭력범죄 피해자에게 인격이나 명예 손상, 사생활에 관한 비밀의 침해, 성적 수치심, 공포감 유발 등과 같은 추가적인 피해가 발생할 수 있음을 고려하여 /

【**대법원 요지**】 성폭력범죄 피해자나 법정대리인이 국민참여재판을 원하지 아니하는 경우 /

【**대법원 요지**】 이를 반영하여 법원이 재량으로 국민참여재판을 하지 아니하기로 하는 결정을 할 수 있도록 한 것이다.

3. 성폭력범죄와 국민참여재판의 관계

【**대법원 요지**】 그런데 국민참여재판을 도입한 취지나 국민참여재판을 받을 피고인의 권리 등에 비추어 볼 때, /

【**대법원 요지**】 피고인이 국민참여재판을 원하는 사건에서 /

【**대법원 요지**】 법 제9조 제1항 제3호를 근거로 국민참여재판 배제결정을 하기 위해서는 /

【**대법원 요지**】 당해 성폭력범죄 피해자나 법정대리인이 국민참여재판을 원하지 아니하는 구체적인 이유가 무엇인지, /

【**대법원 요지**】 피고인과 피해자의 관계, /

【**대법원 요지**】 피해자의 나이나 정신상태, /

【**대법원 요지**】 국민참여재판을 할 경우 /

【**대법원 요지**】 형사소송법과 성폭력범죄의 처벌 등에 관한 특례법 및 아동 · 청소년의 성보호에 관한 법률 등에서 피해자 보호를 위해 마련한 제도를 활용하더라도 /

【**대법원 요지**】 피해자에 대한 추가적인 피해를 방지하기에 부족한지 등 /

【**대법원 요지**】 여러 사정을 고려하여 신중하게 판단하여야 할 것이다. /

【**대법원 요지**】 따라서 이러한 사정을 고려함이 없이 성폭력범죄 피해자나 법정대리인이 국민참여재판을 원하지 아니한다는 이유만으로 국민참여재판 배제결정을 하는 것은 바람직하다고 할 수 없다.

4. 사안에 대한 대법원의 판단

【**대법원 판단**】 2. 원심은, /

【**대법원 판단**】 피해자의 법정대리인은 국민참여재판을 원하지 아니한다는 의사를 명백하게 밝히고 있는 점, /

【**대법원 판단**】 피해자는 14세의 지적장애인인 점, /

【**대법원 판단**】 심리과정에서 피해자의 인격이나 명예 손상, 사생활에 관한 비밀의 침해, 성적 수치심, 공포감 유발 등 추가적인 피해가 발생할 우려가 있는 점, /

【**대법원 판단**】 그 밖에 국민참여재판의 특성 및 피고사건에서 예상되는 심리 절차와 방법 등에 비추어 /

【대법원 판단】 피고사건을 국민참여재판으로 진행하는 것이 적절하지 않다는 이유로 /

【대법원 판단】 피고사건에 대하여 국민참여재판 배제결정을 한 제1심결정을 그대로 유지하였다.

【대법원 결론】 앞서 본 법리와 기록에 따라 살펴보면, 원심의 결정은 정당하다. /

【대법원 결론】 거기에 재판에 영향을 미친 헌법 · 법률 · 명령 또는 규칙을 위반한 잘못이 없다. (재항고 기각)

2016도2696

공모와 공소사실의 특정
부인 겸 경리직원 사건

2016. 4. 29. 2016도2696, 공 2016상, 722

1. 사실관계 및 사건의 경과

【사실관계 1】

① 갑은 P회사의 대표이사이다.

② 을은 갑의 부인이다.

③ 을은 P회사의 경리 담당 직원이다.

④ P회사와 관련하여 관세포탈 혐의가 제기되었다.

【사실관계 2】

① 검사는 갑과 을을 관세법위반죄의 공동정범으로 기소하였다.

② 검사는 P회사를 양벌규정을 적용하여 기소하였다.

③ 검사는 갑에 대한 공소사실을 다음과 같이 기재하였다.

　(가) 갑은 P주식회사의 실제 대표이사로서 P회사를 운영하고 있다.

　(나) 갑은 121회에 걸쳐 관세 합계 143,280,200원을 포탈하였다.

　(다) 갑은 4회에 걸쳐 합계 109,054.01달러 상당의 물품을 40,391달러에 수입하는 것으로 허위로 신고하였다.

④ 검사는 을에 대한 공소사실을 다음과 같이 기재하였다.

　(가) 을은 갑의 부인이다.

　(나) 을은 P회사의 경리 담당 직원이다.

　(다) 을은 갑과 공모하였다.

　(라) 을은 (갑의 공소사실과 같은) 관세법위반의 범행을 저질렀다.

【사건의 경과】

① 갑, 을 및 P회사의 피고사건은 제1심을 거친 후, 항소심에 계속되었다.

② 항소심법원은 갑에 대한 공소사실을 유죄로 인정하였다.

③ 항소심법원은 을에 대한 공소사실을 유죄로 인정하였다.

④ 항소심법원은 P회사에 대한 공소사실을 유죄로 인정하였다.

⑤ (이하 을에 대해서만 검토함)

⑥ 을은 불복 상고하였다.

⑦ 대법원은 직권으로 판단하였다.

2. 공모와 공소사실의 특정

【대법원 판단】 상고이유에 대한 판단에 앞서 직권으로 본다.

【대법원 요지】 가. 형사소송법 제254조 제4항에서 /

【대법원 요지】 범죄의 일시·장소와 방법을 명시하여 공소사실을 특정하도록 한 취지는, /

【대법원 요지】 법원에 대하여는 심판의 대상을 한정하고 /

【대법원 요지】 피고인에게는 방어의 범위를 특정하여 방어권 행사를 용이하게 하기 위한 데 있으므로, /

【대법원 요지】 공소 제기된 범죄의 성격에 비추어 그 공소의 원인이 된 사실을 다른 사실과 구별할 수 있을 정도로 그 일시·장소·방법·목적 등을 적시하여 특정하면 충분하고, /

【대법원 요지】 공모의 시간·장소·내용 등을 구체적으로 명시하지 아니하였다거나 /

【대법원 요지】 그 일부가 다소 불명확하더라도 /

【대법원 요지】 그와 함께 적시된 다른 사항들에 의하여 공소사실을 특정할 수 있고 /

【대법원 요지】 피고인의 방어권 행사에 지장이 없다면, /

【대법원 요지】 공소사실이 특정되지 아니하였다고 할 수 없다 /

【대법원 요지】 (대법원 2009. 6. 11. 선고 2009도2337 판결 참조). /

【대법원 요지】 그러나 공모가 공모공동정범에 있어서의 '범죄 될 사실'인 이상, /

【대법원 요지】 범죄에 공동가공하여 범죄를 실현하려는 의사결합이 있었다는 것은, /

【대법원 요지】 실행행위에 직접 관여하지 아니한 자에게 다른 공범자의 행위에 대하여 공동정범으로서의 형사책임을 지울 수 있을 정도로 특정되어야 한다 /

【대법원 요지】 (대법원 1988. 9. 13. 선고 **88도1114** 판결 참조).

3. 사안에 대한 항소심의 판단

【항소심 판단】 나. 검사는 피고인 을에 대한 공소사실에 /

【항소심 판단】 피고인 을의 다른 공동피고인들과의 관계를 피고인 갑의 부인이고 피고인 P주식회사의 경리 담당 직원이라고 특정한 다음, /

【항소심 판단】 피고인 갑과 '공모하여' 공소사실 기재와 같이 관세법위반의 범행을 저질렀다고 기재하였고, /

【항소심 판단】 원심은 피고인 을에 대한 위 공소사실을 유죄로 판단하였다.

4. 사안에 대한 대법원의 판단

【대법원 판단】 다. 그러나 피고인 을이 피고인 갑의 부인이고 피고인 P주식회사의 경리 담당 직원이

라는 사정만으로 /

【대법원 판단】 피고인 갑과 공모하여 위 회사를 운영하면서 관세법위반의 범행을 저질렀다는 사실이 특정되었다고 본 /

【대법원 판단】 원심판단은 수긍할 수 없다.

【대법원 판단】 피고인 을이 공소장 기재와 같이 피고인 갑과 공모하였다고 판단할 수 있으려면, /

【대법원 판단】 피고인 을에 대한 공소사실에 /

【대법원 판단】 피고인 갑과 범죄를 실현하려는 의사의 합치가 있었던 시간·장소·내용 등이 구체적으로 명시되어 있거나, /

【대법원 판단】 공소사실에 적시된 다른 사항들에 의하여 피고인 을이 범죄에 공동가공하였다는 점이 특정되어야 하고, /

【대법원 판단】 그와 같이 특정된 공소사실만이 법원의 심판대상과 피고인 을의 방어범위가 된다. /

【대법원 판단】 그런데 피고인 을에 대한 공소사실에 피고인 갑과 범죄를 실현하려는 의사의 합치가 있었다는 사실이 시간·장소·내용 등으로 구체적으로 명시되어 있지 않다. /

【대법원 판단】 또한, 피고인 갑에 대한 공소사실이 실제 대표이사로서 피고인 P주식회사를 운영하면서 관세법위반행위를 하였다는 취지로 특정된 것과 달리, /

【대법원 판단】 피고인 을에 대한 공소사실은 피고인 갑의 부인으로서 또는 경리 담당 직원으로서 피고인 P주식회사를 실제 대표이사와 같이 독자적인 권한을 가지고 운영하였다는 취지로 보이지 않고, /

【대법원 판단】 피고인 을이 범죄에 공동가담한 내용이 개별적으로 특정되어 있지도 아니하다.

【대법원 판단】 결국 검사가 공소장에 피고인 을의 공동피고인들과의 관계, 피고인 을이 피고인 갑과 '공모'하였다는 법률적 평가를 기재한 것을 두고, /

【대법원 판단】 피고인 을이 실행행위에 직접 관여하지 아니하고도 피고인 갑의 행위에 대하여 공동정범으로서의 형사책임을 지게 되는 공모를 하였음이 다른 사실과 구별할 수 있을 정도로 특정되었고, /

【대법원 판단】 법원의 심판대상과 피고인의 방어범위가 명확하게 한정되었다고 볼 수 없다.

【대법원 결론】 라. 따라서 피고인 을에 대한 공소는 그 공소제기의 절차가 법률의 규정에 위반하여 효력이 없다. /

【대법원 결론】 그런데도 피고인 을에 대한 공소사실이 특정되었음을 전제로 그 공소사실에 대하여 유죄로 판단한 원심판결에는 공소사실의 특정에 관한 법리를 오해하여 판결에 영향을 미친 위법이 있다. (파기 환송)

2016도5814

긴급체포의 긴급성 요건
침대 밑 피의자 긴급체포 사건
2016. 10. 13. 2016도5814, 공 2016하, 1724

1. 사실관계 및 사건의 경과

【사실관계 1】
① 경찰관 A는 B로부터 갑이 필로폰을 투약하고 동네를 활보하고 다닌다는 제보를 받았다.
② 경찰관 A는 제보의 정확성을 사전에 확인한 후에 제보자 B를 불러 조사하기로 하였다.
③ 경찰관 A는 실제 제보된 주거지에 갑이 살고 있는지 확인하기 위하여 갑의 주거지를 방문하였다.
④ 경찰관 A는 현관에서 담배를 피우고 있는 갑을 발견하고 사진을 찍어 제보자 B에게 전송하였다.
⑤ 제보자 B는 사진에 있는 사람이 제보한 대상자가 맞는다고 확인하였다.

【사실관계 2】
① 경찰관 A는 가지고 있던 갑의 전화번호로 전화를 하여 차량 접촉사고가 났으니 나오라고 하였다.
② 갑은 나오지 않았다.
③ 경찰관 A는 갑에게 자신이 경찰관임을 밝히고 만나자고 하였다.
④ 갑은 경찰관 A에게 현재 집에 있지 않다는 취지로 거짓말을 하였다.
⑤ 경찰관 A는 갑의 주거지 문의 잠금장치를 해제하여 강제로 문을 열고 들어가 수색하였다.
⑥ 경찰관 A는 침대 밑에 숨어 있던 갑을 발견하고 긴급체포하였다. (㉠긴급체포)
⑦ 갑은 범행사실을 자백하였다. (㉡자백)

【사건의 경과 1】
① 검사는 갑을 마약류 관리에 관한 법률 위반죄(향정)로 기소하였다.
② 검사는 갑의 ㉡자백을 증거로 제출하였다.
③ 갑의 피고사건은 제1심을 거친 후, 항소심에 계속되었다.
④ 항소심 공판절차에 증인 C가 출석하여 ㉠긴급체포 당시의 갑의 거동에 대해 진술하였다. (㉢진술)
⑤ 항소심법원은 다음의 이유를 들어 무죄를 선고하였다.
  (가) ㉠긴급체포는 위법하다.
  (나) ㉡자백은 위법하게 수집된 증거로서 증거능력이 없다.
  (다) ㉢진술은 자백에 대한 보강증거가 되기에 부족하다.

【사건의 경과 2】
① 검사는 불복 상고하였다.
② 검사는 상고이유로 다음의 점을 주장하였다.
  (가) ㉠긴급체포는 적법하다.
  (나) ㉡자백은 적법하게 수집된 증거로서 증거능력이 있다.

(다) ⓒ진술은 자백에 대한 보강증거가 되기에 충분하다.

2. 긴급체포의 긴급성 요건

【대법원 요지】 긴급체포는 긴급을 요하여 체포영장을 받을 수 없는 때에 할 수 있는 것이고, /

【대법원 요지】 이 경우 긴급을 요한다 함은 '피의자를 우연히 발견한 경우 등과 같이 체포영장을 받을 시간적 여유가 없는 때'를 말한다(형사소송법 제200조의3).

3. 사안에 대한 대법원의 분석

【대법원 분석】 원심은, /

【대법원 분석】 피고인이 자기 집에서 마약을 투약한다는 제보를 받은 경찰관이 피고인을 집 밖으로 유인하여 불러내려 하였으나 실패하자 /

【대법원 분석】 피고인의 주거지 문의 잠금장치를 해제하여 강제로 문을 열고 들어가 수색한 끝에 침대 밑에 숨어 있던 피고인을 긴급체포한 사실을 인정한 다음, /

【대법원 분석】 당시 피고인을 우연히 맞닥뜨려 긴급히 체포해야 할 상황이었다고 볼 수 없다는 등 그 판시와 같은 이유로 /

【대법원 분석】 긴급체포가 위법하다고 판단하였다.

【대법원 분석】 원심판결 이유와 기록에 의하면, /

【대법원 분석】 피고인이 필로폰을 투약하고 동네를 활보하고 다닌다는 제보를 받은 경찰관이 /

【대법원 분석】 실제 제보된 주거지에 피고인이 살고 있는지 등 제보의 정확성을 사전에 확인한 후에 제보자를 불러 조사하기 위하여 피고인의 주거지를 방문하였다가, /

【대법원 분석】 현관에서 담배를 피우고 있는 피고인을 발견하고 사진을 찍어 제보자에게 전송하여 그 사진에 있는 사람이 제보한 대상자가 맞는다는 확인을 한 후, /

【대법원 분석】 가지고 있던 피고인의 전화번호로 전화를 하여 차량 접촉사고가 났으니 나오라고 하였으나 나오지 않고, /

【대법원 분석】 또한 경찰관임을 밝히고 만나자고 하는데도 현재 집에 있지 않다는 취지로 거짓말을 하자 /

【대법원 분석】 원심판시와 같이 피고인의 집 문을 강제로 열고 들어가 피고인을 긴급체포한 사실을 알 수 있다.

4. 사안에 대한 대법원의 판단

【대법원 판단】 위와 같은 체포의 경위 등을 앞서 본 법리에 비추어 보면, /

【대법원 판단】 설령 피고인이 마약에 관한 죄를 범하였다고 의심할 만한 상당한 이유가 있었다고 하더라도, /

【대법원 판단】 경찰관이 이미 피고인의 신원과 주거지 및 전화번호 등을 모두 파악하고 있었고, /

【대법원 판단】 당시 마약 투약의 범죄 증거가 급속하게 소멸될 상황도 아니었다고 보이는 점 등의 사정을 감안하면, /

【대법원 판단】 원심이 피고인에 대한 긴급체포가 미리 체포영장을 받을 시간적 여유가 없었던 경우에 해당하지 아니한다고 본 것은 수긍이 된다. /

【대법원 결론】 거기에 상고이유 주장과 같이 긴급체포의 요건에 관한 법리를 오해한 잘못이 없다.

【대법원 판단】 그 밖에 긴급체포 당시 피고인의 거동에 대한 원심 증인 공소외인의 법정진술 등을 피고인의 자백에 대한 보강증거가 되기에 부족하다고 본 원심판단도 수긍이 되고, /

【대법원 결론】 거기에 자백의 보강법칙에 관한 법리를 오해한 잘못이 없다. (상고 기각)

2016도7273

공소시효 변경과 소급효
아동학대처벌법 소급효 사건
2016. 9. 28. 2016도7273, 공 2016하, 1650

1. 사실관계 및 사건의 경과

【사실관계 1】

① A는 2001. 3. 25. 생이다.

② B는 A의 동생이다.

③ 갑은 A와 B의 친어머니이다.

④ 2008. 8.경에서 9경까지 갑이 A에게 체벌을 가하였다는 혐의가 제기되었다. (㉮행위; 신체적 학대행위)

⑤ 2012. 갑이 A와 B를 (일정 기간) 학교에 보내지 않았다는 혐의를 받았다. (㉯행위; 정서적 학대행위)

【사실관계 2】

① ㉮행위는 당시의 아동복지법 제40조 제2호, 제29조 제1호에 해당하는 범죄이다. (㉰규정)

② ㉰규정의 법정형은 '5년 이하의 징역 또는 3,000만 원 이하의 벌금'이다.

③ ㉰규정에는 형소법 제249조 제1항 제4호가 적용된다.

④ ㉰규정 위반죄의 공소시효 기간은 범죄행위가 종료한 때부터 7년이다.

【사실관계 3】

① 2014. 1. 28. 아동학대범죄의 처벌 등에 관한 특례법(아동학대처벌법)이 제정 · 공포되었다.

② 아동학대처벌법은 '아동의 신체에 손상을 주거나 신체의 건강 및 발달을 해치는 신체적 학대행위'를 처벌하고 있다. (㉱규정)

③ 아동학대처벌법의 ㉱규정은 행위시 아동복지법의 ㉰규정에 상응한다.

④ 아동학대처벌법은 다음의 특례규정을 두고 있다.

   (가) 제34조 제1항 : 아동학대범죄의 공소시효는 형사소송법 제252조에도 불구하고 해당 아동학대범죄의 피해아동이 성년에 달한 날부터 진행한다.

   (나) 부칙 : 이 법은 공포 후 8개월이 경과한 날부터 시행한다.

⑤ 2014. 9. 29. 아동학대처벌법이 시행되었다.

【사건의 경과 1】

① 2015. 10. 27. 검사는 갑을 아동복지법 위반죄로 기소하였다.

② 갑에 대한 공소사실 가운데 ㉮행위 부분은 다음과 같다.

③ "피고인은 2008. 8.경에서 2008. 9.경 사이 안성시 (주소 생략)에 있는 피고인의 주거지에서 피해자 A(당시 8세)가 동생의 분유를 몰래 먹었다고 의심하여 옷걸이와 손으로 피해자의 몸을 수회 때리고, 책과 옷걸이 등을 집어던져 아동인 피해자의 신체에 손상을 주는 학대행위를 하였다." (㉮행위)

④ 2016. 2. 2. 제1심법원은 ㉮공소사실과 ㉯공소사실을 모두 유죄로 인정하였다.

【사건의 경과 2】

① 갑은 불복 항소하였다.

② 항소심법원은 ㉮공소사실에 대해 공소시효가 완성되었다고 판단하였다.

③ 2016. 5. 4. 항소심법원은 다음과 같이 판단하였다.

　(가) 원심판결을 파기한다.

　(나) 피고인을 징역 10월에 처한다.

　(다) 이 사건 공소사실 중 2008. 8.경에서 9.경 사이 아동복지법위반의 점은 면소.

【사건의 경과 3】

① 검사는 항소심판결의 면소 부분에 불복하여 상고하였다.

② 검사는 상고이유로, ㉮공소사실에 대해 공소시효가 완성되지 않았다고 주장하였다.

③ 2016. 9. 28. 대법원은 판결을 선고하였다.

2. 공소시효의 불이익한 변경과 소급효금지의 원칙

【대법원 요지】 가. 공소시효를 정지·연장·배제하는 내용의 특례조항을 신설하면서 소급적용에 관한 명시적인 경과규정을 두지 아니한 경우에, /

【대법원 요지】 그 조항을 소급하여 적용할 수 있다고 볼 것인지에 관하여는 보편타당한 일반원칙이 존재하지 아니하며, /

【대법원 요지】 적법절차원칙과 소급금지원칙을 천명한 헌법 제12조 제1항과 제13조 제1항의 정신을 바탕으로 하여 /

【대법원 요지】 법적 안정성과 신뢰보호원칙을 포함한 법치주의 이념을 훼손하지 아니하는 범위 내에서 신중히 판단하여야 한다 /

【대법원 요지】 (대법원 2015. 5. 28. 선고 **2015도1362** 판결 참조).

3. 아동학대처벌법의 특례

【대법원 분석】 아동학대범죄의 처벌 등에 관한 특례법/

【대법원 분석】 (2014. 1. 28. 제정되어 2014. 9. 29. 시행되었으며, /

【대법원 분석】 이하 '아동학대처벌법'이라 한다)은 /

【대법원 분석】 아동학대범죄의 처벌에 관한 특례 등을 규정함으로써 아동을 보호하여 아동이 건강한 사회 구성원으로 성장하도록 함을 목적으로 제정되었다. /

【대법원 분석】 아동학대처벌법 제2조 제4호 (타)목은 /

【대법원 분석】 아동복지법 제71조 제1항 제2호, 제17조 제3호에서 정한 /

【대법원 분석】 '아동의 신체에 손상을 주거나 신체의 건강 및 발달을 해치는 신체적 학대행위'/

【대법원 분석】 [구 아동복지법(2011. 8. 4. 법률 제11002호로 전부 개정되기 전의 것, /

【대법원 분석】 이하 '구 아동복지법'이라 한다) /

【대법원 분석】 제29조 제1호 /

【대법원 분석】 '아동의 신체에 손상을 주는 학대행위'에 상응하는 규정이다]를 /

【대법원 분석】 아동학대범죄의 하나로 규정하고, /

【대법원 분석】 나아가 제34조는 /

【대법원 분석】 '공소시효의 정지와 효력'이라는 표제 밑에 /

【대법원 분석】 제1항에서 /

【대법원 분석】 "아동학대범죄의 공소시효는 형사소송법 제252조에도 불구하고 해당 아동학대범죄의 피해아동이 성년에 달한 날부터 진행한다."라고 규정하며, /

【대법원 분석】 부칙은 /

【대법원 분석】 "이 법은 공포 후 8개월이 경과한 날부터 시행한다."라고 규정하고 있다. /

【대법원 분석】 이처럼 아동학대처벌법은 신체적 학대행위를 비롯한 아동학대범죄로부터 피해아동을 보호하기 위한 것으로서, /

【대법원 분석】 같은 법 제34조 역시 아동학대범죄가 피해아동의 성년에 이르기 전에 공소시효가 완성되어 처벌대상에서 벗어나지 못하도록 그 진행을 정지시킴으로써 /

【대법원 분석】 보호자로부터 피해를 입은 18세 미만 아동을 실질적으로 보호하려는 취지로 보인다.

4. 아동학대처벌법의 공소시효 규정과 소급효

【대법원 요지】 이러한 아동학대처벌법의 입법 목적 및 같은 법 제34조의 취지를 /

【대법원 요지】 앞에서 본 공소시효를 정지하는 특례조항의 신설·소급에 관한 법리에 비추어 보면, /

【대법원 요지】 비록 아동학대처벌법이 제34조 제1항의 소급적용 등에 관하여 명시적인 경과규정을 두고 있지는 아니하나, /

【대법원 요지】 위 규정은 완성되지 아니한 공소시효의 진행을 일정한 요건 아래에서 장래를 향하여 정지시키는 것으로서, /

【대법원 요지】 그 시행일인 2014. 9. 29. 당시 범죄행위가 종료되었으나 아직 공소시효가 완성되지 아니한 아동학대범죄에 대하여도 적용된다고 해석함이 타당하다 /

【대법원 요지】 (대법원 2003. 11. 27. 선고 2003도4327 판결, /

【대법원 요지】 대법원 2011. 7. 14. 선고 2011도6032 판결 등 참조).

5. 사안에 대한 대법원의 분석

【대법원 분석】 나. (1) 이 부분 공소사실의 요지는 /

【대법원 분석】 "피고인은 2008. 8.경에서 2008. 9.경 사이 안성시 (주소 생략)에 있는 피고인의 주거지에서 피해자 공소외인(당시 8세)이 동생의 분유를 몰래 먹었다고 의심하여 옷걸이와 손으로 피해자의 몸을 수회 때리고, 책과 옷걸이 등을 집어던져 아동인 피해자의 신체에 손상을 주는 학대행위를 하였다."라는 것이다.

【대법원 분석】 (2) 이는 구 아동복지법 제40조 제2호, 제29조 제1호에 해당하는 범죄로서, /

【대법원 분석】 그 법정형이 '5년 이하의 징역 또는 3,000만 원 이하의 벌금'이므로 /

【대법원 분석】 형사소송법 제249조 제1항 제4호가 적용되어 공소시효의 기간은 범죄행위가 종료한 때부터 7년이다.

【대법원 분석】 (3) 기록에 의하면, 피해자 공소외인은 2001. 3. 25.생으로 미성년자인 사실, /

【대법원 분석】 이 사건 공소는 2015. 10. 27. 제기된 사실을 알 수 있다.

6. 사안에 대한 대법원의 판단

【대법원 판단】 다. 위와 같은 사실관계를 위 법리에 비추어 살펴보면, /

【대법원 판단】 이 부분 공소사실 행위에 관하여는 /

【대법원 판단】 아동학대처벌법 제34조 제1항의 시행일 당시 아직 7년의 공소시효가 완성되지 아니한 상태여서 공소시효가 정지되었고, /

【대법원 판단】 이 사건 공소가 제기된 2015. 10. 27.까지 피해자 공소외인이 성년에 달하지 아니하여 공소시효의 기간이 경과되지 아니하였음이 명백하므로, /

【대법원 판단】 결국 이 부분 공소는 형사소송법 제326조 제3호에 규정된 '공소의 시효가 완성되었을 때'에 해당하지 아니한다.

【대법원 결론】 라. 그럼에도 이와 달리 원심은, 이 부분 공소사실 행위에 대하여 아동학대처벌법 제34조 제1항을 적용하지 아니하고 그 공소시효가 완성되었다고 잘못 판단하여, /

【대법원 결론】 이 부분 공소사실을 유죄로 인정한 제1심판결을 파기하고 면소를 선고하고 말았다.

【대법원 결론】 따라서 이러한 원심의 판단에는 아동학대처벌법 제34조 제1항 및 부칙의 해석에 관한 법리를 오해하여 판결에 영향을 미친 위법이 있다. /

【대법원 결론】 이를 지적하는 상고이유 주장은 이유 있다. (파기 환송)

2016도7622

구속피고인과 국선변호인의 선정
법정구속 후 국선변호인 선정 사건
2016. 11. 10. 2016도7622, 공 2016하, 1954

1. 사실관계 및 사건의 경과

【사실관계 1】

① 검사는 갑을 성폭력처벌법 위반죄(업무상 위력 등에 의한 추행)로 기소하였다.

② 갑은 공소사실을 인정하였다.

③ 제1심법원은 증거조사를 거쳐 변론을 종결하였다.

④ 제1심법원은 다음 내용의 판결을 선고하였다.

　(가) 피고인을 징역 6월에 처한다.

　(나) 2년간 위 형의 집행을 유예한다.

　(다) 40시간의 성폭력치료강의 수강을 명한다.

　(라) 80시간의 사회봉사를 명한다.

【사실관계 2】

① 검사는 제1심판결에 대해 양형부당을 이유로 항소하였다.

② 갑은 항소하지 않았다.

③ 항소심법원은 국선변호인 선정 없이 공판심리를 진행하였다.

④ 항소심법원은 양형조사관에게 양형조사를 명하였다.

⑤ 항소심법원은 합의를 위한 갑의 요청에 따라 변론을 속행하였다가 변론을 종결하였다.

【사실관계 3】

① 항소심법원은 검사의 양형부당 항소를 받아들였다.

② 항소심법원은 다음 내용의 판결을 선고하였다.

　(가) 제1심판결을 파기한다.

　(나) 피고인을 징역 6월에 처한다.

　(다) 40시간의 성폭력 치료프로그램 이수를 명한다.

③ 항소심법원은 판결을 선고한 직후 곧바로 갑을 법정구속하였다.

④ 항소심법원은 그 뒤 같은 날 변호사 A를 갑의 국선변호인으로 선정하였다.

【사건의 경과】

① 갑은 불복 상고하였다.

② 갑은 상고이유로 다음의 점을 주장하였다.

　(가) 항소심법원의 조치는 피고인의 변호인의 조력을 받을 권리를 침해한 것이다.

　(나) 항소심법원의 조치는 피고인의 방어권을 침해한 것이다.

(다) 항소심법원의 조치에는 국선변호인 선정에 관한 형소법 제33조 제3항의 법리를 오해한 위법이 있다.

2. 구속피고인과 국선변호인의 선정

【대법원 분석】 1. 형사소송법 제33조는 제1항 및 제3항에서 법원이 직권으로 변호인을 선정하여야 하는 경우를 규정하면서, /

【대법원 분석】 제1항 각 호에 해당하기만 하면 변호인이 없는 때에는 변호인을 선정하도록 규정한 반면, /

【대법원 분석】 제3항에서는 /

【대법원 분석】 피고인의 연령·지능 및 교육 정도 등을 참작하여 /

【대법원 분석】 권리보호를 위하여 필요하다고 인정하는 때에 한하여 /

【대법원 분석】 피고인의 명시적 의사에 반하지 아니하는 범위 안에서 /

【대법원 분석】 변호인을 선정하도록 정하고 있으므로, /

【대법원 요지】 형사소송법 제33조 제1항 각 호에 해당하는 경우가 아닌 한 /

【대법원 요지】 법원으로서는 권리보호를 위하여 필요하다고 인정하지 않으면 국선변호인을 선정하지 않을 수 있을 뿐만 아니라, /

【대법원 요지】 국선변호인의 선정 없이 공판심리를 하더라도 /

【대법원 요지】 피고인의 방어권이 침해되어 판결에 영향을 미쳤다고 인정되지 않는 경우에는 /

【대법원 요지】 형사소송법 제33조 제3항을 위반한 잘못이 없다 /

【대법원 요지】 (대법원 2013. 5. 9. 선고 2013도1886 판결 참조).

3. 사안에 대한 대법원의 분석

【대법원 분석】 2. 기록에 의하면, /

【대법원 분석】 제1심법원은 피고인이 공소사실을 인정하여 증거조사를 거쳐 변론을 종결한 후, /

【대법원 분석】 피고인을 징역 6월에 처하면서 2년간 위 형의 집행을 유예하고 40시간의 성폭력치료 강의 수강과 80시간의 사회봉사를 명하는 판결을 선고한 사실, /

【대법원 분석】 제1심판결에 대하여 검사만이 양형부당을 이유로 항소하였는데, /

【대법원 분석】 원심법원은 국선변호인 선정 없이 공판심리를 진행하면서 양형조사관에게 양형조사를 명하는 한편, /

【대법원 분석】 합의를 위한 피고인의 요청에 따라 변론을 속행하였다가 변론을 종결한 후, /

【대법원 분석】 검사의 양형부당 항소를 받아들여 제1심판결을 파기하고 피고인을 징역 6월에 처하고 40시간의 성폭력 치료프로그램 이수를 명하는 판결을 선고한 직후 /

【대법원 분석】 곧바로 피고인을 법정구속하고, /

【대법원 분석】 그 뒤 같은 날 변호사 공소외인을 피고인의 국선변호인으로 선정한 사실을 알 수 있다.

4. 사안에 대한 대법원의 판단

【대법원 판단】 이러한 사실관계를 앞서 본 법리에 따라 살펴보면, /

【대법원 판단】 피고인의 권리보호를 위하여 국선변호인을 선정해 줄 필요가 없다고 보아 /

【대법원 판단】 국선변호인 선정 없이 공판심리를 진행한 다음 징역형을 선고하면서 /

【대법원 판단】 피고인을 법정구속한 원심의 판단과 조치에 /

【대법원 판단】 변호인의 조력을 받을 권리 또는 피고인의 방어권을 침해하거나 형사소송법 제33조 제3항에 관한 법리를 오해하여 판결에 영향을 미친 잘못이 없다.

5. 피고인 구속과 관련한 대법원의 권고사항

【대법원 분석】 다만, 헌법 제12조 제4항은 /

【대법원 분석】 "누구든지 체포 또는 구속을 당한 때에는 즉시 변호인의 조력을 받을 권리를 가진다." 라고 규정하고 있고, /

【대법원 분석】 형사소송법은 /

【대법원 분석】 헌법에 의하여 보장된 변호인의 조력을 받을 권리를 보장하기 위해 /

【대법원 분석】 구속 전 피의자심문 단계에서 /

【대법원 분석】 "심문할 피의자에게 변호인이 없는 때에는 직권으로 변호인을 선정하여야 한다."라고 규정하고 있으며(제201조의2 제8항), /

【대법원 분석】 '피고인이 구속된 때에 변호인이 없으면 법원이 직권으로 변호인을 선정하여야 한다.' 고 규정하고 있다(제33조 제1항 제1호). /

【대법원 요지】 이와 같은 헌법상 변호인의 조력을 받을 권리와 형사소송법의 여러 규정, /

【대법원 요지】 특히 형사소송법 제70조 제1항, 제201조 제1항에 의하면 /

【대법원 요지】 구속사유는 피고인의 구속과 피의자의 구속에 공통되고, /

【대법원 요지】 피고인의 경우에도 구속사유에 관하여 변호인의 조력을 받을 필요가 있는 점 및 /

【대법원 요지】 국선변호인 제도의 취지 등에 비추어 보면, /

【대법원 요지】 이 사건과 같이 피고인에 대하여 제1심법원이 집행유예를 선고하였으나 검사만이 양형부당을 이유로 항소한 사안에서 /

【대법원 요지】 항소심이 변호인이 선임되지 않은 피고인에 대하여 검사의 양형부당 항소를 받아들여 형을 선고하는 경우에는 /

【대법원 요지】 판결 선고 후 피고인을 법정구속한 뒤에 비로소 국선변호인을 선정하는 것보다는, /

【대법원 요지】 피고인의 권리보호를 위해 /

【대법원 요지】 판결 선고 전 공판심리 단계에서부터 /

【대법원 요지】 형사소송법 제33조 제3항에 따라 /

【대법원 요지】 피고인의 명시적 의사에 반하지 아니하는 범위 안에서 /

【대법원 요지】 국선변호인을 선정해 주는 것이 바람직하다는 점을 지적하여 둔다. (상고 기각)

2016도8137

전기통신 감청의 집행방법
카카오톡 대화내용 제공 사건
2016. 10. 13. 2016도8137, 공 2016하, 1727

1. 사실관계 및 사건의 경과

【사실관계 1】

① 수사기관은 갑과 을 등에 대해 이적단체구성 등 국가보안법 위반죄 피의사실로 수사를 진행하였다.

② 2014. 3. 1. 수사기관은 관할법원으로부터 을을 대상자로 한 ㉠통신제한조치허가서를 발부받았다.

③ ㉠통신제한조치허가서의 기재 내용 중 카카오톡과 관련된 부분은 다음과 같다.

　(가) 종류, 방법 : 전기통신의 감청, 전기통신사업체에 대한 집행위탁 의뢰

　(나) 대상, 범위 : 대상자가 카카오톡 서비스에 가입·사용 중인 아이디를 사용하여 발신·수신한 내용 가운데 국가보안법 위반 혐의사실과 관련된 내용

　(다) 기간 : 2014. 3. 3.부터 2014. 5. 2.까지

　(라) 집행장소 : 주식회사 카카오

【사실관계 2】

① 2014. 4. 28. 수사기관은 관할법원으로부터 B, 갑, 을을 대상자로 한 ㉡, ㉢, ㉣통신제한조치허가서를 발부받았다.

② ㉡, ㉢, ㉣통신제한조치허가서 기재 내용 중 카카오톡과 관련된 부분은 기간이 2014. 5. 3.부터 2014. 7. 2.까지인 점을 제외하고 나머지 사항은 ㉠통신제한조치허가서 해당 부분과 동일하다.

【사실관계 3】

① 수사기관은 주식회사 카카오에 ㉠, ㉡, ㉢, ㉣통신제한조치허가서 사본을 교부하고 갑, 을, B에 대한 통신제한조치의 집행을 위탁하였다.

② 주식회사 카카오는 카카오톡 대화를 실시간 감청할 수 있는 설비를 보유하고 있지 않았다.

③ 당시 카카오톡은 가입자들이 문언 등을 송·수신하며 대화하는 과정에서 그 내용이 전자정보의 형태로 서버에 저장되었다가 3~7일 후에 삭제되는 방식으로 운영되었다.

④ 주식회사 카카오는 ㉠, ㉡, ㉢, ㉣통신제한조치허가서에 기재된 기간 동안 3~7일마다 정기적으로 서버에 저장된 전자정보 중 갑, 을, B의 대화내용 부분을 추출하였다. (㉤카카오톡 대화내용)

⑤ 주식회사 카카오는 추출한 ㉤카카오톡 대화내용을 보안 이메일에 첨부하거나 저장매체에 담아 수사기관에 제공하였다.

⑥ 검사는 ㉤카카오톡 대화내용을 ⓐ, ⓑ, ⓒ, ⓓ출력물로 출력하였다.

【사건의 경과 1】

① 검사는 갑, 을 등을 국가보안법 위반죄로 기소하였다.

② 검사는 갑, 을 등에 대한 공소사실 중 이적단체 구성으로 인한 국가보안법 위반(이적단체의 구성 등)

의 점을 증명하기 위하여 일련의 증거를 제출하였다.

③ 검사는 ㉴카카오톡 대화내용을 출력한 ⓐ, ⓑ, ⓒ, ⓓ출력물을 증거로 제출하였다.

④ 갑 등의 피고사건은 제1심을 거친 후, 항소심에 계속되었다.

⑤ 항소심법원은 ㉤카카오톡 대화내용을 증거의 하나로 채택하여 유죄를 인정하였다.

【사건의 경과 2】

① 갑 등은 불복 상고하였다.

② 갑 등은 상고이유로 다음의 점을 주장하였다.

　(가) ㉠, ㉡, ㉢, ㉣통신제한조치허가서는 전기통신의 감청에 관한 것이다.

　(나) 카카오톡 대화방의 ㉤대화내용은 전기통신 감청의 대상이 아니다.

　(다) ㉤카카오톡 대화내용은 증거능력이 없다.

2. 전기통신 감청의 의의

【대법원 분석】 1) 헌법 제18조는 '모든 국민은 통신의 비밀을 침해받지 아니한다'고 규정하여 /

【대법원 분석】 통신의 비밀 보호를 그 핵심내용으로 하는 통신의 자유를 기본권으로 보장하고 있다. /

【대법원 분석】 이러한 헌법정신을 구현하기 위해 제정된 통신비밀보호법은 /

【대법원 분석】 통신 및 대화의 비밀과 자유에 대한 제한은 그 대상을 한정하고 엄격한 법적 절차를 거치도록 함으로써 /

【대법원 분석】 통신의 비밀을 보호하고 통신의 자유를 신장함을 목적으로 한다(제1조).

【대법원 분석】 통신비밀보호법에 규정된 '통신제한조치'는 /

【대법원 분석】 '우편물의 검열 또는 전기통신의 감청'을 말하는 것으로(제3조 제2항), /

【대법원 분석】 여기서 '전기통신'은 /

【대법원 분석】 전화·전자우편·모사전송 등과 같이 유선·무선·광선 및 기타의 전자적 방식에 의하여 모든 종류의 음향·문언·부호 또는 영상을 송신하거나 수신하는 것을 말하고(제2조 제3호), /

【대법원 분석】 '감청'은 /

【대법원 분석】 전기통신에 대하여 /

【대법원 분석】 당사자의 동의 없이 /

【대법원 분석】 전자장치·기계장치 등을 사용하여 /

【대법원 분석】 통신의 음향·문언·부호·영상을 청취·공독하여 그 내용을 지득 또는 채록하거나 /

【대법원 분석】 전기통신의 송·수신을 방해하는 것을 말한다고 규정되어 있다(제2조 제7호). /

【대법원 요지】 따라서 '전기통신의 감청'은 /

【대법원 요지】 위 '감청'의 개념 규정에 비추어 /

【대법원 요지】 전기통신이 이루어지고 있는 상황에서 실시간으로 그 전기통신의 내용을 지득·채록하는 경우와 /

【대법원 요지】 통신의 송·수신을 직접적으로 방해하는 경우를 의미하는 것이지 /

【대법원 요지】 이미 수신이 완료된 전기통신에 관하여 남아 있는 기록이나 내용을 열어보는 등의 행위는 포함하지 않는다 할 것이다.

3. 전기통신 감청의 집행방법

【대법원 분석】 그리고 통신제한조치허가서에는 통신제한조치의 종류·그 목적·대상·범위·기간 및 집행장소와 방법을 특정하여 기재하여야 하고(통신비밀보호법 제6조 제6항), /

【대법원 분석】 수사기관은 그 허가서에 기재된 허가의 내용과 범위 및 집행방법 등을 준수하여 통신 제한조치를 집행하여야 한다. /

【대법원 분석】 이때 수사기관은 통신기관 등에 통신제한조치허가서의 사본을 교부하고 그 집행을 위탁할 수 있으나(통신비밀보호법 제9조 제1항, 제2항), /

【대법원 분석】 그 경우에도 집행의 위탁을 받은 통신기관 등은 수사기관이 직접 집행할 경우와 마찬 가지로 허가서에 기재된 집행방법 등을 준수하여야 함은 당연하다. /

【대법원 요지】 따라서 허가된 통신제한조치의 종류가 전기통신의 '감청'인 경우, /

【대법원 요지】 수사기관 또는 /

【대법원 요지】 수사기관으로부터 통신제한조치의 집행을 위탁받은 통신기관 등은 /

【대법원 요지】 통신비밀보호법이 정한 감청의 방식으로 집행하여야 하고 /

【대법원 요지】 그와 다른 방식으로 집행하여서는 아니 된다. /

【대법원 요지】 한편 수사기관이 통신기관 등에 통신제한조치의 집행을 위탁하는 경우에는 그 집행 에 필요한 설비를 제공하여야 한다(통신비밀보호법 시행령 제21조 제3항). /

【대법원 요지】 그러므로 수사기관으로부터 통신제한조치의 집행을 위탁받은 통신기관 등이 그 집행 에 필요한 설비가 없을 때에는 수사기관에 그 설비의 제공을 요청하여야 하고, /

【대법원 요지】 그러한 요청 없이 통신제한조치허가서에 기재된 사항을 준수하지 아니한 재 통신제 한조치를 집행하였다면, /

【대법원 요지】 그러한 집행으로 인하여 취득한 전기통신의 내용 등은 /

【대법원 요지】 헌법과 통신비밀보호법이 국민의 기본권인 통신의 비밀을 보장하기 위해 마련한 적 법한 절차를 따르지 아니하고 수집한 증거에 해당하므로(형사소송법 제308조의2), /

【대법원 요지】 이는 유죄 인정의 증거로 할 수 없다.

4. 사안에 대한 대법원의 분석

【대법원 분석】 2) 기록에 의하면 다음 사실을 알 수 있다.

【대법원 분석】 (1) 수사기관은 2014. 3. 1. 법원으로부터 피고인 을을 대상자로 한 통신제한조치허 가서를 발부받았는데, /

【대법원 분석】 그 기재 내용 중 카카오톡과 관련된 부분은 아래와 같다.

【대법원 분석】 ① 종류, 방법: 전기통신의 감청, 전기통신사업체에 대한 집행위탁 의뢰

【대법원 분석】 ② 대상, 범위: 대상자가 카카오톡 서비스에 가입·사용 중인 아이디를 사용하여 발 신·수신한 내용 가운데 국가보안법 위반 혐의사실과 관련된 내용

【대법원 분석】 ③ 기간: 2014. 3. 3.부터 2014. 5. 2.까지

【대법원 분석】 ④ 집행장소: 주식회사 카카오(이하 '카카오'라고 한다)

【대법원 분석】 (2) 수사기관은 2014. 4. 28. 법원으로부터 공소외 B, 피고인 갑 및 피고인 을을 대상자로 한 각 통신제한조치허가서를 발부받았는데, /

【대법원 분석】 그 기재 내용 중 카카오톡과 관련된 부분은 /

【대법원 분석】 기간이 2014. 5. 3.부터 2014. 7. 2.까지인 점을 제외한 /

【대법원 분석】 나머지 사항은 위 2014. 3. 1.자 통신제한조치허가서 해당 부분과 동일하다 /

【대법원 분석】 (이하 위 네 건의 통신제한조치허가서를 합하여 '이 사건 통신제한조치허가서'라고 하고, /

【대법원 분석】 그 대상자들인 위 3인을 합하여 '이 사건 대상자들'이라고 한다). /

【대법원 분석】 (3) 수사기관은 카카오에 이 사건 통신제한조치허가서 사본을 교부하고 이 사건 대상자들에 대한 통신제한조치의 집행을 위탁하였는데, /

【대법원 분석】 카카오는 카카오톡 대화를 실시간 감청할 수 있는 설비를 보유하고 있지 않았다.

【대법원 분석】 (4) 당시 카카오톡은 가입자들이 문언 등을 송·수신하며 대화하는 과정에서 그 내용이 전자정보의 형태로 서버에 저장되었다가 3~7일 후에 삭제되는 방식으로 운영되었다.

【대법원 분석】 (5) 이에 카카오는 이 사건 위 통신제한조치허가서에 기재된 기간 동안 3~7일마다 정기적으로 서버에 저장된 위 전자정보 중 이 사건 대상자들의 대화내용 부분을 추출한 다음 /

【대법원 분석】 이를 보안 이메일에 첨부하거나 저장매체에 담아 수사기관에 제공하였다.

【대법원 분석】 (6) 검사 제출 증거목록 순번 241, 1415 내지 1418, 1427 내지 1458 기재 출력물은 /

【대법원 분석】 위와 같은 방식으로 취득된 이 사건 대상자들의 카카오톡 대화내용 중 일부를 출력한 문서인데 /

【대법원 분석】 (이하 '이 사건 카카오톡 대화내용'이라고 한다), /

【대법원 분석】 피고인들에 대한 공소사실 중 이적단체 구성으로 인한 국가보안법 위반(이적단체의 구성 등)의 점을 증명하기 위해 제출되었다.

5. 사안에 대한 대법원의 판단

【대법원 판단】 3) 위 사실을 앞서 본 법리에 비추어 살펴보면, /

【대법원 판단】 이 사건 통신제한조치허가서에 기재된 통신제한조치의 종류는 전기통신의 '감청'이므로, /

【대법원 판단】 수사기관으로부터 집행위탁을 받은 카카오는 /

【대법원 판단】 통신비밀보호법이 정한 감청의 방식, /

【대법원 판단】 즉 전자장치 등을 사용하여 실시간으로 이 사건 대상자들이 카카오톡에서 송·수신하는 음향·문언·부호·영상을 청취·공독하여 그 내용을 지득 또는 채록하는 방식으로 /

【대법원 판단】 통신제한조치를 집행하여야 하고 /

【대법원 판단】 임의로 선택한 다른 방식으로 집행하여서는 안 된다고 할 것이다. /

【대법원 판단】 그런데도 카카오는 /

【대법원 판단】 이 사건 통신제한조치허가서에 기재된 기간 동안, /

【대법원 판단】 이미 수신이 완료되어 전자정보의 형태로 서버에 저장되어 있던 것을 /

【대법원 판단】 3~7일마다 정기적으로 추출하여 수사기관에 제공하는 방식으로 /

【대법원 판단】 통신제한조치를 집행하였다.

【대법원 판단】 이러한 카카오의 집행은 /

【대법원 판단】 동시성 또는 현재성 요건을 충족하지 못해 통신비밀보호법이 정한 감청이라고 볼 수 없으므로 /

【대법원 판단】 이 사건 통신제한조치허가서에 기재된 방식을 따르지 않은 것으로서 위법하다고 할 것이다. /

【대법원 판단】 따라서 이 사건 카카오톡 대화내용은 적법절차의 실질적 내용을 침해하는 것으로 위법하게 수집된 증거라 할 것이므로 유죄 인정의 증거로 삼을 수 없다. /

【대법원 결론】 그럼에도 불구하고 원심은 그 판시와 같은 이유로 수사기관이 이 사건 카카오톡 대화내용을 위법하게 입수하였다고 볼 수 없어 이를 증거로 채택할 수 있다고 판단하였으니, /

【대법원 결론】 거기에는 위법수집증거에 관한 법리를 오해한 잘못이 있다.

【대법원 결론】 4) 그러나 기록에 의하면, /

【대법원 결론】 아래에서 보는 바와 같이[해당 부분 생략함; 저자 주] 이 사건 카카오톡 대화내용을 제외하고 /

【대법원 결론】 원심이 유지한 제1심판결이 유죄의 증거로 든 다른 증거들만으로도 /

【대법원 결론】 피고인들에 대한 공소사실 중 이적단체 구성으로 인한 국가보안법 위반(이적단체의 구성 등)의 점을 유죄로 인정하기에 충분하므로, 원심의 결론은 정당하다.

【대법원 결론】 결국 원심의 위와 같은 판단은 위법수집증거에 관한 법리를 오해한 것이지만, 판결 결과에 영향을 미친 잘못이라고는 할 수 없으므로 이 부분 상고이유 주장은 받아들일 수 없다. (상고 기각)

2016초기318

군사법원과 일반법원의 재판권 배분
군용물절도 예비역 대령 사건

2016. 6. 16. 2016초기318 전원합의체 결정, 공 2016하, 1069

1. 사실관계 및 사건의 경과

【사실관계 1】

① 군형법 제1조는 군형법의 적용대상자를 규정하고 있다.

② 군형법 제1조 제4항은 군형법상의 일정한 범죄를 열거하고 있다. (특정 군사범죄)

③ 군용물절도죄는 특정 군사범죄의 하나이다.

④ 군형법 제1조 제4항은 특정 군사범죄를 범한 내국인·외국인에 대하여도 군인에 준하여 군형법을 적용한다고 규정하고 있다.

【사실관계 2】

① 군사법원법 제2조는 군사법원의 신분적 재판권을 규정하고 있다.

② 군사법원법 제2조 제1항 제1호에 따르면 군형법 제1조 제1항부터 제4항까지 규정된 사람은 원칙적

으로 군사법원의 신분적 재판권 대상이 된다.

③ 군사법원법 제2조 제2항에 따르면 군사법원법 제2조 제1항 제1호에 해당하는 사람이 그 신분 취득 전에 범한 죄에 대해서도 군사법원이 재판권을 가진다.

④ 군사법원법 제3조의2는 다음의 규정을 두고 있다.

⑤ "[일반]법원과 군사법원 사이에서 재판권에 대한 쟁의(爭議)가 발생한 때에는 해당 사건이 계속되어 있는 법원 또는 군사법원이나 이 법과 「형사소송법」에 따른 해당 사건의 상소권자는 대법원에 재판 권의 유무에 대한 재정(裁定)을 신청할 수 있다."

【사실관계 3】

① 갑은 군인으로서 육군사관학교 교수로 재직하였다.

② 2010. 전후하여 갑은 예비역 육군 대령으로 전역하였다.

③ 2016. 3. 21. 검사는 갑을 다음의 공소사실로 서울중앙지방법원에 기소하였다.

> (가) 갑은 육군사관학교 교수로 재직 중이던 2009. 12. 17.경 외부 P업체의 부탁을 받고 다른 Q업 체에 대한 실험데이터를 도용하여 실험결과를 허위로 기재한 육군사관학교장 명의의 시험평가 서 36장을 작성하였다. (허위공문서작성죄)

> (나) 갑은 전역 후인 2010. 3. 19.경부터 2012. 5. 21.경까지 9회에 걸쳐 P업체의 사내이사로서 위 허위 시험평가서 11장을 공사 입찰 담당자에게 제출하여 행사하였다. (허위작성공문서행사죄)

> (다) 갑은 2009. 10. 7.경 및 2009. 11. 18.경 육군사관학교에서 사용하고 있는 합계 300발의 탄환 을 2회에 걸쳐 반출하여 외부업체 직원에게 전달함으로써 군용물을 절취하였다. (군용물절도죄)

> (라) 갑은 2011. 1. 13.경 허위 내용을 기재한 수입허가신청서를 방위사업청 직원에게 제출하고 그 허가를 받아 탄환을 수입함으로써 사위 또는 부정한 방법으로 화약류 수입에 대한 방위사업청 의 허가를 받았다. (방위사업법위반죄)

【사건의 경과 1】

① 갑의 피고사건에는 군용물절도죄의 공소사실이 포함되어 있다.

② 서울중앙지방법원의 제1심 공판절차에서 갑의 피고사건을 일반법원이 심판할 수 있는지 문제되었다.

③ 제1심법원은 군사법원법 제3조의2 제1항에 따라 대법원에 재판권쟁의에 대한 재정신청을 하였다.

【사건의 경과 2】

① 종래의 대법원판례(대법원 2004. 3. 25. 선고 2003도8253 판결 등)는 다음과 같은 입장이었다.

> (가) 군사법원에 일반 국민이 기소되는 경우가 있다.

> (나) 일반 국민에 대한 공소사실 중 특정 군사범죄와 일반범죄가 경합관계에 있는 경우가 있다.

> (다) 군형법에서 정한 군사법원에 재판권이 있는 범죄에 대하여는 군사법원이 신분적 재판권을 가진다.

> (라) 특정 군사범죄는 군형법에서 정한 군사법원에 재판권이 있는 범죄에 해당한다.

> (마) 특정 군사범죄와 경합범으로 기소된 다른 일반범죄에 대하여도 군사법원에 재판권이 있다.

② 대법원에서는 기존의 판례를 변경할 것인지가 논의되었다.

【사건의 경과 3】

① 대법원은 다음과 같이 견해가 나뉘었다.

> (가) 다수의견 (7인) : 일반범죄는 일반법원이, 군사범죄는 군사법원이 각각 재판권을 가짐

　　　(나) 다수의견의 별개의견 (2인) : 대법원이 재량으로 재판권 있는 법원을 결정함
　　　(다) 반대의견 (3인) : 일반법원이 일반범죄와 군사범죄 전부에 대해 재판권을 가짐
　　　(라) 반대의견 (1인) : 군사법원이 일반범죄와 군사범죄 전부에 대해 재판권을 가짐
② 대법원은 다수의견에 따라 판례를 변경하였다.
③ 대법원은 다음 주문의 결정을 내렸다.
④ "서울중앙지방법원은 이 사건 중 각 군용물절도 부분을 제외한 나머지 부분에 대하여 재판권이 있다."
⑤ (지면 관계로 이하에서는 다수의견만 소개함)

2. 일반법원과 군사법원의 재판권 배분

(1) 군사법원의 재판을 받지 아니할 권리

【대법원 분석】 1. 헌법 제27조는 /

【대법원 분석】 모든 국민은 헌법과 법률이 정한 법관에 의하여 법률에 의한 재판을 받을 권리를 가지고(제1항), /

【대법원 분석】 군인 또는 군무원이 아닌 국민은 /

【대법원 분석】 대한민국의 영역 안에서는 /

【대법원 분석】 중대한 군사상 기밀 · 초병 · 초소 · 유독음식물공급 · 포로 · 군용물에 관한 죄 중 법률이 정한 경우와 /

【대법원 분석】 비상계엄이 선포된 경우를 제외하고는 /

【대법원 분석】 군사법원의 재판을 받지 아니한다고 규정하고 있다(제2항). /

【대법원 요지】 이는 모든 국민이 헌법과 법률이 정한 자격과 절차에 따라 임명된 법관에 의하여 합헌적인 법률이 정한 내용과 절차에 따라 재판을 받을 수 있는 권리가 있고, /

【대법원 요지】 나아가 군인 또는 군무원이 아닌 국민(이하 '일반 국민'이라 한다)은 /

【대법원 요지】 헌법과 법률이 정한 경우 외에는 /

【대법원 요지】 군사법원의 재판을 받지 아니할 권리가 있음을 국민의 기본권으로서 선언한 것이다.

(2) 군사법원의 설립취지

【대법원 분석】 한편 헌법 제110조는 /

【대법원 분석】 군사재판을 관할하기 위하여 특별법원으로서 군사법원을 둘 수 있고(제1항), /

【대법원 분석】 군사법원의 상고심은 대법원에서 관할하며(제2항), /

【대법원 분석】 군사법원의 조직 · 권한 및 재판관의 자격은 법률로 정한다고 규정하고 있다(제3항). /

【대법원 요지】 이와 같이 헌법에 직접 군사법원의 설치 근거를 둔 것은 /

【대법원 요지】 국군이 국가의 안전보장과 국토방위의 신성한 의무를 수행함을 사명으로 하는 조직으로서(헌법 제5조 제2항) /

【대법원 요지】 평시에도 항상 전시를 대비하여 집단적 병영생활을 하는 군 임무의 특성상 /

【대법원 요지】 언제 어디서나 신속한 재판이 이루어져야 할 필요성이 있으며 /

【대법원 요지】 군사법원 체제가 전시에 제대로 기능하기 위해서는 평시에 미리 조직 · 운영될 필요

성이 있다는 점 및 /

【대법원 요지】 우리나라가 남북으로 분단되어 군사적으로 첨예하게 대치하고 있는 상황까지 고려한 /

【대법원 요지】 주권자인 국민의 결단에 의한 것이다.

(3) 군사법원의 신분적 재판권

【대법원 분석】 2. 헌법 제110조의 위임에 따라 /

【대법원 분석】 군사법원법 제2조 제1항 제1호는 /

【대법원 분석】 군형법의 적용대상자에 대한 군사법원의 '신분적 재판권'을 규정하고, /

【대법원 분석】 군형법 제1조는 /

【대법원 분석】 '군인'에게 /

【대법원 분석】 군형법을 적용하며(제1항, 제2항), /

【대법원 분석】 군무원, 군적을 가진 군의 학교의 학생·생도, 사관후보생 등과 소집되어 실역에 복무하고 있는 예비역·보충역 등에 대해서도 /

【대법원 분석】 군인에 준하여 군형법을 적용하도록 하는 한편(제3항), /

【대법원 분석】 군형법 제1조 제4항 각 호에 해당하는 죄를 범한 내국인·외국인에 대해서도 /

【대법원 분석】 군인에 준하여 군형법을 적용하도록 규정하고 있다(제4항). /

【대법원 분석】 나아가 군사법원법 제2조 제2항은 /

【대법원 분석】 '제1항 제1호에 해당하는 사람'이 그 신분 취득 전에 범한 죄에 대해서도 군사법원이 재판권을 가진다고 규정한다.

(4) 특정 군사범죄 이후에 일반범죄를 범한 경우

【대법원 분석】 먼저 군사법원법 제2조 제1항 제1호 및 군형법 제1조 제4항에 의하면, /

【대법원 분석】 군사법원은 /

【대법원 분석】 군형법 제1조 제4항 각 호에 정한 죄 /

【대법원 분석】 (이하 '특정 군사범죄'라 하고, /

【대법원 분석】 그 외의 범죄 등을 '일반 범죄'라 한다)를 /

【대법원 분석】 범한 내국인·외국인에 대하여 신분적 재판권을 가지는바, /

【대법원 분석】 일반 국민이 특정 군사범죄를 범한 이후에 일반 범죄를 범한 경우 /

【대법원 분석】 그 일반 범죄에 대하여도 군사법원이 재판권을 가지는지 여부에 관하여 본다.

【대법원 분석】 군사법원법 제2조가 /

【대법원 분석】 '신분적 재판권'이라는 제목 아래 /

【대법원 분석】 제1항에서 /

【대법원 분석】 '군형법 제1조 제1항부터 제4항까지에 규정된 사람'이 '범한 죄'에 대하여 /

【대법원 분석】 군사법원이 재판권을 가진다고 규정하고 있으므로, /

【대법원 분석】 위 조항의 문언해석상 /

【대법원 분석】 일반 국민이 특정 군사범죄를 범함으로써 군사법원의 신분적 재판권에 속하게 되면 /

【대법원 분석】 그 후에 범한 일반 범죄에 대하여도 군사법원에 재판권이 발생한다고 볼 여지가 있는

것도 사실이다. /

【대법원 요지】 그러나 헌법 제27조 제2항은 어디까지나 /

【대법원 요지】 '중대한 군사상 기밀 · 초병 · 초소 · 유독음식물공급 · 포로 · 군용물에 관한 죄 중 법률이 정한 경우'를 제외하고는 /

【대법원 요지】 일반 국민은 군사법원의 재판을 받지 아니한다고 규정하고 있으므로, /

【대법원 요지】 이러한 경우에까지 군사법원의 신분적 재판권을 확장할 것은 아니다. /

【대법원 요지】 즉, 특정 군사범죄를 범한 일반 국민에게 군사법원에서 재판을 받아야 할 '신분'이 생겼다 하더라도, /

【대법원 요지】 이는 군형법이 원칙적으로 군인에게 적용되는 것임에도 /

【대법원 요지】 특정 군사범죄에 한하여 예외적으로 일반 국민에게 군인에 준하는 신분을 인정하여 군형법을 적용한다는 의미일 뿐, /

【대법원 요지】 그 '신분' 취득 후에 범한 다른 모든 죄에 대해서까지 군사법원에서 재판을 받아야 한다고 새기는 것은 /

【대법원 요지】 헌법 제27조 제2항의 정신에 배치된다. /

【대법원 요지】 더욱이 헌법 제27조 제1항에 규정된 국민의 재판청구권은 /

【대법원 요지】 그 자체가 기본권임과 동시에 /

【대법원 요지】 헌법에 규정된 다른 기본권들을 보장하기 위한 장치로서 /

【대법원 요지】 법치국가 원리를 실현하는 초석이라는 특성을 가진다. /

【대법원 요지】 따라서 헌법 제27조 제2항, 군형법 제1조 제4항, 군사법원법 제2조 제1항 제1호에 의하여 군사법원이 일반 국민에 대하여 특정 군사범죄에 관한 재판권을 가지는 경우에도 /

【대법원 요지】 이는 어디까지나 헌법 제27조 제1항이 보장하는 '헌법과 법률이 정한 법관'에 의하여 재판을 받을 권리의 예외로서 /

【대법원 요지】 군의 조직과 기능을 보존하는 데에 구체적이고 중대한 위험을 야기하는 특정 군사범죄에 한하여 인정될 따름이라고 보아야 한다. /

【대법원 요지】 특히 군사법원에서의 재판은 /

【대법원 요지】 군판사와 심판관에 의해서 이루어지고, /

【대법원 요지】 관할관의 확인 제도가 있는 등 /

【대법원 요지】 일반 법원의 재판과는 다른 점에서 /

【대법원 요지】 만약 이와는 달리 위 조항을 확장해석하거나 유추적용한다면 /

【대법원 요지】 이는 국민의 재판청구권의 본질적인 내용을 침해하는 것이고 /

【대법원 요지】 법치국가의 원리에 배치되는 것으로서 허용되지 아니한다고 할 것이다.

(5) 특정 군사범죄를 범하기 전에 일반범죄를 범한 경우

【대법원 분석】 다음으로 군사법원법 제2조 제2항은 /

【대법원 분석】 제1항 제1호에 해당하는 사람이 그 신분 취득 전에 범한 죄에 대하여 재판권을 가진다고 규정하고 있는바, /

【대법원 분석】 특정 군사범죄를 범한 일반 국민의 경우 /

【대법원 분석】 그 전에 범한 다른 죄에 대해서도 군사법원에 재판권이 있는지 여부에 관하여 본다.

【대법원 요지】 군사법원법 제2조 제2항은 /

【대법원 요지】 예컨대 군에 입대하기 전에 어떠한 죄를 범한 사람이 군인이 되었다면 /

【대법원 요지】 군사법원이 그 죄를 범한 군인에 대하여 재판을 할 수 있도록 하려는 취지임이 명백하다. /

【대법원 요지】 앞서 본 군사법체계의 특수성에 비추어 볼 때 /

【대법원 요지】 이러한 경우에는 군사법원이 재판권을 행사하여야 할 필요성과 합목적성이 충분히 인정된다. /

【대법원 요지】 그러나 일반 국민이 특정 군사범죄를 범하였다 하여 /

【대법원 요지】 그 전에 범한 다른 일반 범죄에 대해서까지 /

【대법원 요지】 군사법원이 재판권을 가진다고 볼 것은 아니다.

【대법원 요지】 군인 등은 전역 등으로 그 신분을 상실하게 되면 /

【대법원 요지】 특별한 경우를 제외하고는 /

【대법원 요지】 군 재직 중에 범한 죄에 대하여 /

【대법원 요지】 일반 법원에서 재판을 받게 된다. /

【대법원 요지】 그러나 일반 국민은 /

【대법원 요지】 특정 군사범죄를 범하여 일단 군사법원의 신분적 재판권에 속하게 되면 /

【대법원 요지】 그 신분에서 벗어날 수 있는 방법이 없다. /

【대법원 요지】 즉, 일반 국민이 군형법 제1조 제4항 각 호의 죄를 범한 경우에 /

【대법원 요지】 그 전에 범한 어떠한 죄라도 아무런 제한 없이 군사법원에서 재판을 받게 한다면 /

【대법원 요지】 군인보다 오히려 불리한 처지에 놓이게 된다. /

【대법원 요지】 위와 같은 해석이 헌법 제27조의 정신에 부합하지 아니함은 다언을 요하지 아니한다.

(6) 군사법원과 일반법원의 재판권 배분기준

【대법원 요지】 3. 결론적으로, /

【대법원 요지】 군사법원이 군사법원법 제2조 제1항 제1호에 의하여 특정 군사범죄를 범한 일반 국민에 대하여 신분적 재판권을 가진다 하더라도 /

【대법원 요지】 이는 어디까지나 해당 특정 군사범죄에 한하는 것이지 /

【대법원 요지】 그 이전 또는 그 이후에 범한 다른 일반 범죄에 대해서까지 /

【대법원 요지】 재판권을 가지는 것은 아니다.

【대법원 요지】 따라서 일반 국민이 범한 수 개의 죄 가운데 /

【대법원 요지】 특정 군사범죄와 그 밖의 일반 범죄가 형법 제37조 전단의 경합범 관계에 있다고 보아 /

【대법원 요지】 하나의 사건으로 기소된 경우, /

【대법원 요지】 특정 군사범죄에 대하여는 군사법원이 전속적인 재판권을 가진다고 보아야 하므로 /

【대법원 요지】 일반 법원은 이에 대하여 재판권을 행사할 수 없다. /

【대법원 요지】 반대로 그 밖의 일반 범죄에 대하여 군사법원이 재판권을 행사하는 것도 허용될 수 없다. /

【대법원 요지】 이 경우 어느 한 법원에서 기소된 모든 범죄에 대해 재판권을 행사한다면 /

【대법원 요지】 재판권이 없는 법원이 아무런 법적 근거 없이 임의로 재판권을 창설하여 재판권이 없는 범죄에 대한 재판을 하는 것이 되므로, /

【대법원 요지】 결국 기소된 사건 전부에 대하여 재판권을 가지지 아니한 일반 법원이나 군사법원은 그 사건 전부를 심판할 수 없는 것이다.

【대법원 요지】 더욱이 2005. 7. 29. 법률 제7623호로 형법 제39조 제1항이 개정되기 전에는 /

【대법원 요지】 일반 법원이나 군사법원 중 어느 하나가 경합범 관계에 있는 죄 전부를 심판하는 것이 /

【대법원 요지】 경합범 가중에 관한 형법 제38조를 적용할 수 있다는 점에서 피고인에게 유리한 면이 있었다. /

【대법원 요지】 그러나 위 형법 조항의 개정으로 /

【대법원 요지】 사후적 경합범에 대하여 이미 확정된 죄와 동시에 판결할 경우와의 형평을 고려하여 형을 선고하되, /

【대법원 요지】 필요한 경우 형을 감경 또는 면제할 수 있는 입법적 근거가 마련됨으로써 /

【대법원 요지】 일반 법원과 군사법원이 각각 재판권을 행사하여 따로 재판을 진행하더라도 /

【대법원 요지】 양형상 반드시 피고인에게 불리하다고 할 수 없게 되었다. /

【대법원 요지】 그리고 다수의 범죄에 대하여 하나의 재판에서 재판을 받는 것이 소송경제상 피고인에게 유리한 면이 있다고 하더라도 /

【대법원 요지】 형사피고인이 적법한 재판권을 가진 법원에서 재판을 받을 권리야말로 적법절차원칙의 기본이므로 /

【대법원 요지】 소송경제를 위하여 이를 포기할 수 있는 성질의 것도 아니다.

【대법원 요지】 이와는 달리, /

【대법원 요지】 군사법원에 기소된 일반 국민에 대한 공소사실 중 /

【대법원 요지】 군형법에서 정한 군사법원에 재판권이 있는 범죄에 대하여 /

【대법원 요지】 군사법원에서 신분적 재판권을 가진다는 이유로 /

【대법원 요지】 그 범죄와 경합범으로 기소된 다른 범죄에 대하여도 /

【대법원 요지】 군사법원에 재판권이 있다고 본 /

【대법원 요지】 종전 대법원의 견해/

【대법원 요지】 (대법원 2004. 3. 25. 선고 2003도8253 판결 등)는 /

【대법원 요지】 위 견해와 배치되는 범위 내에서 이를 변경하기로 한다.

3. 사안에 대한 대법원의 분석

【대법원 분석】 4. 기록에 의하면, /

【대법원 분석】 피고인은 "예비역 육군 대령으로서, /

【대법원 분석】 ① 육군사관학교 교수로 재직 중이던 2009. 12. 17.경 외부 업체의 부탁을 받고 다른

업체에 대한 실험데이터를 도용하여 실험결과를 허위로 기재한 육군사관학교장 명의의 시험평가서 36장을 작성한 다음, /

【**대법원 분석**】 전역 후인 2010. 3. 19.경부터 2012. 5. 21.경까지 9회에 걸쳐 위 업체의 사내이사로서 위 허위 시험평가서 11장을 공사 입찰 담당자에게 제출하여 행사하고(허위공문서작성 및 허위작성공문서행사), /

【**대법원 분석**】 ② 2009. 10. 7.경 및 2009. 11. 18.경 육군사관학교에서 사용하고 있는 합계 300발의 탄환을 2회에 걸쳐 [반]출하여 외부업체 직원에게 전달함으로써 군용물을 절취하였으며(군용물절도), /

【**대법원 분석**】 ③ 2011. 1. 13.경 허위 내용을 기재한 수입허가신청서를 방위사업청 직원에게 제출하고 그 허가를 받아 탄환을 수입함으로써 사위 또는 부정한 방법으로 화약류 수입에 대한 방위사업청의 허가를 받았다(방위사업법 위반)."라는 공소사실로 /

【**대법원 분석**】 2016. 3. 21. 서울중앙지방법원 2016고합2ㅇㅇ호로 기소되었다가, /

【**대법원 분석**】 제1심 계속 중 군사법원법 제3조의2에 따라 이 법원에 재판권쟁의에 대한 재정신청을 한 사실을 알 수 있다.

4. 사안에 대한 대법원의 판단

【**대법원 판단**】 피고인에 대한 공소사실과 소송기록을 앞에서 본 법리에 비추어 살펴보면, /

【**대법원 판단**】 피고인은 군인 또는 군무원이 아닌 일반 국민으로서 /

【**대법원 판단**】 그 공소사실 중 /

【**대법원 판단**】 일반 범죄인 허위공문서작성죄 및 허위작성공문서행사죄와 방위사업법위반죄에 대하여는 /

【**대법원 판단**】 이를 관할하는 일반 법원에 재판권이 있을 뿐 /

【**대법원 판단**】 군사법원법에 의한 신분적 재판권이 인정될 여지가 없으나, /

【**대법원 판단**】 특정 군사범죄인 각 군용물절도죄는 /

【**대법원 판단**】 군형법 제1조 제4항 제5호에서 정한 죄로서 /

【**대법원 판단**】 군사법원법 제2조 제1항 제1호에 따라 /

【**대법원 판단**】 관할 보통군사법원이 전속적인 재판권을 가진다 할 것이고, /

【**대법원 판단**】 위 각 범죄들이 서울중앙지방법원에 경합범으로 함께 기소되었다고 하더라도 /

【**대법원 판단**】 일반 법원인 서울중앙지방법원에서 그에 관한 재판권을 함께 가진다고 볼 수는 없다.

【**대법원 결론**】 따라서 서울중앙지방법원은 이 사건 중 각 군용물절도 부분을 제외한 나머지 부분에 대하여 재판권이 있다.

【**대법원 결론**】 5. 그러므로 군사법원법 제3조의2 제1항, 제3조의3 제1항에 의하여 주문과 같이 결정한다. /

【**대법원 결론**】 이 결정에는 대법관 김용덕, 대법관 박상옥의 별개의견, /

【**대법원 결론**】 대법관 박병대, 대법관 김창석, 대법관 김신의 반대의견과 /

【**대법원 결론**】 대법관 이기택의 별도의 반대의견이 있는 외에는 /

【**대법원 결론**】 관여 법관의 의견이 일치되었다.

판례번호순 통합색인(Ⅰ~Ⅲ권)

선고일자별 통합색인(Ⅰ~Ⅲ권)

〔저자약력〕

서울대학교 법과대학 법학과 졸업, 동 대학원 졸업(법학석사), 독일 Max-Plank
국제 및 외국형법연구소 객원연구원, 독일 프라이부르크 대학교 법학박사(Dr. jur.),
서울대학교 법학전문대학원 교수
미국 워싱턴 주립대학교 로스쿨 방문학자, 일본 동경대학 법학부 방문학자, 국가
인권위원회 비상임 인권위원, 사법개혁위원회 위원, 사법제도개혁추진위원회 실
무위원, 법무부 형사법개정특별심의위원회 위원, 국민사법참여위원회 위원장, 경
찰수사제도개선위원회 위원장, 경찰수사정책위원회 위원장
현재, 서울대학교 명예교수

〔저   서〕

Anklagepflicht und Opportunitätsprinzip im deutschen
　　und koreanischen Recht (Dissertation)
형법총론 (제9판)　　　　　　　　　　신판례백선 형법총론 (제2판)
판례분석 형법총론
형법각론　　　　　　　　　　　　　　판례분석 형법각론 (증보판)
신형사소송법 (제5판)　　　　　　　　간추린 신형사소송법 (제9판)
판례분석 신형사소송법 Ⅰ, Ⅱ (증보판), Ⅲ

〔역   저〕

입문 일본형사수속법 (三井誠·酒卷匡 저)

〔편   저〕

효당 엄상섭 형법논집 (신동운·허일태 공편저)
효당 엄상섭 형사소송법논집 (신동운 편저)
권력과 자유 (엄상섭 저, 허일태·신동운 공편)
재판관의 고민 (유병진 저, 신동운 편저)
형법 제·개정 자료집, 한국형사정책연구원 (신동운 편저)

판례분석 신형사소송법 Ⅲ 〔증보판〕

2015년 2월 10일 초판 발행
2017년 4월 25일 증보판 인쇄
2017년 4월 30일 증보판 1쇄 발행

저 자　　신   동   운
발행인　　배   효   선
발행처　도서출판　法 文 社

주 소　경기도 파주시 회동길 37-29 ⑩ 10881
등 록　1957년 12월 12일　제2-76호(윤)
TEL (031)955-6500~6, FAX (031)955~6525
e-mail(영업) : bms@bobmunsa.co.kr
　　　(편집) : edit66@bobmunsa.co.kr
홈페이지 http://www.bobmunsa.co.kr
조 판　　동   국   문   화

정가 31,000원　　　　　　ISBN 978-89-18-09098-6